Réflexions sur la soutenabilité des finances de l'UEMOA

Mathieu Cossi AIHUNZOUN

Réflexions sur la soutenabilité des finances de l'UEMOA

L'Harmattan Sénégal

10 VDN, Sicap Amitié 3, Lotissement Cité Police, DAKAR

senharmattan@gmail.com
senlibrairie@gmail.com

ISBN : 978-2-343-25273-5
EAN : 9782343252735

In Memoriam

À

Feu ***Albert Hounsa AIHUNZOUN****,*

Notre défunt père qui a consenti tant de sacrifices pour nous, un modèle de vie, un repère, une source permanente d'inspiration.

Dédicace

À

- ***Justine ENALY,***
  Ma chère maman, héroïne dans l'ombre, femme accomplie ;
- **Colette Félicité Mègnissè AIHUNZOUN, née HOUNKPÈ,**
  Ma tendre épouse, fidèle alliée qui sait toujours me comprendre, malgré tout ;
- ***Owens, Charly, Annoël, Ornélyne, Vassariah, Maticha,***
  Mes chers enfants et leur petite maman, **Syntiche Grâce Elom KINKPON** *;*
- *Mes frères et sœurs, cousins, cousines, neveux et nièces ;*
- *Mes collègues, fonctionnaires des douanes.*

Remerciements

Au terme de ces années de recherches, nous exprimons notre sincère gratitude et nos remerciements à :

- Monsieur Nicaise MÉDÉ, notre Directeur de thèse pour sa constante disponibilité et sa remarquable contribution, déterminantes à la réalisation et à l'amélioration de ce travail de recherche. Cher Professeur, il faudrait beaucoup plus que quelques mots pour vous exprimer notre sentiment de gratitude. Veuillez simplement trouver ici, l'écho et l'expression d'une âme en reconnaissante admiration ;

- Messieurs Thierry LAMBERT et Jean-Luc ALBERT qui nous ont accueilli et offert un encadrement soutenu, lors de notre séjour de recherche au Centre d'Études Fiscales et Financières (CEFF) de l'Université d'Aix-Marseille en France ;

- Messieurs Philippe LAGRANGE et Sébastien KOTT qui nous ont accueilli et offert un encadrement soutenu, lors de notre séjour de recherche à l'Institut de Droit Public (IDP) de l'Université de Poitiers en France ;

- Aux autres Maîtres et à tous les Enseignants de la FADESP/UAC auprès de qui, nous avons eu le plaisir et l'honneur d'avoir été nourri des connaissances qu'ils nous ont transmises tout au long de nos études universitaires ;

- Aux responsables de la Cellule de suivi de l'intégration régionale (CSIR) du Ministère de l'économie et des finances (MEF) ainsi qu'à la représentation de l'UEMOA au Bénin ;

- Monsieur Charles Inoussa SACCA BOCO, Colonel des Douanes, Directeur Général des Douanes et Droits Indirects et à tous les collègues fonctionnaires des douanes pour leurs soutien et encouragements ;

- Madame Wehelmine AGUEMON ; messieurs Géofroid ALIHA, Thierry BIDOUZO, Pierrot SÈGO, Latif SIDI, Alex ATIOUKPÈ, Marion ATINMAKAN, Hervé MISSIKPODÉ, Pierre-Claver ADONON, Juriph TOKPO et Faustin GUIDI pour leurs précieuses contributions ;

- Aux administrations des écoles doctorales de droit de l'Université d'Abomey-Calavi, de l'Université d'Aix-Marseille, de l'Université de Poitiers, spécifiquement, du CERAF, du CEFF et de l'IDP ;
- Tous les doctorants CERAF, du CEFF et de l'IDP.

Sigles et abréviations

PRINCIPAUX SIGLES

ACP	: Afrique, Caraïbes, Pacifique
AFE	: Accord sur la facilitation des échanges
ALENA	: Accord de libre-échange nord-américain
APE	: Accord de partenariat économique
BAD	: Banque africaine de développement
BCEAO	: Banque centrale des États de l'Afrique de l'Ouest
BEAC	: Banque des États d'Afrique Centrale
BIC	: Bénéfice industriel et commercial
BID	: Banque islamique de développement
BIDC	: Banque d'investissement et de développement de la CEDEAO
BITD	: Bureau international des tarifs douaniers
BNETD	: Bureau national d'études techniques et de développement
BOAD	: Banque ouest-africaine de développement
BRVM	: Bourse régionale des valeurs mobilières
CAF	: Coût assurance fret
CEA	: Communauté économique africaine
CEAO	: Communauté économique de l'Afrique de l'Ouest
CEDEAO	: Communauté des États de l'Afrique de l'Ouest
CEE	: Communauté économique européenne
CEMAC	: Communauté économique et monétaire de l'Afrique Centrale
CFA	: Communauté financière africaine

CIMA : Conférence interafricaine des marchés d'assurances

CIP : Comité interparlementaire

CJCE : Cour de justice des communautés européennes

CKR : Convention de Kyoto révisée

CNUCED : Conférence des Nations Unies pour le commerce et le développement

DGD : Direction générale des douanes

DGDDI : Direction générale des douanes et droits indirects

DGI : Direction générale des impôts

ECOMOG : Economic community of west african States cease-fire monitoring group

FCCD : Fonds de coopération, de compensation et de développement

FED : Fonds européen de développement

FMI : Fonds monétaire international

GATT : Accord général sur les droits de douane et le commerce

IRVM : Impôt sur le revenu des valeurs mobilières

JO : Journal officiel

LGDJ : Librairie générale de droit et de jurisprudence

NTS : Nomenclature tarifaire et statistique

OCDE : Organisation de coopération et de développement économiques

OHADA : Organisation pour l'harmonisation en Afrique du droit des affaires

OMC : Organisation mondiale du commerce

OMD : Organisation mondiale des douanes

ONG : Organisations non gouvernementales

ONU : Organisation des Nations Unies

PAPED : Programme des APE pour le développement

PAS	: Programme d'ajustement structurel
PC	: Prélèvement communautaire
PCS	: Prélèvement communautaire de solidarité :
PED	: Pays en développement
PER	: Programme économique régional
PIB	: Produit intérieur brut
PMA	: Pays les moins avancés
PNB	: Produit national brut
PNUD	: Programme des Nations Unies pour le développement
PVI	: Programme de vérification des importations
RDP	: Revue de droit public et de science politique
RFDC	: Revue française de droit constitutionnel
RFFP	: Revue française de finances publiques
RS	: Redevance statistique
SDN	: Société des Nations
SH	: Système harmonisé
SLE	: Système de libéralisation des échanges
SYDONIA	: Système douanier automatisé
SYSCOA	: Système comptable ouest-africain
TCI	: Taxe conjoncturelle à l'importation
TDP	: Taxe dégressive de protection
TEC	: Tarif extérieur commun
TPC	: Taxe préférentielle communautaire
TVA	: Taxe sur la valeur ajoutée
UDEAO	: Union douanière des États de l'Afrique de l'Ouest
UE	: Union européenne

UEM	: Union économique et monétaire
UEMOA	: Union économique et monétaire ouest-africaine
UMOA	: Union monétaire ouest-africaine

ABRÉVIATIONS

aff.	: Affaire
Cf.	: Confer
Dir.	: Sous la direction
Éd.	: Édition
Id.	: Idem (de même)
N°	: Numéro
Op. cit.	: Opus citatum (ouvrage précédemment cité)
p.	: Page
pp.	: Pages
Rec.	: Recueil

Résumé

Les questions de finances occupent une place prépondérante dans la réussite de tout processus d'intégration régionale. L'Union économique et monétaire ouest-africaine (UEMOA) n'échappe pas à cette réalité. En effet, dès sa création, elle a élaboré un arsenal juridique en vue de garantir la soutenabilité de ses finances, notamment par le mécanisme de ressources propres. Toutefois, il est à remarquer une application mitigée du cadre normatif communautaire et une insuffisance de ressources pour faire face au financement des projets intégrateurs. L'UEMOA doit donc faire face à deux grands défis : des besoins de financement importants et incompressibles d'une part et des ressources propres limitées d'autre part. La solution souvent envisagée est le recours aux traditionnels « partenaires techniques et financiers » avec comme contrainte, les fourches caudines de leurs « conditionnalités ». Cependant, cette solution ne garantit pas toujours la soutenabilité des finances de l'UEMOA. Cette soutenabilité financière passe notamment par l'amélioration et la diversification des ressources propres, la redéfinition des critères qui déterminent le choix des projets communautaires, puis la réalisation des économies sur le coût de la gouvernance communautaire, pour pouvoir les affecter à l'investissement.

Mots-clés : UEMOA, finances communautaires, ressources propres, projets intégrateurs, soutenabilité financière, principe de subsidiarité.

Abstract

Finance management issues is key to success for any regional integration around the world. The West African Economic and Monetary Union (WAEMU) flows this reality. Indeed, from its creation, WAEMU has developed a legal arsenal to guarantee the sustainability of its finances, in particular through the own resource's mechanism. However, it is important to notify that there is a mixed application of the Community normative framework and a lack of resources to deal with the funding of integrative projects. Therefore, WAEMU must faces two major challenges: on the one hand significant and incompressible funding needs and limited own resources on the other. To solve these issues, WAEMU adopted a traditional method which consist of asking support from "technical and financial partners". But this support is given based on conditions. Nethertheless, this solution does not always guarantee the sustainability of WAEMU's finances. This financial sustainability includes improving and diversifying WAEMU's own resources, redefining the criteria that determine the choice of community projects, and then achieving savings on the cost of community governance, so that they can be allocated to investment.

Keywords: WAEMU, community finance, own resources, integrative projects, financial sustainability, subsidiarity principle.

Sommaire

Préface

Mathieu Cossi Aihunzoun a posé les données du problème : le budget de la Commission de l'UEMOA couvre globalement les dépenses de fonctionnement des institutions communautaires. Les budgets d'investissement, en revanche, requièrent la sollicitude annuelle de différends bailleurs de fonds à concurrence de 70% en moyenne.

L'UEMOA a passé les étapes de la zone de libre-échange, de l'Union douanière et du marché commun. Elle se veut ou postule au statut d'union économique et monétaire qui, selon l'article 4-d du Traité révisé du 29 janvier 2003, vise à "*instituer une coordination des politiques sectorielles nationales, par la mise en œuvre d'actions communes et éventuellement de politiques communes notamment dans les domaines suivants : ressources humaines, aménagement du territoire, transports et télécommunications, environnement, agriculture, énergie, industrie et mines*." Le champ d'intervention de l'UEMOA n'est pas limité à la production normative. Les directives et les règlements d'harmonisation ou d'uniformisation ne suffisent pas à épuiser les compétences de notre institution d'intégration régionale. L'UEMOA investit aussi et de façon plus lisible dans des projets productifs, des infrastructures structurantes sur le territoire de l'union.

Ce que souligne Mathieu Cossi Aihunzoun, c'est que le budget des investissements, parce qu'il est largement financé par l'étranger, l'orientation des investissements est surdéterminée par les centres d'intérêt des différents bailleurs de fonds. Elle n'est pas inspirée par les priorités des Etats membres. Le recentrage sur les priorités locales passe par la recherche de la soutenabilité des budgets des organes de l'Union. Cette soutenabilité passe par le recours à des mécanismes additionnels pour augmenter les recettes des budgets des organes de l'Union. Différents leviers ont été explorés par l'auteur : la TVA communautaire, la taxe de solidarité sur les billets d'avions (TSBA), la

Taxe sur les Communications GSM inter-Etats, la Contribution spéciale à la lutte contre la fraude (CSLF), la Contribution à la production communautaire (CPC), les amendes infligées aux entreprises enfreignant les règles de la concurrence communautaire, l'éventuelle ***"ressource RNB"* qui** est un "*prélèvement sur le revenu national brut (RNB) de chaque État membre d'un pourcentage fixé annuellement par le budget de l'Union.*"

Exposer la faisabilité complète de chaque mécanisme aurait dépassé le cadre technique du présent exercice académique. D'avoir fait un tour d'horizon des gisements de recettes possibles constitue, en soi, un mérite, si modeste soit-il !

Selon la Banque africaine de développement, les besoins de l'Afrique en investissements dans les infrastructures avoisinent les 100 milliards de dollars par an.[1] La question du capital humain constitue le second axe de concentration souhaitable des efforts communautaires. L'intérêt d'une communauté comme l'UEMOA est l'opportunité offerte de mutualiser et les risques et les coûts pour les trois pays à revenu intermédiaire et pour les cinq pays à faible revenu qui la composent. En effet, la première puissance économique de la zone UEMOA a un PIB (2019) six fois inférieur (58,54 milliards de US $) à celui de Hong Kong (365,7 milliards US $), un archipel de 1 092 km^2, et d'environ 7,5 millions d'âmes. Tandis que l'ensemble des Etats membres de l'UEMOA totalise un PIB (291 milliards $ en PPA, 2017) à peine supérieur à celui de Singapour (372,1 milliards USD, 2019). Plus que partout ailleurs, la solidarité et la mise en commun des moyens sont, dans l'UEMOA, un besoin, voire un impératif.

La nécessité de la convergence des efforts et de l'action devrait se manifester dans les domaines prioritaires suivants :

- *Primo*, l'énergie : on prête à Lénine la formule suivante "*le communisme, c'est les soviets et l'électricité.*" Ce qui est une manière de dire qu'une société moderne se fonde sur la disponibilité de l'électricité à la fois comme source d'énergie et comme commodité. Le constat en Afrique de l'Ouest est la prédominance des sources d'énergies fossiles et l'exploitation effrénée du bois-énergie. Dans un cas comme dans l'autre, le bilan carbone des Etats a tendance à empirer. Selon l'IRENA

[1] N. MÉDÉ, *Finances publiques, Espace UEMOA/UMOA*, Dakar, L'Harmattan, 2018, p.89.

(International Renewable Energy Agency), "*le scénario est une montée en puissance des grands barrages hydroélectriques (37% de la production d'électricité à l'horizon 2030) et de l'éolien (17%).*"[2] Le développement de l'énergie solaire n'est pas une préoccupation majeure et n'attire pas les investisseurs privés. Or, le potentiel se situe entre 5 et 7 kWh/m^2/jour (soit près de 2 fois plus qu'en France).[3] Et c'est ici qu'une initiative de l'UEMOA pourrait compenser le déficit d'intérêt du secteur privé. La stature d'institution d'intégration régionale de l'UEMOA permet à celle-ci de mobiliser des ressources sur de méga-projets d'envergure qui comprendront la production de l'énergie (solaire, éolien), la réalisation de l'interconnexion des réseaux nationaux et la modernisation des infrastructures de distribution. Un défi à la taille de l'intégration régionale !

- *Secundo*, le capital humain. L'Agenda 2063 est le document programmatique de l'Union africaine pour rendre possible d'ici un demi-siècle "*l'Afrique que nous voulons.*" L'Aspiration n°6 de l'Agenda préconise l'édification d'une Afrique "*dont le développement est axé sur les personnes, reposant sur le potentiel des populations africaines, en particulier de ses femmes et de ses jeunes, et prenant soin des enfants*." Le capital humain est présenté comme le facteur essentiel qui doit impulser la promotion économique du continent. La formation des ressources humaines a un coût évident que les Etats n'arrivent pas toujours à assurer. Il s'ensuit une déperdition des élites qui choisit d'aller faire ou poursuivre leurs études dans les pays développés, parce que localement, les bonnes écoles et universités ne sont pas disponibles. Certains pays occidentaux en profitent pour organiser un vaste *brain drain* de la fine fleur de nos lycées et collègues pour alimenter les pépinières de chercheurs hors du continent africain. Dans les consulats européens à Dakar, la queue commence avant le levé du jour et finit à la fermeture des bureaux sans être sûr d'avoir un visa pour des études dans les pays développés. Mais au lycée d'excellence pour jeunes fille Mariama Bâ de l'Ile de Gorée, les pensionnaires reçoivent leurs visas dans leurs dortoirs, quand bien même elles n'en font pas la demande. Et pour cause. Elles

[2] https://www.connaissancedesenergies.org, consulté le 18 avril 2021.
[3] *Ibidem*

sont des surdouées dans les domaines les plus variés : mathématiques, sciences, lettres, etc. et passent leur baccalauréat avec des moyennes de dix-sept et dix-huit sur vingt ! Personne ne peut garantir le retour de ces élites sur le continent pour servir de levier à la promotion de l'Afrique. C'est pourquoi la création de grands instituts, de grandes écoles de dimension régionale est indiquée pour servir les besoins de tous ceux qui font le choix d'offrir la meilleure formation à leurs progénitures et offrir un cadre à ces élèves et étudiants en mal de laboratoires et de centre de documentation à la hauteur de leur curiosité scientifique. Les grands universitaires africains qui évoluent hors du continent pourraient trouver dans ces unités régionales des lieux d'épanouissement de leur vocation. Le coût financier et humain pour aménager de telles infrastructures de formation et de recherche n'est plus à la portée d'un Etat ouest-africain francophone. Le supra-étatisme prend ici la forme de l'UEMOA, une institution d'intégration régionale. Elle serait bien inspirée d'impulser et conduire le processus de création de grandes écoles technologiques qui vont rapidement se hisser à la pointe des innovations qui manquent au tableau des besoins de modernisation de nos Etats.

- *Tertio* : le ferroviaire. Les grandes nations se sont construites autour du rail. Le transport ferroviaire permet le transport de grandes quantités de marchandises sur de longues distances. Il assure une sécurité appréciable des biens et des personnes. Il permet de décongestionner les routes. Son impact carbone est faible, bien plus faible que l'avion ou le bateau. La construction de lignes ferroviaires structurantes comme la côtière Dakar-Lagos ou la saharienne Dakar-Ndjaména requiert un leadership régional qui peut être impulsé par l'UEMOA. C'est à la fois sa vocation et un défi qui l'interpelle.

Au total, de l'énergie au capital humain puis au ferroviaire les axes de déploiement ou de redéploiement des interventions de l'UEMOA sont importants. Mathieu Cossi Aihunzoun a souligné les ressources limitées de l'UEMOA et la nécessité de chercher des sources innovantes de financement de ses programmes. Il s'est insurgé contre la prédominance des ressources extraordinaires, notamment les concours des bailleurs de fonds, dans le financement des programmes communautaires. Un proverbe *baatonou* dit "*la main qui demande reste toujours en bas*" ; le *bas* de la politesse, le *bas* de la servilité, le *bas* de la conditionnalité.

Mathieu Cossi Aihunzoun est un apôtre de l'autonomie et de la responsabilité. Autonomie dans la génération des ressources. Responsabilité dans l'exécution des programmes ambitieux profitables aux 80 millions d'intelligences de l'UEMOA. Le temps de l'Afrique africaine est en train de sonner. Mathieu Cossi Aihunzoun nous invite en un peu plus de 400 pages à entrer dans l'histoire debout et libre !

MÉDÉ Nicaise

Professeur des universités
Président de la Société ouest africaine de finances publiques (SOAFiP)
nmede@becg-i.com

Introduction générale

> *La notion de soutenabilité est le parfait exemple de ces objets qui suscitent à la fois l'agacement et, si l'on fait l'effort de regarder de près, l'intérêt* [4].

Les finances sont réputées être "*l'instrument des instruments ; (elles savent) enchanter l'esprit le plus sage et calmer la fureur des plus féroces*"[5]. En effet, les questions financières sont d'une acuité et d'une sensibilité certaines, surtout dans les pays en développement. Les évoquer au sein de l'institution communautaire qu'est l'Union économique et monétaire ouest-africaine (UEMOA), c'est amorcer un débat dont la pertinence ne peut qu'être évidente.

Et pourtant, la littérature y relative est plus ou moins naissante, mais diversifiée[6]. Au fond, la rareté des travaux est ce qui caractérise le domaine de l'intégration régionale en Afrique[7], en général, et la soutenabilité des finances de l'UEMOA, en particulier.

La raison réside sans doute dans le caractère relativement jeune des expériences africaines d'intégration économique et monétaire.

---

[4] M. COLLET, *Finances publiques*, Paris, LGDJ Lextenso, 4è éd., 2020, p. 29.

[5] Maréchal Raimondo Montecucculi, cité par N. MÉDÉ, *Finances publiques : Espace UEMOA/UMOA*, Dakar, L'Harmattan, 2016, p. 36.

[6] Il est important de reconnaitre que l'axe politique occupait les discours, les esprits et le rêve des premiers panafricanistes. Toutefois, au moment des indépendances, des leaders africains tels que le Sénégalais Léopold Sédar SENGHOR et le Ghanéen Kwame NKRUMAH développaient déjà l'idée d'une nécessaire intégration africaine.

[7] M. FAU-NOUGARET, (dir.), *La concurrence des organisations régionales en Afrique*, Dakar, L'Harmattan, 2012, p. 9 ; T. ZOGBELEMOU, *Droit des organisations d'intégration économique en Afrique (CEDEAO - CEMAC - UEMOA - ZMAO),* Dakar, L'Harmattan, 2014, p. 8 ; I. K. SOUARE, « Regard critique sur l'intégration Africaine, comment relever les défis », *ISS Paper 140*, Juin 2007.

Tout de même, il n'est pas vain de souligner qu'à partir des années 1990, on pouvait déjà trouver quelques bribes desdites réflexions[8]. Ainsi, aux débats sur les retards multidimensionnels pris par les États africains par rapport aux autres régions du monde en matière de croissance et de développement économiques, s'étaient substitués ceux portant sur la recherche de nouvelles voies pouvant aider à sortir ces États des difficultés socio-économiques dans lesquelles ils se débattent depuis plusieurs décennies. Il était devenu évident que si les autres blocs avaient plus ou moins réussi leur insertion dans l'économie mondiale, la situation au niveau du continent africain est tout autre[9]. En d'autres termes, les phénomènes de la mondialisation et de la globalisation, combinés au caractère primaire et désarticulé des économies nationales, constituent de véritables facteurs limitants. S'ajoutent aussi l'instabilité socio-politique régnant sur le continent ainsi que le visage anachronique qu'offre l'environnement juridique ambiant[10]. Ainsi, ces différents facteurs

[8] J. K. MPIANA, « La problématique de l'existence du droit communautaire africain. L'option entre mimétisme et spécificité », *Revue libre de Droit*, 2014, spéc. pp. 38-78.

[9] Si Entre 2000 et 2016, les échanges de l'Afrique avec le reste du monde ont été multipliés par trois (de 276 à 806 milliards USD), la totalité des opérations commerciales réalisées en Afrique ne représente qu'environ 3% du commerce mondial de marchandises. Voir *Union Africaine, Statistiques du commerce international africain*, Annuaire 2018, disponible sur https://au.int/sites/default/files/documents/37364-doc-af-trade_yearbook2019_a4_v6-web1.pdf., consulté le 15 décembre 2019. En Afrique, le commerce intra-régional de produits intermédiaires ne ressort qu'à 4.1 % du PIB, à comparer aux 24.2 % de l'Asie et aux 16.6 % de l'Union européenne. Voir CUA/OCDE, « L'intégration de l'Afrique dans l'économie mondiale », *in Africa's Development Dynamics 2018 : Growth, Jobs and Inequalities*, Éditions OCDE, Paris/Commission de l'Union africaine, Addis Ababa ; L'Afrique a toujours du mal à maintenir des taux de croissance durablement élevés. La croissance économique a ainsi chuté, passant de + 5 % en moyenne entre 2000 et 2014 à + 3,1 % entre 2015 et 2019, loin des performances affichées par l'Asie (+ 5,9 %), voir, Y. OSMAN « Les grandes tendances macroéconomiques de l'Afrique et de ses régions », *in AFD, L'économie africaine 2020, La Découverte,* Janvier 2020, pp. 7-20.
Les Investissements directs étrangers (IDE) vers l'Afrique ont représenté 2.5 % du PIB entre 2009 et 2016 mais se sont pour l'essentiel concentrés dans le secteur extractif. La part bénéficiant au secteur extractif (36 % du total des IDE entre 2003 et 2014) a limité les effets de retombée sur les économies locales. Voir CUA/OCDE, *dynamiques du développement en Afrique 2018 : croissance, emploi et inégalités*, 2018, disponible sur http://www.oecd.org/fr/developpement/dynamiques-du-developpement-en-afrique-201897892643 02525-fr.htm, consulté le 12 janvier 2020.

[10] L'exemple de l'Europe, parvenue en quelques décennies, à travers la construction d'une Union, à surmonter l'essentiel de ses divisions et de ses conflits, le démontre : la coopération inter-étatique dans différents champs (économie, politique, aménagement et développement des territoires) est un facteur puissant de pacification.

avaient plutôt accéléré la marginalisation progressive des pays de la région et entraîné la réticence des investisseurs internationaux[11].

Néanmoins, ces facteurs n'ont pas freiné les efforts pour la communautarisation des systèmes économiques et monétaires nationaux. Dès lors, le mouvement de communautarisation n'a pas manqué de susciter des débats non seulement sur l'efficacité de l'action de certaines organisations communautaires régionales et sous-régionales notamment l'UEMOA, mais aussi sur la soutenabilité de leurs finances.

I- Contexte et justification

Le monde se régionalise ; les institutions d'intégration régionale fleurissent sur les cinq continents[12]. Si les premiers mouvements d'intégration régionale des années 60-70 avaient amené à la création frénétique d'une multitude d'organisations sur le continent africain, l'impact tant économique que politique a été très relatif[13]. En effet, tiraillés entre un panafricanisme idéalisé et une souveraineté durement acquise, les jeunes États africains étaient peu enclins à abandonner cette dernière au profit du premier.

Pourtant, plusieurs raisons ont été avancées pour justifier le choix de l'intégration économique comme le moyen le plus efficace pour combler le fossé entre les pays en voie de développement et les pays industrialisés. On peut citer, entre autres, la nécessité pour les pauvres de relier leurs faibles marchés pour créer des marchés relativement plus importants, de façon à bénéficier des économies d'échelle dans la production actuelle et future. En d'autres termes, l'intégration augmente la possibilité

---

[11] E. GNIMPIEBA TONNANG, *Droit matériel et intégration sous-régionale en Afrique centrale : contribution à l'étude du droit communautaire de la Communauté Economique et Monétaire de l'Afrique Centrale (CEMAC)*, Thèse de Doctorat en Droit et financement du développement, Université Nice Sophia Antipolis, 2004, spéc. p. 21.

[12] Union africaine (anciennement OUA), Communauté économique des États de l'Afrique de l'Ouest (CEDEAO), Communauté économique et monétaire de l'Afrique centrale (CEMAC), Union économique et monétaire ouest-africaine (UEMOA), Association des États de la Caraïbe (AEC), Accord de libre-échange nord-américain (ALENA), Communauté des Caraïbes (CARICOM ou CC), Communauté sud-américaine de nations, MERCOSUR, Organisation des États Américains, Organisation du traité de coopération amazonienne, Pacte andin, Association des nations du Sud-Est asiatique (ASEAN), Organisation de coopération de Shanghai (SCO), Agence spatiale européenne (ESA), Office européen des brevets (OEB), Association européenne de libre-échange (AELE), Union européenne (UE), Communauté du Pacifique, Forum des îles du Pacifique, Ligue arabe, etc.

[13] M. FAU-NOUGARET, (dir.), *La concurrence des organisations régionales en Afrique*, *op. cit.* p. 9.

d'échanges commerciaux, tout en améliorant les perspectives de viabilité et de rentabilité des nouveaux investissements, nationaux ou étrangers. Concrètement, l'intégration crée un marché plus grand qui permet au secteur privé de développer les opérations existantes et de démarrer de nouvelles activités économiques. La concurrence sur les marchés régionaux peut également être une étape intermédiaire donnant aux entreprises l'occasion de se préparer à exporter avec succès sur le marché international. Poussée plus loin, jusqu'à la libre circulation de tous les facteurs de production, l'intégration peut étendre le champ des opportunités économiques des individus et des entreprises. L'augmentation des opportunités de même que le développement du commerce et des investissements, contribue à la croissance économique et améliore le bien-être de tous les États membres[14].

En outre, les États membres d'une organisation d'intégration régionale peuvent se présenter comme un groupe uni et crédible dans les négociations commerciales internationales et dans d'autres instances parallèles.

Par ailleurs, les réformes et les politiques économiques à l'échelon national peuvent gagner en crédibilité si elles sont étroitement coordonnées et harmonisées avec les pays voisins. Les réformes peuvent, en revanche, être limitées à un cadre sous-régional qui protège les décideurs contre les groupes de pression désireux de diluer ou d'arrêter ces dernières. A l'inverse, certaines réformes peuvent avoir des retombées négatives sur les États voisins si leur contenu et le calendrier de leur mise en œuvre ne sont pas coordonnés avec ces pays.

Il est à noter qu'un cadre d'intégration augmente les possibilités de spécialisation ou de coopération sous-régionale dans divers domaines économiques et sociaux. Les établissements d'enseignement supérieur et de recherche peuvent, par exemple, conclure des accords de coopération, pour que chacun se spécialise dans quelques domaines au lieu de dépenser de façon inefficace les ressources sur un large éventail de domaines universitaires et de recherche. Des programmes de promotion de la bonne gouvernance peuvent également être entrepris conjointement et coordonnés dans un cadre sous-régional. La lutte contre certaines maladies, la répression du crime organisé, le partage équitable des ressources transnationales telles les cours d'eau internationaux, l'établissement des corridors de transport et d'autres infrastructures le

[14] S. NDIAYE, *Les organisations internationales africaines et le maintien de la paix : l'exemple de la CEDEAO*, Paris, L'Harmattan, 2014, p. 57.

long des principaux couloirs commerciaux, afin de réduire les coûts de transaction et l'encouragement de nouveaux investissements, seront grandement facilités s'ils sont réalisés dans un cadre formel d'intégration.

Sur un autre plan, l'ancrage de nouvelles démocraties encore fragiles, la promotion de la stabilité, la gestion des conflits et l'adoption d'arrangements de sécurité collective contre les menaces extérieures sont autant d'entreprises possibles et utiles dans le contexte des institutions d'intégration régionale. A terme, l'approfondissement de l'intégration au sein d'une sous-région peut réduire les risques de conflit entre les États membres[15].

A cet effet, le Doyen Louis BALMOND affirmait que l'intégration économique est un impératif bénéfique aux économies en développement et une condition *sine qua non* de leur développement, tant elle permet aux États membres de renforcer de façon notoire la position de leurs économies face aux pays tiers[16].

Au demeurant, les débats suscités par la création des différentes organisations d'intégration régionale en Afrique visent notamment à analyser le rapport entre les résultats obtenus et les cibles déterminées. Tout porte donc à croire que les États africains ont changé d'optique. Aussi, qu'il s'agisse d'une véritable prise de conscience ou d'une nécessité suggérée par les bailleurs de fonds, « *il n'en demeure pas moins que désormais, le maître mot est ''rationalisation'' de l'intégration régionale* »[17].

Quoi qu'il en soit, il s'agit d'un enthousiasme qui s'est surtout orienté vers l'impact des organisations communautaires sur les finances des États membres d'une part, et sur l'aspect normatif et juridictionnel, d'autre part. Or, la thèse selon laquelle « *une organisation internationale*[18]*, quelle qu'elle soit, ne peut produire plus que ne lui*

---

[15] S. NDIAYE, *op. cit*, p. 57.

[16] L. BALMOND, *Intégration économique et droit des organisations internationales*, Thèse pour le Doctorat d'État en Droit, Institut du droit de la paix et du développement (IDPD), Université de Nice, Mars 1981, p. 1.

[17] M. FAU-NOUGARET, (dir.), *La concurrence des organisations régionales en Afrique*, *op. cit*. p. 9.

[18] E. LAGRANGE et J. M. SOREL, *Droit des organisations internationales*, Paris, LGDJ, 2013 ; Voir aussi G. CORNU, *Vocabulaire juridique*, Paris, PUF, 12ème éd. 2017, p. 720, R. CABRILLAC, *Dictionnaire du vocabulaire juridique*, Paris, LexisNexis, 2020, p. 384.

permettent les moyens dont elle a été dotée »[19], postule que soient mises en exergue, les ressources des institutions communautaires. Cette conception tend à mettre l'accent sur l'importance des moyens, notamment les moyens humains, matériels et financiers dans la réussite des missions assignées aux Communautés. Mais, de tous ces moyens, ceux financiers semblent être les plus importants car, ils conditionnent les capacités d'action des organisations. Ils sont d'ailleurs le moteur de toute politique, qu'il s'agisse d'institutions privées ou d'institutions publiques. Mieux, ils constituent même un pouvoir. Ainsi que l'indique Jean-Luc ALBERT, « *la notion de pouvoir financier public (...) a de tout temps constitué une importante modalité d'exercice de la puissance publique et un élément essentiel du pouvoir politique* »[20]. Dans la même optique, Jean BODIN écrivait en 1576 que « *les finances publiques sont le nerf de l'État* »[21]. Aussi un mécanisme efficace de mobilisation des ressources est-il nécessaire, compte tenu de l'importance des sommes d'argent public indispensables. Mais, au-delà d'un tel mécanisme susceptible de garantir l'existence des ressources financières, l'assurance d'une bonne gestion constitue la pierre angulaire qui permet à une institution de fonctionner et de réaliser ses objectifs.

En réalité, il est aisé de reconnaître que les problèmes de financement constituent le principal frein à l'intégration de l'Afrique car, les organisations internationales[22], en général, et les Communautés

---

[19] P. F. GONIDEC, *Les organisations internationales africaines*, Paris, l'Harmattan, 1987, p. 54.

[20] J-L. ALBERT, *Finances Publiques*, Paris, Dalloz, 11ème éd., 2019, p. 7.

[21] J. BODIN cité par J. BUISSON, *Finances publiques*, Paris, Dalloz, 15ème éd., 2012, p. 3.

[22] V. CONSTANTINESCO, *Compétences et pouvoirs dans les Communautés européennes. Contribution à l'étude de la nature juridique des communautés*, Paris, LGDJ, 1974 ; G. ISAAC, M. BLANQUET, *Droit Communautaire général,* Paris, Armand Colin, 8ème édition, 2001, spéc. pp. 354-356 ; C. LEBEN, « A propos de la nature juridique des Communautés européennes », *in Droits*, 1991, pp. 61-72, spéc. 71 : *« la Communauté constitue une organisation sui generis, un exemple sans précédent d'organisation '' supranationale '' ou encore une ''organisation d'intégration '', cela est sans nul doute vrai, à condition que l'on range clairement la Communauté parmi les organisations internationales, c'est-à-dire, les ordres juridiques internationaux spéciaux* » ; A. PELLET, « Les fondements juridiques internationaux du droit communautaire », *in R.C.A.D.E., volume V*, pp. 193-271. Il est à remarquer que d'autres auteurs se refusent de considérer les Communautés ou l'U.E. comme des organisations internationales. C'est le cas, par exemple, de Daniel STRASSER, Directeur Général des Budgets à la Commission, puis membre de la cour des comptes des Communautés européennes qui soutient que *« les Communautés européennes ne sont pas des*

économiques régionales, en particulier, disposent de capacités et de ressources limitées, d'où les écarts substantiels entre les ambitions et les réalisations.

Il convient de remarquer et de préciser qu'avant la création de l'UEMOA, les ressources des Communautés économiques régionales (CER) en Afrique provenaient essentiellement des contributions des États membres[23]. Cependant, les montants versés restaient toujours en deçà des besoins budgétaires escomptés. Par ailleurs, les contributions extérieures jouaient et continuent de jouer un rôle non négligeable dans les opérations desdites Communautés. Aussi comme on pouvait s'y attendre, les contributions acquittées se sont-elles amenuisées au fil du temps et l'aide extérieure fait parfois défaut ou ne suffit plus pour répondre aux besoins de fonctionnement.

Le financement des activités d'intégration régionale, qui a ainsi pendant longtemps reposé sur le système de contribution à partir des budgets des États membres, se traduisait par la détermination des quotes-parts de leurs membres en fonction d'un principe d'équité, en tenant compte de la capacité contributive de chacun. Si ce mécanisme de financement est défendable, il présente néanmoins des limites, car en pratique, les États rechignent à assurer la majeure partie du financement du budget. C'est d'ailleurs cet état de fait qui a causé l'effondrement de la Communauté économique de l'Afrique de l'Ouest (CEAO) lorsque le Sénégal et la Côte d'Ivoire ont refusé de verser les montants qu'ils devaient à l'Organisation[24]. Par conséquent, l'expérience montre que ces systèmes ne parviennent pas à couvrir les besoins financiers ou qu'ils ne sont plus viables avec le temps. Il fallait alors concevoir des systèmes concrets pour mobiliser des ressources, tant à l'intérieur qu'à l'extérieur. Dans cette perspective, des mécanismes d'autofinancement sont des moyens envisagés. Ainsi, bon nombre d'organisations internationales ont pris l'initiative d'adopter des mécanismes de ressources propres comme

organisations internationales ». Voir D. STRASSER, *in Les finances de l'Europe. Le droit budgétaire et financier des Communautés européennes*, Paris, L.G.D.J., 4ème édition 1990, spéc. p. 9. Voir également J-P. JACQUÉ, *Droit institutionnel de l'Union européenne*, Paris, Dalloz, 2001, spéc. p. 79-80, § 122-123, qui qualifie l'Union européenne (U.E) d'ensemble original (§ 124).

[23] T. BIDOUZO, *Les organisations internationales et la résolution des conflits post-bipolaires en Afrique*, Aix-en Provence, Confluence des droits, 2019, p. 276.

[24] L. S. PAPA, *Les initiatives d'intégration régionale en Afrique*, Mémoire de master en Droit international Public et Européen, Université Pierre Mendes France, Grenoble II, 2006.

solution au problème de financement de l'intégration régionale. Selon les organisations internationales, on parle de mécanisme de « ressources propres » ou de système de « financement autonome »[25].

L'UEMOA, à l'instar des autres organisations communautaires africaines, n'échappe pas à cette réalité. En effet, créée par Traité signé à Dakar le 10 janvier 1994 par les chefs d'État et de Gouvernement de sept pays de l'Afrique de l'Ouest ayant en commun l'usage d'une même monnaie, le Franc CFA[26], l'UEMOA[27] fait suite à diverses tentatives d'intégration, demeurées infructueuses[28]. Elle a pour but de faire face au

[25] C. BOUTAYEB, *Droit institutionnel de l'Union européenne*, Paris, LGDJ, 2018, p. 245.

[26] K. NUBUKPO, « Le franc CFA, un frein à l'émergence des économies africaines ? », *in L'Économie politique,* n° 68, 2015, p. 71. ; A. DUBRESSON, J-P. RAISON, *L'Afrique subsaharienne, une géographie du changement*, Paris, Armand colin, 2003, p. 196. Créé le 26 décembre 1945, le franc CFA a pour dénomination originelle « franc des Colonies Françaises d'Afrique ». Le terme franc CFA désigne désormais franc de la Communauté financière africaine (CFA) pour la monnaie émise par la Banque centrale des États de l'Afrique de l'Ouest (BCEAO). Par contre, pour la monnaie émise par la Banque des États d'Afrique Centrale (BEAC), le sigle franc CFA désigne, franc de la Coopération financière en Afrique Centrale (CFA). Cf. E. DIARRA, « Histoire de la zone franc », *in* A. DE RAULIN, *La zone franc : quel avenir après l'euro ?* Presses universitaires de l'ARTOIS, 2000, p. 8. A la suite de la sortie envisagée de la Grèce de l'Union européenne en juillet 2015 (le *Grexit*), des interrogations relatives à l'avenir du franc CFA ont été soulevées. La crise grecque a, en effet, rappelé brutalement qu'une économie faible qui a une monnaie forte s'expose à des ajustements très difficiles à soutenir.

[27] Le traité constitutif de l'Union est entré en vigueur le 1er août 1994 après ratification par les sept États membres fondateurs que sont : le Bénin, le Burkina-Faso, la Côte d'Ivoire, le Mali, le Niger, le Sénégal et le Togo. Trois ans plus tard, c'est-à-dire le 02 mai 1997, les États signataires étaient rejoints par la Guinée-Bissau qui devenait de ce fait, le huitième membre de l'Union.

[28] Notons qu'avant l'année 1994, l'intégration économique et l'intégration monétaire entre les États composant l'UEMOA étaient régies par deux accords séparés. Il s'agit du Traité de l'Union monétaire ouest-africaine (UMOA) signé en 1962, qui s'occupait des questions touchant à l'intégration monétaire, puis du Traité de la Communauté économique de l'Afrique de l'Ouest (CEAO) signé en 1973 qui avait pour mission de promouvoir la coopération commerciale et sectorielle entre les États membres. Ces Traités s'étaient avérés très peu fonctionnels, du moins n'avaient pas pu atteindre les objectifs qui leur étaient assignés. Par ailleurs, cette nécessité de consolider l'UMOA s'est fait ressentir de manière particulière, suite à l'aggravation de la crise économique et financière à laquelle les États membres étaient confrontés à la fin des années 1980. L'atout que représentait la seule politique monétaire commune était devenu, de ce fait, insuffisant pour faire face aux défis de l'heure. Aussi, entrepris depuis juin 1991 à l'instigation de la France avec le soutien de l'Union européenne, le projet de création de

défi de l'intégration, gage de survie des Nations[29]. Il s'agit donc d'une organisation internationale de nature économique et monétaire[30] qui s'est fixée cinq objectifs prioritaires[31].

Il est une évidence que l'atteinte de ces objectifs nécessite la mobilisation de nombreux moyens, notamment financiers dont l'insuffisance ou l'absence peut inhiber considérablement le processus d'intégration ou constituer un véritable obstacle au fonctionnement de l'Union.

Mais, comment peut-on mobiliser efficacement des ressources financières si l'environnement juridique et économique des différents États membres comporte d'énormes disparités qui annihilent les efforts

---

l'UEMOA s'est-il finalement concrétisé le 10 janvier 1994 à Dakar au Sénégal à la veille de la dévaluation du franc CFA.

[29] Il est à remarquer que l'idée sous-jacente à la création de l'UEMOA est que la stabilité de la monnaie commune nécessite la stabilité des finances publiques. En termes d'analyse économique technique, la politique budgétaire et la politique monétaire sont effectivement liées à travers la contrainte budgétaire intertemporelle, soit la nécessité que, à long terme, la valeur actualisée de la somme anticipée des dépenses gouvernementales ne dépasse pas la valeur actualisée des recettes anticipées. Si le gouvernement peut émettre de la monnaie, le seigneuriage constitue une part de ses revenus anticipés. Donc, à flux anticipé de dépenses futures donné et à flux anticipé de recettes fiscales donné, le seigneuriage doit compenser toute insuffisance des dernières sur les premières. Si combler l'écart implique de créer plus de monnaie, il en résultera de l'inflation. Dans l'Union économique et monétaire, le problème se complique car les gouvernements des États membres ont abandonné le droit de battre monnaie.

[30] T. BIDOUZO, *Les organisations internationales et la résolution des conflits post-bipolaires en Afrique, op. cit.*, p. 44.

[31] Art. 4 du Traité révisé de l'UEMOA : « *Sans préjudice des objectifs définis dans le Traité de l'UMOA, l'Union poursuit, dans les conditions établies par le présent Traité, la réalisation des objectifs ci-après : a) renforcer la compétitivité des activités économiques et financières des États membres dans le cadre d'un marché ouvert et concurrentiel et d'un environnement juridique rationalisé et harmonisé ; b) assurer la convergence des performances et des politiques économiques des États membres par l'institution d'une procédure de surveillance multilatérale ; c) créer entre les États membres un marché commun basé sur la libre circulation des personnes, des biens, des services, des capitaux et le droit d'établissement des personnes exerçant une activité indépendante ou salariée, ainsi que sur un tarif extérieur commun et une politique commerciale commune ; d) instituer une coordination des politiques sectorielles nationales, par la mise en œuvre d'actions communes et éventuellement de politiques communes notamment dans les domaines suivants : ressources humaines, aménagement du territoire, transports et télécommunications, environnement, agriculture, énergie, industrie et mines ; e) harmoniser, dans la mesure nécessaire au bon fonctionnement du marché commun, les législations des États membres et particulièrement le régime de la fiscalité* ».

d'intégration ? Il s'agit là de l'une des préoccupations essentielles qui justifient les interventions de l'UEMOA dans les États membres.

En effet, dès sa création, elle n'a pas tardé à mettre en place les dispositions nécessaires à l'harmonisation des finances publiques de ses États membres. Il faut remarquer que, parmi tous les objectifs de l'Union, c'est l'harmonisation des législations nationales en matière budgétaire et comptable qui a eu le plus grand impact dans l'évolution de l'UEMOA. Ainsi, la mise en cohérence des législations budgétaires et comptables en vigueur dans les différents États a permis d'instaurer une convergence certaine des politiques nationales en matière économique et monétaire. Dans ce sens, « *L'Union harmonise les législations et les procédures budgétaires afin d'assurer notamment la synchronisation de ces dernières avec la procédure de surveillance multilatérale de l'UEMOA. Ce faisant, elle assure l'harmonisation des lois de finances et des comptabilités publiques, en particulier, des comptabilités générales et des plans comptables publics* »[32]. En outre, l'UEMOA « *assure aussi l'harmonisation des comptabilités nationales et des données nécessaires à l'exercice de la surveillance multilatérale, en procédant en particulier à l'uniformisation du champ des opérations du secteur public et des tableaux des opérations financières de l'État* »[33].

Ceci étant, cette entreprise ne peut être efficacement conduite au moyen d'accords de coopération dont le propre est d'être peu contraignants. C'est pourquoi, les initiateurs du Traité de l'UEMOA ont opté pour la mise en place d'organes dotés d'un pouvoir normatif autonome qui pourra permettre la création d'un droit communautaire contraignant. En effet, il apparaît clair que ce n'est que de cette manière que le droit communautaire pourra être valorisé avec la perspective d'une

[32] Art. 67 al. 1 du Traité révisé de l'UEMOA.
[33] *Ibid.*

application immédiate[34], la production d'un effet direct[35] et sa primauté[36] sur les différentes normes nationales[37].

Tout ceci est logique car, s'il en était autrement, l'intégration resterait une simple illusion. En effet, malgré toutes les déclarations de bonnes intentions des pouvoirs publics nationaux, la tentation de faire prévaloir les lois nationales reste très forte dans les administrations publiques internes[38]. Aussi, en vue d'assurer une meilleure harmonisation des législations nationales relatives aux lois de finances, un ensemble de directives a été dès lors adopté par l'UEMOA, en vue de rapprocher les différents textes disparates en vigueur au niveau des États membres et qui étaient, pour la plupart, inadaptés.

A ce jour, ces directives ont permis des avancées notables en matière d'harmonisation des finances publiques. Elles ont elles-mêmes connu des évolutions et se matérialisent par « *le nouveau cadre harmonisé des finances publiques au sein de l'UEMOA* »[39]. Il s'agit d'un ensemble de six directives adoptées en 2009 dans les domaines juridiques, comptables

---

[34] Pour ce qui est de l'application immédiate des normes communautaires, elle implique que la norme communautaire s'intègre automatiquement dans l'ordre juridique des États membres, et qu'elle produit des effets juridiques dans leur droit interne sans avoir recours à une norme nationale. Cf. T. GUEYE, *L'incidence de l'Union économique et monétaire ouest-africaine (UEMOA) sur les finances publiques de ses États membres*, Thèse de doctorat, Université Panthéon-Assas, Paris, p. 66.

[35] Les normes communautaires sont ainsi immédiatement applicables dans les États membres et produisent en faveur et à la charge des personnes physiques et morales des droits et obligations, et peuvent, par conséquent, être invoquées dans les mêmes conditions que les normes internes devant les autorités nationales, administratives ou judiciaires. Cf. T. GUEYE, *Ibid.*

[36] En ce qui concerne la primauté du droit communautaire sur les droits nationaux, elle ressort de ce que son insertion dans le droit interne invalide toute norme nationale contraire existante ou postérieure. Cette primauté est confirmée par l'article 6 du Traité de l'UEMOA précisant que les actes communautaires priment sur toutes les législations des États membres.

[37] Articles 6 et 43 du Traité modifié de l'UEMOA.

[38] X. DUPRE DE BOULOIS, *Droit administratif*, Paris, Dalloz, 2020, pp. 14-18 ; T. GUEYE, *L'incidence de l'Union économique et monétaire ouest-africaine (UEMOA) sur les finances publiques de ses États membres*, *op. cit.*, p. 66.

[39] N. MÉDÉ, *Finances publiques : Espace UEMOA/UMOA, op. cit.*, p. 133.

et statistiques et qui ont toutes pour objet, « *la gestion performancielle* »[40] des finances publiques au sein de l'UEMOA[41].

Malgré tout cet encadrement[42], de réelles résistances au droit communautaire se manifestent parfois, de la part de gouvernements d'États signataires des traités constitutifs, des juges nationaux, et des milieux d'affaires qui peuvent trouver certaines règles trop contraignantes ou inadaptées au contexte interne[43].

Par ailleurs, face au constat selon lequel, le développement économique des différents États de l'UEMOA fait apparaître des disparités considérables, les instances de l'Union ne se sont pas simplement limitées à l'harmonisation des législations en vigueur. Elles ont également lancé plusieurs politiques et programmes, avec comme préoccupation essentielle de contribuer à faire de la zone UEMOA, un espace d'émergence économique et de progrès social, fondé sur une solidarité accrue entre les différents États membres. De plus, en vue du financement d'un aménagement équilibré du territoire communautaire, le Traité de l'Union recommande l'institution de fonds structurels[44].

[40] La gestion performancielle des finances publiques peut être définie comme « *un mode intégré et concerté de management qui assure la performance des services et met résolument les finances publiques au service du développement et du bien-être des citoyens* ». Voir N. MÉDÉ, « Réflexions sur le cadre harmonisé des finances publiques dans l'espace UEMOA », *in* 2e numéro spécial finances publiques, *Afrilex*, juin 2012, pp. 2-3, Disponible sur afrilex.u-bordeaux4.fr, consulté le 16 août 2016.

[41] Il s'agit de : la directive N°01/2009/CM/UEMOA du 27 mars 2009 portant Code de transparence dans la gestion des finances publiques au sein de l'UEMOA ; la directive N°06/CM/UEMOA du 26 juin 2009 relative aux lois des finances ; la directive N°07/CM/UEMOA du 26 juin 2009 portant règlement général sur la comptabilité publique ; la directive N°08/CM/UEMOA du 26 juin 2009 portant nomenclature budgétaire de l'État ; la directive N°09/CM/UEMOA du 26 juin 2009 portant plan comptable de l'État (PCE) au sein de l'UEMOA ; la directive N°10/CM/UEMOA du 26 juin 2009 portant Tableau des opérations financières de l'État (TOFE) au sein de l'UEMOA.

[42] Il est à noter que ces six (06) directives ont été complétées en 2011 par la directive N° 01/2011/CM/UEMOA du 24 juin 2011 portant régime financier des Collectivités territoriales au sein de l'UEMOA.

[43] F. D. MELEDJE, « L'appropriation des normes communautaires par les milieux universitaires et le monde judiciaire », *troisième rencontre inter-juridictionnelle des cours communautaires de l'UEMOA, de la CEMAC, de la CEDEAO et de l'OHADA*, Dakar, 4-6 mai 2010, p. 2, disponible en ligne sur http://www.institut-idef.org/IMG/pdf/Communication_Professeur_MELEDJE.pdf, consulté le 15 octobre 2019.

[44] Art. 59 du traité révisé de l'UEMOA.

Aussi, en application de ces dispositions, de nombreux fonds ont-ils été institués en vue du financement des projets intégrateurs.

Les projets intégrateurs peuvent être définis comme des projets et programmes qui concourent directement à l'intégration des économies des États membres et identifiés comme tels par les organes délibérants de la Communauté. A titre d'exemple, le Programme économique régional (PER)[45] avait été mis en place par les instances dirigeantes de l'UEMOA[46].

Ledit programme répond donc à une vision de l'avenir de l'espace UEMOA, consistant à « *faire de l'UEMOA un espace unifié, ouvert et compétitif au profit d'une population solidaire* »[47]. La réalisation de cette vision est sous-tendue par une stratégie d'accélération de la croissance et de réduction de la pauvreté, compatible avec les Objectifs du millénaire pour le développement (OMD) et le Nouveau partenariat pour le développement de l'Afrique (NEPAD)[48]. Les actions retenues dans le cadre du PER sont principalement des mesures et des projets d'investissement pouvant servir de levier à l'approfondissement de l'intégration régionale. Il s'agit d'un ensemble de projets intégrateurs sélectionnés au niveau régional, compte tenu de leurs effets catalyseurs dans la réalisation des objectifs de croissance et de développement de l'UEMOA[49]. Ceci étant, l'Union doit son existence et sa pertinence à sa

[45] Le PER a été adopté par Décision n°01/2004/CM/UEMOA portant adoption du Programme économique régional 2004-2008, le 18 mai 2004 à Cotonou par le Conseil des Ministres statutaire de l'UEMOA, élargi aux ministres en charge dans les États membres, des questions d'intégration et du NEPAD.

[46] Il s'agit d'une initiative importante de la Conférence des chefs d'État et de Gouvernement (CCEG) de l'UEMOA. Elaboré par la Commission, la Banque centrale des États de l'Afrique de l'Ouest (BCEAO) et la Banque ouest-africaine de développement (BOAD), le PER est mis en œuvre depuis 2006. Il vise à conférer à l'Union une assise structurelle solide apte à impulser une dynamique de croissance plus forte à l'économie régionale, par le biais de projets structurants et intégrateurs. En complément aux efforts qu'ils déploient individuellement, les États de l'Union ont opté pour cette stratégie qui met davantage en synergie leurs potentialités nationales afin de tirer le meilleur parti de leur mise en valeur.

[47] COMMISSION DE L'UEMOA, PER info N°1, *Bulletin semestriel d'information et de communication du Programme économique régional*, Janvier-Juin 2017, p. 4.

[48] Sur la base des orientations données par la Conférence des chefs d'État et de Gouvernement de l'Union au cours de sa session du 10 janvier 2004 à Niamey, le PER a été élaboré par la Commission de l'UEMOA, la Banque centrale des États de l'Afrique de l'Ouest (BCEAO) et la Banque ouest-africaine de développement (BOAD).

[49] D'un coût global révisé de 3.470 milliards de FCFA (soit un peu plus de 5,3 milliards euros), la première phase du PER a couvert la période 2006-2010 et comprenait

capacité à pouvoir répondre aux besoins et ambitions des États membres et des populations.

Les besoins de financement qui découlent de la mise en œuvre de ces projets et programmes[50] sont tellement vastes qu'aucun État membre ne peut à lui tout seul y faire face. Il faut que tous les États y participent en appui avec les bailleurs de fonds internationaux. Mais, très vite, les espoirs que suscite la mise en place de ces projets s'estompent car, l'insuffisance des moyens, surtout financiers, fait desdits projets, de simples intentions qui ne se réalisent que rarement. Les huit (8) États de l'Union mis ensemble, au lieu d'être plus forts, se retrouvent impuissants devant les besoins de financement des projets intégrateurs. Alors que des États d'envergure modeste comme le Bénin ont franchi le niveau de deux mille milliards de budget annuel[51], l'UEMOA se retrouve à ce jour en dessous de deux cent milliards de francs CFA.

En effet, d'après le Rapport annuel 2016 sur le fonctionnement et l'évolution de l'Union, le Budget modifié de l'UEMOA, adopté par le Conseil des Ministres au titre de l'exercice 2016, s'élève à la somme de cent quatre-vingt-dix-sept milliards cent-vingt-et-un millions cent deux mille quatre cent onze (197.121.102.411) FCFA, financé à hauteur de 88,72% par les ressources propres et 11,28% avec les appuis des partenaires au développement[52]. Ces ressources ont été réparties comme suit par type de budget : Budget des Organes (Dotations des fonds spéciaux, fonctionnement, investissement et équipement) : 128 261 366 353 FCFA ; Budget spécial du FAIR : 53 939 401 971 FCFA ; Budget spécial du FRDA : 14 920 334 087 FCFA[53].

---

soixante-trois (63) projets intégrateurs, répartis en cinq (5) axes stratégiques : (i) la bonne gouvernance et l'approfondissement de l'intégration économique, (ii) le développement des infrastructures économiques, (iii) la construction de l'appareil productif intégré, (iv) le développement des ressources humaines et, (v) la mise en place d'un partenariat pour la mobilisation des ressources et la mise en œuvre du PER ; Cf. COMMISSION DE L'UEMOA, *PER Info N°1*, janvier-Juin 2017, p. 4.

[50] Soixante-trois (63) projets intégrateurs ont été retenus pour la phase I qui couvre la période 2006-2010 et ce, sur la base de critères définis dans la Déclaration des chefs d'État et de Gouvernement de l'Union, adoptée le 10 janvier 2004 à Niamey et intitulée « *Impulser une dynamique nouvelle au processus d'intégration de l'UEMOA* ».

[51] Conformément à la loi N° 2016-33 du 26 décembre 2016 portant loi de finances pour la gestion 2017 en République du Bénin, le budget général de l'État, exercice 2017, s'équilibre en ressources et en charges à 2.010,586 milliards de FCFA.

[52] COMMISSION DE L'UEMOA, *Rapport 2016 sur le fonctionnement et l'évolution de l'Union*, décembre 2016, p. 69.

[53] *Ibid.*

Il est donc remarquable qu'au regard de l'immensité des projets et programmes communautaires, la capacité de financement de l'UEMOA est en deçà de ses besoins de financement. En d'autres termes, les ressources propres ne sont pas suffisantes pour couvrir les charges de l'Union. Il s'agit donc d'une situation préoccupante qui explique et justifie de conduire, de façon permanente, des réflexions sur les modalités de mise à disposition des ressources budgétaires de l'UEMOA. A cet effet, les procédures financières doivent être améliorées pour accroître la capacité de mobilisation des ressources, afin de faire efficacement face aux charges de l'Union de façon stable et dans la durée.

Mais, pour y parvenir, il est nécessaire de s'assurer du contenu de certains concepts.

II- Définition des concepts

La matière des finances, loin d'être simple et facilement entendue par toutes sortes de personnes[54], est d'une délicatesse qui tient surtout en la complexité même de la notion de finances publiques. Le Professeur Michel BOUVIER fait d'ailleurs remarquer « *qu'à l'inverse d'autres disciplines pourtant voisines, telles que le droit, l'économie ou la science politique, il n'est pas possible de se faire une idée immédiate, relativement simple des finances publiques* »[55]. Ainsi, au lieu d'une image positive et relativement simple et claire, *« celle qui vient tout de suite à l'esprit des non spécialistes s'organise de manière plus ou moins floue autour d'un sentiment bien établi d'une matière aride, hautement et exclusivement technique et dont les arcanes apparaissent infranchissables aux non-initiés qui d'ailleurs n'y voient pas un intérêt intellectuel majeur* »[56].

« *Réflexions sur la soutenabilité des finances de l'UEMOA* », voilà un objet d'étude qui recouvre deux notions assez difficiles à appréhender. En effet, à la complexité de la notion de « finances » s'ajoutent les difficultés à cerner le concept de « soutenabilité ». C'est pourquoi,

[54] J-B. COLBERT, cité par J-L. ALBERT, L. SAIDJ, *Finances publiques*, Paris Dalloz, 11e éd., 2019, et par P. LEROY-BEAULIEU, *Traité de la science des finances*, Guillaumin & Cie, 1891.

[55] M. BOUVIER, « Réhabiliter et refonder la science des finances publiques », *in Mélanges Paul AMSELEK,* Bruxelles, BRULYANT, 2005, p. 138.

[56] M. BOUVIER, « Réhabiliter et refonder la science des finances publiques », *op. cit.,* p. 138.

comme le recommande Charles EISENMANN, il paraît nécessaire de commencer par résoudre avec clairvoyance le problème de définition des concepts qui forment l'armature d'une étude, « *sinon, on discuterait dans l'obscurité en vain* »[57].

Dans une compréhension large, la finance est l'ensemble des activités qui rendent possible et organisent le financement des agents économiques ayant des besoins de capitaux[58] par les agents ayant des surplus. La finance recouvre donc un domaine d'activité, celui du financement qui consiste à fournir l'argent nécessaire à la réalisation d'une opération économique. Ce domaine concerne aussi bien les individus, les ménages que les entreprises publiques ou privées mais aussi les États. Le mot « finance » peut également désigner, soit les techniques qui permettent de façon raisonnée d'obtenir et de placer des capitaux, soit les agents économiques ou les institutions qui recherchent des capitaux disponibles ou qui souhaitent les placer[59].

Les finances, au pluriel, désignent par abréviation, les finances publiques[60]. Reconnues en tant que science, c'est-à-dire comme un « *ensemble cohérent de connaissances relatives à certaines catégories de faits, d'objets ou de phénomènes obéissant à des lois et vérifiées par les méthodes expérimentales* »[61], entre la fin du XIXe siècle et le début du XXe siècle, elles font l'objet de définitions multiples et peuvent être envisagées selon différentes approches[62].

Dans l'acception courante, les finances publiques sont assimilées à l'ensemble des charges et des ressources de l'État, au niveau central, ou d'une collectivité territoriale, au niveau décentralisé. La doctrine, quant à elle, bien que divisée sur la question, propose, dans l'ensemble, des définitions établissant une corrélation avec la notion de personne morale de droit public.

Le Professeur Luc SAIDJ donne une définition générale des finances publiques. Pour l'auteur, « *les finances publiques recouvrent les finances*

---

57 C. EISENMANN, *Cours de Droit administratif*, Tome I, Paris, LGDJ, 1982, p. 17.
58 Les entreprises ou les États par exemple.
59 I. JEUGE-MAYNART (dir.), *Le Petit Larousse illustré*, Paris, Pollina, 2018, p. 500.
60 G. CORNU, *Vocabulaire juridique*, Paris, Quadrige/PUF, 2018, p. 460.
61 I. JEUGE-MAYNART (dir.), *Le Petit Larousse illustré*, *op. cit*, p. 1048.
62 Voir notamment à ce sujet, M. BOUVIER, M-C. ESCLASSAN, J-P. LASSALE, *Finances publiques*, Paris, L.G.D.J, 10e éd., 2010, pp. 1-46. ; L. AGRON, *Histoire du vocabulaire fiscal*, Paris, L.G.D.J, 2000, p. 210.

des personnes morales de droit public »[63]. Il s'agit alors principalement des finances des personnes morales de droit public interne[64] mais aussi des finances des personnes morales de droit public supranational[65] et des personnes de droit public international[66]. Il se montre tout de même explicite en précisant que : « *cette notion peut tout aussi désigner les finances de nature publique, ou encore, les finances de l'économie publique* »[67]. C'est donc le critère juridique organique qui est mis en exergue dans le premier sens, alors que dans le second, c'est le critère matériel. Dans ce dernier sens, « *les finances publiques sont celles des activités de nature publique, quel que soit l'organisme intéressé et même si cet organisme doit être déclaré gestionnaire à la fois de finances publiques et de finances privées* »[68].

De même, selon Éric DEVAUX, les finances publiques peuvent désigner, selon une approche restrictive, les finances des personnes morales de droit public, c'est-à-dire l'État, les collectivités locales, les établissements publics et autres organismes de droit public et, selon une approche extensive, les finances du secteur public, c'est-à-dire un ensemble incluant les administrations publiques et les entreprises publiques[69]. Ces définitions rejoignent celles proposées par les Professeurs Jean-Luc ALBERT et Luc SAIDJ[70]. Toutefois, aux approches restrictive et extensive proposées par Éric DEVAUX, les Professeurs Jean-Luc ALBERT et Luc SAIDJ y ont intégré, de façon formelle, les finances des organisations internationales et supranationales. Ils suggèrent par ailleurs une troisième définition[71] qui inclut les finances des administrations de sécurité sociale[72], notamment à

---

[63] L. SAÏDJ, « Finances publiques », *in* L. PHILIP (dir.), *Dictionnaire encyclopédique de finances publiques*, Paris, Economica, 1991, p. 807.

[64] État, Collectivités territoriales infra étatiques, établissements publics.

[65] CEMAC, CEDEAO, UEMOA.

[66] Il s'agit en l'occurrence des Organisations interétatiques.

[67] L. SAÏDJ, « Finances publiques », *in* L. PHILIP (dir.), *Dictionnaire encyclopédique de finances publiques*, Paris, Economica, 1991, p. 807.

[68] *Ibid.*, p. 809.

[69] E. DEVAUX, *Finances publiques*, Bréal, 2002, p. 14.

[70] J-L. ALBERT, L. SAIDJ, *Finances publiques*, *op. cit.*, pp. 1-5.

[71] La troisième définition étend la notion de finances publiques aux finances du secteur public. Elle consisterait pour l'essentiel à ajouter aux administrations publiques, les entreprises publiques, c'est-à-dire les entreprises industrielles ou commerciales sous le contrôle de la puissance publique.

[72] Sur l'intégration progressive des finances sociales au sein des finances publiques, voir G. DESMOULIN, *Finances publiques de l'État*, Paris, Vuibert, 2008, pp. 22-28.

travers les régimes obligatoires d'assurance sociale et les organismes qui en dépendent[73].

Il est à remarquer que ces définitions ne permettent pas d'appréhender le périmètre réel de la notion de finances publiques. En effet, de nombreux auteurs ont tenté de circonscrire ce périmètre, mais la diversité des branches et des domaines que les finances publiques englobent rend difficile une telle entreprise. Cette situation conduit à évoquer l'expression de « *science-carrefour* » utilisée par Paul Marie GAUDEMET et Joël MOLINIER[74] en ce sens qu'elles appréhendent à la fois des « *phénomènes constitutionnels au travers de l'adoption et du contrôle du budget par le Parlement* », des « *phénomènes politiques révélés par le choix des dépenses publiques et la structure du système fiscal* », des « *phénomènes économiques liés à l'impact des dépenses, des recettes et du déficit budgétaire sur la conjoncture économique* » et, enfin, des « *phénomènes sociaux* » dans la mesure où « *les institutions financières d'un pays [sont] largement influencées par les données sociologiques, notamment les structures sociales et les rapports de forces entre les groupes sociaux* »[75]. Les finances publiques sont donc une discipline à la croisée des chemins. Leur appréhension nécessite alors une forte dose de pluridisciplinarité.

En tout état de cause, quelle que soit la personne morale de droit public considérée[76], cette « *science-carrefour* » est étroitement liée aux choix budgétaires tels qu'ils ont été définis et détermine les moyens qui sont fournis à travers la loi de finances.

Conformément à l'article 7 de la directive N°06/CM/UEMOA du 26 juin 2009 relative aux lois des finances, « *la loi de finances de l'année contient le budget de l'État pour l'année civile. Le budget décrit les recettes et les dépenses budgétaires autorisées par la loi de finances* »[77].

---

[73] Mais, selon les Professeurs J-L. ALBERT et L. SAIDJ, cette définition conduit à inclure les activités de certains organismes de droit privé qui participent aux activités de puissance publique et à exclure les services publics et les établissements publics dont l'activité est principalement marchande.

[74] P-M. GAUDEMET, J. MOLINIER, *Finances publiques*, Tome I, Budget-Trésor, Paris, Montchrestien, 7e éd., coll. Droit public, 1996.

[75] E. DEVAUX, *op. cit.*, p. 10.

[76] État, collectivités locales, établissements et entreprises publiques, administrations de sécurité sociale, organisations internationales et supranationales.

[77] Art. 7 de la directive N°06/CM/UEMOA du 26 juin 2009 relative aux lois des finances.

Quant au règlement financier de l'UEMOA, il définit le budget[78] comme « *l'acte par lequel est prévu et autorisé, pour une année, l'ensemble des ressources et des charges de l'Union. Le budget de l'Union comporte en annexe le budget des organes de l'Union et les budgets spéciaux des Fonds* »[79]. De son côté, la loi organique relative aux lois de finances en République du Bénin définit le budget comme « *l'acte par lequel sont prévues et autorisées les recettes et les dépenses annuelles de l'État ; ensemble des comptes qui décrivent, pour une année civile, toutes les ressources et toutes les charges de l'État* »[80].

Il est également défini comme *« le document ou l'ensemble des documents dans lequel sont prévues et autorisées les ressources et les charges des organismes publics* »[81]. Constitué d'un ensemble de comptes qui décrivent toutes les ressources et toutes les charges de l'institution, il permet de désigner le document de recettes et de dépenses permanentes[82] d'une personne morale de droit public. L'élaboration, l'exécution et le contrôle d'exécution du budget doivent respecter un ensemble de règles[83] afin que les finances soient soutenables.

De façon générale, le terme « soutenabilité »[84], qui vient de l'adjectif qualificatif « soutenable », s'assimile à ce qui peut être défendu, appuyé par des arguments sérieux, recevables, supporté, enduré. Il sonne au premier abord comme une mauvaise traduction de l'anglais « *sustainability* » (qui signifie plutôt « durabilité » comme dans l'expression *sustainable développement*, que l'on traduit en français par

---

[78] Ce document (le budget au sens formel) comprend parfois non seulement des prévisions et autorisations de recettes et de dépenses (le budget au sens matériel) mais également d'autres dispositions. Cf. J-L. ALBERT, L. SAIDJ, *Finances Publiques*, *op. cit*, p. 72.

[79] Article premier, alinéa 4 du Règlement N° 01/2018/CM/UEMOA, *op. cit.*

[80] Loi Organique N° 2013- 14 du 27 septembre 2013 relative aux lois de finances en République du Bénin.

[81] J-L. ALBERT, L. SAIDJ, *Ibid.*

[82] J-P. CHEVALIER, « budget », in L. PHILIP (dir.), *Dictionnaire encyclopédique de finances publiques*, Paris, Economica, 1991, p. 178.

[83] Nous distinguons notamment les principes traditionnels des finances publiques (unité, universalité, annualité, équilibre, spécialité), auxquels l'on ajoute les principes de solidarité et de bonne gouvernance. Cf. Titre II du règlement N° 01/2018/CM/UEMOA, *op. cit.*

[84] Etymologie : de l'anglais *sustainability*, issu du latin *sustinere*, soutenir, empêcher de tomber, porter, supporter. Cf. M. COLLET, *Finances publiques*, Paris, LGDJ Lextenso, 4è éd., 2020, p. 29.

« développement durable ») et semble recouvrir pour l'essentiel, un principe bien connu, celui d'équilibre budgétaire[85].

La notion de soutenabilité est employée par les textes juridiques pour « *limiter le recours des personnes publiques à l'endettement et les orienter vers un meilleur équilibrage de leurs dépenses et de leurs recettes* »[86]. Néanmoins, à y voir de plus près, cette notion est plus subtile que celle de l'équilibre car, elle entend tenir compte des données politiques et économiques afin de formuler des règles appropriées à la situation des États endettés.

D'après le ministère des finances de la France, la notion de soutenabilité des finances publiques renvoie à « *la capacité d'un État de rester solvable, c'est-à-dire de conserver des marges de manœuvre suffisantes pour honorer ses engagements* »[87]. La soutenabilité[88] est cependant une notion plus connue en économie qu'en droit. Mais, les finances publiques se l'approprient peu à peu. En effet, en économie, le terme soutenabilité s'applique surtout à la dette publique[89], s'intéressant à la cohérence de la pratique budgétaire des États. Ainsi, elle est dite « *soutenable quand le débiteur est en mesure de la régler sans mettre en péril sa viabilité financière* »[90]. En d'autres termes, théoriquement, elle « *devient insoutenable lorsque l'État est incapable de la financer, y compris en levant des impôts nouveaux* »[91]. La question de soutenabilité de la dette peut être appréhendée, soit du point de vue de la contrainte budgétaire intertemporelle, soit du point de vue de l'équité intergénérationnelle[92].

Dans le premier cas, il s'agit de s'assurer qu'il sera possible de dégager dans l'avenir les excédents qui permettront de couvrir la dette. En effet, plus la dette est élevée, plus il faudra, pour la réduire ou la

---

[85] M. COLLET, *Finances publiques*, *op. cit.*, p. 29.

[86] *Ibid.*

[87] V. www.performance-publique.gouv.fr., Consulté le 16 novembre 2019.

[88] Cf. R. CABRILLAC, *Dictionnaire du vocabulaire juridique*, Paris, LexisNexis, 2020, p. 501.

[89] M. COLLET, *op. cit*, p. 27. L'expression « dette publique » désigne « *la somme globale qu'un État doit, à un moment donné, à l'ensemble de ses créanciers (individus, entreprises privées, États étrangers, organisations internationales, etc.)* ».

[90] A-C. DUFOUR, S. KOTT, C. MONIOLLE, *Finances publiques*, *op. cit.* p. 48.

[91] G. ORSONI, (Dir), *Finances publiques, Dictionnaire encyclopédique*, Paris, ECONOMICA, 2017, p. 316.

[92] Y.A. BÉAH, *Politique budgétaire dans l'UEMOA : soutenabilité de la dette et perspectives de financement,* Thèse de doctorat en Science économique, Université François–Rabelais de Tours et Université Félix Houphouët–Boigny d'Abidjan, p. 51.

contenir, produire des soldes budgétaires positifs, ce qui implique que des changements importants devront être apportés à la structure des dépenses. De cette sorte, il y aura un surplus global des recettes prévues par rapport aux dépenses. Les réformes s'avèrent être le passage obligé pour y parvenir.

Dans le second cas, il faut éviter de transférer le fardeau des dépenses actuelles aux générations futures en équilibrant l'effort à entreprendre. Plus l'assainissement des finances publiques prend du temps, plus les ajustements sont coûteux, entraînant une hausse de la pression fiscale ou des réductions dans les services.

La soutenabilité de la dette correspond donc à la situation d'un État ou d'une organisation dont la solvabilité[93] est garantie sans qu'il ne lui soit nécessaire d'ajuster dans le futur sa politique budgétaire. C'est à John Maynard KEYNES que l'on doit, dans les années 1930, le concept de politique budgétaire[94] qui recouvre « *l'ensemble des mesures prises par le gouvernement en matière budgétaire pour influencer l'équilibre macroéconomique et atteindre certains objectifs en matière économique et sociale* »[95]. Ainsi, une politique budgétaire est dite soutenable si elle ne conduit pas à un niveau de dette publique qui, sans ajustement fiscal majeur, ne pourrait être remboursée par des excédents budgétaires dans le futur[96].

Selon Florence HUART qui abonde dans le même sens, la soutenabilité de la dette est une question qui peut préoccuper ceux qui se soucient de l'équité intergénérationnelle (la dette est un impôt futur que les enfants payeront plus tard) et du financement de certaines dépenses futures (retraite et santé par exemple). Une dette n'est pas soutenable si

[93] Capacité à faire face à ses engagements.

[94] Sur la définition de la politique budgétaire, voir également E. DEVAUX, *op. cit.*, p. 14.

[95] J. PERCEBOIS, J. ABEN, A. EUZEBY, *Dictionnaire de finances publiques*, Armand Colin, 1995, p. 147.

[96] Une interprétation de la soutenabilité, retenue par la Commission européenne, est que les surplus budgétaires de demain doivent permettre de financer l'endettement d'aujourd'hui. A partir de cette définition, la Commission européenne quantifie le caractère plus ou moins soutenable des finances publiques d'un État : l'indicateur *tax gap* ("écart de financement actualisé") mesure l'effort à faire en matière de solde primaire (solde hors charges d'intérêt de la dette), immédiat et pérenne nécessaire pour garantir que les surplus de demain financent la dette d'aujourd'hui.", http://www.performance-publique.budget.gouv.fr, consulté le 10 mai 2017. Cf, M. COLLET, *Finances publiques, op. cit.*, p. 201.

elle est excessive[97]. Mais, la question qui mérite d'être posée est celle-ci : à partir de quel moment une dette devient excessive ?

En réalité, s'il est possible de définir la soutenabilité de la dette, des difficultés apparaissent dès lors qu'il s'agit de s'accorder sur les indicateurs pertinents pour l'évaluer. A cet effet, diverses approches ont été soutenues. La plus simple et la plus courante est la prise en compte du ratio de dette publique sur le PIB. Ce type d'approche est fondé sur l'idée que l'État, contrairement aux ménages, a une durée de vie infinie, de sorte qu'il n'est jamais nécessaire qu'il rembourse intégralement sa dette. Il n'en demeure pas moins que le choix du niveau auquel il faut stabiliser la dette doit être justifié. A cet égard, un ratio de dette publique/PIB nul n'est pas recommandé, car la dette est nécessaire pour financer les projets de dépenses publiques qui sont favorables à la croissance économique future. De plus, la dette publique est utile au bon fonctionnement du marché financier.

Une autre approche est de préciser la condition de solvabilité intertemporelle des administrations publiques en travaillant sur l'horizon de temps infini. Cette condition peut être décomposée en deux conditions. La première, celle de transversalité indique que la valeur actualisée du ratio dette/PIB soit nulle à l'horizon infini. Le taux d'actualisation correspond à l'écart entre le taux d'intérêt réel et le taux de croissance du PIB réel, qui est supposé être une constance positive. Cela revient à considérer qu'à terme, le ratio dette publique /PIB doit revenir à son niveau initial. Cela implique aussi que l'État ne finance pas le service de la dette (intérêt) en empruntant. Autrement dit, cette condition exclut ce que l'on appelle le recours à un « jeu à la PONZI[98] ». Notons que, si le taux d'intérêt réel de la dette publique est inférieur au taux de croissance du PIB réel, il ne serait pas nécessaire que l'État dégage des excédents primaires pour que la dette soit soutenable.

---

[97] F. HUART, *Économie des finances publiques*, Paris, DUNOD, 2012, p. 251.

[98] Le fait de toujours payer les intérêts de la dette par endettement nouveau est appelé « jeu à la Ponzi » (*Ponzi game*) : du nom de Charles PONZZI, un escroc qui, dans les années 1920 à Boston, promettait à des épargnants des investissements à rendement élevé (près de 50% en à peine 3 mois) mais ne les payait qu'avec le flux d'épargne collecté auprès de nouveaux investisseurs (système de vente pyramidale dans lequel les investissements des nouveaux entrants servent à payer les premiers investisseurs), Voir F. HUART, *Économie des finances publiques*, *op. cit*, p. 232.

La seconde condition implique qu'à politique budgétaire inchangée, la dette actuelle soit couverte par la somme des valeurs actualisées des excédents primaires futurs.

Un groupe d'économistes contemporains[99] a également proposé une définition contemporaine de la soutenabilité budgétaire. Essentiellement, ils ont défini le concept comme consistant à examiner si, en poursuivant la politique budgétaire mise en application à un moment donné, sur le long terme, un gouvernement se dirige vers un endettement excessif. Ils ont démontré que, dans des conditions générales, une condition nécessaire pour la soutenabilité à long terme est que la valeur actualisée des excédents budgétaires primaires annuels (soldes de fonctionnement) soit suffisante pour rembourser l'encours actuel de la dette publique. Ils ont défini un « taux d'imposition durable ». Ledit taux a été mesuré comme étant le poids des recettes fiscales en proportion du PIB qui, s'il est constant, permettrait d'atteindre un ratio dette-PIB inchangé sur l'horizon de long terme, compte tenu de la structure fiscale, des tendances démographiques et économiques projetées et des tendances des engagements[100] de dépenses de programmes. Leur approche a été très remarquée.

De son côté, l'Organisation de coopération et de développement économique (OCDE)[101] indique que la viabilité budgétaire est un concept pluridimensionnel qui intègre la solvabilité, la stabilité de la croissance économique, la stabilité de la fiscalité, et l'équité intergénérationnelle. Elle a des implications non seulement financières mais aussi sociales et politiques qui sont liées à la fois aux générations présentes et futures[102]. Dans le même esprit, le Vérificateur général du Canada offre une définition semblable en indiquant que la soutenabilité des finances publiques s'articule autour de la capacité à financer les charges actuelles et les charges futures probables ; de la capacité à assurer une croissance économique sur une période prolongée; de la capacité à financer les engagements futurs sans alourdir le fardeau fiscal ; de la capacité à offrir aux générations futures des avantages qui ne soient pas moindres que

---

[99] O. BLANCHARD, J. C. CHOURAQUI, R. P. HAGEMANN, et N. SARTOR, « La soutenabilité de la politique budgétaire : nouvelles réponses à une question ancienne. », *in Revue économique de l'OCDE*, 1990, p. 15.

[100] Sur la notion d'engagement en général, voir S. KOTT, *Droit et comptabilité : La spécificité des comptes publics*, Paris, Economica, 2017, p. 312.

[101] Organisation de coopération et de développement économiques.

[102] OCDE, « Les avantages des prévisions budgétaires à long terme », *L'Observateur de l'OCDE*, 1990.

ceux offerts aux générations actuelles[103]. En d'autres termes, il s'agit des finances qui répondent « *aux besoins du présent sans compromettre la capacité des générations futures à répondre aux leurs* »[104].

La notion de soutenabilité des finances publiques s'intéresse donc à la capacité d'un État ou d'une personne morale de droit public à rester solvable, c'est-à-dire à conserver des marges de manœuvre budgétaires suffisantes pour honorer ses engagements. Ainsi, par exemple, sa dette publique est dite soutenable si les intérêts qu'elle engendre ne font pas accroître indéfiniment le niveau de son stock rapporté au Produit intérieur brut (PIB)[105].

A titre d'exemple, en France, selon le décret du 7 novembre 2012 sur la gestion budgétaire et comptable publique, il est procédé, pour chaque « programme » au sens budgétaire, à « *une programmation ayant pour objet de mettre en adéquation l'activité prévisionnelle des services avec les crédits et les emplois notifiés et attendus... La programmation et son exécution doivent être soutenables au regard de l'autorisation budgétaire annuelle et des prescriptions des lois de programmation des finances publiques en permettant ainsi d'honorer les engagements souscrits ou prévus et de maîtriser leurs conséquences budgétaires en cours d'année et les années ultérieures* ».

La notion de soutenabilité doit tout de même être distinguée de celles de liquidité et de solvabilité. La solvabilité, tout comme la liquidité, est une notion statique. Elle caractérise la situation d'un agent économique dont l'actif est supérieur à son passif. Cependant, si des éléments de l'actif ne peuvent être cédés dans des conditions permettant d'honorer le service de la dette, cette même entité peut ne pas être liquide bien qu'elle demeure solvable. A l'inverse, la soutenabilité est une notion dynamique. Elle désigne une situation dans laquelle la charge de la dette est telle que la personne publique ne pourra faire face à ses engagements sans devoir

---

[103] Bureau du vérificateur général, « La viabilité à long terme des finances publiques – Finances Canada » chapitre 7 du Rapport du vérificateur général du Canada à la Chambre des communes, 2012.

[104] F. D. VIVIEN, *Le développement soutenable*, Paris, La Découverte, coll. Repères n° 425, 2005, p. 5.

[105] Toutefois, une remarque intéressante mérite d'être faite. En effet, force est de constater que des États comme l'Italie, la Belgique, pas plus que le Japon n'ont pas été acculés à la faillite, alors même que leur ratio dette publique/PIB dépassait largement les 100%, c'est-à-dire que leur endettement total était supérieur à la richesse produite par an. Voir à ce propos, A-C. DUFOUR, S. KOTT, C. MONIOLLE, *Finances publiques, op. cit.*, p. 48.

ajuster de façon réaliste ses finances publiques. En ce sens, la soutenabilité n'exige pas l'équilibre budgétaire[106].

En matière d'évaluation de la soutenabilité de la dette publique, la Commission européenne utilise deux indicateurs de soutenabilité (*sustainability gap indicators)* qui sont des mesures de l'ajustement budgétaire requis pour :

- stabiliser la dette publique à 60% du PIB d'ici un horizon donné, soit 2060 (Indicateur S1) ;
- stabiliser le ratio dette publique/PIB sur un horizon temporel infini (indicateur S2)[107].

Il convient de retenir que la notion de soutenabilité des finances publiques renvoie à la capacité d'un État à rester solvable, c'est-à-dire à conserver des marges de manœuvre budgétaires suffisantes pour respecter ses engagements. Si cette définition n'est pas d'une parfaite clarté, elle s'avère néanmoins intéressante. Elle suggère en premier lieu que l'objectif n'est pas de proscrire le recours à l'endettement, ni même d'interdire aux États de gonfler cette dette en bouclant leurs budgets annuels en déficit ; il s'agit plutôt de limiter cet endettement à un niveau acceptable. Or, le deuxième élément de la notion suggère que le niveau en question dépend lui-même de la capacité de l'État à honorer, dans l'avenir, ses engagements vis-à-vis de ses créanciers (en réglant les intérêts et en remboursant le capital des emprunts arrivés à terme), autrement dit, sa capacité à rester « solvable »[108]. Enfin, le troisième élément de la notion de soutenabilité ne dit rien du niveau exact au-delà duquel, l'État perd sa capacité à honorer le « service de la dette » (intérêt et remboursement du capital). En effet, ce niveau dépend de facteurs difficiles à quantifier et propres à chaque État (en particulier sa capacité à faire admettre des augmentations d'impôts ou des baisses de dépenses publiques sans provoquer de crise politique économique)[109]. On note ainsi que l'appréhension de l'endettement public en termes de soutenabilité emporte évidemment une part de subjectivité, mais apparait plus « intelligente » que l'approche purement comptable consistant à interdire aux États de s'endetter ou de dépasser un niveau préétabli de déficit.

---

[106] F. MARTY, « De la soutenabilité budgétaire des contrats de partenariat public privé », *Working Paper GREDEG*, n° 2014-35, novembre 2014, p. 8.

[107] F. HUART, *Économie des finances publiques*, *op. cit*, p. 233.

[108] M. COLLET, *Finances publiques*, *op. cit.* p. 29.

[109] *Ibid*, p. 30.

Dans le cadre de ces travaux de recherche, il s'agira d'examiner la capacité de l'UEMOA qui est la plus jeune organisation ouest-africaine aux ambitions intégratrices, à s'autofinancer dans la durée, et son aptitude à se doter de ressources suffisantes pour financer, de façon efficiente, les nombreux projets intégrateurs et à rester solvable dans le temps.

Pour ce faire, il convient de délimiter le champ de recherche et de mettre en évidence l'intérêt de l'étude.

III- Champ de la recherche et intérêt de l'étude

Le présent travail de recherche concerne fondamentalement l'UEMOA, de façon générale, à travers les normes communautaires qu'elle édicte, notamment dans le domaine financier pour son fonctionnement harmonieux. En d'autres termes, cette étude se focalisera, non pas sur les finances des États membres de l'Union, mais sur le financement et la gestion du budget de l'UEMOA elle-même, en tant qu'organisation. Toutefois, les expériences d'autres organisations communautaires telles que la CEDEAO, la CEMAC et l'Union européenne serviront d'exemples dans le cadre de cette étude car, ces unions ont des systèmes de financement et de gestion qui présentent des similitudes.

Il est à noter que parmi les « *deux grandes organisations d'intégration* »[110] que connaît la sous-région ouest-africaine, l'UEMOA semble être, à ce jour, l'organisation qui a réussi de nombreuses prouesses surtout sur le plan de l'harmonisation législative[111].

En effet, bien que l'UEMOA soit de création récente, elle est fondée sur un passé où ont existé des institutions antérieures, telle la Communauté économique de l'Afrique de l'ouest (CEAO), dont elle utilise les erreurs comme les succès. L'un des éléments du succès réside d'abord dans la bonne gestion de la monnaie commune. C'est autour de la monnaie que l'Union monétaire ouest-africaine (UMOA) a été bâtie,

---

[110] A. SALL, *La justice de l'intégration, Réflexions sur les institutions judiciaires de la CEDEAO et de L'UEMOA*, Dakar, Edition CREDILA, 2011, p. 15.

[111] F. D. MELEDJE, « L'appropriation des normes communautaires par les milieux universitaires et le monde judiciaire », *troisième rencontre inter-juridictionnelle des cours communautaires de l'UEMOA, de la CEMAC, de la CEDEAO et de l'OHADA*, *op. cit*, p. 18.

avant d'intégrer l'aspect économique, quand la situation économique globale s'est détériorée à partir de 1993. Depuis ce moment, il y a eu une prise de conscience beaucoup plus forte, non seulement au niveau des décideurs mais aussi au niveau des populations, sur la nécessité d'être ensemble.

La dévaluation du franc CFA a été vécue comme un traumatisme par les populations, et cela a certainement beaucoup aidé psychologiquement l'UEMOA à mieux bâtir ses programmes et à mieux faire accepter des décisions qui entrent dans un cadre commun. Au-delà, elle a su mettre en place des éléments de développement communs : tout ce qui concerne la macroéconomie et, notamment, l'harmonisation des tarifs douaniers, de la fiscalité, afin d'arriver à des normes communes. Aujourd'hui, de par ses nombreux projets, elle arrive à se donner de la visibilité en impactant directement les populations des États membres.

Au sujet de l'espace temporel de référence, il s'établira sur toute la durée de vie de l'UEMOA. En effet, la volonté de doter l'UEMOA des moyens nécessaires pour son fonctionnement a été exprimée dès sa création[112]. En 1996, avec l'Acte additionnel n° 04/96 du 10 mai 1996 instituant un régime tarifaire préférentiel transitoire des échanges au sein de l'UEMOA et son mode de financement, les modalités pratiques d'un financement par des ressources propres ont été établies, grâce à la mise en place du Prélèvement communautaire de solidarité et son mode d'affectation.

Mais au-delà, il sera question d'examiner, d'une part, les différents critères qui fondent la répartition des compétences entre l'Union et les États membres. D'autre part, il s'agira d'étudier les éléments qui justifient objectivement le choix de faire réaliser certains projets par l'Union plutôt que par les États membres ou vice-versa. L'étude des rapports entre l'Union et les États membres permettra donc d'évaluer le degré d'autonomie de l'Union en matière financière, analysé sous le prisme de son pouvoir décisionnel général.

En réalité, l'étude du système de mobilisation des ressources de l'Union doit être complétée par l'étude des besoins pour lesquels cette mobilisation est requise. La réalisation des projets structurants, d'envergure communautaire par l'Union pourra stimuler à terme la production. Ce qui permettra de renforcer la compétitivité des activités

[112] Article 48 du Traité révisé de l'Union : « *L'Union est dotée de ressources propres qui assurent le financement régulier de son fonctionnement* ».

économiques et financières des États membres, dans le cadre d'un marché ouvert et concurrentiel, puis d'un environnement juridique rationalisé et harmonisé[113]. C'est notre but.

En ce qui concerne l'intérêt de l'étude, le choix du thème « *Réflexions sur la soutenabilité des finances de l'UEMOA* » découle donc d'une préoccupation essentielle : comment améliorer les finances de l'UEMOA afin qu'elles servent mieux les intérêts du développement de l'espace communautaire de référence ?

S'il est évident qu'il existe de nombreuses réflexions qui s'intéressent à l'intégration en Afrique de l'Ouest, il est à remarquer que la doctrine se cristallise surtout autour des normes édictées par les institutions communautaires, notamment pour règlementer l'action des États membres[114]. Elle ne s'est pas assez intéressée au mécanisme de financement et de gestion des Communautés. En d'autres termes, les réflexions menées par la communauté scientifique n'ont souvent abordé que les volets liés à l'impact des normes communautaires sur les finances publiques des États membres[115]. Ainsi, même si « *en Afrique cette réflexion a une acuité particulière et imprègne les chercheurs depuis plus d'un demi-siècle* »[116], les aspects concernant la réglementation du financement des institutions communautaires semblent souvent négligés.

Mais il faut toutefois noter l'existence de quelques travaux en la matière. On peut citer, entre autres, les travaux de recherches du Professeur Éloi DIARRA qui portent sur les aspects financiers de la CEAO[117] ; ceux du Professeur Félix. K. TANO, relatifs à l'autonomie

---

[113]Art. 4 al. a. du Traité révisé de l'UEMOA.

[114] A. SALL, *Les mutations de l'intégration des États en Afrique de l'Ouest. Une approche institutionnelle,* Paris, L'Harmattan, 2006, p. 15.

[115] N. MÉDÉ, « La nouvelle gestion budgétaire : l'expérience des budgets de programme au Bénin », *Afrilex N°4, 2004*, consulté sur http://afrilex.u-bordeaux4.fr le 10 juin 2015 ; T. GUEYE, *L'incidence de l'Union économique et monétaire ouest-africaine (UEMOA) sur les finances publiques de ses États membres*, Thèse de doctorat, Université Panthéon-Assas, 2011. ; N. MÉDÉ, « Réflexions sur le cadre harmonisé des finances publiques dans l'espace UEMOA », *op. cit.* ; W. J. YAMEOGO, L'État, l'UEMOA et la souveraineté fiscale : la cession partielle de souveraineté ?, Mémoire pour l'obtention du Diplôme Supérieur d'Administrateur des Services Financiers, Ecole Nationale des Régies Financières, Ouagadougou, 2008.

[116] N. MÉDÉ, « La nouvelle gestion budgétaire : l'expérience des budgets de programme au Bénin », *op. cit.*

[117] E. DIARRA, *les aspects financiers de la Communauté économique de l'Afrique de l'Ouest (CEAO),* Thèse de doctorat en droit public, soutenue le 29 juin 1982 à l'Université de Paris II-Panthéon.

collective et intégration économique en Afrique noire[118], et ceux de la Professeure Pélagie THÉOUA, consacrés aux finances Publiques de l'UEMOA et la logique de performance[119]. Il faut aussi noter le manuel du Professeur Nicaise MÉDÉ, intitulé « *Finances publiques : Espace UEMOA/UMOA* », ouvrage dans lequel, il consacre la quatrième partie aux finances de l'UEMOA[120]. Par ailleurs, le Professeur Éloi DIARRA a également publié en 2019, une réflexion sur l'utilité des finances de l'UEMOA[121].

Néanmoins, ces différents travaux semblent, soit limités à certains aspects spécifiques de la question qui méritent bien d'être étendus, soit confrontés à l'usure du temps.

La présente thèse contribuera donc, sur le volet théorique, à révéler davantage les techniques de financement des institutions communautaires en général et celles de l'UEMOA en particulier, lesquelles semblent peu maîtrisées jusqu'à présent. Autrement dit, cette réflexion essaiera d'orienter le débat sur l'intégration vers la structure et le fonctionnement desdites institutions, en vue de focaliser l'attention des acteurs scientifiques et politiques sur l'importance de l'autonomie financière des organisations communautaires dans le processus de l'intégration en Afrique. Il est inconcevable d'envisager une institution sans ressources financières, car celles-ci conditionnent l'effectivité et la capacité d'action de ladite institution[122]. Au demeurant, l'une des causes de dysfonctionnement des organisations internationales est l'insuffisance des moyens financiers. De là, émerge l'intérêt pratique de la présente étude. Elle peut être utile dans les stratégies de mobilisation des ressources, en vue d'une meilleure efficacité et d'une plus grande efficience des institutions communautaires comme l'UEMOA.

---

[118] F. K. TANO, *Autonomie collective et intégration économique en Afrique noire*, Thèse de droit public pour le doctorat d'État, UER de Droit, des Sciences Economiques de Rouen, 1986.

[119] P. THÉOUA, *Les finances publiques de l'Union économique et monétaire ouest-africaine (UEMOA) et la logique de performance,* Thèse de doctorat en droit public, présentée et soutenue publiquement le 26 mai 2010 à l'Université de Cocody (Abidjan)

[120] N. MÉDÉ, *Finances publiques : Espace UEMOA/UMOA*, Dakar, L'Harmattan, 2016, pp. 409-447.

[121] E. DIARRA, « L'utilité des finances de l'UEMOA », *in Mélanges en l'honneur de Michel BOUVIER, Les nouveaux chantiers de finances publiques en Afrique*, Dakar, L'Harmattan, 2019, pp. 91- 113.

[122] M. W. TSOPBEING, Les mécanismes de financement et de gestion budgétaire de la CEMAC, Mémoire de Diplôme d'Etudes Approfondies en Droit Communautaire et Comparé CEMAC, Université de Dschang, 2004, p. 6.

Dans ce sens, on observe qu'il est soutenu en droit international institutionnel qu'une véritable autonomie financière nécessite un financement par le biais des ressources propres[123]. A cet effet, le Professeur Luc SAIDJ fait remarquer que « *les organisations internationales en général sont caractérisées par leur faible autonomie financière car, sauf exceptions très limitées [...], elles ne sont pas dotées de ressources propres mais dépendent, pour l'essentiel de leurs recettes, de contributions des États, ce qui les met très largement à la merci du bon vouloir des contributeurs les plus importants* »[124]. C'est d'ailleurs ce qui a conduit Faez ANJAK à noter que le financement par les ressources propres accentue le caractère supranational de l'organisation en réduisant sa dépendance vis-à-vis des États membres[125]. Ce faisant, comme l'ont souligné Patrick DAILLER et Alain PELLET, les États membres trouvent leur capacité d'entraver, sur le plan financier, l'exercice des compétences de l'organisation sensiblement affaiblie[126]. Par contre, on refuse à titre d'exemple l'idée de conférer des ressources propres à l'Organisation des Nations Unies (ONU) pour financer ses opérations de maintien de la paix, considérant que le système des contributions étatiques « *[...] constitue le moyen le plus approprié et le plus logique [...] dans la mesure où il permet aux gouvernements membres d'exercer un contrôle adéquat sur le Budget et les programmes de l'organisation [...]* »[127].

Au demeurant, la disponibilité des ressources propres s'analyse donc comme un indicateur essentiel du degré d'autonomie des organisations

---

[123] C. BOUTAYEB, *Droit institutionnel de l'Union européenne*, Paris, LGDJ, 2018, p. 245.

[124] L. SAIDJ, cité par A. POTTEAU, *Recherche sur l'autonomie financière de l'Union européenne*, Paris, Dalloz, 2004, pp. 38-39.

[125] F. ANJAK, « Organisations internationales. Panorama des organisations », *J.C.L. dr. Inter.*, Fasc. 111, 1990, spé. P. 9 § 49.

[126] N. Q. DINH, P. DAILLER, A. PELLET, Cité par A. POTTEAU, *op. cit.* « *Au fur et à mesure que les organisations internationales développent leurs activités et empiètent sur des compétences traditionnelles des États, il est de plus en plus important que leurs moyens financiers ne dépendent plus de la bonne volonté des États membres. Leur autonomie financière est un indice et un instrument d'une meilleure protection de leurs compétences et, en dernier ressort, de l'effectivité de leur personnalité juridique* », « *les Communautés européennes bénéficient d'un mécanisme plus satisfaisant pour leur autonomie : leur budget est alimenté par des ''ressources propres''* ». spéc. pp. 38-39.

[127] S. OGATA, P. VOLKER, co-présidents, *Financement de l'Organisation des Nations Unies : le prix de l'efficacité, Rapport du groupe consultatif indépendant sur le financement de l'Organisation des Nations Unies*, Document ONU, A/48/, 11 octobre 1993, spéc. p. 26, cité par A. POTTEAU *op. cit.*

internationales en général et des Unions économiques et monétaires en particulier, car elle conditionne non seulement leur capacité d'action en vue d'atteindre les objectifs initialement fixés mais aussi leur indépendance vis-à-vis d'autres organisations.

En définitive, l'originalité de cette étude est manifeste. Non seulement elle permet de scruter le mécanisme de mobilisation et de gestion des ressources de l'Union, mais elle favorise également l'analyse de la nature des relations que l'institution communautaire entretient avec les États membres d'une part, et avec les autres organisations internationales d'autre part. En outre, de façon concrète, elle permet de prendre le pouls de la performance financière dans l'organisation et la gestion budgétaire et comptable de cette nouvelle communauté économique, perçue comme le symbole du nouveau régionalisme ouest-africain. Autrement-dit, l'évaluation des mécanismes de mobilisation des ressources et des acteurs intervenant dans la gestion des finances de l'Union révèlera les atouts et les faiblesses de ce mécanisme ainsi que les aménagements possibles.

Aussi dans le contexte actuel de création de l'*Eco*, la monnaie commune de la CEDEAO, et de mise en place de la Zone de libre-échange continentale africaine (ZLECA) par l'Union Africaine (UA), la prise en compte des atouts et faiblesses de l'UEMOA permet-elle d'entamer les nouveaux chantiers avec plus d'assurance.

Dès lors, il convient d'aborder la problématique de cette étude.

IV- Problématique

Le Traité instituant l'UEMOA l'a dotée d'un budget autonome consacrant de ce fait le principe de l'autonomie financière de l'Union. Ainsi, « *l'Union est dotée de ressources propres qui assurent le financement régulier de son fonctionnement* »[128]. Cette autonomie financière revêt une double dimension.

En premier lieu, c'est la reconnaissance d'une capacité juridique de décision qui, en matière de recettes, implique un véritable pouvoir fiscal, le pouvoir de créer et de lever l'impôt et qui, en matière de dépenses,

[128] Art. 48 du Traité révisé de l'UEMOA.

implique la liberté de décider d'affecter les ressources à une dépense précise[129].

En second lieu, l'autonomie financière est la possibilité d'assurer le financement des dépenses par des ressources propres et suffisantes[130]. Cela suppose que l'Union dispose d'une capacité à financer ses charges actuelles et les charges futures probables. Mais au-delà, pour que ses finances soient soutenables, il faudrait également qu'elle dispose d'une part, de la capacité à assurer une croissance économique sur une période prolongée ; et d'autre part, de la capacité à financer les engagements futurs sans alourdir le fardeau fiscal. Il est donc nécessaire que l'Union dispose à cet effet de la capacité d'offrir aux générations futures des avantages qui ne soient pas moindres que ceux offerts aux générations actuelles. Ainsi, la soutenabilité des finances publiques communautaires se matérialise à travers la capacité pour l'UEMOA à faire efficacement face à l'ensemble des engagements qui naissent de ses missions.

Il apparaît clairement que, dès l'origine, l'objectif de l'Union est d'instituer une organisation communautaire forte et efficace, non seulement de par son financement, mais aussi de par sa gestion. C'est donc guidée par cette vision que l'Union a très vite élaboré un arsenal juridique en vue d'assurer la régularité, la crédibilité, l'efficience, l'exemplarité, la fiabilité et la transparence des opérations budgétaires, financières et comptables des organes mis en place[131]. Ce cadre juridique est composé notamment d'un traité rénové, d'actes additionnels, de directives et de règlements, notamment d'un règlement financier.

Il est donc possible d'affirmer qu'il existe au niveau des organisations communautaires en général et de l'UEMOA en particulier, un ordre juridique. En d'autres termes, ces organisations disposent d'un ensemble

---

[129] C'est en application d'un tel pouvoir que le Conseil des Ministres de l'UEMOA, sur proposition de la Commission et après avis du Comité des experts statutaires, a pu décider ainsi qu'il suit : *« le Budget de l'Union économique et monétaire ouest-africaine au titre de l'exercice 2013, adopté tel qu'annexé au présent Règlement, est arrêté en recettes et en dépenses à cent trente-deux milliards cinq cent quatre-vingt-huit millions quatre cent vingt-huit mille cent vingt-cinq (132.588.428.125) francs CFA »*. Le même article précise la répartition suivante : Budget des Organes de l'Union 85.557.116.707 FCFA ; Budget Spécial du FAIR : 36.889.029.313 FCFA et Budget Spécial du FRDA : 10.142.282.105 FCFA.

[130] A. ROUX, « L'autonomie financière des collectivités locales en Europe », Rapport introductif, *Annuaire internationale de justice constitutionnelle*, 2006, p. 499.

[131] Art. 2 du Règlement N° 01/2018/CM/UEMOA du 23 mars 2018 portant Règlement financier des Organes de l'Union économique et monétaire ouest-africaine.

organisé et structuré de normes juridiques, possédant leurs propres sources, doté d'organes et procédures aptes à les édicter, à les interpréter ainsi qu'à en faire constater et sanctionner, le cas échéant, les violations[132]. Ainsi, il apparaît clair qu'à l'instar des finances publiques des États, les institutions communautaires disposent d'un système financier bien organisé. On pourrait donc affirmer qu'il existe un droit et une gestion des finances publiques propres aux institutions communautaires[133] et même avancer l'idée de leur autonomie financière[134].

Au niveau de l'UEMOA, ce cadre juridique a été revitalisé en 2008 par l'adoption d'un règlement financier[135]. Après une décennie d'application, ledit règlement financier a été révisé en 2018 pour prendre en compte les nouveaux défis qui se présentent à l'Union. Ce dernier règlement[136] a précisé à nouveau et amélioré les modalités de mise à disposition des ressources au budget communautaire d'une part, et les procédures financières et budgétaires d'autre part. Toutefois, il y a lieu de se demander si ce nouveau cadre juridique a facilité l'approfondissement de l'intégration sous-régionale.

La réponse à cette question est loin d'être aisée, car il est à noter que, même si les procédures financières ont gagné en rationalité, de nombreux facteurs limitent la capacité de l'Union à mobiliser ses ressources et à respecter sa contrainte budgétaire dans la durée. Ainsi, alors que les besoins de financement du PER1 avaient été entre-temps réévalués à 3.470 milliards de francs CFA[137], les produits du PCS encaissés par l'UEMOA, de juillet 1996 à décembre 2017, se sont élevés à 1.075 milliards de francs CFA. Ces recettes devaient servir à financer le fonctionnement des organes de l'Union mais aussi les investissements au titre du PER1. A supposer que l'intégralité de ces recettes aient été

---

[132] G. ISAAC, *Droit communautaire général*, Paris, Armand Colin, 1983, p.105.

[133] Cette matière recèle une ambivalence dans la mesure où elle relève d'une part, du droit communautaire qui se raccorde au droit public international et, d'autre part, des finances publiques qui se rapportent au droit public interne.

[134] S. GUINCHARD et T. DEBARD, *Lexique des termes juridiques*, Paris, Dalloz, 2014, 21è éd., p. 96 ; R. HERTZOG, « L'ambiguë constitutionnalisation des finances locales », *Actualité juridique – droit administratif*, Paris, mars 2003, p. 548.

[135] Règlement n° 01/2008/CM/UEMOA du 28 mars 2008, *op. cit.*

[136] Règlement N° 01/2018/CM/UEMOA du 23 mars 2018 portant Règlement financier des Organes de l'Union économique et monétaire ouest-africaine.

[137] COMMISSION DE L'UEMOA, *PER info*, *op. cit.* p. 5.

consacrées au financement du PER1, elles n'auraient pu couvrir qu'environ 32% du financement total[138].

Cependant, comme c'est le cas pour la plupart des Communautés économiques régionales, la politique de financement de l'Union constitue le maillon faible du processus d'intégration régionale. Il se pose ainsi le problème de la soutenabilité des finances de l'UEMOA.

En réalité, le pouvoir de décision de l'Union en matière financière est très limité, et les pressions ou interférences qui s'exercent sur ses décisions sont nombreuses. En outre, l'UEMOA n'a ni les ressources financières suffisantes, ni une emprise totale sur ses charges financières. Or, une bonne maîtrise du processus de recouvrement ou de mobilisation des ressources, doublée d'une maîtrise convenable des charges financières, constituent le meilleur moyen d'optimisation et de rationalisation du mécanisme de gestion des finances publiques communautaires.

Les termes du défi auquel sont confrontées les finances de l'UEMOA se présentent ainsi qu'il suit :

- les engagements financiers (besoins de financement) sont importants et incompressibles : besoins de financement des infrastructures, besoin de financement de la formation du capital humain, besoins de financement de la sécurité alimentaire, etc.
- les ressources propres limitées qui obligent à recourir aux traditionnels « partenaires techniques et financiers » avec comme contrainte les fourches caudines de leurs « conditionnalités »[139].

Dès lors, les questions de recherche sont :

i. Quels sont les principaux facteurs qui limitent la mobilisation et la gestion des ressources de l'UEMOA ?
ii. Comment améliorer le rendement des recettes propres de l'UEMOA ?
iii. Comment diversifier les recettes propres de l'UEMOA ?
iv. Comment réaliser des économies sur le coût de la gouvernance communautaire pour pouvoir les affecter à l'investissement ?

[138] COMMISSION DE L'UEMOA, *Rapport 2017 de la commission de l'UEMOA sur le fonctionnement et l'évolution*, p. 89, disponible sur le site http://www.uemoa.int/ consulté le 12 juillet 2019.

[139] D. AVOM, « Intégration régionale dans la CEMAC : des problèmes institutionnels récurrents », *Afrique contemporaine,* n° 222, 2007, pp. 199-221.

Autant de questions de recherche qui se ramènent à une problématique fondamentale et axiale : quel est l'état des lieux et comment garantir la soutenabilité des finances de l'UEMOA, aujourd'hui, demain et après-demain ?

Pour répondre convenablement à cette problématique, il importe que les hypothèses de recherche soient formulées et que l'approche méthodologique soit clarifiée.

V- Hypothèses de recherche et méthodologie

En ce qui concerne tout d'abord la définition de l'hypothèse, il faut préciser qu'il s'agit d'une *« proposition à partir de laquelle on raisonne pour résoudre un problème, pour démontrer un théorème »*[140]. De la sorte, elle *« se présente comme une réponse provisoire à une question (...), une proposition qui anticipe une relation entre deux termes (...), une présomption qui demande à être vérifiée »*[141]. Ainsi, face à l'insuffisance des ressources, notamment celles destinées à financer les projets intégrateurs, plusieurs hypothèses s'imposent.

Primo, nous pouvons affirmer que cette situation découle des lacunes du cadre normatif et de la non diversification des recettes communautaires.

Secundo, nous pouvons supposer que les différents acteurs intervenant dans le processus de gestion des budgets communautaires échappent aux règles de bonne gouvernance.

Quant à la méthode, celle-ci désigne « *l'ensemble des opérations intellectuelles par lesquelles une discipline cherche à atteindre les vérités qu'elle poursuit, les démontre, les vérifie* »[142]. D'un autre point de vue, c'est « *l'ensemble des démarches et ces chaînes de raisonnements, que suit l'esprit pour découvrir et démontrer la vérité légale (...)* »[143]. Préfaçant la 3ème édition de son ouvrage « *les Principes généraux du droit*

[140] I. JEUGE-MAYNART (dir.), *Le Petit Larousse illustré*, Paris, Pollina, 2018, p. 595.
[141] R. QUIVY, L. CAMPENHOUDT, *Manuel de recherche en sciences sociales*, *op. cit.*, p. 119.
[142] M. GRAWITZ, *Méthodes des sciences sociales*, Paris, Dalloz, 11ième éd., 2001, p. 351.
[143] M. BEDJAOUI, B. FAVREAU, P-A. GOURION, M. KDHIR, R. RYSSDAL, *La méthode de travail du juge international*, Actes de la journée d'études du 23 novembre 1996 organisée par Moncef KDHIR à l'Institut d'études politiques de Lyon, Bruxelles, Bruylant, 1997, pp. 9-33.

administratif », Gaston JÈZE écrivait : « *Plus j'avance en âge, plus je suis convaincu que la seule chose qui importe pour l'étude du Droit, c'est une bonne méthode* »[144]. Effectivement, la méthode est un guide de tout travail de recherche et, en particulier, de la recherche scientifique financière. C'est certainement pour cette raison que le Professeur Maurice KAMTO rappelait aussi que la méthode est au cœur de toute œuvre scientifique. De ce seul fait, « *la démarche méthodologique conditionne le travail scientifique car, la méthode éclaire les hypothèses et détermine les conclusions* »[145]. Dans le cadre de ce travail, le recours à la méthode juridique sera d'une grande utilité. La méthode juridique ainsi envisagée se réfère particulièrement au positivisme juridique qui pourrait se décliner en la dogmatique et la casuistique.

La dogmatique consiste à analyser la doctrine et les instruments juridiques qui traitent de l'objet d'étude. Il s'agit donc de procéder à une interprétation et à une lecture critique des textes juridiques. La dogmatique conduit à analyser tous les textes juridiques édictés par l'UEMOA en rapport avec la soutenabilité de ses finances. Les immenses réserves de la doctrine de droit public ont été également utilisées afin de pouvoir élucider certaines lacunes.

Consistant concrètement en une explication ou une signification, cet examen des textes correspond à ce qu'il convient d'appeler « *la méthode exégétique* » ou « *l'Ecole de l'exégèse* »[146]. Il s'agit en général de procéder à une analyse qui se rattache soit à l'esprit, soit à la lettre du texte. C'est tout le domaine de la dogmatique, où les règles textuelles sont essentiellement retenues comme des dogmes ou des opinions catégoriques du droit, auxquels il ne faut pas déroger.

Mais, il convient de relever d'emblée qu'il n'est pas question de prendre au hasard les textes à interpréter. Un choix doit être opéré en fonction des situations en cause, pour identifier les textes essentiels et en ressortir la substance. Cette dernière va être confrontée avec la position de la Cour des Comptes dans le but de déterminer exactement soit l'existence, soit l'inexistence d'un apport du juge. Il s'agit particulièrement du droit communautaire de l'UEMOA. Cependant,

---

[144] G. JÈZE, *Les principes généraux du droit administratif*, Paris, Dalloz, Tome 1, 3è éd., 2005, p. I.

[145] M. KAMTO, *Pouvoir et droit en Afrique noire. Essai sur les fondements du constitutionnalisme dans les États d'Afrique noire francophone*, Paris, LGDJ, 1987, p. 41.

[146] F. TERRE, *Introduction générale au droit*, Paris, Dalloz, 6e éd., 2003, p. 435.

étant donné le lien qui unit toutes les disciplines du droit public en particulier et davantage celles du droit en général, doivent intervenir ici différents textes de droit public et, dans la mesure du possible, certains textes de droit privé.

Pour découvrir la règle applicable à une situation précise, le sens et la portée que le législateur communautaire a attribués aux textes doivent être restitués. Lorsque le texte semble obscur ou incomplet, son sens doit être dégagé en recherchant ce qu'aurait été la volonté du législateur si son attention avait été attirée sur le point de la difficulté en cause[147].

La casuistique, quant à elle, offre l'occasion de scruter la jurisprudence de la Cour des Comptes de l'UEMOA et, dans une moindre mesure, celle étrangère[148] relative au problème posé par le sujet en examen. Son utilisation rappelle la fondamentalité de la place du juge et de son office dans la construction du droit. Il se situe dans la double perspective de l'application, de l'interprétation et de l'évolution du droit et de la solution du procès[149]. Selon une affirmation du Professeur Alain SERIAUX, *« toute société a, pour son maintien, besoin de juges aptes à trancher les litiges. La présence des juges est encore plus vitale que celle d'un législateur. (...) Il est d'ailleurs de tradition chez nombre de juristes de considérer que « le droit, c'est ce que dit le juge »*[150]. Aucune étude en droit ne peut plus être menée aujourd'hui en faisant litière de la jurisprudence, appréhendée généralement comme des décisions de justice rendues par les juridictions[151]. Toutefois, face à la rareté des décisions de justice relatives aux finances des organes de l'UEMOA, le choix a été plutôt porté sur les sciences du management articulées autour de techniques.

Par ailleurs, des méthodes propres au positivisme sociologique ont été prises en compte par cette étude. Selon Georges RIPERT, toutes les méthodes d'analyse en droit visent un objectif commun à savoir, l'effectivité et l'efficacité de la règle de droit[152].

---

[147] *Ibid.*

[148] UE et CEMAC, notamment.

[149] J-L. BERGEL, « Introduction au colloque sur l'office du juge », Sénat français, les 29 et 30 septembre 2006.

[150] A. SERIAUX, *Le commentaire de textes juridiques : Arrêts et jugements*, Paris, Ellipses, 1997, p. 3.

[151] G. CORNU, *Vocabulaire juridique*, Paris, PUF, 2018, p. 589.

[152] G. RIPERT, *Les forces créatrices du droit*, préface de la 2e éd, Paris, LGDJ, 1955, p. VI.

Etant donné l'existence d'une littérature peu abondante sur la question, les ressources principales de cette réflexion sont les textes régissant l'Union, ainsi que les rapports d'exécution des budgets disponibles depuis la création de l'UEMOA. En outre, une attention particulière sera orientée vers les innovations apportées par le nouveau règlement financier de l'Union adopté par le Conseil des Ministres le 23 Mars 2018 pour corriger les insuffisances du règlement financier de 2008[153].

Dans une démarche tout aussi descriptive qu'analytique, le recours à quelques éléments de comparaison nous permet de nous inspirer des expériences d'autres organisations communautaires. En effet, longtemps considéré comme la « *Cendrillon des autres sciences* »[154] dépourvue d'incidence réelle, le droit des finances comparé « *affirme aujourd'hui sa place dans les cursus universitaires comme dans le travail des praticiens. Un bon zeste de droit [des finances] comparé est devenu indispensable dans toute recherche doctorale et tout juge ou législateur consulte les données étrangères avant de s'aventurer dans la construction d'une nouvelle réglementation, dans la solution d'un cas inédit* »[155].

Il s'agira donc d'identifier le contenu du système financier de l'Union qui prévoit un mécanisme de financement autonome[156], afin de ressortir les difficultés que rencontrent les différents acteurs dans le cadre de la détermination et du recouvrement des ressources et des charges de

[153] En application de ce nouveau Règlement financier, la Commission a travaillé tout au long de l'année 2018 à préparer son passage au budget-programme à partir du 1er janvier 2019, Cf. COMMISSION DE L'UEMOA, *Rapport 2018 sur le fonctionnement et l'évolution de l'Union*, décembre 2016, p. 14.

[154] H. C. GUTTERIDGE, *Le droit comparé : Introduction à la méthode comparative dans la recherche juridique et l'étude du droit*, Paris, LGDJ, 1953, p. 43.

[155] O. PFERSMANN, « Le droit comparé comme interprétation et comme théorie du droit », *Revue Internationale de Droit Comparé*, 2001, p. 275. Voir également : *L'avenir du droit comparé. Un défi pour les juristes du nouveau millénaire*, Ouvrage collectif, Société de législation comparée, 2000, p. 12 (« *il n'est plus guère de grande réforme législative (…) qui ne soit pour divers motifs précédée maintenant d'une enquête de droit comparé* ») ; R. DRAGO, « Droit comparé », *in* D. ALLAND et S. RIALS (dir.), *Dictionnaire de la culture juridique*, Paris, Lamy-PUF, 2003, p. 456 : « *tout juriste est et doit être un comparatiste* », car il y gagne « *une faculté d'approfondissement des notions fondamentales et une certaine modestie à l'égard de son droit national* ».

[156] La notion d'autonomie est certes difficile à cerner, mais elle s'entend ici comme la compétence juridique, c'est-à-dire la capacité à produire des normes en matière financière et à les rendre effectives par les moyens propres. Elle suppose donc une maîtrise parfaite de toutes les étapes du processus de financement par l'Union.

l'institution. Il importe par ailleurs de s'interroger également sur l'étendue réelle de l'autonomie financière concédée à l'UEMOA. En d'autres termes, au-delà du pouvoir d'action consacré par le Traité fondateur de l'Union, c'est-à-dire l'autonomie juridique, l'Union s'est-elle véritablement dotée de moyens nécessaires ? A-t-elle réellement la maîtrise du processus de mobilisation et de gestion de ses ressources financières ?

En la matière, l'article 48 du Traité de l'UEMOA prévoit : « *l'Union est dotée de ressources propres qui assurent le financement régulier de son fonctionnement* »[157]. Il s'agit donc d'un mécanisme de financement original qui tente de contourner les difficultés observées au niveau de certaines organisations[158] et qui sont liées, notamment, au non versement des cotisations des États membres. Toutefois, l'analyse approfondie de ce nouveau mécanisme de financement révèle divers obstacles à la mobilisation performante[159] des ressources de l'Union en vue du financement des nombreux projets intégrateurs.

Il convient donc d'examiner, en premier lieu, comment l'application mitigée du cadre normatif communautaire limite les capacités de mobilisation des ressources de l'Union et par ricochet, celle de financement des projets structurants. Mais l'étendue des dépenses de l'Union étant liée à celle de ces projets, un examen minutieux des critères qui fondent le choix de faire réaliser lesdits projets par l'Union, à la place des États membres, s'avère également nécessaire, car cela permet d'apprécier la qualité des dépenses de l'Union.

Par ailleurs, des éléments de réflexion démontrent qu'il est possible d'envisager la soutenabilité des finances de l'UEMOA, d'une part, par

---

[157] Le principe d'instituer des mécanismes de ressources propres figure dans la plupart des Traités des CER. A cet égard, le Traité révisé de la CEDEAO (article 72), le traité instituant le marché commun de l'Afrique de l'est et de l'Afrique australe (article 168), le traité de la Communauté économique africaine (article 82) et celui de l'UEMOA (articles 54 et 55), prévoient formellement la mise en place de ressources propres qui doivent assurer intégralement ou en partie le financement des projets et programmes communautaires. Les mécanismes de ressources propres présentent l'avantage de n'exercer aucune ponction sur les budgets nationaux.

[158] Au rang de ces organisations, il s'agit, entre autres, de la CEMAC, de la CEDEAO et de l'Union Africaine.

[159] N. MÉDÉ, *Finances publiques : Espace UEMOA/UMOA*, *op. cit.*, spéc. pp. 138-140 : « *La performance renvoie à la prise en compte des "3 E" à savoir l'économie, l'efficacité et l'efficience.* » « *A l'économie, l'efficacité et l'efficience, on pourrait ajouter un quatrième "E" correspondant à l'environnement* ».

l'accroissement des ressources communautaires et, d'autre part, par l'efficacité accrue des institutions mises en place par l'Union.

Dès lors, il apparaît que les nombreuses contraintes liées au financement et à la gestion du budget de l'UEMOA rendent difficile la soutenabilité des finances communautaires (1ère partie), un idéal qui ne peut être véritablement atteint qu'en envisageant des mécanismes novateurs de financement et de gestion des budgets de l'Union (2ème partie).

1

PARTIE

La soutenabilité contrainte des finances de l'UEMOA

La création de l'Union économique et monétaire ouest-africaine (UEMOA) en janvier 1994 visait la consolidation de la monnaie commune et l'édification d'un espace harmonisé et intégré, à l'intérieur duquel est assurée une totale liberté de circulation des personnes et des biens »[160]. Si cette affirmation de M. Tiémoko Meyliet KONE, Gouverneur de la Banque centrale des États de l'Afrique de l'Ouest (BCEAO), semble répondre à la question : « à quoi sert l'UEMOA ? », on peut de façon légitime s'interroger sur d'autres aspects à savoir : « l'UEMOA, combien ça coûte ? Comment les dépenses sont-elles financées et comment sont-elles réparties[161] ? ».

Les réponses à ces questions apparemment simples ne semblent pas si aisées, étant donné les nombreuses subtilités qui entourent d'une part la répartition des compétences entre l'Union et les États membres et, d'autre part, les contraintes de mobilisation des ressources financières au profit de l'Union.

Il est à noter que les enjeux budgétaires ont pris une importance croissante avec les difficultés économiques et sociales des États membres. L'UEMOA et son budget sont l'affaire de tous, car d'importants financements sont opérés au profit de nombreux secteurs clés tels que l'agriculture, l'élevage, l'énergie, le transport, la recherche scientifique. Elle apporte donc son soutien financier à un très grand nombre d'actions et de programmes, par des canaux variés, dont les sigles et acronymes sont cependant plus familiers que les contenus : Programme économique régional (PER), Politique agricole de l'UEMOA (PAU), Politique industrielle commune (PIC), Initiative régionale pour l'énergie durable (IRED). Il s'agit d'importants projets et programmes qui nécessitent des financements considérables que l'UEMOA doit s'atteler à mobiliser.

A cet effet, plusieurs organes[162] et normes ont été mis en place pour encadrer efficacement la mobilisation des ressources nécessaires au financement des interventions de l'Union.

---

160 T. KONE, Préface à N. MÉDÉ, *Finances publiques : Espace UEMOA/UMOA,* Dakar, L'Harmattan-Sénégal, 2016, p. 17.

161 N-J. BREHON, *Le budget de l'Europe,* Paris, L.G.D.J., *1997, spéc.* p. 5.

162 Conformément à l'Article 16 (modifié) du traité de l'Union, les organes de l'Union sont constitués par la Conférence des chefs d'État et de Gouvernement, telle que définie à l'article 5 du Traité de l'UMOA ; le Conseil des Ministres, tel que défini à l'article 6 du Traité de l'UMOA ; la Commission ; le Parlement ; la Cour de Justice ; la Cour des Comptes. Ces organes agissent dans la limite des attributions qui leur sont conférées par le Traité de l'UMOA et celui de l'UEMOA, et dans les conditions prévues par ces

Cependant, il est à remarquer que malgré le cadre institutionnel novateur mis en place par les pères fondateurs de l'Union, de nombreuses difficultés plombent l'application du cadre normatif communautaire, particulièrement des règles relatives aux ressources propres (titre I), réduisant notamment la capacité de financement des projets intégrateurs (titre II).

Traités. Par ailleurs, des organes consultatifs et des institutions spécialisées autonomes concourent également à la réalisation des objectifs de l'Union.

TITRE 1

Une application mitigée des règles relatives aux ressources propres

Le 10 janvier 1994, la Conférence des chefs d'État et de Gouvernement de l'UEMOA a affirmé la nécessité de favoriser le développement économique et social des États membres, grâce à l'harmonisation de leurs législations, à l'unification de leurs marchés intérieurs et à la mise en œuvre de politiques sectorielles communes dans les secteurs essentiels de leurs économies[163].

Ceci illustre bien la volonté des États membres de se regrouper afin de surmonter les obstacles potentiels et, surtout, de faire face aux nombreux défis d'une mondialisation sans cesse croissante. Toutefois, l'accomplissement de cette volonté suppose que les États membres manifestent également le désir de compléter, à cet effet, l'Union monétaire ouest-africaine par de nouveaux transferts de souveraineté et

---

163 Voir le préambule du Traité modifié de l'UEMOA du 9 janvier 2003. Disponible sur le site www.uemoa.int/Documents/Actes/TraitéRéviséUEMOA.pdf. *Consulté le 20 juin 2016.*

de la transformer en Union économique et monétaire ouest-africaine, dotée de compétences supplémentaires[164]. Aussi, la mise en œuvre de ces compétences et les missions qui en découlent nécessitent des moyens colossaux. Lesdits moyens ne peuvent être mobilisés sans la mise en œuvre d'un cadre normatif cohérent, dont l'application ne souffrirait d'aucune défaillance majeure.

A cet effet, même si certains auteurs estiment qu'aucun impôt communautaire[165] n'a encore été envisagé au sens strict du terme[166], le Traité de l'UEMOA fait référence à des prélèvements destinés à alimenter le budget de l'Union. Aussi le Traité et ses normes dérivées consacrent-ils de nombreux actes relatifs aux finances de l'Union.

Il paraît donc intéressant d'évaluer le cadre normatif communautaire en matière de mobilisation des ressources pour noter une prépondérance des ressources propres (Chapitre I) dont la mobilisation soulève de nombreuses difficultés (Chapitre II).

---

164 *Ibid.*

165 D'un point de vue juridique, cet impôt communautaire pourrait être défini, selon les termes traditionnels, comme une « *prestation pécuniaire requise des particuliers par voie d'autorité, à titre définitif et sans contrepartie, en vue de la couverture des charges publiques* » de l'Union. Cf. V. OLIVIER NEGRIN, « Une légende fiscale : la définition de l'impôt de Gaston JÈZE », *RDP,* 2008, n° 1, p. 139.

166 A. MAITROT DE LA MOTTE, « L'impôt européen. Enjeux juridiques et politiques », *Revue de l'OFCE* 2014/3, n°134), p. 149-160. L'auteur estime qu'« *au regard de leur nature juridique (prélèvements douaniers, et non fiscaux), il ne s'agit pas d'impôts au sens strict du terme* ».

Chapitre **1**

Une prépondérance affirmée des ressources propres

Sommaire

L'intégration en Afrique de l'Ouest est aussi vieille que les États qui composent cette région[167]. L'intégration régionale constitue « *un processus de renforcement des interdépendances et d'intégration sociale transcendant les États* »[168]. Elle nécessite des organisations supranationales fortes, dans la mesure où les États membres, par la communautarisation, ont accepté de confier une partie de leurs compétences aux organisations régionales.

Une organisation régionale est une organisation internationale dont le champ est limité à des États liés par une solidarité géographique[169]. Ce type[170] d'organisation est une association d'États constituée par un Traité, dotée d'organes communs, et possédant une personnalité juridique distincte de celle de ses États membres. Par cette personnalité juridique internationale, l'organisation est un sujet de droit international, dotée de la capacité de jouir des droits et devoirs et de pouvoir s'en prévaloir[171].

Les organisations régionales sont nécessaires à la réussite du processus d'intégration. Les États de l'Afrique de l'Ouest sont conscients de l'importance de l'intégration régionale comme un élément central de stratégie pour leur développement[172], dans un contexte mondial de régionalisation. Cependant, La survie de ces institutions communautaires, dépend d'un financement adéquat de l'intégration. Il s'agit en l'occurrence du système de financement autonome (Section 1)

---

[167] G. MVELLE, *Intégration coopération en Afrique*, Paris, L'Harmattan, 2014, p. 131.

[168] L. SINDJOUN, *La justice de l'intégration*, Dakar, CREDILA, 2011, p. 7.

[169] Cf. R. CABRILLAC, *Dictionnaire du vocabulaire juridique*, Paris, LexisNexis, 2020, p. 384. S. GUINCHARD et T. DEBARD, *Lexique des termes juridiques,* Paris, Dalloz, 2019, p. 748.

[170] Au titre des organisations internationales, il existe des organisations interétatiques (disposant de pouvoirs de coordination ou de coopération), des organisations politiques (pourvues d'une compétence générale comme l'ONU), des organisations régionales, des organisations d'intégration ou supranationales (pourvues de pouvoirs réels de décision à l'égard des États membres et de leurs ressortissants telles que l'UE et la CEDEAO et l'UEMOA), des organisations techniques qui sont, quant à elles, spécialisées dans une activité donnée (UNESCO, OIT, OMD) et des organisations universelles ayant vocation à réunir tous les États (ONU, UNESCO).

[171] CIJ, avis consultatif du 11 avril 1949, Réparation des dommages subis au service des Nations Unies, Rec., CIJ, spéc. p. 179.

[172] C. VANDI, *La zone de libre-échange dans le cadre du premier plan d'action décennal de l'agenda 2063*, Réunion de haut niveau sur le rôle des organisations régionales et sous-régionales africaines dans la réalisation de l'intégration régionale, consulté sur le site www.OSAA.com., en mai 2018.

basé sur les ressources propres, auquel s'ajoute un système de financement complémentaire (Section 2) qui s'appuie sur la contribution des bailleurs de fonds.

Section 1 ‖ Un système de financement autonome

Le financement du processus d'intégration demeure une préoccupation des organisations régionales et sous-régionales. Ces dernières auraient été plus aptes à gérer leurs finances indépendamment de leurs États membres, mais la réalité en est tout autre. Cette autonomie totale tant recherchée renforce l'idée d'André de LAUBADERE suivant laquelle : *« [...] l'autonomie fait partie [...] des mots dont le sens est relativement équivoque et en tout cas le contenu imprécis »*[173]. Il s'agit d'une notion équivoque aux ramifications diverses, faisant à la fois l'objet d'unanimité et de contradictions. Mieux, elle « *se mesure plus qu'elle* ne *se définit* »[174].

Selon une partie de la doctrine[175], l'autonomie financière est un élément constitutif de l'autonomie, tandis que pour d'autres auteurs, cette autonomie est mise à mal du fait d'une autonomie financière limitée[176] des organisations d'intégration. Ceci laisse transparaître une autonomie financière relative (Paragraphe 1), bien que l'existence de ressources propres soit un gage d'autonomie financière (Paragraphe 2).

---

173 A. DE LAUBADERE, « La loi d'orientation de l'enseignement supérieur et l'autonomie des Universités », *AJDA*, 1969, p. 8.

174 V. DUSSART, *L'autonomie des pouvoirs publics constitutionnels*, Préface Michel LASCOMBE, Paris, CNRS, 2000, p. 13.

175 J. KOLASA, « *Financing* », *in* R. J. DUPUY, *Manuel sur les organisations internationales*, Dortdrecht, MNP, 1988, p. 204. C. F. AMERASINGHE, *Principles of the institutional law of international organizations*, Cambridge university press, 1996, p. 304.

176 D. STRASSER, « Actualité des finances de la Communauté européenne », *RFFP*, 1983, p. 2. E. CEREXHE, « Intégration politique et ressources propres », *in* G. ISAAC (dir.), *Les ressources financières de la Communauté européenne*, Paris, *Economica*, Colloque de la CEDECE, 1986, p. 69.

Paragraphe I | Une autonomie financière relativisée

Selon Jean Claude MAITROT, « *[...] lorsqu'on cherche à définir le thème d'autonomie financière, on a l'impression de s'aventurer dans les sables mouvants ou d'utiliser une formule caoutchouc* »[177]. La notion d'autonomie financière des organisations d'intégration ne fait pas souvent l'objet d'études. C'est plutôt le financement des organisations internationales qui est le plus souvent abordé dans les études[178]. Cependant, l'autonomie financière est largement tributaire de réflexions doctrinales ambivalentes. Une approche fonctionnelle de l'autonomie financière est retenue (A) au détriment d'une approche formelle rejetée (B).

A- L'approche fonctionnelle retenue

L'autonomie financière, dans son aspect fonctionnel, implique la mise en œuvre de deux dimensions. La première concerne la volonté autonome de l'organisme, tandis que la seconde dimension est relative à l'acquisition des capacités juridiques permettant d'assurer une gestion financière indépendante. Il apparaît clairement que l'autonomie financière, perçue comme une fonction, a un contenu diversifié (1) et est d'un intérêt patent (2) pour les organismes.

1 | Un contenu diversifié

L'autonomie financière fonctionnelle est relative aux liens entre *« la collectivité de rattachement et la collectivité rattachée »*[179]. Elle ne se limite pas à la part des ressources propres dans le financement des activités d'une organisation. L'autonomie financière fonctionnelle prend en compte d'autres éléments tels que la capacité de l'organe à concevoir

[177] J. C. MAITROT, *Recherches sur la notion d'autonomie financière en droit public*, Thèse, Paris I, 1972, p. 119.

[178] E. JOUVE, « Le financement des organisations internationales et ses implications politiques », *RFFP*, 1995, pp. 37-47, G. ORSONI, « Les problèmes posés par le financement des organisations internationales par les États », *RFFP*, 1995, PP. 23-36 ; J. KOLASA, « *Financing* », *in* R. J. DUPUY, *Manuel sur les organisations internationales*, *op. cit.*, p. 204 ; C. F. AMERASINGHE, *Principles of the institutional law of international organizations*, *op. cit.*, p. 304.

[179] A. POTTEAU, *Recherches sur l'autonomie financière de l'Union européenne*, Paris, Dalloz, 2004, p. 40.

lui-même sa propre réglementation financière, à ne pas subir de contrôle *a priori*, à disposer de sa propre trésorerie et de sa comptabilité. Cette approche est très voisine de la définition générale donnée par le dictionnaire Larousse qui assimile l'autonomie financière à la *« situation d'un organisme qui administre, gère librement ses propres ressources »* [180].

L'autonomie financière devient une fonction qui consiste à permettre à une structure de gérer ses finances indépendamment de sa collectivité de rattachement, et d'examiner les capacités qu'elle détient en vue d'atteindre cette finalité. Elle n'est pas exclusivement liée au fait de disposer des ressources propres. Elle devient un concept élargi qui va au-delà de l'aspect technique, qui relie la structure de rattachement à la structure rattachée.

En droit interne, l'autonomie financière fonctionnelle peut être associée à des modes d'organisation constitutionnelle et administrative. Il s'agit, en l'occurrence, du fédéralisme, de la séparation des pouvoirs et du régionalisme[181]. Le fédéralisme politique est perçu comme *« un mode de partage de l'autorité étatique entre le gouvernement fédéral et les gouvernements fédérés, et comme un processus d'association des collectivités composantes aux décisions de la collectivité composée »*[182]. Ainsi, l'ordre financier fédéral tend à assurer l'autonomie financière de la fédération et des États fédérés, de même que la participation de ces derniers à la formation des décisions financières fédérales[183]. En ce qui concerne le fédéralisme, l'autonomie financière est une illustration du principe d'autonomie des deux niveaux de gouvernement en droit financier.

En droit international institutionnel, il apparaît en général que les organisations internationales sont pourvues d'une faible autonomie financière[184]. Dans leur majorité, elles ne sont pas dotées de ressources propres mais dépendent essentiellement, pour leurs recettes, des contributions des États et d'autres donateurs. Ce qui *« les met largement*

---

[180] I. JEUGE-MAYNART, (dir.), *Le Petit Larousse illustré*, *op. cit.*, p. 118.

[181] V. DUSSART, *L'autonomie financière des pouvoirs publics constitutionnels*, Paris, CNRS Editions, 2000, p. 165. L'autonomie financière fait partie intégrante du statut des différents pouvoirs (exécutif, législatif et judiciaire) en ce qui concerne la séparation des pouvoirs, et les régions en ce qui concerne le régionalisme.

[182] G. SCELLE, *Précis de droit des gens,* Paris, Sirey, 1932, p. 187.

[183] J. ANASTOPOULOS, *Les aspects financiers du fédéralisme*, Paris, LGDJ, 1979, p. 1.

[184] L. SAIDJ, *Finances publiques*, Paris, Dalloz, *op. cit*, p. 33.

à la merci du bon vouloir des contributeurs les plus importants »[185]. L'option pour une autonomie financière fonctionnelle met l'organisation internationale à l'abri de la dépendance vis-à-vis des États membres. Par ce fait, son caractère supranational s'accentue et ne cesse d'émerger en faveur d'une liberté dans ses choix et dans ses prises de décision. Ainsi, Alain PELLET affirmait qu'« *au fur et à mesure que les organisations internationales développent leurs activités et empiètent sur les compétences traditionnelles des États, il est de plus important que leurs moyens financiers ne dépendent plus de la bonne volonté des États membres »*[186]. En l'espèce, l'autonomie financière apparaît comme un indice et un instrument d'une meilleure protection de leurs compétences et de l'effectivité de leur personnalité juridique.

Cependant, le cas de l'ONU requiert une attention particulière. Il lui est refusé toute autonomie financière effective pour financer ses opérations de maintien de la paix dans le monde. L'ONU n'est pas dotée de ressources propres mais plutôt de contributions étatiques. Ces dernières constituent le moyen le plus approprié et le plus logique, dans la mesure où elles permettent aux gouvernements membres ayant contribué, d'exercer un contrôle adéquat sur le budget et les programmes de l'organisation[187]. Le fait pour une organisation de disposer d'un budget propre financé par sa structure de rattachement, met en présence *« d'une autonomie financière fictive »*[188].

Dans un souci d'efficacité et d'efficience, la doctrine retient l'autonomie financière fonctionnelle car elle englobe un ensemble de facteurs qui sont importants pour les organisations internationales, en général, et les organisations d'intégration, en particulier. Il va sans dire que l'autonomie financière présente un intérêt certain.

---

[185] Ibid.

[186] A. PELLET, P. DAILLIER, N. QUOC DINH, *Droit international public*, Paris, LGDJ, 1999, p. 591.

[187] S. OGATA, P. VOLKER, *Financement de l'Organisation des Nations Unies : le prix de l'efficacité, Rapport du groupe consultatif indépendant sur le financement de l'Organisation des Nations Unies*, Document ONU, A/48/460, 1993, p. 26. Cité par D. DORMOY, « Aspects récents de la question du financement des opérations de maintien de la paix de l'Organisation des Nations Unies », *in AFDI,* 1993, pp. 131-156, spéc. p. 151.

[188] D. STRASSER, *Les finances de l'Europe. Le droit budgétaire des Communautés européennes*, Paris, LGDJ, 1990, p. 39.

2 | Un intérêt patent

L'autonomie financière fonctionnelle prend en compte les aspects institutionnel et matériel de l'autonomie. La dimension institutionnelle réside dans la prise en considération du principe de participation des États membres. Comme l'affirmait René-Jean DUPUY : *« ... l'organisation laisse voir les États, toujours présents derrière ses structures »*[189]. Cette présence permanente des États dans la formation de la volonté des institutions peut être un frein à leur autonomie financière réelle. Il est tout de même important de signaler qu'il n'existe pas une autonomie financière complète des organisations[190]. Les États membres, en prenant place dans les organes de délibération desdites organisations, peuvent contrôler leur développement. En effet, la structure des organisations est non seulement déterminée par les États membres qui sont à leur origine, mais également dominée par eux. Leur participation est toujours l'élément fondamental de la construction institutionnelle[191].

La dimension institutionnelle de l'autonomie financière fonctionnelle n'écarte pas la participation des États membres à la formation de la volonté de l'organisation. Cette dernière subordonne l'autonomie financière à sa volonté autonome. Dans cet élan, sa volonté n'est pas mise en exergue sans la participation des États qui interviennent par le biais des organes intergouvernementaux de l'organisation d'intégration. Au sein de l'UEMOA, cette situation s'apprécie avec la Conférence des chefs d'État et de Gouvernement, le Conseil des Ministres et la Commission[192]. Les organes de direction politique sont constitués des autorités de chaque État membre de l'Union. Celles-ci sont garantes de la préservation des intérêts particuliers de leurs États respectifs au niveau communautaire. La Conférence des chefs d'État et de Gouvernement ainsi que le Conseil des Ministres, sont les organes de direction politique. La Commission de l'UEMOA est constituée de huit membres appelés

[189] R. J. DUPUY, *La Communauté internationale entre le mythe et l'histoire*, Paris, Economica, 1986, p. 63.

[190] J. P. JACQUÉ, « Le constat », *in Société française pour le droit international, colloque de Strasbourg, Les organisations internationales contemporaines, crises, mutation, développement*, Paris, Pedone, 1988, pp. 63-91, spéc. p. 8.

[191] S. SUR, *Droit international public*, Paris, Montchrestien, 1997, p. 714.

[192] Aussi appelés organes de décision, les organes de direction se situent au sommet de l'architecture organisationnelle de l'Union. Ils se composent des organes de direction politique (la Conférence des chefs d'État et de Gouvernement et le Conseil des Ministres) et de l'organe technique central de direction (la Commission).

commissaires[193]. Ils sont les représentants des huit États membres de l'UEMOA. Ils sont nommés, pour un mandat de quatre (4) ans, renouvelable par la Conférence des chefs d'État et de Gouvernement.

L'aspect matériel de l'autonomie consiste à prendre en considération le champ de compétence de l'organisation. Une volonté autonome n'équivaut pas forcément à une prise de décisions distinctes de la volonté des États membres. L'incapacité des États membres d'une organisation internationale à maîtriser les choix et les décisions de ladite organisation n'est pas révélatrice de son autonomie encore moins de son autonomie financière. L'autonomie financière fonctionnelle d'une organisation internationale résulte de la répartition des pouvoirs et des compétences[194] entre elle et ses États membres.

La dimension matérielle de l'autonomie financière fonctionnelle s'apprécie à travers le champ de compétences d'une organisation, et des organes qui seront chargés de les mettre en œuvre. Ce qui nécessite le cumul de deux critères[195], à savoir, l'étendue et la qualité des compétences de l'organisation en matière financière. Puis, la capacité de l'organisation d'exercer ses compétences de manière autonome, sans que les États membres n'arrivent, de par leur participation, à limiter l'exercice desdites compétences.

L'autonomie financière fonctionnelle donne tout son sens au principe de subsidiarité. Ce dernier enjoint aux organes de l'Union de favoriser l'édiction des prescriptions minimales et de réglementations cadres qu'il appartient aux États membres de compléter autant que de besoin, conformément à leurs règles constitutionnelles respectives. Ce principe définit le partage des compétences entre les États membres et l'organisation d'intégration, pour répondre à la critique d'extension indéfinie du champ d'action communautaire. Il apparaît comme un principe d'organisation nécessaire à la délimitation de l'ordre interne et de l'ordre communautaire, voire de l'ordre international. La complétude apparente de l'autonomie financière fonctionnelle fait que la doctrine opte pour ce type d'autonomie au détriment de l'approche formelle.

---

193 Art. 27 du traité révisé de l'UEMOA, *op. cit.*

194 V. CONSTANTINESCO, *Compétences et pouvoirs dans les Communautés européennes*, Paris, LGDJ, 1974, pp. 64-68.

195 A. POTTEAU, *Recherches sur l'autonomie financière de l'Union européenne, op. cit.*, p. 46.

B- L'approche formelle rejetée

L'autonomie financière est une notion ambivalente. Elle est tantôt appréhendée suivant l'approche fonctionnelle, mais elle peut être aussi perçue de manière formelle. L'autonomie financière formelle relève essentiellement de réflexions doctrinales, basées sur des origines internes et sur des spécificités qui la caractérisent. Cette notion repose sur un contenu restrictif (1) et des limites apparentes (2).

1 | Le contenu restrictif

L'autonomie financière formelle crée un rapport étroit avec la personnalité juridique, à telle enseigne que pour certains auteurs, cette dernière est consubstantielle à la réalisation de la première. Ce qui emmène Jean-Claude MAITROT à affirmer que : *« la personnalité juridique implique l'autonomie financière »*[196]. Selon Loïc PHILIP, *« l'autonomie financière suppose d'abord l'autonomie juridique. Seuls les organismes dotés de la personnalité juridique ... peuvent gérer eux-mêmes leurs finances »*[197]. Ces assertions ont tout leur sens. En effet, c'est parce qu'un organisme dispose de la personnalité juridique, que ses dépenses et ses recettes pourront échapper au budget général de l'État.

L'aspect formel de l'autonomie financière exige la destruction des rapports entre le budget de l'organisme et le budget général de la collectivité de rattachement. Dès lors, l'autonomie financière ne pourrait s'affirmer qu'au moyen d'un budget autonome. Ainsi, *« ... les recettes et les dépenses du service n'auront désormais aucun rapport avec le budget de l'État »*[198]. Dans cet élan, pour qu'un organisme soit véritablement doté de ressources, il est important que ses dépenses et ses recettes ne relèvent plus du budget général de sa collectivité de rattachement et ne soient plus sous la tutelle de l'autorité budgétaire de celle-ci. La constitution d'un budget autonome et l'acquisition d'une autonomie budgétaire impliquent une individualité financière appelée, en d'autres termes, personnalité financière[199] de l'organisme autrefois rattaché.

---

[196] J. C. MAITROT, *Recherches sur la notion d'autonomie financière en droit public*, Thèse, Paris I, 1972, p. 119.

[197] L. PHILIP, *Finances publiques*, Paris, Cujas, 1995, p. 294 ;

[198] G. JÈZE, « Moyens de gestion financière des entreprises industrielles de l'État », *in RSF*, 1905, p. 765.

[199] L. TROTABAS, *Manuel de droit public et administratif*, Paris, LGDJ, 1978, p. 153. Certains auteurs utilisent l'expression personnalité financière pour désigner l'autonomie financière. Cf. O. PIROTTE, P. GIRERD, P. MARSAL, S. MORSON, *Trente ans*

L'autonomie financière ne se confond pas à l'individualité financière. Mais l'autonomie financière inclut l'individualité financière. Léon MICHOUD définit l'individualité financière comme « *un simple mécanisme administratif, ayant pour objet de faciliter et de simplifier la gestion de certaines branches des revenus publics et de faire apparaître d'une manière immédiate, au moyen d'un compte séparé, les résultats de cette gestion* »[200].

Un organisme est donc réputé disposer de l'individualité financière, dès lors que ses dépenses et ses recettes ne se fondent pas dans le budget général de sa collectivité d'appartenance, mais relève d'un budget spécifique même s'il est rattaché au budget général. En d'autres termes, un service bénéficiant de l'individualité financière peut se contenter d'un budget annexe. D'où la différence avec l'autonomie financière, dont le détenteur ne saurait se satisfaire d'un budget annexe[201], mais plutôt d'un budget autonome[202].

L'autonomie financière nécessite de la part de l'organisme qui en est titulaire de disposer d'un budget propre. De manière générale, en droit public, l'attribution de la personnalité juridique à un organisme, aboutit à l'affectation de recettes à l'ensemble des dépenses dudit service. Cette affectation demeure générale, permanente et accompagnée de la séparation avec le patrimoine général[203]. Ainsi, les recettes et les dépenses d'un organisme jouissant d'un patrimoine propre, relèvent par conséquent de son propre budget. Ce qui fait dire au Doyen Georges VEDEL que *« la possession d'un patrimoine suppose l'existence d'un budget et d'une comptabilité distincte »*[204].

Le budget autonome est caractérisé par une absence de lien avec le budget de l'État[205]. Cette absence de rapports *a priori*, entraîne *« une*

d'expérience Euratom. La naissance d'une Europe nucléaire, Bruxelles, Bruylant, 1988, p. 60.

200 L. MICHOUD, *La théorie de la personnalité morale et son application au droit français*, Paris, LGDJ, 1924, p. 384.

201 Art. 1 al. 4 de la loi organique n°2013-14 du 27 septembre 2013 relative aux lois de finances dispose : « *Budget annexe : budget retraçant les dépenses et les recettes d'un service de l'État non doté de la personnalité juridique et dont l'activité tend essentiellement à produire des biens ou à rendre des services donnant lieu à paiement. Ils constituent des missions et sont spécialisés par programme* ».

202 N. MÉDÉ, *Finances publiques : Espace UEMOA/UMOA, op. cit.*, p. 258

203 G. JÈZE, *Les principes généraux du droit administratif*, Paris, Giard, 1930, p. 27.

204 G. VEDEL, *Traité de droit administratif*, Paris, PUF, 1964, p. 513.

205 G. JÈZE, « Moyens de gestion financière des entreprises industrielles de l'État », *RSF*, 1905, p. 765.

absence de la tutelle parlementaire »[206]. Totalement détachés du budget de l'État, les budgets autonomes ne subissent pas l'influence du Parlement au moment du vote et de l'autorisation budgétaire. Ils sont réglés par un organe d'administration indépendant[207].

L'autonomie financière formelle demeure une faculté pour un service possédant la personnalité morale d'administrer directement son budget[208]. Dans ce cadre, l'organisme autonome dispose d'un pouvoir propre de gestion de ses recettes et de ses dépenses. Cette approche formelle de l'autonomie financière connaît des limites.

2 | Les limites apparentes

L'autonomie financière formelle est réduite aux apparences. Dès lors qu'un organisme dispose d'un budget autonome et du pouvoir de l'adopter, il est considéré comme financièrement autonome. Aussi cet aspect formel de l'autonomie financière conduit-il à s'interroger sur l'existence et la portée des principes de l'unité[209] et de l'universalité[210] budgétaire en droit international institutionnel. Ce qui demeure limité, quand on fait la comparaison avec le volet fonctionnel de l'économie.

L'approche formelle de l'autonomie financière refuse de considérer qu'un organe non personnalisé, n'étant pas titulaire d'une individualisation budgétaire, puisse bénéficier d'une autonomie financière ; bien qu'il détienne le pouvoir d'exécuter de manière autonome sa section budgétaire. Cette approche est subordonnée à des conditions strictement budgétaires, à travers l'individualisation budgétaire[211]. Ce qui révèle davantage le caractère limitatif de l'autonomie financière formelle.

Force est de constater que l'autonomie financière dans son acception formelle n'a pas forcément pour finalité d'assurer à l'organisme bénéficiaire, la capacité de gérer de manière autonome ses finances. Ainsi, l'acquisition de la personnalité juridique et de l'autonomie

---

[206] J. MOREAU, *Etude sur le régime financier des services industriels de l'État en France*, Thèse de doctorat, Paris, 1937, p. 21.

[207] M. WALINE, *Droit administratif*, Paris, Sirey, 1963, p. 391.

[208] *Ibid.*

[209] Art. 7 du règlement financier de l'Union, *op. cit.*

[210] Art. 13 du règlement financier de l'Union, *op. cit.*

[211] L'individualisation budgétaire, au sens restrictif utilise la technique du budget annexe, tandis qu'au sens extensif, elle utilise la technique du budget autonome. Elle peut en effet permettre à l'organisme ou au service qui en est titulaire de gérer ses finances de manière autonome.

financière par un organisme, peut être due à la volonté de la collectivité de rattachement. En effet, cette dernière peut vouloir contourner les règles comptables et budgétaires liées à son propre budget[212], en vue de déterminer le coût d'une activité qu'elle mène et de pouvoir mieux la financer par le truchement d'une meilleure appréhension de l'affectation des ressources. Cet organisme pourvu de l'autonomie financière formelle ne détient pas en réalité une véritable autonomie dans la gestion de ses finances. Il convient d'indiquer que la structure de rattachement peut, par la composition des organes dirigeant l'organisme créé, avoir un regard sur les orientations et la gestion financière de ce dernier. Au-delà d'un contrôle en sourdine des finances de l'organisme créé, on peut assister à une véritable tutelle budgétaire de la part de la structure de rattachement.

Les collectivités de rattachement disposent de différentes techniques leur permettant de maîtriser, dans une large mesure, la gestion financière d'un organisme qu'elles auraient créé et doté de l'autonomie financière formelle. Il est important de relever que l'autonomie financière formelle n'a pas forcément pour vocation de permettre à l'organisme qui en bénéficie de disposer véritablement de la capacité de gérer de façon autonome ses finances.

La situation budgétaire du Parlement est une illustration des limites de l'autonomie financière formelle. Le Parlement jouit de l'autonomie financière, traduite par le fait que lui et non le gouvernement détermine les propositions sur les crédits nécessaires à son fonctionnement. Le fait qu'il bénéficie de l'autonomie financière n'empêche pas que ses charges relèvent du budget général de l'État. Dans ce cas particulier, l'autonomie financière constitue le pouvoir de décider, de manière relativement autonome, de ses charges. C'est à l'occasion de la procédure annuelle d'examen, de vote et d'adoption de la loi de finances que le Parlement va adopter ses crédits budgétaires. Ce qui ne semble pas être une entorse à l'effectivité de l'autonomie financière du Parlement, bien qu'il ne dispose pas de ressources propres.

L'approche formelle de l'autonomie financière étant rejetée au profit de celle fonctionnelle, les ressources propres présentent dès lors un enjeu capital dans la détermination de l'autonomie financière.

[212] Cf. CONSEIL D'ÉTAT, « Les établissements publics nationaux », *Rapport, 2009*, p. 60.

Paragraphe II | Un facteur déterminant, des ressources propres

Les ressources propres sont importantes pour les organisations d'intégration régionale. Au niveau de l'UEMOA, elles sont censées être directement perçues par l'Union. Toutefois, dans la réalité, elles transitent par les États membres qui se chargent des modalités pratiques de recouvrement. Ceci fait penser que les particuliers ne sont pas, de façon directe, des redevables de l'UEMOA.

Il est à remarquer que du point de vue du mode de financement, l'autonomie financière paraît moins large[213]. Cependant, lorsqu'on s'en tient au mode d'administration financière, l'Union paraît véritablement autonome. La perception des ressources propres devient un défi communautaire important (A), suite au rejet du système de financement classique (B) l'ayant précédé.

A- Un défi communautaire important

Les ressources propres communautaires sont, comme leur nom l'indique, des ressources qui appartiennent en propre à l'Union. Autrement dit, elles emportent un transfert définitif de ressources au profit de l'Union[214]. Elles sont essentiellement constituées par les reversements des perceptions effectuées par les États membres au profit des organisations communautaires. Toutefois, les organisations d'intégration comme l'UEMOA effectuent parfois des contrôles auprès de ces administrations, pour limiter, dans une certaine mesure, les difficultés de reversement. Il convient de s'intéresser au fondement juridique (1) des ressources propres et à leur intérêt grandissant (2) pour l'UEMOA.

1 | Le fondement juridique

Le traité de l'UEMOA, de même que les divers traités des organisations communautaires, n'offrent aucune définition des ressources propres. C'est donc la doctrine qui comble cette lacune. Ainsi,

---

213 M. LASCOMBE, Préface à A. POTTEAU, *Recherches sur l'autonomie financière de l'Union européenne*, Paris, Dalloz, 2004, p. XIII.
214 J. BUISSON, « Vers de nouvelles ressources propres : à la recherche du contribuable européen », *Mélanges en l'honneur du Professeur Joël MOLINIER*, Paris, LGDJ-Lextenso, pp. 119-126.

Selon Giancarlo OLMI et Claus-Dieter EHLERMANN[215], les ressources propres se définissent comme « *les impôts, supportés par les contribuables, qui tirent leur source définitive de la communauté* ». Elles s'appréhendent, ainsi, par opposition aux contributions financières des États et constituent des ressources « *de nature fiscale affectées à la communauté une fois pour toutes sans qu'une décision ultérieure des autorités nationales n'intervienne* »[216].

Cette définition, même si elle a l'avantage d'établir le parallèle entre ressources propres et contribution des États, est trop restrictive. Elle limite les ressources propres aux prélèvements fiscaux. Ce qui est contestable car, il existe bien d'autres ressources propres communautaires qui ne transitent pas par les budgets nationaux, mais qui ne sont pas de nature fiscale. Il est, dès lors, retenu une définition plus extensive des ressources propres, dont le contenu est aussi variable qu'il existe une multitude de modes de financement autonome[217].

En général, les ressources propres sont perçues comme des « *moyens de financement propres et indépendants des États membres, affectées une fois pour toutes à la communauté pour financer son budget et lui revenant de droit, sans qu'une décision ultérieure des autorités nationales n'intervienne* »[218].

L'institution des mécanismes de ressources propres figure dans la plupart des Traités des Communautés économiques régionales et sous-régionales. Ces références en constituent le fondement juridique et témoignent, par ailleurs, de la volonté politique ainsi que de l'engagement juridique des États à élaborer et à mettre en œuvre ces mécanismes de ressources propres. Ces derniers doivent contribuer au financement du processus d'intégration.

---

[215] G. OLMI, « Les ressources propres des communautés », *in CDE*, 1971, p. 395 et C. D. EHLERMANN, « The financing of the community : the distinction between financial contributions and own resources », *in CLM revue*, 1982, p. 71, cités dans C. D. ECHAUDEMAISON (Dir,), *Dictionnaire d'économie et de sciences sociales*, Paris, Nathan, 4ème édition, 1998.

[216] G. ISAAC, *Les ressources financières de la Communauté Européenne,* Paris, Economica, 1986, cité par S. V. RAEPENBUSCH, *Droit institutionnel de l'Union européenne*, Bruxelles, Larcier, 2004, p. 293.

[217] P. THÉOUA, *Les finances Publiques de l'Union économique et monétaire ouest-africaine (UEMOA) et la logique de performance*, *op. cit.*, p. 30.

[218] *Idem.* p. 33.

A cet effet, le Traité révisé de l'UEMOA[219], le Traité révisé de la CEDEAO[220], le Traité instituant le Marché commun de l'Afrique de l'Est et de l'Afrique Australe[221], prévoient formellement la mise en place des ressources propres qui doivent assurer intégralement, ou en partie, le financement des projets et programmes communautaires.

Les prélèvements fiscaux communautaires constituent le moyen auquel on a le plus recours pour assurer des ressources propres aux communautés économiques régionales. Ces prélèvements communautaires, basés sur la taxation des produits en provenance de pays tiers, sont de plus en plus adoptés par diverses organisations d'intégration africaines (CEDEAO, CEMAC, UEMOA) comme mécanisme de financement autonome. Ils sont utilisés depuis 1971 par l'Union européenne[222].

En faisant le choix de se doter de ressources propres, l'UEMOA révoque le mécanisme de quote-part, initialement en vigueur dans la CEAO. Elle réfute toute emprise des États membres sur le budget communautaire[223]. Elle les caractérise d'ailleurs par opposition aux ressources issues des financements extérieurs[224].

L'autonomie financière des collectivités locales françaises attire, par ailleurs, l'attention. Composante juridique du principe de libre administration, cette notion a été constitutionnalisée par l'insertion de l'article 72-2 dans la Constitution française de la Vème République lors de la réforme du 28 mars 2003. Mais avant cette constitutionnalisation, le Conseil constitutionnel effectuait des vérifications dans ce cadre. A cet effet, il s'assurait que les règles posées par la loi « *n'ont pas pour effet ni de restreindre la part des recettes ni de diminuer les ressources globales*

---

[219] Cf. art. 54 al. 1 du traité révisé de l'UEMOA dispose : « *Les ressources de l'Union proviennent notamment d'une fraction du produit du Tarif extérieur commun (TEC) et des taxes indirectes perçues dans l'ensemble de l'Union. Ces ressources seront perçues directement par l'Union* ».

[220] Cf. art. 72 du Traité révisé de la Communauté économique des États de l'Afrique de l'Ouest.

[221] Cf. art. 168 du Traité instituant le Marché commun de l'Afrique de l'Est et de l'Afrique Australe.

[222] CENTRE AFRICAIN POUR LA POLITIQUE COMMERCIALE, « Financement de l'intégration régionale », Commission économique pour l'Afrique, *Note d'informations n°2*, p. 3.

[223] P. THÉOUA, *op. cit.* p. 33.

[224] Article 25 du règlement 1-2008, *op. cit* : « *Les recettes de l'Union sont constituées de recettes ordinaires qui sont des ressources propres et des recettes extraordinaires qui sont des ressources d'origine extérieure* ».

des collectivités concernées au point d'entraver leur libre administration »[225].

Le financement de l'organisation d'intégration, par le biais des ressources propres, est favorable à une autonomie financière de l'institution communautaire. Les ressources propres sont constituées de recettes qui financent le budget de l'Union dans sa globalité, conformément au principe de l'universalité budgétaire. Cette structure communautaire n'a pas été dotée, dès sa création, de la compétence de lever l'impôt sur les particuliers afin de couvrir ses charges. En matière de création de recettes propres, tout se fait en concertation avec les États membres. Leur assentiment est fondamental dans la prise de décision fiscale communautaire. Cela conduit, entre autres, à une conception exclusivement fiscale des ressources propres. En ce sens, elles constituent « *des recettes de nature fiscale affectées une fois pour toutes à la Communauté pour financer son budget et lui revenant de droit sans qu'une décision ultérieure des autorités nationales doive intervenir* »[226].

Les ressources propres sont acquittées par les particuliers assujettis et transférées à l'Union, à travers chaque État membre, en application d'un pouvoir communautaire d'imposition. Il paraît aisé d'en déduire que les particuliers acquittent l'impôt dont le produit a été transféré à l'organisation d'intégration, en application d'un acte communautaire, si bien que les ressources propres constitueraient le produit financier d'une véritable imposition communautaire.

En Afrique de l'Ouest en général et dans l'UEMOA en particulier, il paraît évident que le lien fiscal entre les particuliers et les organisations d'intégration n'est pas direct. Ce qui pose dans la pratique, le problème de l'automaticité du reversement[227] des recettes communautaires par les États membres. En effet, les États membres de l'UEMOA sont en majorité des Pays en développement[228], caractérisés par une trésorerie

[225] Cf. CONSEIL CONSTITUTIONNEL, Décision n° 2000-442 DC du 28 décembre 2000.

[226] COMMISSION DES COMMUNAUTÉS EUROPÉENNES, *Les finances publiques de l'Union européenne*, Luxembourg, OPOCE, 1995, p. 45.

[227] G. ISAAC, « Ressources propres », *in* L. PHILIP, *Dictionnaire encyclopédique des finances publiques*, Paris, Economica, 1991, p. 1360.

[228] L'expression remplace des dénominations antérieures, jugées inadéquates, obsolètes ou incorrectes : les pays du tiers-monde, les pays sous-développés. Elle s'est substituée à « pays en voie de développement ». Le terme développement, dans le cas présent, est souvent pris comme un raccourci pour développement économique, mais concerne aussi

qui laisse à désirer. L'existence de ces recettes communautaires au niveau de l'administration des États membres fait qu'elles ne sont pas immédiatement reversées à l'Union. Le fait que ces ressources communautaires transitent par les États, constitue dans une certaine mesure, un frein au financement de l'intégration dans la sous-région. Il serait souhaitable que le reversement automatique et immédiat des ressources propres communautaires soit effectué quotidiennement dans un compte prévu à ce titre, pour l'intérêt de l'Union.

2 | L'intérêt grandissant

Les États africains ont pris conscience très tôt de l'intérêt que présentent la coopération et l'intégration régionales en tant que facteurs susceptibles de contribuer à l'accélération de leur croissance économique et à leur intégration dans l'économie mondiale. Cette prise de conscience s'est traduite, au fil des années, par la création de plusieurs organisations intergouvernementales dont certaines s'apparentent à des structures de coopération circonscrites à des domaines spécifiques[229], et d'autres, à des organisations ayant pour objectif ultime la réalisation de l'intégration économique des États africains[230].

En dépit des efforts déployés et de la volonté politique maintes fois réaffirmée en faveur de l'intégration régionale, force est de constater que les résultats de plusieurs décennies d'intégration régionale en Afrique n'ont pas été à la hauteur des attentes[231]. Parmi les facteurs explicatifs, celui relatif à l'inadéquation entre les moyens financiers et les objectifs de l'intégration régionale mérite une attention particulière. L'insuffisance, la faiblesse et l'irrégularité des financements ont toujours été le maillon faible du processus d'intégration régionale, figurant ainsi parmi les causes majeures du piétinement du processus d'intégration régionale en Afrique.

Plusieurs organisations d'intégration économique ont pris l'initiative d'adopter des mécanismes de ressources propres comme solution au problème du financement de l'intégration régionale. Selon les organisations, on parle de « mécanisme de ressources propres », de «

---

le développement humain, c'est-à-dire d'autres paramètres pouvant être considérés positifs pour la société (éducation, santé, espérance de vie...).

229 C'est le cas du Conseil de l'entente en Afrique de l'Ouest.

230 C'est le cas de l'UEMOA et de la CEDEAO.

231 CENTRE AFRICAIN POUR LA POLITIQUE COMMERCIALE, « Financement de l'intégration régionale », *op. cit.*, p. 3.

système de financement autonome » ou de « mécanisme d'autofinancement ».

L'intérêt pour les systèmes de financement autonome a grandi depuis, dans la mesure où l'on s'attend à ce qu'ils apportent un financement adéquat aux activités des organisations concernées. Le mécanisme de ressources propres comme solution au problème de financement est aujourd'hui très largement admis tant dans les discours politiques que dans le droit positif des institutions africaines d'intégration régionale.

Il s'agit en fait d'un mécanisme destiné à assurer la mobilisation de ressources propres sur une base permanente, automatique tout en assurant la croissance régulière de ces ressources. Ce mécanisme qui obéit à une certaine solidarité présente également l'avantage de n'exercer aucune ponction directe sur les budgets nationaux. Ce sont tous ces avantages liés au mécanisme qui expliquent l'intérêt grandissant pour les systèmes de financement autonome ainsi que leur adoption par la plupart des communautés économiques régionales.

Les mécanismes relatifs aux ressources propres[232], mis en place par ces Communautés économiques régionales, visent à mobiliser davantage de ressources sur une base régulière pour couvrir les budgets ordinaires des secrétariats des communautés économiques régionales, les mécanismes de compensation existants ou envisagés, les projets et programmes et études connexes, les fonds de développement régionaux[233]. Les expériences de l'UEMOA et de la CEMAC montrent que de tels mécanismes sont plus facilement compris et acceptables pour les États membres lorsqu'ils se fondent sur des études spécifiques plus adaptées aux conditions économiques, à la nature et à la portée des politiques budgétaires, à la nature et à la gamme de produits soumis aux droits communautaires, ainsi qu'aux besoins financiers de toute communauté économique régionale.

---

[232] Le mécanisme de financement autonome par les ressources propres vise deux objectifs. Le premier objectif est de sécuriser et surtout de rendre irréversibles les processus d'intégration en apportant des réponses pérennes aux limites et aux difficultés du système classique des contributions sur les budgets nationaux. Le second objectif est de rendre les CER plus autonomes vis-à-vis des budgets et des trésors nationaux, ainsi que vis-à-vis de l'aide des partenaires extérieurs.

[233] CENTRE AFRICAIN POUR LA POLITIQUE COMMERCIALE, « Financement de l'intégration régionale », *op. cit.*, p. 4.

Le financement de l'intégration par les ressources propres, accentue le caractère supranational[234] de l'organisation en réduisant sa dépendance financière à l'égard des États membres[235]. Il apparaît évident que le but visé par ce mécanisme d'autofinancement est de rendre l'Union financièrement autonome. Cette autonomie financière se traduit par des recettes fiscales communautaires qui échappent aux budgets nationaux et à l'autorisation annuelle parlementaire y afférente. Les ressources propres ne devraient plus transiter par les budgets des États membres aux fins d'autorisation[236], puisqu'elles ont fait l'objet d'une affectation au profit des Communautés.

L'appartenance d'un État à une organisation d'intégration implique, entre autres, qu'il ne dispose plus de la faculté d'inscrire au sein de son budget les ressources propres communautaires. Cette situation s'explique par le fait que chaque État membre consent au transfert des recettes douanières communautaires à l'organisation d'intégration ; à telle enseigne qu'elles n'ont pas à faire l'objet d'autorisation par les parlements nationaux. Ce point précis différencie les ressources propres des contributions financières encore appelées système de financement classique.

B- Un rejet distinctif du système de financement classique

Le système classique de financement de l'intégration est basé sur la contribution financière des États membres des organisations. Les contributions financières sont des contributions pécuniaires étatiques qui ont également un caractère obligatoire[237]. En Afrique de l'Ouest, on assiste à un refus des contributions financières (1) des États membres des organisations d'intégration économique que sont l'UEMOA et la CEDEAO. Alors qu'au niveau international, ce système reste admis (2) par certaines organisations.

---

[234] J. VERGES, « Le financement de la Communauté européenne », *in RFFP*, 1983, p. 12.

[235] F. ANJAK, « Organisations internationales. Panorama des organisations », *JCL*, Fasc. 111, 1990, p. 9.

[236] C. D. EHLERMANN, « *The financing of the community: the distinction between financial contributions and own resources* », *CML Rev.*, 1982, p. 588.

[237] A. POTTEAU, *Recherches sur l'autonomie financière de l'Union européenne, op. cit.*, p. 73.

1 | Un refus des contributions financières en Afrique de l'Ouest

Au cours de ces dernières décennies, le non-versement des contributions dues par les États membres a été identifié comme l'un des facteurs ayant contribué à la faible performance des Communautés économiques régionales. En effet, le financement des activités d'intégration régionale et, plus précisément, du fonctionnement des secrétariats des Communautés économiques régionales (CER) et des organisations spécialisées a, pendant très longtemps, reposé sur le système de contributions[238] à partir des budgets des États membres.

Ce type de financement est déterminé annuellement par les organes délibérants des organisations d'intégration selon des critères de répartition précis[239], et pris en charge par les budgets nationaux. Ces derniers sont élaborés et exécutés suivant les priorités et les contraintes propres à chaque État, surtout lorsqu'il est question en général d'États en développement dans l'Afrique de l'Ouest. Il s'ensuit un lien de dépendance entre les budgets nationaux et le budget communautaire, une insuffisance des dotations budgétaires allouées aux institutions régionales du fait des contraintes nationales, un cumul des arriérés de contribution[240]. Ce qui n'est pas sans conséquence sur le processus d'intégration, à travers un faible niveau de réalisation des projets intégrateurs et un retard observé dans la mise en œuvre des politiques de libéralisation des échanges.

De façon générale, les contributions financières des États membres couvrent à peine les dépenses de fonctionnement[241] des CER. Ce qui oblige la plupart d'entre elles à dépendre de l'aide extérieure. Par ailleurs, la crise financière et les contraintes liées aux engagements financiers internationaux des États membres ont beaucoup limité la capacité financière de ces derniers à faire face à leurs obligations financières vis-à-vis des institutions qu'ils ont mises en place. Cette situation a conduit à une sévère détérioration de la capacité financière des secrétariats des

[238] COMMISSION ÉCONOMIQUE POUR L'AFRIQUE, K. Y. AMOAKO, *Financer l'intégration régionale en Afrique*, Paris, Maisonneuve et Larose, 2005, p. 12.

[239] COMMISSION ECONOMIQUE POUR L'AFRIQUE, *Une nouvelle stratégie pour le financement de l'intégration en Afrique*, Rabat, 2014, Consulté sur le site www.eca.com le 15 mai 2018.

[240] *Ibid.*

[241] CENTRE AFRICAIN POUR LA POLITIQUE COMMERCIALE, *Une nouvelle stratégie pour le financement de l'intégration en Afrique, op. cit.*, p. 4.

CER à assurer leurs charges de fonctionnement et à mener correctement leurs activités.

Il importe de souligner que les contributions financières acquittées ont décliné au fil du temps et l'aide extérieure fait parfois défaut ou ne suffit pas[242], pour répondre aux besoins des communautés économiques régionales de l'Afrique de l'ouest. La situation de paralysie dans laquelle se sont retrouvées la plupart des communautés économiques régionales, a conduit à la nécessité de rechercher de nouvelles formules de mobilisation de ressources nécessaires à la relance, et à l'accélération de l'intégration régionale en Afrique.

En outre, il était devenu évident que le système classique de financement de l'intégration régionale, essentiellement fondé sur les contributions financières des États membres, avait atteint ses limites. Par conséquent, il était impératif de rechercher des formules alternatives viables pour, non seulement résoudre la crise financière dans laquelle s'étaient installées certaines organisations intergouvernementales, mais également leur assurer des ressources sûres et pérennes. C'est ainsi que bon nombre d'organisations d'intégration économique en général dont l'UEMOA et la CEDEAO en particulier, ont pris l'initiative d'adopter des mécanismes de ressources propres comme solution à la difficulté de financement de l'intégration régionale.

Contrairement aux ressources propres, les contributions financières des États membres n'échappent pas aux budgets nationaux et à la procédure parlementaire de vote et d'autorisation annuelle de la loi de finances[243]. Ce sont les États membres qui sont directement redevables du prélèvement communautaire à l'égard de l'organisation communautaire. En matière de contributions financières, les États membres ne sont plus le moyen de transition entre les particuliers et la structure communautaire. Ils sont censés financer directement l'intégration régionale.

Pour des raisons citées ci-dessus, ces systèmes classiques de financement de l'intégration que représentent les contributions financières des États sont abandonnées par les organisations d'intégration économique les plus représentatives de l'Afrique de l'Ouest que sont

[242] *Ibid.*

[243] C. D. EHLERMANN, « *The financing of the community: the distinction between financial contributions and own resources* », *op. cit.*, p. 588.

l'UEMOA et la CEDEAO. Toutefois, ce système reste en vigueur dans certaines organisations internationales pour divers motifs.

2 | Un système admis à l'international

Le maintien du système classique des contributions financières peut s'expliquer par la volonté des États membres de poursuivre la construction communautaire sur un mode moins supranational[244]. Ce système traduit la manifestation dans le domaine financier de cette volonté des États membres d'entretenir la dépendance financière des organisations internationales. Le financement de l'intégration par les contributions financières étatiques peut également s'expliquer par l'incapacité technique d'attribuer aux organisations internationales, dès leur création, des ressources propres[245].

Le financement de l'ONU mérite une attention particulière. Pour rappel, elle n'est pas dotée de ressources propres mais plutôt de contributions étatiques. Elles permettent aux gouvernements membres ayant contribué, d'exercer un contrôle[246] adéquat sur le budget et les programmes de l'organisation. Trois types d'instruments[247] assurent le financement du budget de l'ONU. Il s'agit du budget régulier, des budgets des opérations de maintien de la paix et des fonds extrabudgétaires.

Le budget régulier de l'ONU est approuvé par l'Assemblée générale pour une période de deux ans. Les États membres sont la principale source de financement de ce budget à travers les quotes-parts. A ce titre, les quotes-parts sont calculées selon un barème qui reflète la capacité de

[244] G. ISAAC, « La rénovation des institutions financières des Communautés européennes depuis 1970 », *RTDE,* 1973, p. 674.

[245] G. SPENALE, « Introduction », *in* Parlement européen, *Les ressources propres aux Communautés européennes et les pouvoirs budgétaires du Parlement européens*, Direction générale de la documentation parlementaire et de l'information, 1970, p. 14. G. OLMI, « Les ressources propres aux Communautés européennes », *CDE*, 1971, p. 392.

[246] S. OGATA, P. VOLKER, *Financement de l'Organisation des Nations Unies : le prix de l'efficacité*, Rapport du groupe consultatif indépendant sur le financement de l'Organisation des Nations Unies, Document ONU, A/48/460, 1993, p. 26. Cité par D. DORMOY, « Aspects récents de la question du financement des opérations de maintien de la paix de l'Organisation des Nations Unies », *in AFDI*, 1993, pp. 151.

[247] Représentation permanente de la France auprès des Nations Unies, propos consultés sur le site www.diplomatie.gouv.fr le 15 mai 2018.

paiement de chaque État[248]. Celle-ci est fondée sur une estimation de leur Produit national brut (PNB), corrigée pour tenir compte de divers facteurs tels que la dette extérieure et la faiblesse du revenu par habitant[249]. La quote-part de chaque État membre est décidée par l'Assemblée générale suivant cette méthode. Elle varie d'un minimum de 0,001% à 22%. La quote-part maximale pour les Pays les moins avancés est de 0,01%[250]. Ce budget régulier est pour l'essentiel un budget de fonctionnement. Il sert à financer les dépenses de secrétariat et les dépenses administratives de certains fonds et programmes[251]. Pour la période de 2016-2017, le budget régulier de l'ONU s'élève à 5,614 milliards de dollars US.

En ce qui concerne les budgets des opérations de maintien de la paix, chaque opération de maintien de la paix est financée par un compte spécial, alimenté par des contributions obligatoires[252]. Le montant des contributions des États membres dépend d'un barème spécifique, lequel est un dérivé du barème du budget régulier de l'ONU, mais présente des majorations pour les membres permanents du Conseil de sécurité. Pour la période de 2017-2018, les budgets des opérations de maintien de la paix s'élève à 7,3 milliards de dollars US. Les principaux contributeurs au budget des opérations de maintien de la paix sont les États-Unis (28,47%), la Chine (10,25%), le Japon (9,68%), l'Allemagne (6,39%), la France (6,29%)[253].

Quant aux fonds extrabudgétaires, ce sont des contributions volontaires des États membres, qui servent à financer des activités d'appui de fonds[254] et des activités opérationnelles comme la coopération technique. Les ressources extrabudgétaires pour l'exercice biennal 2016-2017 sont estimées à 18,9 milliards de dollars US. Il est important de signifier que les fonds et programmes de l'ONU, ses institutions

---

[248] Pour la période de 2016-2018, la France a été le 5ème État contributeur au budget régulier de l'ONU avec une quote-part de 4,86%, derrière les États-Unis (22%), le Japon (9,68%), la Chine (7,92%) et l'Allemagne (6,39%).

[249] www.un.org/fr/ consulté le 15 mai 2018.

[250] *Ibid.*

[251] Il s'agit, en guise d'exemple, du Programme des Nations Unies pour l'environnement (PNUE), de ONU-Femmes.

[252] Représentation permanente de la France auprès des Nations Unies, propos consultés sur le site www.diplomatie.gouv.fr le 15 mai 2018.

[253] *Ibid.*

[254] Ce fonds vient en complément du budget régulier pour financer des activités de l'organisation.

spécialisées[255] ont leur propre budget. Leurs ressources proviennent essentiellement de contributions volontaires versées par des gouvernements et aussi par des particuliers.

Au niveau de l'Organisation de coopération et de développement économiques (OCDE), les États membres contribuent également au budget de l'organisation. Leurs contributions sont basées sur un barème proportionnel à la taille de leurs économies, traduites en pourcentage avec les États-Unis en tant que premier contributeur à hauteur de 20,6%[256].

Ainsi, contrairement aux Communautés régionales de l'Afrique de l'Ouest, la plupart des organisations internationales s'appuient encore sur les mécanismes de financement classiques, notamment les cotisations des États membres.

L'étude du mécanisme de financement des Communautés en général et l'UEMOA en particulier révèle qu'elles disposent d'un système de financement autonome qui facilite la mise en place d'une bonne partie des ressources nécessaires. Cependant, face aux lourdes charges induites par la réalisation des projets intégrateurs, l'UEMOA bénéficie également d'un système de financement complémentaire.

Section 2 ‖ Un système de financement complémentaire

Les ressources des Communautés économiques régionales d'Afrique, en général, et celles de l'UEMOA, en particulier, proviennent essentiellement des États membres. Le financement de l'intégration régionale s'est, pendant longtemps, basé sur les contributions financières étatiques, à partir des budgets des États membres. Ce système classique de financement de l'intégration a été abandonné en faveur du système de financement autonome de l'intégration par les ressources propres de l'organisation communautaire. Mais les montants reversés[257] à l'organisation d'intégration demeurent en deçà de ses charges budgétaires.

Cette inadéquation entre les moyens financiers et les objectifs de l'intégration, oblige les organisations communautaires à solliciter l'aide

[255] En guise d'exemple, on peut citer : l'UNICEF, le PNUD, le HCR, l'OMS.

[256] www.OCDE.org, consulté le 15 mai 2018.

[257] CENTRE AFRICAIN POUR LA POLITIQUE COMMERCIALE, « Financement de l'intégration régionale », *Commission économique pour l'Afrique, Note d'informations n°2*, p. 1.

extérieure pour mener à bien leurs activités d'intégration. Il est à noter que les contributions extérieures ont toujours existé dans le financement de l'intégration, même si elles sont insuffisantes pour couvrir les charges des institutions communautaires. Toutefois, elles jouent un rôle non négligeable en complétant le financement de l'intégration issu des États membres. Il convient de s'intéresser à la catégorisation des bailleurs de fonds (Paragraphe 1) et aux incidences de ce type de mécanisme de financement sur le processus d'intégration (Paragraphe 2).

Paragraphe I | La catégorisation des bailleurs de fonds

Le problème du financement des politiques et programmes en Afrique subsaharienne a, de tout temps, été et reste encore une contrainte majeure à lever. Il se pose avec davantage d'acuité quand il est question de mobiliser des ressources auprès de plusieurs « *bailleurs de fonds* »[258], pour la mise en œuvre de programmes multisectoriels. Les États membres des communautés économiques régionales ne financent pas, d'une manière adéquate, l'intégration[259]. Le recours aux financements externes s'impose[260] et suscite des interrogations relatives à la propriété des organisations régionales et à leur indépendance d'action. Ce financement externe de l'intégration économique régionale en Afrique, provient pour l'essentiel des agences internationales (A) et des banques multilatérales (B).

A- La présence remarquable des agences internationales

Les grandes puissances essaient de marquer leur présence dans le monde à travers l'assistance technique et financière aux États qui en ont

[258] Face au nombre très élevé des « bailleurs de fonds », il est nécessaire de procéder par catégorisation pour une meilleure lisibilité. C'est ainsi que par « bailleurs de fonds », nous entendons quatre grands groupes, que sont : a) les États avec leurs budgets propres ; b) les banques multilatérales de développement (BAD, BOAD, BIDC, BM) avec leurs prêts et subventions ; c) les mécanismes de financement de accords multilatéraux ; et d) la coopération bilatérale ou multilatérale (USAID, FED, ONG).

[259] M. MADAKUFAMBA, « Pourquoi l'intégration régionale africaine patauge ? », Harare, ACBF, 2017, consulté 15 mai 2018 sur le site www.Fondation pour le renforcement des capacités en Afrique.

[260] *Ibid.*

manifestement besoin. Les agences internationales jouent un rôle d'interface dans un contexte marqué par des coopérations bilatérales. A ce titre, l'Europe et les États-Unis via respectivement le Fonds européen de développement (1) et l'USAID (2) font montre de leur hégémonie dans le monde.

1 | L'apport du Fonds européen de développement (FED)

Le Fonds européen de développement (FED) est le principal mécanisme de financement pour les soixante-dix États ACP[261] dont bon nombre comptent parmi les plus pauvres du monde. Le Fonds européen de développement existe depuis quarante ans environ. C'est un exemple unique de partenariat entre les États membres de l'Union européenne et les pays ACP[262] et un mécanisme majeur de la coopération Nord-Sud. Il se base sur la Convention de Lomé[263].

Le FED est financé directement par les États membres de l'Union européenne, et non sur le Budget de la Communauté européenne. Le Fonds est réalimenté tous les cinq ans suivant des négociations UE-ACP. En 1995, un accord a été réalisé sur le 8ème FED avec une augmentation de la contribution totale des États membres de l'Union européenne, de 12 milliards d'écus (1991–1995) à 14,625 milliards d'écus (1996–2000). Le FED représente environ 41 % du montant total de l'aide au développement[264] de la Communauté européenne. Néanmoins, la moitié seulement concerne l'aide aux projets, le reste porte sur des programmes de coopération.

---

261 COMMISSION EUROPÉENNE, « Mécanismes de financement de la Commission européenne dans le cadre de l'application de l'Approche stratégique », *in Courrier ACP-UE*, n° 155, Février 1997, p. 281.

262 Les États ACP forment un ensemble de pays regroupés au sein de l'Organisation des pays d'Afrique, des Caraïbes et du Pacifique (OEACP) afin de coordonner leur coopération avec la Communauté européenne (CE) (puis avec l'Union européenne (UE).

263 L'accord de Lomé, signé en 1975 entre 46 pays ACP et l'Union européenne, marquait un tournant dans la conception des préférences commerciales. Outre la pérennisation des flux d'aides, des préférences commerciales étaient accordées. Mais ces préférences avaient désormais des caractères discriminatoires et non réciproques. La CEE accordait des conditions d'accès au marché très favorables aux pays ACP qui n'étaient pas tenus d'octroyer des concessions équivalentes aux exportateurs européens. Ces accords devaient faire l'objet d'une dérogation au sein du GATT, car ils allaient à l'encontre de la clause de la nation la plus favorisée.

264 COMMISSION EUROPÉENNE, « Mécanismes de financement de la Commission européenne dans le cadre de l'application de l'Approche stratégique », *op. cit.*, p. 283.

Les ressources du FED sont destinées à satisfaire les besoins prioritaires du développement humain dont la sécurité alimentaire, le développement d'infrastructures et de l'industrie. La quatrième Convention de Lomé[265] mentionne l'eau dans plusieurs articles (14, 44 et 54 à 57)[266], bien qu'aucune politique de l'eau ne soit définie. La gestion de l'eau et l'utilisation de l'eau pour les besoins humains et économiques relèvent clairement de la plupart des secteurs prioritaires définis par la Convention.

Des accords individuels (Programmes indicatifs nationaux - PIN) signés entre la Commission européenne et les pays concernés déterminent le montant et l'utilisation des fonds alloués à chaque pays bénéficiaire. Les investissements dans le domaine de l'eau sont considérés comme importants dans les PIN actuels d'une majorité des États ACP. Une importante partie des fonds du FED (9 % du 8e FED) est affectée à la coopération régionale et est traitée en profondeur dans le chapitre XII de la Convention de Lomé. Dans ce contexte, l'aide est allouée dans le cadre des Programmes indicatifs régionaux (PIR).

Corinne DELON-DESMOULIN affirmait que le FED dispose de l'autonomie financière[267], dans la mesure où les dépenses et les recettes ne sont pas prises en compte par le budget général de l'UE. Cependant, il est observé que le FED est dépourvu de la personnalité juridique et est essentiellement géré par la Communauté européenne. Par le biais du FED, les États membres de l'UE ont recours aux institutions communautaires pour gérer des activités intergouvernementales[268]. Il en

---

[265] C. HAGUENAU-MOIZARD, T. MONTALIEU, « L'évolution du partenariat UE-ACP de Lomé à Cotonou : de l'exception à la normalisation », *Mondes en développement,* 2004, p. 65. Il s'agissait des accords de Yaoundé (1963-1975), des conventions de Lomé I (1975), II (1980), III (1985), IV (1989-1999). Ces accords ont, durant une longue période, été considérés comme un modèle des rapports commerciaux nord-sud. Ces relations étaient caractérisées par la volonté des États européens d'aider le développement des États ACP, tant par le moyen classique des subventions qu'en utilisant l'outil de la politique commerciale. Les États ACP bénéficiaient d'une très large exemption de droits de douane pour leurs exportations à destination des États européens, sans condition de réciprocité.

[266] Article 14 de la Convention de Lomé relatif aux objectifs et orientations de la Convention dans les principaux domaines de la coopération. Article 44 concerne la coopération agricole et sécurité alimentaire, les articles 54-57 sont relatifs à la lutte contre la sécheresse et la désertification.

[267] C. DELON-DESMOULIN, *Les principes budgétaires communautaires*, Thèse, Université de Limoges, 1994, p. 308.

[268] Arrêt de la CJCE, 2 mars 1994, Parlement européen c/ Conseil de l'Union européenne, aff. C-316/91.

ressort que la débudgétisation en droit communautaire institutionnel ne donne pas lieu systématiquement à l'octroi de la personnalité juridique. Elle est également possible à travers le financement des compétences partagées qui tient compte des contributions financières étatiques.

Le Fonds européen de développement est à son onzième cycle de financement (11ème FED 2014-2020). Les ressources de l'Union européenne (UE) proviennent de deux types de contributions : les contributions obligatoires et volontaires des États membres. Les premières constituent le Budget de l'UE, aussi appelé « Cadre financier pluriannuel (CFP) ». Le CFP en cours s'étend sur la période 2014- 2020 et représente environ 1% de la richesse totale des pays de l'UE[269]. Les financements européens d'aide extérieure sont principalement situés dans la rubrique 4 du Budget de l'UE intitulé « L'Europe dans le monde » et dans le Fonds européen de développement (FED). Le 11ème FED repose sur la contribution volontaire des États membres. Il s'aligne sur une durée de 7 ans, soit de 2014-2020. La programmation de cette aide extérieure s'organise autour de deux approches : géographique et thématique. Ces approches de l'aide se déclinent en plusieurs instruments financiers. Cette programmation de l'aide est l'objet d'une planification annuelle « Plan d'action annuel (PAA) » élaborée par la Commission européenne et validée par les États membres.

Parallèlement à l'UE, la coopération américaine à travers l'USAID appuie l'UEMOA de façon remarquable.

2 | L'apport de l'USAID

L'USAID (*United States agency for international development*) est l'Agence américaine d'assistance au développement international qui fournit, depuis 1961[270], une assistance multiforme et multisectorielle aux pays les moins avancés, et à ceux du continent africain notamment. C'est une agence indépendante du gouvernement des États-Unis, chargée du développement économique et de l'assistance humanitaire dans le

[269] Forum de Haut Niveau des Acteurs de l'Agriculture Intelligente face au Climat (AIC) en Afrique de l'Ouest, *Synthèse thématique sur les mécanismes de financement accessibles aux pays de l'espace CEDEAO/UEMOA/CILSS pour financer l'AIC*, Mali, 15-18 juin 2015, p. 25.

[270] L'USAID fut créé le 03 novembre 1961 par le Président des États-Unis John F. KENNEDY dans un contexte marqué par le plan Marshall d'aide à l'Europe au lendemain de la seconde guerre mondiale.

monde. Elle exerce ses missions[271] sous la supervision du Président américain, du département d'État et du Conseil de sécurité nationale.

Toutefois, en 1995, sur demande du Congrès américain, l'USAID a opéré un réajustement[272] de ses interventions à l'étranger pour plus d'efficacité. Cette opération s'est traduite par la fermeture de plusieurs bureaux de l'USAID en Afrique. Ce qui a nécessité le remplacement de beaucoup d'expatriés américains par des professionnels nationaux. Consécutivement, un système de planification et d'évaluation des interventions de l'USAID a été mis en place dans chaque État, avec notamment l'élaboration d'un plan stratégique. Ce réaménagement de l'USAID a permis une plus grande implication des États bénéficiaires de l'aide, dans la planification et la mise en œuvre des plans stratégiques.

Le programme d'assistance régional de l'USAID (Région Afrique de l'Ouest) est mis en œuvre par plans stratégiques. Les États d'Afrique de l'Ouest ayant une coopération avec les États-Unis d'Amérique, bénéficient de l'assistance de l'USAID notamment dans le domaine d'intervention de l'agriculture, de la sécurité alimentaire[273], de l'éducation. Les programmes de l'USAID sont exécutés pour l'essentiel par des prestataires privés américains, recrutés par appel d'offre. Ces prestataires s'associent le plus souvent aux structures nationales comme sous-traitants. Le secteur privé et les ONG ont également accès aux financements de l'USAID.

Depuis 1961, les États-Unis par le biais de l'USAID, ont investi plusieurs milliards de dollars dans le monde. En 2016, le budget principal de l'USAID était estimé à environ onze milliards de dollars. L'USAID dispose également de douze (12) programmes hors des États-Unis, dont les prévisions budgétaires sont isolées pour un montant total de vingt-

---

[271] L'USAID a pour mission d'aider à réduire la pauvreté, promouvoir la démocratie et la croissance économique, soulager les victimes des catastrophes naturelles et de prévenir les conflits.

[272] Forum de Haut Niveau des Acteurs de l'Agriculture Intelligente face au Climat (AIC) en Afrique de l'Ouest, *Synthèse thématique sur les mécanismes de financement accessibles aux pays de l'espace CEDEAO/UEMOA/CILSS pour financer l'AIC*, Mali, 15-18 juin 2015, p. 10.

[273] Sous ce domaine d'intervention, l'USAID a initié les programmes suivants ; a) Nourrir l'avenir (Feed the future) ; b) Assistance alimentaire ; c) Réforme de l'aide alimentaire ; d) Marchés et commerce des produits alimentaires ; e) Développement des capacités agricoles ; f) Nutrition mondiale ; g) Agriculture durable.

deux milliards de dollars[274]. Les contractants et les ONG financés par l'USAID doivent promouvoir l'image de l'action du gouvernement américain, principal contributeur financier de cette aide à l'endroit des PMA[275].

Les interventions financières de l'USAID demeurent cependant entachées de controverses. En guise d'exemples, on peut citer les cas de l'Équateur, de la Russie et de l'ONG « Les amis de la terre ». En Équateur, l'USAID est concernée par une affaire de corruption vers la fin des années 1980. Il a été révélé qu'elle versait à une trentaine de hauts fonctionnaires en charge de la dette extérieure, du refinancement et de l'obtention des crédits, des pots-de-vin non négligeables pour les inciter à prendre des décisions voulues par Washington[276]. En ce qui concerne l'ONG « Les amis de la terre », les autorités américaines utiliseraient la faim dans le monde à des fins commerciales et politiques au profit de grosses firmes agroalimentaires[277]. En effet, l'USAID serait chargée de livrer du « maïs transgénique » dans les pays d'Afrique australe. Quant à la Russie, elle accuse régulièrement cette agence d'espionnage et de trouble politique intérieure. Ce qui a valu à l'USAID son interdiction dans ce pays en septembre 2012, même si ce dernier a poursuivi sa coopération économique avec les États-Unis.

Outre ces agences internationales, les banques sous-régionales contribuent aussi au processus d'intégration en Afrique de l'ouest.

B- L'influence notable des banques multilatérales

Le financement de l'intégration régionale en Afrique de l'Ouest met en présence plusieurs acteurs. A ce titre, les banques spécialisées des organisations régionales économiques ouest-africaines jouent également un rôle déterminant en la matière. Il s'agit en l'occurrence des banques spécialisées de l'UEMOA (1) et la banque spécialisée de la CEDEAO (2).

---

274 Cf. https://www.USAID.gov/results-and-data/budget-spending. Site officiel de l'USAID consulté le 21 septembre 2018.

275 Les PMA (Pays les moins avancés) sont définis par leur grande pauvreté. Une grande partie de la population vit en dessous du seuil de pauvreté tel que défini par l'ONU (moins de 1,25 $ par jour).

276 M. LEMOINE, *Les enfants cachets du général PINOCHET*, Paris, Don Quichotte, 2015, p. 183.

277 ONG LES AMIS DE LA TERRE, « Aliments OGM : les États-Unis jouent avec la faim », 2003, consulté le 15 juillet 2018, www.amisdelaterre40.fr.

1 | Les banques spécialisées de l'UEMOA

La BCEAO et la Banque ouest-africaine de développement (BOAD) sont les deux banques spécialisées de l'UEMOA. Ce sont des établissements publics internationaux autonomes[278] qui existaient avant la transformation de la CEAO en UEMOA. L'autorité gouvernante respective desdites banques « *peut assister aux réunions de la Conférence des Chefs d'État et de Gouvernement pour exprimer les points de vue de leur institution sur les points de l'ordre du jour qui les concernent* »[279].

La BCEAO a été instituée par le traité de l'UMOA, signé le 12 mai 1962, entré en vigueur le 2 novembre 1962 et révisé le 14 novembre 1973. Son siège est établi à Dakar au Sénégal. Elle est chargée d'émettre les signes monétaires, billets et pièces de monnaie[280], sur le territoire de l'Union. La BCEAO est dirigée par un Gouverneur, nommé par le Conseil des Ministres pour une période de six (6) ans renouvelable. Il « *participe de plein droit, avec voix consultative, aux réunions de la Commission. Il peut se faire représenter. Il peut demander l'inscription d'un point à l'ordre du jour ou suggérer au Conseil d'inviter la Commission à prendre une initiative dans le cadre de sa mission* »[281].

Le Gouverneur de la Banque centrale est assisté par deux vices gouverneurs qui sont nommés par le Conseil d'Administration pour une durée de cinq (5) ans renouvelable. Par ailleurs, le Conseil d'Administration de la BCEAO est composé de dix-sept membres, à raison de deux représentants de chacun des huit États membres de l'UEMOA, auxquels s'ajoute la France. Le Conseil d'Administration fixe les conditions d'intervention de la banque en matière monétaire. Il

---

[278] Art. 47 du traité révisé de l'UEMOA : « Le Conseil, statuant à la majorité des deux tiers (2/3) de ses membres, arrête le budget de l'Union sur proposition de la Commission et après consultation du Parlement, avant le début de l'exercice budgétaire. Le budget comprend toutes les recettes de l'Union et toutes les dépenses des institutions du présent Traité à l'exception des institutions spécialisées autonomes que sont la BCEAO et la BOAD, ainsi que celles qui sont afférentes à la mise en œuvre des politiques communes… »

[279] Art. 114 al. 10 du Traité révisé de l'UEMOA, *op. cit.*

[280] Site Internet de la BCEAO : http://www.bceao.int/, consulté 15 juillet 2018. Outre l'émission des signes monétaires dans les États membres de l'Union dont elle a le privilège exclusif, la BCEAO a en charge : la centralisation des réserves de devises de l'Union, la gestion de la politique monétaire des États membres de l'Union, la tenue des comptes des Trésors des États de l'Union et la définition de la loi bancaire applicable aux banques et aux établissements financiers.

[281] Art. 31 du Traité révisé de l'UEMOA.

est présidé par le Gouverneur de la Banque centrale qui ne prend pas part au vote. Dans chaque État membre de l'Union, il existe une agence nationale auprès de laquelle siège un Comité National du Crédit. Ce comité est composé du Ministre des Finances, des deux représentants de l'État siégeant au Conseil d'Administration de la BCEAO et de quatre autres membres nommés par le gouvernement.

La BOAD, quant à elle, a été créée le 14 novembre 1973, et a son siège établi à Lomé au Togo. Elle est dirigée par un Président. Cette banque est chargée de réaliser l'intégration économique de l'Afrique de l'Ouest, par le financement des projets prioritaires comme le développement rural, les infrastructures de base, les infrastructures modernes, les télécommunications, l'énergie, les industries, l'agro-industrie, le transport, le tourisme et les autres services[282]. La BOAD est l'institution commune de financement « *du développement équilibré* »[283] des États de l'UEMOA. Pour ce faire, elle est chargée de collecter les disponibilités intérieures et de rechercher les capitaux extérieurs, en vue de financer les infrastructures de développement et d'améliorer les conditions et les moyens de production.

En dehors de la BCEAO et de la BOAD, l'UEMOA bénéficie également de l'appui des banques spécialisées de la CEDEAO.

2 | La banque spécialisée de la CEDEAO

Comme dans l'UEMOA, la Communauté dispose d'une banque de développement dénommée Banque d'investissement et de développement de la CEDEAO (BIDC). Cette dernière a démarré ses activités en janvier 2003. Sa création est consécutive à la transformation du fonds de la CEDEAO. Ce qui a été décidé par la Conférence des chefs d'État et de Gouvernement de la Communauté lors de sa 22ème session[284] les 09 et 10 décembre 1999. La BIDC est constituée d'une société holding[285] qui fonctionne avec deux filiales que sont la Banque régionale

[282] Art. 2 des Statuts de la BOAD.

[283] Art. 33 du Traité de l'UMOA.

[284] Cf. www.panapress.com, consulté le 2 août 2018.

[285] Le capital de cette holding est de sept cent cinquante millions de dollars US. Il est divisé en six cent trois actions de mille unités de compte (1 UC = 1,3 US dollar). Ce capital est réparti entre les membres régionaux à hauteur de 66,67% et les non-régionaux à hauteur de 33,33%. Pour ce qui concerne la BRIC, son capital est réparti à concurrence de 51% pour les membres régionaux et 49% pour les membres non régionaux. Quant au FRDC, la répartition du capital est de 90% pour les régionaux et 10% pour les membres non-régionaux.

d'investissement de la CEDEAO (BRIC) et le Fonds régional de développement de la CEDEAO (FRDC)[286].

La BRIC effectue des opérations de financement qui visent la promotion et le développement du secteur privé et du secteur public marchand, tels que l'eau et l'électricité sur un fond d'intégration régionale. Quant au FRDC, il s'intéresse principalement au secteur public non marchand, comme les infrastructures à vocation régionale, et les programmes de lutte contre la pauvreté, par l'octroi de prêts à moyen et long terme avec des conditions intéressantes. Dans ses perspectives de lutte contre la pauvreté et de développement des infrastructures économiques, le FRDC oriente prioritairement ses actions vers les populations pauvres et fragiles, dans le souci de contribuer à améliorer leurs conditions de vie.

La BIDC est le bras financier de la CEDEAO[287]. Son siège est situé à Lomé en République du Togo. Elle a pour mission de contribuer à la création de conditions permettant l'émergence d'une Afrique de l'Ouest économiquement forte, industrialisée, prospère et intégrée dans le système économique mondial, profitant des opportunités offertes par la mondialisation. La BIDC intervient notamment dans les domaines des infrastructures, du transport, de l'énergie, des télécommunications, de l'agriculture, l'industrie. Dans la pratique, ses interventions sont traduites par l'octroi de prêts à long, moyen et court terme, l'octroi de lignes de crédit et la mise en place d'accords cadre pour le refinancement.

A un horizon très proche, la BIDC se veut être le premier groupe régional de financement de l'investissement et du développement[288] en Afrique de l'Ouest. En d'autres termes, elle se veut être un puissant groupe de promotion et de développement du secteur privé dans la région. Pour ce faire, elle constitue un véritable instrument de lutte contre la pauvreté, de création de richesse et de promotion de l'emploi.

En marge de la BIDC, il existe le Fonds de coopération, de compensation et de développement (FCCD)[289] de la CEDEAO. Ce Fonds est chargé de financer les projets de développement et de fournir des

---

[286] W. MONZALA, *Les initiatives d'intégration régionales en Afrique de l'Ouest : analyse du cadre institutionnel de la CEDEAO*, Mémoire de licence en droit, Université africaine de technologie et de management UATM-GASA, 2009, p. 25.

[287] S. O. VANDERPUYE, « La BIDC, la banque de la CEDEAO », consulté sur le site www.bidc-ebid.com le 2 août 2018.

[288] Cf. www.panapress.com, consulté le 2 août 2018.

[289] W. MONZALA, *op. cit.*, p. 26.

compensations et indemnités aux États ayant subi des pertes, du fait de la mise en application des dispositions du Traité de la Communauté. Dans la réalité, l'existence de ce type de fonds peut paraître illusoire, quand on reste convaincu que le financement des organisations d'intégration repose principalement sur leurs États membres. Cependant l'intention demeure réelle, face aux pertes de recettes éventuelles que peut entrainer la mise en vigueur d'actes communautaires.

Dans un souci de libre circulation des capitaux dans la CEDEAO, il a été institué un comité des questions relatives aux capitaux[290]. Ce comité se compose d'un représentant de chacun des quinze États membres de la Communauté. Ces représentants doivent avoir une expérience et des qualifications avérées dans les domaines financier, commercial ou bancaire. Ces institutions économiques de la Communauté contribuent, d'une manière ou d'une autre, à améliorer le processus d'intégration en cours en Afrique de l'Ouest. Toutefois, la BIDC paraît être l'institution la plus influente, en matière économique, de la CEDEAO. Il est opportun de s'intéresser aux incidences de ces mécanismes complémentaires.

Paragraphe II | Les incidences des mécanismes de financement complémentaire

Il existe un potentiel de mobilisation de ressources nécessaires pour un financement efficace de l'intégration régionale en Afrique. Les recherches et études portant sur le sujet identifient des sources[291] potentielles de financement de l'intégration régionale. Mais, il est une évidence qu'à ce jour, ces sources potentielles restent largement inexploitées. C'est pourquoi, on note le recours aux agences internationales et aux banques multilatérales qui, de façon remarquable, apportent une contribution financière à l'intégration (A). Cependant, il convient d'attirer l'attention sur la réticence de ces institutions financières internationales à prendre en compte parfois les demandes

[290] Cf. art. 53 du Traité révisé de la CEDEAO.

[291] Il s'agit, en l'occurrence, de l'introduction d'un système de « ressources propres » par des prélèvements fiscaux, la mobilisation des ressources du secteur privé et du capital international, l'instauration d'une taxe sur les voyages à destination de l'Afrique, la mobilisation de ressources financières par des voies populaires, la mobilisation des ressources de l'assistance extérieure.

d'appui des organisations d'intégration, même s'il faut reconnaître qu'elles apportent une caution non négligeable aux projets intégrateurs retenus (B).

A- Une contribution financière non négligeable à l'intégration

L'intégration économique régionale est à la fois un objectif et un processus[292]. Selon T. BAUDASSE, « *des économies ne sont parfaitement intégrées que lorsque leurs relations réelles et monétaires sont si intenses que leurs marchés réagissent simultanément aux mêmes chocs* »[293]. Il existe de plus en plus une parfaite mobilité des biens et des services, ainsi que des personnes et des capitaux entre les États. Mais tout cela n'aurait pas été possible sans la mise en place de nombreux projets soutenus par des moyens colossaux.

A cet effet, la contribution financière des bailleurs est nécessaire parce qu'elle constitue un apport substantiel à l'investissement (1) même si elle est en dessous des attentes (2).

1 | Un apport substantiel à l'investissement communautaire

L'assistance internationale est devenue une composante structurelle des finances publiques dans les pays pauvres[294] et un levier important pour les Organisations communautaires.

A cet effet, en vue de mobiliser les institutions financières internationales autour du financement de ses projets, l'UEMOA a organisé une importante table ronde des bailleurs de fonds les 2 et 3 novembre 2006 à Dakar. Cette table ronde a vu la participation des huit États membres, des institutions communautaires, des organisations internationales et interafricaines, du secteur privé régional et international, de plusieurs pays africains, européens et asiatiques, ainsi que de tous les partenaires au développement de l'Union.

La stratégie de financement du Programme mise en avant prenait appui sur le principe d'une exploitation optimale de l'ensemble des sources de financement internes et externes disponibles, tout en tenant

---

[292] J. POIROT, « L'intégration économique régionale est-elle créatrice ou destructrice de biens collectifs dans l'Union européenne ? », *Mondes en développement,*2001, N°116, p. 41.

[293] *Ibid.*

[294] N. MÉDÉ, *Finances publiques : Espace UEMOA/UMOA, op. cit.*, p. 73.

compte de la contrainte de soutenabilité de la dette des États membres. Sur sa première période quinquennale de mise en œuvre, et selon son estimation initiale, le PER nécessitait la mobilisation de 2910 milliards de FCFA dont 908 milliards étaient déjà acquis. Outre des engagements antérieurs concrétisés, l'Union avait donné un signal assez fort en mettant dans la corbeille des ressources propres. La contribution de la Commission et des États membres a été de 209,261 milliards de FCFA, soit 11,13% du financement total du PER[295]. A cela ont été ajoutées les bonifications d'intérêt de la prise en charge des contreparties des États, soit 11,515 milliards de francs CFA. Ces montants significatifs étaient la preuve d'une implication réelle des États et de la Commission de l'UEMOA dans le financement du PER I. Ils devraient constituer un levier de mobilisation des ressources extérieures, des 2002 milliards restants, soit 69% du coût du Programme.

Il est à noter qu'avec les changements de paradigme dans l'approche du développement tels que recommandés par la Conférence d'Addis-Abeba sur le financement du développement de juillet 2015, le PER a placé au cœur de sa stratégie de financement le rôle prépondérant des banques de développement et les outils de financement multi-acteurs à effets de levier (cofinancements et blending). Les modalités juridiques et la feuille de route pour la mise en place d'un fonds fiduciaire multi-donateurs d'appui au financement du PER ont été retenues par le Comité de pilotage du PER[296].

Au cours de l'année 2016, la Commission a poursuivi ses actions visant la mobilisation des ressources extérieures pour le financement de projets structurants et l'augmentation des dotations des fonds structurels. En plus des initiatives spécifiques prises dans le cadre du PER, les mécanismes mis en place par la Commission sont le Fonds de développement de l'énergie (FDE), le Fonds d'aide à l'intégration régionale (FAIR) et le Fonds régional de développement agricole (FRDA). Le FDE a été opérationnalisé avec une dotation initiale de 250 milliards de FCFA financée, pour l'essentiel, par la BCEAO et les ressources propres de la Commission, auxquels s'ajoutent 7,215 milliards de F CFA du Royaume de Belgique. Le montant des engagements sur le FDE à fin décembre 2016 est de 154,683 milliards de

---

[295] COMMISSION DE L'UEMOA, PER Info N°1, *Bulletin semestriel d'information et de communication du Programme Economique Régional de l'UEMOA*, Janvier-Juin 2017, p. 5.

[296] *Ibid.*

F CFA, soit un taux d'engagement de 67%. A la même date, le montant des décaissements est de 93,242 milliards de F CFA, soit des taux de décaissement d'environ 60% sur les engagements et 41% sur les approbations.

Par ailleurs, concernant le financement des activités relevant des budgets des fonds structurels, en particulier le FAIR, une dotation globale de 53 939 401 971 FCFA a été prévue pour l'année 2016, contre 41 228 067 341 FCFA en 2015. A fin décembre 2016, l'exécution des projets du FAIR devrait s'établir à un montant de 34 854 575 877 FCFA, soit 64,6% de la dotation initiale[297].

S'agissant du financement des projets agricoles intégrateurs dans le cadre du budget du FRDA, la prévision s'élève à 14 920 334 087 FCFA en 2016, contre 12 715 355 045 FCFA en 2015. Les réalisations projetées à fin décembre 2016 se chiffrent à 12 313 086 721 FCFA, soit un taux de 82,5%[298]. Le graphique en annexe I présente l'évolution des recettes de l'UEMOA, issues du financement extérieur, de 2016 à 2020.

Ainsi, la plupart des projets et programmes de l'UEMOA bénéficient d'un appui non négligeable des institutions financières internationales. Toutefois, les attentes restent à combler.

2 | Un appui en deçà des attentes

Pour le financement du PER 1 dont les besoins avaient été, entretemps réévalués à 3.470 milliards de francs CFA, compte tenu de l'impact de la hausse des prix des produits pétroliers sur les infrastructures routières, les fonds réellement acquis ont été bien en deçà de ce montant, et même inférieurs au montant annoncé à l'issue de la table ronde d'Abidjan. Selon le rapport final d'évaluation globale du PER1 publié en avril 2011, c'est finalement 1.879 milliards de FCFA qui ont été obtenus, un peu plus de la moitié (54,2%) des investissements requis. L'Union européenne est largement le premier contributeur (30,1%) avec une forte concentration des appuis sur les infrastructures routières[299]. Les trois (3) institutions communautaires de l'UEMOA et les États membres contribuent ensemble pour 17,9% au financement du PER 1, la majeure partie étant apportée par les États et la BOAD qui

[297] COMMISSION DE L'UEMOA, Rapport *2016 sur le fonctionnement et l'évolution de l'Union*, *op. cit.*, p. 35.
[298] *Ibid.*
[299] COMMISSION DE L'UEMOA, *PER info*, *op. cit.* p. 5.

concentrent leurs financements sur les projets d'infrastructures. La BAD vient en 3ème position avec 11,8% du total du financement du PER 1, orientés sur les projets d'infrastructures et d'environnement. La Chine, la BID et l'IDA contribuent pour des montants importants entièrement affectés à des projets nationaux d'infrastructures. La France, à travers l'aide budgétaire mise en œuvre par l'AFD et le FSP, contribue à hauteur de 4% du financement total du PER. Le secteur privé n'a que très peu participé au PER. Il ne contribue qu'à hauteur de 3,53% du financement, dont la quasi-totalité est affectée à la création de la compagnie aérienne ASKY.

L'analyse du financement des projets régionaux du PER 1 donne une image différente de la répartition des bailleurs, en excluant les projets nationaux et la plupart des projets d'infrastructures routières. Un certain nombre de bailleurs qui n'interviennent majoritairement ou exclusivement qu'au plan national, ne sont pas évoqués. La France apparaît comme le premier financeur avec 27,26% du total, suivie par les investisseurs privés à hauteur de 24,44% imputables à la création de la compagnie aérienne ASKY. La BAD vient en troisième position avec 13,33% du financement. Les institutions communautaires et les États membres contribuent pour 11,42%, ce qui les classe en 4ème position, devant la Coopération luxembourgeoise, le Fonds saoudien de développement (FSD) et l'Union européenne (UE)[300].

Le lancement de l'initiative régionale « Investir dans l'UEMOA » vise à stimuler les mécanismes de mobilisation des ressources et à diversifier les partenariats de l'Union par la promotion de partenariats et financements innovants, notamment le Partenariat public privé. L'initiative porte sur dix-sept projets « intégrateurs » dont quinze issus du PER II. Ils ont été sélectionnés en fonction de leur caractère prioritaire et structurant pour l'Union, sur la base de la disponibilité d'études de faisabilité ou d'études de préfaisabilité avec un impact sur la croissance et peuvent faire l'objet de réalisation dans le cadre de Partenariats publics privés (PPP). Il s'agit de projets routiers, de postes de contrôle juxtaposés, d'ouvrages d'art (construction de ponts), de projets d'interconnexion ferroviaire, de projets portuaires et aéroportuaires, de projets de production d'énergie et d'interconnexions électriques haute tension ainsi que de projets de sécurité alimentaire et de maîtrise de l'eau. Leur coût total était évalué à 10.759 milliards F CFA dont 4.160 milliards FCFA pour la réhabilitation et la construction de 4.500 km de lignes ferroviaires

[300] *ibid.*

et 2.600 milliards de FCFA pour le prolongement sur 1000 km jusqu'à Ouagadougou de l'autoroute Abidjan-Yamoussoukro[301].

Par rapport au Programme agricole de l'union (PAU), certains bailleurs ont engagé des fonds, pour certaines actions. C'est par exemple le cas de l'UE qui a programmé, au niveau régional, des fonds pour l'adaptation des normes, la préparation des négociations internationales, les contrôles sanitaires, entre autres. *A priori*, il ne devrait donc pas y avoir à court terme de problèmes pour lancer les actions prioritaires, si ce ne sont les délais de mise à disposition et la durée de tels financements[302].

Il ne fait plus de doute que l'intégration demeure un processus complexe, de par ses composantes, ses implications, ses objectifs et ses résultats à atteindre. Avoir recours aux financements extérieurs aux États membres n'est pas futile, au contraire ces diverses contributions sont les bienvenues pour une bonne mise en œuvre de l'intégration. Cependant, une controverse importante demeure quant à la considération à accorder aux organisations d'intégration régionale.

B- Une caution aux actions des organisations d'intégration

Les États membres de l'UEMOA et, par conséquent, les organes de l'Union font l'objet d'une surveillance et d'un encadrement de la part des institutions financières internationales[303]. Par leurs apports, elles constituent dans une certaine mesure une caution morale aux différents projets intégrateurs financés (1) et peuvent constituer, par ailleurs, un moyen de contrôle supplémentaire (2) pour l'Union.

1 | Une caution aux projets intégrateurs

Comme une forme de caution morale, l'intervention des institutions financières internationales au moment de la sélection des projets et programmes élaborés pour décider de leur éligibilité constitue un facteur important. Ainsi, les projets validés par ces partenaires présentent *a priori* une certaine crédibilité. De même, les actions menées par ces derniers dans le suivi et l'évaluation desdits projets ou programmes constituent une garantie supplémentaire pour la réalisation des activités programmées, dans des conditions optimales. L'apport substantiel des

---

301 COMMISSION DE L'UEMOA, *Per info n°1, op. cit.*, p. 8.

302 UEMOA, Programme agricole de l'UNION (PAU), rapport définitif, Avril 2002, p. 131.

303 N. MÉDÉ, *Finances publiques : Espace UEMOA/UMOA*, *op. cit.*, p. 120.

bailleurs de fonds aux projets communautaires est donc susceptible de présenter un avantage additionnel, celui d'une meilleure gestion de ces projets.

En effet, même si elles peuvent s'assimiler à une forme de tutelle financière, les conditionnalités de mise à disposition des apports financiers comportent généralement des clauses qui impliquent les bailleurs dans le suivi des projets financés. Ainsi, les accords signés entre les bailleurs de fonds et l'Union prévoient souvent divers mécanismes permettant à ceux-ci de suivre, à des étapes données, la gestion qui est faite des fonds qu'ils ont alloués. Ces mécanismes constituent un contrôle supplémentaire qui oblige les différents organes en charge des projets et programmes de l'Union à une gestion rigoureuse et efficace des ressources. En conséquence, dans la plupart des cas, la bonne gestion des ressources allouées conditionne le renouvellement des subventions.

La situation de l'UEMOA n'est souvent pas reluisante en matière de mobilisation des ressources extérieures. A titre d'exemple, en 2017, sur des prévisions d'un montant de 17 359 062 196 FCFA, les réalisations de recettes extraordinaires au 31 décembre 2017 se sont établies à 1 606 415 755 FCFA, soit un taux de réalisation de 9,25%[304].

Toutefois, du bilan tiré de l'exécution du PER 1, il ressort que ses résultats sont acceptables, malgré la complexité du Programme, le manque de maturité de certains projets, la résurgence de crises sociopolitiques et l'incidence de la crise financière internationale sur la période couverte. Ils ont, en quelque sorte, permis de confirmer la pertinence de ce Programme et sa reconduction dans le cadre d'une deuxième phase. Suivant les explications très détaillées fournies à l'occasion de la table ronde d'Abidjan, le PER 2 a été élaboré sur la base de l'évaluation du PER 1. Ses orientations tiennent compte des résultats de la première phase, des nouveaux défis et des perspectives économiques de la sous-région.

Par ailleurs, il est à remarquer que les critères imposés par les partenaires financiers dans le cadre de la sélection des projets crédibles à financer tendent, de plus en plus, à impacter directement les populations bénéficiaires. Ainsi, les agences internationales, en négociant directement avec chaque État membre des organisations d'intégration, semblent mettre à mal le processus d'intégration dans ces blocs

[304] COMMISSION DE L'UEMOA, *Rapport annuel sur le fonctionnement et l'évolution de l'UEMOA*, 2017, p. 89.

régionaux. En effet, les États membres d'une même organisation d'intégration économique ont forcément des intérêts économiques divers avec les grandes puissances. Ce qui fait que, pris individuellement dans un cadre de négociations économiques, ceux-ci ne tiennent pas le même langage et n'adoptent pas la même position retenue par le groupement des États membres. Cette situation est très défavorable à l'intégration en Afrique en général et en Afrique de l'Ouest en particulier car les États membres d'une même organisation d'intégration peuvent ainsi avoir des points de vue discordants.

En outre, quelques interrogations subsistent quant à la qualité des apports des bailleurs de fonds dont les conditionnalités sont parfois trop contraignantes voir paralysantes. Ainsi donc, il est question de se demander si ces conditionnalités ne sont pas une forme d'ingérence susceptible de pousser l'Union à s'écarter des objectifs initiaux de certains projets. Il serait donc utile de se demander si ces bailleurs de fonds qui appuient les projets dits « intégrateurs » de l'UEMOA n'ont pas d'autres intérêts inavoués.

En d'autres termes, les conditionnalités de ces financements ne portent-elles pas un coup à l'autonomie déjà limitée de l'Union ? Les orientations données par ces bailleurs rentrent-ils toujours dans le cadre des objectifs fixés par l'Union ? Il s'agit de questions qui permettent de mieux comprendre le but réel des bailleurs.

En effet, de nombreuses interférences s'observent, limitant le dispositif de contrôle interne et externe mis en place par l'Union[305]. Il s'agit essentiellement des bailleurs de fonds qui, de façon formelle ou informelle, interviennent dans la sélection des prestataires ou imposent certaines conditionnalités[306] particulières avant tout décaissement de

[305] Ce dispositif est décrit dans le manuel de procédures administratives, budgétaires, financières et comptables prévu à l'article 94, de sorte à définir l'organisation, les contrôles et vérifications, les moyens et méthodes utilisées en vue de garantir la sauvegarde du patrimoine de l'Union, l'adéquation et l'efficacité des systèmes de gestion interne ainsi que la performance des services dans la réalisation des politiques et programmes, en relation avec les risques qui y sont associés.

[306] Le champ d'intervention des institutions de Bretton Woods s'est considérablement élargi. Des conditionnalités économiques et financières, d'autres conditionnalités ont émergé telles que celles politiques, commerciales, environnementales. Voir CNUCED, *Le développement économique en Afrique. De l'ajustement à la réduction de la pauvreté : qu'y a-t-il de nouveau ?* Publication des Nations Unies, New York et Genève, 2002, pp. 10-11. « *La conditionnalité est devenue plus rigoureuse, recouvrant progressivement un grand nombre de domaines qui étaient du ressort non seulement d'autres organisations internationales mais aussi des stratégies nationales de*

fonds. Ces conditionnalités constituent des exigences faites aux États africains ou aux organisations d'intégration régionale, en contrepartie d'une assistance financière des pays développés ou d'autres organisations internationales[307]. Ainsi, en dehors des contrôles internes et externes qui permettent indubitablement à l'Union l'atteinte de ses objectifs, tout en faisant du principe de bonne gouvernance le socle essentiel susceptible d'assurer son autonomie financière, de tierces interférences sont parfois remarquables.

Enfin, il est une évidence que l'analyse du système de financement mis en place par l'Union révèle une prépondérance des ressources propres qui sont, par ailleurs, renforcées par d'autres ressources, notamment les apports des institutions financières internationales. Aussi, face aux nombreuses difficultés que l'Union rencontre dans le processus de mobilisation des ressources propres, elle est obligée de s'appuyer sur les PTF qui sont devenus, de ce fait, des acteurs clés dans la mobilisation des moyens financiers.

Il serait cependant possible d'y entrevoir un instrument de surveillance supplémentaire.

2 | Un instrument de surveillance supplémentaire

La plupart des investissements réalisés dans le cadre des projets et programmes communautaires se font sur financement des bailleurs ou des PTF. Cependant, ces derniers interviennent parallèlement dans l'encadrement des finances communautaires.

En effet, divers mécanismes permettent aux agences internationales, une surveillance étroite de la gestion des finances publiques dans les États membres de l'UEMOA dont les plus récents sont : l'Initiative pour la Transparence des Industries extractives (EITI), le système PEFA[308], l'Open budget initiative et les agences de notation. Les gouvernements doivent constamment faire la preuve d'une bonne conduite des politiques

développement économique et social, y compris des mesures concernant la restructuration et la privatisation d'entreprises publiques, la déréglementation des marchés, les régimes commerciaux, la politique des prix et la politique commerciale, les dispositifs de protection sociale, les secteurs agricole, énergétique et financier et, plus récemment, les problèmes de gouvernance politique et économique ».

[307] W. AGUEMON, *Le droit douanier et l'harmonisation de la fiscalité de porte dans l'UEMOA et la CEDEAO, cas du Bénin et de la Côte-d'Ivoire,* Thèse de doctorat en Droit Public, Université d'Abomey-Calavi, 2018, p. 80.

[308] *Public Expenditure and Financial Accountability* (PEFA).

économiques et financières sous le contrôle de divers organismes de surveillance des performances financières et économiques.

L'EITI[309] permet de mesurer et de classer les pays en tenant compte du niveau de transparence dans la gouvernance publique, d'une manière générale, et la gouvernance des revenus tirés des ressources naturelles, de façon spécifique. Au-delà des formes, nous explique le Professeur Nicaise MÉDÉ, « *il faut bien déceler la pression diffuse des bailleurs de fonds qui n'hésitent pas à faire du respect de ce mécanisme une conditionnalité de leurs concours financiers* »[310] aux États ou aux Communautés.

Quant au système PEFA[311], il est l'évaluation des dépenses publiques et responsabilité financière. Sa grille d'évaluation s'inspire du Code de transparence budgétaire du FMI. Le rapport d'évaluation fournit une notation de A à D sur chacun des indicateurs. Les rapports d'évaluation PEFA sont des preuves de la bonne ou de la mauvaise gouvernance financière des États évalués et sont donc utilisés par les partenaires au développement pour apprécier l'éligibilité ou la continuation de leurs appuis aux politiques de développement.

Enfin, l'*Open budget initiative* (Initiative sur le budget ouvert) est un programme global de recherche et de plaidoyer pour la promotion de l'accès du public à l'information budgétaire et l'adoption de systèmes favorisant la reddition de compte. L'indice OBI créé à cet effet classe les États sur la base de l'information qu'ils rendent disponible au public tout au long de la procédure budgétaire. Ce classement mondial vient nourrir la grille des observations et des rappels à l'ordre que peuvent subir les États membres de l'UEMOA, dans le cadre de leurs négociations avec les partenaires techniques et financiers qui contribuent au financement de leurs actions de développement[312].

Par ailleurs, il existe des agences de notation. L'une des règles de fonctionnement du marché financier international est l'attribution de notes par les agences de notation financière. Ces notes[313] permettent d'évaluer le risque d'insolvabilité d'un emprunteur. Lorsque la note est inférieure à « BBB », l'État concerné est classé dans la catégorie « spéculative ». Les investisseurs institutionnels, principaux intervenants

---

[309] N. MÉDÉ, *Finances publiques : Espace UEMOA/UMOA*, *op. cit.*., p. 128.
[310] *Ibid.*
[311] *Ibid.*
[312] N. MÉDÉ, *op. cit*, p. 130.
[313] C *pour Moody's* et D pour *Standard & Poor's* .

des marchés financiers, ne prennent pas le risque sur les titres publics (ou même privés) classés dans la catégorie « spéculative ». Se soumettre aux règles de la notation financière internationale constitue un échelon supplémentaire de la surveillance internationale des finances publiques des États membres de l'UEMOA[314].

Le FED est un instrument d'intervention financière de l'UE. Cette dernière est décidée à soutenir les réformes et le développement des États ACP (Afrique Caraïbes Pacifique) signataires des Accords de partenariat économique (APE)[315], à travers les différents fonds européens de développement à eux accordés dans le cadre du Programme des APE pour le développement (PAPED).

Dans le cadre des APE, l'Union européenne négociait avec les ensembles sous-régionaux (CEDEAO, CEMAC, SADC, ESA, Caraïbes, Pacifique). Du point de vue de la Commission européenne, les APE constituent un solide instrument de coopération[316]. Pour l'effectivité desdits APE, l'UE plaide en faveur d'une réforme de la fiscalité intérieure[317] et de la fiscalité de porte[318] dans ces États.

---

[314] N. MÉDÉ, *op. cit.*, p. 131.

[315] Les APE trouvent leur fondement dans les articles 36 et 37 de l'accord de Cotonou, qui est la dernière convention entre l'UE et les 77 États ACP, signée le 23 juin 2000 et qui est entrée en vigueur le 1er avril 2003.

[316] Cf. *Argumentaire général sur les APE,* texte disponible sur le site Internet du Service européen pour l'action extérieure, http://eeas.europa.eu., consulté le 10 mai 2018.

[317] Art. 60 de l'annexe 1 de la proposition de décision du conseil, relative à la signature et à l'application provisoire de l'Accord de Partenariat Economique entre les États de l'Afrique de l'Ouest, la CEDEAO et l'UEMOA, d'une part, et l'UE et ses États membres, d'autre part : « *Les parties reconnaissent les défis que l'élimination ou la réduction substantielle des droits de douanes prévus dans les APE, peuvent poser à la région Afrique de l'Ouest... les parties dans cet accord, conviennent d'établir un dialogue approfondi sur les réformes et les mesures d'adaptation fiscale pour résorber le déficit budgétaire et assurer à terme l'équilibre budgétaire des États de la région Afrique de l'Ouest. L'Afrique de l'Ouest s'engage à mettre en place des réformes fiscales dans le cadre de la transition fiscale induite par la libéralisation. L'UE s'engage à apporter un appui à l'Afrique de l'Ouest dans la mise en œuvre de ces réformes* ».

[318] Art. 42 al 1 de l'annexe 1 de la proposition de décision du conseil, relative à la signature et à l'application provisoire de l'Accord de Partenariat Economique entre les États de l'Afrique de l'Ouest, la CEDEAO et l'UEMOA, d'une part, et l'UE et ses États membres, d'autre part : « *Les parties conviennent de faire progresser les réformes douanières, notamment l'harmonisation des procédures et de la règlementation, dans le but de faciliter les échanges commerciaux dans la région Afrique de l'Ouest* ».

Pourtant ces organismes régionaux et leurs États membres n'ont pas la même appréciation des APE. Cette situation a conduit l'UE à négocier avec chaque État, en dehors du cadre des organisations régionales. En décembre 2007, la Côte d'Ivoire et le Ghana signaient des APE intérimaires[319] en vue de sécuriser leurs exportations vers l'UE. En décembre 2014, la majorité des États d'Afrique de l'Ouest dont le Bénin ont signé les APE, dans l'attente de leur ratification par les Parlements nationaux et de leur mise en œuvre dans les États parties. Il convient de noter que le Cameroun est le premier État africain à avoir ratifié les accords de partenariat économique, lesquels sont entrés en vigueur le 4 août 2016. Cette ratification ne dissipe pas les inquiétudes liées à l'entrée en vigueur de ces accords. Par l'ouverture de leurs marchés, les États de l'Afrique de l'Ouest craignent des pertes de recettes douanières, précédées d'une remise en cause du processus d'intégration, dans la mesure où les négociations entrant dans le cadre des APE n'accordaient pas une priorité aux organisations d'intégration.

Les acquis du processus d'intégration régionale sont menacés par des APE qui marquent des divergences profondes, en ce qui concerne les échanges entre l'Afrique et l'UE. Il convient de préciser qu'au niveau de l'UEMOA et de la CEDEAO, il existe trois régimes commerciaux applicables aux échanges avec l'UE. Il s'agit en l'occurrence de la zone de libre-échange APE avec l'UE pour la Côte d'Ivoire et le Ghana, ''Tout sauf les armes'' (TSA)[320] pour les 13 PMA de la région dont le Bénin, le Système de préférence généralisé (SPG) pour le Nigéria.

Si l'UEMOA, à travers son cadre normatif, a posé les bases juridiques nécessaires pour affirmer son autonomie financière, il n'en demeure pas moins que de nombreuses difficultés jalonnent le processus de

[319] V. BERISHA-KRASNIQI, « Les accords de partenariat économique. Quels enjeux pour le Sénégal ? », *in Revue de l'OFCE,* 2008, p. 68.

[320] L'initiative « Tout Sauf les Armes » a été approuvée par le Conseil de Ministres du commerce de l'Union européenne le 26 février 2001 suite aux conférences précédentes (Singapour en 1995), Seattle, Qatar et Bruxelles en 2001. Par cette initiative, l'Union européenne s'engage à ouvrir son marché aux 48 PMA dont 40 sont issus du groupe ACP par des réductions de droits de douanes (- banane fraîche : 20% de réduction à partir du 1er janvier 2002 avec élimination totale au plus tard le 1er janvier 2006 ; - riz : réduction de 20 % le 1er septembre 2006, de 50 % le 1er septembre 2007, de 80 % 1er septembre 2008 et éliminés totalement au plus tard le 1er septembre 2009 ; - sucre : réduction de 20 % le 1er juillet 2006, de 50 % le1er juillet 2007, de 80 % le 1er juillet 2008 et éliminés totalement au plus tard le 1er juillet 2009). Voir www.asepex.sn/IMG/PDF/Sol., consulté le 12 janvier 2017.

mobilisation des ressources propres communautaires. Il convient donc d'aborder l'étude de ces difficultés pour mieux appréhender les leviers sur lesquels, l'Union doit agir en vue de disposer de finances soutenables.

Chapitre 2

Une difficile mobilisation des ressources propres de l'Union

Sommaire

Le Traité de l'UEMOA, en vue de garantir l'autonomie financière de l'Union, lui a conféré des ressources propres constituées notamment d'une fraction du Tarif extérieur commun, en l'occurrence le Prélèvement communautaire de solidarité (PCS).

Alors que l'actuel mécanisme de recouvrement du PCS a été mis en place depuis 1996[321], l'ancien règlement financier de l'Union[322] qui a été élaboré en 2008, soit plus d'une dizaine d'années après la création du PCS, est resté totalement muet sur les conditions de mobilisation desdits prélèvements. Mieux, le nouveau règlement financier de l'Union pris en 2018[323] en vue de réviser le précédent, n'a apporté aucune avancée substantielle aux mécanismes de mobilisation des ressources propres de l'UEMOA. Ainsi, en marge du principe de la séparation des ordonnateurs et des comptables, qui recommande que lesdites opérations soient exécutées exclusivement par l'ordonnateur et le comptable de l'Union en tant que destinataires finaux et responsables du maniement de ces deniers publics communautaires, cette fonction a été confiée aux administrations fiscales des États membres.

Il serait donc utile de mettre en exergue la responsabilité de ces États dans la stagnation du mécanisme de mobilisation des ressources communautaires. On a coutume de présenter l'attachement excessif à la souveraineté des États et la multiplicité des organisations sous-régionales comme les causes fondamentales de la défaillance de l'intégration africaine. Ces points jouent également un rôle important dans l'inertie des finances publiques communautaires de l'UEMOA.

Mais il sera question d'aller bien au-delà de ces facteurs généraux pour saisir les barrières les plus importantes à une véritable mobilisation de ressources suffisantes pour le financement régulier de son fonctionnement et la réalisation rapide des projets intégrateurs.

Devant la multiplicité et la diversité de ces freins, il parait judicieux d'aborder les obstacles à l'application du système des ressources propres (Section 1), avant de s'intéresser aux autres ressources communautaires dont la maîtrise demeure imparfaite (Section 2). Tout ceci empêche l'Union de mobiliser efficacement ses ressources.

---

[321] Acte additionnel n° 04 /1996 du 10 mai 1996 instituant un régime tarifaire préférentiel transitoire des échanges au sein de l'UEMOA et son mode de financement.
[322] Règlement N° 01/2008/CM/UEMOA du 28 mars 2008, portant règlement financier des organes de l'Union économique et monétaire ouest-africaine.
[323] Règlement N° 01/2018/CM/UEMOA du 23 mars 2018, *op. cit.*

Section 1 ‖ Les obstacles à l'application du système des ressources propres

En général, les problèmes de financement sont le principal frein à l'intégration dans l'UEMOA. L'Union dispose de capacités et de ressources limitées, d'où les écarts substantiels entre les ambitions et la réalité. Il faut alors concevoir des systèmes concrets pour mobiliser des ressources. Dans cette perspective, des mécanismes d'autofinancement sont des moyens envisagés[324]. Les mécanismes de ressources propres présentent l'avantage de n'exercer aucune ponction directe sur les budgets nationaux.

Cependant, à l'heure du bilan, le recouvrement du PCS, principale ressource propre de l'Union, demeure éprouvée (Paragraphe 1). Par ailleurs, la mise en œuvre de la TVA intracommunautaire prévue à l'article 55 du Traité de l'Union reste hypothétique (Paragraphe 2).

Paragraphe I | Un recouvrement éprouvé du PCS

On note essentiellement des interférences négatives des pouvoirs étatiques dans le processus conduisant au recouvrement du PCS. Ainsi, de nombreuses difficultés ressortent de la compétence exclusive conférée aux États membres en matière de recouvrement de la principale ressource (A). À cela s'ajoute la rétention des ressources de l'Union (B) de la part de certains États membres.

A- La compétence exclusive des États membres

La compétence exclusive conférée aux États membres en matière de recouvrement du PCS constitue un handicap certain (1). Une telle

[324] Traité révisé de l'Union, Art 54 : « *Les ressources de l'Union proviennent notamment d'une fraction du produit du tarif extérieur commun (TEC) et des taxes indirectes perçues dans l'ensemble de l'Union. Ces ressources seront perçues directement par l'Union…*), Art 55 : « *A terme, une taxe à la valeur ajoutée (TVA) de l'Union sera instituée et se substituera à la fraction du produit des taxes indirectes nationales indiquée à l'article 54. Au besoin, des taxes additionnelles pourront être introduites par l'Union…* ».

situation favorise également le développement de certains courants de fraudes dans la mise en œuvre des normes communautaires (2).

1 | Le recouvrement du PCS par les États : un handicap certain

Le Traité de l'UEMOA a opté pour un financement de son budget par des ressources propres. Le chapitre 2 du titre 3 qui fixe les ressources de l'Union, dispose que « *les ressources de l'Union proviennent d'une fraction du produit du Tarif extérieur commun (TEC) et d'une fraction des taxes indirectes perçues dans l'ensemble de l'Union* ». En outre, l'article 55 dudit Traité envisage également « *l'institution de la TVA communautaire dont une fraction devrait se substituer à la fraction des taxes indirectes nationales pouvant être perçues au profit de l'Union* ». Mais à ce jour, seules les mesures relatives au PCS ont été mises en œuvre.

Même si certains auteurs estiment qu'il n'existe encore aucun impôt communautaire[325], le PCS peut être considéré comme un véritable impôt communautaire, puisqu'il est prévu par des textes d'origine communautaire et perçu au profit du budget communautaire. Mais l'autonomie de financement du budget communautaire visée par son institution demeure inexistante, du moins inachevée. Car, même si l'article 17 de l'acte additionnel n° 04/1996 du 10 mai 1996, instituant un régime tarifaire préférentiel transitoire des échanges au sein de l'UEMOA et son mode de financement, précise que « *l'assiette[326] du PCS est constituée par les importations, dans tous les États membres, de produits originaires des pays tiers à l'Union et mis à la consommation* », l'article 19 confie la détermination de la valeur en douane à chaque État membre.

L'article 17 précité met à la disposition des États membres de l'Union un important pouvoir de décision en matière de recouvrement du PCS. En fait, le pouvoir de détermination de l'assiette d'une recette constitue un facteur qui influence de façon indéniable la qualité du recouvrement.

---

[325] A. MAITROT DE LA MOTTE, « L'impôt européen. Enjeux juridiques et politiques », *op. cit.*, p. 149.

[326] En droit financier ou fiscal, l'assiette désigne d'une part l'ensemble des opérations administratives tendant à établir l'existence et le montant de la matière imposable et à constater la présence du fait générateur de l'impôt. D'autre part, elle désigne l'élément lui-même retenu pour le calcul de l'impôt par l'application du tarif. Voir S. GUINCHARD, T. DEBARD, *Lexique des termes juridiques*, *op. cit.*, p. 75.

Il en est de même pour la fixation de la valeur qui sert de base au calcul de ladite recette[327] et qui, aux termes de l'article 19 susmentionné, échappe également aux organes de l'Union. Or, la capacité de décider librement du montant de ses recettes constitue l'indicateur principal de l'autonomie financière d'une institution[328]. Ainsi créé[329], en application de cette disposition, le PCS est collecté par les administrations nationales[330]. Les États membres se trouvent ainsi placés au cœur du processus[331] de mobilisation des ressources qu'ils manœuvrent selon leur capacité ou leur bonne volonté[332]. Le graphique en annexe I présente l'évolution des recettes issues du PCS, collectées par les États membres, au profit de l'Union, de 2016 à 2020.

Par ailleurs, si les États membres de l'Union ont pris l'engagement d'accompagner la mise en œuvre des politiques communes en vue de la réalisation des objectifs fixés, des réticences apparaissent, dès lors que les mesures prises touchent à certains domaines, notamment le domaine fiscal. En effet, comme le rappelait le Professeur Georges VANDERSANDIEN, la mise en œuvre des mesures fiscales au plan communautaire « *procède tout d'abord d'une volonté politique de plus en plus affirmée par les autorités communautaires, et relayée avec plus ou moins d'enthousiasme par les États membres au sein du conseil de l'Union* »[333].

---

[327] F. LABIE, *Finances locales*, *op. cit.*, p. 19.

[328] *Ibid.*, p. 21.

[329] Cf. Acte additionnel n° 04/1996 du 10 mai 1996 instituant un régime tarifaire préférentiel transitoire des échanges au sein de l'UEMOA et son mode de financement.

[330] Comme le prévoir l'article 21 dudit acte, « *les administrations nationales de recouvrement sont habilitées à les (le PCS) encaisser et à les reverser dans un compte ouvert au nom de l'Union, à la BCEAO dans chaque État membre. Les paiements sont effectués par les redevables soit en espèces, soit par chèque libellé au nom de l'Union* ».

[331] On note ainsi une quasi-absence des organes de l'Union dans le processus qui conduit au recouvrement du PCS et une implication trop poussée des États membres. Il en résulte que, face aux pressions budgétaires internes, lesdits États n'hésitent pas à remettre en cause les principes de base de l'Union, afin de subvenir aux besoins de leurs populations. La mauvaise foi des États membres, les remises en causes sournoises et le manque de volonté politique compromettent l'autonomie souhaitée par l'Union dans le cadre du financement de son budget.

[332] Cf. COMMISSION DE L'UEMOA, *Les recettes à reverser du prélèvement communautaire de solidarité*, Note, Ouagadougou, 2018, p. 2.

[333] G. VANDERSANDIEN, Préface à J-M. COMMUNIER, *Droit fiscal communautaire*, Bruxelles, Bruylant, 2001, p. XI.

En choisissant de confier la perception du PCS qui est la principale ressource de l'Union aux administrations douanières des États membres, l'UEMOA à travers la Conférence des chefs d'État et de Gouvernement s'est engagée dans une démarche minimaliste et prudente qui a l'avantage de ne pas porter atteinte, de façon brutale, à la souveraineté des États dans le domaine fiscal. En effet, les modalités techniques auraient été susceptibles de bloquer, dès l'origine, la construction de l'Union.

Le droit international élève le gouvernement au rang d'autorité suprême à l'intérieur du territoire de l'État, notamment avec le Traité de Westphalie qui consacre la souveraineté nationale, principe cardinal du système étatique moderne[334]. Ce système westphalien est au fondement des nombreux traités et décisions qui régulent les relations entre les nations, leurs contacts, leurs communications, leurs échanges et les cadres de leur coopération que sont les multiples organisations internationales[335].

Mais cette option de prudence, faite par l'Union, semble ouvrir un boulevard pour la plupart des États qui, jaloux de leur souveraineté, s'emploient quotidiennement à travailler de façon à reléguer les intérêts de l'Union au second rang, contrairement aux dispositions contenues dans le Traité. Mieux, des fraudes peuvent être également constatées.

2 | Les fraudes constatées dans la mise en œuvre des normes communautaires

Il faut préciser qu'un grand obstacle dans la procédure de recouvrement du PCS se rapporte aux difficultés d'évaluation des marchandises. En effet, comme rappelé *supra*[336], « *l'assiette du PCS est constituée par la valeur en douane telle que définie dans chaque État membre* »[337]. Il s'agit donc d'un droit *ad valorem*, c'est-à-dire qu'il est déterminé suivant la valeur des produits.

En outre, le Code des douanes de l'Union, annexé au règlement n°09/2001/CM/UEMOA du 26 novembre 2001, précise en son article 16 alinéa 1 que l'évaluation des marchandises a lieu conformément aux

---

[334] M. D. BEBADA, *L'ONU et le défi politique de la mondialisation : Critique de la doctrine de la gouvernance globale et l'option des grands ensembles régionaux,* Thèse de doctorat, Université de Lyon III, 2017, p. 24.

[335] H. J. MORGENTHAU, *Politics Among Nations, The Struggle for Power and Peace* (1948), New York, 5ᵉ édition Alfred A. Knopf, Inc., 1973. p. 24.

[336] Voir présent paragraphe A-1, p. 83.

[337] Cf. Acte additionnel n° 04/1996du 10 mai 1996, *op. cit.*

règles pertinentes de l'Accord sur la mise en œuvre de l'article VII du GATT[338], dénommé Code d'évaluation de l'Organisation mondiale du commerce (OMC). Aussi le règlement n° 05/1999/CM/UEMOA portant valeur en douane des marchandises fixe-t-il les modes de détermination de la valeur en douane des marchandises. Les dispositions de l'accord de l'OMC sur l'évaluation telles que transposées dans ledit règlement reprennent six méthodes d'évaluation en douane.[339]

Il importe de signaler que ces méthodes doivent être appliquées dans l'ordre où elles sont énoncées jusqu'à la première de ces méthodes qui permettra de déterminer la valeur en douane[340]. La méthode principale pour la détermination de la valeur en douane est la valeur transactionnelle. Elle doit constituer, autant que possible, la base de l'évaluation en douane des marchandises.

Malgré toutes ces dispositions, on note toujours l'existence d'un système d'évaluation disparate et peu stable, ce qui pose de graves problèmes à la transparence dans les opérations de recouvrement du PCS[341] pour le compte de l'UEMOA en particulier. En effet, la plupart

---

[338] Le "*General Agreement on Tariffs and Trade (GATT)*", en français : Accord général sur les tarifs douaniers et le commerce, (AGETAC) fut signé le 30 octobre 1947, pour harmoniser les politiques douanières des parties signataires. Le traité entra en vigueur en janvier 1948 et le secrétariat s'installa à la Villa Bocage, à Genève, et en 1977 au Centre William Rappard, également à Genève. Cet accord multilatéral de libre-échange était destiné à faire baisser les prix pour les consommateurs, mieux utiliser les facteurs de production et favoriser l'emploi dans les secteurs où chaque pays détient un avantage comparatif. L'un des derniers cycles de négociations (l'Uruguay Round, de 1986 à 1994), clos par l'accord de Marrakech, aboutit à la création de l'Organisation Mondiale du Commerce.

[339] Il s'agit de : 1- La valeur transactionnelle des marchandises importées ; 2- La valeur transactionnelle des marchandises identiques ; 3- La valeur transactionnelle des marchandises similaires ; 4- la méthode déductive ; 5- la méthode calculée ; 6- la méthode du dernier recours ou des « moyens raisonnables ».

[340] Une seule exception à cette règle : l'article 7 prévoit la possibilité d'inverser l'ordre d'application de la méthode déductive et de la valeur calculée.

[341] Article 18 de l'Acte additionnel n°04/1996 *op. cit.* : « *Sont exonérés du PCS, les aides et dons destinés à l'État ou aux œuvres de bienfaisances les marchandises en transit ; les biens acquis dans le cadre de financements accordés par des partenaires étrangers, sous réserve d'une clause expresse exonératoire de tout prélèvement fiscal ou parafiscal ; les marchandises originaires du territoire douanier d'un État membre et de retour en l'état ; les marchandises déclarées pour l'entrepôt de stockage ; les marchandises ayant déjà acquitté le P.C.S. sous un régime antérieur ; les biens importés par les entreprises bénéficiaires d'un régime fiscal stabilisé en cours à la date de mise en vigueur du présent acte ; les biens bénéficiant de franchises diplomatiques ; les produits pétroliers* ».

des États membres continue d'utiliser des valeurs consensuelles ou des taxations spécifiques, souvent imposées par les gouvernants.

Par ailleurs, la plupart des États membres ont recours aux services de sociétés privées dites d'inspection avant embarquement,[342] ce qui pose un problème réel quant à la maîtrise de la valeur en douane, gage d'un recouvrement correct des droits et taxes.

Les mesures contenues dans les divers textes communautaires, perdent ainsi de leur efficacité, étant donné que les systèmes d'évaluation en vigueur sont modifiés de façon unilatérale par les États membres avec des incidences réelles sur la perception des droits et taxes en général, et du PCS, en particulier. Mais les fraudes ne portent pas que sur la valeur.

En effet, d'autres éléments essentiels de la taxation douanière des marchandises sont également affectés. Il s'agit notamment de l'origine[343] et de l'espèce tarifaire. Ainsi, des manœuvres frauduleuses sur l'origine qui permettent à certains contribuables de faire bénéficier des avantages préférentiels à des marchandises provenant de pays tiers ont été notées. Il en est de même des glissements tarifaires qui permettent de minorer les droits et taxes à payer au cordon douanier.

Il est à noter que l'assiette du PCS est constituée par les importations dans tous les États membres de produits originaires des pays tiers à l'Union et mis à la consommation[344] dans un État dit de prime abord et réexpédiés dans un autre État membre[345]. Sont donc exclus de cette assiette, les produits originaires[346] des États membres de l'Union.

---

[342] Le Bénin a eu à solliciter les sociétés telles que BIVAC, COTECNA et BÉNIN-CONTROL.

[343] L'origine correspond à l'établissement du lien juridique entre une marchandise et un pays, en vue de l'application d'une réglementation douanière donnée. Simple, lorsque la marchandise est produite dans un seul État, à partir des ressources naturelles de celui-ci, l'opération est rendue compliquée par les multiples transformations successives qu'une même marchandise peut recevoir dans plusieurs pays. Voir G. ORSONI, (Dir), *Finances publiques, Dictionnaire encyclopédique, op. cit.*, p. 659.

[344] « *Sont donc exclus de cette assiette : - les produits originaires de l'Union les produits fabriqués ou obtenus dans un État membre de l'Union et ne remplissant pas les conditions d'origine ; - les produits originaires des pays tiers nationalisés par leur mise à la consommation* ».

[345] Acte additionnel n°04/1996 *op. cit.*, Art. 17.

[346] Art. 2 du Protocole Additionnel N° III /2001 du 19 décembre 2001, instituant les règles d'origine des produits de l'UEMOA : « *sont considérés comme produits originaires des États membres de l'UEMOA, les produits entièrement obtenus ou ayant fait l'objet d'une ouvraison ou d'une transformation suffisante dans ces États.* »

Enfin, une autre pratique observée au niveau des États membres et qui handicape considérablement la mobilisation des recettes est l'octroi incontrôlé des exonérations fiscales. En effet, des irrégularités considérables s'observent dans ce domaine. Il en découle des activités frauduleuses et des transactions informelles. Aussi, en l'absence d'une coordination statistique rigoureuse, l'UEMOA éprouve une grande difficulté à quantifier les pertes de recettes fiscales dues aux différents types d'exonération. Non seulement l'octroi incontrôlé des exonérations douanières affecte le recouvrement des droits de porte au profit des États, mais il limite aussi la perception du PCS qui dépend également d'une application correcte des politiques nationales en matière douanière.

En dehors de ces difficultés qui plombent le système de recouvrement du PCS, il existe un autre obstacle, non moins important : la rétention des ressources par les États membres.

B- La rétention indue des ressources de l'Union

Les incidences contreproductives induites par l'option du recouvrement du PCS par les États membres sur les ressources propres communautaires ne se limitent pas seulement aux difficultés liées à la collecte desdites ressources. En dehors de ces difficultés, il convient d'étudier l'enjeu de la rétention des ressources propres (1) dans les caisses des trésors publics dans plusieurs États membres en violation des textes communautaires, ce qui contraste avec l'expérience de l'Union européenne (2).

1 | L'enjeu de la rétention des ressources propres

La rétention totale ou partielle, temporaire ou durable des ressources de la part d'un ou plusieurs États membres, c'est-à-dire leur refus de mettre ces ressources à la disposition de la Commission, apparaît incontestablement comme un manquement. Les restes à recouvrer dus par les États à la Commission de l'Union au 30 septembre 2018 sont estimés à 18.326.129.891[347].

En effet, l'alinéa 1 de l'article 21 de l'Acte additionnel n°04/1996 instituant un régime préférentiel transitoire des échanges au sein de l'UEMOA et son mode de financement, dispose : « *les produits du PCS sont perçus directement par l'Union. A cet effet, les administrations nationales de recouvrement sont habilitées à les encaisser et à les*

347 Cf. COMMISSION DE L'UEMOA, Les recettes à reverser du Prélèvement communautaire de solidarité, *Note*, Ouagadougou, 2018, *op. cit.*, p. 3.

reverser dans un compte ouvert au nom de l'Union, à la BCEAO dans chaque État membre »[348]. Mais il n'est pas rare de constater que les choses ne se passent pas comme prévu, et que certains États membres ne reversent pas à temps les produits du PCS.

Par ailleurs, l'alinéa 3 de l'article 21[349] donne le mécanisme pour disposer des produits du PCS en cas de non reversement à l'Union. Ainsi, en cas de non reversement à l'Union des produits du PCS perçus par l'administration nationale, la BCEAO est autorisée à débiter d'office le compte du Trésor public de État concerné pour le compte de l'Union en retenant le montant du PCS non reversé, sous réserve du respect du découvert prévu à l'article 16 des statuts de la BCEAO.

Il est important de relever que de façon générale, en période de crise, les États membres n'arrivent pas toujours à reverser les montants du PCS, perçus pour le compte de l'Union, dans les comptes ouverts à cet effet à la BCEAO. Les cas des crises ivoiriennes et maliennes sont révélateurs.

En outre, contrairement aux instructions de l'UEMOA, certains États continuent de faire transiter les fonds récoltés pour le compte de l'Union par les caisses du trésor public[350], ce qui aboutit à des arriérés d'impayés.

Ainsi, les réalisations du PCS n'ont pas atteint 100% des prévisions de 2011 du fait que, d'une part, les reversements du Bénin et du Sénégal sont faibles par rapport au montant attendu de chacun de ces deux États membres et d'autre part, la BCEAO de la Côte d'Ivoire n'a pas procédé à l'encaissement sur le compte de l'UEMOA, de l'intégralité des valeurs relatives aux produits du PCS régulièrement recouvrés et déposés auprès de ses guichets au cours des mois de janvier à avril 2011, pour un montant total de 1 994 029 965 F CFA[351].

Mais face à la rétention des produits du PCS, la BCEAO procède-t-elle réellement à un débit d'office du compte du Trésor Public du pays concerné pour le compte de l'Union du montant du PCS comme prévu à l'article 21[352] ?

---

[348] Art. 27 al.1 de l'Acte additionnel 04/1996, *op. cit.*

[349] L'Acte additionnel 04/1996, *op. cit.*

[350] C'est le cas du Bénin par exemple.

[351] COMMISSION DE L'UEMOA, Rapport 2011 de la commission de l'UEMOA sur le fonctionnement et l'évolution, p. 51, disponible sur le site http://www.uemoa.int/ consulté le 10 mai 2015.

[352] Acte additionnel 04/1996, *op. cit*, Art 21 : « *En cas de non reversement à l'Union des produits du P.C.S. perçu par l'administration nationale, la BCEAO est autorisée à débiter d'office le compte du Trésor Public du pays concerné pour le compte de l'Union*

La réponse à cette question est sans équivoque puisque chaque fois que le cas se présente, le pays concerné évoque la souveraineté de son État, ce qui complique la mise en œuvre de ce mécanisme et le rend quasiment inopérant, d'où des arriérés d'impayés au niveau de ces pays États membres. Cette situation contraste avec le besoin de ressources de l'Union. Qu'en est-il de l'expérience des Communautés européennes ?

2 | L'expérience de l'Union européenne (UE)

Le système des ressources propres des Communautés européennes (aujourd'hui Union européenne) fut instauré sur le fondement de l'article 201 du Traité de la Communauté économique européenne (CEE), qui organisait la procédure selon laquelle « *les contributions financières des États membres (...) pourraient être remplacées par des ressources propres, notamment par des recettes provenant du tarif douanier commun lorsque celui-ci aura été définitivement mis en place* »[353]. Le pas décisif fut réalisé par la décision du Conseil des Communautés du 21 avril 1970[354] qui organise le « *remplacement des contributions financières des États membres par des ressources propres aux Communautés* ». Le système des ressources propres constitue une reconnaissance de l'autonomie financière des Communautés.

L'Union européenne dispose de plusieurs types de ressources. Elle ne prélève elle-même aucun impôt, ce sont les États membres qui mettent des ressources à sa disposition. Les ressources de l'Union européenne sont constituées à hauteur de 99 % par des « ressources propres » réparties en trois catégories.

La première est relative aux ressources propres traditionnelles (les plus anciennes) composées des droits de douane, des prélèvements agricoles et des cotisations sur le sucre et l'isoglucose, introduites en 1970 et perçues auprès des opérateurs économiques par les États membres pour le compte de l'UE.

La seconde, qui est relative à la ressource TVA, est une contribution des États membres correspondant au montant d'une TVA perçue au taux de 0,3% sur une assiette harmonisée entre les pays de l'UE de la taxe sur la valeur ajoutée (TVA) qu'ils perçoivent.

---

du montant du P.C.S. non reversé, sous réserve du respect du découvert prévu à l'article 16 des statuts de la BCEAO. »

353 Art. 201 du Traité de la CEE.

354 JOCE n° L 94, 28 avril 1970.

La troisième catégorie qui porte sur la ressource RNB, est un prélèvement sur le revenu national brut de chaque État membre d'un pourcentage fixé annuellement par le budget de l'Union. Cette ressource, qui était au départ complémentaire, c'est-à-dire ne devant être perçue que si les autres ressources propres étaient insuffisantes pour couvrir les dépenses, représente aujourd'hui, et de loin, la principale source de revenus de l'UE. Le RNB représente en moyenne 68,9% de la totalité des ressources de l'UE.

Depuis l'instauration effective des ressources propres des Communautés européennes à la fin des années 1970, on observe chaque année ou presque, des oppositions entre les États membres. Lorsque le différend entre les États membres se durcit, la tentation est alors grande pour certains d'entre eux de recourir à un procédé qui contredit leurs engagements juridiques antérieurs, mais cherche à conforter leur position ou leurs intérêts politiques par la rétention des ressources propres.

Dans ce cadre, la rétention des ressources propres devient une arme dans le jeu communautaire en cas de contestations entre les États membres et les instances d'intégration et, en cas de litiges, entre États membres.

A ce titre, l'élaboration des budgets pour 1979 et 1981 des Communautés européennes par exemple a donné lieu à l'utilisation de la rétention des ressources communautaires.

Si la rétention est souvent temporaire au sein de la CEE, Guy ISAAC[355] fait remarquer qu'elle constitue un instrument de pression et de négociation. Avec le recul du temps, les rétentions pratiquées risquent d'apparaître comme les soubresauts de souverainetés nationales. Les États membres ont du mal à appliquer sans failles, dans les premières années de fonctionnement réel du système des ressources propres, le principe qu'ils ont accepté des années plus tôt[356].

Le recours à la rétention des ressources propres apparaît, dès lors, comme l'une des manifestations et non la plus importante de la rémanence d'une logique « nationaliste » de la part des États au sein du jeu communautaire[357].

---

355 J-L. CHABOT, « La rétention des ressources propres de la part des États membres », *in* G. ISAAC (dir.), *Les ressources financières de la communauté européenne*, Paris, Economica, 1986, spéc. p. 89.

356 *Ibid.*, spéc. p. 90.

357 *Ibid.*, spéc. p. 91.

Comme le note Guy ISAAC, si le national l'emporte souvent de manière massive sur le communautaire dans le comportement politique des États, il apparaît d'autant plus nécessaire alors de garantir le respect strict des engagements étatiques jouant en faveur d'une logique communautaire, comme le sont les ressources propres. Le Président de la Commission[358] M. Gaston THORN, faisait remarquer lors de l'affrontement de 1981, qu'« *un État membre ne peut, même s'il avait raison, se faire justice à lui-même* ». La rétention des ressources propres comporte des relents de justice privée de la part d'États volontairement engagés, souvent depuis des décennies, dans un système de normativité et d'obligations communautaires[359].

Mais, à la différence de l'UEMOA, l'UE essaye tant bien que mal d'appliquer des sanctions pour la rétention des ressources propres. A cet effet, des procédures sont prévues aux articles 169 CEE, à l'initiative de la Commission et 170 CEE, à celle d'un ou plusieurs États membres. Elles comprennent une phase administrative conduite par la commission et, une phase contentieuse découlant de la saisine de la Cour de justice par la Commission (article 169 CEE) ou par tout État intéressé (article 170 CEE)[360].

Les procédures de sanction sont jugées inadéquates, voire inefficaces dans la mesure où elles peuvent être lourdes de conséquences et déboucher sur des résultats pour le moins incertains.

Si le grave manquement au droit communautaire que constitue la rétention des ressources propres de la part d'un ou plusieurs États membres paraît ainsi difficilement sanctionnable, n'est-il donc pas judicieux d'accélérer la mise en œuvre de la TVA intracommunautaire ?

---

[358] Commission de l'UE, 1981.

[359] J-L. CHABOT, « La rétention des ressources propres de la part des États membres », *in G.* ISAAC (dir.), *Les ressources financières de la communauté européenne*, Paris, Economica, 1986, spéc. p. 91.

[360] *Ibid.*, spéc., p. 91.

Paragraphe II | Une mise en œuvre hypothétique de la TVA intracommunautaire

Le prélèvement Communautaire de Solidarité n'est pas la seule ressource communautaire prévue par l'Union. La TVA intracommunautaire, également prévue par le Traité de l'UEMOA reste encore, à ce jour, une option peu explorée (A) à cause peut-être des obstacles certains (B) à sa mise en œuvre.

A- Une option peu explorée

Le système de ressources propres de l'Union économique et monétaire ouest-africaine a connu dès sa création et continue de connaître des difficultés. Le Prélèvement communautaire de solidarité, principale ressource propre de l'Union jusque-là, n'arrive pas à assurer efficacement le financement de l'intégration économique et monétaire dans l'espace Ouest-africain. Cependant, il se révèle que les fondements (1) de la TVA intracommunautaire portent les germes d'un engagement mitigé (2).

1 | Les fondements justifiés

La TVA communautaire est prévue à l'article 55 du Traité et à l'article 25 du règlement financier de l'Union comme recette statutaire de l'UEMOA, et demeure une option intéressante à explorer. Il s'agit en fait d'une taxe sur la valeur ajoutée prévue pour être appliquée sur les transactions commerciales entre les différents États membres de l'Union. En effet, l'article 55 du Traité[361] dispose qu'« *il sera institué à terme, une Taxe à la valeur ajoutée (TVA) et ce dernier se substituera à la fraction du produit des taxes indirectes nationales indiquée à l'article 54* »[362].

Quant au règlement financier des organes de l'Union, il prévoit au niveau des recettes ordinaires, notamment les recettes statutaires, d'une part, la fraction du produit des impôts indirects nationaux pouvant être perçue au profit de l'Union jusqu'à l'instauration de la TVA

---

361 Art. 55 du Traité modifié de l'UEMOA, *op. cit.*

362 *Ibid.*

intracommunautaire, et d'autre part, le produit de la TVA intracommunautaire lorsqu'elle sera instaurée[363].

On note ainsi que l'Union, tenant compte de l'ampleur des besoins de financement a envisagé dès le départ, des sources additionnelles de financement, notamment cette TVA intracommunautaire pour renforcer les ressources mobilisées au niveau du PCS.

Il s'agit d'un système de prélèvement qui devrait non seulement renforcer les capacités de financement de l'Union, mais également accroitre la solidarité financière au sein de l'UEMOA. En effet, l'UEMOA réalise une péréquation financière, au sens où les États qui versent plus ne sont pas nécessairement ceux qui perçoivent le plus[364]. Etant donné que les États sous-développés dépendent énormément de leurs recettes douanières, il est évident qu'avec l'établissement de l'union douanière, les États membres de l'Union qui ne perçoivent plus de recettes lors de la circulation des marchandises entre eux ressentent les effets néfastes de ces réformes, mais à des degrés divers en fonction de leur capacité de mobilisation des ressources internes. La mise en place de dispositions instituant la TVA intracommunautaire au sein de l'UEMOA constitue une option assez intéressante au regard des moyens et résultats attendus.

Toutefois, l'expression « à terme » contenue dans l'article 55 du traité modifié de l'Union semble indiquer non seulement qu'il ne s'agit pas d'une mesure d'application immédiate, mais d'un engagement mitigé des dirigeants de l'Union, quant à la mise en œuvre de cette taxe.

2 | Un engagement mitigé

Le Traité révisé de l'Union a prévu un délai de deux ans à compter de son entrée en vigueur, pour que le Conseil arrête les modalités d'application des articles 54 et 55. Ledit conseil devrait statuer à la majorité des deux tiers (2/3) de ses membres et sur proposition de la Commission. Cet arrêt devait se faire conformément aux principes directeurs fixés par la Conférence des chefs d'État et de Gouvernement par voie d'acte additionnel[365].

Cependant, aucune avancée notable n'a été notée à ce jour, concernant la mise en œuvre effective de la TVA intracommunautaire dans l'Union.

---

363 Art. 25 du règlement N° 01/2018/CM/UEMOA, *op. cit.*

364 E. DIARRA, « L'utilité des finances de l'UEMOA », *op. cit.* p. 100.

365 Art. 56 du traité révisé de l'UEMOA, *op. cit.*

Au niveau de l'Union européenne, la TVA communautaire est l'une des recettes principales qui alimentent le budget général des Communautés européennes, devenu budget général de l'Union européenne. Cette recette est le résultat d'une évolution étalée sur plus d'une quarantaine d'années. Si l'on remonte aux origines de la ressource TVA communautaire, il apparaît que ses initiateurs avaient sans doute l'intention de faire de cette ressource une véritable recette fiscale de la Communauté. Toutefois, il est patent que cette intention a été entravée par l'incomplétude de l'harmonisation de l'assiette de la TVA et dénaturée par les mesures d'exécution. Les ressources de la TVA de l'Union européenne ne peuvent certainement pas être cataloguées comme des ressources communautaires par nature comme le sont les prélèvements agricoles et les droits de douanes. La TVA n'est habillée qu'en ressources propres communautaires[366]. Par ailleurs, les divers prélèvements constituant les ressources propres ne sont pas exempts de critiques du point de vue de l'équité et de la mise en place d'une véritable péréquation intracommunautaire. Dans ce sens, Aymeric POTTEAU précise que, « *bien qu'apportant près de 31 milliards d'euros aux Communautés en 1999, la ressource TVA constitue assurément une ressource imparfaite car elle est acquittée en réalité par des États membres, et est très strictement limitée*[367] ».

En réalité, la TVA communautaire ne devrait pas être, *a priori*, un sujet d'affrontements ou de blocage[368] au sein de l'Union européenne. En effet, l'impact de sa création sur la part de financement de l'Union supportée par chaque État serait en principe à peu près neutre, la diminution des rentrées de TVA alimentant le budget de l'État étant compensée par la suppression de la contribution que ce dernier verse au titre de la fraction du produit des impôts indirects intérieurs. Il ne serait donc normalement pas nécessaire pour l'État d'augmenter d'un point le taux normal de TVA.

Si au niveau de l'Union européenne, la TVA communautaire[369] est déjà une réalité, sa mise en œuvre au sein de l'UEMOA n'a connu aucune

366 L. REBOUD, *in* « *Les ressources financières des Communautés européennes* », *op. cit.*, p. 187.
367 A. POTTEAU, *Recherches sur l'autonomie financière de l'Union européenne*, *op. cit*, p. 206.
368 J. MOLINIER, *in* F. QUEROL (Dir.), *La réorientation européenne de la TVA à la suite du renoncement au régime définitif*, Paris, LGDJ, 2014, p. 115.
369 A. POTTEAU, *Recherches sur l'autonomie financière de l'Union européenne*, *op. cit*, Tableau n° 3. p. 206.

avancée notable. Or, elle pouvait renforcer les ressources propres de l'Union qui en a grand besoin pour, non seulement, mieux affirmer son autonomie financière mais aussi et surtout financer les projets intégrateurs. Cela permettra à l'Union de se rapprocher davantage de ses objectifs.

Toutefois, pour y parvenir, il serait nécessaire de lever un certain nombre d'obstacles qui ont sans doute empêché l'UEMOA de s'engager sur ce chemin, gage d'une meilleure autonomie financière.

B- Des obstacles certains

Les obstacles à la mise en œuvre de la TVA intracommunautaire sont relatifs à l'attachement excessif à la souveraineté étatique (1) d'une part et, d'autre part, à la faible capacité contributive des populations (2) qui sont de véritables facteurs limitants.

1 | L'attachement à la souveraineté

Avec la constitution des espaces d'intégration économique et monétaire sous-régionaux, on assiste à une remise en cause continue et croissante de la liberté des États engagés dans un processus d'intégration économique, quant à la conduite de leurs politiques dans de nombreux domaines.

Le mot "souveraineté'' s'entend différemment selon qu'il s'agit du droit international public, du droit constitutionnel interne ou du droit communautaire. En droit international public, le mot souveraineté désigne le pouvoir de l'État de déterminer et de conduire librement sa politique intérieure et extérieure. Les seules limites à son action étant ses propres engagements et le droit international. Du point de vue du droit constitutionnel interne, la souveraineté est l'expression du pouvoir d'autodétermination d'un peuple. Elle désigne le droit d'un peuple de choisir s'il veut être souverain ou pas et, le cas échéant, de choisir son système politique et économique.

La souveraineté en droit communautaire se conçoit essentiellement en termes de limitation de compétences des États dans l'espace communautaire. Les États membres de tels espaces renoncent à l'exercice d'une compétence autonome dans certains domaines pour l'exercer en commun, par l'intermédiaire d'une institution supranationale qu'ils créent. Cet état de fait est de nature à faire ombrage ou même à contrarier sérieusement certaines passerelles de la souveraineté des États. Au regard du droit international public, le principal problème posé par l'appartenance des États à une Union correspond au paradoxe fondamental du droit international[370], qui peut se résumer en cette interrogation : Comment un État peut-il à la fois se proclamer souverain et être soumis à un droit sécrété par d'autres institutions ?

Au regard du droit constitutionnel interne, les constitutions des États qui consacrent généralement la souveraineté internationale de ceux-ci semblent incompatibles avec toute idée de soumission de ces États à quelque règle, fût-elle d'origine internationale[371]. Cette perception française de la souveraineté a fortement inspiré les États africains francophones au sud du Sahara, qui ont repris des formulations quasi identiques et systématiques dans leurs Constitutions respectives au moment de leur accession à l'indépendance. A titre illustratif, au Bénin, c'est l'article 3 de la constitution qui dispose : « *La souveraineté nationale appartient au Peuple. Aucune fraction du Peuple, aucune communauté, aucune corporation, aucun parti ou association politique, aucune organisation syndicale ni aucun individu ne peut s'en attribuer l'exercice* »[372].

Ces constitutions, qui consacrent la répartition des compétences entre les domaines règlementaire et législatif[373], ne font point référence à une probable compétence communautaire.

Que ce soit au regard du droit international public ou au regard du droit constitutionnel interne, la souveraineté peut avoir des contenus

---

370 J. COMBACAU et S. SUR, *Droit International Public*. Paris, Montchestien, 2012, p. 247 cité par A. MAITROT DE LA MOTTE, *Souveraineté fiscale et construction communautaire*, Paris, LGDJ, 2005, p. 27.

371 C. const. Fr., Décision n°71-44 du 16 juillet 1971, *Journal officiel* du 18 juillet 1971, p. 7114, Rec., p. 29 Voir également Décision n° 73-51 DC du 27 décembre 1973, Loi de finances pour 1974, Rec., p. 25. Décision n° 76-71 DC du 30 décembre 1976, Rec., p. 15 : le Conseil constitutionnel reconnaît que la souveraineté ne saurait être partagée dans le considérant 2 en ces termes : « *Considérant que si le préambule de la Constitution de 1946, confirmé par celui de la Constitution de 1958, dispose que, sous réserve de réciprocité, la France consent aux limitations de souveraineté nécessaires à l'organisation et à la défense de la paix, aucune disposition de nature constitutionnelle n'autorise des transferts de tout ou partie de la souveraineté nationale à quelque organisation internationale que ce soit* ». Lire aussi D. GUTMANN, « Regard sur la jurisprudence fiscale du Conseil constitutionnel », *Pouvoirs* n° 151-2014, p. 130.

372 Voir article au Burkina Faso, l'article 32 de la Constitution ; au Sénégal, article 26 de la Constitution ; au Mali, article 4 de la Constitution ; au Togo, article 31 de la Constitution ; en Côte D'Ivoire, article 4 de la Constitution.

373 Lire à ce propos KÉBÉ (A. A. D.), *La répartition des compétences entre la loi et le règlement en droit fiscal sénégalais*, Thèse de doctorat, Université Cheikh Anta Diop, Dakar, 2012, p. 23.

différents selon le domaine. On parle ainsi de souveraineté politique, de souveraineté économique, de souveraineté fiscale. Cette dernière semble cependant être la pièce maîtresse de la souveraineté des États et mérite d'être explicitée.

La souveraineté fiscale est souvent présentée comme le symbole par excellence des pouvoirs régaliens de l'État, de sorte que les débats y relatifs sont toujours exacerbants. L'expression souveraineté fiscale doit être bien comprise et ne pas être confondue avec la souveraineté budgétaire, notion plus connue sous le concept de principe d'autorisation budgétaire et qui désigne le droit reconnu au parlement de donner au gouvernement l'autorisation de percevoir les recettes nécessaires en vue d'assurer le bon fonctionnement des services publics. L'expression ne doit pas non plus être confondue à une notion voisine qu'est l'autonomie fiscale. Selon André BARALARI, « *tandis que l'autonomie est une question de degré, la souveraineté, elle, est une question de nature* »[374].

La souveraineté fiscale peut être définie comme la liberté dont dispose une entité pour déterminer les règles applicables au prélèvement fiscal ainsi que le pouvoir de contrainte pour les mettre en œuvre[375]. Elle est la plupart du temps indissociable de la souveraineté de l'État même si l'on admet souvent qu'elle n'est pas réservée exclusivement à l'État et qu'elle peut être exercée par d'autres entités, infra étatiques ou interétatiques. Selon G. TIXIER, une entité territoriale déterminée, bénéficiant ou non de la souveraineté politique, est réputée jouir de la souveraineté fiscale dès lors qu'elle dispose d'un système fiscal présentant deux caractéristiques essentielles, d'une part une autonomie technique et d'autre part une exclusivité d'application[376]. L'exclusivité d'application signifie que le système fiscal s'applique à l'exclusion de tout système concurrent, dans un territoire géographique déterminé où il est l'unique pourvoyeur de ressources fiscales d'un budget. L'autonomie technique suppose un système fiscal complet, c'est-à-dire qui contient toutes les règles d'assiette, de taux de liquidation et de recouvrement nécessaires à sa mise en œuvre, même si son contenu a été élaboré sous l'influence d'un autre système.

La réalité est que la souveraineté des États au sens du droit international et du droit constitutionnel interne s'oppose à toute idée de

[374] A. BARILARI, « La question de l'autonomie fiscale. », *RFFP* n° 80, 2002, pp. 77-83.

[375] A. MAITROT DE LA MOTTE, *Souveraineté fiscale et construction communautaire, op. cit.* p. 35.

[376] G. GEST et G. TIXIER, *Droit fiscal international*, Paris, PUF, 1990, p. 16.

limitation de souveraineté, tandis que les organes communautaires édictent des règles qui s'imposent aux États, ce qui pose certains problèmes aux administrations (et particulièrement aux administrations financières). Il se produit, de façon discrète, une réticence des États membres dès lors qu'il s'agit de mettre en œuvre les normes fiscales communautaires.

L'intégration régionale constitue donc une forme d'atteinte à l'exercice de la souveraineté quand les attributs qui sont au cœur des prérogatives régaliennes de l'État, sont transférés à un organe supranational. L'exemple le plus achevé à ce propos est celui de l'Union européenne, à laquelle les États membres ont transféré des compétences très significatives au fur et à mesure de l'évolution du processus, surtout ces deux dernières décennies. Deux des Traités modifiant le Traité de Rome, à savoir celui de Maastricht d'une part, et celui d'Amsterdam, d'autre part, avaient d'ailleurs conduit le Conseil constitutionnel français à décider que leur ratification supposait une modification préalable de la Constitution, notamment parce qu'ils *« affectaient les conditions essentielles d'exercice de la souveraineté nationale*[377] *»*.

L'analyse de la difficile coexistence des ordres juridiques nationaux avec l'ordre communautaire nous permet d'avoir une idée nette de leur degré d'imbrication, et de comprendre la réticence des États membres de l'UEMOA lorsque l'application des normes communautaires va à l'encontre des intérêts immédiats desdits États.

Qu'en est-il de la capacité contributive des populations ?

2 | La faible capacité contributive des populations

Dans son étude sur la « Transformation de la légitimité de l'impôt dans la société contemporaine », Michel BOUVIER rappelle que *« dans le cadre de l'État-providence des années 1950 à 1970, l'impôt a joui d'une légitimité sociologique incontestée étant représenté comme un moyen de redistribuer la richesse ainsi que comme un outil de régulation de l'économie »*[378]. L'interventionnisme économique et social de l'État

[377] F. CHALTIEL, « Les bases constitutionnelles du droit communautaire », *in Mélanges en l'honneur de Pierre PACTET. L'esprit des institutions, l'équilibre des pouvoirs*, Paris, Dalloz, 2003, p. 556.

[378] M. BOUVIER, *Réforme des finances publiques, démocratie et bonne gouvernance*, Actes de la 1e Université de printemps de finances publiques du Groupement Européen de Recherches en Finances Publiques (GERFIP), Paris, L.G.D.J., 2004, p. 88. Cf. M. COLLET, *Finances publiques*, Paris, LGDJ, 2020, p. 17.

dans les pays développés justifiait à cette période, cette légitimité sociologique. En revanche, dans le double contexte de la politique d'austérité et de l'évolution fiscale des États membres de l'UEMOA, la légitimité[379] de l'impôt était fortement contestée d'autant plus que les conséquences sociales de l'ajustement structurel, notamment le chômage dû aux privatisations et le gel du recrutement[380] avaient cristallisé le refus de l'impôt.

Il en découle que, comme le soulignait Maurice LAURE, la capacité contributive d'un État dépend de son niveau de développement économique[381]. Ainsi, c'est le faible niveau économique des populations qui justifierait la réticence de l'UEMOA à s'engager, à cette étape du processus d'intégration, dans la mise en application des mesures liées à l'instauration de la TVA intracommunautaire.

En outre, dans la recherche de l'efficacité, le financement ne doit pas entraîner des distorsions économiques et doit satisfaire aux besoins de financement de l'Union tout en s'adaptant à l'évolution de ces besoins.

Par ailleurs, l'Union doit veiller à la rentabilité administrative car les coûts de perception et de gestion des ressources doivent être faibles par rapport à leur produit. C'est d'ailleurs dans ce contexte de quête de rentabilité et d'efficacité du système fiscal, que les autorités effectuent parfois une restructuration des administrations fiscales [382].

S'il est une évidence que de nombreux obstacles jalonnent la mise en œuvre du système de ressources propres de l'Union, qu'en est-il des autres ressources ?

Section 2 ‖ La maîtrise relative des ressourcesnon fiscales

En dehors des recettes fiscales pour lesquelles l'UEMOA, à travers le règlement 04/1996 du 10 mai 1996[383], a confié en son article 21 la

[379] M. BOUVIER, *Introduction au droit fiscal général et à la théorie de l'impôt*, Paris, L.G.D.J., 10e éd., 2017, p. 167.
[380] A. MAURIN, *Droit administratif*, Paris, Sirey, 2018, p. 290.
[381] M. LAURE, *Traité de politique fiscale*, Paris, P.U.F, 1956, p. 151.
[382] J. PERCEBOIS, J. ABEN, A. EUZEBY, *in Dictionnaire de finances publiques*, Paris, A. Colin, coll. Cursus, 1995, p. 7. : L'administration fiscale s'entend, comme « l'*ensemble des services de la Direction générale des Impôts, chargés pour le compte de l'État et des collectivités territoriales des tâches d'assiette, de liquidation et de contrôle des impôts »*.
[383] Acte additionnel 04/1996 instituant un régime tarifaire préférentiel transitoire des échanges au sein de l'UEMOA et son mode de financement.

liquidation et le recouvrement aux administrations fiscales des États membres, l'Union se retrouve pratiquement seule pour conduire le processus de mobilisation des autres ressources. Celles-ci (Paragraphe 1) viennent en appoint aux ressources propres. Mais il est à noter l'existence d'un encadrement spécial qu'est la limitation de la capacité d'emprunter de l'Union (Paragraphe 2).

Paragraphe I | Le contenu varié des ressources non fiscales de l'Union

Le budget de l'Union économique et monétaire ouest-africaine est également alimenté par d'autres types de ressources : les ressources non fiscales. Les ressources non fiscales sont celles qui se distinguent de l'impôt. Les ressources non fiscales de l'Union comprennent les recettes ordinaires autres que les recettes statutaires[384] et les recettes extraordinaires. A ce niveau, il convient de relever que les autres recettes ordinaires ne sont rien d'autre que les revenus issus de la gestion du patrimoine de l'Union (A). Ces dernières, de même que les ressources extraordinaires (B), sont tout autant définies par les organes compétents de l'Union.

A- Les revenus issus de la gestion du patrimoine de l'Union

Alors que le règlement 01/2008/CM/UEMOA portant règlement financier des organes de l'Union économique et monétaire ouest-africaine, organise les ressources de l'Union en deux catégories à savoir : les recettes ordinaires qui sont des ressources propres et des recettes extraordinaires qui sont des ressources d'origine extérieure[385], le

[384] Article 26 du règlement financier de l'UEMOA, *op. cit.* « *Les recettes statutaires comprennent : le produit du Prélèvement Communautaire de Solidarité (PCS) provenant d'une fraction du produit du Tarif Extérieur Commun (TEC) perçue au profit de l'Union ; la fraction du produit des Taxes Indirectes nationales pouvant être perçue au profit de l'Union jusqu'à l'instauration de la TVA intracommunautaire ; le produit de la TVA intra-communautaire lorsqu'elle sera instaurée ; le produit des taxes additionnelles pouvant être introduites par l'Union à son profit* ».

[385] Art. 26 Al. 2 du Règlement n° 01/2008/CM/UEMOA du 28 mars 2008, *op. cit.*

nouveau règlement financier les repartit en des recettes budgétaires et des ressources de trésorerie[386].

L'UEMOA étant dotée de la personnalité juridique et d'une autonomie financière, elle dispose donc d'un patrimoine (1) qu'elle gère, et inscrit les revenus qui en découlent pour financer le Budget de l'Union (2).

1 | La composition du patrimoine de l'Union

De manière générale, le patrimoine est un ensemble existant, souvent en grande partie ou en totalité hérité du passé, constitué de biens matériels et/ou immatériels, propriété privée ou bien commun, que l'on peut vouloir conserver, vendre, échanger, valoriser ou maintenir pour les générations futures. Il désigne aussi l'ensemble des biens, droits et obligations ayant une valeur économique dont une personne physique ou morale peut être titulaire ou tenue. Il s'agit également d'un ensemble d'éléments aliénables et transmissibles qui sont la propriété, à un moment donné, d'une personne, d'une famille, d'une entreprise ou d'une collectivité publique[387].

Lorsqu'elles disposent d'un patrimoine, les personnes morales de droit public peuvent en tirer des ressources qui varient, certes, selon son importance, mais également selon son mode d'exploitation et de gestion[388].

Le patrimoine de l'UEMOA qui génère à son profit des recettes non fiscales est essentiellement constitué des biens meubles[389] ou immeubles[390] appartenant aux organes de l'Union. Mais en dehors de ces biens, ledit patrimoine est également constitué du prêt accordé à l'État du Niger et des produits des placements de fonds de l'Union.

En outre, il y faut intégrer les recettes diverses telles que les produits des ventes de Dossiers d'appel d'offres (DAO), les redevances pour

---

[386] Art 24 du Règlement N° 01/2018/CM/UEMOA du 23 mars 2018, *op. cit.*

[387] R. CABRILLLAC, (Dir), *Dictionnaire du vocabulaire juridique 2020*, Paris, LexisNexis, 2019, p. 395.

[388] M. BOUVIER, M-C. ESCLASSAN, J-P. LASSALE, *Finances publiques*, 17e éd., L.G.D.J., 2019, p. 843.

[389] On peut citer des meubles divers tels des voitures, des ordinateurs, des photocopieurs, des chaises, tables, armoires et autres meubles. Au bout d'un certain nombre d'années d'usage, ces biens doivent être remplacés mais n'étant pas totalement hors d'usage, ils peuvent être réformés, c'est-à-dire vendus.

[390] Il s'agit des biens tels que le siège du Parlement de l'Union, le siège de la cour de justice de l'Union.

l'autorisation de mise sur le marché des médicaments vétérinaires, les pénalités de retard et autres recettes diverses. Enfin, il faut aussi y intégrer le remboursement du capital du prêt accordé à l'État nigérien[391].

Par ailleurs, l'Union réalise de nombreuses infrastructures qu'elle met à la disposition des États membres.

Pour préserver ce patrimoine et accroître la performance de ses services, la Commission de l'UEMOA a réalisé divers audits. On peut citer, pour le compte de l'année 2016 , les audits du Programme d'appui aux centres d'excellence régionaux (PACER) mis en œuvre par l'Ecole supérieure multinationale de télécommunications (ESMT) au Sénégal ; du PACER mis en œuvre par le Réseau ouest et centre africain de recherche en éducation (ROCARE) au Mali ; des travaux de fourniture et d'installation de lampes basse consommation dans les États membres de l'UEMOA mis en œuvre en MOD[392] par la Société africaine des biocarburants et des énergies renouvelables (SABER/ABREC). On peut également citer les audits du projet de déconnexion des forages de THIAROYE mis en œuvre en MOD par la Société nationale des eaux du Sénégal (SONES) ; des travaux d'aménagement de 1000 ha, mis en œuvre en MOD par l'Agence d'exécution des travaux urbains (AGETUR BÉNIN) ; audit des travaux de construction de magasins de conservation des récoltes mis en œuvre en MOD par l'Agence nigérienne des travaux d'intérêt public pour l'emploi (NIGETIP NIGER)[393].

Enfin, dans le cadre de la maîtrise de la gestion des risques, la Commission de l'UEMOA a élaboré la cartographie des risques spécifiques des services de contrôle et de vérification. Ce patrimoine génère des revenus qui alimentent le budget de l'Union.

2 | L'évaluation des revenus issus de la gestion du patrimoine de l'Union

Ils sont d'autorité fixés par les organes de l'Union, conformément au Traité et au règlement financier.

Ils comprennent d'abord les produits financiers provenant des placements des disponibilités de l'Union effectués. Au cours de l'exercice 2016, les produits desdits placements financiers, notamment les intérêts du prêt accordé à l'État du Niger dont le montant, au 30

[391] COMMISSION de l'UEMOA, rapport 2016, *op. cit.* p. 74.
[392] Maître d'ouvrage délégué.
[393] *Ibid.*

septembre 2016, est de 6 298 535 francs CFA et les produits des placements de fonds de l'Union pour 93 028 355 francs CFA[394].

Ils englobent ensuite le produit de la vente des publications de l'Union. Il s'agit des publications tels que le Bulletin officiel de l'union, le Bulletin d'information de l'Union ou des documents nécessaires aux concours des marchés publics destinés aux acteurs économiques. En 2009, la vente de ces publications a rapporté 13,99 millions de francs CFA[395].

En 2016, les recettes diverses telles que les produits des ventes de Dossiers d'appel d'offres (DAO), les redevances pour l'autorisation de mise sur le marché des médicaments vétérinaires, les pénalités de retard et autres recettes diverses étaient assez significatifs. Le montant encaissé au 30 septembre 2016 est de 121, 935 millions de francs. CFA contre 814,826 millions en 2017[396].

Au cours de la période de janvier à septembre 2016, les autres recettes ordinaires ont été mobilisées à hauteur de 600 611 870 francs CFA sur des prévisions annuelles de 973 784 532 francs CFA, soit un taux de réalisation de 61,68 %.

Enfin, ils comprennent le produit de la cession des biens meubles réformés, le produit de la cession dûment autorisée de biens immobiliers[397], les recettes diverses telles que les indemnités, dommages et intérêts pouvant être perçus par l'Union à l'issue de litiges ou procédures contentieuses, les reprises de provisions, les excédents des gestions précédentes[398].

Ces ressources sont directement perçues par l'Union qui procède aux affectations, conformément aux textes en vigueur. En tant qu'ordonnateur principal, le président de la Commission veille à l'inscription desdites recettes au budget de l'Union. Il convient de faire remarquer que les différentes ressources de trésorerie de l'Union demeurent jusque-là sans une importance significative dans ses ressources[399].

---

[394] COMMISSION DE L'UNION, Rapport 2016, *op. cit.* p. 71.

[395] E. DIARRA, *op. cit.* spéc. p. 95.

[396] Ibid.

[397] A titre d'exemple, les cessions des biens meubles effectuées en 2009 ont rapporté 8,7 millions de francs CFA.

[398] *Ibid.*

[399] Art. 26 du règlement financier de l'Union, *op. cit.*

En marge de ces moyens d'existence, l'UEMOA dispose d'une autre catégorie de ressources : les ressources extraordinaires.

B- Les ressources extraordinaires

Ces ressources extraordinaires sont définies à l'article 27 du règlement 01/2018/CM/UEMOA du 23 mars 2018, portant règlement financier des organes de l'Union économique et monétaire ouest-africaine. Alors que certaines de ces ressources sont mises à disposition à titre gratuit (1), les emprunts (2) nécessitent un suivi plus rigoureux.

1 | Les ressources à titre gratuit

Lesdites ressources comprennent les subventions et aides acceptées par l'Union ainsi que les dons et legs de toutes origines également acceptés par l'Union aux conditions définies à l'article 28 du règlement financier[400].

Ainsi, en la matière, une subvention, une aide, un don ou un legs n'est accepté qu'à la condition, d'une part, que son objet et sa destination soient conformes aux objectifs de l'Union, d'autre part, que l'acceptation ne soit pas susceptible d'entraîner pour l'Union des charges et des obligations disproportionnées, notamment en termes de coûts de fonctionnement et de maintenance. Les subventions, aides, dons ou legs répondant aux conditions ci-dessus sont acceptés par la Commission qui en rend compte au Conseil des Ministres. Les recettes de l'espèce font l'objet d'une inscription au Budget de l'Union dans les formes et conditions définies[401].

Conformément à l'article 4 du règlement financier des organes de l'UEMOA, « *l'Union peut également se voir confier la gestion de subventions, aides, dons et legs destinés à ses États membres ou à des Organisations régionales ou sous-régionales africaines auxquelles appartiennent ses États membres* ». Dans ce cas, les opérations qui en découlent sont retranscrites dans la seule comptabilité du comptable principal[402].

Il importe de préciser que les subventions, dons et legs constituent des aménagements au principe d'universalité[403]. A cet effet, les recettes qui

[400] Art. 27 du règlement financier des organes de l'Union, *op. cit.*

[401] Art. 28, *ibid.*

[402] Art. 4, *ibid.*

[403] Art. 13, *ibid.* « *Le budget de l'Union décrit, sans omission ni contraction ni compensation, l'intégralité du montant brut des recettes et des dépenses de l'Union.*

en découlent peuvent être affectées en vue de financer des dépenses spécifiques. Il s'agit notamment des subventions et aides d'institutions, d'États ou d'organismes extérieurs grevées d'affectation spéciale et acceptées par l'Union ; des dons et legs grevés d'affectation spéciale et acceptés par l'Union ; et enfin de toute autre recette affectée au financement de dépenses particulières par la Conférence des chefs d'État et de Gouvernement ou par le Conseil des Ministres[404].

Il faut noter que ces ressources ont la particularité d'être librement mises à la disposition de l'Union, de façon désintéressée, ce qui n'est pas le cas pour les emprunts[405].

2 | La question spécifique des emprunts

L'emprunt est une opération consistant à recevoir, à titre de prêt,[406] une chose ou une somme d'argent. Juridiquement, il s'agit d'un contrat dans la mesure où il apparait comme un accord de volontés entre le prêteur, qui verse une chose ou une somme d'argent, et l'emprunteur, qui reçoit cette chose ou cette somme afin de s'en servir, à charge de restitution[407]. Si cette affirmation est aujourd'hui unanimement reconnue, même pour l'emprunt public, il n'en a pas toujours été ainsi[408]. L'emprunt public a pendant longtemps, et successivement, été qualifié, par la doctrine, d'acte émanant du souverain, en clair, d'acte de gouvernement insusceptible de tout recours, puis d'acte unilatéral du fait

---

L'ensemble des recettes couvre l'ensemble des dépenses sans affectation spéciale. Un aménagement au principe d'universalité est défini à l'article 14 du présent règlement financier ».

404 Art. 14 du règlement financier des organes de l'Union, *op. cit.*

405 S. DAMAREY, *L'essentiel des Finances publiques*, Paris, Gualino, 2019, p. 104. « *Ne peuvent être assimilés aux ressources propres, les emprunts (ressources non définitives donnant lieu à remboursement)* […] ».

406 G. CORNU, *Vocabulaire juridique*, *op. cit.*, p. 797. « *Convention générique en vertu de laquelle le prêteur remet une chose à l'emprunteur, afin que celui-ci s'en serve, à charge de restituer (en nature ou en valeur)*. »

407 X. CABANNES, « La nature juridique des contrats d'emprunts publics de l'État : analyse au regard de la politique contemporaine d'émission des titres publics », *in Mélanges Paul AMSELEK*, Bruxelles, éd. BRUYLANT, 2005, p. 155.

408 S. DAMAREY, *L'essentiel des Finances publiques*, *op. cit.*, p. 22. « *Le recours à l'emprunt s'analyse différemment selon les budgets publics. En effet, pour l'État, emprunter constitue une nécessité pour assurer le financement du déficit de son budget, alors que pour les collectivités locales, le recours à l'emprunt n'est possible que pour assurer le financement des dépenses d'investissement* ».

du développement des emprunts forcés, avant d'être reconnu plus tard comme un contrat[409].

Conformément au règlement financier des organes de l'Union, les emprunts sont contractés par l'Union aux conditions définies à l'article 28 dudit règlement financier[410]. En effet, c'est conformément aux dispositions de l'article 54 du Traité de l'Union que la Communauté peut recourir à l'emprunt, à condition que l'objet de l'emprunt soit compatible avec ses objectifs. Ainsi, l'UEMOA ne contracte un emprunt que dans le cas où sont remplies les conditions fixées par l'Union. On peut noter qu'il est nécessaire de démontrer que la conformité de l'objet de l'emprunt aux objectifs de l'Union est clairement établie. En outre, il est indispensable de vérifier si la charge financière qui en résulte n'est pas de nature à compromettre à terme les équilibres financiers et budgétaires de l'Union.

En sa qualité d'Ordonnateur principal, le Président de la Commission est habilité à décider des opérations pouvant, le cas échéant, justifier un recours à l'emprunt[411] et à négocier les conditions d'obtention desdits emprunts. Dans de telles éventualités, et lorsque les conditions ci-dessus énoncées sont intégralement réunies, il soumet à l'approbation du Conseil des Ministres un projet de décision autorisant la signature du contrat d'emprunt auquel sont annexés tous les éléments permettant de justifier du respect des conditions préalables. Il ne peut signer ledit contrat d'emprunt qu'après approbation de la décision par le Conseil des Ministres. Toute recette provenant d'un emprunt fait l'objet d'une inscription au Budget de l'Union[412].

Le recouvrement de ces ressources non fiscales s'effectue directement par l'Union, dans le strict respect des principes régissant les finances publiques, notamment la séparation de l'ordonnateur et du comptable. Ainsi, conformément à l'article 51 du Traité révisé de l'UEMOA, qui dispose en son alinéa 2 : « *les règlements financiers instituent la règle de la séparation des ordonnateurs et des comptables* ». Le règlement financier de l'Union fait du principe de la séparation de l'ordonnateur et du comptable, un des piliers centraux de la gestion budgétaire, financière et comptable des organes de l'Union. A cet effet, ledit règlement dispose en son article 44 : « *les fonctions d'ordonnateur et celles de comptable*

[409] S. JEANNARD, « L'identification de la nature juridique des emprunts publics », *RFFP*, n°123-septembre 2013, pp. 55-57.
[410] Art. 28 du règlement 1-2018, *op. cit.*
[411] *Ibid.*
[412] Art. 29 du règlement financier des organes de l'Union, *op. cit.*

sont incompatibles. (...) Les conjoints, ascendants ou descendants des ordonnateurs ne peuvent être comptables des organes ou des services auprès desquels lesdits ordonnateurs exercent leurs fonctions »[413].

Il faut souligner que les ressources extraordinaires présentent une importance particulière dans le financement des projets intégrateurs de l'UEMOA. Toutefois, il convient de mieux analyser la limitation de la capacité à emprunter.

Paragraphe II | La limitation de la capacité à emprunter

L'alinéa 3 de l'article 54 du Traité révisé de l'UEMOA a prévu et règlementé le recours à l'emprunt par l'Union. Ledit Traité attribue à l'Union une compétence d'emprunter strictement limitée puisqu'elle ne peut l'exercer que dans des conditions précises. Qu'est-ce qui justifie cette limitation et quel en est l'intérêt (A) ? Qu'en est-il de l'expérience internationale en la matière ? (B).

A- L'intérêt de la limitation de la capacité à emprunter

Face à l'importance des moyens financiers nécessaires pour financer les projets intégrateurs de l'Union et à la faible capacité de mobilisation des ressources propres, l'emprunt s'avère particulièrement intéressant pour l'UEMOA. Toutefois, il s'agit d'un mode de financement assez délicat qui nécessite un encadrement sérieux. Cet encadrement de l'accès à l'emprunt permet d'éviter un endettement excessif (1) et d'assurer la conformité des actions financées aux objectifs de l'Union (2).

1 | Un encadrement contre l'endettement excessif

Les limites au développement des emprunts communautaires sont d'abord structurelles. Elles résultent de l'affectation même des emprunts. En outre, d'autres restrictions sont financières, car elles découlent des capacités des marchés financiers et de l'exigence de garantie communautaire.

Si les Communautés lancent sur le marché financier des emprunts d'un montant considérable, elles risquent de perturber ce marché et de

[413] Art. 6 du règlement financier des organes de l'Union, *op. cit.*

priver d'autres personnes publiques ou privées de possibilités d'emprunt. Le danger est particulièrement aigu si l'emprunt est lancé sur le territoire communautaire[414]. En outre, les emprunts émis par les communautés doivent normalement être couverts par les bénéficiaires des prêts correspondants. Toutefois, en cas de défaillance de ces derniers, les communautés devraient, en toute hypothèse, rembourser l'emprunt émis[415].

L'encadrement de l'emprunt doit éviter que les dépenses dépassent les ressources propres disponibles. En effet, dans ce cas, l'emprunt ne sert plus à couvrir un déficit *a posteriori* mais à financer un déficit *a priori,* c'est-à-dire prévu et organisé par le budget, ce que dans les États on appelle « l'impasse ». En définitive, cela reviendrait pratiquement à transformer l'emprunt en ressource propre [416]. La Commission des Communautés ne semble pas du tout disposée à faire jouer ce rôle à l'emprunt. Toutefois, sur un plan purement théorique, l'hypothèse mérite d'être envisagée en s'appuyant notamment sur l'expérience des États.

Dans cette hypothèse, l'emprunt n'est plus utilisé seulement au stade de l'exécution du budget mais au stade de la prévision budgétaire. Lors de l'élaboration du budget, il peut être prévu de recourir à l'emprunt pour équilibrer le budget dans lequel les dépenses autorisées seraient supérieures aux ressources définitives. Dans ce cas, la différence ou, pour employer la terminologie française, l'impasse serait couverte par l'emprunt. L'emprunt est alors conçu comme un instrument volontariste destiné à garantir la réalisation et le financement de dépenses supplémentaires qui n'auraient pu être effectuées au moyen des seules ressources définitives. Telle est la solution adoptée dans la plupart des États membres de la Communauté européenne ; l'expérience est cependant variable d'un groupe d'États à l'autre[417]. En Allemagne, en Italie, en Belgique et au Luxembourg, les emprunts à moyen ou à long terme ainsi que les amortissements correspondants sont intégrés dans les prévisions budgétaires soumises au Parlement. Par contre, en France et

---

[414] J-F. COUZINET, C. HEN, « Le recours à l'emprunt », *in* ISAAC (dir.), *Les ressources financières de la Communauté européenne*, Paris, Economica, 1986, pp. 355-358., *spéc.* p. 344.

[415] *Ibid.*

[416] *Ibid.*

[417] J. MOLINIER, « Les principes fondamentaux des systèmes budgétaires des États membres des Communautés », *NED*, n ° 4184, 30 avril 1975, p. 24 et 25.

aux Pays-Bas, les lois de finances initiales ne prennent pas en compte les opérations d'émission et de remboursement des emprunts de l'État.

D'après le principe de non-affectation, les recettes constituent une masse unique et indifférenciée couvrant indistinctement l'ensemble des dépenses. Ainsi en Allemagne, il existait traditionnellement deux budgets : un budget ordinaire de fonctionnement essentiellement financé par l'impôt et un budget extraordinaire d'investissement essentiellement financé par l'emprunt.

La réforme budgétaire de 1969 a supprimé cette distinction : les ressources d'emprunt ne sont plus réservées au financement des seuls investissements, elles sont assimilées aux autres ressources. Dans les États où ils sont, comme les autres ressources, inscrits dans les documents budgétaires, les emprunts n'étant pas affectés entrent dans le calcul de l'équilibre budgétaire et peuvent ainsi financer éventuellement le déficit. Dans ceux où les emprunts ne figurent pas dans la Loi des Finances, ils sont néanmoins utilisés pour combler le déficit d'un budget présenté en déséquilibre. L'exemple étatique peut-il être suivi par les Communautés ? La question mérite d'être posée même si une réponse négative semble s'imposer pour des raisons essentiellement politiques.

2 | Une nécessité de conformité

Comme rappelé dans les développements précédents, l'emprunt fait intervenir des acteurs extérieurs qui imposent des contraintes de diverses natures. Les conditionnalités qui découlent de ces opérations d'emprunt imposent un suivi rigoureux des engagements.

L'obstacle financier est ici beaucoup plus grand. Les risques d'atteinte au crédit financier des Communautés sont plus réels. Comment la Communauté pourrait-elle toujours continuer à offrir sa garantie à des prêts consentis aux États si son propre budget était en partie financé par l'emprunt ? Mais surtout, c'est sur le plan politique qu'une telle évolution rencontrera pendant longtemps l'opposition des États. En effet, utiliser l'emprunt dans le cadre de la prévision budgétaire et non plus pour couvrir un déficit déjà créé, reviendrait à transformer l'emprunt en véritable ressource propre au même titre que le prélèvement TVA ou les prélèvements résultant des droits de douane. Cela pourrait constituer un élément supplémentaire d'autonomie des Communautés.

La position de la Commission est sans ambiguïté ; ayant à définir le rôle des emprunts, elle s'exprime de la manière suivante : « *la Commission estime que les emprunts ne sauraient se substituer aux ressources propres de la Communauté. Ils ont néanmoins une fonction importante dans le développement de la part que prend la Communauté au financement des projets s'inscrivant dans la ligne des politiques communautaires. Dans les faits, ils jouent, dans le financement de certaines politiques, un rôle considérable qui devrait encore s'amplifier à l'avenir... ».* Par conséquent, le développement des emprunts est considéré comme souhaitable par la Commission mais dans le cadre habituel. Il n'est pas question d'en faire une nouvelle ressource propre.

La principale nouveauté est donc la budgétisation des emprunts, mais l'emprunt reste en partie une ressource affectée. De toute façon, il ne s'agit là que de projets.

Ainsi, la transformation radicale du rôle de l'emprunt apparaît bien improbable dans le cadre de la situation financière et politique actuelle de la Communauté[418]. Il importe cependant d'explorer l'encadrement à l'international en matière de mobilisation des ressources.

B- L'expérience à l'international

Comme rappelé supra, conformément aux dispositions de l'article 54 du traité de l'UEMOA, l'Union peut avoir recours à l'emprunt à condition que l'objet de l'emprunt soit compatible avec ses objectifs.

Il s'agit d'un système d'encadrement admis à l'international. Les cas de l'ONU (1) et de l'Union européenne (2) sont édifiants.

1 | Le cas de l'ONU

La charte de l'ONU prévoit quel doit être le mode de financement des dépenses de l'organisation, qu'il s'agisse des dépenses ordinaires ou des dépenses dites extraordinaires relatives au maintien de la paix et de la sécurité internationale. En effet, l'article 17 § 2 de ladite charte dispose : « *les dépenses de l'organisation sont supportées par les membres selon la répartition fixée par l'Assemblée Générale* ». En somme, cet article prévoit le droit pour l'assemblée d'imposer aux États membres mais il ne prévoit pas le droit d'emprunter[419]. Donc la charte des Nations Unies, comme le traité CEE, est muette sur cette capacité d'emprunter. Cependant, elle ne l'interdit pas. C'est la règle résiduelle de liberté en

[418] J-F. COUZINET, C. HEN, « Le recours à l'emprunt », *in* G. ISAAC (dir.), *Les ressources financière de la Communauté européenne, op. cit.*, spéc. pp. 355-358.
[419] *Ibid., spéc.* p. 347.

droit international, tout ce qui n'est pas interdit peut-être permis, pour autant que cela rentre dans l'esprit du texte[420].

D'autres organisations internationales dans le silence des textes, se sont reconnu le droit d'emprunter[421]. C'est en fait le problème plus général des compétences implicites des organisations internationales : or, s'agissant plus précisément des Nations Unies, la Cour de Justice internationale avait déjà répondu que « *les compétences de l'organisation s'étendent à tous les actes indispensables à l'exercice de leurs fonctions* »[422]. Sur cette base juridique, l'ONU a utilisé à plusieurs reprises l'emprunt soit pour financer certaines opérations précises, soit pour financer des difficultés de trésorerie[423].

Ainsi, l'ONU a eu recours à l'emprunt pour financer la construction du siège de l'organisation à New York. C'était un emprunt à long terme de 65 millions de dollars et dont le remboursement s'effectue sans intérêt au moyen de versements annuels prélevés sur le budget ordinaire de l'organisation. Cet emprunt devait être remboursé sur une durée de trente et un ans.

L'ONU a également eu recours à l'emprunt pour le financement des travaux de déblaiement du Canal de Suez en 1957[424]. Il s'agissait d'un emprunt de l'ordre de 15 millions de dollars. Ces deux hypothèses sont cependant assez éloignées de la situation actuelle de la Communauté puisqu'il s'agit du financement d'opérations précises.

Mais l'emprunt est également utilisé par l'ONU pour couvrir un déficit du budget et donc pour financer des difficultés de trésorerie. C'est tout d'abord le cas du Fonds de roulement créé en 1946. Ce fonds est alimenté par des avances des États membres, c'est-à-dire à court terme et sans intérêt des États à l'organisation. Sur ce fonds, le secrétaire général peut puiser les sommes nécessaires pour l'exécution du budget et pour faire face aux dépenses imprévues et extraordinaires. Ces sommes ont été prélevées en attendant le versement des contributions des États. C'est une situation qui est assez proche de celle de la Communauté dans le cadre

---

420 R. KOLB, « La règle résiduelle de liberté en droit international public ("Tout ce qui n'est pas interdit est permis") : aspects théoriques », *in Revue belge de droit international*, 2001, vol. 34, n° 1, pp. 100-127.

421 J. SALMON, *Le rôle des organisations internationales en matière d'emprunt et de prêt*, Stevens, 1958.

422 P. REUTER, *Institutions internationales*, Paris, PUF, 1962, pp. 210-211.

423 J-F. COUZINET, C. HEN, « Le recours à l'emprunt », *op. cit.*

424 J. SALMON, « Les opérations internationales de dégagement du Canal de Suez », *AFDI* 1957, p. 359.

du budget de 1984. Mais dans le cas de l'ONU, ce prélèvement a lieu de manière systématique alors que pour la CEE, il n'est présenté pour l'instant que comme une situation exceptionnelle. En outre, certaines résolutions spéciales et notamment la résolution 1.448 (XIV) du 5 décembre 1959 autorisaient le Secrétaire Général à emprunter au taux normal en vigueur des sommes à prélever sur les fonds spéciaux pour faire face aux besoins de trésorerie qui sont normalement couverts par le fonds de roulement. Enfin, et surtout par sa résolution 1739 (XVI) du 20 décembre 1961, l'Assemblée Générale des Nations Unies a décidé d'autoriser le Secrétaire Général à émettre des obligations pour un montant maximum de 200 millions de dollars[425]. Les caractéristiques techniques de l'emprunt préfigurent le contenu de la proposition de la Communauté. Certes, la qualité des institutions appelées à souscrire est comprise de manière plus large puisqu'il s'agit des États membres de l'organisation des Nations Unies, mais aussi d'États membres d'organisations spécialisées et non membres de l'ONU (Allemagne fédérale, Suisse) ; enfin il s'agit d'institutions et d'associations à but non lucratif. Par contre, les modalités de remboursement sont assez proches puisque des intérêts sont versés aux souscripteurs sur 25 années, la charge des intérêts étant inscrite au budget général de l'Organisation. Ce sont donc en définitive les États eux-mêmes qui, en versant leurs contributions, participent au remboursement de l'emprunt. Dès lors, l'emprunt apparaît plutôt comme une sorte d'avance destinée à couvrir une situation de déficit exceptionnelle, créée par le refus des États de verser leurs contributions. De la même manière, l'emprunt proposé par la Commission des Communautés Européennes apparaît comme une avance destinée à faire face à des difficultés de trésorerie en attendant le prélèvement des ressources propres[426].

2 | Le cas de l'Union européenne

L'expérience européenne en matière d'emprunt est aussi marquée par des restrictions. Dans ce cadre, on notera que les Communautés disposent d'une compétence très limitée en matière d'emprunt[427].

[425] J. SALMON, « *L'emprunt de 200 millions de dollars de l'ONU* », AFDI, 1962, p. 556.

[426] J-F. COUZINET, C. HEN, « Le recours à l'emprunt », *in* ISAAC (dir.), *op. cit.*, spéc. p. 349.

[427] A. POTTEAU, *Recherches sur l'autonomie financière de l'Union européenne, op. cit.*, p. 94.

La CECA[428] comme la CE et l'EURATOM disposent d'une capacité d'emprunter limitée en raison de la stricte affectation des ressources d'emprunt[429]. La CECA disposait assurément de la compétence d'emprunter. L'article 49 du Traité de Paris précise que *« la Haute Autorité est habilitée à se procurer les fonds nécessaires à l'accomplissement de sa mission [...] en contractant des emprunts »*. Toutefois, l'acte constitutif apporte, à son article 51, paragraphe 1, une restriction importante à cette compétence. En effet, il dispose que « *les fonds d'emprunts ne peuvent être utilisés par la Haute Autorité que pour consentir des prêts* ». Le Traité de la CECA pose donc le principe de l'affectation des ressources temporaires aux charges temporaires et interdit, par conséquent, à l'organisation d'emprunter pour financer des dépenses définitives. En l'état, la CECA ne pouvait donc pas faire appel à l'emprunt en cas d'insuffisance des recettes définitives pour couvrir des dépenses définitives, c'est-à-dire pour couvrir un éventuel déficit budgétaire[430].

La compétence d'Euratom d'emprunter, sur la base de l'article 172 de son acte constitutif uniquement, permet de financer des dépenses en matière de recherche et d'investissement. Il faut, en effet, bien reconnaître que si l'Euratom et la CE jouissent de la capacité d'emprunter, elles bénéficient aussi en la matière d'une compétence strictement limitée. Cet encadrement résulte de l'affectation des ressources d'emprunts à certaines catégories de dépenses : des dépenses en matière de recherche et d'investissements ou de prêts[431].

L'Euratom dispose assurément de la compétence explicite d'emprunter puisque l'article 172, paragraphe 4, du traité CEEA précise que « *les emprunts destinés à financer les recherches ou les investissements sont contractés par le Conseil [...]* ». Il serait donc possible de soutenir que la capacité d'Euratom en la matière est d'une certaine manière plus ample que celle de la CECA[432]. En effet,

---

428 C. BOUTAYEB, *Droit institutionnel de l'Union européenne,* Paris, LGDJ, 2018, p. 30.

429 A. POTTEAU, *Recherches sur l'autonomie financière de l'Union européenne*, *op. cit.*, p. 94.

430 J-F. COUZINET, C. HEN, « Le recours à l'emprunt », *in* ISAAC (dir.), *op. cit.,* Spéc. p. 349.

431 A. POTTEAU, *Recherches sur l'autonomie financière de l'Union européenne*, *op. cit.*, p. 96.

432 Si l'on admet la capacité éventuelle de la CECA de réviser son acte constitutif en vue d'emprunter aux fins de financer ses dépenses définitives.

contrairement au traité de Paris, il ne semble pas que l'acte constitutif d'Euratom proscrive, explicitement tout au moins, le financement des dépenses définitives par voie de ressources d'emprunt, puisque l'article 172 ne se prononce pas sur le caractère temporaire ou non des dépenses de recherche et d'investissement financées par l'emprunt. Cela étant dit, on notera que, si l'article 6 du traité CEEA permet à la Commission d'adopter les concours financiers dans le cadre de recherches, il lui interdit d'octroyer dans ce cadre des subventions. Il semble donc bien que la communauté doive accorder des prêts[433].

Il faut donc reconnaître que l'article 172, paragraphe 4, du traité CEEA attribue à l'organisation une compétence d'emprunter strictement limitée puisqu'elle ne peut être exercée, sur cette base, que pour financer des dépenses en matière de recherche et d'investissement.

Toutefois, si cet article 172 ne permet à l'Euratom d'emprunter que pour financer des recherches et des investissements, il n'interdit pas à l'organisation d'emprunter pour financer d'autres types de dépenses[434], si bien qu'on peut se demander si Euratom jouit de la capacité d'emprunter pour financer d'autres catégories de dépenses en recourant à l'article 203 de son acte constitutif[435]. On peut également s'interroger sur la capacité d'emprunter de la CE en recourant à l'article 308 du Traité CE[436] puisque, contrairement au traité CECA et au traité CEEA, le traité CE n'attribue pas, de manière explicite à l'organisation qu'il constitue, la capacité d'emprunter. Cette spécificité peut s'expliquer plus ou moins aisément par le fait que les rédacteurs du traité CE ont établi, au sein même du système institutionnel de la CE, la Banque européenne

---

[433] A. POTTEAU, *Recherches sur l'autonomie financière de l'Union européenne*, *op. cit.*, p. 96.

[434] Pour ce faire, l'article 172 traité Euratom aurait dû préciser que les emprunts contractés par le Conseil sont destinés à financer des recherches et des investissements. Implicitement, cette rédaction, qui n'a donc pas été retenue, interdit toute autre affectation aux emprunts contractés par le Conseil dans le cadre du traité Euratom.

[435] L'article 203 du traité Euratom se lit de la manière suivante : « *si une action de la Communauté apparaît nécessaire pour réaliser l'un des objectifs de la communauté, sans que le présent traité ait reconnu les pouvoirs d'action requis à cet effet, le Conseil, statuant à l'unanimité sur proposition de la Commission et après consultation du Parlement européen, prend les dispositions appropriées* ».

[436] L'article 308 (ex-235) du traité C.E. précise que : « *si une action de la Communauté apparaît nécessaire pour réaliser, dans le fonctionnement du marché commun, l'un des objets de la Communauté, sans que le présent traité ait reconnu les pouvoirs d'action requis à cet effet, le Conseil statuant à l'unanimité sur proposition de la Commission et après consultation du Parlement européen, prend les dispositions appropriées* ».

d'investissement qui, dotée d'une personnalité juridique distincte de celle de la CE[437], participe indiscutablement à la réalisation de ses objectifs. Elle « (…) *a pour mission de contribuer (...) au développement équilibré et sans heurt du marché commun dans l'intérêt de la Communauté* » en octroyant des prêts qu'elle finance par le biais notamment d'emprunts qu'elle lance sur les marchés financiers internationaux de capitaux[438].

[437] Cf. l'article 266 (ex-198 D) du traité C.E.
[438] Cf. l'article 267 (ex-198 E) du traité C.E.

Conclusion du Titre I

Les ressources propres sont importantes pour tout processus d'intégration. Elles traduisent, dans une certaine mesure, la capacité des organisations d'intégration à s'autofinancer. Le cas de l'UEMOA, objet de notre étude, mérite toute l'attention. En effet, le financement de l'intégration dans l'Union a connu une évolution. Au départ des mouvements intégratifs en Afrique de l'Ouest, les États membres avaient opté pour leurs contributions financières. Toutefois, ce système a révélé des carences et a laissé place à la préférence aux ressources propres de l'Union.

Ce nouveau mode de financement de l'UEMOA n'est pas non plus exempt de critiques. L'inexistence d'une administration communautaire des douanes, l'inexistence d'une caisse commune, et le reversement difficile des recettes de porte à l'Union sont, entre autres, des facteurs qui affaiblissent le financement actuel de cette organisation d'intégration. Il convient de rappeler que les recettes de porte communautaires sont perçues aux cordons douaniers de chaque État membre sur les importations des produits provenant d'États tiers.

Face aux charges importantes et croissantes de l'Union, les recettes de porte communautaires sont insuffisantes. Le recours à d'autres types de ressources s'impose. Dans ce cadre, d'autres types de ressources sont sollicités. Il s'agit en l'occurrence de fonds provenant des banques spécialisées de l'Union et surtout de bailleurs de fonds tels que le Fonds européen de développement et l'USAID.

Le financement de l'Union européenne devrait inspirer les autorités dirigeantes de l'UEMOA. En effet, la communauté européenne dispose de moyens qui lui sont propres, autrement dit, de ressources qui lui sont automatiquement et obligatoirement transférées par les États membres. Cependant, ce système de financement n'est pas exempt de reproches, du fait de sa complexité[439]. La poursuite des réflexions pour des systèmes de financement dynamiques et évolutifs du processus d'intégration demeure une nécessité constante dans les espaces communautaires.

[439] M. BOUVIER, *Finances publiques,* Paris, LGDJ, 2017, p. 161.

TITRE 2

Une capacité limitée de financement des projets intégrateurs

L'UEMOA est une organisation qui a été créée à partir du modèle juridique des organisations internationales. Mais elle est, manifestement, une organisation internationale singulière, caractérisée par une intégration particulièrement poussée et un système institutionnel original à l'instar de l'Union européenne[440]. Ce système institutionnel est composé d'organes de décision et d'exécution dont le rôle est de permettre à l'UEMOA de réaliser des objectifs qu'elle s'est assignés.

Le Traité de base de l'UEMOA, après avoir défini le cadre institutionnel[441], a doté les différents organes de pouvoirs ou attributions.

---

440 A. Y. SARR, *L'intégration juridique dans l'Union économique et monétaire ouest-africaine (UEMOA) et dans l'Organisation pour l'harmonisation du droit des affaires en Afrique (OHADA)*, Thèse de doctorat en Droit Public, Aix-Marseille, PUAM, p. 207.

441 Art. 16 du Traité révisé de l'UEMOA, « *les organes de l'Union sont constitués par : - la Conférence des Chefs d'État et de Gouvernement, telle que définie à l'article 5 du Traité de l'UMOA, - le Conseil des Ministres, tel que défini à l'article 6 du Traité de l'UMOA, - la Commission, - le Parlement, - la Cour de Justice, - la Cour des Comptes.* » « *Ces organes agissent dans la limite des attributions qui leur sont conférées par le Traité de l'UMOA et le présent Traité et dans les conditions prévues par ces Traités. Des organes consultatifs et des institutions spécialisées autonomes concourent également à la réalisation des objectifs de l'Union.* »

Ces compétences leur ont été transférées, ou concédées par les États membres. Dans l'exercice de ses attributions, l'UEMOA a également institué un système de fonctionnement de ses organes qui est susceptible de lui permettre de contribuer, de manière efficace, au développement de l'intégration. Toutefois, cette répartition de compétences entre l'UEMOA et les États membres[442] n'a pas fait l'objet d'une attention particulière au niveau du Traité et des textes dérivés. Ainsi, le Traité de l'UEMOA ne définit pas clairement les compétences entre celle-ci et les États membres. Il n'existe pas de principe général qui permettra de classer les compétences en termes de compétences exclusives, concurrentes, partagées ou subsidiaires[443]. Ceci ne permet pas de cerner facilement les charges de l'Union et les besoins de financement correspondants. On note ainsi une maîtrise difficile des charges de l'Union (Chapitre I) et l'interventionnisme des États membres (Chapitre II).

[442] Ce Traité s'est par contre préoccupé des incompatibilités qui résulteraient de la mise en œuvre des compétences nouvelles par l'Union. Cf. Art. 14 du Traité révisé de l'UEMOA, *« Dès l'entrée en vigueur du présent Traité, les États membres se concertent au sein du Conseil afin de prendre toutes mesures destinées à éliminer les incompatibilités ou les doubles emplois entre le droit et les compétences de l'Union d'une part, et les conventions conclues par un ou plusieurs États membres d'autre part, en particulier celles instituant des organisations économiques internationales spécialisées ».*

[443] En réalité, les Traités se bornent à fixer les objectifs à atteindre et à définir les pouvoirs qui permettent de les atteindre. Ces pouvoirs sont attribués aux organes qui sont organisés de manière à permettre aux Traités de remplir efficacement leurs missions, Cf. Art. 4 du Traité révisé de l'Union.

Chapitre 1

La difficile maîtrise des charges de l'Union

Sommaire

La charge peut se définir comme « *ce qui pèse, un poids sur les épaules de la personne ou l'objet qui le supporte* »[444]. L'expression « charges publiques » désigne *« le poids supporté par la collectivité, un besoin public »*[445]. Il s'agit des « *dépenses incombant à une collectivité ou à une personne* », du « *poids financier inhérent à une situation* »[446].

Les charges de l'Union sont donc définies comme l'ensemble des dépenses[447] qui incombent à l'UEMOA, et qui découlent des différentes actions menées en vue de la réalisation des objectifs de l'Union.

La bonne maîtrise des charges de l'Union constitue une condition essentielle pour envisager une soutenabilité financière. On pourrait même prétendre que la maîtrise du montant des dépenses est primordiale dans la mesure où l'existence de ressources suffisantes ne se justifie que par rapport aux charges à couvrir. A l'analyse, il est évident que cette maîtrise résultera tout d'abord de la possibilité de décider des dépenses qui figurent ou non à son budget[448], conformément aux objectifs de l'Union. Ce pouvoir de décision est une manifestation de la capacité juridique reconnue à l'institution communautaire en matière financière. Toutefois, il est à remarquer que la bonne maîtrise des charges de l'Union passe par la réponse à l'interrogation suivante : A quelle fin convient-il de mobiliser les ressources pour l'Union ? En d'autres termes, « *des ressources pour quoi faire* » [449] ?

À cet égard, face aux ambitions affichées par l'Union à travers le Traité fondateur et le protocole additionnel n°2 relatif aux Politiques sectorielles de l'Union, l'UEMOA a axé ses actions sur certains secteurs prioritaires. Les besoins très étendus de l'Union (section 1) se heurtent à l'insuffisance des ressources, dans un environnement caractérisé par des difficultés de répartition des charges entre États membres et l'UEMOA (Section 2).

---

444 G. ORSONI (Dir), *Finances publiques, Dictionnaire encyclopédique*, Paris, ECONOMICA, 2017, p. 149.

445 *Ibid.*

446 G. CORNU, *Vocabulaire juridique, op. cit.*, p. 166.

447 Sur la notion de dépense, voir G. ORSONI (Dir), *Finances publiques, Dictionnaire encyclopédique,* pp. 309-312., L. AGRON, *Histoire du vocabulaire fiscal*, L.G.D.J, 2000, p. 223.

448 R. HERTZOG, « L'autonomie en droit : trop peu de sens, trop peu de signification ? », *in Mélanges Paul AMSELEK*, *op. cit,* p. 445.

449 J. DELORS, préface à G. ISAAC, *Les ressources financières de la Communauté européenne*, Paris, Economica, 1999, p. v.

Section 1 ‖ Du contenu étendu des besoins de l'Union

L'UEMOA, à travers ses objectifs, a affirmé la nécessité de favoriser le développement économique et social des États membres, grâce à l'harmonisation de leurs législations, à l'unification de leurs marchés intérieurs et à la mise en œuvre de politiques sectorielles communes dans les secteurs essentiels de leurs économies. Lesdites politiques, prévues à l'article 101 du Traité de l'Union sont régies par le protocole additionnel n° II, relatif aux politiques sectorielles de l'Union.

Ce protocole additionnel qui fait partie intégrante du Traité[450] vise, en effet, à instituer une coordination des politiques sectorielles nationales, par la mise en œuvre d'actions communes et, éventuellement, de politiques communes, notamment dans les domaines suivants : ressources humaines, aménagement du territoire, transports et télécommunications, environnement, agriculture, énergie, industrie et mines[451]. Impacter tous ces secteurs qui, à l'évidence, sont de grands chantiers avec de nombreux défis à relever, constitue un véritable enjeu pour l'Union.

Conformément à l'article 1er du règlement N° 01/2018/CM/UEMOA du 23 mars 2018 portant règlement financier des organes de l'Union économique et monétaire ouest-africaine, le budget de l'Union, appelé budget général des organes de l'Union, est constitué du budget des organes de l'Union et des budgets spéciaux des Fonds institués par l'Union. Il convient de noter que les charges liées aux organes de l'Union sont couvertes (paragraphe 1), tandis que les besoins de financement de projets intégrateurs sont en souffrance (paragraphe 2).

Paragraphe I | La couverture relative des charges des organes de l'Union

Selon les dispositions de l'article 30 du règlement financier de l'UEMOA[452], les dépenses budgétaires de l'Union sont classées en deux

---

[450] Cf. art. 102 du Traité révisé de l'UEMOA.

[451] Cf. art. 4 al. ''d'' du Traité de l'UEMOA.

[452] Règlement N° 01/2008/CM/UEMOA *op. cit.*

catégories : les dépenses ordinaires et les dépenses en capital. Ces différentes dépenses sont regroupées par des politiques mises en œuvre par l'UEMOA.

L'évolution constante des dépenses ordinaires de l'Union qui sont entièrement couvertes (A) par les fonds propres, fait envisager la possibilité d'une réduction de ces dernières (B).

A- La couverture intégrale des dépenses ordinaires des organes de l'Union

Les dépenses ordinaires correspondent aux dépenses nécessaires au fonctionnement normal des organes de l'Union. La couverture desdites dépenses est assurée par les ressources propres de l'Union.

L'étude du contenu de ces dépenses (1) permettra d'analyser la tendance à son amplification (2).

1 | Le contenu des dépenses des organes de l'UEMOA

Conformément aux dispositions du Traité de l'UEMOA[453], le budget de l'Union est obligatoirement adopté en équilibre. Le budget est dit en équilibre lorsque le montant des recettes est égal à celui des dépenses et que les recettes ordinaires couvrent les dépenses permanentes[454]. Les dépenses permanentes correspondent aux dépenses nécessaires au fonctionnement normal des organes de l'Union. Relèvent notamment des dépenses permanentes, les rémunérations des personnels régulièrement salariés, les dépenses de fonctionnement ainsi que celles relatives au paiement des engagements de l'Union. Le règlement financier de l'Union rend plus explicites les dépenses de fonctionnement.

En effet, le règlement N° 01-2018 portant règlement financier des organes de l'Union précise en son article 31 que les dépenses ordinaires[455] de l'UEMOA sont constituées des achats de fournitures stockables et non stockables, dépenses de transport, dépenses relatives aux services extérieurs, dépenses relatives aux impôts, droits et taxes, dépenses diverses, dépenses de personnel, frais financiers sur emprunts

---

[453] Cf. article 47 du Traité révisé de l'UEMOA.

[454] Cf. art. 19 du règlement n° 01-2018, *op. cit.*

[455] Sur la notion de dépense de fonctionnement, voir G. CORNU, *Vocabulaire juridique*, *op. cit*, p. 329.

et autres dettes, dotations aux amortissements et aux provisions[456]. Ce sont des dépenses nécessaires au fonctionnement normal de l'Union.

Quant aux dépenses d'investissement et d'équipement, ils comprennent les immobilisations, le matériel et le mobilier, les transferts en capital, le remboursement du capital de la dette[457].

Selon le rapport 2017 de la Commission de l'UEMOA, le budget modifié de l'Union, adopté par le Conseil des Ministres au titre de l'exercice 2017, s'élève à la somme de cent quatre-vingt-neuf milliards cinq cent vingt millions huit cent trente-neuf mille neuf cent cinquante-neuf (189.520.839.959) de francs CFA, financé à hauteur de 90,84% sur ressources propres et de 9,16% sur appuis des partenaires au développement. Ces ressources ont été réparties comme suit par type de budget, Budget des organes de l'Union : 129.108.445.956 FCFA ; Budget spécial du FAIR : 49.423.087.755 FCFA ; Budget spécial de FRDA : 10.989.306.248 FCFA[458].

Ainsi, environ 70% du budget de l'UEMOA sert au financement des organes de l'Union, au détriment des nombreux projets intégrateurs qui demeurent en quête de financement. Le graphique en annexe II présente l'évolution des dépenses des organes de l'Union, de 2016 à 2020.

Si l'Union arrive à couvrir entièrement les dépenses de fonctionnement, notamment[459] par des ressources propres, il est à remarquer que lesdites dépenses connaissent une évolution constante.

2 | La tendance à l'amplification

Il est à remarquer que « *de façon générale, les dépenses de fonctionnement ont très mauvaise presse* »[460]. En effet, les administrations publiques ont généralement tendance à faire du gaspillage dans l'achat des matériels et fournitures qui, pour la plupart du temps, ne sont pas vraiment adaptés aux besoins. Il n'est d'ailleurs

---

456 Le Traité instituant la Communauté européenne de l'énergie atomique (CEEA) détermine le champ d'application de la dépense communautaire et précise en son article 174 que les dépenses figurant au budget de fonctionnement comprennent notamment les frais d'administration et les dépenses relatives au contrôle de sécurité et la protection sanitaire.

457 Art. 32 du règlement N° 01/2008/CM/UEMOA portant règlement financier des organes de l'Union économique et monétaire ouest-africaine.

458 COMMISSION DE UEMOA, *Rapport 2017 sur le fonctionnement et l'évolution de l'Union*, décembre 2017, p. 51.

459 Les appuis de Partenaires Techniques et Financiers sont non négligeables.

460 E. DIARRA, *op. cit.* spéc. p. 103.

pas rare de voir des gestionnaires de crédit se dépêcher de consommer le restant, alors que cela ne se justifie pas, juste pour ne pas avoir les crédits en diminution l'année suivante.

Les dépenses de fonctionnement concernent toutes les institutions statutaires de l'UEMOA, ainsi que les autres structures créées par des actes additionnels de la Conférence des chefs d'État et de Gouvernement.

L'analyse du point d'utilisation des produits du PCS[461] extrait du rapport 2017 de la Commission sur le fonctionnement et l'évolution de l'Union révèle que le budget des organes de l'UEMOA[462] (fonctionnement et investissement) connaît un accroissement constant[463]. Cette situation se confirme dans les budgets des années suivantes. Ainsi, de 32,122 milliards en 2011[464], le Budget des organes (Dotations des fonds spéciaux, fonctionnement, investissement et équipement) est passé à 129,108 milliards en 2017[465].

Si la modernisation de l'administration passe par la construction d'infrastructures, l'acquisition d'outils de travail performants, mais également et surtout par le renforcement des compétences des agents, il est nécessaire de mettre en place un mécanisme de contrôle qui évite les risques de dilapidation des ressources. Cela passe par la qualité des ressources humaines employées par l'Union. A cet effet, un nouveau Statut du personnel a été adopté ; un manuel de procédures intégrées des organes a été élaboré.

Il est à noter qu'au 31 décembre 2011, l'effectif du personnel des organes de l'Union (Commission, Cour de justice, Cour des comptes, Comité interparlementaire, Chambre consulaire régionale, Bureaux de

---

461 Voir en annexe n°8 du rapport 2017 de la Commission de l'UEMOA, disponible sur : http://www.uemoa.int/Pages/UEMOA/Commission%20de%20L_UEMOA/RapportsCommission delUEMOA.aspx.

462 L'article 37 du règlement N° 01/2018/CM/UEMOA du 23 mars 2018 portant règlement financier des organes de l'Union économique et monétaire ouest-africaine est consacré en partie au budget de ces organes.

463 Selon ce rapport, le montant des crédits alloués au fonctionnement de l'Union est passé de douze milliards, cent huit millions six cent un mille, six cent quarante (12 108 601 640) francs CFA en 2006, à trente-deux milliards cent vingt-deux millions, six cent cinquante-six mille, quatre cent quarante-neuf (32 122 656 449) francs CFA en 2011.

464 COMMISSION DE L'UEMOA, *Rapport 2011 de la Commission sur le fonctionnement et l'évolution de l'Union*, 2012, p. 80.

465 COMMISSION DE L'UEMOA, *Rapport 2017 sur le fonctionnement et l'évolution de l'Union*, 2017, p. 86.

représentation) s'établissait à quatre cent vingt-trois (423) agents, répartis comme suit : 19 membres d'Organes, 293 fonctionnaires, 92 contractuels et 19 cadres juniors[466].

Les préoccupations liées à l'amplification des dépenses publiques ne datent pas d'aujourd'hui. En effet, l'économiste allemand Adolph WAGNER, à qui l'on doit la loi de Wagner, a mis en évidence que le développement économique issu de la révolution industrielle entraine un accroissement plus que proportionnel des dépenses des collectivités publiques[467].

Le Règlement financier de l'UEMOA met un accent particulier sur la qualité de la gouvernance financière de l'Union. En effet, conformément à l'Article 19 dudit règlement, les crédits sont utilisés conformément aux principes de bonne gouvernance, à savoir : l'économie[468], l'efficacité[469], l'efficience[470] et l'obligation de rendre compte[471].

Une réduction des charges de fonctionnement est donc souhaitée pour une maîtrise du budget, gage de sa bonne gestion en vue de l'atteinte des objectifs fixés.

B- La réduction souhaitée des charges de fonctionnement

L'UEMOA s'appuie sur un personnel, essentiellement constitué d'acteurs communautaires. En effet, conformément au protocole Additionnel N° 03/96 du 10 mai 1996 relatif aux droits, privilèges et immunités de l'UEMOA, les organes de l'UEMOA sont animés par un personnel recruté par l'Union. Il s'agit d'un personnel disposant d'un statut spécial et dont la gestion induit des charges de plus en plus élevées, d'où la nécessité d'envisager la réduction par une limitation des

---

466 COMMISSION DE L'UEMOA, *Rapport 2011 op. cit.*, p. 50.

467 J-L. ALBERT, *Finances Publiques*, *op. cit.*, p. 149 ; N. MÉDÉ, *Finances publiques : Espace UEMOA/UMOA*, Dakar, L'Harmattan, 2016, p. 92 ; A. BAUDU, *Droit des finances publiques*, Paris, DALLOZ, 2014, 2è éd., p. 98.

468 Les moyens mis en œuvre dans le cadre de la réalisation des activités sont rendus disponibles en temps utile, dans les quantités et qualités appropriées et au meilleur prix.

469 L'atteinte des objectifs spécifiques fixés et l'obtention des résultats escomptés.

470 Un meilleur rapport entre les moyens mis en œuvre et les résultats obtenus.

471 Rendre compte de l'utilisation des fonds qui doit être conforme à des objectifs et politiques précis et convenus.

dépenses de fonctionnement (1) et une meilleure sélection des dépenses d'investissement (2).

1 | La réduction par la limitation des dépenses de fonctionnement des organes de l'Union

Les charges liées au fonctionnement normal des organes de l'Union, autrement appelées les dépenses ordinaires, sont assez bien couvertes. Toutefois, il n'en demeure pas moins que leur augmentation constante au fil des années constitue un véritable frein à l'atteinte des objectifs de l'Union. Un volume élevé des charges de fonctionnement suppose une réduction des investissements, socle du développement. La maîtrise, voire la réduction sensible des charges de fonctionnement, serait la bienvenue. Les études faites sur les déséquilibres prévisionnels de certains États membres montrent que sans maîtrise du budget, ces déséquilibres s'accentuent parfois très fortement dans les années à venir, jusqu'à devenir inacceptables pour ces États et pour l'Union. Il urge donc de limiter les organes de l'Union dans leur propension à augmenter les charges de fonctionnement, en étudiant de près, la question de la limitation des dépenses communautaires.

Pour maitriser ses charges de fonctionnement, des mesures ont été prises pour optimiser les coûts des activités et les coûts d'acquisition des biens et services. Des diligences ont été commises pour l'achèvement des travaux de construction du complexe administratif de la Commission afin de réduire les charges locatives[472]. Dans le même sens, la Conférence des chefs d'État et de Gouvernement de l'UEMOA a, au cours de sa session extraordinaire, tenue le 10 avril 2017, instruit l'ensemble des organes de l'Union de rationaliser leurs charges de fonctionnement à travers, notamment, le dégraissage de l'effectif du personnel de tous les organes de l'Union. L'augmentation sans cesse croissante des charges de fonctionnement est l'une des difficultés majeures de l'Union dans le processus de la maîtrise du budget afin d'avoir un volume de ressources élevées destinées au financement des projets intégrateurs. La lourdeur et le nombre d'acteurs intervenant dans la chaîne d'exécution des dépenses de l'Union sont, entre autres, des facteurs qui influencent négativement la situation délicate des charges de fonctionnement de cette organisation d'intégration. La stabilité, voire la réduction de ces types de dépenses, constitue un enjeu majeur pour la

[472] COMMISSION DE L'UEMOA, *Rapport annuel 2017 sur le fonctionnement et l'évolution de l'Union,* décembre 2017, p. 102.

redynamisation de l'Union, mais cela nécessite l'instauration d'une discipline budgétaire.

La discipline budgétaire pourrait constituer la solution à terme, des déséquilibres budgétaires, notamment dans le cadre d'une Communauté élargie. On observe que dans le cas d'une maîtrise du budget, ces déséquilibres s'accroissent moins et restent dans des limites qui peuvent être jugées acceptables. Une deuxième conséquence de la maîtrise serait de dégager de nouvelles marges de manœuvre pour le budget de l'Union. Compte tenu de la relative rareté des recettes qui résulte de la moindre augmentation des ressources propres, due à une croissance économique plus faible, l'absence de maîtrise du budget risquerait d'exacerber la concurrence entre les différentes catégories de dépenses existantes au détriment de politiques nouvelles. Le financement impose qu'une priorité soit établie en leur faveur dans l'allocation des ressources disponibles et la maîtrise du budget devrait faciliter ce genre d'arbitrage. Cela conduirait sans doute à la suppression de la distinction entre dépenses obligatoires et dépenses non obligatoires. En tout état de cause, une telle perspective qui va bien au-delà de la mise en œuvre de la discipline budgétaire, exigerait une étroite concertation préalable et un accord entre tous les organes de l'Union.

Enfant de la raison pour les uns, monstre dangereux pour les autres, la maîtrise du budget mérite d'acquérir droit de cité dans l'ordre financier de l'Union. Il lui reste à prendre sa place dans la vie communautaire et à répondre aux espoirs placés en elle sans confirmer les inquiétudes qu'elle suscite. Qu'en est-il des dépenses d'investissement de l'Union ?

2 | La réduction par une meilleure sélection des dépenses d'investissement au profit des organes de l'Union

Selon la théorie classique des finances publiques, les dépenses publiques doivent rester limitées et être réduites au strict nécessaire pour faire fonctionner un État lui-même cantonné dans ses compétences régaliennes à savoir : la sécurité, la diplomatie, l'émission monétaire, la justice. Cette doctrine n'a jamais prévalu dans les États ouest-africains francophones[473].

Une administration publique pléthorique et un État qui fait tout : cela a pour conséquence des dépenses publiques importantes et qui

[473] N. MÉDÉ, *Finances publiques : Espace UEMOA/*UMOA, *op. cit.*, p. 87.

progressent timidement en valeur relative par rapport au produit intérieur brut, mais qui croissent tout de même. Pour la BCEAO, « *une augmentation des dépenses courantes entraîne de facto une baisse des dépenses consacrées au financement de l'investissement public. Cette contraction des investissements publics est de nature à influer négativement sur la croissance, en raison de la relation positive entre l'investissement et la croissance économique* »[474].

Une autre étude de cas sur les États membres de l'UEMOA a donné les grandes conclusions suivantes : « *les dépenses de consommation publique exercent un impact globalement négatif, à court et à long termes, sur la croissance des économies de l'UEMOA. A court terme, cet impact négatif est significatif en Côte d'Ivoire, au Mali, au Niger, au Sénégal et au Togo ; à long terme, l'impact négatif des dépenses de consommation publique sur la croissance est significatif au Bénin, au Mali et au Niger* ». L'étude poursuit en indiquant que : « *les dépenses d'investissement public ont un impact positif, essentiellement à long terme, sur la croissance des économies de l'UEMOA. En effet, l'impact s'est révélé positif et significatif à long terme au Burkina Faso, en Côte d'Ivoire, au Sénégal et au Togo ; néanmoins, à court terme, l'impact positif de l'investissement public sur la croissance ne s'est révélé significatif qu'au Bénin et au Burkina Faso* »[475].

Il est difficile de savoir quel sera l'avenir de l'Union sans la maîtrise de son budget notamment les charges de fonctionnement, qui constitue maintenant une orientation à long terme pour la Communauté mais dont les modalités de mise en œuvre à court terme seront essentielles pour sa pérennité. Toutefois, il est d'ores et déjà possible de dessiner ce que pourrait signifier, à terme, la maîtrise du budget communautaire. La discipline budgétaire peut apparaître comme un moyen d'obtenir un certain rééquilibrage de pouvoir en matière budgétaire. C'est pourquoi, une limitation des dépenses ne saurait avoir le caractère d'une norme contraignante rigide et aboutir à un strict plafonnement financier. Pour être efficace, une limitation dont la légitimité est reconnue, doit être

[474] BCEAO, Département des études économiques et de la monnaie, Direction de la recherche et de la statistique, document d'étude et recherche n° DER/07/04, septembre 2007, *Structure des dépenses publiques, investissement privé et croissance dans l'UEMOA,* Dakar, 2007, p. 17.

[475] N. MÉDÉ, *Finances publique : Espace UEMOA/UMOA*, *op. cit.*, p. 93.

suffisamment souple et assortie de précautions indispensables[476]. Une telle position justifie pleinement l'application de la maîtrise du budget à l'ensemble des dépenses communautaires, sans discrimination entre elles. La discipline budgétaire ne doit pas être davantage perçue comme un moyen de réduction à la merci de l'autorité budgétaire. La Commission continue toujours d'exiger un effort financier au plan communautaire sur chacun des organes de l'Union, notamment en matière de charges de fonctionnement. La bonne question est de s'interroger sur la sélection desdites dépenses et de s'intéresser aux difficultés de financement des projets intégrateurs.

Paragraphe II | Les difficultés de financement des projets intégrateurs

Conformément aux dispositions de l'article 35 du règlement financier de l'Union, les dépenses des budgets spéciaux des Fonds de l'Union comportent les frais et charges de gestion des Fonds non pris en charge ailleurs, les dépenses des programmes classés par objectif de développement et les autres catégories de dépenses découlant d'objectifs spécifiques énoncés dans les textes instituant lesdits Fonds.

Ainsi, plusieurs fonds ont été mis en place par l'Union. Il s'agit principalement du fonds de compensation des moins-values de recettes douanières[477], du Fonds d'aide à l'intégration régionale (FAIR)[478], du Fonds de réserve pour la compensation des moins-values de recettes douanières[479] et du Fonds régional de développement agricole (FRDA)[480].

Mais de tous ces fonds, seuls le FAIR (A) et le FRDA (B) continuent d'être alimentés par des ressources qui se révèlent insuffisantes.

---

[476] Il s'agit, en l'occurrence, entre autres du calcul des dépenses sur une base pluriannuelle, de l'appréciation de l'évolution sur des bases comparables d'une année sur l'autre.

[477] Cf. art. 58 et 78 du Traité révisé de l'Union.

[478] Cf. art. 59 du Traité révisé de l'Union.

[479] Institué en application des dispositions de l'Acte additionnel n° 04/96 du 10 mai 1996 modifié.

[480] Institué en application de l'Acte additionnel n° 03/2006 du 27 mars 2006.

A- La situation difficile au FAIR

La création du Fonds d'aide à l'intégration régionale des États membres (FAIR), est intervenue dans le cadre de la mise en place de fonds structurels prévus par le Traité. Ce fonds est destiné au financement de l'aménagement équilibré du territoire communautaire, en contribuant à la réduction des disparités régionales. Un programme d'interventions couvrant les huit États membres et des allocations de ressources d'un montant total de 118 milliards de francs CFA, pour la période 2002-2006, ont été adoptés. Depuis sa création, quelles sont les réalisations du FAIR ? Ce Fonds a-t-il été à la hauteur des espoirs de ses initiateurs ?

Le Fonds d'aide à l'intégration régionale a été mis en place par le Traité créant l'Union comme l'un des fonds structurels. Si sa création a suscité beaucoup d'espérance (1), son bilan reste mitigé (2).

1 | L'enthousiasme et les espérances de départ

Le Traité a prévu la mise en place de fonds structurels destinés à l'aménagement équilibré du territoire de l'Union. A cet effet, la Conférence des chefs d'État et de Gouvernement a institué en 1998, un fonds structurel dénommé Fonds d'aide à l'intégration régionale (FAIR). Les modalités d'intervention du FAIR ont été fixées par le Conseil des Ministres en 1999. Il est destiné au financement de l'aménagement équilibré du territoire de l'Union, en contribuant à la réduction des disparités régionales. Le FAIR a été créé par l'Acte additionnel n° 01/98 du 17 février 1998, par application des dispositions des articles 58, 59 et 78 du Traité de l'UEMOA.

Selon le règlement n°01/99/CM/UEMOA fixant les modalités d'intervention et de gestion du FAIR, les fonds une fois réunis, interviendront dans les domaines des infrastructures à caractère économique et social. Dans ces domaines, les fonds permettront d'appuyer le désenclavement des régions et de soutenir les actions de production et d'échanges par l'amélioration des infrastructures économiques. En outre, ils aideront à améliorer les conditions de vie des populations, d'une part, par un meilleur accès aux services sociaux essentiels et, d'autre part, par la promotion et le financement de microprojets qui participent à la création d'emplois, dans le cadre de la lutte contre la pauvreté. En outre, le fonds interviendra aussi pour faciliter la reconversion des régions affectées par les conséquences des réformes de l'Union dans des activités productives alternatives.

Le FAIR intervient sous trois formes. D'abord, il s'agit du prêt ou la ligne de refinancement, pour les interventions dans les domaines des activités créatives d'emplois et génératrices de revenus, de même que dans les domaines du soutien à la reconversion des régions affectées par les conséquences des réformes de l'Union dans des activités productives alternatives. Ensuite, au niveau de la bonification d'intérêts des prêts ou lignes de refinancement de la BOAD, pour le financement des infrastructures à caractère économique et social. Enfin, le FAIR intervient à travers la subvention pour le financement des infrastructures à caractère économique et social.

Les ressources du fonds sont constituées de ressources propres affectées de l'Union et d'autres ressources auxquelles l'Union peut avoir recours que sont les emprunts, les subventions et les aides extérieures compatibles avec ses objectifs. Au cours de l'année 2001, la Commission a finalisé le projet de manuel de procédures pour les interventions du FAIR et le projet d'Accord de mandat d'agence d'exécution avec la Banque ouest-africaine de développement (BOAD)[481]. Elle a aussi effectué une mission de vulgarisation des textes de base du Fonds et d'identification de projets à proposer au financement du FAIR. Ces actions ont été suivies de l'élaboration d'un programme d'interventions du Fonds pour la période 2002 à 2006.

Concernant la finalisation du projet de manuel de procédures et du projet d'Accord de mandat d'Agence d'exécution, c'est en application des dispositions du Règlement n° 01/99, notamment ses articles 29 et 30, que le projet de manuel de procédures des interventions du FAIR et le projet d'Accord de mandat d'Agence d'exécution entre la Commission et la BOAD ont été élaborés.

Les projets de manuel de procédures et d'Accord de mandat d'Agence d'exécution ont fait l'objet d'une réunion de concertation des experts des États membres, tenue à Ouagadougou du 22 au 25 janvier 2001. La BCEAO et la BOAD ont également pris part à cette réunion. S'agissant plus particulièrement du projet d'Accord de mandat d'Agence d'exécution, il a été soumis, pour finalisation, à une réunion technique de représentants de la Commission et de la BOAD, tenue à Ouagadougou les 10 et 11 mai 2001. Le projet est soumis à l'adoption des autorités des deux institutions.

[481] Cf. articles 29 et 30 du règlement n° 01/99, *op. cit.*

Dans la perspective du démarrage des interventions du FAIR, une mission conjointe Commission-BOAD s'est rendue durant la période du 26 février au 05 mai 2001, dans tous les États membres pour vulgariser les textes de base et identifier des projets à proposer au financement du FAIR. Cette mission a rencontré dans les États membres les directions techniques susceptibles d'être impliquées dans les interventions du FAIR et leur a expliqué l'ensemble des mécanismes de fonctionnement de celui-ci. Par ailleurs, les travaux de la mission ont permis : d'identifier et de proposer une structure devant jouer le rôle de correspondant et de coordonnateur des interventions du fonds dans chaque État membre ; d'identifier également des projets à proposer au financement du Fonds et ; d'arrêter une date à laquelle les projets identifiés avec les directions techniques devaient être transmis à la Commission sous forme de requête officielle du Ministre chargé des Finances.

Ces démarches ont contribué à l'élaboration du programme d'intervention du fonds, pour la période 2002-2006. A l'issue de la mission d'identification des projets, effectuée au cours du premier semestre 2001, les États ont transmis leurs requêtes sous forme de documents-cadre de programmation que la Commission a exploités. Des réunions techniques ont été organisées au siège de la Commission, au cours de la période du 17 septembre au 24 octobre 2001, entre les représentants de la Commission et ceux de chaque État membre. Ces rencontres bilatérales visaient une meilleure présentation[482] des requêtes, dans la forme et dans le fond, ainsi qu'à appréhender les priorités. Pour ce faire, la mission conjointe devait examiner dans le détail les documents-cadre de programmation soumis par les États, classer les projets présentés au financement du FAIR en fonction des priorités de chaque État. Sur la base des documents-cadre de programmation des États membres ainsi finalisés, la Commission a élaboré un programme d'intervention du FAIR, couvrant la période 2002 à 2006, qui a été approuvé par les instances de décision de l'Union[483].

Les interventions du FAIR débutent en 2002, le premier programme quinquennal de 2002 à 2006 a été adopté. Pendant cette période, les dotations du FAIR sur fonds propres de l'Union ont régulièrement augmenté, en relation notamment, avec le dépérissement progressif des

[482] Cf. art. 8 du règlement fixant les modalités d'intervention du FAIR.
[483] COMMISSION DE L'UEMOA, *Rapport d'activité de l'UEMOA 2001*, p. 25.

compensations financières des moins-values de recettes douanières, qui prennent fin le 31 décembre 2005. Pour sa première programmation, sur la période 2002 à 2006 inclus, le FAIR a dégagé une enveloppe financière de cent dix-huit (118) milliards de francs CFA. Les ressources dégagées pour les interventions du FAIR, sur la période visée ci-dessus, sont réparties entre des programmes[484]. Au titre des projets communautaires, l'enveloppe a été répartie entre les États en fonction du niveau du PIB[485].

Les interventions du FAIR, destinées aux régions défavorisées de l'Union sont renforcées par des appuis extérieurs recherchés par l'Union. Le bilan de ces interventions fait à la fin de la première période de programmation en 2006 a permis d'opérer les adaptations qui s'avèrent nécessaires, afin qu'il continue à être un instrument efficace au service du processus d'intégration[486].

2 | Le bilan mitigé du FAIR

En 2002, il a été mis en place des instruments de financement tel que le guichet agricole du FAIR. Dans le cadre de la mise en œuvre de la Politique agricole de l'Union (PAU) et conformément à l'Acte Additionnel portant adoption de cette politique, un règlement a été adopté par le Conseil des Ministres portant ouverture au sein du FAIR d'un guichet agricole qui est l'instrument de financement de la politique agricole. Ce règlement fixe également les modalités d'organisation et de fonctionnement du guichet[487].

En outre, suite à l'adoption en décembre 2001 du programme d'intervention du FAIR 2002-2006, la Commission s'est attelée à l'instruction des dossiers de projets prioritaires retenus par les États membres dans le cadre dudit programme. C'est ainsi qu'au cours de la période allant de juillet à septembre 2002, des réunions techniques ont été organisées entre les représentants de la Commission et ceux des États membres, en vue d'examiner les dossiers d'étude de faisabilité de projets

[484] 75 milliards de francs CFA pour les programmes d'initiative nationale (projets nationaux) et 43 milliards de francs CFA au titre des programmes d'initiative communautaire.

[485] Bénin : 5 milliards de francs CFA ;Burkina Faso : 12 milliards de francs CFA; Côte d'Ivoire : 3 milliards de francs CFA ; Guinée Bissau : 15,50 milliards de francs CFA ; Mali : 14 milliards de francs CFA ; Niger: 15 milliards de francs CFA ; Sénégal : 5 milliards de francs CFA; Togo : 5,50 milliards de francs CFA.

[486] COMMISSION DE L'UEMOA, *Rapport d'activité de l'UEMOA 2001*, p. 37.

[487] COMMISSION DE L'UEMOA, *Rapport d'activité de l'UEMOA 2002*, p. 24.

retenus dans le programme d'intervention du FAIR. Ces rencontres bilatérales ont permis de définir les priorités de chaque État et de parvenir à une meilleure présentation dans la forme et dans le fond des études de faisabilité[488].

Lors de l'examen du projet de Budget général 2003, des organes de l'Union en novembre 2002, le Conseil des Ministres avait décidé de différer les interventions du Fonds d'aide à l'intégration régionale, pour donner la priorité aux versements des compensations des moins-values de recettes douanières. Dans ce contexte, la Commission a proposé pour l'année 2004, un volume minimal d'interventions du FAIR pour tenir compte, d'une part, des ressources disponibles du Fonds et, d'autre part, de l'état d'avancement des projets communautaires, notamment les postes de contrôle juxtaposés aux frontières Togo-Burkina Faso et Côte d'Ivoire- Burkina Faso. Cependant, les termes de référence en vue de l'actualisation des études de faisabilité des projets soumis au financement du FAIR par le Bénin, la Guinée-Bissau, le Niger et le Togo ont été examinés. Les observations de la Commission ont été transmises aux États membres concernés[489].

L'affectation des produits du PCS au 31 octobre 2003, a prévu une dotation du FAIR pour neuf milliards neuf cent quatre-vingt-sept millions huit cent quatre-vingt-dix-neuf mille cinq cent quatre-vingt-douze (9 987 899 592) francs CFA. En application des orientations de la 8ème session de la Conférence des chefs d'État et de Gouvernement, le Conseil des Ministres a adopté un programme minimum d'investissements du FAIR sur la période 2004-2006. Ce programme est fondé sur l'utilisation des ressources du FAIR comme effet de levier dans le cadre des interventions de la BOAD[490].

En exécution des orientations définies par la Conférence des chefs d'État et de Gouvernement de l'Union, lors de sa session du 10 janvier 2004 à Niamey, le Conseil des Ministres a adopté le 9 décembre 2004, un programme minimum d'intervention du FAIR pour la période 2004-2006. Le FAIR doit, dans le cadre dudit programme, contribuer à la réalisation d'actions concrètes dans les États membres, en faveur des populations, à une meilleure lisibilité du processus d'intégration de l'UEMOA, et à une manifestation plus éclatante de la solidarité entre les États de l'Union. Sous l'impulsion de la Commission de l'UEMOA, les

---

[488] *Ibid*, p. 34.
[489] COMMISSION DE L'UEMOA, *Rapport d'activité de l'UEMOA 2003*, p. 42.
[490] COMMISSION DE L'UEMOA, *Rapport d'activité de l'UEMOA* 2004, p. 20.

États membres ont adressé à la BOAD des requêtes relatives à leurs projets prioritaires respectifs.

Le 10 novembre 2005, une rencontre entre la Commission et la BOAD a permis de faire comme suit, le point sur l'état d'avancement des projets. Le projet du Burkina Faso a fait l'objet d'une évaluation technico-économique et environnementale, en août 2005. Il a été présenté au Conseil d'Administration de la BOAD qui l'a approuvé en sa séance du 14 décembre 2005. Sept autres projets dont les études sont, soit à réaliser, soit à actualiser, sont évalués au fur et à mesure de leur maturité. Le FAIR participe aux côtés de la BOAD, au financement des projets par voie de bonification d'intérêts des prêts des projets des huit États et de paiement de la contrepartie nationale pour les huit États[491].

La Banque Islamique de Développement et l'UEMOA ont signé, le 31 mars 2005, un Protocole d'Accord par lequel la BID apporte une assistance financière d'un montant de 130 000 000 de francs CFA à l'Union, en vue du renforcement de ses capacités, dans la mise en œuvre du FAIR et dans la création du FRDA[492]. En exécution des orientations de la Conférence des chefs d'État et de Gouvernement de l'Union, sur la dynamisation du FAIR, la Commission a conçu un programme minimum d'intervention de cet instrument de financement. Ce programme qui intègre huit projets nationaux, à raison d'un par État membre, est cofinancé par la BOAD d'une part et la Commission de l'UEMOA (ressources du budget spécial du FAIR) d'autre part, à travers la prise en charge des contreparties nationales et la bonification des intérêts relatifs aux prêts.

Avec la mise en œuvre du programme minimum, il est attendu du FAIR, la réalisation d'actions concrètes sur le terrain en faveur des populations, une meilleure lisibilité du processus d'intégration, et la manifestation de la solidarité qui lie les États de l'Union. Dans le cadre de la mise en œuvre du programme minimum d'intervention du FAIR, ont été parachevés et signés, au cours de l'année 2006, des Accords de don entre l'UEMOA et le Burkina Faso d'une part, l'UEMOA et la République Togolaise d'autre part, pour le financement partiel de projets de ces deux pays. Les 3èmes et 4èmes réunions du Comité technique consultatif des interventions du FAIR, structure regroupant la Commission, la BOAD et la BCEAO, se sont tenues à Ouagadougou, respectivement les 8, 9 mai et les 7, 8 décembre 2006. Elles ont permis

[491] COMMISSION DE L'UEMOA, *Rapport d'activité de l'UEMOA* 2005, p. 35.
[492] *Ibid*, p. 43.

de faire le point sur l'instruction et la mise en œuvre des projets des États membres. Elles ont, en outre, recommandé une plus grande diligence dans la réalisation ou l'actualisation des études technico-économiques et d'impact environnemental d'une part, et une plus grande implication des points focaux du FAIR dans le suivi des projets dans les États membres, d'autre part[493].

Les dotations du PCS au profit du FAIR depuis sa création jusqu'en 2007 sont de 24 534 252 837 francs FCFA[494]. En 2007, les ressources du PCS affectées de janvier à novembre, au profit du Budget du Fonds d'Aide à l'Intégration Régionale (BFAIR) sont de 14 546 353 245 francs CFA[495]. En 2007, le Programme minimum d'intervention du FAIR, établi par la Commission, en application des orientations définies par la Conférence des chefs d'État et de Gouvernement de l'Union, intègre huit projets nationaux, conçus à raison d'un par État membre. Quatre des huit projets ont été évalués. Il s'agit, en l'occurrence, de ceux du Burkina Faso, du Mali, du Niger et du Togo, d'un montant global de 5,214 milliards de francs CFA. Les projets concernant le Bénin et la Côte d'Ivoire sont en cours de finalisation. Les travaux de sélection d'un bureau d'études sont en cours, en ce qui concerne le projet de la Guinée-Bissau. Quant à celui du Sénégal, il attend une confirmation des Autorités de ce pays. Concernant le financement des activités relevant des budgets des fonds structurels, en particulier le FAIR, une dotation globale de 53 939 401 971 FCFA a été prévue pour l'année 2016, contre 41 228 067 341 FCFA en 2015. A fin décembre 2016, l'exécution des projets du FAIR devrait s'établir à un montant de 34 854 575 877 FCFA, soit 64,6% de la dotation initiale[496]. Le FAIR présente-t-il des similitudes avec le FRDA ?

B- Les similitudes avec le FRDA

Le FRDA est un fonds structurel dans le cadre de la promotion de la politique agricole de l'Union. Il découle de la volonté de l'Union de faire du secteur agricole, un puissant levier de développement de la sous-région. Le rappel de son objectif de départ (1) et la présentation de son bilan (2) révèleront l'importance de ce Fonds pour l'UEMOA.

---

493 COMMISSION DE L'UEMOA, *Rapport d'activité de l'UEMOA* 2006, p. 38.
494 COMMISSION DE L'UEMOA, *Rapport d'activité de l'UEMOA 2007*, p. 37.
495 *Ibid.*
496 COMMISSION DE L'UEMOA, Rapport *2016 sur le fonctionnement et l'évolution de l'Union, op. cit.*, p. 35.

1 | Une volonté particulière de soutenir le développement agricole dans l'Union

Créé en 2006 par les chefs d'État, le Fonds régional de développement agricole témoigne de la volonté des États membres de UEMOA de doter la Politique agricole de l'Union (PAU) d'un instrument opérationnel de financement. C'est un fonds structurel au secours de l'investissement agricole pour une sécurité alimentaire et nutritionnelle en Afrique de l'Ouest, et pour des interventions ciblées.

Le FRDA soutient des actions, projets, programmes et structures visant à : adapter les systèmes de production et améliorer l'environnement de la production agricole ; approfondir le marché commun dans le secteur agricole et la gestion des ressources partagées ; insérer l'agriculture de l'Union dans le marché régional et mondial. Le Fonds est doté de ressources propres et a vocation à être financé par des ressources extérieures (emprunts, subvention de la coopération bilatérale et multilatérale, dotation des États membres). Ses axes d'intervention sont le développement de systèmes de financement agricole[497], le renforcement des capacités[498] et les investissements institutionnels régionaux[499].

La stratégie d'intervention du FRDA est de deux ordres principalement. Le premier est relatif à la facilitation de l'accès au crédit et à l'adoucissement des conditions de financement, pour les exploitations agro-sylvo-pastorales et halieutiques, par une offre de garanties financières, des prêts et des bonifications d'intérêt. A ce niveau, la BOAD, le FAGACE, le Fonds GARI sont retenus comme institutions relais, respectivement pour les opérations de refinancement et de garanties financières à travers les banques agricoles nationales et les Institutions de microfinance. Le second concerne des appuis financiers directs sous formes de subventions pour les organisations professionnelles agricoles, les États membres et les institutions régionales. Les bénéficiaires du Fonds varient selon la nature des domaines éligibles. En ce qui concerne les Infrastructures à caractère

---

497 Développer des systèmes de crédit agricole performants, améliorer la sécurisation de la production et des producteurs face aux risques et accroitre la productivité et la modernisation agricole.

498 Appuyer la mise en œuvre et renforcer les capacités opérationnelles et d'intervention des structures institutionnelles.

499 Soutenir des actions à effet structurant à même de catalyser des investissements productifs régionaux.

économique et social (prêts bonifiés et garanties), il s'agit des États membres, des collectivités locales et des organisations socioprofessionnelles agricoles. Pour ce qui est du renforcement des capacités et activités créatrices d'emplois et de revenus (subventions), il s'agit des États membres, des PME/PMI du secteur agricole, des micro-entreprises agricoles, des systèmes financiers décentralisés du secteur agricole. En ce qui concerne les investissements institutionnels et projets régionaux (frais partages et bonifications), les organismes concernés sont la Commission de l'UEMOA, les États membres et les institutions régionales[500].

Par ailleurs, la Commission a élaboré un Acte additionnel portant création du Fonds régional de développement agricole et un Règlement fixant les modalités d'organisation et de fonctionnement dudit Fonds. Ces projets de textes juridiques feront l'objet d'adoption par les Instances de décision de l'Union, au cours de l'année 2006. Les dispositions de l'Acte additionnel portant adoption de la Politique agricole de l'UEMOA ont prévu la mise en place d'un fonds régional de développement agricole, dont l'objectif est de financer des actions, projets, programmes et structures à caractère régional et intégrateur, allant dans le sens de la promotion de l'agriculture régionale. La Conférence des chefs d'État et de Gouvernement de l'Union a, lors de ses assises du 27 mars 2006, créé ce fonds dont les modalités de fonctionnement ont, par la suite, fait l'objet d'un Règlement adopté par le Conseil des Ministres[501].

Tout comme le FAIR, le FRDA ne présente pas encore un bilan assez reluisant.

2 | Un bilan peu reluisant

Au plan du financement de l'agriculture, en 2009, le FRDA a bénéficié, sur ressources propres de l'Union, d'une dotation budgétaire de 5.000.000.000 de francs CFA, ce qui élève la dotation totale en faveur du Fonds à 12.300.000 000 de francs CFA. Un cadre opérationnel détaillé permettant la mise en œuvre effective du Fonds a été défini avec l'appui de la FAO à travers un Programme technique de coopération (PTC). C'est ainsi qu'un projet de manuel de procédures a été élaboré, des programmes et projets nationaux et régionaux éligibles au FRDA

[500] Règlement n° 06/2006/cm/UEMOA du 02 mai 2006, fixant les modalités d'intervention, d'organisation et de fonctionnement du fonds régional de développement agricole.

[501] COMMISSION DE L'UEMOA, *Rapport d'activité de l'UEMOA 2006,* p. 27.

ont été identifiés et validés lors d'un atelier régional tenu à Dakar en octobre 2009[502].

Les produits du PCS encaissés par l'UEMOA, de juillet 1996 à décembre 2011, se sont élevés à 534 219 932 739 francs CFA, la dotation du Fonds Régional de Développement Agricole est de 22 300 000 000 de francs CFA. S'agissant du financement des projets agricoles intégrateurs dans le cadre du budget du FRDA, la prévision s'élève à 14 920 334 087 francs CFA en 2016, contre 12 715 355 045 francs CFA en 2015. Les réalisations projetées à fin décembre 2016 se chiffrent à 12 313 086 721 francs CFA, soit un taux de 82,5%[503]. Dans le cadre de la mobilisation des ressources extérieures pour le financement de projets structurants, les mécanismes mis en place par la Commission sont notamment, le Fonds de développement de l'énergie (FDE), FAIR et le FRDA.

Pour le FDE, le montant des engagements à fin décembre 2017 serait de 178.320.000 F CFA, soit un taux d'engagement de 75% par rapport aux approbations d'un montant total de 239.205.000 FCFA. A la même date, le montant des décaissements s'établit à 114.520.000 FCFA, soit des taux de décaissement d'environ 64% sur les engagements et 48% sur les approbations. Pour financer les activités relevant des budgets des fonds structurels, en particulier le FAIR, une dotation globale de 58 912 797 135 FCFA a été prévue pour l'année 2017, contre 49 214 176 309 FCFA en 2016. A fin décembre 2017, l'exécution des projets du FAIR devrait s'établir à un montant de 19 136 878 392 FCFA, soit 38,7% de la dotation initiale. S'agissant du financement des projets agricoles intégrateurs dans le cadre du budget du FRDA, la prévision s'élève à 10 989 306 248 FCFA en 2017, contre 14 920 334 087 FCFA en 2016. Les réalisations projetées à fin décembre 2017 se chiffrent à 9 371 339 704 FCFA, soit un taux de 85,3%[504].

Le graphique en annexe II présente l'évolution des dépenses d'investissement de l'Union (FAIR, FRDA, FRS[505]) de 2016 à 2020.

Cependant des difficultés de répartition des charges entre les États membres et l'Union subsistent.

---

502 COMMISSION DE L'UEMOA, *Rapport d'activité de l'UEMOA 2009*, p. 39.
503 COMMISSION DE L'UEMOA, *Rapport d'activité de l'UEMOA 2016*, p. 35.
504 COMMISSION DE L'UEMOA, *Rapport d'activité de l'UEMOA 2017*, p. 43.
505 Fonds régional de sécurité (FRS).

Section 2 || Des difficultés de répartition des charges entre les États membres et l'UEMOA

En général, il faut noter que les Traités fondateurs des organisations d'intégration régionale ne définissent pas clairement la répartition des compétences entre les organes supranationaux et les États membres. Il n'existe pas de principe général qui permettrait de classer les compétences en termes de compétences exclusives, concurrentes, partagées ou subsidiaires. En réalité, les Traités se bornent à fixer les objectifs[506] à atteindre et à définir les pouvoirs qui permettent de les atteindre. Ces pouvoirs sont attribués aux organes, qui sont structurés de manière à permettre aux traités de remplir efficacement leur mission. Ainsi, il convient de s'intéresser à l'organisation et aux compétences du système institutionnel à travers les principes qui fondent cette répartition. En d'autres termes, quelles sont les attributions conférées aux États membres et à l'Union ? N'y-a-t-il pas de chevauchement des compétences ?

En réalité, l'analyse de la situation au sein de l'Union révèle l'existence d'une compétence d'attribution (Paragraphe 1), assortie du principe de subsidiarité éprouvé (paragraphe 2).

Paragraphe I | De l'existence d'une compétence d'attribution

L'UEMOA a été élaborée à partir du modèle juridique des organisations internationales. Mais elle est manifestement une organisation internationale singulière, caractérisée par une intégration particulièrement poussée et un système institutionnel original. Ce système institutionnel est composé d'organes de décision et d'exécution dont le rôle est de permettre à l'organisation de réaliser des objectifs qu'elle s'est assignés. Ces organes sont instaurés par des dispositions du Traité de l'Union qui les a dotés de pouvoirs transférés ou abandonnés par les États membres. Ainsi, de nombreuses exigences justifient le transfert de compétences à l'Union (A), même si dans la réalité, on note une mise en œuvre discutée (B).

---

[506] Cf. art. 4 du Traité de l'UEMOA, *op. cit.*

A- Des exigences justifiées

Les différents organes mis en place par l'Union ne peuvent exercer leurs attributions dans un environnement serein que si celles-ci sont clairement définies et séparées de celles des États membres (1). L'expérience de l'UE serait édifiante (2).

1 | L'organisation et les attributions des organes du système institutionnel de l'UEMOA

Les structures de décision de l'Union sont au nombre de trois : la Conférence des chefs d'État et de Gouvernement, le Conseil des Ministres et la Commission. La répartition des fonctions entre les structures constituant le cadre de gestion ne correspond pas au schéma hérité de MONTESQUIEU. L'UEMOA a consacré l'organisation de ses organes, mais également a défini leur fonction respective. S'agissant de l'organisation, l'UEMOA a, dans l'article 16 de son Traité révisé, défini les organes qui composent l'Union. Il s'agit essentiellement, dans ce cadre, d'analyser la Conférence des chefs d'État et de Gouvernement, le Conseil des Ministres et la Commission. Il est question de traiter à tour de rôle de l'organisation et des fonctions de ces organes.

La Conférence des chefs d'État et de Gouvernement constitue l'Institution Suprême, car elle est composée de chefs d'État et de Gouvernement. Cet organe a essentiellement quatre compétences institutionnelles : il s'agit des fonctions d'impulsion, d'appel, normative et internationale.

La fonction d'impulsion apparaît essentiellement aux termes de l'article 8 du Traité révisé. En effet, dès l'entrée en vigueur du Traité, la Conférence des chefs d'État et de Gouvernement fixe des orientations générales pour la réalisation des objectifs de l'Union. Elle constate à intervalles réguliers, l'état d'avancement du processus d'intégration économique et monétaire et fixe, s'il y a lieu, de nouvelles orientations [507].

[507] Art. 60 du Traité révisé de l'UEMOA : « *la Conférence des Chefs d'État établit les principes directeurs pour l'harmonisation des législations des États membres. Elle identifie des domaines prioritaires dans lesquels, conformément aux dispositions du présent traité, un rapprochement des législations des États membres est nécessaire pour étendre les objectifs de l'Union...* ». Il lui revient de fixer les orientations majeures de l'activité de l'Organisation. Il ressort des dispositions des articles 17 à 19, que la Conférence des chefs d'État et de Gouvernement a une fonction de guide et d'orientation générale du schéma communautaire.

La fonction d'appel apparaît au niveau de l'article 5 du Traité révisé qui dispose : « *le Président de la Commission, le Gouverneur de la BCEAO et le Président de la BOAD peuvent assister aux réunions de la Conférence des chefs d'État et de Gouvernement et peuvent exprimer le point de vue de leur institution sur les points à l'ordre du jour qui les concernent* »[508]. Elle est compétente pour trancher les questions qui n'ont pas été réglées à l'unanimité au niveau du Conseil des Ministres.

La fonction normative émerge aux termes de l'article 19 du Traité, qui dispose : « *la Conférence des chefs d'État et de Gouvernement prend, en tant que de besoin, des actes additionnels au Traité* »[509] mais, aussi des protocoles additionnels et des Traités. Les actes additionnels sont annexés au Traité. Ils complètent celui-ci, sans toutefois le modifier. Leur respect s'impose aux organes de l'Union, ainsi qu'aux activités des États membres. Elle dispose également du pouvoir de modifier le Traité. Cette fonction est la manifestation du pouvoir de création de normes juridiques dans l'UEMOA. Il est à noter que l'acte additionnel se situe au sommet de la hiérarchie du bloc de l'ordre juridique communautaire. La raison de l'importance attachée à de tels actes additionnels tient au fait qu'ils ont le pouvoir de compléter le Traité constitutif, dont ils font partie intégrante. Par ailleurs, il faut souligner que l'acte additionnel est prévu par le Traité de base de l'Union, lorsqu'une étape importante doit être franchie dans la voie de l'Union[510].

Le Conseil des Ministres, quant à lui, regroupe en fonction des matières traitées, les ministres nationaux compétents. Pour les matières économiques et monétaires, le Traité révisé de l'UEMOA dans ses articles 21 et 23, fait toutefois référence à l'article 6 du Traité de l'UMOA pour modifier la compétence spécifique des ministres chargés de ces questions. Lorsque les questions politiques ou de souveraineté sont discutées, le Conseil sera composé des ministres des affaires étrangères[511]. Le Conseil des Ministres est chargé de veiller à la mise en œuvre des orientations générales définies par la Conférence des chefs

[508] Art. 5 du Traité révisé de l'UEMOA.

[509] Art. 19 du Traité révisé de l'UEMOA.

[510] Il convient de noter que la Conférence des chefs d'État et de Gouvernement est compétente en ce qui concerne la fonction internationale, à travers les adhésions, le retrait des États, mais également la coopération internationale. Comparée au schéma de l'Union européenne, cette institution peut être assimilée à celui du Conseil européen, qui regroupe les chefs d'État ou de Gouvernement qui donnent l'impulsion nécessaire à son développement et définit les orientations de politique générale.

[511] Art. 21 et 23 du Traité révisé de l'UEMOA.

d'État et de Gouvernement. Il dispose à l'instar du Conseil de l'Union européenne de la compétence normative lui permettant d'arrêter des règlements, directives et décisions, ainsi que de formuler les avis et les recommandations dans les cas prévus par le Traité.

Il dispose également du pouvoir d'autoriser des mesures de sauvegarde en vue de faire face à des problèmes économiques majeurs au plan interne. En application de l'article 47 du Traité, le Conseil a des pouvoirs de décision importants en matière budgétaire qu'elle partage avec la Commission. Selon l'article 51 du Traité, le Conseil adopte, sur proposition de la Commission, à l'unanimité, les règlements financiers spécifiques, notamment les modalités d'élaboration et d'exécution du budget, ainsi que les règles de reddition et de vérification des comptes[512].

Comme on peut le constater, tant au niveau de l'UEMOA que de l'Union européenne, la fonction législative qui, dans le schéma de MONTESQUIEU relève des Parlements, a changé de titulaire. En effet, dans le système communautaire, les Parlements sont dépouillés de cette fonction qui relève du Conseil des Ministres dans le cadre de l'UEMOA et de l'Union européenne. Plusieurs justifications peuvent légitimer ce transfert de compétence qui, s'il a des avantages certains, ne manquera pas d'avoir des inconvénients. A l'instar du Conseil de l'Union européenne, le Conseil des Ministres dispose de plusieurs attributions dans le cadre de la fonction législative, et devient le véritable législateur de l'UEMOA. Dans le cadre de la fonction exécutive, le Conseil exerce de nombreuses compétences pour la mise en œuvre des politiques communautaires.

La Commission de l'UEMOA, par contre, est l'organe de gestion du processus d'intégration économique de l'Union. Elle veille au bon fonctionnement et à l'intérêt général[513] de l'Union, indépendamment des différents intérêts nationaux. Les commissaires qui la composent, sont nommés pour un mandat de quatre (4) ans, renouvelable par la Conférence des chefs d'État et de Gouvernement. Les critères retenus en vue de cette nomination, sont doubles : compétence et intégrité[514]. Par ailleurs, dans l'exercice de leur fonction, ils doivent faire preuve

[512] Art. 51 du Traité révisé de l'UEMOA.

[513] X. DUPRE DE BOULOIS, *Droit administratif*, Paris, Dalloz, 2020, p. 15.

[514] Cf. art. 33 du Traité révisé de l'UEMOA.

d'indépendance totale, et ne peuvent ni solliciter, ni accepter aucune instruction émanant d'un gouvernement ou d'un organisme[515].

Au titre des compétences institutionnelles, la Commission dispose de six fonctions principales. Dans le cadre de l'exécution du budget de l'Union, elle assure une fonction d'exécution sous le contrôle du Conseil. Elle exécute les actes qu'ils prennent[516]. En tant que gardienne du Traité, à l'instar de son homologue européen, elle assure la fonction de contrôle. Elle peut ainsi transmettre à la Conférence des chefs d'État et de Gouvernement et au Conseil des Ministres, les recommandations et des avis « *qu'elle juge utiles à la préservation et au développement de l'Union* »[517]. Elle peut saisir la Cour de justice en cas de non-respect par les États de leurs obligations et apprécier la légalité des actes des organes de l'Union. En outre, elle exerce un contrôle sur l'application des clauses de sauvegarde et veille à l'application de la concurrence[518].

Ainsi, pratiquement en dehors des actes additionnels qui sont complètement autonomes au plan juridique et politique, tous les autres actes juridiques font intervenir en amont et en aval la Commission. Dans les négociations internationales, c'est la Commission qui représente l'Union. Mais le pouvoir de conclusion revient habituellement au Conseil des Ministres ou, dans les cas exceptionnels, à la Conférence des chefs d'État et de Gouvernement. Dans sa fonction d'information, la Commission recueille toutes les informations nécessaires pour la poursuite de sa mission. A ce titre, elle établit un rapport annuel qui est soumis au Comité interparlementaire ainsi qu'aux organes législatifs nationaux[519].

---

[515] A leur entrée en fonction, ils devront prêter serment, en ce sens que devant la Cour de justice, ils seront tenus de ne plus exercer d'autres activités professionnelles rémunérées ou non. Aux termes de l'article 27, alinéa 2, ils bénéficient d'un statut particulier. Ils sont nommés séparément par la Conférence des chefs d'État et de Gouvernement. Cf. art. 26 du Traité révisé de l'UEMOA et le règlement de la Commission de l'UEMOA.

[516] Cf. art. 8 du protocole additionnel n° 1, *op. cit.*

[517] Cf. art. 86 du Traité révisé de l'UEMOA.

[518] Cf. art 90 du Traité révisé de l'UEMOA.

[519] L'importance des compétences attribuées à la Commission s'explique par sa nature supranationale, c'est-à-dire par sa nature d'organe indépendant des États membres et gouvernements. L'idée de fond du schéma d'intégration retenu par le traité de l'Union est de permettre à un organe collégial d'éviter une gestion solitaire, comme c'est souvent le cas quand il s'agit d'un secrétariat exécutif, tout en évitant une gestion trop dépendante des contingences nationales, des États membres. Ces données expliquent

Schématiquement, on peut dire que la Commission de l'UEMOA a un pouvoir étendu de proposition qu'elle exerce de sa propre initiative ou à l'ordre du Conseil. L'article 24 lui confère un pouvoir normatif subordonné, tandis que le Conseil des Ministres lui confie l'exécution des règles qu'il établit. L'exercice de ses compétences s'opère selon divers procédés.

D'abord, la Commission peut s'informer auprès des États et des entreprises et procéder à la vérification dans les limites du respect du droit. Ensuite, sur la base de l'article 72, la Commission peut prendre une décision motivée sur la violation par un État membre de ses obligations communautaires. Enfin, sur la base de l'article 90, la Commission peut prendre les sanctions vis-à-vis de certaines entreprises en cas de violation de certaines dispositions communautaires. L'exécution de toutes ses compétences confère à la Commission une fonction administrative interne. Elle arrête son règlement intérieur des services et nomme aux différents emplois ; les attributions du Président de la Commission et des Commissaires sont définies par le règlement intérieur de la Commission[520].

2 | Compétences et pouvoirs en matière de ressources propres : l'exemple de l'UE

Les problèmes de l'épuisement des ressources propres et de l'augmentation du plafond de la TVA constituent l'objet d'innombrables débats au sein de l'UE. Toutefois, il convient de faire preuve d'une plus grande discrétion en ce qui concerne la question des compétences et des pouvoirs en matière de ressources propres. Une étude de la question pourrait donc se limiter à un constat du droit applicable, ce qui ne soulèverait pas grand intérêt puisque les éléments en sont bien connus et ne font pas l'objet de controverses juridiques sérieuses. Cependant, la réflexion doit dépasser ce stade. Même si on limite le sujet aux ressources propres *stricto sensu*[521], on ne peut s'empêcher de s'interroger sur la place qu'elles tiennent dans le processus d'intégration et dans sa thématique institutionnelle. Il est souvent évoqué l'effet fédérateur que peut produire la mise à disposition d'une organisation internationale de ressources, qui ne prend pas la forme de contributions nationales. Les difficultés

---

largement la nature des compétences attribuées à la Commission et les rapports que cette dernière entretient avec les autres organes de l'Union.

[520] Cf. Décision n° 0180/2003/P.COM/UEMOA du 28 février 2003, portant création et organisation des services de la Commission.

[521] Celles visées par la décision du 21 avril 1970.

auxquelles donne lieu, depuis de nombreuses années le financement de l'UNESCO ou, les discussions qui ont entouré la création d'une autorité des fonds marins dotée de ressources propres, constituent des illustrations de ce phénomène.

Si une organisation internationale constitue juridiquement un sujet de droit indépendant des États membres[522], le système des contributions nationales peut constituer en pratique un moyen efficace de contrôle des activités de l'organisation. La décision du 21 avril 1970 relative au remplacement des contributions financières des États membres par des ressources propres aux Communautés a été saluée comme un progrès important sur la voie de l'intégration européenne, d'autant qu'elle s'accompagnait d'une révision des traités modifiant la répartition des compétences entre les Institutions en matière budgétaire. La Commission avait proposé que les autres taxes qui seraient instituées dans le cadre d'une politique commune constituent également des ressources propres. Le Conseil n'a pas voulu accorder un tel blanc-seing à la Communauté et la décision prévoit que ces prélèvements ne pourront devenir des ressources propres qu'à condition que la procédure de l'article 201 soit suivie. Ceci n'interdit pas aux Institutions de créer de telles taxes dans le cadre des compétences qui leur sont reconnues pour mener telle ou telle politique commune. Mais elles ne seront attribuées à la Communauté qu'au terme de la procédure prévue à l'article 201.

La création de nouvelles ressources implique donc une décision unanime du Conseil, suivie de l'accomplissement des procédures nationales. Pourtant, il n'y a pas lieu de craindre un abus en ce domaine, puisque « *les politiques communes ne permettent pas la création de n'importe quelle taxe, mais seulement de taxes produisant un effet économique du fait même de leur perception ou s'intégrant dans un mécanisme financier conçu pour produire un effet économique* ». Ces impôts auraient pu être créés à la majorité qualifiée alors que l'article 201 exige l'unanimité[523].

Ensuite, en ce qui concerne la TVA, cette ressource est plafonnée à 1% de l'assiette uniforme. Tout dépassement du taux exige la mise en œuvre de l'article 201. La liberté des Institutions dans le cadre de la

[522] Voir l'avis consultatif sur les « Réparations des dommages subis au service des Nations Unies » ; *in Rec. CIJ*, 1949, p. 174.

[523] Cette procédure n'a jamais été utilisée et le prélèvement de coresponsabilité sur le lait a été considéré comme une « dépense négative » et non comme une ressource propre.

procédure budgétaire ne joue que dans la limite du taux de 1%. Ces contraintes s'expliquent sans doute par la crainte des États membres de voir une Communauté ayant une maîtrise complète de ses ressources s'affranchir, par suite, de tout contrôle. Elles s'expliquent aussi par la volonté de ménager les Parlements nationaux dont on connaît la sensibilité à l'égard du droit historique de consentir à l'impôt. La Commission et le Parlement européen considèrent que les limites ne pourraient qu'être transitoires et devraient disparaître à l'issue d'une période expérimentale.

Si la mise en place de ressources propres, sur l'emploi desquelles les Parlements nationaux n'exerçaient plus aucun contrôle, a justifié l'octroi d'un pouvoir budgétaire au Parlement européen, il apparaît aujourd'hui surprenant qu'un Parlement disposant d'un certain pouvoir sur les dépenses n'exerce aucune responsabilité en ce qui concerne les recettes. Le caractère paradoxal de cette situation au plan des principes mérite d'être souligné, puisque, historiquement, le pouvoir de consentir à l'impôt a préexisté dans les Parlements nationaux à celui de voter les dépenses. Mais ce paradoxe peut être compris dans la mesure où la spécificité des Communautés peut justifier des solutions distinctes de celles qui ont prévalu sur le plan national.

Il n'en demeure pas moins que le contrôle des politiques de la Communauté repose, d'une part, sur le contrôle du respect par celle-ci de ses compétences par rapport à celles des États membres et sur la répartition des pouvoirs dans le cadre du pouvoir législatif plutôt que sur une maîtrise des ressources, surtout dans la mesure où elles ne font que permettre l'exécution de décisions arrêtées antérieurement. Il est vrai que l'évolution du processus de décision au sein des Communautés, les interférences croissantes entre le pouvoir législatif et le pouvoir budgétaire ainsi que l'accroissement de l'influence du Parlement qui en résultent peuvent conduire les États à conserver la dernière clé de contrôle qui reste sans équivoque entre leurs mains, la maîtrise des ressources propres.

Le Parlement peut se limiter à prévoir la compétence de l'Union pour créer des ressources propres et préciser les pouvoirs des différentes Institutions à cet égard. Mais tant au sein de la Commission institutionnelle qu'au sein du Parlement, le souci de rigueur financière était tel que l'on a abouti à des dispositions précautionneuses et qui pourraient de prime abord paraître contradictoires. Il ne peut être question d'engager une action nouvelle sans prévoir les charges qui en résulteront et ces charges supplémentaires devront donner lieu à l'octroi de moyens supplémentaires à l'Union.

A l'origine de cette disposition, se trouve l'idée que toute action nouvelle de l'Union ne doit pas entraîner un accroissement de la charge globale qui pèse sur les États, mais qu'à une charge nouvelle à l'échelle de l'Union doit correspondre la disparition de cette charge à l'échelon des États, d'où un transfert à l'Union des ressources qui ne sont plus nécessaires pour les États. Cette idée est également exprimée dans le rapport du Comité dit « SpaakII » institué par le Conseil européen de Fontainebleau. À propos de ressources nouvelles attribuées à l'Union, le Comité estime qu'« *il ne pourrait être procédé à des transferts réels de ressources que s'ils sont soumis à une stricte maîtrise budgétaire et se traduisent dans la plupart des cas par des économies dans les États membres* ». Cette idée pouvait difficilement être traduite sur un plan normatif. Aussi s'est-on limité à imposer à l'Union de n'entreprendre d'action nouvelle que si elle s'est assurée de disposer des moyens nécessaires.

En outre, au début de chaque législature, après son investiture, la Commission établit un rapport « *sur le partage entre l'Union et les États membres des responsabilités relatives à la réalisation de sanctions communes et des charges financières qui en résultent* ». Sur cette base, un programme pluriannuel adopté comme une loi définit l'évolution des dépenses et des recettes. C'est dans le cadre de ces prévisions révisées annuellement qu'est proposé le budget.

A ce processus, est jointe la volonté d'organiser un débat régulier sur l'action de l'Union et son financement, sa programmation, et son utilisation de la loi organique pour statuer sur les ressources propres. Ainsi que la volonté de ne plus agir sans avoir dégagé les moyens disponibles, le projet parlementaire, tout en reposant sur l'autonomie financière de l'Union, montre que celle-ci n'est pas incompatible avec les exigences de rigueur et de clarté.

B- Une application discutée

A l'instar de l'Union européenne, l'UEMOA a consacré des organes de décision et d'exécution lui permettant d'assurer son fonctionnement. Ces organes sont dotés de compétences permettant à l'Union d'atteindre ses objectifs.

Il faut noter que le traité de l'UEMOA ne définit pas clairement les compétences entre l'Organisation et les États membres. Toutefois, comme les organisations régionales ou sous-régionales telle que l'Union européenne, elle a sacrifié à la tradition en mettant en place des organes avec des attributions parfois équivoques (1), ce qui laisse transparaître des difficultés d'exercice (2).

1 | Le partage des compétences entre l'Union et les États membres

La répartition des compétences n'est pas le fruit du hasard, car les États membres de l'UEMOA ont décidé de transférer à ces organes une partie de leur pouvoir pour promouvoir l'intégration africaine. Ce fondement se justifie d'autant plus que la mondialisation conduit les États à se regrouper pour mieux développer leurs économies. Les principes de base du système institutionnel des organes de décision et d'exécution de l'UEMOA se caractérisent d'abord par la consécration de la notion d'organe que sont la Conférence des chefs d'État et de Gouvernement, le Conseil des Ministres, et la Commission[524]. Ensuite, par la consécration du principe de l'attribution des pouvoirs lié étroitement au caractère fonctionnel de la personnalité juridique des organisations internationales qui postule qu'à la différence des États, les organes créés ne disposent pas d'une plénitude de pouvoirs et de compétences. En effet, dans l'ordre juridique communautaire, la personnalité juridique de l'UEMOA se manifeste par le fait qu'il est titulaire de droits et d'obligations. Elle dispose de pouvoirs, de compétences, de budgets autonomes, et de patrimoines. Enfin, par la consécration du principe de loyauté, il est imposé aux États membres d'adopter une attitude résolument dynamique.

Ainsi, le principe de séparation des pouvoirs, consacré par MONTESQUIEU dans son livre de « l'Esprit des lois », a été repris dans les dispositions du système institutionnel des organes de décision de l'UEMOA. En effet, la séparation des pouvoirs est la garantie de l'autonomie des institutions républicaines. Devant la mondialisation, les fragiles États constituant l'Union ont décidé à l'instar de l'Union européenne, pour assurer la crédibilité de leur économie, de transférer une partie de leur souveraineté aux organes de décision « dénommés » institutions supranationales. La coopération institutionnelle devient l'instrument de séparation des pouvoirs. L'objectif est alors de déléguer

[524] Cf. article 16 du Traité révisé de l'UEMOA.

une partie des pouvoirs de l'État aux organes communautaires, afin d'en préserver l'autonomie. Le principe de base du droit des traités est l'obligation pour les États membres de respecter leurs engagements. En fait, qu'un État puisse se lier durablement envers d'autres, constitue une limitation volontaire de sa souveraineté. Comme le souligne, en 1923, la Cour Permanente de Justice Internationale dans l'affaire du Vapeur Wimbledon : « *Toute convention apporte une restriction à l'exercice des droits souverains de l'État, en ce sens qu'il imprime à cet exercice une direction déterminée. Mais la faculté de contracter des engagements internationaux est précisément une attribution de la souveraineté de l'État.* »[525].

La mise en œuvre du système communautaire d'attribution des compétences, en termes de transfert, tend à présenter l'UEMOA comme revêtue partiellement de compétence étatique. Le transfert de compétence *« hausse l'attribution de compétence au rang d'un instrument de remaniement des souverainetés. Le transfert opéré par les États, de leur ordre juridique interne au profit de leur ordre juridique communautaire, des droits et des obligations correspondant aux dispositions du traité, entraîne une limitation de leurs droits souverains. A travers la notion de transfert de souveraineté, la source des compétences détermine la nature supranationale de l'organisation* »[526]. A l'instar des organisations internationales classiques, l'UEMOA ne bénéficie que d'une compétence d'attribution. Cela signifie que ses activités ne peuvent se déployer qu'à un certain nombre de domaines limitativement déterminés par le traité. Dès lors qu'elle s'est vue reconnaître une compétence particulière, l'Union peut l'exercer à tout moment dans les conditions prévues par le Traité. Et le non exercice d'une compétence n'a pas pour effet d'en dessaisir l'Union.

Par ailleurs, l'attribution d'une compétence à l'Union s'assimile à un transfert de compétence de la part des États membres au profit des institutions communes. Dans ce cadre, on peut noter une similitude entre le Traité de l'UEMOA et celui de l'Union européenne. En effet, en vertu de l'article 3B, alinéa 1er, la Communauté européenne bénéficie des compétences d'attribution, puisqu'elle ne peut agir que « *dans les limites des compétences d'attribution qui lui sont conférées et les objectifs qui lui sont assignés* »[527].

---

525 CPJI, série A, n° 1 – arrêt du 17août 1923, p. 25.

526 G. ISAAC, *Droit communautaire Général*, Paris, Messon, 2006, 4ème édition, p. 48.

527 Cf. art. 3B al. 1 du Traité de la CE.

En d'autres termes, elle ne dispose pas d'une plénitude de compétences, mais son action doit nécessairement trouver son fondement juridique dans les dispositions du traité à l'instar des organisations internationales, régies par le principe de spécialité, mais aussi des États Fédéraux ayant soumis les compétences fédérales au principe de l'universalité[528]. Ainsi, concrètement dans l'UEMOA, les organes ne peuvent donc édicter un acte juridique que dans la mesure où ils exercent expressément le pouvoir d'une disposition du Traité et dans la stricte limite du domaine concerné par cette disposition et de l'objet pour lequel une compétence a été conférée à l'Union. Cela signifie que les États conservent leur compétence normative de droit commun, et qu'une attribution de compétence au profit de l'Union ne se présume pas. Autrement dit, la compétence nationale est la règle et, la compétence de l'Union, l'exception.

A l'instar des communautés européennes, dans la pratique, on verra une conception extensive des compétences des organes communautaires. En effet, deux raisons peuvent justifier cette affirmation. La Cour de justice de l'UEMOA pourra reconnaître certainement l'existence de la compétence implicite. Le concept de compétence implicite, traduit la méthode d'interprétation judiciaire qui est fréquemment utilisée par la Cour suprême des États-Unis, dans le cadre du renforcement des pouvoirs du gouvernement fédéral sur les États fédérés[529].

D'abord, ces compétences peuvent être exclusives et notamment dans le cadre de l'Union douanière des politiques commerciales communes.

---

[528] R. KOVAR, « Compétence des Communautés européennes », *JCL Europe*, fasc. 420, Mars 1990, n° 11.S.

[529] La démarche de la Cour Suprême des États-Unis retient que le Gouvernement Fédéral et ses organes possèdent tous, des pouvoirs inhérents aux missions qui leur sont confiées par les Pères fondateurs de la Constitution de 1787. Cette méthode d'interprétation appliquée aux compétences d'une institution internationale est également utilisée par la première Cour de la Haye, la CPJI, dès le début de son fonctionnement. C'est ainsi qu'elle fait recours à cette méthode pour apprécier la compétence de l'Organisation internationale du travail et de celle de la Commission européenne. Il se peut également que l'existence d'une réserve de compétence judiciaire puisse être appliquée. Dans le cadre de la réalisation des buts du Traité, il serait possible d'attribuer des pouvoirs d'action à l'Union, dans l'hypothèse où il n'existe pas d'autres bases juridiques pouvant remédier à ce vide juridique. En réalité, l'idée de fond est que les compétences d'attribution évoquées plus haut en faveur des organes de l'Union, entretiennent des rapports complexes avec les compétences autonomes des États membres, d'où la nécessité de leur articulation. Voir Avis consultatif n° 13 du 23 juillet 1926, série B. p. 18. et Avis consultatif n° 14 du 8 décembre 1927, série B. p. 64.

La compétence de l'Union est exclusive, lorsque, dans une matière donnée, les États membres ont perdu le pouvoir de légiférer ou de réglementer. Ensuite, dans certains domaines où les compétences des États subsistent, l'Union coordonne leur exercice. Cela se fait dans le cadre de la coordination des politiques économiques et de l'harmonisation des législations nationales. Enfin, ces compétences peuvent être contingentes. Dans la plupart des cas, les compétences attribuées à l'Union sont des compétences partagées, c'est-à-dire que les États membres conservent le pouvoir d'édicter des actes aussi longtemps que l'Union n'a pas encore exercé ses compétences.

Mais, même lorsqu'ils continuent d'exercer leurs compétences propres, les États membres sont liés par la stipulation générale du traité et par les principes généraux du droit communautaire. Ainsi, par exemple, tant qu'une organisation commune n'a pas encore été instituée, les États peuvent maintenir ou adopter des dispositions ne violant pas les règles de la libre circulation prévue par le Traité.

Mais si l'Union a déjà commencé à exercer sa compétence dans un domaine déterminé, elle doit respecter les règles générales des Traités, les principes généraux du droit communautaire et l'obligation de coopération. Toutefois, même dans les cas où elle est seule compétente pour légiférer dans les domaines exclusifs ou partagés, l'Union peut toujours reconnaître des pouvoirs d'exécution aux autorités nationales, pour la mise en œuvre des opérations décidées au niveau communautaire.

En ce qui concerne le mode d'action communautaire, commandé par le principe de subsidiarité, le Traité révisé de l'UEMOA fixe les actes juridiques par lesquelles les institutions communautaires exercent leur compétence. Elles disposent de la gamme classique d'instruments juridiques, actes additionnels, règlements, directives, décisions. Elles ont à leur portée des méthodes telles que l'uniformisation, ou le rapprochement des législations, et la reconnaissance mutuelle par l'harmonisation.

En plus de la consécration du principe de subsidiarité, l'UEMOA a également consacré le principe de la supranationalité sous la pression du contexte mondial et la situation peu reluisante de leur économie. Les États signataires ont compris l'impérieuse nécessité de transférer une partie ou la totalité de leur souveraineté aux structures supranationales. L'option supranationale de l'UEMOA se manifeste par le choix des États membres de procéder à un transfert des compétences au lieu de s'en tenir à une limitation de l'exercice du pouvoir souverain.

La supranationalité a connu une évolution bien établie. Comme on le voit, le mode de dévolution des compétences consacré par l'UEMOA, conduit à l'émergence d'organes de décision, chargés de déterminer le cadre de gestion des activités de l'Union. Ainsi, après l'étude du fondement de l'attribution des compétences, l'analyse des conditions de la mise en œuvre du principe de subsidiarité dans le cadre de l'UEMOA serait nécessaire.

2 | Les difficultés d'exercice des compétences respectives

Le Traité instituant l'Union a clairement défini les domaines de compétences et les attributions de cette dernière. Ainsi, l'article 60 précise que la Conférence des chefs d'État et de Gouvernement établit des principes directeurs pour l'harmonisation des législations des États membres. Elle identifie les domaines prioritaires dans lesquels, conformément aux dispositions du Traité, un rapprochement des législations des États membres est nécessaire pour atteindre les objectifs dans ces domaines et les principes généraux à respecter. C'est également la Conférence des chefs d'État et de Gouvernement qui fixe des orientations générales pour la réalisation des objectifs de l'Union. C'est elle qui constate aussi à des intervalles réguliers l'état d'avancement du processus d'intégration économique et monétaire et qui fixe, s'il y a lieu, de nouvelles orientations conformément à l'article 8 du Traité révisé de l'UEMOA. Ces orientations se rapportent aux objectifs économiques[530] des États membres et de l'Union.

Ces orientations doivent tenir compte de l'exigence de compatibilité des politiques budgétaires avec les objectifs de la politique monétaire, en particulier celui de la stabilité des prix. Entre les orientations formelles et la mise en œuvre des objectifs de l'Union à travers des programmes intégrateurs, il existe souvent un déphasage. En effet, l'Union s'inscrit dans la mise en œuvre de certains programmes qui sont loin d'être dans le sillage de l'atteinte de ses objectifs, encore moins de ses priorités. C'est notamment le cas des projets de lampadaires solaires et celui de forages d'eau villageoise. Malgré le fait que le besoin soit réel au sein des populations, ces domaines d'action sont à la portée de chaque État

---

[530] Il s'agit des objectifs de croissance soutenue du revenu moyen, de répartition des revenus, du solde soutenable de la balance des paiements courants, et de l'amélioration de la compétitivité internationale des économies de l'Union.

membre voire des communes[531] qui constituent l'État en question. Il serait préférable que l'Union concentre le peu de ses ressources sur des programmes dont un seul pays pris isolément serait incapable de mettre en œuvre.

Le domaine de l'énergie est l'exemple parfait sur lequel l'Union devrait concentrer son intervention pour relever ce défi majeur communautaire. La dispersion du faible volume de ressources de l'Union, dans des programmes dont elle devrait laisser la mise en œuvre à chaque État membre, constitue un véritable frein pour l'atteinte des objectifs de l'Union. Cette pratique remet en question le cadre des programmes prioritaires de l'Union et de l'autonomie de l'Union.

Avec l'application du principe de subsidiarité, les domaines de compétences qui échappent, dans leur mise en œuvre, au niveau national sont automatiquement récupérés par la compétence de l'Union. Cela peut être une solution au problème de juxtaposition des compétences de l'Union et de celles des États membres. Toutefois, dans la pratique, la mise en œuvre du principe de subsidiarité au sein de l'UEMOA n'est pas une tâche aisée.

Paragraphe II | Du principe de subsidiarité

Le principe de subsidiarité est fondamental pour le bon déroulement des rapports entre les organisations d'intégration et leurs États membres. Il régit leurs relations et procède à la répartition de leurs compétences respectives. En théorie, il pourrait être la panacée à tout conflit de compétence et de production normative entre les organisations et leurs États membres. Mais dans la pratique, une juxtaposition de compétences peut émerger. Cela fait que le principe de subsidiarité demeure un principe affirmé (A), bien que son application soit âprement discutée par l'Union (B).

A- Un principe affirmé

Le principe de subsidiarité n'est pas un concept nouveau. Sa consécration par de nombreux textes, aussi bien au plan interne qu'à

[531] C'est le cas au Bénin.

l'international, témoigne de son importance dans la régulation des rapports entre institutions.

L'affirmation du principe de subsidiarité passe par une compréhension dualiste (1), faisant de lui, un principe qui demeure très prisé (2) par l'UEMOA.

1 | Une compréhension dualiste

« *Autant de liberté que possible, autant d'autorité que nécessaire* », voilà la formule par laquelle, Luigi TAPARELLI, un auteur italien du 19ème siècle, aurait exprimé le principe de subsidiarité[532].

Le principe de subsidiarité est à la fois une notion politique et une notion juridique, l'insertion du concept dans le vocabulaire juridique appelle le professionnel du droit à se demander en quoi consiste juridiquement ce principe et, éventuellement, quelles peuvent être ses implications[533].

Le concept de subsidiarité n'est pas un élément nouveau. En effet, on peut remonter très loin dans l'histoire pour analyser la naissance du concept. Selon plusieurs auteurs, tels que Aristote ou Tocqueville, l'idée qui inspire la subsidiarité est de mettre en garde l'État « omnipotent et réducteur ». Au vu du principe de subsidiarité, l'autorité politique peut et doit intervenir uniquement lorsque les groupements inférieurs s'avèrent impuissants à réaliser l'objectif poursuivi. La subsidiarité n'exclut pas l'intervention de l'État, qui devient néanmoins l'exception, tandis que la règle serait plutôt la non-ingérence de l'État dans la sphère de la société civile. Le principe de subsidiarité a été transféré en matière fédérale sur la base d'une conception selon laquelle « *il ne faut pas remettre à une société plus grande, ce qui peut être accompli par une société plus petite* »[534].

Dans l'Europe en construction, « *le droit communautaire avait accueilli le principe de subsidiarité, avec l'ambition d'en faire une règle constitutionnelle fondamentale de la répartition des compétences entre les États membres et les instances communautaires* »[535]. C'est pourquoi

---

[532] Y. GAUDEMET, « Libres propos sur la subsidiarité, spécialement en Europe », *in Mélanges Paul AMSELEK,* Bruxelles, BRULYANT, 2005, p. 315.

[533] G. ISAAC, *Droit Communautaire Général*, Paris, Messon 5ème édition, 1997, p. 48.

[534] R. DESTIN, *Du Fédéralisme*, Paris, LGDJ. 1987, pp. 22-23.

[535] Y. GAUDEMET, « Libres propos sur la subsidiarité, spécialement en Europe », *op. cit.,* p. 315.

le Traité de Maastricht l'a consacré avec plus d'acuité dans le droit institutionnel communautaire.

La signification juridique de la notion de subsidiarité, indique une limitation des compétences de l'État par les compétences transférées à l'autorité communautaire, par le biais du Traité instituant les rapports institutionnels. Il convient de souligner que le principe de subsidiarité a été appliqué dans les grands Empires ouest-africains des XIII et XVI siècles. Les usages et les coutumes aux niveaux local et national sont respectés, dès qu'ils s'avèrent compatibles avec les règles communes, y compris la liberté du commerce.

2 | Un principe prisé

L'Union doit agir conformément au principe de subsidiarité, en vertu duquel ne sont traités au niveau de l'Union que les domaines pour lesquels l'action communautaire est censée être plus efficace que des actions isolées. En effet, le principe de subsidiarité signifie ici qu'un organe de l'UEMOA ne doit pas faire à son niveau ce qui peut être fait de façon équivalente, ou mieux, à tout autre niveau inférieur. Autrement dit, le principe de subsidiarité a réservé uniquement à l'échelle supérieure (l'UEMOA), ce que l'échelle inférieur (les États membres de l'UEMOA) ne pourrait effectuer que de manière moins efficace. La subsidiarité est donc caractérisée comme un principe d'action et est justifiée par la recherche de la meilleure efficacité dans l'action. Elle donne une orientation sur la manière dont les compétences doivent être exercées au niveau communautaire. En d'autres termes, c'est un concept dynamique devant être appliqué à la lumière des objectifs fixés à la communauté car « *il permet, en fonction des circonstances, d'étendre l'action de la communauté ou d'y mettre fin* »[536].

Il s'en suit donc que l'UEMOA, hors des domaines relevant de sa compétence exclusive, ne traite au niveau régional que ce qui ne peut être traité, de façon plus efficace, au niveau national ou local.

Le principe ne s'applique pas aux questions relevant de la compétence exclusive de l'Union. Une distinction doit permettre de parvenir à déterminer le domaine de la subsidiarité. En fait, les compétences peuvent être exclusivement nationales, communautaires, ou partagées. C'est dans cette dernière situation que se développe le domaine de subsidiarité. Ces concepts ne sont pas toujours ; dans la réalité, séparés

---

[536] Y. GAUDEMET, « Libres propos sur la subsidiarité, spécialement en Europe », *op. cit.* p. 327.

par les frontières aux tracés parfaits. La difficulté tient à ce qu'il n'existe pas de compétence « partagée » ou « mixte », mais des domaines communs et des objectifs communautaires. A cet égard, le Conseil européen a une conception restrictive du principe. Il souligne que le principe ne concerne pas et ne saurait remettre en question les compétences conférées à la Communauté par le traité, telles qu'elles ont été interprétées par la CJCE. Il soutient aussi que, plus la nature d'une exigence du Traité est spécifique, moins elle laisse de champs à l'application de la subsidiarité. On retient enfin que lorsque l'application de la subsidiarité exclut une action de la Communauté, les États membres ne se considèrent pas moins tenus de conformer leur action aux règles énoncées[537].

Par leur essence même, les organes de l'Union tiennent leurs compétences du transfert qui leur en est consenti par les États membres de l'UEMOA. En dehors de ce transfert, les États conservent l'intégralité de leurs compétences. En conséquence, il n'y a pas lieu, pour faire jouer le mécanisme de la subsidiarité, de dresser la liste des compétences nationales.

B- Une application discutée par l'Union

Le principe de subsidiarité est fondamental puisque c'est sur cette base que l'on définit concrètement ce qui relève des États ou de l'union. Il ne met donc pas en cause la pertinence ou la priorité d'une intervention mais les modalités et le niveau de son application. C'est un principe selon lequel on ne traite au niveau régional que ce qui ne peut pas être mieux traité à un niveau inférieur, national ou local. Qu'en est-il de son application dans l'UEMOA (1), et comment s'applique-t-il dans d'autres Unions comme l'UE par exemple ? (2).

1 | De l'application de la subsidiarité dans l'UEMOA

La construction de l'UEMOA repose sur quelques principes directeurs qui sont liés à ses objectifs sociaux, économiques et politiques. Les principes de la subsidiarité et de la proportionnalité revêtent une importance particulière dans la constitution d'une union régionale. Si les modalités d'application de la subsidiarité et de la proportionnalité n'ont pas encore fait l'objet d'une ratification officielle par l'UEMOA, ce qui

[537] Cf. art 5 du Traité révisé de l'UEMOA.

suppose un protocole additionnel au Traité, ces principes pourront utilement guider les actions de la Commission.

Par exemple, l'établissement d'un tarif extérieur commun (TEC) ou les mesures visant à développer le marché unique ne peuvent que relever d'une décision communautaire. Il en va de même pour les négociations commerciales internationales où l'UEMOA a reçu, à travers le Traité, le mandat de négocier au nom des États membres.

Par contre, hors des domaines relevant de sa compétence exclusive, le principe de subsidiarité suppose que l'Union n'intervienne que si son action apporte une valeur ajoutée supérieure à la valeur ajoutée des actions nationales « additionnées ». La gestion des ressources communes, comme les zones de pêche maritime ou les espaces de transhumance, sont ainsi des domaines, où une intervention au niveau régional peut aisément se justifier. Inversement, la plupart des actions concrètes concourant à accroitre la production ou à améliorer les différents services aux producteurs resteront du ressort des États, qui garderont le choix de la forme et des moyens d'intervention.

Ainsi, la commission doit systématiquement rechercher l'adaptation des moyens utilisés à la situation de chaque État membre. Il convient donc de préférer, chaque fois que possible, les directives aux règlements ou sinon des règlements prévoyant pour chaque État des mesures spécifiques d'application ou des listes d'actions possibles, entre lesquelles les marges de choix peuvent rester importantes. Dans ce même esprit, chaque fois que cela sera possible et souhaitable, la reconnaissance mutuelle des normes nationales serait d'abord envisagée avant une harmonisation centralisée (par exemple pour les normes de qualité des produits).

De façon générale, si le principe de subsidiarité est capital pour déterminer ce qui peut ou doit relever d'une intervention au niveau régional, son application reste guidée par des raisons concrètes de faisabilité et d'opportunité (tout à la fois techniques et politiques), avec le double souci permanent de ne pas pénaliser les États membres et de rapprocher le plus possible la prise de décision des citoyens. En ce sens, hors des cas où une réglementation s'impose, la Commission garde avant tout un rôle d'orientation et de stimulation.

L'application de la subsidiarité doit se concevoir de façon évolutive selon la limitation ou l'extension des actions communautaires, ou selon que les circonstances l'exigent ou non. Elle ne peut se faire qu'en considérant les situations précises, avec des discussions entre les États membres et la Commission, qui doit garder son rôle de proposition, mais aussi justifier la légitimité de son intervention au regard des deux principes de base que sont la subsidiarité et la proportionnalité.

A ce niveau, plusieurs interventions de l'Union semblent ne pas respecter ces principes, donnant parfois l'impression qu'elle s'immisce dans des domaines qui relèvent des compétences des États et même des collectivités infra étatiques.

A titre d'exemple, conformément à l'article 88 de la loi n° 97-029 du 15 janvier 1999 portant organisation des Communes en République du Bénin, pour les voies qui ne relèvent pas expressément d'autres institutions et organes, la Commune a la charge de « *...la réalisation et de l'entretien des réseaux d'éclairage public* »[538]. Pourtant, à travers le Programme régional de développement des énergies renouvelables et de l'efficacité énergétique (PRODERE), l'UEMOA finance l'installation des lampadaires solaires, dans des Communes des États membres[539]. Il en est de même du programme BID UEMOA qui vise la réalisation de 940 forages équipés de pompes à motricité humaine, 209 mini adductions d'eau solaires, thermiques et/ou électriques, 21 adductions d'eau multi villages, 6 postes d'eau autonomes, 19 250 latrines privées et 720 latrines publiques[540]. Il ne semble donc pas aisé, au regard de certains domaines d'activité de justifier de façon objective, l'intervention de l'Union.

Il convient donc de rester souple et pragmatique, sans exclure *a priori* la possibilité d'une intégration « *à géométrie variable* ». En effet, à vouloir faire adopter à tous les États, au même rythme, les mêmes renonciations aux pouvoirs nationaux, on risque de soulever des résistances ou de promouvoir des solutions irréalistes, ce qui, dans les deux situations, ne peut que provoquer des déceptions. Il serait donc utile de réfléchir aux modalités d'une intégration à formes ou à degrés divers dans des domaines comme par exemple, les luttes sanitaires, la mise en place d'infrastructures ou de services communs ou la réalisation de projets régionaux de production. En revanche, dans les domaines de la monnaie ou du commerce, une intégration à géométrie variable peut présenter de gros risques d'inefficacité[541]. Mais comment l'Union

---

538 Art 88 al. 4 de la Loi N° 97-029 du 15 janvier 1999 portant organisation des Communes en République du Bénin.

539 COMMISSION DE L'UEMOA, *Rapport Commission UEMOA 2016*, *op. cit.*, p. 46.

540 COMMISSION DE L'UEMOA, *Rapport Commission UEMOA 2018*, *op. cit.* p. 60.

541 Rapport définitif de la commission sur les grandes orientations de la politique agricole de l'UEMOA.

européenne, qui constitue une référence pour l'UEMOA, arrive-t-elle à surmonter les difficultés liées à l'application du principe de subsidiarité ?

2 | Du principe de la subsidiarité à travers l'Union européenne

Dans le cadre des compétences non exclusives de l'Union, le principe de subsidiarité inscrit dans le Traité sur l'Union européenne, définit les conditions dans lesquelles l'Union dispose d'une priorité d'action par rapport aux États membres. Les bases juridiques sur lesquelles repose ce principe au sein de l'UE sont l'article 5 paragraphe 3 du Traité sur l'Union européenne (traité UE) et le protocole n° 2 sur l'application des principes de subsidiarité et de proportionnalité. Dans les domaines qui ne relèvent pas de la compétence exclusive de l'Union européenne, le principe de subsidiarité entend protéger la capacité de décision et d'action des États membres, et il légitime l'intervention de l'Union si les objectifs d'une action ne peuvent pas être réalisés de manière suffisante par les États membres, mais peuvent l'être mieux au niveau de l'Union, « en raison des dimensions ou des effets de l'action envisagée ». Son introduction dans les traités européens vise ainsi à rapprocher l'exercice des compétences au niveau le plus proche possible des citoyens, conformément au principe de proximité énoncé par ailleurs à l'article 10, paragraphe 3, du Traité UE.

En ce qui concerne l'origine et l'évolution historique, le principe de subsidiarité a été formellement consacré par le Traité de Maastricht, qui l'avait inscrit dans le Traité instituant la Communauté européenne (Traité CE). Cependant, l'Acte unique européen de 1987 avait déjà introduit la règle de la subsidiarité dans le domaine de l'environnement, sans toutefois la mentionner nommément. Le Tribunal de première instance des Communautés européennes a retenu, dans son arrêt du 21 février 1995 (T-29/92), que le principe de subsidiarité ne constituait pas, avant l'entrée en vigueur du Traité sur l'Union européenne, un principe général du droit au regard duquel la légalité des actes communautaires aurait dû être contrôlée. Sans modifier les termes du principe de subsidiarité énoncé à l'article 5, deuxième alinéa du Traité instituant la Communauté européenne, le Traité d'Amsterdam avait annexé au traité instituant la Communauté européenne un « protocole sur l'application des principes de subsidiarité et de proportionnalité ». Les règles d'application non inscrites dans les traités, mais convenues dans le cadre de l'approche globale relative à l'application du principe de subsidiarité (Conseil européen d'Édimbourg de 1992), étaient devenues juridiquement contraignantes et contrôlables.

Le Traité de Lisbonne a inscrit le principe de subsidiarité à l'article 5, paragraphe 3, du Traité UE et a abrogé la disposition correspondante du Traité CE tout en reprenant ses termes. Il a aussi ajouté une référence explicite à la dimension régionale et locale du principe de subsidiarité. Par ailleurs, le Traité de Lisbonne a remplacé le protocole de 1997 sur l'application des principes de subsidiarité et de proportionnalité par un nouveau protocole portant le même titre (protocole n°2), dont l'innovation principale concerne le rôle des parlements nationaux dans le contrôle du respect du principe de subsidiarité.

La signification et la finalité générales du principe de subsidiarité résident dans l'octroi d'un certain degré d'indépendance à une autorité subordonnée vis-à-vis d'une autorité de niveau supérieur, notamment d'une autorité locale envers le pouvoir central. Il y va donc du partage des compétences entre les divers échelons de pouvoir, principe qui constitue le fondement institutionnel des États à structure fédérale. Appliqué au cadre de l'Union européenne, le principe de subsidiarité sert de critère régulateur de l'exercice des compétences non exclusives de l'Union. Il exclut l'intervention de l'Union lorsqu'une matière peut être réglementée de manière efficace par les États membres à leur niveau central, régional ou local et il légitime l'exercice par l'Union de ses pouvoirs lorsque les États membres ne sont pas en mesure de réaliser les objectifs d'une action envisagée de manière satisfaisante et que l'action au niveau de l'Union peut apporter une valeur ajoutée.

Aux termes de l'article 5, paragraphe 3 du Traité UE, l'intervention des institutions de l'Union au nom du principe de subsidiarité suppose que soient réunies trois conditions : a) il ne doit pas s'agir d'un domaine relevant de la compétence exclusive de l'Union (compétence non exclusive); b) les objectifs de l'action envisagée ne peuvent pas être atteints d'une manière suffisante par les États membres (nécessité); c) l'action peut être mieux réalisée, en raison de ses dimensions ou de ses effets, par une intervention de l'Union (valeur ajoutée).

Le principe de subsidiarité s'applique aux domaines relevant des compétences non exclusives partagées entre l'Union et les États membres. L'entrée en vigueur du Traité de Lisbonne a établi une délimitation plus précise des compétences conférées à l'Union. En effet, la première partie, titre I du Traité sur le fonctionnement de l'Union européenne (traité FUE) classifie les compétences de l'Union en trois catégories[542] et dresse la liste des domaines relevant des trois catégories de compétences.

Le principe de subsidiarité concerne toutes les institutions de l'Union et revêt une importance pratique tout particulièrement dans le cadre des procédures législatives. Le Traité de Lisbonne a renforcé le rôle respectif des parlements nationaux et de la Cour de justice dans le contrôle du respect du principe de subsidiarité. Ayant introduit une référence explicite à la dimension infranationale du principe de subsidiarité, le traité de Lisbonne a aussi renforcé le rôle du Comité des régions et ouvert une possibilité, laissée à la discrétion des Parlements nationaux, de participation des Parlements régionaux disposant de pouvoirs législatifs au mécanisme « d'alerte précoce » *ex ante*.

Aux termes de l'article 5, paragraphe 3, deuxième alinéa, et de l'article 12, point b) du Traité UE, les parlements nationaux veillent au respect du principe de subsidiarité conformément à la procédure prévue dans le protocole n° 2. Le respect du principe de subsidiarité peut être contrôlé *a posteriori* (après l'adoption de l'acte législatif), à travers un recours juridictionnel devant la Cour de justice de l'Union européenne, comme le précise aussi le protocole. Cependant, les institutions de l'Union jouissent d'une ample marge d'appréciation dans la mise en œuvre de ce principe. Dans ses arrêts dans les affaires C-84/94 et C-233/94, la Cour a précisé que le respect du principe de subsidiarité figurait parmi les circonstances soumises à l'obligation de motivation, conformément à l'article 296 du traité FUE. Cette exigence est déjà satisfaite lorsque le respect du principe ressort globalement des considérants et qu'il a été pris en compte dans l'examen de l'acte. Dans un arrêt plus récent, la Cour a réaffirmé qu'elle devait vérifier «*si le législateur de l'Union pouvait considérer, sur la base d'éléments circonstanciés, que l'objectif poursuivi par l'action envisagée pouvait être mieux réalisé au niveau de l'Union* »[543].

Selon l'accord inter-institutionnel « Mieux légiférer » d'avril 2016 remplaçant l'accord de décembre 2003 et l'approche inter-institutionnelle commune en matière d'analyse d'impact de novembre 2005, la Commission doit justifier dans l'exposé des motifs les mesures proposées par rapport au principe de subsidiarité et tenir compte de celui-ci dans ses analyses d'impact. De plus, en vertu de l'accord-cadre du 20

[542] Il s'agit des compétences exclusives, des compétences partagées et des compétences d'appui.

[543] Cf. affaire C-547/14, Philipp *Morris*.

novembre 2010, le Parlement et la Commission s'engagent à coopérer avec les parlements nationaux pour faciliter l'exercice par ces derniers de leur pouvoir de contrôle lié au principe de subsidiarité.

Le Parlement européen estimait déjà, dans sa résolution du 13 mai 1997, que le principe de subsidiarité constituait une norme juridique contraignante, tout en rappelant que sa mise en œuvre ne devrait pas faire obstacle à l'exercice des compétences exclusives de l'Union, ni se traduire par une remise en cause de l'acquis communautaire.

La difficulté de maîtrise des charges ne constitue pas le seul facteur qui limite la soutenabilité des finances de l'UEMOA. Un autre facteur important qui restreint cette soutenabilité demeure l'interventionnisme des États membres dans l'application des mécanismes mis en place par l'Union.

Chapitre 2

L'interventionnisme des États membres

Sommaire

Au sens originel, la communautarisation est le processus de transfert de compétences des États membres vers la Communauté ou l'Union. Mais en réalité, elle renvoie au processus dynamique emprunté par le phénomène de l'intégration économique[544]. Il convient, toutefois, de signifier que la compétence des États membres est liée aux dispositions du Traité[545] et aux principes généraux du droit communautaire[546]. Plus précisément dans le domaine fiscal, tant qu'une organisation commune n'a pas été mise en place, les États sont en droit de maintenir ou même d'adopter des dispositions nationales[547]. Ceci dans un souci de combler un vide juridique éventuel, tout en veillant à ne pas porter atteinte aux règles communautaires inscrites dans le Traité.

En réalité, dans la pratique, les États restent très attachés à leur souveraineté fiscale, ce qui fait que l'espace communautaire est marqué par une harmonisation fiscale incomplète (Section 1) et un cadre institutionnel et décisionnel de l'Union en quête de renforcement (Section 2).

Section 1 || Une harmonisation fiscale incomplète

L'harmonisation fiscale apparaît nécessaire au sein d'une union douanière et monétaire et semble même vitale pour des économies en développement, comme les États membres de l'UEMOA, dont les besoins en ressources publiques sont particulièrement importants. Elle doit accompagner l'union monétaire et la politique commerciale commune. L'objectif d'une telle harmonisation est de permettre la

[544] J.P. JACQUÉ, « Les communautarisations des politiques nationales », *Pouvoirs, n° 48*, 1989, pp. 29-38.

[545] Art. 7 du traité révisé de l'UEMOA : *« les États membres apportent leur concours à la réalisation des objectifs de l'Union en adoptant toutes mesures générales ou particulières, propres à assurer l'exécution des obligations découlant du présent Traité. A cet effet, ils s'abstiennent de toutes mesures susceptibles de faire obstacle à l'application du présent Traité et des actes pris pour son application »*.

[546] Les principes généraux du droit communautaire constituent une source du droit international public. Ils sont constitués de principes juridiques non écrits, mais de portée générale et quasi universelle. Ils sont issus de l'ordre international. Il s'agit, entre autres, du respect de l'indépendance et de la souveraineté des États, de la primauté du traité sur la loi.

[547] Cette situation sera observée plus loin dans cette thèse, avec le cas du contentieux douanier communautaire qui n'est pas régi par le code douanier de l'UEMOA.

convergence macroéconomique des huit États membres et de limiter une concurrence fiscale destructrice pour les Trésors nationaux.

Dans le but de réaliser cette harmonisation, l'UEMOA a produit plusieurs directives et règlements pour le rapprochement de la fiscalité de porte et la fiscalité intérieure dans les États membres de l'UEMOA. S'il est vrai que le bilan d'une telle tentative d'harmonisation des règles fiscales (Paragraphe 1) est une réussite, des obstacles existent et requièrent des mesures correctives pour une intégration plus réussie (Paragraphe 2).

Paragraphe I | Une tentative d'harmonisation des règles fiscales au sein de l'Union

L'étude de la communautarisation des règles fiscales dans l'UEMOA appelle nécessairement un examen du dispositif fiscal communautaire ou, du moins, de l'état ou encore du degré de rapprochement des systèmes fiscaux nationaux. L'entrée en vigueur du TEC, depuis le 1er janvier 2000, a marqué la naissance de l'Union douanière avec les mesures transitoires et les obstacles tant institutionnels que matériels auxquels il fallait faire face. L'harmonisation de la fiscalité intérieure a débuté en 1998[548] et a véritablement pris corps avec les impôts et taxes indirects, notamment la TVA et les droits d'accises qui ne sont pas un impôt communautaire. Le processus s'est accéléré à partir de 2006, avec l'adoption d'une série d'actes communautaires[549] sur la transition fiscale.

Il est évident et certain que le processus amorcé par l'UEMOA repose sur des exigences justifiées (A). Lesquelles ont conduit à une harmonisation tant de la fiscalité de porte que de la fiscalité intérieure (B).

548 Décision n°01/98/CM/UEMOA du 3 juillet 1998 portant adoption du programme d'harmonisation des fiscalités indirectes intérieures au sein de l'UEMOA.

549 Décision n°10/2006/CM/UEMOA du 26 mars 2006 portant adoption du programme de transition fiscale au sein de l'UEMOA, Décision n° 35/2009/CM/UEMOA du 17 décembre 2009 portant création du dispositif institutionnel de suivi du programme de transition fiscale au sein de l'UEMOA et Décision n° 34/2009/CM/UEMOA du 17 décembre 2009 portant adoption des critères et indicateurs de la transition fiscale au sein de l'UEMOA.

A- Les fondements de l'harmonisation des règles fiscales

L'harmonisation fiscale consiste à coordonner les politiques fiscales de manière à éviter des réductions non concertées et concurrentielles de taux et d'assiette. La politique fiscale participe à la politique économique de l'Union, en contribuant au financement des dépenses publiques et à la redistribution des revenus. Pour les défenseurs de l'harmonisation fiscale, notamment Stéphanie GUICHARD et Claire LEFEBVRE[550], cette dernière trouve son fondement dans la lutte contre la délocalisation des entreprises due au fait que certains États membres de l'Union appliquent des taux d'imposition plus bas ou d'autres méthodes de gestion fiscale plus favorables par rapport aux autres États.

Comme toute autre action communautaire, l'harmonisation des fiscalités nationales intervient dans la mesure nécessaire au fonctionnement du marché commun par le rapprochement des législations. Elle s'appuie sur des bases juridiques appropriées (1) et se justifie également sur le plan économique (2).

1 | Les fondements juridiques de l'harmonisation fiscale

La naissance de l'UEMOA en janvier 1994 à Dakar, au Sénégal, illustre la volonté des États membres de se regrouper afin de surmonter les obstacles potentiels et, surtout, de faire face aux nombreux défis d'une mondialisation sans cesse croissante.

De façon générale, les fondements juridiques de l'harmonisation fiscale figurent aux articles 4 et 60 du Traité. En ce qui concerne la fiscalité de porte, il faut se reporter aux articles 76 et 78, relatifs à l'élimination des droits, taxes et mesures d'effets équivalents et à l'établissement du TEC, ainsi qu'à l'article 77 qui traite de la libre circulation des marchandises. En effet, l'article 4 du Traité de l'UEMOA cite en son point (e), au titre des objectifs poursuivis par l'Union, l'harmonisation des législations des États membres et particulièrement le régime de la fiscalité, dans la mesure nécessaire au bon fonctionnement du marché commun[551].

---

[550] S. GUICHARD et C. LEFEBVRE, *Pour ou contre le système commun de TVA ?* Paris, CEPII, 1997, p. 20.

[551] L'article 60 du Traité révisé de l'UEMOA dispose : « *dans le cadre des orientations prévues à l'article 8, la Conférence des Chefs d'État et de Gouvernement établit des principes directeurs pour l'harmonisation des législations des États membres. Elle*

Pour la mise en place du marché commun, l'Union a, aux termes de l'article 76, compétence pour édicter les normes en vue de « *l'élimination, sur les échanges entre les pays membres, des droits de douane, des restrictions quantitatives à l'entrée et à la sortie, des taxes d'effet équivalent et de toutes autres mesures d'effet équivalent susceptibles d'affecter lesdites transactions, sous réserve du respect des règles d'origine de l'Union qui seront précisées par voie de protocole additionnel et l'établissement d'un tarif extérieur commun (TEC)* »[552].

A travers l'article 60 ci-dessus cité, c'est une déclaration de principe générale qui est posée par le Traité et qui y est renouvelée souvent. En guise d'exemples, il s'agit de l'harmonisation des législations et des procédures budgétaires et des comptabilités nationales[553], de l'institution de règles communes de concurrence applicables aux entreprises publiques et privées ainsi qu'aux aides publiques[554], de l'harmonisation et de la reconnaissance mutuelle des normes techniques[555], de l'harmonisation des politiques commerciales[556], des politiques sectorielles[557], des réglementations de l'exercice de certaines activités économiques et professionnelles[558].

Pour ce qui est du protocole additionnel n°II annexé au Traité, de nombreux pouvoirs sont attribués à l'Union pour la réalisation de ces

identifie les domaines prioritaires dans lesquels, conformément aux dispositions du présent Traité, un rapprochement des législations des États membres est nécessaire pour atteindre les objectifs de l'Union. Elle détermine également les buts à atteindre dans ces domaines et les principes généraux à respecter. Dans l'exercice de ces fonctions, la Conférence tient compte des progrès réalisés en matière de rapprochement des législations des États de la région, dans le cadre d'organismes poursuivant les mêmes objectifs que l'Union ».

552 Cf. Protocole additionnel n° III/2001 du 19 décembre 2001, instituant les règles d'origine des produits de l'UEMOA et son modificatif qui est le Protocole additionnel n° I /2009/CCEG/UEMOA du 17 mars 2009.

553 Articles 67 et 69 du Traité révisé de l'UEMOA. www.uemoa.int/Documents/Actes/Traité réviséUEMOA.pdf.

554 Article 76 du Traité. www.uemoa.int/Documents/Actes/Traité réviséUEMOA.pdf.

555 Article 76 et 79 du Traité. www.uemoa.int/Documents/Actes/Traité révisé UEMOA.pdf.

556 Article 82 du Traité. www.uemoa.int/Documents/Actes/Traité réviséUEMOA.pdf.

557Voir le protocole additionnel n° II annexé au traité qui détermine ces secteurs. Il s'agit des secteurs du transport et télécommunications, du développement des ressources humaines, de l'agencement du territoire, de l'environnement, de l'énergie, de l'industrie et des mines.

558 162 Article 95 du traité. www.uemoa.int/Documents/Actes/Traité révisé UEMOA.pdf.

objectifs relatifs aux politiques sectorielles. Une définition des politiques sectorielles en ressort, mais il prévoit même que l'Union pourra instituer toute autre politique sectorielle nécessaire à la réalisation de ces objectifs[559].

Les fondements des compétences de l'Union en matière de fiscalité intérieure ne sont clairement établis ni dans le Traité ni dans le protocole additionnel n° II. Il en découle tout simplement à travers l'article 4, e) que l'Union a entendu : « *harmoniser, dans la mesure nécessaire au bon fonctionnement du marché commun, les législations des États membres et particulièrement le régime de la fiscalité* ».

L'Union ne s'est donc pas fixé de limite de champ d'action, puisqu'elle peut décider à n'importe quel moment qu'un aspect de la vie économique fasse l'objet d'une réglementation commune. Sans doute, cela procède, comme l'a souligné B. SARR, du fait que le Traité de l'UEMOA se présente comme une Constitution traduisant la volonté de mettre en place une communauté de droit[560].

Mais ce mécanisme semble quelque peu atténué, dans la mesure où une certaine prudence a guidé le législateur communautaire qui, dans l'entreprise d'harmonisation telle qu'affirmée dans les dispositions de l'article 5, dispose : « *dans l'exercice des pouvoirs normatifs que le présent Traité leur attribue et dans la mesure compatible avec les objectifs de celui-ci, les organes de l'Union favorisent l'édiction de prescriptions minimales et de réglementations-cadres qu'il appartient aux États membres de compléter en tant que de besoin, conformément à leurs règles constitutionnelles respectives* »[561]. Cette affirmation, comme pour ménager la souveraineté des États, vient traduire une certaine retenue dans le champ d'action de l'Union, sauf que la réalité n'a pas toujours fonctionné conformément à ces principes.

En droit européen, par contre, le droit primaire a toujours été réticent à s'exprimer de façon expresse sur la matière fiscale avant le Traité de Lisbonne. Depuis l'entrée en vigueur de ce traité, il s'appesantit plus sur la fiscalité de porte qui, en raison de l'Union douanière, relève de la compétence exclusive de l'Union européenne[562]. Pour ce qui concerne la

---

[559] Voir article 24 du protocole additionnel n° II, *op. cit.*

[560] B. SARR, « Le Traité de l'UEMOA : un pacte constitutionnel fédératif », *in Revue EDJA*, 4e trimestre 1999, p. 77.

[561] Article 5 du Traité révisé de 2003, Disponible sur www.uemoa.int/Documents/Actes/Traitérévisé_UEMOA.pdf.

[562] Voir les articles 3 et 30 à 32 du Traité sur le fonctionnement de l'Union européenne.

fiscalité intérieure, elle traite plus de la fiscalité indirecte[563]. En effet, si l'harmonisation de la fiscalité indirecte est un succès, celle de la fiscalité directe reste un grand défi à relever malgré plusieurs tentatives[564].

Les fondements de l'harmonisation des politiques fiscales au sein de l'UEMOA ne sont pas seulement juridiques, ils sont également économiques.

2 | Les fondements économiques de l'harmonisation fiscale

Pour juger de la nécessité économique d'une harmonisation fiscale, il faut que les moyens de cette harmonisation soient mis en parallèle avec le contenu des objectifs à atteindre. Or, ces objectifs se résument à la réalisation d'une Union économique et monétaire et à assurer un bon fonctionnement du marché commun.

En rappel, la dévaluation du franc CFA de 50% par rapport au franc français, intervenue le 11 janvier 1994, visait à rétablir la compétitivité externe des pays de la zone franc, à réduire les déficits budgétaires et à favoriser la croissance économique[565]. En outre, la décennie des années 1980 a été marquée par une dépréciation du dollar et la baisse des cours des principales matières premières d'exportation des pays de la zone. Paradoxalement, la même décennie a été aussi marquée par une flambée des produits manufacturés importés, avec pour effet des perturbations sur l'équilibre des économies nationales[566]. Or, les États membres de l'UEMOA, qui sont des pays en développement, connaissaient une dépendance budgétaire à l'égard de ce commerce, surtout pour les recettes douanières qui constituaient à cette époque en moyenne entre 38 et 56%[567] des recettes budgétaires.

---

563 Articles 110 à 113 qui traitent des taxes sur le chiffre d'affaires et des droits d'accises.

564 A ce propos, voir A. MAITROT DE LA MOTTE, « L'harmonisation fiscale européenne », *op. cit.*, pp. 252-258.

565 M. MANSOUR et G. ROTA-GRAZIOSI, « Coordination fiscale dans l'Union économique et monétaire ouest-africaine », *Revue d'économie du développement,* 2012, p. 11. Pour des détails sur les raisons de la dévaluation et ses enjeux, voir G. NOUPOYO, *Les banques centrales africaines et la conduite de la politique budgétaire nationale : les exemples de la BCEAO et de la BEAC (aspects juridiques et financiers),* Thèse en droit, Université Bordeaux IV, 2004, pp. 52-57.

566 Les termes de l'échange s'étaient dégradés de 45% entre 1985 et 1992. Voir M. MANSOUR et G. ROTA-GRAZIOSI, « Coordination fiscale dans l'Union économique et monétaire ouest-africaine », *op. cit.* p. 11.

567 E. DIARRA, « Coopération ou intégration fiscale au sein de l'Union Economique et Monétaire Ouest- Africaine », *in Revue burkinabè de droit,* n°45, 2004, p. 37.

C'est dans ce contexte de crise économique que l'UEMOA est née, avec pour objectif la coordination des politiques nationales en matière fiscale. Cette coordination devait créer un cadre fiscal propice à l'intégration économique régionale en favorisant le transfert des pertes de recettes douanières, provoquées par la baisse des tarifs douaniers, vers la fiscalité intérieure : la transition fiscale[568]. Elle est définie comme le transfert progressif de la pression de la fiscalité de porte vers la fiscalité intérieure, tout en consolidant le marché commun dans son fonctionnement, tout en veillant à soutenir la croissance par un allègement des prélèvements fiscaux sur le capital et le travail, et à promouvoir le financement du développement sur ressources propres[569].

Il faut préciser que la faible croissance économique des États membres de l'UEMOA peut s'expliquer par trois facteurs essentiels : le poids de la masse salariale sur le niveau des recettes fiscales[570], le faible niveau de mobilisation des ressources fiscales et le niveau des contributions des populations. S'étant engagée dans un processus d'intégration dont l'une des conséquences est la substitution des recettes fiscales internes au manque à gagner induit par le désarmement tarifaire, l'Union a perçu donc la nécessité de mettre en place une union économique. Cette union économique vient renforcer l'union monétaire qui fonctionne parfaitement, du moins pour le moment. Le souci qui anime l'Union est affirmé dans son préambule : « *...Reconnaissant l'interdépendance de leurs politiques économiques et la nécessité d'assurer leur convergence...* ». Il s'agit en fait de créer une concurrence saine entre les biens produits dans l'Union (faciliter le commerce à l'intérieur du territoire communautaire) et de se protéger contre le flux de marchandises en provenance des pays tiers. Dans son essence, une union douanière apparaît tout naturellement, au regard de son approche, comme

---

568 C'est la transition fiscale qui consiste à mobiliser plus de ressources fiscales intérieures dans l'élargissement de l'assiette de l'impôt et la rationalisation des incitations fiscales. Cette transition a fait l'objet d'une politique à travers des actions de surveillance qui feront l'objet de futurs développements.

569 Annexe à la décision n°10/2006/CM/UEMOA du 23 mars 2006 portant adoption du programme de transition fiscale au sein de l'UEMOA.

570 Pour la période comprise entre 1985 et 1994, la moyenne du ratio de la masse salariale sur les recettes fiscales était d'environ 66%. Pour plus de détails, voir (G.) NOUPOYO, *Les banques centrales africaines et la conduite de la politique budgétaire nationale : les exemples de la BCEAO et de la BEAC (aspects juridiques et financiers),* Thèse en droit, Université Bordeaux IV, 2004, p. 219 et (L.) DOE., « De la réforme de la fonction publique dans les pays de l'UMOA », *in RISS,* 1998, n° 155, p. 140.

libérale à l'intérieur du territoire commun mais protectrice de ce même espace avec l'extérieur.

Par ailleurs, la lutte contre la fraude et l'évasion fiscale aux niveaux national et international, constitue également l'un des principaux fondements économiques de la communautarisation des règles fiscales au sein de l'Union. En effet, comme le rappelle le Professeur Michel BOUVIER, « *si l'espace économique transcende les frontières, l'espace fiscal demeure encore quant à lui largement enfermé au sein des espaces politiques, il est morcelé à l'image de la mosaïque que continuent de dessiner des États soucieux de ne pas voir leur souveraineté remise en cause* ». Il poursuit en ces termes : « *Par ailleurs, l'on assiste (...) au développement sans précédent d'entreprises transnationales ou tout simplement à l'implantation à l'étranger d'entreprises moyennes ou grandes, voire même de particuliers. (...). L'on peut constater partout une recherche de l'optimisation fiscale inverse à celle recherchée par les États, et la montée en puissance de dispositifs fiscaux de plus en plus compliqués, voire agressifs* »[571].

Pour caricaturer l'ampleur de la fraude et de l'évasion fiscales, DE LA MARDIERE écrivait : « *le malheur, au plan international, réside dans le fait qu'il n'existe pas seulement des contribuables tricheurs, mais aussi des États tricheurs* ». Ce sont les paradis fiscaux ou, de façon plus diplomatique, les États à régime fiscal privilégié qui, pour attirer les capitaux, mettent en place des législations favorisant des montages fiscaux en offrant des régimes avantageux ou, parfois, sans impôt. Les implications financières nécessitent que des initiatives communautaires soient développées pour lutter contre la fraude et l'évasion fiscales nationales et internationales. Les nécessités de l'harmonisation des règles fiscales au sein de l'UEMOA étant justifiées, qu'en est-il exactement de son contenu réel ?

B- Le contenu de l'harmonisation fiscale dans l'UEMOA

Le processus d'intégration sous-régionale amorcé dans le cadre de l'UEMOA a nécessité l'adoption d'un certain nombre de mesures fiscales communautaires. Il faut préciser que le mode d'action des institutions de l'UEMOA est commandé par le mécanisme de prescriptions minimales

[571] M. BOUVIER, « La lutte contre l'évasion fiscale internationale : répression ou prévention ? », *in RFFP*, 2010-110, Editorial.

et de réglementation-cadres, dont le Traité a fixé une gamme d'actes juridiques par lesquels les organes de l'Union exercent leurs compétences. Elles ont à leur disposition la gamme classique, mais d'autres actes sont propres au droit de l'UEMOA. A travers ces actes, les méthodes sont tantôt l'uniformisation, tantôt le rapprochement des législations et la reconnaissance mutuelle, sans toutefois oublier les soutiens financiers et l'incitation à coopérer[572].

C'est à partir de 1996, lors de la première Conférence des chefs d'État et de Gouvernement des États membres de l'UEMOA, que les premières mesures fiscales communautaires ont été élaborées. Ainsi, la politique fiscale de l'UEMOA à la suite de cette conférence s'est bâtie autour de deux axes bien connus : la fiscalité de porte (1) et la fiscalité intérieure (2).

1 | L'harmonisation de la fiscalité de porte

La fiscalité de porte renvoie essentiellement au processus de libéralisation des échanges intracommunautaires et à la libéralisation du commerce extracommunautaire. En matière de libéralisation des échanges intracommunautaires, il s'agit d'intensifier les échanges entre les États membres de l'Union. Cette intensification des liens commerciaux suppose une suppression totale des barrières douanières entre les États membres. C'est dans cette optique que la Conférence des chefs d'État et de Gouvernement, lors de sa première session tenue au mois de mai 1996, avait pris la décision par acte additionnel n°04/96, en date du 10 mai 1996, d'instaurer un régime tarifaire préférentiel transitoire en faveur des produits échangés au sein de l'UEMOA. La mise en place de ce régime préférentiel s'est faite en plusieurs étapes, selon un calendrier[573] qui s'est étalé de juillet 1996 à janvier 2000.

---

[572] M. MANSOUR, G. ROTA-GRAZIOSI, « Coordination fiscale dans l'Union économique et monétaire ouest-africaine », *in Revue d'économie du développement*, 2012/3, Vol. 20, p. 34.

[573] Le calendrier de mise en œuvre et la catégorisation des produits se présentent comme suit : dès le 1er juillet 1996, le désarmement tarifaire était total pour tous les produits du cru et de l'artisanat traditionnel originaires des pays membres de l'Union. Les produits du cru sont les produits de l'Union relevant du règne animal, minéral et végétal n'ayant subi aucune transformation à caractère industriel. Les produits de l'artisanat concernent des articles à la main ou sans l'aide d'outils, d'instruments ou de dispositifs actionnés directement par l'artisan. Du 1er juillet 1996 au 30 juin 1997, une réduction de 60% sur les droits et taxes d'entrée avait été consentie par tous les États membres, sur les produits agréés à la taxe préférentielle communautaire (TPC).Ces produits sont : les produits industriels dans la fabrication desquels sont incorporées des matières premières

Il convient de noter que l'application du régime préférentiel obéit à un certain nombre de conditions à savoir la reconnaissance de l'origine du produit et le régime de faveur accordé aux produits (agrément à la TPC). En effet, « *sont considérés comme produits originaires des États membres de l'UEMOA, les produits entièrement obtenus ou ayant fait l'objet d'une ouvraison ou d'une transformation suffisante dans les États* »[574]. L'application du régime préférentiel lié à l'origine des marchandises se traduit par l'accord d'agrément[575] aux produits, la délivrance de certificat d'origine[576] ainsi qu'une possibilité d'identification des produits par une procédure de marquage[577]. Ainsi, il est à retenir que la libéralisation du commerce intracommunautaire se distingue par la classification des produits de l'Union selon des règles d'origine bien précises. Cette classification a permis de procéder à un traitement préférentiel d'un certain nombre de produits en vue de restaurer, dans une certaine mesure, un climat favorable à la construction d'un marché commun[578].

La mise en place du TEC vise principalement trois objectifs[579] pour lesquels il est prévu une architecture bien structurée qui repose sur une

---

communautaires représentant 60% des matières premières utilisées ; les produits industriels obtenus entièrement ou partiellement à partir des matières premières importées de pays tiers, à condition que la valeur ajoutée du produit final, soit au moins égale à 40% du prix de revient en usine, évalué hors taxe.

[574] Protocole Additionnel N° 03-2001 du 19 décembre 2001 instituant les règles d'origine des produits de l'UEMOA.

[575] Les produits reconnus originaires agréés bénéficient de la taxe préférentielle communautaire par décision de la Commission après avis des experts de l'UEMOA.

[576] C'est un document commercial qui atteste et qui constitue la preuve irréfutable de l'origine communautaire d'une opération d'expédition de marchandises intracommunautaires.

[577] Pour les besoins d'identification des produits agréés à la TPC, le marquage des marchandises est exigé dès lors que cela est techniquement possible. Les caractéristiques de ce marquage sont alors communiquées aux instances de contrôle aux fins de faciliter l'identification des produits agréés.

[578] Toutefois, les mesures au niveau interne de l'UEMOA sont certes des conditions nécessaires mais pas suffisantes pour la libéralisation des échanges dans leur globalité. Il est donc important de faciliter les échanges, entre les États membres de l'UEMOA et les Pays tiers grâce notamment à l'application du Tarif extérieur commun.

[579] A. POROGO, *La politique fiscale de l'Union économique et monétaire ouest-africaine (UEMOA) et optimisation des recettes fiscales intérieures au Burkina Faso*, Mémoire pour l'obtention du diplôme de conseiller des affaires économiques, ENAM, Burkina Faso, 2009.

catégorisation des produits, des droits et taxes permanents et des droits et taxes à caractère temporaire.

La catégorisation des produits consiste en une répartition technique des produits entre différentes catégories selon des critères préalablement définis. Le classement des produits en quatre (04) catégories résulte des règlements relatifs à la Nomenclature tarifaire et statistique (NTS) du Tarif extérieur commun de l'UEMOA[580]. La NTS de l'UEMOA est basée sur la NTS de la Communauté économique des États de l'Afrique de l'Ouest (CEDEAO) ainsi que sur le système harmonisé de désignation et de codification des marchandises[581]. La catégorisation répond au souci de l'application d'une fiscalité uniforme, précédemment annoncée au niveau des objectifs du TEC. A cet effet, cette catégorisation adoptée pour la première fois le 02 juillet 1998 et modifiée par le règlement N° 01/2004/CM/UEMOA du 18 mai 2004 se présente en quatre volets.

La catégorie 0 concerne les biens sociaux essentiels relevant d'une liste limitative dans le domaine sanitaire[582]. La catégorie 1 est constituée des biens de première nécessité (lait en poudre, céréales), des matières premières de base (semence agricole, pétrole brut, bois brut, matières textiles brutes, pierres brutes, métaux bruts, etc.), des biens d'équipements (pour l'essentiel des machines industrielles et des ordinateurs) et des intrants spécifiques (intrants essentiels non susceptibles d'être produits à court et à moyen termes dans la zone, intrants du secteur plastique, du secteur caoutchouc, la pâte à papier, les produits chimiques organiques) ceci afin de réduire les exonérations accordées au titre des codes des investissements. La catégorie 2 est relative aux intrants autres que ceux cités dans la catégorie 1 et les produits intermédiaires[583]. La catégorie 3 regroupe les biens de consommation finale et autres produits non repris ailleurs. C'est la

[580] Plusieurs règlements ont été adoptés dans le cadre de la Nomenclature Tarifaire et Statistique du TEC-UEMOA dont le dernier est le règlement N° 1/2004/CM/UEMOA du 18 mai 2004 portant modification de l'annexe du le règlement N° 23/2002/CM/UEMOA du 18 novembre 2002.

[581] Ce système harmonisé a été élaboré sous l'égide du Conseil de coopération douanière (CDD), également appelé Organisation Mondiale des Douanes.

[582] Il s'agit des médicaments, préservatifs pour des raisons de santé publique, appareils de rééducation, prothèse, stimulants cardiaques, chaises roulantes pour handicapés, des livres et journaux.

[583] Il s'agit de l'huile brute, beurre et graisse de cacao, contreplaqués, papier en rouleau, tissus, métaux en rouleau.

catégorie qui regroupe le plus grand nombre de produits[584]. Cette catégorisation des produits au sein de la communauté a permis l'application du TEC.

Il faut préciser que le TEC a conduit à une baisse importante des recettes des droits de porte, mais aussi de certains impôts intérieurs perçus à la douane comme la TVA et les droits d'accises. Cette conséquence de la libéralisation des échanges intracommunautaires a fait l'objet d'un système de compensation qui a fonctionné jusqu'en 2005 et qui a permis de mener à terme ce volet de l'intégration[585]. Cette nomenclature a fonctionné jusqu'en fin 2014 et a été révisée pour s'adapter à la mise en place du TEC au niveau de la CEDEAO. En prévision de l'entrée en vigueur du TEC CEDEAO, l'UEMOA a dû adopter deux règlements pour redéfinir la nomenclature tarifaire[586] et la liste des marchandises[587]. Les marchandises sont rangées par catégorie conformément au tableau en annexe III.

Il a été mis en place une architecture tarifaire comprenant les droits et taxes à caractère permanent applicables aux produits importés et les droits et taxes à caractère temporaire. Il s'agit des Droits de douane (DD), de la Redevance statistique (RS) et du PCS qui se distinguent les uns des autres, tant par leur champ d'application que par leur taux de liquidation.

Les droits de douane sont assis sur la valeur en douane du produit et varient selon le degré de transformation du produit, c'est-à-dire que plus le produit est élaboré plus sa taxation est élevée[588].

---

[584] Il s'agit des viandes, poissons, lait, fruits et légumes, huile raffinée, confections, chaussures, électroménagers, ouvrage en matière plastique.

[585] Au 31 décembre 2005, la Commission avait versé au titre des compensations 125 milliards de FCFA, soit environ 60% des ressources propres de l'Union. Pour plus de détails, lire G. DUFRENOT, J. NDEYE, El Hadji. A. SAKHO, « Les enjeux de la transition fiscale dans les pays de l'UEMOA », *in Enjeux des politiques macroéconomiques des pays de l'UEMOA*, *op. cit.*, p. 55.

[586] Acte additionnel n° A/SA. 1/06/09, 22 juin 2009 portant amendement de déc. n° A/DEC. 17/01/06, 12 janvier 2006 portant adoption du tarif extérieur commun de la CEDEAO, art.1er. Et Règlement n°06/2014/CM/CEDEAO/UEMOA du 25 septembre 2014, portant modification du règlement n°02/97/CM/UEMOA portant adoption du Tarif Extérieur Commun de l'UEMOA.

[587] Règlement n°07/2014/CM/UEMOA du 25 septembre 2014, portant définition de la liste des marchandises composant les catégories dans la nomenclature tarifaire et statistique de l'UEMOA basée sur la version 2012 du système harmonisé de désignation et de codification des marchandises.

[588] Pour ce qui est de la redevance statistique, c'est une taxe fixée pour service rendu. Elle ne comprend qu'une seule valeur : 1%. Elle est applicable à tous les produits y

Le législateur communautaire a pressenti dès le départ que l'application du TEC peut engendrer des difficultés pour les entreprises de la zone. Cela ne va pas contribuer à l'atteinte des objectifs de développement économique et social poursuivis par l'Union. Afin de prévenir ce type de situation, il est apparu nécessaire de prévoir un dispositif de protection ou de sauvegarde à travers les droits et taxes temporaires. Les droits et taxes temporaires sont constitués par la Taxe dégressive de protection (TDP) [589] et la Taxe conjoncturelle à l'importation (TCI) [590].

2 | L'harmonisation de la fiscalité intérieure

L'harmonisation fiscale dans l'UEMOA a débuté avec les directives en matière de fiscalité indirecte intérieure relative à la TVA et aux droits d'accises en 1998. Une décennie s'est écoulée avant que l'Union ne s'intéresse à l'harmonisation de sa fiscalité directe concernant les impôts sur les revenus, y compris ceux des capitaux mobiliers.

Dans le cadre de la politique d'harmonisation des fiscalités au sein de l'UEMOA, la TVA est apparue comme l'impôt le plus intégrateur et cela pour deux raisons majeures. D'abord, la TVA est un impôt général sur la dépense et s'applique à tout le tissu économique (les secteurs de la production, de la distribution et des services). Ensuite, jouissant d'une réputation de neutralité économique, elle semble la mieux appropriée pour compenser les pertes de recettes fiscales sans nuire à la compétitivité des entreprises tout en favorisant la dynamique de l'intégration. La TVA

---

compris ceux exonérés des droits de douane. Quant au prélèvement communautaire de solidarité, c'est une taxe d'un taux qui était de 1% sur tous les produits tiers à l'Union. Toutefois, il est à souligner que lors de sa réunion du 10 avril 2017 à Abidjan, la Conférence des chefs d'État et de Gouvernement, pour des mesures de rationalisation des charges d'opérationnalisation des organes de l'Union, avait décidé de réduire le taux du PCS de 1% à 0.8% à partir du 1er juillet 2017. Ce prélèvement qui servait en partie à la compensation des pertes de recettes, est aujourd'hui exclusivement réservé au fonctionnement des organes de l'UEMOA et au financement des projets communautaires tels que le FAIR et le FRDA.

[589] La TDP est destinée à compenser les baisses importantes de protection tarifaire liées à la mise en place du TEC. C'est une taxe *ad valorem*, temporaire et dégressive et son application est nationale. Voir règlement N° 19/2003/CM/UEMOA du 22 décembre 2003 modifiant le règlement N° 03/1999/CM/UEMOA du 25 mars 1999 portant adoption de la taxe dégressive de protection au sein de l 'UEMOA.

[590] La TCI est fixée pour compenser les baisses importantes de protection tarifaire liées à la variation erratique des cours mondiaux. Voir règlement N° 06/CM/UEMOA du 17 septembre 1999 portant adoption du mécanisme de la Taxe Conjoncturelle à l'Importation au sein de l'UEMOA.

est régie par une directive de 1998[591] qui visait à homogénéiser l'application de cet impôt dans les États membres.

Suite à la crise des prix de l'énergie et des produits alimentaires entre 2006 et 2008 et en réponse à la pression des populations, le Conseil des Ministres des États a approuvé en 2009 un changement à la directive 02/2009/CM/UEMOA, dont le but principal est de réduire son assiette[592]. La directive N° 02/2010/CM/UEMOA relative à la taxation des revenus des capitaux mobiliers a également réduit l'assiette de la TVA en assimilant à des exportations, tous les services liés aux marchés financiers de l'UEMOA. Le tableau en annexe IV donne les taux de la TVA appliqués dans les États membres avant et après les réformes.

Toutefois, il convient de signaler que le système de la TVA dans les États membres de l'UEMOA souffre d'un mal congénital en ce que le mécanisme de remboursement de crédits ne fonctionne pas bien ou n'existe pas parfois[593]. Les limites du régime de la TVA découlent cependant de la directive elle-même, qui restreint le champ du remboursement à une liste de biens et donne la possibilité aux États d'élargir cette liste en fonction des besoins et des circonstances propres à chaque État[594]. Dans les cas où le remboursement de crédits TVA existe, le mécanisme ne fonctionne pas correctement et conduit souvent à des vérifications systématiques des entreprises demandeuses[595].

Les droits d'accises, quant à eux, désignent les impôts indirects qui frappent de manière spécifique certains produits. Il s'agit en réalité de surtaxes qui sont destinées, non seulement à fournir au Trésor public des ressources additionnelles, mais surtout à influer sur le comportement des

---

[591] Directive N° 02/98/CM/UEMOA portant harmonisation des législations des États membres en matière de taxe sur la valeur ajoutée.

[592] Cette nouvelle directive a augmenté les seuils d'assujettissement : de 50 à 100 millions de FCFA pour la vente de biens et de 30 à 50 millions de FCFA pour les prestations de service. Un second taux réduit a été introduit, compris entre 5 et 10 %, pour une liste limitée de biens et de services : le lait transformé, le sucre, les pâtes, le riz, les poussins d'un jour.

[593] G. DUFFRENOIT, J. NDEYE et SAKHO A. EL HADJI, « Les enjeux de la transition fiscale dans les pays de l'UEMOA », *in Enjeux des politiques macroéconomiques des pays de l'UEMOA, op. cit.*, p. 48.

[594] Le remboursement est également prévu au niveau de la CEDEAO par les articles 55 à 60 de la directive n° C/DIR.1/05/2009 du 27 mai 2009 portant harmonisation des législations des États membres de la CEDEAO en matière de TVA, disponible sur www.ecowas.int., consulté le 10 mai 2018.

[595] M. MANSOUR et G. ROTA-GRAZIOSI, « Coordination fiscale dans l'UEMOA », *in Revue d'économie du développement*, 3e trimestre, 2012, p. 23.

particuliers[596]. Mais tenant compte de l'objectif de mise en cohérence des systèmes internes de taxation et d'égalité de traitement des opérateurs économiques au sein de l'Union, une harmonisation de cette catégorie d'impôts s'est avérée nécessaire. A cet effet, un certain nombre de produits sont soumis aux droits d'accises au sein de l'UEMOA par la directive 03/98/CM/UEMOA qui précise la taxation de certains biens comme les boissons alcoolisées, le tabac, le café, les huiles et corps gras. Les droits d'accises furent modifiés par une nouvelle directive en 2009 (03/2009/CM/UEMOA), qui augmente les taux plancher et plafond de certains produits et ajoutait cinq biens à une liste de produits assujettis sur option (Cf. Tableau en annexe V).

L'harmonisation de la fiscalité des produits pétroliers a été faite par la directive 06/2001/CM/UEMOA. Elle vise à éliminer les subventions aux produits pétroliers, qui détériorent significativement la performance fiscale des États membres[597]. La fiscalité directe est également concernée par le processus d'harmonisation.

En effet, le second axe de l'harmonisation des fiscalités intérieures des États membres de l'UEMOA concerne les impôts directs[598]. Les impôts directs ne sont pas moins disparates que les impôts indirects. Cela s'observe tant du point de vue du champ d'application, des exemptions, du seuil d'imposition que de la base d'imposition. Aussi, pour se conformer à l'esprit de l'Union, il était devenu impérieux après l'harmonisation des fiscalités intérieures indirectes de poursuivre l'harmonisation des impôts directs.

La fiscalité directe revêt pour les États une importance particulière. Elle est un signe manifeste de la souveraineté de l'État sur ses populations ou, pour être plus précis, de son emprise directe sur le

596 En guise d'exemple, il s'agit de décourager la consommation d'alcool ou de tabac en instituant des droits d'accises sur ces produits. Les droits d'accises sont appliqués dans tous les États membres de l'UEMOA et comme tous les impôts indirects, ils ont des répercussions sur les transactions internationales.

597 Elle interdit ainsi les subventions directes ou indirectes et la différentiation fiscale entre essence et diesel et limite à 100 FCFA l'écart de taxe entre les autres produits pétroliers. Un second objectif de cette directive est la simplification de la fiscalité des produits pétroliers. Elle permet ainsi la consolidation d'une pléthore de taxes spécifiques pré-affectées en un droit spécifique (par litre ou kilogramme) unique au profit du Trésor. En revanche, cette directive n'impose aucune contrainte sur le taux, dont le plancher est fixé à 0 et le plafond n'est pas défini.

598 Un impôt direct est un impôt dont le paiement est effectué ou supporté par la personne sur qui repose la charge de l'impôt. Les impôts directs sont nombreux et frappent généralement les revenus réalisés par les entreprises et les ménages.

peuple[599]. Elle lui permet également de traduire par la personnalisation, son souci du bien-être desdites populations. En ce qui concerne l'UEMOA, force est de reconnaître qu'elle a été audacieuse et que les résultats qu'elle a obtenus jusque-là sont encourageants.

L'harmonisation des impôts directs concerne l'impôt sur les bénéfices des personnes morales (IS) et l'impôt sur les revenus des capitaux mobiliers (intérêts, dividendes, gains de capitaux). La Commission a édicté cinq directives relatives à la fiscalité directe. Trois d'entre elles concernent l'imposition des bénéfices[600], une quatrième porte sur l'impôt sur les valeurs mobilières (directive n°02/2010/CM/UEMOA) et la cinquième détermine l'imposition des sociétés d'investissement à capital fixe (directive n°02/2011/CM/ UEMOA). À ces directives, s'ajoutent le règlement n°08/CM/UEMOA de 2008 et son annexe visant à éviter la double imposition entre États membres.

L'approche adoptée pour l'harmonisation de l'impôt sur les bénéfices, présentée dans la décision N° 16/2006/CM/UEMOA, s'est faite en deux étapes : rapprocher au préalable les bases imposables définies dans les législations nationales, puis proposer un encadrement des taux de l'impôt concerné. Trois directives définissent respectivement l'assiette, le taux et le mode de prélèvement de l'IS[601] par acompte au sein de l'UEMOA[602]. Les exonérations par contre sont autorisées au titre des Codes des investissements nationaux ou d'autres codes particuliers communautaires ou non (minier, pétrolier, forestier…)[603].

La Directive n°07/2001/CM/UEMOA détermine les modalités de prélèvement de l'IS par un acompte majoré à 3 % sur les importations et

[599] E. DIARRA, « Coopération ou intégration fiscale au sein de l'Union Economique et Monétaire Ouest- Africaine », *op. cit.*, p. 53.

[600] Cf. directives n°07/2001/CM/UEMOA, n°01/2008/CM/UEMOA, n°08/2008/CM/UEMOA.

[601] Nous appelons Impôt sur les Sociétés (IS), l'impôt assis sur les bénéfices industriels et commerciaux des personnes morales même si plusieurs États membres n'ont pas encore adopté un IS autonome.

[602] La Directive N° 08/2008/CM/UEMOA précise que le taux unique de l'IS doit être compris entre 25 et 30 %. La Directive N° 01/2008/CM/UEMOA détermine l'assiette de l'IS, dont les principaux éléments sont basés entre autres sur l'application du principe de territorialité et non de la mondialité.

[603] D'autres exonérations sont directement régies par la Directive. Elles concernent notamment les plus-values d'éléments d'actifs sous la condition de réinvestissement dans un pays membre dans un délai de trois ans, les sociétés d'investissement à capital fixe et variable pour la partie des revenus (cessions ou produits nets) provenant de leur portefeuille de titres.

sur les achats ou acquisitions faits par l'État dans le cadre des marchés publics. Cet acompte peut être porté à 5 % pour les entreprises ne disposant pas d'un numéro d'identification fiscale[604]. Les États membres sont tenus d'employer le système comptable SYSCOA (Système comptable ouest-africain) et de transmettre les comptes financiers des entreprises opérant sur leur territoire à la Centrale des bilans des entreprises de l'UEMOA, gérée par la BCEAO[605].

La Directive n°02/2011/CM/UEMOA concerne la fiscalité des sociétés d'investissement à capital fixe (SICAF), dont le portefeuille se compose au minimum de 50% d'actions de sociétés non cotées[606]. Cette directive vise à favoriser le financement des petites et moyennes entreprises de la région. Les SICAF sont exonérées des droits d'enregistrement, de l'impôt sur les plus-values, de l'IS et de l'impôt sur les revenus des capitaux mobiliers (IRCM). L'IRCM est organisé par la directive 02/2010/CM/UEMOA qui précise le type de revenu des capitaux et les taux applicables (Cf. tableau en annexe VI). Les revenus distribués par des fonds d'investissement agréés par le Conseil régional de l'épargne publique et des marchés financiers (CREPMF) sont exonérés de cet impôt[607]. La directive précise aussi le mode de prélèvement de cet impôt par retenue à la source dans l'État où l'investissement a été réalisé[608].

---

[604] Cette directive précise les seuils minimums d'assujettissement aux différents régimes. Ainsi, le régime réel s'applique aux personnes morales dont le chiffre d'affaires est au moins de 100 millions de FCFA pour les activités commerciales et du secteur primaire ou 50 millions FCFA pour les autres activités.

[605] Il est regrettable que cette source d'information permettant notamment des comparaisons internationales au sein de l'UEMOA soit aujourd'hui largement ignorée.

[606] La directive définit les SICAF comme des « *entreprises qui font profession habituelle de concourir, sur ressources propres ou assimilées, au renforcement des fonds propres et assimilés d'autres entreprises* ».

[607] Le CREPMF est une institution de l'UEMOA créée en 1996, dont le rôle est de réguler l'émission de titres sur le marché de l'UEMOA.

[608] Le Pays de résidence de l'investisseur n'est pas autorisé à appliquer une taxation supplémentaire. Cet aspect de la directive contredit le Traité multilatéral de double imposition selon lequel l'imposition du revenu dans les États membres se fait sur la base de la résidence du contribuable, avec un crédit pour les taxes et impôts payés à l'État de source.

La plupart des États imposent les revenus des personnes physiques au niveau cédulaire puis au niveau global. Un Traité relatif à la double imposition a été adopté par le Règlement 08/2008/ CM/UEMOA[609].

Le Tableau en annexe VII décrit les principales caractéristiques de ce traité. Les impôts sur le revenu sont généralement levés sur une base résidentielle.

Si le chantier d'harmonisation fiscale conduit par l'UEMOA a connu certaines réussites, des obstacles et des écueils existent encore et méritent une attention dans le sens de la poursuite du processus.

Paragraphe II | Des obstacles à une harmonisation fiscale complète

Les États membres de l'UEMOA, tout comme la plupart des États africains subsahariens, ont des difficultés à mobiliser, de façon optimale, des ressources publiques leur permettant de relever leur faible niveau de croissance économique. Ce faible niveau de croissance conduit à une carence des États à offrir les biens publics indispensables au développement économique et social[610]. Aussi la mobilisation des ressources publiques, principales sources de financement des dépenses publiques, se révèle-t-elle un enjeu important. Il va sans dire que toute décision, fût-elle communautaire, susceptible d'entrainer des pertes de recettes pour le budget national peut être source de ralentissement du processus d'intégration. Chaque État, en dépit de la volonté d'aller à l'intégration, fait face à des défis particuliers. Il en résulte donc une prévalence des priorités étatiques (A) auxquelles s'ajoute la faible capacité contributive des populations (B).

A- La préséance des priorités étatiques

Le processus d'intégration, dans son volet harmonisation des législations, est un long chemin emprunté par l'UEMOA. En effet, les États de l'espace UEMOA, dont les besoins en ressources publiques sont énormes, hésitent à engager certaines réformes, dès lors que celles-ci

---

609 Il concerne tous les impôts sur les revenus, l'héritage, les droits d'enregistrement et les timbres fiscaux (dont ceux collectés par le gouvernement central pour les gouvernements locaux).

610 G. CHAMBAS, *Afrique au Sud du Sahara : mobiliser des ressources pour financer le développement*, Paris, Economica, 2005, p. 1.

induisent des pertes de recettes. Pourtant, les États doivent mettre en œuvre des politiques de stabilisation macroéconomiques destinées à éviter notamment que le déséquilibre des finances publiques ne compromette l'ensemble des équilibres macroéconomiques. Plusieurs facteurs expliquent la réticence des États et la prévalence de leurs priorités. Certains sont d'ordre budgétaire (1), tandis que d'autres sont structurels (2).

1 | Les contraintes budgétaires

Les contraintes budgétaires subies par les États membres de l'UEMOA montrent bien l'importance que représentent les recettes fiscales pour les États. Cela justifie, sans nul doute, l'obstination des États qui continuent de percevoir des droits de porte malgré le programme de transition fiscale engagé depuis 2006. Les budgets des États membres de l'Union proviennent majoritairement de recettes fiscales. En effet, les recettes fiscales basées sur les taxes à l'importation et à l'exportation constituent la principale source de revenus des États membres de l'Union. Il est sans doute évident que la libéralisation des échanges intracommunautaires est source de moins-values de recettes douanières, du fait que la suppression des droits de douane suppose que les États ne perçoivent plus de droits de porte sur les produits originaires. Le tarif extérieur commun est également à l'origine d'une perte considérable de recettes. Or, la fiscalité de porte représente une part importante des ressources financières des États membres de l'Union. Certes, l'Union a mis en place un système de compensation[611] pour faire face aux éventuelles pertes de recettes, mais les États ne semblent guère aller dans ce sens.

Ces compensations montrent l'importance de la fiscalité de porte et l'impact que peut avoir une union douanière sur les finances publiques. Les États n'ayant pas d'autres ressources très importantes continuent de percevoir certaines taxes, qui sont contraires à l'esprit de la libéralisation des échanges, prôné dans l'espace UEMOA. La mise en œuvre de l'union douanière a entraîné un manque à gagner de recettes de porte pour les États. C'est ce qui explique, sans doute, l'obstination de certains États à percevoir des droits de porte.

L'entrée en vigueur de l'union douanière a eu des conséquences considérables sur les finances publiques des États membres de l'Union. En effet, la plupart des États, pour ne pas dire la quasi-totalité des États

---

[611] Voir le règlement n° 6/98 du 3 juillet 1998.

membres de l'espace UEMOA, tiraient la majorité de leurs revenus des recettes douanières. Avec la libéralisation des échanges commerciaux entre les États, ces derniers ne perçoivent plus de droits de porte. Les produits du cru, de l'artisanat et ceux industriels originaires agréés circulent en exonération de droits de douane entre les États[612]. En plus de l'incidence causée par le régime de taxation préférentielle communautaire sur les produits originaires, le tarif extérieur commun a entraîné un abaissement des tarifs douaniers sur les marchandises en provenance des pays tiers. Cette situation est à l'origine des déséquilibres budgétaires que connaissent les États de l'Union. L'impact est plus ressenti dans les pays enclavés de l'Union, qui ont été les plus touchés en raison de leur très faible niveau de développement économique. Ces derniers ont des économies primaires, peu diversifiées et manquent de ressources naturelles. Leurs économies dépendaient en grande partie des recettes douanières. A l'inverse, même si les autres États de l'Union ont subi des moins-values de recettes douanières, ils s'en sortent mieux par rapport aux pays enclavés[613].

Les pays côtiers[614] ont, dans une certaine mesure, ressenti cette situation de baisse de recettes malgré leurs économies assez diversifiées (Côte d'Ivoire, Sénégal) et leur ouverture au reste du monde[615]. Néanmoins, tous les États de l'Union ont tous subi d'une manière ou d'une autre l'incidence de l'union douanière sur leurs finances publiques. C'est conscient de cette situation que l'UEMOA a prévu un dispositif de compensation des moins-values subies par les États. Ce dispositif de compensation est prévu par l'article 58 du traité révisé au point a) en ces termes : « *les moins-values de recettes douanières subies par certains États membres du fait de la mise en place de l'Union douanière font l'objet d'un traitement spécifique temporaire* ». L'alinéa 3 du même

612 Voir article 4 de l'acte additionnel n°04/96. www.uemoa.int/Documents/Actes, consulté le 16 juin 2018.

613 Il s'agit du Burkina Faso, du Mali et du Niger qui n'ont pas d'ouverture sur la mer.

614 Les pays côtiers sont : le Bénin, la Côte d'Ivoire, la Guinée, la Guinée Bissau, le Sénégal, le Togo. Dans le cadre des activités commerciales, notamment les importations, les navires accostent par les ports d'Abidjan, de Dakar, de Conakry, de Lomé, de Cotonou et d'Accra.

615 Au Sénégal et en Côte d'Ivoire existent des ports maritimes qui facilitent les échanges commerciaux avec les pays tiers.

article précise que *« les modalités pratiques de l'application du système transitoire de compensation seront précisées par acte additionnel »*[616].

La Commission est chargée, sur la base des exemplaires des déclarations en douane, d'arrêter les montants des moins-values constatées pour chaque État membre et de procéder au versement dans les 60 jours suivants. Les opérations sont effectuées par le Fonds de compensation créé par le Règlement n°06/98 du 3 juillet 1998 et alimenté aux termes de l'article 2 par l'affectation d'une part des recettes perçues au titre du PCS. Aux contraintes budgétaires que connaissent les États, s'ajoutent des contraintes liées aux structures économiques des États membres.

2 | Les contraintes structurelles

Les contraintes structurelles sont liées soit à la disparité des niveaux de développement économique[617], soit à la similitude de la structure des biens produits dans les États. Les États membres de l'UEMOA ont un niveau de développement faible, mais également un niveau économique peu diversifié. Ainsi, certains États sont défavorisés dans la réalisation de l'Union douanière. Une différence géographique notoire existe entre les pays membres de l'Union. En effet, l'UEMOA est à la fois constituée de pays sahéliens et de pays côtiers. Par exemple, le Burkina Faso, le Mali et le Niger sont des pays enclavés confrontés à un problème de transport. Cette situation d'enclavement a des conséquences sur le développement économique de ces pays. Ceux-ci font face à des difficultés criardes en ce qui concerne les coûts de transport et d'énergie, etc. Les industries des États de l'Union sont souvent plus concurrentielles que complémentaires dans la mesure où les disparités dans la structure et les taux d'imposition sont source de distorsion dans les échanges intracommunautaires[618]. Il n'y a donc pas de spécialisation attachée à chaque État pour un type d'activité bien précis.

---

[616] C'est l'objet de l'acte additionnel n°04/96 qui, en son article 23, précise que les moins-values de recettes subies par les États membres sont celles résultant de l'application du tarif préférentiel.

[617] Voir S. YONABA, « Les contraintes de l'harmonisation d'un droit budgétaire rénove dans la zone UEMOA », *op. cit.*, p. 71. Cet auteur pense que les États ont eu une vision plus arithmétique qu'algébrique de l'intégration, eu égard aux disparités économiques.

[618] COMMISSION DE L'UEMOA, 1ère session de la Conférence des chefs d'État et de Gouvernement, « Proposition d'orientations générales pour la mise en œuvre du processus d'intégration », CM-CEG-I/ex/95. Pour plus de détails, voir B. DEIACUWE, « Union douanière au sein de l'UEMOA : une analyse quantitative », www.caim.info/*revue économique*- 2001-4- Page-811-htm.

Par ailleurs, il faut noter que deux États de l'Union, à savoir la Côte d'Ivoire et le Sénégal, sont considérés comme les locomotives économiques de la zone UEMOA. Ils représentent à eux deux, les plus gros importateurs et exportateurs de l'Union. Ils exportent plus dans la région qu'ils n'importent. Par contre, les pays sahéliens sont ceux qui importent le plus de produits de la région[619]. Pour pallier cette disparité flagrante de niveau de développement économique entre les États membres de l'Union, l'UEMOA a procédé à la création d'un fonds d'aide à l'intégration régionale[620]. Ce fonds a été créé pour éliminer les déséquilibres socio-économiques entre les États. Il vise aussi à aider les États les plus défavorisés en finançant, par exemple, la construction de routes et d'hôpitaux dans les zones les plus défavorisées. En somme, les États membres de l'Union doivent mener des réformes structurelles importantes, orientées vers l'approfondissement du processus d'intégration économique.

En plus de la disparité des niveaux de développement économique entre les États, il existe une similitude de la structure des biens produits dans les États membres de l'UEMOA. L'un des principaux obstacles au développement des échanges commerciaux entre ces États, est la similitude de la structure des biens produits. En effet, la plupart des États membres de l'Union fournissent pratiquement les mêmes produits de base agricole, alors que leurs besoins les plus pressants sont les produits manufacturés, pour lesquels les pays développés à économie de marché ont un avantage certain. Cette situation reflète l'absence de coordination et d'harmonisation des politiques de production et de commercialisation, ce qui traduit le niveau peu substantiel des potentialités d'échanges entre les pays de la zone. Après le secteur agricole qui prédomine la production dans l'Union, le secteur de l'élevage est le suivant. L'élevage du bétail, souvent à base de pratiques nomades, est d'une importance majeure dans plusieurs États membres de l'Union dont le Mali, le Burkina Faso et le Niger. Les rendements économiques intérieurs des pays de l'Union sont fortement dépendants de l'agriculture et de la production de l'élevage. Seul, le Sénégal et la Côte d'Ivoire ont pu voir leurs rendements économiques influencés de manière importante par l'activité d'autres secteurs productifs.

---

619 A. DIOUKHANE, « Le marché commun de l'UEMOA », *Cahiers de droit européen*, 2006 n°1-2, pp. 7-23.

620 Le FAIR a été institué pour prévenir les risques d'un développement déséquilibré au profit des États dotés de meilleurs potentiels productifs.

Les contraintes structurelles peuvent également s'analyser sous un angle politique, laissant penser que l'on ne doit pas évoluer dans un optimisme béat, car la revue d'ensemble de la situation politique des États membres n'est guère satisfaisante. En dehors du Sénégal, du Niger et du Bénin qui présentent une situation assez calme, les autres États vivent des circonstances exceptionnelles. Le Burkina Faso sort d'une insurrection populaire qui a fait chuter le régime politique, vieux de 27 ans, et est dans une phase de transition politique qui traverse souvent des zones de turbulence. Le Mali est dans un processus de réconciliation nationale difficile après la guerre civile qui a duré environ trois ans. Quant à la Guinée-Bissau, *« la fragilité légendaire de ses institutions, appelle très peu de commentaires »*[621], selon l'expression du Professeur Salif YONABA. La Côte d'Ivoire, qui tente de sortir la tête de l'eau, demeure dans une situation inquiétante tout de même, au regard de l'actualité politique. S'agissant du Togo, la même situation qui prévaut depuis une dizaine d'années, se constate toujours.

En somme, les difficultés économiques des États membres les conduisent donc à être réticents lorsqu'il s'agit de la mise en œuvre des mesures fiscales communautaires, ce que constate Jean Baptiste GEOFFROY lorsqu'il affirme : « *l'expansion du droit fiscal communautaire*[622] *a pour conséquence, de rendre plus sensible, la confrontation entre l'ordre fiscal communautaire et les souverainetés nationales* »[623]. Le sujet est d'autant plus délicat qu'il dépasse largement le débat technique pour susciter des questions d'ordre politique. Ainsi que le soulignait le Professeur Michel BOUVIER, « *toute réflexion en matière fiscale [est] systématiquement associée à une réflexion plus globale sur les transformations de l'État* »[624].

En dehors de ces différents facteurs qui limitent la mobilisation des ressources communautaires, il ne serait pas superflu d'évoquer la faiblesse de la capacité contributive des populations.

---

621 S. YONABA, « Les contraintes de l'harmonisation d'un droit budgétaire rénové dans la zone UEMOA », *in Logique de performance et pays en développement, RFFP* n°98, pp. 70-71.

622 Voir, J-M. COMMUNIER, « Droit fiscal communautaire », *op, cit.*, p. 11.

623 J. B. GEOFFROY, *Grands problèmes fiscaux contemporains,* Paris, PUF, 1993, pp. 258 et s.

624 M. BOUVIER, *Introduction au droit fiscal général et à la théorie de l'impôt*, 3ème éd, Paris, LGDJ, 2000, p. 224.

B- La faible capacité contributive des populations

Il faut noter que les États membres de l'UEMOA ont un niveau de développement à la base faible. À cela, s'ajoute la détérioration des termes de l'échange. Ces situations qui traduisent une faiblesse de la capacité contributive des populations de l'Union, constituent des conditions défavorables au processus d'harmonisation fiscale conduit par l'UEMOA. Elles sont caractérisées par un rendement fiscal faible (1) et une compétitivité internationale limitée (2).

1 | Un rendement fiscal faible

L'impôt, pour rappel, est prélevé sur les richesses produites par les contribuables pour alimenter les caisses publiques. Or, la source d'alimentation, qui est cette richesse, n'est pas consistante dans les États membres de l'UEMOA compte tenu de la faiblesse du tissu industriel et agricole, de même que l'insuffisance des infrastructures pour faciliter la circulation des biens.

Ainsi, un examen du rendement des impôts conduit à constater la faiblesse de celui-ci, dans la mesure où l'on n'a pas encore atteint un niveau optimal de mobilisation de ressources, ou du moins, un niveau assez confortable[625]. Pour Habasso TRAORE, ce faible rendement fiscal n'a pas d'autres explications que « *la faiblesse du potentiel fiscal, la forte instabilité des ressources en raison de l'importance des chocs exogènes, des insuffisances liées à la gouvernance financière, voire la forte dépendance des budgets nationaux à l'aide extérieure* »[626].

Dans les États membres de l'UEMOA, il est aisé de remarquer une insuffisance et une qualité médiocre des infrastructures physiques. L'insuffisance et la qualité médiocre des infrastructures physiques concernent les équipements techniques tels que les infrastructures et le transport, qui contribuent de façon dynamique aux échanges commerciaux entre les États de l'Union. C'est dans ce même sens que P. ROBSON affirmait : « *l'investissement en matière d'infrastructures (routes, ports, etc.), sont des conditions pour lesquelles un marché unifié suscitera un besoin, à la fois pour faciliter les échanges. Un tel investissement, en particulier dans les transports et les communications,*

---

[625] S. OUEDRAOGO, L*es compétences nationales en matière fiscale et la Communautarisation des règles dans l'espace ouest-africain, op. cit.* p. 277.

[626] S. M. SOUGOU et H. TRAORE, « Principales caractéristiques de la fiscalité des pays de l'UEMOA », in E.H.A. SAKHO et G. DUFRENOT, *Enjeux des politiques macroéconomiques des pays de l'UEMOA,* Paris, Economica, 2008, p. 12.

sera souvent une condition préalable à l'exploitation des gains que procure l'intégration économique »[627].

Leurs dysfonctionnements montrent bien que l'union économique de l'UEMOA reste une œuvre à parfaire sur le terrain. En effet, la structure actuelle du réseau des infrastructures de transport au sein de l'UEMOA demeure peu adaptée aux objectifs d'intégration régionale. Les ports maritimes assurent l'essentiel du trafic international entre les États de l'Union et le reste du monde. L'Union dispose de cinq ports[628], les pays sans façade maritime sont situés à plus de 1000 km des pays côtiers. Au niveau des infrastructures aéroportuaires, la desserte aérienne entre les États est mal assurée et les coûts de transport aériens sont élevés. Ce mode de transport est peu utilisé, voire inutilisé dans les échanges commerciaux entre les États membres de l'Union. Pour ce qui concerne les voies fluviales navigables, elles restent encore marginalisées dans le système des transports de l'Union.

Quant au secteur routier, qui est le mode de transport le plus utilisé dans les échanges au sein de l'UEMOA, il assure plus de 90% des échanges commerciaux à l'intérieur de l'Union, favorisant ainsi l'intégration économique[629]. Cependant, le réseau routier communautaire demeure faible et vétuste. Après les indépendances dans les années 1960, à l'instar de beaucoup de pays en développement, les États membres de l'UEMOA ont adopté une stratégie de développement axée sur « l'import-substitution » basé essentiellement sur un secteur agricole et des industries légères protégées en vue de satisfaire la demande intérieure. Les exportations des produits primaires rapportent aux pays de la région la majorité de leurs recettes en devises. La diversification des exportations par l'industrialisation a été compromise par des politiques économiques non adaptées avec des coûts de facteurs de production relativement élevés (transport-électricité-eau-salaires)[630].

Le tissu industriel des États membres de l'UEMOA demeure très faible et participe peu à la formation du PIB. Ainsi, la contribution industrielle communautaire varie entre 12% et 27% du PIB ; l'industrie

---

[627] P. ROBSON, *L'intégration économique en Afrique de l'Ouest,* Paris, Economica, 1987, p. 30.

[628] Il s'agit des ports d'Abidjan, de Bissau, de Cotonou, de Dakar et de Lomé.

[629] S. OUEDRAOGO, *Les compétences nationales en matière fiscale et la communautarisation des règles dans l'espace ouest-africain, op. cit.*, p. 278.

[630] Voir H. D. FALL, *« FAIR » un aménagement équilibré pour éliminer les disparités*, Journal « le soleil », spécial UEMOA août 2001, p. 42.

manufacturière contribue pour 7% à 28%. Les ressources naturelles sont très peu transformées, les exportations étant constituées essentiellement de produits primaires. L'UEMOA est essentiellement confrontée à des contraintes multiples qui entravent son développement. Trois niveaux de situation ont été relevés[631]. D'abord, au niveau macro-économique, il existe un environnement peu incitatif caractérisé par une étroitesse des marchés nationaux et une insuffisance des infrastructures de base. A cela, s'ajoutent des coûts de facteurs de production très élevés. Ensuite, au niveau méso-économique, il est à noter une faiblesse des dispositifs institutionnels d'appui puis, un manque de concertation entre les États et le secteur privé. Enfin, au niveau microéconomique, il à remarquer l'insuffisance d'industries et de services de soutien, la déficience dans le management des entreprises. Cette situation n'est pas de nature à favoriser la compétitivité, de façon générale.

2 | Une compétitivité internationale limitée

Avec un environnement économique mondial en pleine mutation, qui nécessite la maîtrise de certains avantages comparatifs intangibles, tels que le savoir-faire et l'innovation technologique, la compétitivité avec le reste du monde est incertaine. Également, avec l'émergence de grands blocs économiques qui monopolisent l'essentiel des flux économiques mondiaux tels que l'UE, par exemple, avec laquelle, les États membres de l'UEMOA entretiennent l'essentiel des échanges commerciaux, la compétition économique devient rude. Cette situation représente un risque majeur de marginalisation des économies de l'UEMOA, si elles s'avèrent incapables de s'ouvrir de façon compétitive aux opportunités de la mondialisation. Outre le défaut d'équipements techniques adéquats, il est à noter une absence de garantie dans le cadre de la compétition entre les États.

Par ailleurs, les États de l'Union affichent un faible niveau de développement à la base. Cela constitue un facteur défavorable expliquant la faible capacité de contribution des populations. En effet, l'analyse de l'évolution de l'incidence de la pauvreté monétaire montre deux groupes[632] de pays au sein de l'UEMOA : les États où la pauvreté est soit stable ou en légère hausse et les États où la pauvreté est en baisse. Dans le groupe de pays avec une pauvreté stable ou en légère hausse, on

---

[631] Voir notamment, COMMISSION DE L'UEMOA, *la politique industrielle de l'UEMOA (PIC)*, n°3, juillet-septembre 2010, p. 324.

[632] COMMISSION DE L'UEMOA, *Premier rapport sur l'état de la pauvreté au sein de l'UEMOA*, 2015, p. 15.

compte le Bénin, le Burkina Faso, la Côte d'Ivoire, la Guinée Bissau. Le deuxième groupe de pays est composé des États qui présentent un repli de la pauvreté monétaire : ce sont le Mali, le Niger, le Sénégal et le Togo. Il faut noter que dans les États de l'UEMOA, la pauvreté frappe plus le milieu rural qui affiche des incidences plus élevées que la zone urbaine.

S'agissant du domaine éducatif, les principaux indicateurs retenus dans le cadre des Objectifs du millénaire pour le développement (OMD) sont le Taux brut de scolarisation (TBS), le taux net de scolarisation, le taux d'achèvement du cycle primaire et le taux d'alphabétisation des 15 ans et plus. Les Rapports d'État sur le Système éducatif national (RESEN) réalisés dans les différents États de l'UEMOA abordent les progrès mais aussi les difficultés du système éducatif. Il faut retenir que le Togo, le Bénin et la Guinée Bissau sont les trois États de l'UEMOA dont les TBS atteignent les 100%. En comparant ces chiffres aux taux nets de scolarisation qui ne dépassent pas les 80% dans ces États, on se rend compte de l'importance des entrées précoces et/ou des redoublements qui dopent les TBS. Les États ayant les taux les plus faibles au sein de l'UEMOA en l'occurrence le Niger, le Mali et le Burkina Faso, sont aussi ceux qui présentent les taux de progression les plus élevés. Les États les plus performants en termes de progression des taux bruts et des taux nets de scolarisation sont le Mali, le Niger, la Guinée Bissau et le Burkina Faso.

Les systèmes éducatifs des États de l'union sont confrontés à plusieurs difficultés, notamment : la faiblesse de l'accessibilité et de l'encadrement, la gestion non satisfaisante des ressources humaines et financières, les contraintes budgétaires et l'insuffisance d'infrastructures et de matériels didactiques. Quant au taux d'alphabétisation, les États les plus avancés ont des taux qui avoisinent les 60% (Togo, Côte d'Ivoire, Sénégal). De ces trois États, seul le Sénégal maintient une progression notable (3,3% par an). Le Mali enregistre la plus rapide progression annuelle du taux d'alphabétisation (6,8%), suivi du Burkina Faso (3,9%) et du Bénin (3,4%). En ce qui concerne la sécurité alimentaire, l'indice utilisé est le Global hunger index (GHI). Il est calculé à partir de trois indicateurs exprimés en pourcentage : il s'agit de la proportion de population sous-alimentée, de la prévalence de l'insuffisance pondérale chez les enfants de moins de 5 ans (%) et du taux de mortalité des enfants de moins de 5 ans (en %). Le GHI est une moyenne arithmétique de ces trois indicateurs et varie entre 0 et 100. Plus il est élevé, plus le niveau de la faim est élevé[633].

Une analyse comparée du GHI des États de l'UEMOA montre que, dans l'ensemble, de grands efforts ont été faits par les États. Ceux ayant obtenu des progrès importants de réduction de leur indice de la faim sont le Niger même si l'indice demeure encore très élevé, le Mali, le Togo et le Bénin. Le Niger vient néanmoins en tête en termes de baisse de l'indice de faim, mais le Mali offre le meilleur taux de réduction annuel. Seule la Côte d'Ivoire a connu une augmentation de son indice passant de 16,5 en 1990 à 18,2 en 2012. Cette situation pourrait s'expliquer par la crise sociopolitique qu'a connue ce pays et qui n'offrait pas une stabilité à la mise en œuvre des politiques de développement.

Il faut souligner que tous les États de l'UEMOA affichent une augmentation de l'accès à l'eau potable avec cependant des taux d'amélioration différents. Le Burkina Faso et le Niger sont les plus performants en matière de vitesse de progression. En ce qui concerne les indicateurs économiques à savoir le taux de croissance du PIB réel, le taux de chômage, le service de la dette en pourcentage des exportations en biens et services, on note des performances erratiques traduisant la vulnérabilité des États de l'Union aux chocs. En dépit de tous ces obstacles, il faut reconnaître que de nombreux efforts sont faits par l'Union pour des avancées notables dans ce vaste chantier d'harmonisation. Toutefois, il demeure que le système institutionnel et décisionnel reste à renforcer.

Section 2 ‖ Un cadre institutionnel et décisionnel en quête de renforcement

Les charges transférées ou imposées aux organisations communautaires sont supérieures aux moyens financiers dont disposent ces dernières, et cela conduit tout naturellement vers une asphyxie, symbole d'entrave à la libre administration. La maîtrise du montant de ces dépenses est donc une composante nécessaire à la détermination de l'indépendance matérielle des organisations communautaires en matière financière. A cet égard, le Traité de l'UEMOA pose quelques principes qui nous semblent préserver l'indépendance de l'institution

633 COMMISSION DE L'UEMOA, *Premier rapport sur l'état de la pauvreté au sein de l'UEMOA*, *op. cit.*, p. 16.

communautaire en matière de dépense. En effet, l'Union est dotée de ressources propres qui assurent le financement régulier de son fonctionnement[634].

En outre, l'Union s'interdit de répondre à des engagements des administrations centrales, des autorités locales, des autres autorités publiques, d'autres organismes ou entreprises publiques d'un État membre[635]. En prenant cette décision, elle se donne des garanties nécessaires, non seulement pour contrôler les activités menées sur son financement, mais aussi pour avoir une bonne maîtrise de ses dépenses. Toutefois, l'Union reste confrontée à l'attachement excessif des États membres à leur souveraineté (Paragraphe 1), ce qui pose le problème de transparence (Paragraphe 2) dans sa gestion.

Paragraphe I | L'attachement à la souveraineté fiscale

La souveraineté[636] fiscale désigne la liberté dont dispose une entité pour déterminer les règles applicables au prélèvement fiscal ainsi que le pouvoir de contrainte pour l'appliquer[637]. Il se pose alors les questions suivantes : jusqu'où les États peuvent aller en matière de réglementation fiscale sans enfreindre aux règles communautaires ? Quelle règle doivent-ils appliquer, en cas de contradiction, entre une norme législative ou constitutionnelle interne, et une norme communautaire ? En général, lorsque l'application des normes communautaires risque de porter atteinte à la cohérence générale de leurs systèmes fiscaux ou de fausser

[634] Art. 48 du Traité révisé de l'UEMOA.

[635] Art. 50 du Traité révisé de l'UEMOA.

[636] La souveraineté fiscale est souvent présentée comme le symbole par excellence des pouvoirs régaliens de l'État, de sorte que les débats y relatifs sont toujours houleux. L'expression souveraineté fiscale doit être bien comprise et ne pas être confondue avec la souveraineté budgétaire. Cette dernière est plus connue sous le concept de principe d'autorisation budgétaire et qui désigne le droit reconnu au parlement de donner au gouvernement l'autorisation de percevoir les recettes nécessaires en vue d'assurer le bon fonctionnement des services publics. L'expression ne doit pas non plus être confondue à une notion voisine qu'est l'autonomie fiscale. Selon A. BARALARI, « *tandis que l'autonomie est une question de degré, la souveraineté elle, est une question de nature* » (voir A. BARILARI, « La question de l'autonomie fiscale », *in RFFP*, n° 80 p. 77).

[637] V. A. MAITROT DE LA MOTTE, *Souveraineté fiscale et construction communautaire*, *op. cit.*, p. 35.

leurs objectifs, les États membres évoquent la souveraineté étatique et bloquent l'application desdites normes.

On note ainsi un attachement excessif des États à leur souveraineté fiscale, ce qui crée non seulement un lit pour la fraude fiscale (A), mais conduit également à des exonérations discutables (B), lesquelles handicapent considérablement le processus de communautarisation des règles fiscales.

A- Un lit pour la fraude organisée

Traditionnellement, l'existence des frontières est un facteur favorable à l'Administration, dans ses rapports avec les contribuables, pour le contrôle fiscal. Le droit de percevoir l'impôt est un attribut essentiel de la souveraineté nationale, mais ce droit s'arrête aux frontières de l'État. Il n'est donc pas admis qu'un auditeur du fisc étende son contrôle hors du territoire national. Cette situation peut être exploitée par les contribuables dont le souci est de payer le moins d'impôts possible. Ainsi certains contribuables n'hésitent pas à recourir à des méthodes peu recommandables pour échapper à l'impôt ou pour diminuer la charge fiscale qui doit peser sur eux : c'est la fraude fiscale. Pratique qualifiée d'antifiscalisme[638] selon Erik NEVEU, elle consiste pour le contribuable à faire échapper tout ou partie de son patrimoine à l'impôt. Parmi les facteurs favorisant la persistance des fraudes, il est à noter les limites de la coopération internationale (1) et la complexité des systèmes fiscaux dans l'Union (2).

1 | Les limites de la coopération internationale

L'accroissement des volumes du commerce international requiert l'urgence d'une coopération internationale efficace pour sécuriser la chaîne logistique internationale. Les problèmes des échanges transfrontaliers touchent aux trafics de tout genre, à la contrefaçon, aux activités liées au terrorisme.

Sur le plan douanier, lors d'une opération économique transfrontalière, les services des douanes du pays d'importation sont tenus en vertu de l'accord de l'OMC sur l'évaluation en douane

[638] E. NEVEU et L. CADIET, *Regards sur la fraude fiscale*, Paris, Economica, 1986, p. 97. Voir aussi J. R. PELLAS, « Les nouveaux outils de lutte contre la fraude fiscale », *in RFFP*, n°127-2014, pp. 122 et s. Voir également B. CASTAGNEDE, « La lutte contre la fraude ou l'évasion fiscale internationale : la nouvelle donne », *in RFFP*, n°110-2010, p. 5 et s. Également A. L. MBELEK, « Fiscalité et développement : la problématique du rendement », *in Revue EJDA,* n° 93-2012, p. 11.

d'accepter la valeur transactionnelle. En cas de doute sur la véracité de la valeur des marchandises déclarées, les services des douanes et l'importateur s'engagent sur la voie de la vérification qui est le plus souvent insatisfaisante aussi bien pour l'importateur que pour l'administration. L'opérateur économique subit des retards préjudiciables alors que les services des douanes supportent une charge de travail supplémentaire et perdent en fluidité de passage.

La solution à ce problème pourrait être la mise en place d'un système efficace d'échange d'information sur les transactions économiques transfrontalières. Concrètement, il s'agit de mettre à disposition des services des douanes du pays d'importation les données détenues par le pays d'exportation.

L'idée de mettre en place un système global d'échanges d'informations en cas de doute sur la véracité de la valeur déclarée est presque aussi vieille que l'accord du GATT de 1947. Déjà le 5 décembre 1953, le Conseil de coopération douanière émet la Recommandation sur l'assistance mutuelle administrative visant à aider les services des douanes des différents pays à établir des liens de coopération très étroits dans leur lutte contre les infractions douanières[639].

Il faut constater que malgré beaucoup d'efforts entrepris par l'OMD, l'échange d'informations en matière d'évaluation en douane et dans bien d'autres domaines est toujours à un stade peu avancé, et cela principalement du fait de désaccords persistants entre les pays développés et les pays en développement. La Convention de Nairobi[640] et la Convention de Johannesburg[641], font partie des instruments

[639] Voir le site de l'OMD : http://www.wcoomd.org/fr/default.htm., consulté le 16 juin 2019.

[640] Les travaux sur cet accord global ont donc commencé en 1974 et en 1977 une Convention internationale d'assistance mutuelle administrative en vue de prévenir, de rechercher et de réprimer les infractions douanières a été conçue à Nairobi sous l'auspice du Comité de coopération douanière de l'OMD. Plus connue sous le nom « Convention de Nairobi », la Convention a été signée le 9 juin 1977 et sa gestion a été confiée au Conseil de l'OMD, épaulé par le Comité de la lutte contre la fraude.

[641] En juin 2003, le Conseil de l'OMD, l'organe décisionnel le plus élevé, a adopté le texte d'une nouvelle Convention internationale d'assistance mutuelle administrative en matière douanière. Connue sous le nom de « Convention de Johannesburg », elle contient des dispositions sur l'échange de renseignements aux fins d'évaluation des droits et taxes à l'importation et à l'exportation. A l'instar de la Convention de Nairobi, la Convention de Johannesburg reconnaît le rôle de l'échange d'information dans la gestion de risque efficace et que cet échange soit effectué sur la base des règles légales claires.

internationaux mis en place à cet effet et dont les résultats restent à ce jour assez mitigés.

De plus en plus, les frontières étatiques apparaissent comme un facteur limitatif du contrôle et des sanctions de la lutte contre la fraude fiscale, entreprise dans le cadre de la coopération internationale. Le défi est assez énorme pour les États, en ce sens que la fraude présente de multiples facettes. Elle concerne à la fois des personnes physiques dont les activités sont pour l'essentiel, légales, de grandes entreprises qui abusent des mécanismes d'optimisation fiscale, et des réseaux criminels. La fraude « *s'épanouit dans des États où le secret bancaire est bien gardé, les dispositifs anti blanchiments se font discrets, la supervision bancaire légère, la coopération judiciaire absente, les structures commerciales opaques* »[642].

La fraude fiscale[643] occupe une place importante parmi les différentes formes de résistance à l'impôt sur un double point de vue, il s'agit non seulement d'un acte purement individuel, mais aussi dont le but est de se soustraire à l'impôt, c'est-à-dire un refus délibéré de s'acquitter de ses impôts[644]. Techniquement, la fraude fiscale internationale peut se définir comme tout procédé visant à échapper à l'impôt, dans un État où la pression fiscale est jugée trop importante, en transférant irrégulièrement des revenus dont l'imposition revient en temps normal à cet État dans un autre État où l'impôt sera moins élevé ou nul[645].

---

[642] G. BAZIN, « Les administrations fiscales et l'impôt : une efficacité en question », *in Pouvoirs*, n°151, 2014, pp. 72-73.

[643] Selon la Commission de l'UE : « *La fraude fiscale est une forme de contournement délibéré de l'impôt, qui est généralement punie pénalement. Elle englobe les situations dans lesquelles de fausses déclarations sont effectuées ou de faux documents sont produits de manière intentionnelle* », *in* Contribution au Conseil européen du 22 mai 2013, p. 1.

[644] En France, elle est l'œuvre de l'article 1741 du CGI qui la définit, comme étant la soustraction frauduleuse à l'établissement ou au paiement de l'impôt par la méconnaissance des obligations fiscales applicables. Voir également M. BOUVIER, *Introduction au droit fiscal et à la théorie générale de l'impôt*, Paris, LGDJ, 12e éd., 2014, p. 179 et s. Lire également, J. CAPDEVILLE LASSERRE, « Le délit de fraude fiscale », *in Fraude et évasion fiscale : état des lieux et moyens de lutte*, Paris, Lextenso, 2015, pp. 171-192.

[645] J. GLANGLAUDE, « Les deux feux follets des moyens de lutte contre la fraude fiscale internationale et le blanchiment de son produit », *in Le blanchiment des projets illicites*, Presses universitaires de Strasbourg, 2000, p. 146. Cette optimisation fiscale peut se traduire par plusieurs procédés : taux réduit de l'impôt, modalités de détermination de la base imposable, exonération de certains revenus normalement imposables.

En Afrique de l'Ouest, et précisément dans l'espace UEMOA, les causes de la fraude fiscale sont au premier chef, liées au système fiscal lui-même. Les États membres de l'UEMOA ont tous, un système fiscal assez complexe qui offre des possibilités aux contribuables de pouvoir contourner la loi[646].

2 | La complexité des systèmes fiscaux dans l'Union

Il convient de noter que les contrôles fiscaux sont limités et insuffisants de sorte que beaucoup de contribuables exercent leurs activités, mais arrivent à échapper à l'impôt. Pour des administrations fiscales avec des moyens dérisoires tant en qualité qu'en quantité, il est difficile d'opérer des contrôles efficaces. En plus, les limitations des contrôles procèdent de la volonté de l'administration de ne pas irriter les contribuables qui pourraient s'estimer harcelés par la multiplicité des contrôles assimilables à « une inquisition fiscale »[647].

Pour J. C. MARTINEZ, il paraît difficile de légitimer la fraude en excipant du droit de résistance à l'oppression fiscale[648]. Ainsi, il faut savoir que le niveau de prélèvement tel qu'il est ressenti par le contribuable est souvent source de fraude. Dès lors que le contribuable ressent le poids de l'impôt comme un fardeau trop lourd, il aura tendance à minimiser sa charge fiscale par divers moyens. D'autres causes peuvent expliquer la fraude notamment l'environnement économique dominé par le secteur informel non structuré difficile à cerner[649]. C'est un secteur qui occupe environ 70% de l'activité économique dans les États membres de l'UEMOA[650]. La non maîtrise de ce secteur est telle que beaucoup de

[646] A titre d'exemple, la flambée du prix de l'or consécutivement à la crise financière mondiale a procuré des recettes au Burkina Faso mais aucune structure de l'État ne maîtrise le circuit de production de l'or. Pour le moment il s'en tient aux déclarations des sociétés minières. Au Niger, depuis 40 ans que la société AREVA exploite l'uranium qui constitue 70% des exportations du pays, cela ne représente que 5% du budget national.

[647] P. BELTRAME cité par S. DEMBELE et F. M. SAWADOGO, *Précis de droit fiscal burkinabè, op. cit.*, p. 95.

[648] P. BELTRAME, *La fiscalité en France, Hachette supérieur*, Coll. « les fondamentaux », 9e éd., Paris, LGDJ, 2003, p. 187.

[649] Il s'agit ici non pas des activités occultes mais du secteur non structuré dont la maîtrise est difficile à cerner.

[650] Rapport d'étude sur le secteur informel de l'UEMOA, Le secteur informel dans les principales agglomérations de sept États membres : performances, insertions et perspectives, réalisée en 2001 et 2003 avec la collaboration de AFRISAT, disponible sur http://www.uemoa.int/sites/default/files/bibliotheque/rapsectinform2_0.pdf, consulté le 16 juin 2019.

contribuables y évoluent, supportent une charge fiscale largement plus légère que ce qu'ils doivent payer, sans pouvoir être appréhendés par l'administration fiscale.

Un autre facteur réside dans l'incivisme fiscal grandissant qui gagne les sociétés africaines. En dépit de l'obligation constitutionnelle pour chacun de contribuer selon ses facultés, les contribuables dans la réalité semblent opposer une résistance à l'impôt[651]. L'incivisme se manifeste sous plusieurs formes qui vont du refus total de payer au refus face aux injonctions de l'administration. L'incivisme des uns conduit à transférer les charges fiscales sur une autre partie des contribuables. On peut noter aussi le phénomène de la corruption qui consiste pour les contribuables à proposer aux agents des avantages divers contre une sous-imposition ou même une non-imposition parfois[652].

Cependant, l'ancrage de l'incivisme fiscal peut trouver ses origines dans des facteurs socio-historiques en lien avec l'histoire de la colonisation. Si comme l'affirme B. CASTAGNEDE, la fiscalité peut être considérée comme l'expression d'un rapport de force et de pouvoir[653], le colon s'en est vraiment servi comme outil de domination au point que la relation de pouvoir qui se noue aujourd'hui entre l'administration fiscale moderne puise sa légitimité dans les concepts juridiques occidentaux face à des assujettis qui ont d'autres repères. De ce fait, l'impôt est donc perçu comme un transfert anonyme, en sens unique sans contrepartie, de sorte que les comportements antifiscaux dans les pays en développement doivent être compris comme une révolte face à une autorité perçue comme ne rendant pas compte de ce qu'elle perçoit. Qu'en est-il des exonérations fiscales accordées dans ces États membres ?

B- Des exonérations discutables

Une exonération fiscale est une dispense totale ou partielle d'impôt, d'une matière entrant normalement dans le champ d'application de cet impôt. L'exonération intervient sur disposition expresse de la loi, pour

651 Aux termes de l'article 17 de la Constitution burkinabè du 02 juin 1991 : « le devoir de s'acquitter de ses obligations fiscales conformément à la loi s'impose à chacun ».
652 Lire M. DJEUWO, « La corruption dans le management des ressources humaines de l'administration douanière », *in Afrique contemporaine,* n°230, 2009, pp. 55-67. Voir aussi G. RABALLAND et T. CANTENS, « Réforme des douanes et développement en Afrique subsaharienne », *in Afriques contemporaine,* n° 230, 2009, pp. 19-31.
653 B. CASTAGNEDE, *La politique fiscale*, Paris, PUF, 2008, p. 103.

des motifs dans des champs et selon des modalités variées[654]. Dans la plupart des États membres de l'Union, il s'agit souvent des décisions sous-tendues par des enjeux politiques induisant une concurrence fiscale dommageable (1) dans un environnement dépourvu d'un encadrement rigoureux en vue d'une évaluation d'incidence (2).

1 | La tendance à une concurrence fiscale dommageable

Les exonérations poursuivent le plus souvent des finalités économiques ou sociales, mais parfois culturelles ou encore environnementales, traduisant par là des choix de politiques publiques. Toutefois, l'une des pratiques observées au niveau des États membres et qui handicapent considérablement la mobilisation des recettes est l'octroi incontrôlé des exonérations fiscales. En effet, des irrégularités considérables s'observent dans ce domaine. Il en découle des activités frauduleuses et des transactions informelles. Aussi en l'absence d'une coordination statistique rigoureuse, l'UEMOA éprouve-t-elle une grande difficulté à quantifier les pertes de recettes fiscales dues aux différents types d'exonération. Non seulement les exonérations douanières affectent le recouvrement des droits de porte au profit des États, mais aussi la perception du PCS qui dépend également d'une application correcte des politiques nationales concernant les exonérations douanières .

Tous les États membres de l'UEMOA ont des régimes fiscaux particuliers qui dérogent à leur code général des impôts respectif. Ces régimes sont plus ou moins encadrés par des codes particuliers qui contiennent des dispositions fiscales et douanières, telles que les codes miniers et pétroliers, les textes régissant les zones franches et les codes des investissements. Outre ces textes, il existe également de multiples conventions d'établissement particulières qui octroient aux entreprises bénéficiaires des avantages fiscaux ou douaniers. La Commission de l'UEMOA n'a produit pour l'instant qu'un code minier communautaire sous forme de règlement. Le code des investissements communautaires demeure à l'état de projet depuis plus d'une décennie[655].

---

[654] G. ORSONI (Dir), *Finances publiques, Dictionnaire encyclopédique*, Paris, ECONOMICA, 2017, p. 444.

[655] M. MANSOUR, G. ROTA-GRAZIOSI, « Coordination fiscale dans l'Union économique et monétaire ouest-africaine », *in Revue d'économie du développement*, 2012/3 Vol. 20, pp. 9-34.

Le principal mérite des codes des investissements nationaux a été de substituer, en partie ou non, la règle à la discrétion. En effet, en établissant un code des investissements, les États ont généralement abandonné le recours à des conventions d'établissement octroyées à des cas spécifiques. Les codes des investissements ont ainsi contribué à une plus grande transparence et une meilleure gouvernance. Cependant, l'effort de l'harmonisation fiscale s'avère compromis par ces codes des investissements, qui permettent de déroger au régime de droit commun national encadré par les directives communautaires. Le tableau en annexe VIII présente les principaux avantages fiscaux des différents codes nationaux qui sont en vigueur. L'impôt sur les bénéfices est ainsi exonéré pour une période variant de 2 ans en Guinée-Bissau jusqu'à 9 ans au Bénin selon la localisation de l'investissement.

Pourtant, dans la pratique des administrations douanières nationales, des exonérations indues du PCS sont accordées au mépris des textes communautaires. Elles constituent une violation de l'assiette du PCS. Les États sont généralement interpellés, mais ces pratiques subsistent toujours. A titre d'exemple, il est à noter l'interpellation de la Commission à l'endroit de l'État du Sénégal, afin qu'il mette un terme aux exonérations qu'il a accordées aux deux cimenteries importatrices d'emballages en papier que sont : la SOCOCIM et les Ciments du Sahel[656].

A la vérité, les États semblent ne pas prendre la mesure de leur engagement communautaire. Ils se comportent comme s'ils détenaient toujours la totalité de leur pouvoir fiscal, alors que la décision créant les ressources propres (particulièrement le PCS), est contenue dans le traité qui se présente comme un acte conventionnel entre États.

En adhérant à l'UEMOA, les États promettent de respecter et d'appliquer le droit communautaire. Il pèse, de ce fait, sur eux une obligation de coopération loyale. La violation de l'assiette du PCS engage la responsabilité des États en raison de la primauté du droit communautaire et de l'obligation de coopération loyale. Le montant total des exonérations du PCS, indûment accordées par les États, de janvier 2002 à mai 2007, s'est élevé à 28 505 906 111 francs CFA.

---

[656] Décision n°005/2005/COM/UEMOA portant interdiction d'exonérer le Clinker ; lire également « *Pour des exonérations accordées aux cimenteries l'UEMOA condamne l'État du Sénégal* », consulté le 13/11/2018 sur http://www.sunugalsene.com/Pour-des-exonerations-accordees.html.

Au constat, tous les États de l'Union sont concernés par cette illégalité. Le Sénégal est l'État qui accorde le plus d'exonérations. Il s'ensuit qu'aucun État n'applique convenablement le dispositif du PCS. Dans ces conditions, le succès des tentatives de redressement initiées par la Commission s'avère difficile, voire aléatoire.

D'abord, si les États sont favorables à ces exonérations, c'est parce qu'elles représentent pour eux des moyens d'attirer les investisseurs qui y voient des allègements de leurs charges fiscales. En effet, ces exonérations introduisent, en leur faveur, une distorsion dans la concurrence à l'égard des entreprises des autres États membres. Ensuite, une crise de confiance pourrait alors s'installer entre États. Les doutes sur un abandon effectif par les autres États des pratiques illégales, pourraient freiner l'ardeur de chacun. Enfin, et toujours dans la même logique, les États étant tous favorables à ces exonérations, aucun d'entre eux ne peut constituer un exemple, au point de pouvoir, sur ce fondement, reprendre ou décourager les autres.

Les conséquences sur la situation financière de l'Union sont patentes. C'est un manque à gagner énorme. Pis, ces pratiques sont d'autant plus à combattre que le PCS est la pierre angulaire du système financier de la communauté. Le facteur indispensable à l'éradication réelle de ces pratiques est, sans nul doute, la volonté politique de chaque État, engagé à faire fonctionner les règles du jeu et veiller à leur respect. Pour ce faire, il est indispensable de corriger l'absence notoire d'un mécanisme de suivi-évaluation.

2 | L'absence notoire de mesures de suivi et d'évaluation

Il importe de reconnaitre que les différentes mesures d'exonération fiscale et douanière accordées dans les pays membres de l'UEMOA visent des objectifs biens précis. Dès lors, la mise en place de mécanismes de suivi évaluation de chaque exonération demeure un impératif. En effet, ce mécanisme permet de déterminer l'impact réel de chaque exonération sur les contribuables ou les personnes cibles et d'évaluer les pertes de recettes qui en découlent.

Dans un environnement où, au-delà des exonérations classiques, il existe de nombreux autres textes réglementaires et administratifs qui accordent les exonérations fiscales et douanières, les risques pour les États et l'Union sont assez considérables. Ce foisonnement d'actes non encadrés et mal maitrisés engendre souvent des évasions fiscales qui amenuisent les recettes fiscales de l'État en général et de l'Union en particulier. Or, ces dernières constituent, d'une manière générale, une composante essentielle des ressources intérieures des États membres. De ce fait, elles constituent un enjeu fiscal important et entrainent des pertes de recettes aux régies financières, dont notamment la Douane et les Impôts, sans oublier les pertes de ressources destinées à l'Union.

La stabilité du cadre légal importe beaucoup à tout investisseur. Car, aucun investisseur ne sera attiré par un pays dont les lois fiscales sont sans cesse modifiées. Il en est de même pour la règlementation relative à la protection des droits de propriété.

Il est intéressant de relever que la plupart des codes des investissements sont d'autant plus généreux que les montants investis sont élevés. Cette relation reflète le pouvoir de négociation relatif des États et des investisseurs privés. Les seconds peuvent mettre les premiers en concurrence d'autant plus aisément que ceux-ci constituent une union douanière et monétaire. Cette relation est confirmée empiriquement par Alexander KLEMM et Stefan VAN PARYS[657] qui montrent que les exonérations fiscales résultent en partie d'interactions stratégiques entre États, donc d'une concurrence fiscale dommageable. En définitive, chaque État, en exerçant sa souveraineté fiscale, procède à des dérogations au régime de droit commun compte tenu de ses priorités. Ces exonérations sont prévues par le Code des douanes (CD), le Code général des impôts (CGI), le Code des investissements, le Code minier et le Code pétrolier, mais aussi par les conventions internationales, les lois de Finances, les actes règlementaires et autres actes administratifs.

Au Bénin, par exemple, les exonérations douanières sont prévues par l'article 314 alinéa 1er nouveau ter du Code des douanes et portent sur divers biens[658] objet de flux variés. Loin de contribuer à

---

[657] A. KLEMM, S. VAN PARYS (2012), « Empirical Evidence on the Effects of Tax Incentives », *in International Tax and Public Finance*, 2012, vol 19, pp. 393-423.

[658] Il s'agit en l'occurrence des marchandises originaires du territoire douanier ou nationalisées par le paiement des droits et taxes, en retour de l'étranger, à l'exception de celles ayant subi une réparation, un complément d'ouvraison, et dont la plus-value est assujettie au paiement des droits et taxes ; des dons faits à l'État et aux collectivités locales ; des envois aux représentations diplomatiques et consulaires, aux membres étrangers des organisations internationales et de certains organismes ayant conclu un accord de siège avec l'État … Cf. Arrêté n° 1802-c/MEF/DC/SGM/DGDDI/DGI/CSIR du 25 juin 2019 portant codification des exonérations fiscales et douanières accordées en République du Bénin.

l'aboutissement du chantier d'harmonisation fiscale conduit par l'UEMOA, ces exonérations constituent le talon d'Achille de la communautarisation des règles fiscales au sein de l'UEMOA. Mais il est impérieux de se conformer aux exigences de transparence.

Selon le rapport 2017 de la surveillance commerciale dans l'espace UEMOA, il n'existe pas encore de règlementation communautaire uniforme en matière d'exonération. Cette situation entraine une distorsion dans l'application du TEC. Une réglementation communautaire est en cours d'élaboration[659]. Ledit rapport recommande à la Côte d'Ivoire d'accélérer l'adoption des textes pour mettre fin aux exonérations sur le matériel de Télécommunications destinées aux entreprises privées[660].

Le rapport 2017 sur le fonctionnement et l'évolution de l'Union, constate que des travaux ont permis de répertorier, classer et suivre les différentes catégories d'exonérations accordées au sein des États membres. Il recommande, par ailleurs, de finaliser un projet de texte visant la limitation des exonérations douanières[661].

Paragraphe II | Des exigences de transparence

Le règlement financier de l'UEMOA rappelle les différents domaines d'activités de l'Union, car le transfert des charges résultant du Traité doit être accompagné du transfert concomitant des ressources nécessaires à l'exécution des programmes et projets. Malheureusement, face à l'insuffisance des ressources propres, l'Union s'appuie en général sur les prêts, dons et legs pour financer les investissements liés aux projets. Il y a donc lieu de réfléchir aux stratégies à mettre en place afin d'augmenter les capacités de financement de l'Union. Cependant, dans l'UEMOA, le mécanisme de contrôle communautaire est allégé (A) avec un régime de sanction quasi absent (B).

[659] COMMISSION DE l'UEMOA, *Rapport 2017 de la surveillance commerciale dans l'espace UEMOA*, p. 35, disponible sur : http://www.ansd.sn/ressources/rapports/UEMOA%20Rapport%20regional%20de%20 Surveillance%20 Commerciale%20RSC%202017.pdf , consulté 16/11/2019.

[660] *Ibid.*, p. 62.

[661] COMMISSION DE L'UEMOA, *Rapport 2017 sur le fonctionnement et l'évolution de l'Union*, décembre 2017, p. 44.

A- Un mécanisme de contrôle communautaire allégé

Pour qu'une organisation soit considérée comme dotée d'une autonomie financière, il est nécessaire qu'elle dispose d'un mécanisme de contrôle propre. Cela suppose qu'elle ne soit pas soumise à un contrôle externe trop étroit ou paralysant. L'analyse de la situation au niveau de l'UEMOA révèle que, non seulement elle s'est dotée de compétence juridique[662], c'est-à-dire la capacité à produire des normes en matière financière et à les rendre effectives par les moyens propres, mais également d'un mécanisme de contrôle interne exclusif (1) et externe (2) propre et non paralysant.

1 | Un contrôle interne exclusif

Aux termes de l'article 45 du règlement de l'UEMOA, l'ordonnateur principal doit mettre en place un dispositif de contrôle interne comprenant, outre les services gestionnaires procédant à la réalisation des différentes étapes d'exécution des dépenses, un service de vérification et un service d'audit interne.

Le contrôle exercé par les services gestionnaires intervient aux différentes étapes de l'exécution des dépenses. C'est l'œuvre de l'ordonnateur principal et du comptable. En sa qualité d'ordonnateur principal du budget communautaire, le Président de la Commission est compétent pour l'exécution des recettes et dépenses prévues au budget[663]. Il constate les droits de l'Union, les liquide et émet les titres de recettes correspondants. La constatation d'une créance de l'Union est l'acte par lequel l'ordonnateur s'assure de l'existence, de la réalité et des conditions d'exigibilité de la dette. Le montant exact de la créance de l'Union est arrêté par la liquidation.

L'article 55 du règlement financier met à la charge de l'ordonnateur divers contrôles. Lors d'un engagement budgétaire, il s'assure de l'exactitude de l'imputation budgétaire, de la disponibilité des crédits, et de la conformité de la dépense au Traité, au budget, au règlement financier et ses textes d'application, ainsi qu'à tout autre texte en vigueur de l'Union. A l'étape de l'engagement juridique, l'ordonnateur contrôle la

---

[662] S. GUINCHARD et T. DEBARD, *Lexique des termes juridiques*, *op. cit.*, p. 692.

[663] Le règlement N° 01/2008/CM/UEMOA portant règlement financier des organes de l'Union économique et monétaire ouest-africaine, consacre le chapitre 3 du titre 4 aux dispositions spécifiques aux recettes et aux dépenses des budgets spéciaux des fonds de l'Union.

couverture de l'obligation par l'engagement budgétaire correspondant, la régularité et la conformité de la dépense aux dispositions du Traité, du règlement financier et de ses textes d'application, ainsi que de tout autre texte en vigueur. De même, au moment de la liquidation, le contrôle exercé par l'ordonnateur consiste en une vérification de l'existence des droits du créancier, de la réalité de la créance, des conditions d'exigibilité de la créance.

La responsabilité pécuniaire de l'ordonnateur est engagée en cas de faute personnelle grave commise dans l'exercice de ses fonctions, plus précisément en cas de constatation de droits à recouvrer ou d'émission d'ordres de recouvrement, d'engagement de dépense ou de signature d'ordre de paiement, au mépris du règlement financier et de ses modalités d'application. Il en est de même, lorsque par sa faute personnelle, il néglige d'établir une constatation ou un ordre de recouvrement ou retarde, sans justification, l'émission d'un ordre de paiement pouvant entraîner une responsabilité civile de l'Union à l'égard des tiers[664]. Il s'agit d'une contrainte particulière qui pèse sur l'ordonnateur, et qui est absente de la réglementation des finances publiques des États. En outre, lorsque l'ordonnateur envisage de renoncer au recouvrement d'une créance constatée, il doit s'assurer que la renonciation est régulière et conforme au principe de bonne gouvernance et de proportionnalité[665].

S'agissant du comptable, il convient d'indiquer que le comptable principal est nommé par le Président de la Commission. En sa qualité de chef des services comptables de l'Union, il est placé sous l'autorité hiérarchique du Président de la Commission. Le comptable principal exerce personnellement ses fonctions. Il peut être assisté et suppléé par un fondé de pouvoirs. Les comptables qui lui sont subordonnés sont des comptables secondaires. Le comptable principal est habilité à déléguer

[664] Art. 44 al. 5 du règlement n° 01-2008 *op. cit.*

[665] Toutefois, la renonciation ne peut concerner les recettes statutaires. La renonciation n'est possible, qu'autant que le coût prévisible de recouvrement excède le montant de la créance à recouvrer et que la renonciation ne porte pas atteinte à l'image de l'Union. La renonciation est également valable en cas d'impossibilité de recouvrement de la créance en raison de son ancienneté ou de l'insolvabilité du débiteur. Elle est motivée et mentionne les diligences faites pour le recouvrement et les éléments de droit et de fait sur lesquels elle s'appuie. En vue du recouvrement de certaines recettes, le Président de la Commission peut créer, par décision, des régies de recettes dont il nomme les régisseurs après avis conforme du Comptable. Ces derniers sont responsables sur leurs propres deniers de toute perte ou de toute détérioration de fonds résultant de leur négligence.

une partie de ses pouvoirs à son fondé de pouvoirs[666]. Les comptables secondaires, placés sous son autorité, reçoivent de lui le pouvoir d'exécuter les opérations de recettes et de dépenses des organes et structures auprès desquels ils sont accrédités[667].

Le comptable est chargé du recouvrement des créances liquidées, de l'encaissement des recettes, du paiement des dépenses, de la gestion de la trésorerie, de la tenue de la comptabilité, de la conservation des pièces justificatives et documents comptables, du maniement et de la garde des fonds et valeurs. Il engage sa responsabilité personnelle et pécuniaire en cas de faute.

Une fois les titres émis par l'ordonnateur, le comptable est tenu de faire diligence pour assurer le recouvrement des recettes de l'Union. Il doit également veiller à la conservation des droits de celle-ci. Il procède au recouvrement par compensation à concurrence des créances de l'Union à l'égard de tout débiteur lui-même titulaire d'une créance certaine, liquide et exigible sur l'Union. Il est autorisé à mettre en œuvre la procédure de compensation chaque fois qu'est reconnu à l'Union, le privilège de récupération des dettes qui lui sont dues par ses créanciers. Le comptable principal contrôle également les régisseurs au moins une fois l'an et, obligatoirement, en fin d'exercice. En dehors des contrôles exercés par les services gestionnaires eux-mêmes, il en existe d'autres qui sont l'œuvre des services de vérification et d'audit.

Le second aspect du contrôle interne est effectué par les services de vérification et ceux d'audit interne. Les organes de l'Union sont dotés de services de vérification animés par des vérificateurs nommés par le Président de la commission et placés sous l'autorité hiérarchique d'un ordonnateur. Ils ont pour rôle, le contrôle de la régularité et de la conformité des opérations financières des organes de l'Union[668].

Les vérifications peuvent intervenir à l'engagement comme après l'exécution de la dépense. Opérée au niveau de l'engagement de la dépense, la vérification est matérialisée par un visa en cas de régularité et de conformité des pièces examinées aux dispositions du règlement

---

[666] Cf. art. 22 al. 4 du Règlement N° 1-2008, *op. cit.*

[667] Le comptable principal peut opérer une délégation de signature par acte écrit qu'il notifie à l'ordonnateur principal aux fins d'accréditation. Le Fondé de pouvoirs et les comptables secondaires sont nommés par le Président de la Commission après avis conforme du comptable principal.

[668] Cf. art. 22 du règlement financier de l'UEMOA.

financier. Dans le cas contraire, les vérificateurs sont tenus de refuser leur visa et de rejeter les pièces soumises à leur approbation[669].

Les organes de l'Union sont également dotés d'un service d'audit interne. Ce dernier est animé par des agents chargés de l'évaluation du fonctionnement du dispositif de contrôle interne des opérations financières. Ils sont nommés par le Président de la Commission et placés sous son autorité hiérarchique. Ils ne peuvent être ni ordonnateur ni comptable[670].

Ledit service participe à l'élaboration des règles et procédures de gestion et de contrôle interne dont il apprécie l'adéquation et l'efficacité en relation avec les risques qui y sont associés. Il s'agit d'une mission permanente qui leur donne un accès complet et illimité à toute information nécessaire. Les auditeurs sont totalement indépendants dans l'exercice de leur mission. Ils ne peuvent recevoir d'instruction ni se voir opposer une limite en ce qui concerne l'exercice des fonctions qui leur sont assignées en vertu des dispositions du règlement financier et de ses textes d'application[671].

Des développements précédents, il ressort que le contrôle interne est exclusivement exécuté par les organes de l'Union. Il en est de même des contrôles externes qui, malgré leur importance dans la gestion des finances communautaires, paraissent peu contraignants.

2 | Un contrôle externe peu contraignant

Aux termes des articles 35 et 38 du Traité révisé de l'UEMOA[672], le contrôle du fonctionnement et des activités de l'Union comprend un contrôle politique[673] assuré par le parlement communautaire, et un

[669] Il ne s'agit pas d'un contrôle d'opportunité mais uniquement d'un contrôle de régularité. Toutefois, l'ordonnateur principal est habilité à passer outre le refus du visant, en décidant par écrit, la poursuite de l'opération pour laquelle le visa a été refusé. Il engage alors sa responsabilité. Opérée par contre, après exécution de la dépense, la vérification est matérialisée par un cachet de non-objection ou de réserve selon que les pièces examinées sont ou non régulières ou conformes aux dispositions du règlement financier de l'Union.

[670] Art. 22 al. 5 du règlement financier de l'Union.

[671] Art. 56 du règlement financier de l'Union.

[672] Compte tenu des réformes intervenues à l'UEMOA, le Traité de base adopté en janvier 1994 a été modifié et remplacé par le traité révisé en janvier 2003 par les chefs d'État et de Gouvernement.

[673] Le contrôle politique est le « *contrôle exercé par le parlement sur l'action gouvernement. Il le fait par des moyens divers : procédure des questions, commission d'enquête, mise en cause de la responsabilité politique du gouvernement ... La mission*

contrôle juridictionnel[674], assuré par la Cour des comptes[675]. Il ressort de cette disposition que le Parlement intervient dans le contrôle du fonctionnement et des activités de l'Union dont le contrôle de l'exécution du budget, alors que le contrôle juridictionnel est de la compétence de la Cour des Comptes. Il s'agit donc pour cette dernière de vérifier les comptes de l'Union, tel qu'il est prévu aux termes de l'article 23 du protocole additionnel régissant le fonctionnement de ce dernier. Contrairement à la CEMAC[676], le contrôle juridictionnel des comptes de l'UEMOA est assuré par la Cour des Comptes. C'est pourquoi, nous analyserons d'abord le contrôle juridictionnel de l'exécution du budget de l'UEMOA, ensuite le contrôle politique de l'exécution du budget.

L'idée selon laquelle un organe juridictionnel est indispensable dans la panoplie institutionnelle des organisations d'intégration régionale est largement reçue de nos jours[677]. Consacré à l'article 38 du Traité modifié et dans ses textes subséquents, le contrôle juridictionnel de l'exécution du budget de l'Union[678] est régi par le protocole additionnel n°1 portant organisation et fonctionnement des organes judiciaires de l'UEMOA et le règlement n° 01/2000 portant règles de procédure devant la Cour des Comptes de l'UEMOA. Il convient d'examiner l'organisation du contrôle

---

d'évaluation des politiques publiques peut y être rattachée ». Voir S. GUINCHARD et T. DEBARD, *Lexique des termes juridiques, op. cit.* p. 251. Mais dans le contexte des finances publiques communautaires, le contrôle politique s'entend comme un contrôle opéré par le parlement communautaire sur le budget de l'union. Voir sur la notion, J-L. ALBERT et L. SAÏDJ, *Finances publiques,* cours, 6ème édition, Dalloz, 2009, p. 65.

674 En droit administratif, le contrôle juridictionnel est le contrôle exercé par un juge sur la légalité des actes administratifs. Il peut être normal, minimum ou maximum. Ici nous considérons le contrôle juridictionnel dans ses aspects financiers. Ce qui suppose un contrôle effectué par une juridiction financière.

675 La cour des comptes est la juridiction financière assurant le contrôle juridictionnel des comptes de l'UEMOA.

676 Comme le souligne J. M. NTOUTOUME, « *les statuts de la Chambre des Comptes modifient substantiellement la Convention régissant la Cour de Justice en faisant de la Chambre des Comptes, juge des comptes de la Communauté, sortant ainsi de la traditionnelle mission de contrôle des comptes assurée par les juridictions des comptes Communautaires (Cour des comptes de l'UEMOA, Cour des comptes des Communautés européennes)* ». Lire à ce propos, J. M. NTOUTOUME, « Le juge de cassation et les conventions internationales », accessible sur www.ahjucaf.org., consulté le 16 novembre 2016.

677 L'Union européenne l'a adopté, l'UEMOA la CEDEAO et la CEMAC l'envisagent déjà.

678 Voir le titre 5 du règlement N° 01/2008/CM/UEMOA du 28 mars 2008, portant règlement financier des organes de l'Union économique et monétaire ouest-africaine, sur l'exécution du budget de l'union.

juridictionnel à travers successivement, le contrôle-surveillant et le contrôle-sanction de l'exécution du budget.

Le contrôle de la Cour des Comptes porte d'abord sur l'exécution du budget, ensuite sur la vérification des comptes et enfin le contrôle de la fiabilité des données budgétaires[679]. Le contrôle de l'exécution du budget permet à la Cour d'informer les autorités sur la manière dont le budget est exécuté par le Secrétariat Exécutif et les autres dirigeants des organes de l'Union[680].

La surveillance, c'est également la compétence de la Cour à donner son avis préalable sur certaines décisions financières. Ainsi, la Cour donne obligatoirement son avis préalable sur les projets de règlements financiers, ainsi que les directives relatives à l'organisation de la surveillance multilatérale des politiques budgétaires des États[681]. En somme, la Cour des Comptes de l'UEMOA dispose d'une compétence bien étendue dans sa fonction de contrôle de l'exécution du budget de l'Union au même titre que la Cour des Comptes de la CEDEAO et celle de l'Union européenne. Mais la Cour des Comptes de l'UEMOA se démarque de ces organes communautaires qui n'ont pas de pouvoir de type « juridictionnel ». En effet, contrairement à la Chambre des Comptes de la CEMAC et à la Cour des comptes de Luxembourg[682] dont les rôles consistent, pour l'essentiel, à formuler des critiques dans leurs rapports annuels et leurs rapports spéciaux et à rendre des avis à la demande des autres institutions, le statut de la Cour des Comptes de l'UEMOA a fait d'elle, le juge des comptes de la Communauté en lui conférant des prérogatives non négligeables vis-à-vis des comptables et des ordonnateurs. En vue de rendre plus efficace le contrôle surveillant, ce dernier a été renforcé d'un contrôle plus contraignant : le contrôle sanction.

Pour mieux appréhender le contrôle parlementaire, il serait opportun de saisir d'abord la structure du Parlement, organe chargé du contrôle

---

679 Voir à ce sujet le protocole additionnel I portant organisation des organes judiciaires et le règlement n°1/2000 pourtant procédure devant la cour des comptes de l'UEMOA.

680 La Cour doit s'assurer que les règles de comptabilité en matière de recettes et des dépenses sont bien observées et que les contributions des États et autres recettes sont régulièrement prises en compte. Dans la vérification des comptes, la Cour examine sur place et sur pièces les recettes et les dépenses décrites dans la comptabilité de l'Union et s'assure de la bonne gestion des crédits ouverts au budget.

681 Voir art. 35 du protocole additionnel I portant organisation des organes judiciaire de l'UEMOA.

682 Pour désigner la Cour des Comptes de l'Union européenne.

politique[683]. Cet organe est composé de cinq membres par État[684]. Lesdits membres sont désignés par l'organe législatif de chaque État membre et portent le titre de député du parlement de l'Union[685]. Ce Parlement comprend deux sous commissions[686] de 15 membres chacune dont les attributions spécifiques sont illustrées aux articles 21 et 22 du règlement intérieur[687].

Les pouvoirs de contrôle budgétaire du Parlement ne sont pas clairement définis dans le Traité spécial. Mais une lecture pointilleuse des dispositions des articles 35 à 37 du Traité révisé de l'Union et de l'article 21 du Traité spécial permet de déduire que ce contrôle s'inscrit au titre du contrôle démocratique des organes de l'Union. Il s'opère à la fin de l'exercice budgétaire, mais il peut également s'exercer en cours d'année.

Il existe divers ordres de limites au contrôle politique du Parlement de l'Union. Comme déjà mentionné, le Parlement ne participe véritablement pas à l'élaboration du budget. En outre, le Parlement de l'UEMOA, tout comme celui de l'Union européenne, exprime ses vues sous forme de résolutions ou de rapports dépourvus de force juridique.

A la lumière de tout ce qui précède, il ressort que les contrôles qui sont opérés dans le cadre de la gestion budgétaire de l'UEMOA sont opérés par des organes propres à l'Union. Il n'existe donc pas un contrôle paralysant, pratiqué par des organes extérieurs et susceptible de remettre en cause l'autonomie financière de l'UEMOA.

---

683 Alors que le Traité spécial portant création du parlement de l'UEMOA a été adopté depuis le 29 janvier 2003, la mutation à un parlement de plein exercice n'est intervenue qu'en 2013. En effet, c'est une institution transitoire appelée Comité Inter-Parlementaire (CIP) qui faisait office de parlement de l'UEMOA. Ce comité a tenu sa dernière session ordinaire, la 32ème, du 8 au 19 septembre 2013 à Ouagadougou.

684 Articles 5 et 31 du traité portant création du parlement de l'UEMOA.

685 Ils ont un mandat de cinq ans. Le président du Parlement est élu au sein de la délégation de l'État membre qui assure la présidence de la Conférence et prend la durée de cette présidence en exercice.

686 La sous-commission des affaires générales, institutionnelles et des politiques sectorielles de la Communauté et la sous-commission des politiques économiques, financières, monétaires, commerciales et douanières.

687 Le Parlement tient chaque année, sur convocation de son président, deux sessions ordinaires dont la durée ne peut excéder vingt et un jours chacune. Elle peut également se réunir en session extraordinaire sur un ordre du jour déterminé, soit à l'initiative du président ou à la demande écrite de la moitié au moins des membres, soit à la demande du président de la Conférence des chefs d'État et de Gouvernement, du président du Conseil des Ministres, ou du président de la Commission. Les sessions ordinaires sont closes aussitôt l'ordre du jour épuisé et au plus tard huit jours après la date d'ouverture.

B- Une quasi absence de sanction

Conformément aux dispositions du Traité révisé de l'UEMOA, les États membres doivent apporter leur concours à la réalisation des objectifs fixés[688]. Mais dans la réalité, ce concours fait parfois défaut dans de nombreux domaines. Ainsi, les administrations nationales profitent du cadre juridique peu contraignant et bénéficient de la couverture des autorités étatiques, dans l'inexécution des normes communautaires (1), situation face à laquelle l'Union affiche son impuissance, d'où la nécessité de renforcer les sanctions (2).

1 | Un cadre juridique peu contraignant

Le respect des normes communautaires en général, et l'harmonisation de la fiscalité de porte sont contrariés par les violations constantes des normes par les États et l'interférence du système de libéralisation de la CEDEAO[689].

En réalité, le devoir de concourir à la réalisation des objectifs du Traité, donne implicitement aux États un droit de regard sur la bonne exécution du budget. Cette analyse repose sur l'idée que le budget constitue un élément important à la réalisation des objectifs. Dans cette logique, il reconnaît aux États, le droit de prendre des mesures similaires que celles utilisées dans l'ordre interne, pour défendre les intérêts financiers de la Communauté[690].

Cependant, au niveau de l'UEMOA l'obligation faite aux États de se conformer aux dispositions communautaires[691] n'est pas toujours respectée. Toutefois, la question reste de savoir si les modalités de la responsabilité des États en cas de non-respect des normes communautaires sont bien établies ou appropriées.

---

[688] Article 7 : « *les États membres apportent leur concours à la réalisation des objectifs de l'Union en adoptant toutes mesures générales ou particulières, propres à assurer l'exécution des obligations découlant du traité…* »

[689] P. THÉOUA, *Les finances Publiques de l'Union économique et monétaire ouest-africaine (UEMOA) et la logique de performance*, *op. cit.*, p. 376.

[690] « *Les États membres prennent les mêmes mesures pour combattre la fraude portant atteinte aux intérêts financiers de la Communauté que celles qu'ils prennent pour combattre la fraude portant atteinte à leurs propres intérêts financiers* ».

[691] Art. 6 du Traité Révisé de l'UEMOA : « *Les actes arrêtés par les organes de l'Union pour la réalisation des objectifs du présent Traité et conformément aux règles et procédures instituées par celui-ci, sont appliqués dans chaque État membre nonobstant toute législation nationale contraire, antérieure ou postérieure* ».

Sur cette question, les articles 5 à 7 du protocole additionnel I relatif aux organes de contrôle de l'UEMOA, prévoient un recours en manquement contre les États qui se dédouaneraient de leur obligation communautaire. Ainsi, conformément à l'article 6 dudit protocole, si la Cour de Justice constate qu'un État membre a manqué à une des obligations qui lui incombent en vertu du Traité de l'Union, cet État est tenu de prendre les mesures que comporte l'exécution des arrêts de la Cour. En cas d'abstention de l'État membre dont le manquement a été constaté, la Commission a la faculté de saisir la Conférence des chefs d'État et de Gouvernement afin qu'elle invite l'État membre défaillant à s'exécuter[692].

Toutefois, une analyse minutieuse de l'article 6 précité, révèle que la Cour de Justice ne dispose pas de véritables capacités de sanction. Elle ne peut pas d'elle-même annuler ou abroger les normes nationales qui font écran à l'application de la disposition communautaire[693]. Il en est de même pour la Cour des Comptes de l'Union.

La mission de sanction se révèle indispensable à toute juridiction[694]. Elle l'est aussi pour la Cour des Comptes. Même si, en réalité, et à l'instar de la Cour des Comptes européenne[695], conformément aux articles 38 du Traité de l'UEMOA et 87 du règlement N° 01/2018/CM/UEMOA du 23 mars 2018 portant règlement financier des Organes de l'Union, la Cour des Comptes exerce un contrôle sur l'ensemble des comptes des Organes de l'Union. Ce contrôle porte notamment sur la régularité et l'efficacité de l'utilisation de leurs ressources. Il ne s'agit pas d'un véritable organe juridictionnel, mais plutôt d'un organe d'audit au regard de son rôle de garant du respect du principe de la bonne gestion. Cette catégorie de contrôle nécessite des séries de vérifications et d'investigations. La Cour l'exerce à la fois sur sa propre initiative et à la demande de l'ordonnateur

[692] Art. 6 du Protocole additionnel N°1 relatif aux organes de contrôle de l'UEMOA.

[693] Lire l'analyse de R. KOVAR, Le Conseil d'État et le droit communautaire : des progrès, mais peut faire mieux, Dalloz, p. 210, cité par Christine BERTRAND, *op. cit.*, p. 1511.

[694] Pris dans son sens fonctionnel, la « juridiction » désigne le pouvoir de dire le droit. Alors que dans son sens organique, il désigne les organes qui sont dotés de ce pouvoir. Voir S. GUINCHARD et T. DEBARD, *op. cit.*, p. 532.

[695] Créée par le Traité de Bruxelles du 22 juillet 1975 et installée (siège : Luxembourg) en octobre 1977, la Cour n'est pas une juridiction mais un organe d'audit. Chargée du contrôle de la légalité et de la régularité ainsi que de la légalité de la bonne gestion financière des recettes et dépenses des institutions de l'Union européenne. Elle fournit au parlement et au conseil, institutions dotées du pouvoir budgétaire, une déclaration d'assurance quant à la fiabilité des comptes.

ou du comptable[696]. Lorsque la Cour constate des irrégularités mettant en cause la responsabilité de l'Agent Comptable, elle lui enjoint d'apporter la preuve de leur rectification ou de produire des justifications complémentaires.

Différents mécanismes sont mis en œuvre pour assurer une suite effective aux injonctions de la Cour[697]. Un débet, un déficit de caisse, une omission ou une irrégularité peuvent être relevés dans la gestion d'un comptable. Le comptable devient alors débiteur vis-à-vis de l'Union pour l'exercice suivant par la confirmation des charges retenues contre lui par la cour. Dans ce cas, la cour émet des réserves dans son rapport[698]. A l'issue du contrôle des comptes du comptable, la Cour des Comptes peut prononcer la décharge[699] lorsque sur un compte en jugement, aucune omission ou irrégularité n'existe ou ne subsiste, ou lorsque le reliquat fixé par arrêt provisoire a été repris au compte suivant. Si la Cour relève des faits susceptibles d'être qualifiés de délits ou crimes, elle en saisit le Conseil. Elle en saisit également le Président de l'organe concerné pour d'éventuelles sanctions disciplinaires et/ou administratives[700].

---

[696] Au terme de l'article 27 du règlement n°10 -2000 portant procédure devant la cour des comptes, la procédure devant la Cour est écrite. Toutefois, au cours de ses investigations, la Cour peut entendre toute personne susceptible de lui fournir des éléments d'appréciation.

[697] Notamment les articles 31 et 32 du règlement précité prévoient qu'en cas de mutation de l'Agent Comptable, le comptable en exercice est tenu de donner suite aux injonctions portant sur la gestion de son prédécesseur. Il communique à ce dernier, copie des injonctions et des réponses destinées à y satisfaire et adresse ses réponses à la Cour après acquiescement du comptable sorti de fonctions ; et d'autre part, lorsque l'apurement des gestions présente des difficultés particulières, le Conseil peut nommer un commis d'office, chargé de donner suite aux injonctions, en lieu et place de l'Agent Comptable.

[698] Voir article 20 du règlement n°01 -2000 portant procédure de contrôle de la cour des comptes.

[699] Prévue à l'article 87 du règlement 01-2008, la décharge est la libération de toute responsabilité pour la gestion passée du comptable dont le compte a été reconnu régulier à l'issue du contrôle final du budget pour une année donnée. Après l'audit et la finalisation des comptes annuels, il revient au Conseil d'émettre une recommandation et ensuite au Parlement de décider de donner ou non décharge à la Commission pour l'exécution du budget de l'Union pour l'exercice écoulé.

[700] Cf. article 54b du règlement financier n°10-2001, repris par le règlement 01-2008 qui stipule : « *l'Agent Comptable est personnellement et pécuniairement responsable : du recouvrement des recettes pour lesquels il a reçu les ordres correspondants ; du paiement des dépenses pour lesquelles il a reçu les ordres correspondants ; du maniement des fonds ; des mouvements de comptes de disponibilités ; de la tenue de la comptabilité ; de l'exercice des contrôles qui lui incombent.* »

En réalité, la Cour des Comptes peut constater les délits et les crimes sans pouvoir sanctionner par elle-même[701]. Elle se limite à transmettre un rapport avec réserve, informe la commission et le Conseil des Ministres de l'existence de l'infraction économique. En ce sens, la Cour des Comptes de l'UEMOA est un organe de constatation d'infractions éventuelles en matière financière.

En définitive, seul l'État lui-même a la capacité d'agir. C'est pourquoi, l'article 6 du protocole additionnel I relatif aux organes de contrôle de l'UEMOA dispose qu'en cas d'abstention de l'État malgré l'arrêt de la Cour, la Commission ne peut que saisir la Conférence des chefs d'État et de Gouvernement, aux fins d'inviter l'État défaillant à s'exécuter. Aucune autre mesure de sanction, même pécuniaire[702], n'est prévue. Par conséquent, les États sont les véritables détenteurs de la décision. Cela justifie davantage l'importance de la volonté politique pour réussir le défi de l'intégration budgétaire et, plus loin, l'intégration économique.

2 | Une nécessité de renforcer les sanctions

Si, sur le principe, l'instauration d'une gamme de mesures de sanction à l'encontre de l'État récalcitrant demeure intéressante, dans la pratique, force est de reconnaître que ces mesures ne sont pas tellement contraignantes, par comparaison à celles prévues dans d'autres régions du monde, comme les sanctions prévues dans l'Union européenne[703]. S'agissant des mécanismes de sanction des déficits publics excessifs par exemple, le Traité de l'UEMOA[704] a prévu des sanctions[705] explicites susceptibles d'être appliquées.

---

[701] Voir Article 36 du règlement précédemment cité.

[702] Même le dispositif mis en place en cas rétention du PCS pas les États membres ne constitue pas une véritable sanction. Cf. article 21 de l'Acte additionnel 04/96, *op. cit.* *« En cas de non reversement à l'Union des produits du P.C.S. perçu par l'administration nationale, la BCEAO est autorisée à débiter d'office le compte du Trésor Public du pays concerné pour le compte de l'Union du montant du P.C.S. non reversé, sous réserve du respect du découvert prévu à l'article 16 des statuts de la BCEAO »*

[703] T. GUEYE, *L'incidence de l'Union économique et monétaire ouest-africaine (UEMOA) sur les finances publiques de ses États membres*, *op. cit.* p. 123.

[704] Article 74 du Traité.

[705] Les sanctions sont relatives à la publication par le Conseil d'un communiqué, éventuellement assorti d'informations supplémentaires sur la situation de l'État concerné ; au retrait, annoncé publiquement, des mesures positives dont bénéficiait éventuellement l'État membre ; à la recommandation à la BOAD de revoir sa politique d'intervention en faveur de l'État membre concerné ; à la suspension des concours de l'Union à l'État membre concerné.

Malgré le caractère coercitif de ces mesures, les autorités communautaires, dans la perspective d'une gestion saine de leurs deniers par les États membres, pourraient être plus audacieuses en proposant des sanctions plus contraignantes. Ceci, au lieu de se contenter de proclamer dans le Traité que, par voie d'acte additionnel, la Conférence des chefs d'État et de Gouvernement peut compléter cette gamme de mesures par des dispositions complémentaires jugées nécessaires au renforcement de l'efficacité de la surveillance multilatérale de l'Union. On voit ainsi la nécessité pour l'Union économique et monétaire ouest-africaine de consacrer de nouvelles gammes de mesures pour contraindre les Gouvernants nationaux à faire preuve de prudence dans la gestion des deniers publics. Comme c'est le cas par exemple dans l'Union européenne où, depuis la mise en place du Pacte de stabilité et de croissance lors du Conseil européen d'Amsterdam de juin 1997, les États, pour faire partie de l'Union économique et monétaire, sont appelés à respecter les exigences de partage d'une monnaie commune, qui nécessite une certaine prudence dans la gestion des finances publiques des États membres.

Il convient donc d'améliorer le dispositif de sanctions prévu par les textes. Le principe de discipline budgétaire que le Pacte de convergence, de stabilité, de convergence et de solidarité développe est considéré comme indispensable à la bonne marche de l'UEMOA. En effet, le Pacte assure une nécessaire prévention des externalités négatives qui pourraient résulter de certaines politiques budgétaires nationales laxistes. Il apporte ainsi à l'Union un cadre institutionnel qui, au-delà de la surveillance multilatérale des finances publiques nationales, favorise la croissance et l'emploi durables. C'est pourquoi, pour permettre au Pacte de favoriser une saine gestion des finances publiques dans l'espace communautaire, il serait indispensable d'améliorer la qualité de la surveillance multilatérale et de renforcer le dispositif de sanctions du Pacte en contraignant les États membres de l'Union à respecter les règles prévues.

Depuis la mise en place du Pacte en 1999, le fonctionnement des dispositifs de surveillance multilatérale dans l'Union est affecté par les difficultés que rencontrent les États membres dans l'élaboration de leurs programmes pluriannuels et dans leur communication aux instances communautaires. Ces difficultés concernent d'abord la transmission tardive des programmes pluriannuels par les États membres, le manque de données statistiques fiables et exhaustives permettant d'évaluer de manière pertinente la cohérence du cadre macroéconomique.

Lorsque l'État d'avancement du programme de convergence est jugé non conforme aux engagements, les États membres de l'UEMOA sont incités à prendre des mesures rectificatives. Si aucune amélioration n'est constatée, le dispositif prévoit la mise en œuvre de sanctions à l'encontre de l'État défaillant. Pour l'essentiel, les mesures coercitives du dispositif de sanctions prévu par le Pacte consistent en un retrait des mesures positives dont bénéficiait jusque-là l'État défaillant, notamment la suspension des concours financiers, de l'appui des différentes instances de l'Union dans les négociations internationales et la publication d'un communiqué faisant état de sa situation. Néanmoins, dans la pratique de la surveillance multilatérale, il se trouve que ces sanctions prévues par le Pacte n'ont jamais été appliquées, après maintenant plus d'une dizaine d'années de mise en œuvre de celui-ci. En effet, les autorités communautaires n'ont jamais sanctionné ni même mis en demeure un État membre en délicatesse avec les critères de convergence, malgré le constat régulier et durable de non-respect des normes clés de convergence budgétaire (solde budgétaire à l'équilibre et dette publique ne dépassant pas 70 % du PIB) par la quasi-totalité des États membres.

Conclusion du Titre II

Tout pouvoir, pour être autonome, a besoin de disposer et de maîtriser ses ressources et ses charges. L'UEMOA ne déroge pas à cette règle. Le souci d'accroissement des ressources doit aller de pair avec l'évaluation des charges. Ces deux activités concomitantes sont primordiales à l'élaboration d'un budget équilibré en ressources et en charges. Il est naturellement admis qu'on ne peut dépenser au-delà du montant qu'on perçoit.

Mais le véritable problème qui se pose avec l'UEMOA, est qu'il est difficile de faire une prévision exacte des charges de l'Union. Les projets intégrateurs paraissent colossaux face aux recettes communautaires propres, limitées essentiellement aux prélèvements communautaires douaniers. Aussi le niveau de communautarisation ne permet-il pas une mise en œuvre adéquate du principe de subsidiarité. La répartition des charges entre les États membres et l'Union n'est pas précise, au point de laisser exister une certaine ambiguïté en ce qui concerne la distinction des charges qui leur reviennent respectivement.

Par ailleurs, il convient d'évoquer l'effort d'harmonisation des règles par les différents États membres en dépit de leur attachement à leur souveraineté. L'harmonisation des règles fiscales dans l'Union est remarquable mais demeure confrontée à l'existence de politiques nationales particulières. C'est le cas en guise d'exemple, des différentes exonérations instituées au niveau interne des États. Cet état de choses ne permet pas une célérité du processus de communautarisation en Afrique de l'Ouest et devrait conduire l'Union à sanctionner de telles dérives.

Conclusion de la Partie I

L'actuel mécanisme de financement des budgets de l'UEMOA est le fruit d'une évolution au fil du temps. Des contributions étatiques ont été substituées par les ressources propres communautaires. Mais ce système de financement des institutions de l'Union et, par ricochet, du processus communautaire n'est pas exempt de critiques. Les limites constatées sont essentiellement dues à la trop grande implication des États membres dans la mobilisation des ressources communautaires. Le reversement des recettes des prélèvements communautaires effectués au cordon douanier des États membres, n'est pas automatique. Cette difficile mobilisation des ressources de l'Union va de pair avec la difficile maîtrise des charges de l'UEMOA.

La stratégie communautaire de l'Union vise à revigorer et à dynamiser le processus d'intégration. Cette impulsion de l'émergence des États membres nécessite une prise en considération du progrès social. Les projets et programmes intégrateurs et structurants tels que le PER et le PACER sont censés compléter les actions internes des États membres, pour un meilleur épanouissement des populations et, *de facto,* une amélioration de la croissance économique régionale. Les États membres de l'Union optent pour cette stratégie en vue de mettre davantage en synergie leurs potentialités nationales afin d'en tirer le meilleur parti pour leur mise en œuvre. Ainsi, aux charges institutionnelles de l'Union s'ajoutent les besoins sans cesse croissants des populations.

Face aux charges importantes de l'Union, les prélèvements communautaires difficilement reversés ne suffisent pas. Il faut rechercher et diversifier les partenaires techniques et financiers susceptibles d'accompagner l'UEMOA dans son processus d'intégration. L'accompagnement financier sollicité des partenaires techniques et financiers, puis obtenu malgré une conjoncture peu favorable, résulte incontestablement du fait que ces projets intégrateurs ont tout leur mérite. Ils l'ont perçu tel qu'il est assurément : un instrument fédérateur des énergies, qui innove en mettant au premier plan les projets intégrateurs allant des infrastructures routières, hydrauliques, énergétiques et agricoles aux unités industrielles en passant par des actions dans les domaines sanitaires et éducatifs, notamment, aux fins de consolider les bases d'une économie régionale compétitive, dynamique et prospère.

Dans la pratique, les faits ne paraissent pas aussi simples et faciles. Les États membres de l'UEMOA pour la plupart sont des pays en développement qui demeurent attachés à leur souveraineté fiscale. Ce qui contribue entre autres à la difficile application du principe de subsidiarité, à la persistance des obstacles au respect plénier des normes communautaires surtout en ce qui concerne les recettes des États membres. Il convient d'évoquer également la concurrence fiscale dommageable entre les États membres de l'Union, du fait des exonérations accordées aux investisseurs pour en attirer le maximum. Ce tableau pas assez satisfaisant mérite que des réflexions soient menées, pour une amélioration de la soutenabilité des finances de l'Union pour demain.

2

PARTIE

L'esquisse de soutenabilité financière pour l'UEMOA

À travers les développements précédents, l'étude du mécanisme de recouvrement des ressources de l'Union a permis de mettre en évidence, les nombreuses contraintes qui limitent la mobilisation optimale des ressources propres de l'UEMOA.

Le régime financier de l'UEMOA, bien que comportant des dispositions spécifiques, est fortement inspiré par les textes de l'Union européenne. Toutefois, alors que l'Union européenne a procédé, à plusieurs reprises, au réaménagement de son système de mobilisation des ressources pour dégager des fonds additionnels en vue de couvrir le financement des projets intégrateurs, l'UEMOA depuis sa création est restée presque statique dans ce domaine[706].

Face à l'étendue des besoins de financement sans cesse croissants des projets intégrateurs, il urge d'envisager des mécanismes novateurs de financement du budget de l'Union. En effet, le chemin de la soutenabilité des finances de l'UEMOA passe par la couverture intégrale des besoins communautaires par les ressources propres[707] et le pouvoir, pour l'Union, d'adapter les ressources communautaires aux nécessités de son fonctionnement et au développement de ses politiques[708]. Aussi, l'amélioration du mécanisme de mobilisation des ressources de l'Union suppose d'une part, une rénovation du cadre normatif, en vue de l'adapter à l'environnement et, d'autre part, une meilleure responsabilisation des organes de l'Union dans le processus de détermination et de recouvrement des ressources communautaires[709].

---

[706] En 1996, c'est avec l'Acte additionnel n° 04/96 du 10 mai 1996 instituant un régime tarifaire préférentiel transitoire des échanges au sein de l'UEMOA et son mode de financement, que les modalités pratiques d'un financement par des ressources propres ont été établies pour la première fois, grâce à la mise en place du PCS et son mode d'affectation. Mais à ce jour, soit bientôt un quart de siècle après, le PCS reste et demeure la seule véritable ressource propre de l'Union. Les seuls changements mineurs concernent les taux appliqués qui sont passés de 0,5 % en 1996 à 1% pour compter du 1er janvier 2000, puis de 1% à 0.8% à partir du 1er juillet 2017 avec un objectif de 0.5% à partir du 1er janvier 2019, sur la valeur en douane des marchandises importées des pays tiers par les États membres de l'Union.

[707] Article 48 du traité révisé de l'Union, *op. cit.*

[708] A. POTTEAU, *Recherches sur l'autonomie financière de l'Union européenne, op. cit.*, p. 47.

[709] Le nouveau règlement financier des organes de l'Union a fait une avancée significative dans ce sens en confiant l'examen de la soutenabilité budgétaire des activités des organes de l'Union au service de Contrôle financier logé au sein de la commission et animé par un contrôleur financier et assisté par des contrôleurs financiers délégués. Cf. article 21 du Règlement N° 01/2018/CM/UEMOA du 23 mars 2018

A l'évidence, la soutenabilité recherchée pour les finances de l'UEMOA nécessite la dynamisation du mécanisme de mobilisation des ressources de l'Union, avec pour corollaire la croissance de ses recettes (Titre I). En outre, elle passe également par la rénovation du cadre institutionnel, pour une efficacité accrue des institutions de l'Union (Titre II), gage d'une meilleure implication des organes communautaires.

portant règlement financier des organes de l'Union économique et monétaire ouest-africaine.

TITRE 1

La soutenabilité financière grâce à la croissance des recettes de l'Union

Le droit des organisations d'intégration est divisé en deux branches : le droit institutionnel et le droit matériel[710].

Le droit institutionnel régit le fonctionnement général de l'Union, ses compétences, ses caractéristiques. Il détermine également le rôle des institutions, leurs processus de décision, l'ordre juridique et les rapports avec les ordres juridiques des États membres.

Le droit matériel, quant à lui, traite de l'ensemble des règles qui encadrent les activités de l'Union. Le droit matériel est aussi qualifié de droit du fond ou de droit substantiel[711]. C'est un droit complexe qui est la résultante d'une construction progressive communautaire.

Le champ d'application du droit matériel des organisations d'intégration demeure vaste. Le droit interne des États membres est influencé par lui, en ce sens qu'ils intègrent chacun dans leur ordonnancement juridique les dispositions qui en sont issues. Il convient à cet effet de préciser une articulation adéquate des compétences de

---

[710] A.-M. OLIVA, *Leçons de droit matériel de l'Union européenne*, Paris, Ellipses, 2013, p. 10.
[711] *Ibid.*

l'Union avec celles des États membres. Il existe un champ d'application dans l'espace et un champ matériel du droit matériel[712]. Selon le champ d'application dans l'espace, le droit matériel s'applique sur le territoire de l'Union. Quant au champ d'application matériel, il est relatif aux activités de l'Union, lesquelles concernent la mise en œuvre du processus d'intégration à travers l'usage des modes de coordination tels que l'harmonisation[713] de la fiscalité intérieure des États membres de l'Union et l'uniformisation[714] de leur fiscalité de porte.

La présente étude projettera les règles de fond susceptibles de permettre à l'Union d'améliorer de façon substantielle, la mobilisation des ressources en vue du financement des projets intégrateurs.

En fait, il est parfois commode de faire une distinction entre ressources propres issues des droits de porte et les ressources propres générées par la fiscalité intérieure. Cette distinction repose en effet sur plusieurs séries de critères. La nature des différentes ressources propres est également spécifique. L'attribution aux Communautés des droits de douane, ou autres prélèvements perçus à l'entrée des marchandises sur le territoire douanier de certaines organisations communautaires[715], découle logiquement de la libre circulation à l'intérieur de l'Union.

Les recettes publiques intérieures et de porte sont importantes, voire fondamentales, pour les finances publiques des États membres de l'UEMOA. De même, celles perçues par l'Union sont nécessaires au fonctionnement et à la réalisation de ses objectifs. Cependant, en vue d'une intégration plus réussie dans l'Union, il convient de réfléchir sur l'hypothèse des recettes intérieures nouvelles (Chapitre I) et sur l'éventualité d'une affectation de nouveaux droits de porte (Chapitre II).

---

712 P. ICARD, *Droit matériel et politiques communautaires*, Ed. ESKA, Paris, 1999, pp. 17-19.

713 S. YONABA, « La difficile intégration des règles budgétaires et comptables des États membres de l'Union économique et monétaire ouest-africaine (UEMOA) », *in Revue Française de Finances Publiques*, n° 79, 2002, p. 225. Les directives de l'UEMOA édictent des réglementations-cadre que les États doivent ensuite transposer. Ces directives forment un véritable « *code général des finances publiques et de la comptabilité publique* ».

714 A. AYESSA, *Eléments de droit douanier, des procédures et des techniques douanières dans les États membres de la CEMAC*, Paris, Connaissances et Savoirs, 2010, p. 36.

715 L'Union européenne, notamment. Notons qu'au niveau de l'UEMOA et de la CEDEAO, les droits de douanes demeurent la propriété exclusive des États membres. C'est plutôt le PCS et le PC qui sont respectivement affectés à ces deux organisations.

Chapitre 1

L'option pour des recettes intérieures nouvelles

Sommaire

La politique fiscale est au cœur de l'action économique publique. L'impôt apparaît comme l'instrument de mobilisation par excellence des recettes par l'État, pour la réalisation de ses projets sociaux et économiques[716]. Qu'il s'agisse de dépenses ou de recettes, la politique fiscale apparaît comme l'un des volets de la politique budgétaire[717]. Elle détermine les principales caractéristiques du système fiscal à travers la double nature, juridique et économique, des prélèvements obligatoires. La politique fiscale d'un État désigne un ensemble de décisions qui traduisent les choix opérés par les dirigeants en vue de la détermination de la répartition des recettes issues du prélèvement fiscal[718]. La politique budgétaire en général et la politique fiscale en particulier doivent tenir compte du processus d'intégration en cours en Afrique de l'Ouest.

L'intégration européenne a enregistré une série de progrès non négligeables. L'un des enseignements qui peut être tiré de l'analyse de cette intégration, est que ses résultats positifs ont été rendus possibles par l'interaction entre deux éléments. Il s'agit, d'une part, d'un système institutionnel qui se veut, et réussit à être dans une certaine mesure, indépendant des gouvernements des États membres. Ce qui lui permet en conséquence de privilégier l'intérêt commun par rapport aux intérêts purement nationaux. D'autre part, il s'agit d'un système de ressources propres qui rend possible la mise en œuvre des décisions communautaires[719].

Au niveau de l'UEMOA, malgré les multiples efforts consentis, il demeure que le système des ressources propres reste à réformer afin d'assurer à l'UEMOA, un pouvoir entier en matière de recouvrement (Section 1). Par ailleurs, le système de contrôle de l'Union également mérite d'être transformé afin d'assurer un pouvoir exclusif et plus étendu à l'Union en matière de contrôle (Section 2).

---

[716] J. M. MONNIER, « *La politique fiscale* », *in* O. MONTEL DUMONT (Dir.), *La politique économique et ses instruments*, Paris, la documentation française, 2010, p. 111.
[717] *Ibid.* Selon les économistes, la politique budgétaire est l'ensemble des actions menées par les pouvoirs publics à partir du support financier. Selon l'auteur, la politique budgétaire correspond à la l'utilisation du budget de l'État, dans le but d'exercer une action sur des variables économiques que sont la croissance, l'emploi, l'inflation et l'équilibre.
[718] J.-L. MATHIEU, *La politique fiscale*, Paris, Economica, 1999, p. 3.
[719] T. GUEYE, *L'incidence de l'Union économique et monétaire ouest-africaine (UEMOA) sur les finances publiques de ses États membres*, Thèse de doctorat en droit, Université Panthéon-Assas, 2011, p. 37.

Section 1 || Un pouvoir plénier en matière de recouvrement

A certains égards, le système des ressources propres de l'UEMOA présente plusieurs lacunes importantes. Il nécessite de profondes réformes aussi bien au plan institutionnel qu'au plan juridique (Paragraphe 1). En outre, à cette étape de l'intégration économique ouest-africaine, il importe pour l'Union d'amorcer un chantier d'institution d'impôts communautaires afin de réduire son déficit d'autonomie financière (Paragraphe 2), vis-à-vis des États membres.

Paragraphe I | La nécessité de réformer le système de ressources propres intérieures

L'autonomie financière de l'Union est une réalité juridique qui occupe une place prépondérante dans le processus d'intégration. Le dispositif de l'Union fait des États membres, des structures incontournables et indispensables au système en place. Cette dépendance croissante de l'UEMOA vis-à-vis des États membres engendre une situation dans laquelle la question du financement du budget de l'Union interfère avec les politiques nationales. L'absence d'un lien direct entre le financement du budget de l'Union et les contribuables a nourri des critiques reprochant un certain manque de légitimité aux décisions budgétaires. Il urge donc de rénover le système de recouvrement de l'Union (A) et d'asseoir un cadre juridique approprié (B)

A- La rénovation du système de recouvrement

Le système de recouvrement des ressources propres, actuellement en vigueur au sein de l'UEMOA, présente de nombreuses limites qui justifient les difficultés de mise à disposition des ressources suffisantes en vue du financement des projets intégrateurs. La rénovation dudit système passe par le renforcement des capacités des organes communautaires (1) et l'instauration d'un appui constant des États membres (2).

1 | Le renforcement des capacités des organes communautaires

Dans le préambule du traité de l'UEMOA, il est affirmé la nécessité de favoriser le développement économique et social des États membres, grâce à l'harmonisation de leur législation, à l'unification de leur marché intérieur et à la mise en œuvre de politiques sectorielles communes dans les secteurs essentiels de leur économie.

En adoptant le Traité instituant l'UEMOA, les huit États membres se sont engagés dans un processus d'intégration par les marchés. A terme, cette démarche devrait se traduire par l'édification d'un marché commun marqué par la libre circulation des personnes, des biens et des services. Le bon fonctionnement de ce marché suppose entre autres, la levée de toutes les entraves d'ordre fiscal afin d'instaurer entre les systèmes fiscaux une cohérence de nature à assurer l'égalité de traitement des opérateurs économiques au sein de l'Union et à améliorer le rendement des différents impôts.

Dans le cadre du système des ressources propres, les États membres apparaissent comme mandataire de l'Union chargé des opérations matérielles de recouvrement[720].

Certes, les décisions[721] de l'autorité budgétaire communautaire jouissent de la primauté et de l'application immédiate. Leur effectivité exige néanmoins l'intervention des administrations nationales. Si la Commission de l'UEMOA exécute le budget communautaire sous sa propre responsabilité, ses services propres sont en effet trop restreints pour assurer concrètement une telle fonction. L'Union ne dispose pas de capacités techniques et structurelles suffisantes pour l'administration concrète de ses finances. L'administration financière de l'Union pâtit ainsi d'une dépendance organique à l'égard des États membres.

L'Union utilise les administrations nationales pour l'exécution matérielle des opérations qui concernent les États membres. À ce titre, les organes de l'État membre font office de relais ou de « bras séculiers »[722] des finances de la Communauté. Sur ce point, il est tentant d'assimiler l'action des organes étatiques à celle de l'autorité budgétaire

[720] B. NABLI, « Du caractère fictif de l'autonomie financière de L'Union européenne », *in Revue française d'administration publique*, n°123, 2017, pp. 353-371.

[721] Art. 7 du Traité révisé de l'UEMOA.

[722] R. KOVAR, « L'effectivité interne du droit communautaire », *in La Communauté et ses États membres*, rapport du colloque de l'Institut d'Etudes Juridiques Européen, Nijhoff, La Haye, 1973, p. 202.

de l'Union. Pourtant, il convient de préciser que l'ordre institutionnel de l'Union et celui des États membres demeurent distincts[723]. Un même organe peut exercer à la fois une fonction nationale et une fonction communautaire, mais il reste juridiquement un organe étatique. Une approche organique des rapports financiers entre l'Union et les États membres met en évidence la dépendance de celle-là à l'égard de ceux-ci pour la gestion concrète de ses dépenses et surtout de ses recettes. Il s'agit d'une imperfection structurelle qui mérite d'être corrigée afin d'assurer une autonomie financière réelle à l'Union.

En l'absence d'une « administration fiscale communautaire », il revient aux États membres d'effectuer la collecte des ressources budgétaires de l'Union et de veiller à leur emploi, soit directement, soit en supervisant les organismes publics d'intervention qui procèdent aux dépenses correspondantes[724]. L'administration nationale se mobilise à deux étapes dans les opérations financières, lesquelles exigent des actions de nature différente. En amont, l'administration est en charge de la perception des prélèvements fiscaux qui alimentent le budget de l'UEMOA. Les services administratifs nationaux ne se contentent pas d'encaisser les recettes de l'Union. En aval, les administrations nationales participent à la gestion des dépenses communautaires ou à la redistribution des fonds communautaires sur le territoire national.

2 | L'instauration d'un appui constant des États membres

L'institution des ressources propres au profit de l'Union ne s'est pas accompagnée de l'institution d'une administration communautaire de perception. L'UEMOA ne collecte pas elle-même les ressources propres qui lui sont attribuées et qui alimentent le budget communautaire. Il incombe aux États membres d'assurer le recouvrement des ressources propres, sur la base du principe d'autonomie institutionnelle[725]. Certes, le pouvoir de disposer de ces recettes appartient bien à l'Union, mais «

[723] Le Conseil d'État français a jugé que « ... *les autorités chargées par le gouvernement français de participer à l'exécution des engagements internationaux de la France, notamment en s'acquittant sur le territoire national, des missions confiées aux États membres par le traité CEE ou par les règlements émanant des organes de cette Communauté, agissent en qualité d'autorités nationales et relèvent de la juridiction des tribunaux français* », CE, 2 octobre 1981, GIE Vipal, Rec. p. 347.

[724] J. P. VACHIA, « Le contrôle des dépenses communautaires dans les États membres et le principe de subsidiarité », *in Revue française d'administration publique*, n° 63, 1992, p. 456.

[725] Art. 19, 20 et 21 de l'Acte additionnel 04/96, *op. cit.*

l'administration financière reste dans les mains des États membres »[726]. Il en résulte notamment l'absence de tout lien direct entre le particulier (en qualité de contribuable) et l'UEMOA.

Le principe d'autonomie financière de l'Union témoigne du recours à la fiction par le système juridique communautaire. Cette fiction a une efficacité symbolique indéniable, mais signale une imperfection dans la construction juridique et financière de l'Union. C'est pourquoi, rechercher les fictions juridiques en droit communautaire revient à mesurer la part d'artifice d'un droit qui reste marqué du sceau de la singularité, à mi-chemin entre droit interne et droit international, entre droit public et droit privé[727].

La raison du « déficit d'autonomie financière » de l'UEMOA est directement liée aux fondements interétatiques encore prégnants de cette entité. Les finances de l'Union sont liées à la volonté des États membres et à l'action des organes étatiques. Aussi, la problématique des finances de l'Union est-elle directement confrontée à la logique de l'intérêt national de chacun des États membres. Le choix d'un système fondé, dans une large mesure, sur des ressources fiscales propres renforcerait avantageusement l'autonomie financière du budget de l'Union en créant des relations financières plus directes et plus transparentes entre le budget et les citoyens de l'Union. Toutefois, le pouvoir de prélever l'impôt et d'affecter des dépenses est l'un des attributs de la souveraineté de l'État. Cette compétence régalienne de l'État n'a pas été transférée à l'Union. À ce titre, une autonomie financière réelle se heurte à une réalité juridique, la souveraineté fiscale des États membres[728]. Les États membres ont donc un rôle très important à jouer dans l'application judicieuse des normes fiscales communautaires. Ils devront notamment aider l'UEMOA dans le cadre de la lutte contre les « *niches fiscales* »[729].

---

[726] E. CEREXHE, « Intégration politique et ressources propres », *in* G. Isaac (dir.), *Les ressources financières de la Communauté européenne*, Paris, Economica, 1986, pp. 63-69, spéc. p. 68.

[727] B. NABLI, « Du caractère fictif de l'autonomie financière de L'Union européenne », *op. cit*, pp. 353-371.

[728] A. MAITROT DE LA MOTTE, *Souveraineté fiscale et construction communautaire* : *recherche sur les impôts directs*, Paris, LGDJ, 2005, p. 552. L'auteur montre notamment que s'il existe bien une Europe fiscale en matière d'impôts indirects (comme l'atteste la TVA), l'affirmation ne se vérifie pas dans le domaine des impôts directs.

[729] V. K. WEIDENFELD, *A l'ombre des niches fiscales*, Paris, Economica, 2011, pp. 14-15.

En effet, la notion de « niche » fiscale constitue une traduction approximative de l'expression américaine *tax shelters*, employée aux États-Unis dès la fin des années 1960. Il s'agissait de faire la lumière sur des mécanismes permettant de réduire l'impôt sur le revenu (*income tax)* dans des proportions jugées, parfois, scandaleuses[730].

En France, l'expression fait son apparition à la fin des années 1970, à la suite d'un rapport du Conseil des impôts. Les Canadiens francophones préfèrent parler d'« *abris fiscaux* » pour traduire l'expression, même s'ils l'emploient dans un sens plus restreint que celui utilisé en France, en désignant seulement une catégorie de dons censés rapporter à travers des crédits d'impôts plus que ce qu'ils coûtent[731].

En définitive, les niches fiscales constituent une dérogation à la norme fiscale. Il s'agit des dispositions législatives ou règlementaires dont la mise en œuvre entraine pour l'État, des pertes des recettes et donc, pour les contribuables, un allègement de leur charge fiscale par rapport à ce qui aurait résulté de l'application de la norme, c'est-à-dire des principes généraux[732]. Selon le Conseil des impôts, « *la définition des dépenses fiscales résulte d'un travail nécessairement arbitraire d'interprétation de la loi fiscale, pour tenter de dégager certains principes permanents, et d'observation de ses effets, pour éventuellement mettre en évidence des avantages particuliers*[733] ». Ces niches fiscales ne peuvent donc être efficacement contenues que si l'UEMOA bénéficie de l'appui constant des États membres. Pour ce faire, il est important de mettre en place un cadre juridique approprié.

B- La mise en place d'un cadre juridique approprié

Instituée le 10 janvier 1994 à Dakar, à la veille de la dévaluation du Franc CFA[734], l'UEMOA a pour objectifs de conforter la coopération

---

730 M. COLLET, Finances publiques, *op. cit.*, p. 274.

731 *Ibid.*

732 *Ibid.*

733 Conseil des impôts, *La fiscalité dérogatoire. Pour un réexamen des dépenses fiscales*, 2003, p. 24.

734 P. HUGON, « La dévaluation des francs CFA quatre ans après », *in Alternatives Economiques* n° 156 - février 1998, p. 5. J. LE DEM, « Dévaluation du franc CFA : un commentaire critique », *in Economie internationale*, n° 58, 2ème trimestre, 1994, pp. 27–32. La dévaluation du franc CFA (Communauté financière africaine) a eu lieu le 11 janvier 1994. Elle visait à rétablir la compétitivité des États de la zone franc, à faciliter le retour à des politiques budgétaires saines et à la viabilité extérieure de ces États lourdement endettés, à permettre le retour des capitaux privés et, enfin, à débloquer les

monétaire mise en œuvre depuis plus de trente ans entre les États membres de l'UMOA et d'élargir la base de cette coopération à tous les autres volets de la politique économique et budgétaire. C'est ainsi qu'elle a rénové l'environnement juridique en général, budgétaire et financier en particulier, au niveau de l'espace communautaire. Toutefois, une réforme particulière (1) appuyée par des ajustements du dispositif juridique communautaire (2) s'avère nécessaire.

1 | Une réforme particulière

Il existait des expériences d'organisations d'intégrations autrefois en vigueur en Afrique de l'Ouest grâce à la volonté des États. Les auteurs du nouveau Traité de l'UEMOA ont voulu cette fois-ci se démarquer de leurs prédécesseurs en innovant. En effet, l'innovation est perceptible autant au niveau organisationnel que matériel, par la mise en place d'une forme d'intégration plus compatible avec une gestion moderne d'une Union régionale, comme l'Union européenne par exemple. Néanmoins, il n'est pas certain que l'expérience européenne soit aussi facilement transposable sans difficultés. Les États africains se sont souvent engagés dans des processus démesurément ambitieux au vu des performances qu'il était légitime d'attendre, que ce soit en matière d'intégration ou de simple transposition de nouvelles techniques de gestion que leur proposent les bailleurs extérieurs.

Dans cette logique, il est important de signaler la remarque assez intéressante de Michel BOUVIER sur la conduite de la réforme budgétaire dans les pays en développement. Il souligne, pour ce qui est de la transposition des nouveaux outils de gestion dans ces États, qu'« *une telle perspective suppose particulièrement de s'attacher à déterminer les facteurs favorables à la construction d'un espace financier durable. Celui-ci en effet doit être en cohérence avec l'objectif de développement et de lutte contre la pauvreté, et donc plus généralement de mieux – être des populations, et il importe par ailleurs qu'il soit en mesure d'allier culture traditionnelle et culture gestionnaire, autrement dit d'intégrer culture du pays et nouvelle gouvernance financière publique* »[735].

---

obstacles structurels au développement de ces États. Cependant, ces objectifs n'ont pas tenu compte de la capacité de production des États et de la personne humaine.

[735] M. BOUVIER, « Nouvelle gouvernance financière publique durable et conduite de la réforme budgétaire dans les pays en développement », *Revue française des finances publiques*, n°98, 2007, p. 160.

Pour le Professeur Michel BOUVIER, il est toujours contre-productif de vouloir transposer vers les pays en développement, des méthodes de gestion qui ont fait leurs preuves dans les pays développés, sans jamais essayer de les adapter aux traditions locales. En effet, « *les différences entre pays développés et en développement sont suffisamment importantes pour que les outils de gestion des finances publiques soient utilisés dans ces derniers avec précaution, donc sélectivement et en les adaptant au contexte local* »[736]. C'est conscient, de cela que les auteurs du Traité de l'UEMOA ont voulu procéder par étapes cette fois-ci, lentement mais sûrement, pour que tous les mécanismes ainsi que toutes les phases d'une vraie intégration soient mis en place et respectés.

Les réformes dans les administrations fiscales et douanières sont d'une grande importance, du fait de l'évolution croissante dans ces domaines. Elles consistent à introduire des changements dans l'exercice habituel des procédures, en vue de les améliorer ou de les conformer aux règles résultant des engagements internationaux signés. La réforme est « *un processus essentiellement autonome et extérieur à l'institution sur laquelle il s'applique* »[737]. À cet effet, les États membres de l'UEMOA ont opté pour une transition fiscale qui a pour corollaire, la mise en place d'un mécanisme de renforcement de la fiscalité intérieure et une plus grande flexibilité au niveau de la fiscalité de porte, en vue de faciliter la protection et promotion des entreprises nationales ou communautaires. Cependant, il demeure que le cadre du système de recouvrement des ressources de l'Union mérite d'être ajusté au plan juridique.

2 | Des ajustements nécessaires

Les intentions et objectifs de l'UEMOA sont clairement connus et sans doute aussi bien compris. La mise en œuvre complète des mécanismes d'intégration régionale n'a pas toujours été facile. Même si l'Union rencontre des problèmes dans sa volonté d'intégration, il urge que les autorités communautaires travaillent à la mise en place d'un dispositif juridique approprié dans le cadre du recouvrement des ressources de l'Union. Concrètement, l'Union devra, par des actes

---

[736] C. LAURENT, « Les standards de la bonne gouvernance selon la Banque mondiale », *in* M. BOUVIER (dir.), *La bonne gouvernance des finances publiques dans le monde : Actes de la 4ème Université de printemps de Finances publiques*, Paris, LGDJ, 2009, pp. 105-226.

[737] G. RABALLAND, T. CANTENS, « Introduction thématique. Réforme des douanes et développement en Afrique subsaharienne », *Afrique contemporaine,* n° 230, 2009, p. 27.

juridiques pertinents, asseoir des organes propres de recouvrement afin de renforcer l'autonomie financière de l'institution communautaire.

Les actes communautaires qui confèrent aux organes nationaux le recouvrement des ressources communautaires doivent être revisités. Par ailleurs, d'autres actes communautaires pertinents devront être pris pour consacrer l'institution d'organes communautaires de recouvrement et le passage du recouvrement des ressources de l'Union aux mains de ces organes.

La Commission, dans sa gestion quotidienne des tâches, veille à l'atteinte de l'intérêt général[738] de l'Union, indépendamment des contingences nationales des États membres. Toute autre activité rémunérée ou non, est incompatible avec sa charge communautaire. Elle est l'organe de base de l'Union, par son activité permanente dans l'organisation. Elle intervient dans la production des actes juridiques de l'Union. La Commission élabore des règlements pour l'application des actes du Conseil et édicte des décisions. Aussi peut-elle formuler des recommandations et/ou des avis[739]. Elle a des attributs bien définis par le Traité. Dans l'exercice de sa mission, elle s'assure entre autres que les États membres appliquent effectivement les textes communautaires.

Cet organe de l'Union doit être au cœur de la réforme pour un renouvellement des structures de recouvrement. Bien entendu, accroître l'efficacité de l'administration fiscale constitue une condition fondamentale de réussite de la réforme. L'administration fiscale au Bénin, par exemple, se distingue de beaucoup d'autres administrations fiscales de Pays en développement par l'existence d'une véritable Direction Générale dont la mission centrale est le pilotage stratégique de l'ensemble de la Direction Générale des Impôts (DGI). De plus, avec la mise en place d'une unité de gestion des grandes entreprises, puis d'une unité dédiée à la gestion des entreprises moyennes, la DGI est passée d'une gestion par impôts à une gestion moderne par catégories de contribuables qui permet une administration des contribuables dans le cadre d'un dossier unique.

La DGI, œuvrant perpétuellement pour son informatisation, expérimente des instruments nouveaux de gestion comme la télédéclaration ainsi que le ciblage des contrôles en fonction des risques. Un échange d'informations automatique et en temps réel, à l'aide d'un

---

[738] Art. 26 du traité révisé de l'UEMOA.

[739] Art. 42 al. 3 du traité révisé de l'UEMOA.

identifiant fiscal unique commun à l'ensemble des administrations[740], permettra prochainement de rationaliser le recouvrement de l'impôt ainsi que le contrôle fiscal, tout en améliorant les services rendus aux contribuables. Il s'agit, en particulier, de poursuivre la réduction des coûts collectifs à la charge de l'État et des entreprises qu'entraîne la mobilisation des recettes publiques. Il s'agit de mesures qui peuvent fortement inspirer les autorités de l'UEMOA, pour rénover significativement le système de recouvrement des ressources de l'Union.

La Direction générale des douanes et droits indirects (DGDDI) connaît certes une dématérialisation avancée de ses procédures, mais sa politique de recouvrement des recettes communautaires doit être revue pour un mieux-être de l'Union. Ce nouveau dispositif préconisé va de pair avec la création de nouvelles recettes intérieures.

Paragraphe II | Les recettes intérieures nouvelles en question

La singularité du système communautaire est que les ressources proviennent des budgets et des contribuables nationaux, sans que ceux-ci aient pris clairement conscience de leur importance dans la communautarisation. La logique voudrait que les dépenses communautaires soient financées par un impôt communautaire, de sorte que tous les citoyens de l'Union participent sur les mêmes bases, à la couverture des dépenses d'intérêt commun[741]. Il convient d'explorer de nouvelles perspectives de ressources intérieures (B) en plus de la TVA

[740] L'utilisation d'un identifiant unique par l'ensemble des administrations financières est la condition d'un échange automatique d'informations en temps réel. Un tel échange est particulièrement important pour un contrôle efficace de la TVA. Ce dernier impôt est largement collecté par l'administration des douanes au cordon douanier. La plupart des montants de TVA collectés en douane font l'objet d'une déduction dans les déclarations de TVA soumises à l'administration fiscale. Un recoupement entre les deux administrations est donc particulièrement utile pour contrôler les déclarations des contribuables. Il s'agit de s'assurer notamment que des contribuables ne déduisent des crédits fictifs de TVA.

[741] A. PRATE, « Les finances de la Communauté européenne. Fédéralisme ou subsidiarité ? », *in Commentaire*, n°60, avril 1992, pp. 815-822.

intracommunautaire (A) déjà prévue par le Traité[742] et le règlement financier[743] de l'Union.

A- La question de l'opérationnalisation de la TVA intracommunautaire

Au regard des exigences liées à l'urgence de mobilisation des ressources supplémentaires en vue du financement des projets intégrateurs, la mise en œuvre de la TVA intracommunautaire apparait comme une urgence (1). Toutefois, en prenant en compte les nombreuses difficultés liées à l'environnement fiscal communautaire au sein de l'UEMOA, quelques précautions sont requises (2).

1 | Pour une mise en œuvre immédiate

Face à l'insuffisance criarde des ressources mobilisées par l'Union, dans le cadre du financement notamment des projets intégrateurs, la recherche de nouvelles sources de financement devra être perçue comme un impératif. En la matière, la Conférence des chefs d'État et de Gouvernement a envisagé la mise en place d'une TVA intracommunautaire.

La TVA est une invention française adoptée par plus d'une centaine de pays dans le monde. Elle se développe davantage avec les processus d'intégration économiques et monétaire[744]. Elle est un impôt général sur la dépense perçu selon un système de paiement fractionné sur la valeur ajoutée apportée par chacun des opérateurs intervenant dans le circuit de la production et de la distribution. Elle constitue une importante source de rentrée fiscale pour les États membres.

La Directive de l'UEMOA sur l'harmonisation de la TVA[745] vise l'instauration d'un système d'application de la TVA, suivant une base commune et des taux convergents. Il s'agit d'un impôt de consommation pour toutes les transactions économiques portant sur les biens et services, à l'exception des exonérations communes limitativement énumérées par la Directive.

[742] Art. 55 modifié du traité révisé de l'Union.

[743] Art. 25 du règlement N° 01/2018/CM/UEMOA, *op. cit.*

[744] Les États membres de l'UE comme ceux de l'UEMOA ont adopté la TVA comme système d'impôts sur la dépense en remplacement de la taxe sur le chiffre d'affaires pour ceux d'entre eux qui appliquait ce dernier système.

[745] Directive n°02/98/CM/UEMOA du 22 décembre 1998 portant harmonisation des législations des États membres en matière de TVA, modifiée par la directive n°02/2009/CM/UEMOA du 27 mars 2009.

Face aux objectifs de la transition fiscale au sein de l'UEMOA, la nécessité d'accroître le rendement des différents impôts dont notamment celui de la TVA est devenue un impératif. Cette harmonisation fiscale contribue donc, non seulement à réaliser la cohérence des systèmes internes de taxation, mais également à assurer l'égalité de traitement des opérateurs économiques au sein de l'Union.

Par ailleurs, ce processus d'harmonisation de la TVA dans les États membres de l'Union instaure un environnement favorable à la mise en œuvre de la TVA intracommunautaire. En effet, le Traité de l'Union a opté pour un financement de son budget par des ressources propres. L'objectif est donc d'instituer une TVA communautaire dont une fraction devrait constituer une ressource propre pour l'Union, ce qui renforcerait les capacités de financement de l'Union[746]. Ainsi, conformément à l'article 54 du traité révisé de l'Union, « *les ressources de l'Union proviennent notamment d'une fraction du produit du tarif extérieur commun (TEC) et d'une fraction des taxes indirectes perçues dans l'ensemble de l'Union* »[747], mais, « *à terme, une Taxe à la valeur ajoutée (TVA) de l'Union sera instituée et se substituera à la fraction du produit des taxes indirectes nationales indiquée à l'article 54* »[748].

Un tel système de financement du budget de l'Union, serait favorable à son autonomie financière, et renforcerait les capacités de l'Union[749]. Le règlement qui interviendra à cet effet, se substituera aux règles nationales. Comme cela est déjà le cas en matière douanière, les autorités nationales accompagneront l'Union dans le cadre de la mobilisation de cette taxe à son profit. Un compte central de compensation géré par un service de la commission devrait permettre de résoudre les difficultés que pourrait engendrer le mécanisme de la TVA intracommunautaire prévu par le Traité et le règlement financier de l'Union.

Il est à noter que la perspective d'un niveau supplémentaire de fiscalité communautaire, se superposant aux impôts nationaux et aux fiscalités

---

[746] Pour le financement de son fonctionnement, l'Union n'a pas eu recours au mode de financement traditionnel des budgets des organisations interétatiques. En effet, les organisations interétatiques financent généralement leurs budgets par des cotisations annuelles versées par les différents États membres. L'Union n'a pas non plus retenu le mode de financement de l'Union européenne, consistant en un financement partiel par des ressources propres, complétées par des cotisations versées par les États membres.

[747] Art. 54 modifié du traité révisé, *op. cit.*

[748] Art. 55 modifié du traité révisé, *op. cit.*

[749] Il faut noter qu'actuellement les recettes budgétaires de l'Union proviennent essentiellement du PCS.

régionale et locale en constante croissance, inquiète. Cependant, au moment où de tous côtés, on demande une communauté plus démocratique, il faudrait remédier à l'asymétrie du système actuel dans lequel les autorités communautaires peuvent prôner l'augmentation des dépenses, sans avoir à prendre la responsabilité des impôts qui les financent.

2 | Quelques précautions requises

L'introduction de la TVA intracommunautaire comme ressource propre pour le financement du budget de l'Union ne doit pas faire perdre de vue ces critères spécifiques[750] dont doit tenir compte l'institution de toute ressource propre. Il s'agit en l'occurrence de la visibilité et de la simplicité, à travers un mode de financement qui doit être aisément compréhensible par le public. L'autonomie financière, quant à elle, prône que les ressources propres doivent garantir le financement de l'Union tout en étant fiables.

Comme autre critère, il existe l'efficacité dans l'allocation des ressources économiques, selon lequel le financement ne doit pas entraîner de distorsion des décisions économiques, à moins que cela ne soit jugé souhaitable, par exemple, en raison de l'existence d'effets externes. Le mode de financement doit satisfaire aux besoins de financement de l'Union et pouvoir s'adapter à l'évolution de ces besoins qui contribue au caractère suffisant des ressources.

La rentabilité administrative prône des coûts de perception et de gestion des ressources faibles par rapport à leur produit. Ceci dans un souci de stabilité des recettes, dans la mesure où les ressources doivent assurer des recettes stables au budget. Il convient de noter que la charge budgétaire doit être répartie équitablement entre les États membres.

Il est évident que pour une ressource propre donnée, il est presque impossible de satisfaire pleinement à l'ensemble des critères. Le choix d'une ressource propre repose donc sur une appréciation d'ordre politique, pesant les avantages et les inconvénients des différentes options envisageables. En ce qui concerne la TVA intracommunautaire, il convient de préciser qu'elle présente l'avantage d'être un impôt déjà prévu par le dispositif juridique communautaire, notamment le Traité et le règlement financier de l'Union. En conséquence, sa mise en œuvre reste une piste intéressante à explorer. Au demeurant, les modalités pratiques de sa mise en œuvre doivent s'opérer dans le cadre d'une

[750] N. J. BREHON, *Le budget de l'Europe*, Paris, LGDJ, 1997, p. 202.

démarche prudentielle qui pourrait heurter, de plein fouet, la souveraineté des États membres. Dans ce sens, l'Union gagnerait à s'appuyer au départ sur les modalités de recouvrement existantes au niveau des États membres comme c'est le cas pour le PCS[751].

Le choix judicieux des projets intégrateurs à financer par les ressources issues de la TVA intracommunautaire ainsi qu'une bonne sensibilisation doublée des améliorations pratiques constatées dans la vie quotidienne des populations constituent des facteurs favorisant l'adhésion des contribuables, gage d'une bonne mobilisation de cette nouvelle taxe.

Toutefois, il existe également des perspectives de nouvelles ressources intérieures à envisager.

B- Les perspectives de nouvelles ressources intérieures explorables

D'un point de vue juridique, un impôt communautaire pourrait être défini, selon les termes traditionnels, comme une « *prestation pécuniaire requise des particuliers par voie d'autorité, à titre définitif et sans contrepartie, en vue de la couverture des charges publiques* »[752] communautaires. Toutefois, compte tenu des importantes dérogations découlant des exigences du monde contemporain, cette définition inspirée de celle de Gaston JÈZE peut être reformulée en ces termes : l'impôt est un prélèvement obligatoire, mis à la charge des personnes physiques et morales, par voie d'autorité, sans contrepartie déterminée, en vue de la couverture des dépenses publiques et la réalisation d'objectifs économiques et sociaux fixés par les collectivités publiques.

La territorialité de l'impôt communautaire laisse apparaître des difficultés techniques et politiques (1) et, dans une certaine mesure, des ouvertures possibles (2).

---

[751] L'analyse des différentes hypothèses qui sous-tendent les cadres institutionnels envisageables pour ce recouvrement a été faite au niveau du titre II de la 2ème partie.

[752] V. O. NEGRIN, « Une légende fiscale : la définition de l'impôt de Gaston JÈZE », *in Revue de droit public*, n°1, 2008, p. 139.

1 | Les difficultés techniques et politiques

Cinq critères cumulatifs doivent caractériser tout prélèvement fiscal et, plus spécifiquement, l'impôt communautaire[753].

Le premier critère est relatif à la nature du prélèvement qui doit être une prestation pécuniaire. Cette caractéristique ne suscite bien évidemment aucune difficulté particulière. Le deuxième critère suppose ensuite que ces sommes d'argent soient perçues par voie d'autorité. La création d'un impôt communautaire doit ainsi résulter de l'exercice d'une compétence fiscale communautaire, c'est-à-dire d'une compétence fiscale que l'Union soit à même d'exercer librement. Cette compétence doit, en troisième lieu, être exercée à l'encontre de contribuables de l'Union. Aussi évidente que paraisse cette affirmation, l'impôt communautaire suppose la présence de « particuliers » communautaires (personnes physiques ou entreprises) qui soient débiteurs d'une créance fiscale à l'endroit de l'Union[754]. Cette organisation d'intégration disposerait corrélativement de prérogatives de puissance publique lui permettant d'établir puis de recouvrer l'impôt. Il s'agit de l'exercice d'un pouvoir fiscal communautaire. Enfin, la qualification d'impôt communautaire suppose en quatrième et cinquième lieux que le prélèvement en cause soit définitif et qu'il vise à couvrir les charges publiques de la Communauté. Pour ce faire, il faut que son produit soit affecté au budget de l'Union.

Par ailleurs, l'institution d'un impôt communautaire doit remplir trois conditions que sont l'équité fiscale, le rendement budgétaire et la visibilité. La ressource doit être équitable du point de vue de la capacité contributive des États membres, ce qui suppose une assiette harmonisée, un taux uniforme et l'absence de transfert de charge. Une assiette harmonisée et un taux uniforme consistent à faire en sorte qu'un agent ou une opération aient le même traitement fiscal quel que soit l'État membre dans lequel il se trouve ou elle a lieu[755]. L'équité fiscale signifie aussi que

---

[753] A. MAITROT DE LA MOTTE, « L'impôt européen : enjeux juridiques et politiques », *in Revue de l'observatoire français des conjonctures économiques*, n°134, 2014, pp. 149-160.

[754] *Ibid.*

[755] Deux cas peuvent se produire, soit l'impôt existe déjà dans les États membres, auquel cas l'harmonisation suppose de gommer les innombrables différences entre les fiscalités nationales (exemptions, déductions, abattements). Ce défi est pratiquement insurmontable en matière d'impôt sur le revenu. Soit il n'existe pas, et il faut alors créer, simultanément dans chaque État, un impôt identique dont l'assiette serait commune et

toute nouvelle recette ne doit pas entraîner un transfert de charge d'un État à un autre et qu'il faut vérifier cette condition à la fois au moment du basculement d'un système à un autre.

Il est habituellement admis que toute nouvelle ressource devrait avoir un rendement substantiel faute de représenter la moindre utilité. En outre, elle ne devrait pas être trop coûteuse à percevoir. La perception n'est pas un obstacle déterminant, tant les pratiques de dédoublement fonctionnel sont courantes, même si quelques-uns considèrent que l'indépendance financière passe par le pouvoir de lever l'impôt[756]. Le rendement est en revanche une contrainte majeure à laquelle doit faire face toute administration fiscale, qu'elle soit nationale ou communautaire.

La nouvelle ressource doit être perçue comme une authentique ressource communautaire. Il importe qu'un « *lien direct avec les contribuables soit clairement visible ce qui suppose de toucher le plus grand nombre d'agents économiques et que le taux soit parfaitement perçu par les assujettis* ». L'impôt communautaire peut également servir de support à une véritable politique communautaire. La nouvelle ressource devrait être liée à une politique commune où l'Union joue un rôle bien identifié et reconnu. Cela ferait apparaître la collecte des fonds communautaires comme une opération légitime aux yeux de l'opinion publique.

Il n'existe pas d'impôt répondant, dans chaque État membre, à ces trois critères. L'impôt sur le revenu serait le plus visible, mais aussi celui dont l'harmonisation paraît totalement hors de portée. Encore que cette visibilité n'est que partielle. Seule une contribution communautaire à assiette plus large permettrait d'atteindre l'objectif recherché. Une telle proposition de contribution communautaire généralisée ne peut être, pour l'instant, qu'une pure hypothèse d'école. « *On conviendra que l'idée d'un impôt communautaire n'est pas propre à susciter un engouement exagéré pour la construction européenne* » disait Dominique Berlin à l'occasion du débat sur l'impôt européen[757].

La question de la création d'un impôt communautaire est extrêmement controversée. L'impôt est, en effet, une marque et une preuve de la souveraineté des États, voire même la marque et la preuve

définie au départ pour tous les États membres. La difficulté provient alors des difficultés d'une nouvelle taxe dans la compétition mondiale et des risques de distorsion.

[756] N. J. BREHON, *Le budget de l'Europe*, *op. cit.*, p. 202.

[757] D. BERLIN, « Jurisprudence fiscale européenne », *in Revue Trimestrielle de droit européen*, n° 28, avril-juin 1992, pp. 347-380.

par excellence de cette souveraineté. L'impôt possède un caractère régalien, il permet à son bénéficiaire de financer ses dépenses et il nécessite que soient mises en œuvre des prérogatives de puissance publique, nécessairement exorbitantes du droit commun. Même si cette première appréhension de l'impôt a évolué depuis lors, elle suffit à expliquer que les opposants à la construction communautaire refusent, par principe, tout impôt communautaire. Le développement d'une fiscalité communautaire demeure donc l'une des cibles privilégiées de leurs fantasmes et de leurs réticences. Elle permet également de comprendre pourquoi les États membres sont parfois hostiles à ce que des compétences fiscales et un pouvoir fiscal concurrents des leurs, soient exercés par l'Union.

Mais en retour apparaît la légitimité d'un impôt communautaire. Au regard du rôle qu'il doit jouer, l'Union peut légitimement souhaiter bénéficier de l'autonomie financière. Car il est bien évident que l'autonomie financière de l'Union peut résulter de sa capacité à lever librement un impôt à son profit. De même, la création d'un impôt consenti puis payé par des contribuables de l'Union serait de nature à combler le fameux « déficit démocratique ».[758]

En clair, la principale crainte des États, porte sur l'émergence d'un pouvoir fiscal de l'Union. D'une part les États, aux prises avec la contraction de leurs recettes fiscales, sont peu enclins à multiplier les niveaux d'imposition et à amputer leur propre budget pour respecter le principe de neutralité fiscale. D'autre part, tout débat sur la création d'une ressource nouvelle renvoie inévitablement à un débat sur les dépenses. Une initiative majeure en matière de ressources aurait plus de chance de succès si elle était accompagnée d'une réforme non moins radicale en matière de dépenses. Mais l'UEMOA est-elle prête à cet exercice ?

2 | Les ouvertures possibles

En dehors de la TVA intracommunautaire, l'UEMOA a la possibilité d'expérimenter l'institution de plusieurs types d'impôts communautaires. Ainsi, plusieurs options sont à explorer. Il s'agit d'abord de la Taxe sur les transactions financières (TTF). En effet, cette taxe a été déjà instituée depuis février 2013, par la Commission européenne. Des discussions restent néanmoins en cours sur les

758 A. MAITROT DE LA MOTTE, « L'impôt européen : enjeux juridiques et politiques », *in Revue de l'observatoire français des conjonctures économiques*, n°134, 2014, pp.149-160.

modalités d'application de cette nouvelle taxe, appliquée en France depuis 2012. Elle consiste à prélever un pourcentage d'une transaction réalisée entre les institutions financières sur le marché secondaire. Les produits concernés sont les actions, les obligations, les produits dérivés, les prêts-emprunts de titres et les rachats de parts d'OPC[759]. La Commission européenne prévoit un taux de 0,1 % du montant de la transaction sauf pour les produits dérivés qui seraient taxés à 0,01 %.

Dans la même perspective, l'UEMOA pourrait explorer également l'institution d'une Taxe de solidarité sur les billets d'avions (TSBA). C'est une taxe internationale prélevée sur le prix des billets d'avions pour financer l'Union. Il en est de même pour la Taxe sur les Communications GSM inter-États.

Enfin, l'UEMOA peut également expérimenter d'autres ressources déjà mises en œuvre au niveau de l'Union européenne. Il s'agit de la "ressource RNB" qui est un prélèvement sur le revenu national brut (RNB) de chaque État membre d'un pourcentage fixé annuellement par le budget de l'Union. Il s'agit également des amendes infligées aux entreprises qui enfreignent les règles de concurrence ou d'autres règles. Toutefois, quelles que soient les options retenues par l'UEMOA, et malgré l'atout apparent que constitue l'institution de ces nouvelles ressources, de nombreuses précautions sont requises avant toute mise en œuvre.

Il est impérieux de se pencher à nouveau sur la question du financement futur de l'Union et que l'idée d'un impôt communautaire soit alors débattue. Il s'agit en premier lieu de faire cesser les appréhensions. L'importance du pouvoir fiscal du Parlement national ne doit pas être surestimée. D'ailleurs, le processus d'intégration communautaire limite d'ores et déjà l'importance du pouvoir fiscal du Parlement, puisque les directives communautaires adoptées nécessitent d'être transposées dans l'ordre interne des États membres. La reconnaissance d'une compétence communautaire sur une fraction des recettes ne paraît pas insurmontable.

En second lieu, un véritable impôt communautaire pourrait également répondre aux intérêts des États eux-mêmes, peu satisfaits des procédures actuelles. Il faudra se poser la question d'un financement plus transparent et plus autonome de l'Union. Dans ce sens il serait possible d'évoquer l'idée d'un impôt communautaire direct qui serait voté par le Parlement

[759] Les Organismes de placement collectif (OPC) sont des instruments financiers mis au point par des sociétés agréées afin de gérer l'épargne publique selon les orientations définies à l'avance.

de l'Union. Les citoyens ont en effet le droit de savoir ce qu'ils paient pour l'UEMOA, comme ils le savent pour chacun de leurs États et pour chacune de leurs collectivités locales[760].

Toutefois, cette proposition risque de rester sans suite, tant les problèmes de mise en œuvre sont importants. Trois éléments pourraient toutefois lui redonner une actualité. D'une part, l'éventualité d'une « fronde fiscale » des contribuables pourrait inciter l'État à montrer qu'il n'est pas le seul responsable de la hausse de prélèvements obligatoires et qu'une partie, même modeste provient d'une « pression fiscale communautaire ». D'autre part, le respect des critères de convergence en vue de l'introduction de la monnaie unique de la CEDEAO inciteront les États à trouver soit de nouvelles formes de présentation de la participation au budget communautaire qui éviteraient de creuser le déficit budgétaire national, soit de nouveaux modes de financements sous forme d'une imposition spécifique. Enfin, l'idée même d'un impôt directement perçu par l'Union sur les ressortissants nationaux serait en bonne logique la conséquence inévitable d'un mouvement d'intégration. L'existence d'une monnaie unique constitue sans nul doute un atout pour l'UEMOA. Autrement plus significatif qu'un éventuel transfert de pouvoir fiscal, au demeurant limité, l'impôt communautaire ne serait alors qu'une étape supplémentaire dans le processus de construction de l'Union.

Si l'impôt communautaire devait poursuivre simultanément un objectif politique et un objectif financier, il pourrait prendre la forme d'un impôt indirect, ou d'une taxe additionnelle à la TVA[761] à l'instar de la taxe sur les billets d'avions. Par rapport à un impôt direct, une telle taxe présenterait l'avantage de pouvoir être plus facilement collectée et contrôlée. Elle serait également plus rentable dès lors qu'elle nécessiterait une administration réduite et qu'elle posséderait un meilleur rendement. Ceci étant, une pareille taxe présenterait l'intérêt d'être un impôt commun à toute l'Union. Cependant, elle ne lierait pas directement les contribuables à l'organisation d'intégration, en tant que composante mal identifiée du prix des produits, elle passerait paradoxalement inaperçue.

[760] P. BEREGOVOY, *in* R. TREGOUËT, *Annexe au rapport général sur le Projet de Loi de Finances, 1993,* Sénat, n° 56, 1992- 1993, tome Ill, annexe 2, Affaires européennes, p. 79.

[761] D'autres impôts indirects peuvent encore être envisagés, à l'instar de taxes sur les communications électroniques.

La création d'un impôt commun destiné au financement des dépenses de l'Union, pesant sur les citoyens et consenti par leurs représentants, constituerait sans doute un progrès majeur dans la construction communautaire. Comme la monnaie unique, il créerait des liens unissant non seulement l'Union et ses citoyens, mais aussi ses citoyens entre eux. Quel qu'il soit, cet impôt ne doit pas être une fin en soi, mais un moyen d'accomplir le projet communautaire.

Au niveau de l'Union européenne, ces solutions alternatives ont été examinées et évaluées en détail dans différents travaux[762]. Ces derniers soulignent le caractère politique du débat sur les sources alternatives de financement de l'Union. Pour certains d'entre eux, les préparatifs techniques à l'introduction des nouvelles ressources ne prendraient que quelques années[763]. Tel serait le cas, par exemple, des ressources fondées sur l'énergie ou la TVA. En outre, les ressources évoquées lors des débats passés auraient une efficacité très variable au regard des critères de l'évaluation. Par exemple, certaines ressources alternatives auraient une excellente visibilité auprès des citoyens, contribuant ainsi à la transparence du système. D'autres produiraient l'effet incitatif souhaité sur le comportement des acteurs économiques, contribuant ainsi directement aux objectifs spécifiques de l'Union.

En tout état de cause, toutes les sources de financement de la communauté envisagées présentent des avantages et des inconvénients. Chacune se révèle efficace pour certains critères mais moins performante pour d'autres critères. Pour autant, le fait que des solutions particulières ne satisfont pas pleinement tous les critères ne doit pas conduire à conclure qu'elles doivent toutes être rejetées. Au contraire, il ressort des analyses des systèmes de financement alternatifs que le choix à effectuer dépend d'une décision politique fondamentale qui détermine les critères à considérer comme essentiels ou secondaires. Une réforme du système fiscal communautaire n'aura de sens que si le pouvoir de contrôle financier de l'Union s'accroît.

---

[762] Voir, par exemple, P. CATTOIR, « *Tax-based EU own resources : an assessment* », Commission européenne, Direction générale de la fiscalité et de l'union douanière, *Taxation Papers*, document de travail « fiscalité », avril 2004, pp. 121-132.

[763] Voir le rapport de la Commission de l'UE « *Le financement de l'Union européenne* », COM (2004) 505 final, vol 1, juillet 2004, pp. 56.

Section 2 ‖ Un pouvoir exclusif en matière de contrôle

Des systèmes de contrôle budgétaire et financier ont été institués dès l'origine de l'UEMOA. Ainsi, l'Union fut dotée de mécanismes de contrôle budgétaire interne et externe. Cependant, le système initial comporte de nombreuses lacunes qui n'ont pas été comblées. En effet, le contrôle interne apparaît comme étant très dépendant de l'institution contrôlée. En ce qui concerne le contrôle externe, il dispose de moyens insuffisants et paraît peu contraignant. On retient donc que, dans sa globalité, le système de contrôle est encore perfectible même si quelques progrès ont été réalisés dans le sens d'un véritable contrôle démocratique.

Un contrôle démocratique nécessite la satisfaction de deux critères[764]. En premier lieu, les organes de contrôle doivent réaliser un contrôle de nature technique, en effectuant des vérifications visant à assurer que les pratiques de l'organisme soumises à leur contrôle, sont légales, régulières et conformes au principe de bonne gestion financière[765]. Par la suite, les résultats du contrôle doivent être soumis à une autorité investie d'une responsabilité démocratique, incarnée logiquement par le Parlement. En second lieu, le contrôle démocratique implique que les informations budgétaires et financières offrent la possibilité au citoyen communautaire de vérifier que les activités des institutions publiques correspondent à une politique démocratiquement élaborée et qui permet d'atteindre les objectifs fixés. De nos jours, le contrôle interne dans le cadre très particulier de l'UEMOA, constitue le socle de tous les autres contrôles. Il mérite d'être transformé (paragraphe 1). Il en est de même pour le contrôle externe qu'il urge de renforcer (paragraphe 2).

Paragraphe I | La nécessité de réformer le système de contrôle interne

Le contrôle interne dépend généralement du pouvoir exécutif. Pour l'UEMOA, il s'agit essentiellement de la Commission puisque cette dernière est chargée de l'exécution du budget de l'Union. En effet, aux

764 C. D. DESMOULIN, *Le droit budgétaire de l'Union européenne*, Paris, LGDJ, 2009, pp. 197-198.

765 M. de VILLIERS, T. de BERRANGER, *Droit public général*, Paris, LexisNexis, 2017, p. 848.

termes de l'article 46 du nouveau règlement financier de l'UEMOA[766], l'ordonnateur principal doit mettre en place un dispositif de contrôle interne comprenant, outre les services gestionnaires, un service de vérification et un service d'audit interne. Le système de contrôle interne établi actuellement, présente des carences qu'il importe de solutionner (A). Par ailleurs, le statut et les missions du service d'audit interne méritent d'être réexaminés (B).

A- Un système à transformer

La transformation du système de contrôle interne en vigueur, passe indiscutablement par la correction de l'imperfection structurelle qui le caractérise et la rénovation de son cadre juridique. L'importance croissante du budget de l'Union conduit à porter une attention accrue sur ses conditions d'exécution. Le contrôle des fonds structurels (1) reste sous-tendu par la raison politique dominante (2).

1 | Le contrôle des fonds structurels

L'évaluation de l'efficacité des politiques communautaires constitue une priorité affichée pour les États membres. La compétence en matière de contrôle des fonds communautaires est partagée entre les États membres et l'Union. Une fois la perception opérée, l'administration nationale doit encore en effectuer la constatation et la mise à disposition à l'Union[767]. Les services administratifs nationaux sont chargés de superviser l'ensemble des opérations de contrôle, et de récupérer les sommes indûment payées ou éludées[768].

En matière de fonds structurels, il revient aux États membres d'assumer en premier ressort la responsabilité du contrôle financier de l'intervention communautaire. À ce titre, les États membres sont responsables de la mise en œuvre des systèmes nationaux de contrôle

---

[766] Règlement N° 01/2018/CM/UEMOA du 23 mars 2018, *op. cit.*

[767] La perception des ressources propres est gérée par les administrations et organismes des États membres. En revanche, il revient à la Commission de l'UEMOA de contrôler le respect par les États membres de l'obligation de constater toutes les ressources dues et de les mettre intégralement à la disposition de la Commission. Il s'agit plus généralement de s'assurer de la bonne application de la réglementation communautaire en la matière et de la bonne gestion des ressources propres dans le cadre de l'exécution des recettes budgétaires.

[768] La Cour de justice de l'Union européenne a estimé que c'est aux services nationaux d'agir en justice contre les particuliers pour réclamer les ressources communautaires ou récupérer les sommes payées indûment. Voir par exemple, CJCE, 4 avril 1974, Mertens, aff. 178/73, Rec., p. 383.

financier, du respect de la législation communautaire, de la prévention des irrégularités et de leurs corrections lorsqu'elles sont constatées. Les gestionnaires des fonds structurels doivent assurer plusieurs types de contrôles internes. Les États membres contrôlent la conformité au droit national de l'opération de constatation des ressources propres effectuée par leur administration. Ils procèdent en effet aux vérifications et enquêtes relatives à la constatation et à la mise à disposition des ressources propres.

Concernant les contrôles des fonds structurels, ces systèmes interviennent à divers niveaux. Au sein de l'administration centrale, l'inspection générale des finances s'est vue assigner la mission de coordonner tous les services. Dans le cadre de ses missions ordinaires, elle assure le contrôle de la bonne exécution des opérations. La Commission peut néanmoins y être associée. Il revient à l'inspection générale des finances de diriger les missions conjointes de contrôle des ressources propres, associant contrôleurs nationaux et agents mandatés de la Commission. L'inspection générale des finances a la responsabilité complète des opérations. Avec la multiplication des délégations de compétence de la gestion communautaire au profit des administrations nationales, un déplacement progressif du centre de gravité des contrôles de ces fonds communautaires tend à s'opérer. La vérification de ces recettes et dépenses relève donc non seulement de la Cour des comptes de l'Union, mais également des institutions supérieures de contrôle nationales[769]. Il s'agit, selon les États membres, d'un office d'audit ou organe collégial, parfois à compétence juridictionnelle. Ainsi, les institutions supérieures de contrôle jouent un rôle non négligeable dans le contrôle de l'application d'une réglementation communautaire et donc du recouvrement des ressources propres.

2 | La raison politique dominante

Le traitement du contrôle des fonds communautaires fait apparaître, de la part des institutions de contrôle nationales, une volonté politique inégale d'octroyer une place spécifique à l'activité de contrôle en lien avec le budget communautaire. Une très grande disparité se fait jour dans les méthodes de contrôle des comptes au sein des institutions nationales

---

[769] L'expression « institution de contrôle nationale » désigne toute institution publique d'un État membre qui, quelles que soient sa dénomination, sa composition et son organisation, exerce, au niveau national, le contrôle des finances publiques. Cependant, la formule « institution supérieure de contrôle » est également communément employée pour désigner ces institutions.

de contrôle ainsi que le traitement accordé au contrôle des fonds communautaires.

Certaines institutions nationales de contrôle n'individualisent pas le traitement juridique et procédural des fonds communautaires, et leur appliquent les mêmes méthodes et diligences qu'aux fonds d'origine nationale. En revanche, d'autres institutions nationales de contrôle appliquent au sein de structures propres, des méthodes spécifiques pour le contrôle du budget communautaire.

Cette disparité est l'une des raisons pour lesquelles la coordination des programmes d'audit et de contrôle entre la Cour des comptes de l'Union et les institutions nationales de contrôle semble encore difficile, mais pas moins indispensable. Le caractère impératif de cette collaboration tient au fait que les recettes de l'Union et une grande partie des dépenses budgétaires communautaires sont exécutées dans et par les États membres eux-mêmes, selon le cadre tracé par le budget et les prescriptions réglementaires communautaires.

Par conséquent, l'intensité des contrôles opérés par la Cour des comptes de l'Union dépend étroitement des contrôles effectués au niveau national par les institutions de contrôle des États membres. L'UEMOA devra donc travailler à installer des organes propres de contrôle afin de réduire la dépendance de l'institution communautaire des États membres. Dans le court terme, la Cour des comptes de l'Union pourrait être impliquée, au niveau des États membres, dans le contrôle sur pièces et sur place des prélèvements de porte au profit du budget de l'Union.

Par ailleurs, la création de liens entre l'Union et ses contribuables nécessiterait l'instauration d'un mécanisme communautaire de consentement à l'impôt, conformément à l'idée selon laquelle « *les impôts ne peuvent être établis légitimement que par le consentement du peuple ou ses représentants* »[770]. En d'autres termes, si la mise en œuvre d'un consentement communautaire à l'impôt est une nécessité juridique, elle constitue surtout une nécessité politique, au service d'une exigence démocratique. La force de ce consentement tiendrait alors à ce qu'il serait susceptible de diminuer le déficit démocratique de l'Union tout en mettant exceptionnellement un devoir à la charge des contribuables de la Communauté. Se manifesterait ainsi, une fois encore, le paradoxe qui est

[770] J-J. ROUSSEAU, *Discours sur l'économie politique*, 1755, p. 73. MONTESQUIEU ajoute que ce consentement doit être régulièrement renouvelé. Cf. MONTESQUIEU, *De l'Esprit des Lois*, 1758, Livre IX, chapitre VI, rééd. Paris, Librairie Firmin Didot Frères, 1845, p. 136. Cf. M. COLLET, *Finances publiques, op. cit.*, p. 17.

inhérent au principe même du consentement à l'impôt[771], et qui veut que les contribuables consentent collectivement à ce qui leur est imposé individuellement. Cette implication souhaitée du contribuable passe, entre autres, par l'exigence d'un réexamen du service d'audit interne.

B- L'exigence d'un réexamen du service d'audit interne

L'audit dans le secteur public a une double fonction, dont témoigne l'existence de deux formes d'audit : l'une externe[772] et l'autre interne[773]. L'audit interne constitue un outil puissant grâce auquel la direction de l'organisation peut atteindre ses objectifs avec un maximum d'efficacité et en même temps contribuer à instiller à ses directeurs les plus importants, le sens de la responsabilité, nécessaire pour assurer un contrôle interne efficace. Il convient de s'intéresser au statut du service d'audit interne (1) et aux missions dudit service (2).

1 | Du statut du service d'audit interne

La nécessité de mettre en place une fonction d'audit interne est mentionnée à l'article 21 alinéa 11.3 du règlement financier de l'Union[774] qui précise que le service est animé par des auditeurs nommés par le Président de la Commission qui sont placés sous son autorité

[771] Le principe du consentement à l'impôt exige du peuple de ne pas payer l'impôt si ses représentants n'ont pas défini les éléments essentiels à ce prélèvement, tels que le fait générateur, la base imposable, le taux d'imposition. Cela rappelle le cri de ralliement au cours de la révolution américaine : « *Taxation without Representation is tyranny* » (« la taxation sans la Représentation est une tyrannie »). Ce principe contribue au renforcement du lien de citoyenneté entre le contribuable et l'État. Cf. X. CABANNES, « L'État, le Parlement et le consentement annuel à l'impôt », *in RFFP*, n° 77, 2002, p. 227. Fondation K. ADENAUER, Commentaire de la Constitution béninoise du 11 décembre 1990, Cotonou, Editions COPEF, 2009, p. 153 ; A. BARILARI, *Le consentement à l'impôt*, Paris, Presses de Sciences Politiques, coll. « La Bibliothèque du Citoyen », 2000, p. 13.

[772] L'objet de l'audit externe est de donner au contribuable l'assurance que l'argent public est dépensé d'une manière respectueuse des principes de la légalité, de la régularité et de la bonne gestion financière. Il peut dès lors être considéré comme un audit « d'intérêt public ». Cet audit est externe parce qu'il doit être tout à fait distinct, et donc indépendant, de l'entité contrôlée. Cet audit vise objectivement à analyser les recettes et les dépenses et à identifier les problèmes et les questions qui devraient être rendus publics.

[773] Commission de l'Union européenne, Le cadre du contrôle, 2000, p.3-8 (DOC_FR\DV\381\ 381127FR.doc).

[774] Cf. art. 21 al. 11.3 du règlement n° 01-2018, *op. cit.*

hiérarchique. Ils sont chargés de l'évaluation du fonctionnement du dispositif de contrôle interne des opérations financières. Le rôle, le mode d'intervention et la responsabilité des auditeurs internes sont précisés à l'article 56 du même règlement financier.

L'audit interne dans le secteur public est plus étroitement lié à la fonction de l'audit interne conventionnel dans le secteur privé. Sa fonction n'est pas nécessairement de rendre publiques les faiblesses et les irrégularités qu'il détecte mais de faire un rapport à ce sujet à la direction, pour que celle-ci puisse prendre des mesures correctrices. Il s'ensuit que l'audit interne n'a à répondre que devant le sommet de la hiérarchie et occupe une position indépendante dans la structure de l'organisation. Cependant, au niveau de l'UEMOA, il demeure que la fonction d'audit interne n'occupe pas en réalité, une place indépendante et continue de drainer un certain nombre de problèmes.

Au cœur des problèmes liés à l'audit interne au sein de l'Union, il y a deux questions intimement liées. *Primo*, l'indépendance de l'auditeur interne vis-à-vis de l'entité contrôlée se trouve compromise par le simple fait que, les fonctions d'audit interne relèvent de la responsabilité de la direction auditée. Une branche de la direction générale contrôle dès lors les activités des autres directions. *Secundo*, et à la lumière de l'expérience, l'auditeur interne ne jouit pas de la position de force vis-à-vis des autres services de la Commission.

Ce problème trouve sa confirmation dans le fait que de nombreux rapports sensibles rédigés par les auditeurs, font l'objet de procédures contradictoires interminables. Ce qui a pour effet de retarder le rapport et toutes les mesures qui en résulteraient de plusieurs mois. Outre la nécessité d'introduire des mesures concrètes pour ramener la durée des procédures contradictoires à un niveau raisonnable, toutes ces discussions tendent à prendre la forme d'une négociation entre différents directeurs généraux. Dans ce processus, l'objectif de l'audit, la détection et la correction des irrégularités, l'identification des faiblesses systémiques et la présentation de projet de mesures correctrices, ne viennent pas nécessairement en premier lieu.

Une autre situation incommode réside dans le fait que le commissaire responsable des questions d'audit occupe vis-à-vis de ses collègues commissaires, qui ont chacun leurs propres intérêts, une position tout à fait analogue à celle du contrôleur financier vis-à-vis de ses collègues directeurs généraux. Une fois de plus, l'audit interne se trouve incapable de s'imposer. Le problème sous-jacent, c'est que le service d'audit interne n'est pas perçu comme un département central au service de l'ensemble de la Commission. Aussi n'est-il pas perçu comme le garant de la régularité financière et comme un mécanisme grâce auquel la gestion financière de la Commission peut être améliorée. Mais le service d'audit interne est souvent vu comme un antagoniste et un concurrent qui a ses propres intérêts à défendre[775]. Il importe donc de repenser à fond l'audit interne au sein de l'Union.

En effet, il convient de mettre en place un service d'audit interne professionnel et indépendant dont les pouvoirs et activités seront basés sur les normes internationales en vigueur et publiées par l'Institut des auditeurs internes. Cette structure élaborera et soumettra directement son rapport au Président de la Commission. L'une des missions principales du service d'audit interne proposé, serait de contrôler l'efficacité et le rendement de ces systèmes de contrôle décentralisés. Le service d'audit interne doit fonctionner sous la responsabilité et l'autorité du Président de la Commission, indépendamment de tout autre service de la Commission. Par-dessus tout, il devrait être un instrument de diagnostic entre les mains du Président, lui permettant d'identifier les faiblesses structurelles et organisationnelles de la Commission. Ses compétences, objectifs, pouvoirs et statuts doivent figurer clairement dans un document de base, en l'occurrence une charte. Son programme de travail doit couvrir périodiquement toutes les activités de la Commission.

L'audit interne, pour « *l'Institute of internal auditors* » (IIA) », organisation professionnelle internationale des auditeurs internes, est « *une fonction indépendante et objective d'assurance et de conseil, dont la raison d'être est d'apporter une valeur ajoutée qui améliore le fonctionnement de l'organisation. Elle aide l'organisation à atteindre ses objectifs par une approche systématique et disciplinée d'évaluation et d'amélioration des procédés de gestion des risques, de contrôle et de gouvernement d'entreprise* »[776]. Dans le contexte actuel, un certain nombre de points saillants de cette définition sont de mise. En effet, l'audit interne est un instrument qui ajoute une valeur aux activités d'une organisation, c'est donc un *outil de gestion.* Il opère au sein de

---

[775] Même si la Commission elle-même a reconnu la nécessité d'élargir et de renforcer la fonction de l'audit interne, elle ne s'est pas penchée, d'une manière satisfaisante, sur la question de sa position vis-à-vis du reste de la Commission.

[776] Voir Projet de « définition de l'audit interne », 11 janvier 1999 (www.theiia.org/GTF/Iadef.htm).

l'organisation, tout en étant indépendant et objectif. Il demeure une profession[777].

Bien qu'il fasse partie de l'organisation, il est un principe fondamental qui veut que le service d'audit interne soit indépendant des activités qu'il audite. Il l'est lorsqu'il peut accomplir librement son travail et avec objectivité. L'indépendance permet à l'auditeur interne de porter un jugement libre et sans idée préconçue, ce qui est indispensable pour conduire convenablement des audits. Elle s'obtient par sa place dans l'organigramme et par l'objectivité. L'institution doit garantir son indépendance et l'incompatibilité de sa fonction avec celle d'ordonnateur et de comptable. L'institution ne peut pas lui donner d'instruction, mais il lui appartient d'engager éventuellement sa responsabilité. Aucune autorité ne peut interférer dans la conduite des audits du service d'audit interne, ni inviter celui-ci à modifier le contenu des rapports d'audit produits. Afin de garantir leur objectivité et d'éviter tout conflit d'intérêts, les auditeurs doivent préserver leur indépendance par rapport aux activités et opérations qu'ils examinent.

Par ailleurs, l'IIA précise que le positionnement de l'audit interne doit lui permettre un exercice normal de ses responsabilités. Le responsable de la fonction doit être rattaché à une personne disposant d'une autorité suffisante pour promouvoir son indépendance, lui garantir un champ d'investigation suffisamment large et une mise en œuvre appropriée de ses recommandations. Il est clair que le service d'audit interne ne peut plus continuer à faire partie de l'une des nombreuses directions générales. En effet, cette structure ne procure aux auditeurs ni l'autorité vis-à-vis de leurs collègues de la Commission, ni la « ligne directe » avec la direction, nécessaire à un fonctionnement efficace du service d'audit interne.

Il faudra donc la mise en place d'un service d'audit interne spécialisé, extérieur à la structure ordinaire des directions générales et chargé de faire un rapport directement au Président de la Commission[778]. Celui-ci

[777] Pour l'IIA, le Service d'audit interne fait partie intégrante de l'organisation et il exerce son action dans le cadre des politiques établies par les organes de direction. Son objet, son autorité et sa responsabilité doivent être clairement établis par un document écrit qu'est la charte. Celle-ci doit, indiquer clairement les buts de l'audit interne, préciser que le travail ne connaît pas de limite et mentionner que l'auditeur n'a ni autorité ni responsabilité à l'égard des activités qu'il audite.

[778] Pour des raisons d'organisation interne, le Président peut souhaiter déléguer ses compétences vis-à-vis du service d'audit interne à un Vice-président de la Commission

est à la Commission, le seul à ne pas avoir d'intérêts sectoriels. C'est pourquoi, il est institutionnellement compétent pour l'ensemble des activités de la Commission. De plus, Il a suffisamment d'autorité pour tirer les conclusions des résultats des audits. Conformément à la conception de l'audit interne esquissée ci-dessus, la commission envisagerait un service d'audit fonctionnant comme instrument de diagnostic entre les mains du Président. Cela lui permet d'identifier les faiblesses structurelles et organisationnelles à la Commission ainsi que les problèmes spécifiques, voire ponctuels, qui peuvent en découler. À l'évidence donc, le Président devrait pouvoir charger le service d'audit de missions spécifiques *ad hoc* et engager les mesures de gestion que suggèrent les résultats.

Bien que cette définition de l'audit interne soit celle appliquée dans le monde entier aux grandes organisations publiques et privées, on peut d'ores et déjà prévoir une objection dictée par l'expérience. Si dans le secteur privé, le responsable d'une organisation a une incitation directe[779] sur laquelle il sera jugé, et doit donc optimaliser le rendement et éradiquer toute forme de gaspillage, le chef de la Commission a-t-il lui aussi une telle incitation ? En fait, peut-il avoir intérêt, en tant que titulaire d'un poste politique, à camoufler des insuffisances, des gaspillages, voire la fraude ?

Le fait même que cette question puisse être posée met en lumière toute l'ampleur des dommages causés à la Commission par la responsabilité démocratique. La clé de la comparaison, entre le directeur d'une grande entreprise privée et le Président de la Commission réside dans le mot « jugé ». S'il est vrai que la base du jugement porté peut être différente, il n'en reste pas moins que fondamentalement, les deux sont responsables, l'un devant les actionnaires, l'autre devant l'opinion publique au sens large, au travers du Parlement communautaire. Le problème est que la responsabilité du second est beaucoup plus complexe. Le fait pour le Président, de pouvoir disposer d'un organe efficace d'audit interne s'insère dans le tableau général par lequel la Commission espère renforcer la responsabilité, voire le sens de responsabilité des fonctionnaires de l'Union[780].

(mais pas au-dessous). Dans tous les cas, c'est lui qui serait responsable des mesures engagées sur la base des conclusions de l'audit.

[779] Il s'agit du « *bottom line* » ou résultat financier de l'organisation.

[780] Il ne faut pas non plus oublier la nature même du service d'audit interne. Comme déjà souligné, l'audit interne est une profession. En tant que tel, il a des normes, des

Le directeur du service d'audit interne est, à l'évidence, un personnage important. D'abord le grade administratif de ce fonctionnaire doit être équivalent à celui d'un directeur général, tout grade inférieur compromettrait le statut du service. Ensuite la personne concernée doit être un membre hautement qualifié et expérimenté de la profession d'auditeur. A cet égard, il sera probablement nécessaire ou souhaitable le plus souvent, de nommer une personne extérieure à l'institution dans le cadre d'un concours de recrutement spécifique. Enfin, bien que le service d'audit interne soit responsable devant son président, le chef de service doit rester totalement indépendant quant à la conduite des audits, au respect des normes professionnelles et du contenu des rapports. En théorie, cette indépendance est moins étendue que celle dont jouit actuellement le contrôleur financier. Cependant en pratique, le nouveau statut du service d'audit permettrait un équilibre des pouvoirs plus stables, et par conséquent, une plus grande indépendance à l'égard des services opérationnels de la Commission[781].

Le Service d'Audit Interne doit s'engager à respecter les principes énoncés dans les normes à vocation contraignante publiées par *l'Institute of internal auditors* (Institut des auditeurs internes)[782]. Les éléments obligatoires sont les suivants : les principes fondamentaux pour la pratique professionnelle de l'audit interne, la définition de l'audit interne, le code de déontologie, et les normes internationales pour la pratique professionnelle de l'audit interne.

2 | Des missions du service d'audit interne

Le Service d'audit interne (SAI) est un service de la Commission dirigé par l'auditeur interne de la Commission qui, conformément au règlement financier de l'Union, exerce ses fonctions en toute indépendance. Le SAI applique les normes internationales par la pratique professionnelle de l'audit interne, établie par l'Institut des auditeurs internes. Sa mission consiste à améliorer et à protéger la valeur de l'organisation en fournissant une assurance objective et fondée sur les

pratiques et une éthique professionnelle consignées dans un document fondamental qu'est la « Charte ». Cette dernière précise les compétences, objectifs, pouvoirs, statuts, du service. En conséquence, les fonctionnaires du service d'audit interne doivent être des professionnels qualifiés.

781 Commission européenne, Charte de mission du service d'audit interne de la commission, Communication, Bruxelles, C (2017) 4435 final, juin 2017, p. 2.

782 Commission européenne, Charte de mission du service d'audit interne de la Commission, *op. cit.,* p. 2.

risques, des conseils et des informations. Le SAI aide la Commission à atteindre ses objectifs par une approche systématique et méthodique visant à évaluer ses processus de gestion des risques, de contrôle interne et de gouvernance, et à en améliorer l'efficacité. Ses tâches consistent notamment à évaluer les processus de gestion des risques, de contrôle et de gouvernance et à formuler des recommandations adéquates pour les améliorer dans la réalisation des objectifs suivants. Il est question de promouvoir une éthique et des valeurs appropriées au sein de l'organisation, veiller à une gestion et à une responsabilisation effective dans l'organisation et assurer la bonne transmission de l'information sur les risques et le contrôle aux secteurs intéressés de l'organisation. Il promeut ainsi une culture de gestion efficiente et efficace au sein de la Commission et de ses services.

Les activités d'assurance consistent en l'examen objectif d'éléments probants, en vue de fournir à l'organisation une évaluation indépendante de l'efficacité de la gestion des risques, du contrôle ou de la gouvernance. Pour ses activités d'assurance, le SAI s'appuiera sur une planification effectuée en fonction des risques et formulera une conclusion et, au besoin, un avis dans chaque rapport d'assurance. Les services de conseil sont des activités menées à titre consultatif et à la demande de l'encadrement, dont la nature et la portée sont convenues d'un commun accord avec le directeur général ou chef de service. Ils sont destinés à produire de la valeur ajoutée et à améliorer les processus de gouvernance, de gestion des risques et de contrôle de la Commission ou d'une direction générale en particulier. L'auditeur interne n'assume aucune responsabilité de gestion.

Le champ de ses investigations est étendu puisqu'elles s'appliquent à toutes les activités et services de son institution de rattachement. Il opère un contrôle sur pièce et sur place. Il dispose en effet d'un droit illimité à l'information et d'un pouvoir de déplacement dans les institutions, les États membres et les Pays tiers. L'auditeur interne est chargé de vérifier le bon fonctionnement des systèmes et des procédures d'exécution du budget, de formuler des avis indépendants et d'émettre des recommandations pour maîtriser les risques[783]. L'auditeur interne est, en revanche, dépourvu de prérogatives de contrôle et de sanction. Son rôle se limite à promouvoir la bonne gestion financière en proposant des améliorations des systèmes de gestion et de contrôle. Il n'exerce aucun

[783] M-C. STECKEL, *L'essentiel des finances publiques communautaires*, Paris, LGDJ, 2ème édition, p. 139.

contrôle préalable sur les décisions des ordonnateurs mais il formule des recommandations à l'institution. De plus, l'auditeur interne remet chaque année à l'institution, un rapport exposant ses activités, ses recommandations et les suites qui leur ont été données.

Concrètement, l'objectif principal du Service d'audit interne est de fournir à la Commission une assurance concernant l'efficacité et l'efficience des processus de gestion des risques[784], de contrôle et de gouvernance. Ce qui est recherché est que les risques soient constamment identifiés, évalués et gérés de manière appropriée, que les informations financière, opérationnelle et de gestion pertinente soient exactes et fiables, et fournies en temps voulu. Il convient que les politiques de la Commission, les procédures et les dispositions réglementaires et législatives applicables soient respectées et que les objectifs de la Commission soient atteints avec efficacité et efficience. Le développement et le suivi de procédures de contrôle de grande qualité sont encouragés dans toute la Commission.

Le SAI a autorité pour s'adresser sans restriction à toute fonction, tout système d'information, tout dossier, tout bâtiment ou membre du personnel au sein de la Commission, dans la mesure qu'il juge nécessaire pour s'acquitter de sa tâche. Le SAI peut obtenir toute l'aide requise du personnel de toutes les directions générales et de tous les services de la Commission. Il peut affecter les ressources, sélectionner les thèmes, déterminer l'étendue des travaux et appliquer les techniques requises pour atteindre les objectifs de l'audit. Pour ce faire, le SAI doit être informé, à un stade précoce, du développement de tout nouveau système ainsi que de toute modification de systèmes existants s'ils sont de nature à avoir une incidence significative sur le système de contrôle interne de la Commission.

Par contre, il n'est pas autorisé à exécuter des tâches opérationnelles pour la Commission, d'initier ou d'approuver des opérations financières. Aussi ne doit-il pas diriger les activités d'agents de la Commission ne relevant pas lui, dans la mesure où ces agents ont été dûment versés dans une équipe d'audit ou chargés d'assister le service. Il convient de préciser

[784] COMMISSION EUROPÉENNE, *Charte de mission du service d'audit interne de la commission, op. cit.*, p. 3.

que le chef du Service d'audit interne a un champ de responsabilité[785] assez étendu[786].

De manière précise, l'architecture de l'audit interne doit être réorganisée afin d'y intégrer une fonction d'audit interne centralisé, une fonction d'audit décentralisé au sein des services et un Comité de suivi des audits (CSA). Au niveau central, un auditeur interne est chargé de fournir, conformément aux normes internationales, une assurance à l'institution en ce qui concerne le bon fonctionnement des systèmes et des procédures d'exécution du budget. Il est ainsi chargé d'évaluer l'efficacité et l'efficience des systèmes de gestion et de contrôle interne mis en place par les ordonnateurs.

Afin de pouvoir exercer sa mission d'une manière efficace, l'auditeur interne doit jouir d'une position forte et indépendante au sein de l'institution, conformément au principe de la séparation des fonctions. Son indépendance est garantie par le règlement financier de l'Union. Contrairement au contrôleur financier, l'auditeur interne n'intervient pas dans l'exécution du budget et n'est donc pas un acteur financier. Un comité de suivi des audits est chargé de s'assurer que les services de la Commission prennent les mesures appropriées pour améliorer les systèmes de contrôle interne à la suite des recommandations du service d'audit interne. Ce comité est présidé par le commissaire responsable du budget, le responsable du service d'audit interne assurant la vice-présidence. Le comité comprend trois autres membres, à savoir deux commissaires désignés par leur institution et une personnalité extérieure

---

[785] COMMISSION EUROPEENNE, Charte de mission du service d'audit interne de la commission, *op. cit.*, pp. 4-5.

[786] Il est chargé d'élaborer et de mettre en place les procédures d'audit ; d'élaborer un plan d'audit triennal et un plan d'audit annuel selon une méthodologie adéquate et actualisée tenant compte des risques, y compris tout risque ou problème de contrôle identifié par l'encadrement ; d'actualiser le plan d'audit triennal au moins une fois par an, afin de prendre en considération les risques nouveaux et/ou émergents pouvant avoir une incidence sur l'organisation ; d'assurer, le cas échéant, la coordination des audits avec la Cour des comptes communautaire ; de mettre en œuvre le plan d'audit, y compris, le cas échéant, toute tâche ou tout projet spécial requis. Il peut modifier le plan en cours d'exercice ; de mettre en place un processus de suivi permettant de vérifier que les recommandations ont été appliquées, en accordant une attention particulière aux recommandations dont la mise en œuvre accuse du retard et aux risques connexes ; d'élaborer et de tenir à jour un programme d'assurance qualité couvrant toutes les activités d'audit et d'en contrôler l'efficacité en permanence.

disposant de l'expérience et des qualifications requises en matière d'audit interne et de gestion d'entreprise.

Le service d'audit interne, comme nous l'avions souligné, est un service de la Commission dirigé par son auditeur interne. Sa mission consiste à émettre des avis indépendants sur la qualité des systèmes de gestion et de contrôle de la Commission et à formuler des recommandations visant à garantir une réalisation efficiente et efficace des objectifs de celle-ci. Des compétences d'audit interne ont été mises en place dans tous les services de la Commission. Elles ont pour fonction d'aider le directeur général et les gestionnaires de la direction générale à maîtriser les risques et à veiller au respect des normes de contrôle interne. Elles émettent des avis indépendants et objectifs sur la qualité des systèmes de gestion et de contrôle interne et formulent des recommandations destinées à améliorer l'efficience et l'efficacité des opérations ainsi qu'à garantir une utilisation économique des ressources des directions générales.

Le CSA est composé de membres de la Commission. Certains sont responsables de la gestion de grandes parties du budget de l'Union, ainsi que d'experts externes dans le domaine de l'audit. Conformément à sa Charte, le comité de suivi des audits fait un rapport annuellement au collège, sur la qualité des travaux d'audit interne et sur les suites données par les services de la Commission, aux recommandations provenant de diverses structures. Il s'agit en particulier de l'auditeur interne, des structures d'audit interne et de la Cour des comptes de l'Union. Ce comité se prononce également sur les questions d'audit abordées dans les résolutions sur la décharge, adoptée par l'autorité de décharge. Outre ces obligations d'information formelles, le CSA joue un rôle de prévention, attirant l'attention sur des situations qui, à défaut d'être prises en compte par les services de la Commission, pourraient sérieusement ternir la réputation de l'institution. En ce sens, le comité s'attache à renforcer l'efficacité du suivi donné par les services de la Commission aux recommandations résultant des audits, quelle qu'en soit la source.

Le CSA aide le collège des commissaires à s'acquitter des obligations qui lui incombent, en vertu des traités et d'autres instruments juridiques. A ce titre, il veille à l'indépendance du SAI, contrôle la qualité des travaux d'audit interne et veille à ce que les recommandations d'audit soient dûment prises en compte par les directions générales et les services de la Commission. Ce faisant, il aide la Commission à atteindre ses objectifs de manière globalement plus efficace et plus efficiente et facilite la surveillance, par le collège, des pratiques de la Commission en matière de gouvernance, de gestion des risques et de contrôle interne. Bien qu'il n'ait pas de pouvoirs de gestion, le CSA peut, à tout moment, rendre compte à la Commission de toute question qui se pose dans le cadre de ses travaux et dont il estime qu'elle doit être portée à l'attention du collège ou requiert des mesures de sa part. Le CSA peut aussi, s'il y a lieu, porter des questions à l'attention du conseil d'administration. Le CSA adresse au collège un rapport annuel qui présente ses principales conclusions et recommandations au sujet du cadre régissant les risques, le contrôle et la conformité au sein de la Commission. Ce rapport est pris en compte dans l'élaboration du rapport annuel sur la gestion et la performance[787].

Paragraphe II | La nécessité de renforcer le système de contrôle externe

La réalisation de l'intégration économique exige la convergence des politiques financières et budgétaires des États membres. C'est pourquoi le Traité de l'UEMOA a prévu des mécanismes visant le respect des règles budgétaires et financières adoptées par l'Union, l'harmonisation des finances publiques, l'harmonisation des procédures de contrôle[788] des comptes et l'élaboration de normes de contrôle communes aux États membres. La création d'organes de contrôle communautaire s'inscrit dans cet élan. La Cour des comptes de l'Union, de par le contrôle externe qu'elle effectue (A) et le contrôle parlementaire à dynamiser (B), répondent à ces exigences[789].

A- Le renforcement de la Cour des comptes de l'Union

Pour rappel, la période de création de l'UEMOA a été également marquée par le début du processus de démocratisation dans les États africains, impulsé par la déclaration de La Baule. Le vent de la bonne

[787] COMMISSION EUROPÉENNE, *Charte de mission du service d'audit interne de la Commission*, *op. cit.*, p. 4.

[788] Sur la notion de contrôle, voir S. KOTT, *Droit et comptabilité : La spécificité des comptes publics*, Paris, Economica, 2017, pp. 161 et s.

[789] M. J. ALOTOUNOU, « Présentation de la cour des comptes de l'Union économique et monétaire ouest-africaine », *Séminaire régional sur les contrôles et les audits des finances publiques*, 2004, pp. 2-5.

gouvernance a donc soufflé sur le sommet ayant créé l'UEMOA. La Cour des comptes est une institution importante pour l'Union et le processus d'intégration. Il convient d'étudier le statut et les missions de la Cour des comptes de l'Union (1) puis la nécessité de renforcer le contrôle de la Cour (2).

1 | Le statut et les missions de la Cour des Comptes

L'institution d'une Cour des comptes communautaire obéit à une autre exigence. En effet, les ressources de l'UEMOA étant essentiellement d'origine publique, il est indispensable que la gestion financière soit saine, rigoureuse, efficace, et qu'elle soit contrôlée. La Cour des Comptes instituée par l'article 38 du Traité de l'Union est un organe de contrôle juridictionnel, au même titre que la Cour de Justice de l'UEMOA. Les missions de la Cour des Comptes[790] de l'UEMOA sont essentiellement au nombre de quatre. Il s'agit du contrôle des comptes des Organes de l'UEMOA, du contrôle des comptes du Conseil régional de l'épargne publique et des Marchés Financiers, du contrôle des comptes des États membres mais seulement à leur demande, et de l'évaluation des systèmes de contrôle des comptes et des résultats des contrôles des comptes des États membres.

Bien que créée en 1994, la Cour des Comptes n'a débuté ses activités qu'en 1998[791], soit trois ans après le démarrage des activités de la Commission de l'Union. Elle est composée de trois membres appelés Conseillers, qui sont nommés par la Conférence des chefs d'État et de Gouvernement. Le mandat des Conseillers est de six (6) ans, renouvelable une fois. Les conseillers se font assister, par moment, par des consultants ressortissants des États membres. Les membres exercent leurs fonctions en pleine indépendance. Ce qui signifie qu'ils ne sollicitent ni n'acceptent aucune instruction extérieure, qu'ils s'abstiennent de tout acte incompatible avec le caractère de leurs fonctions, qu'ils ne peuvent exercer aucune autre activité professionnelle, lucrative ou non, et que la violation de ces obligations peut aboutir à la démission d'office prononcée par la Cour de justice.

Dix ans après le démarrage des activités de la Cour des Comptes de l'Union, il demeure que ses actions et ses performances restent limitées.

---

[790] A. DIOUKHANE, *Les juridictions financières dans l'UEMOA*, Paris, L'Harmattan, 2016, p. 53.

[791] *Ibid.* p. 12.

Aussi est-il indispensable de compléter et de développer les dispositions du Traité et du Protocole Additionnel n° 1 concernant la Cour des Comptes, puis de renforcer son statut et son indépendance.

En réalité, la Cour des comptes de l'Union est l'auditeur externe des finances de l'Union[792]. Elle a pour rôle de contrôler de manière indépendante la perception et l'utilisation des fonds de l'Union et ce faisant, d'apprécier la façon dont les institutions communautaires s'acquittent de leurs fonctions. La Cour examine si les opérations financières ont été correctement enregistrées, exécutées de manière légale et régulière, et gérées dans un souci d'économie, d'efficience et d'efficacité. En fournissant des rapports à l'intention des responsables politiques et des citoyens communautaires et en coopérant étroitement avec d'autres institutions supérieures de contrôle, la Cour joue un rôle important dans la mise au point d'un cadre de performance visant à faire en sorte que les opérations financières de l'Union produisent de meilleurs résultats. La Cour diffuse le résultat de ses travaux en publiant, en temps opportun, des rapports pertinents et objectifs.

Concrètement, le renforcement de la Cour des Comptes de l'Union lui permettrait de bien mener ses missions statutaires, à l'instar de la Cour des Comptes européenne. Premièrement, elle exerce une fonction de consultation. D'une part, le Conseil des Ministres est obligé de demander l'avis de la Cour des comptes communautaire avant d'arrêter des textes relatifs aux questions financières et budgétaires, mais, il n'est pas lié par cet avis. D'autre part, les autres institutions ont la faculté de demander à la Cour des comptes son avis sur des sujets particuliers.

Deuxièmement, elle assure un contrôle de légalité et de régularité. Elle exerce un contrôle de légalité entendu au sens large en s'assurant du respect des Traités, du budget et du règlement financier. Son contrôle s'exerce sur pièces. Elle contrôle les opérations de recettes et de dépenses à partir des pièces justificatives transmises par les institutions communautaires tous les trimestres. Les institutions doivent également lui fournir leur réglementation interne en matière financière et la liste des ordonnateurs, auditeurs internes, comptables et régisseurs d'avances.

Elle a un droit d'information et de justification en ce sens que les États membres ont l'obligation, d'une part, de répondre à ses demandes de précision, et d'autre part de lui fournir les documents exigés. A ce titre, les

---

792 M-C. STECKEL, *L'essentiel des finances publiques communautaires*, Paris, LGDJ, 2ème éd., 2005, p. 144.

institutions et organismes tiennent à la disposition de la Cour des comptes de l'Union, les comptes en deniers et matières, les pièces comptables ou justificatives, les inventaires, les organigrammes et les documents concernant la passation et l'exécution des marchés financés par le budget communautaire.

La Cour des comptes de l'Union peut, en outre, entendre les agents dont la responsabilité est engagée en matière financière. Son contrôle peut également s'exercer sur place car ses agents peuvent se déplacer dans les institutions communautaires et dans les États membres. Ses conclusions sont retracées dans un rapport annuel, qui doit être approuvé à la majorité simple de ses membres. Ses observations sont par la suite transmises à la Commission européenne et aux institutions concernées par ses observations avant le 15 juin de l'année suivant le contrôle. Leurs commentaires seront, par la suite, remis à la Cour des comptes européenne avant le 30 septembre. Les résultats et les réponses sont publiés avant le 31 octobre au journal officiel de l'Union européenne. Ce rapport apprécie donc le respect de la bonne gestion financière.

De surcroît, la Cour des comptes peut présenter des *rapports spéciaux* comportant les remarques formulées par les institutions concernées au Conseil des Ministres et au Parlement européen et les publier au journal officiel de l'Union européenne. Enfin, elle peut être consultée sur les mesures de lutte contre la fraude.

Troisièmement, elle vérifie la bonne gestion financière. A ce titre, elle vérifie la qualité de la gestion au regard des trois critères mentionnés par le règlement financier 1605/2002 du Conseil du 25 juin 2002 à savoir l'économie, l'efficience et l'efficacité[793]. Cependant, la Cour des comptes européenne ne doit pas contrôler l'opportunité de la gestion.

Par ailleurs, elle certifie les comptes dans sa déclaration d'assurance sur la fiabilité des comptes, c'est-à-dire qu'elle donne son avis sur la fidélité et la sincérité de la gestion financière[794]. Il convient de préciser qu'avec l'accroissement des charges de travail de la Cour des comptes de l'UEMOA, le nombre de Conseillers devrait être revu à la hausse et le recrutement de vérificateurs envisagé pour un renforcement du contrôle effectué.

---

[793] Cf. Art. 27 du règlement financier 1605/2002 du Conseil du 25 juin 2000.

[794] M-C. STECKEL, *L'essentiel des finances publiques communautaires, op. cit.*, p. 145.

2 | La nécessité de renforcer le contrôle de la Cour des Comptes par de réelles sanctions

La Cour des comptes de l'UEMOA n'est qu'une institution de contrôle car les avis qu'elle rend sont privés d'effet coercitif puisqu'ils ne sont pas assortis de sanctions. Pourtant la mission de sanction se révèle indispensable à toute juridiction[795]. Elle l'est aussi pour la Cour des Comptes, même si à l'instar de la Cour des Comptes européenne[796], conformément aux articles 38 du Traité de l'UEMOA et 87 du règlement N° 01/2018/CM/UEMOA du 23 mars 2018, portant règlement financier des Organes de l'Union, elle exerce un contrôle juridictionnel sur l'ensemble des 30 comptes des Organes de l'Union. Ce contrôle porte notamment sur la régularité et l'efficacité de l'utilisation de leurs ressources. Il ne s'agit pas d'un véritable organe juridictionnel, mais plutôt d'un organe d'audit au regard de son rôle de garant du respect du principe de la bonne gestion. Cette catégorie de contrôle nécessite des séries de vérifications et d'investigations. La Cour l'effectue, soit sur sa propre initiative, soit à la demande de l'ordonnateur et du comptable[797]. Elle vérifie la conformité des résultats présentés par le compte de gestion du comptable et le compte administratif de l'ordonnateur. La Cour adresse des observations à l'ordonnateur principal et des injonctions à l'Agent Comptable. Ces derniers sont tenus d'y répondre dans un délai de soixante jours[798]. Lorsque la Cour constate des irrégularités mettant en cause la responsabilité de l'Agent Comptable, elle lui enjoint d'apporter la preuve de leur rectification ou de produire des justifications complémentaires.

---

[795] Pris dans son sens fonctionnel, la « juridiction » désigne le pouvoir de dire le droit. Alors que dans son sens organique, il désigne les organes qui sont dotés de ce pouvoir. Voir S. GUINCHARD et T. DEBARD, *Lexique des termes juridiques, op. cit.*, p. 532.

[796] Créée par le Traité de Bruxelles du 22 juillet 1975 et installée (siège : Luxembourg) en octobre 1977, la Cour n'est pas une juridiction mais un organe d'audit, chargée du contrôle de la légalité et de la régularité ainsi que de la légalité de la bonne gestion financière des recettes et dépenses des institutions de l'Union européenne. Elle fournit au Parlement et au Conseil, institutions dotées du pouvoir budgétaire, une déclaration d'assurance quant à la fiabilité des comptes.

[797] Au terme de l'article 27 du règlement n°10 -2000 portant procédure devant la cour des comptes, la procédure devant la Cour est écrite. Toutefois, au cours de ses investigations, la Cour peut entendre toute personne susceptible de lui fournir des éléments d'appréciation.

[798] Voir règlement n°10- 2000, portant procédure de contrôle devant la cour des comptes.

Différents mécanismes sont mis en œuvre pour assurer une suite effective aux injonctions de la Cour[799]. Un débet, un déficit de caisse, une omission ou une irrégularité peuvent être relevés dans la gestion d'un comptable. Le comptable devient alors débiteur vis-à-vis de l'Union pour l'exercice suivant, par la confirmation des charges retenues contre lui par la Cour. Dans ce cas, la Cour émet des réserves dans son rapport[800]. A l'issue du contrôle des comptes du comptable, la Cour des Comptes peut prononcer la décharge[801] lorsque, sur un compte en jugement, aucune omission ou irrégularité n'existe ou ne subsiste, ou lorsque le reliquat fixé par arrêt provisoire a été repris au compte suivant. Si la Cour relève des faits susceptibles d'être qualifiés de délits ou de crimes, elle en saisit le Conseil. Elle en saisit également le Président de l'organe concerné pour d'éventuelles sanctions disciplinaires et/ou administratives[802].

En réalité, la Cour des Comptes ne possède pas véritablement un pouvoir de sanction à proprement dit, puisqu'elle peut constater les délits et les crimes sans pouvoir sanctionner par elle-même[803]. Elle se limite à transmettre un rapport avec réserve, en informe la Commission et le Conseil des Ministres de l'existence d'une infraction économique. En ce

799 Notamment les articles 31 et 32 du règlement précité prévoient qu'en cas de mutation de l'Agent Comptable, le comptable en exercice est tenu de donner suite aux injonctions portant sur la gestion de son prédécesseur. Il communique à ce dernier, copie des injonctions et des réponses destinées à y satisfaire et adresse ses réponses à la Cour après acquiescement du comptable sorti de fonctions ; et d'autre part, lorsque l'apurement des gestions présente des difficultés particulières, le Conseil peut nommer un commis d'office, chargé de donner suite aux injonctions, en lieu et place de l'Agent Comptable.

800 Voir article 20 du règlement n°10 -2000, portant procédure de contrôle de la cour des comptes.

801 Prévue à l'article 87 du règlement 01-2008, la décharge est la libération de toute responsabilité pour la gestion passée du comptable dont le compte a été reconnu régulier à l'issue du contrôle final du budget pour une année donnée. Après l'audit et la finalisation des comptes annuels il revient au Conseil d'émettre une recommandation et ensuite au Parlement de décider de donner ou non décharge à la Commission pour l'exécution du budget de l'Union pour l'exercice écoulé.

802 Cf. article 54b du règlement financier n°10-2001, repris par le règlement 01-2008 qui dispose : « *l'Agent Comptable est personnellement et pécuniairement responsable : du recouvrement des recettes pour lesquels il a reçu les ordres correspondants ; du paiement des dépenses pour lesquelles il a reçu les ordres correspondants ; de la garde et de la conservation des fonds, valeurs et titres appartenant ou confiés aux Organes de l'UEMOA ; du maniement des fonds ; des mouvements de comptes de disponibilités ; de la tenue de la comptabilité ; de l'exercice des contrôles qui lui incombent* ».

803 Voir art. 36 du règlement précédemment cité.

sens, la Cour des Comptes de l'UEMOA est un organe de constatation d'infractions éventuelles en matière financière.

B- La dynamisation du contrôle parlementaire

Il importe de rappeler qu'alors que le Traité spécial portant création du parlement de l'UEMOA a été adopté depuis le 29 janvier 2003, la mutation en un Parlement de plein exercice n'est pas intervenue à ce jour. En effet, c'est une institution transitoire appelée Comité inter-parlementaire (CIP) qui fait office de Parlement de l'UEMOA. Ce comité a tenu sa dernière session ordinaire du 15 au 25 avril 2019 à Cotonou.

La dynamisation du contrôle parlementaire passe par le renforcement du contrôle démocratique (1) et la participation continue au processus décisionnel (2).

1 | La dynamisation par le renforcement du contrôle démocratique

Conformément à l'Article 14 du Traité portant création du Parlement de l'UEMOA, il est chargé du contrôle démocratique des organes de l'Union et participe au processus décisionnel de l'Union dans les conditions fixées par ledit Traité. A cet effet, il jouit de l'autonomie de gestion financière.

Bien que le pouvoir budgétaire soit partagé entre le Conseil et le Parlement communautaire, c'est ce dernier qui exerce l'essentiel du contrôle politique sur l'exécution budgétaire, en application de l'article 35 du Traité de l'Union. Le contrôle parlementaire peut s'exercer en cours d'exécution et *a posteriori*. Comme déjà mentionné, les prérogatives du Parlement de l'UEMOA en matière de contrôle de l'exécution du budget sont limitées[804] contrairement à celles du Parlement européen. Il est donc indispensable de renforcer ses prérogatives afin de dynamiser le contrôle politique de l'exécution du budget au sein de l'UEMOA.

Le Parlement européen dispose tout d'abord d'un droit d'information[805]. A cet égard, il doit recevoir des données chiffrées tous les mois et des rapports tous les trimestres sur l'exécution du budget communautaire. Dans les dix jours ouvrables suivant la fin de chaque mois, la Commission doit communiquer au Parlement et au Conseil des Ministres des données chiffrées sur l'exécution des recettes et des dépenses par chapitre. Après le 31 mai, le 31 août et le 31 décembre, la

[804] Cf. art. 35 du Traité révisé de l'UEMOA.

[805] Cf. règlement intérieur du Parlement européen.

Commission dispose d'un délai de trente jours ouvrables pour communiquer au Parlement et au Conseil des Ministres un rapport sur l'exécution budgétaire par chapitre, article et poste. Ces informations étant plus détaillées, elles sont moins souvent fournies.

La Commission de contrôle budgétaire du Parlement bénéficie ensuite, d'un droit d'interpellation en vertu duquel la Commission doit répondre à ses demandes d'information. Enfin, au mois de novembre, un débat parlementaire est organisé sur l'exécution du budget en cours. La discussion est alimentée par les rapports trimestriels envoyés par la Commission européenne et nourrie par les questions orales. Ce débat engendre souvent des virements de crédits pour adapter les dotations aux besoins budgétaires. Il peut aussi déclencher le dépôt d'une motion de censure pour renverser la Commission[806].

Le Parlement peut enfin, organiser des commissions temporaires d'enquête sur toutes questions, *a fortiori* sur les questions financières et budgétaires. Le Parlement communautaire doit disposer également des pouvoirs d'investigation étendus. En effet, dans le cadre de l'accomplissement de ses missions, le Parlement de l'UEMOA doit pouvoir, à l'instar de son homologue européen, constituer une commission temporaire d'enquête à la demande d'un quart de ses membres. Celle-ci est chargée d'examiner, sans préjudice des attributions conférées par le présent Traité à d'autres institutions ou organes, les allégations d'infraction ou de mauvaise administration dans l'application du droit communautaire. Ceci à moins que les faits allégués soient en cause devant une juridiction et aussi longtemps que la procédure juridictionnelle n'est pas achevée. L'existence de la commission temporaire d'enquête prend fin par le dépôt de son rapport. Les modalités d'exercice du droit d'enquête sont déterminées d'un commun accord par le Parlement, le Conseil et la Commission.

Le Parlement exerce un contrôle *a posteriori* sur l'exécution du budget par la procédure de décharge. Il s'agit d'un véritable pouvoir de contrôle sur l'exécution du budget par la Commission. Comme le Parlement européen, le parlement de l'UEMOA doit pouvoir octroyer, ajourner ou refuser la décharge. Refuser la décharge permet au Parlement de sanctionner la mauvaise gestion du budget en l'occurrence des irrégularités ou des fraudes. Le refus de cette décharge peut provoquer

---

806 M-C. STECKEL, *L'essentiel des finances publiques communautaires, op. cit.*, p. 146.

une grave crise politique sans toutefois aboutir directement au renversement de la Commission.

Au niveau de l'UE, deux ans après l'exécution du budget communautaire, le Parlement doit donner décharge à la Commission européenne sur l'exécution du budget de l'exercice N. A cette fin, la Commission du budget du Parlement étudie les comptes, le bilan financier, le rapport annuel de la Cour des comptes européenne et éventuellement ses rapports spéciaux et ses recommandations, la déclaration d'assurance concernant la fiabilité des comptes et la légalité et la régularité des opérations. Le Parlement examine, par la suite, les projets de résolution élaborés par sa Commission du budget. Le Parlement et le Conseil des Ministres peuvent s'informer auprès des institutions sur les suites données au rapport de la Cour des comptes[807].

Avant le 30 avril de la deuxième année suivant l'exécution du budget (N+2), la décharge doit être votée en séance plénière à la majorité simple des suffrages exprimés. Cette décharge concerne le solde et les comptes de l'ensemble des recettes et dépenses des Communautés, et l'actif ou le passif du bilan financier[808]. Il importe de renforcer la fonction de contrôle du Parlement en matière budgétaire en multipliant ses sources d'informations. La Commission devra, en effet, lui communiquer les comptes de l'exercice écoulé, le bilan financier et un rapport d'évaluation des finances de l'Union basé sur les résultats obtenus. Il analysera également le rapport annuel de la Cour des comptes, accompagné des réponses formulées par les institutions en réponse à ces observations, la déclaration d'assurance et les rapports spéciaux susceptibles de l'intéresser.

Par ailleurs, le Parlement pourra auditionner les membres de la Commission sur l'exécution de la loi communautaire de budget ou sur le fonctionnement des systèmes de contrôle financier.

2 | La dynamisation par la participation au processus décisionnel

En ce qui concerne la participation au processus décisionnel, le Parlement de l'Union peut être consulté sur les projets d'Actes additionnels, de règlement et de directives. Mais il faut noter que cette consultation n'est pas toujours facultative car elle est obligatoire dans

[807] *Ibid.*

[808] M-C. STECKEL, *L'essentiel des finances publiques communautaires, op. cit.*, p. 147.

certains domaines. Lesdits domaines sont relatifs à l'adhésion de nouveaux membres, les accords d'associations avec des États tiers, en matière d'adoption du budget de l'Union, saisine dans le cadre des politiques sectorielles communes, le droit de s'établir, la libre circulation des personnes, la procédure d'élection des membres du Parlement, en matière d'impôts, taxes et tout prélèvement communautaire[809]. Il faut également noter dans le cadre du processus décisionnel, exprimé sous forme de recommandations, d'avis simples ou conformes, le Parlement doit, chaque année, examiner le budget de l'Union.

En vue de remplir efficacement sa mission, le Parlement peut créer, en son sein, des Commissions permanentes et des Commissions *ad hoc*. Il est organisé en bureau, et il est créé également un comité permanent de concertation, chargé de faciliter le dialogue entre le Parlement, le Conseil et la Commission. Il édicte également son règlement intérieur.

Ce Parlement renforcera la participation des citoyens à la prise de décision et la légitimité des actes communautaires par son intervention à toutes les étapes des procédures d'adoption des actes. Le Parlement est élu en tant que colégislateur à côté du Conseil des Ministres.

Même si le budget de l'Union est adopté par voie de règlement du Conseil des Ministres, le Parlement peut proposer des amendements au projet de budget. Il renvoie alors le projet de budget à la Commission, dans un délai de trente (30) jours à compter de sa saisine. Le projet de budget accompagné des éventuels amendements du Parlement est transmis au Conseil par la Commission. Lorsque le Conseil rejette un amendement du Parlement, le Comité Permanent de Concertation prévu à l'article 30 du Traité spécial portant création du parlement de l'UEMOA est saisi.

Ledit Comité est chargé de faciliter le dialogue entre le Parlement, le Conseil et la Commission. Sa composition, son organisation et son fonctionnement feront l'objet d'un règlement conjoint du Conseil et du Parlement.

Il est à remarquer que la limitation de l'intervention du parlement à de simples consultations dans de nombreux domaines a fait l'objet de nombreuses critiques. En effet, le traité modifié de l'Union et le traité portant création du parlement communautaire n'offrent aucune définition de la « consultation » qui est attendue du futur parlement dans le cadre de l'adoption du budget. Il serait donc possible de conclure que la

[809] Art 25 du Traité spécial, *op. cit.*

communauté a entendu se référer au sens qu'en donnent la doctrine et la jurisprudence[810].

Selon la doctrine, « la consultation » est le « *processus de décision qui aboutit à la production d'un avis simple ne liant pas son destinataire quant aux orientations qu'il contient* »[811]. Elle suppose donc que le pouvoir juridique appartient à la personne, à l'institution, qui a la charge de la prise de décision. L'autre ne peut que donner un avis sans force juridique sur les projets de décision d'un avis simple ne liant pas son destinataire quant aux orientations qu'il contient »[812]. La seule obligation qui pèse sur le destinataire de l'avis, réside en la saisine de l'organe titulaire de la prérogative de la consultation. Le destinataire de l'avis est obligé de saisir le titulaire de l'avis, mais non de le suivre dans ses vues.

En ce sens, « la consultation » est à un niveau inférieur par rapport à d'autres notions voisines. La concertation, par exemple, dépasse qualitativement la simple « consultation ». Elle établit un dialogue, un échange d'opinion en vue de la conclusion d'un accord entre les parties. La négociation est une phase encore plus élevée. Elle consacre une égalité juridique des parties.

Il en découle que la consultation est un procédé minimal de participation à l'édiction de normes.

La consultation se présente ainsi comme un compromis entre avis conforme et liberté totale de décision[813]. L'avis conforme, en effet, n'est pas un simple avis. C'est un véritable acte de co-consentement[814] qui oblige l'autorité qui prend l'initiative de l'acte et fait de celui qui en est l'auteur (l'auteur de l'avis conforme) un coauteur[815].

Le rôle consultatif du parlement en matière budgétaire touche des matières que les États signataires du Traité instituant le parlement ont jugées opportun d'énumérer. Il s'étend à la fois sur les dépenses et sur les

---

810 P. THÉOUA, *Les finances Publiques de l'Union économique et monétaire ouest-africaine (UEMOA) et la logique de performance, op. cit.*, p. 156.

811 D. BLANC, *Les parlements européens et français face à la fonction législative communautaire : aspect du déficit démocratique*, Dakar, L'Harmattan, 2004, p. 37.

812 Recommandation 1436 (1999), « Droit de négociation du personnel du Conseil de l'Europe », extrait de *la Gazette du Conseil de l'Europe*, novembre 1999.

813 P. THÉOUA, op. cit., p. 156.

814 G. DUPUIS, cité par C. ROBLIN, « Les avis conformes *», in Sur la forme et la procédure de l'acte administratif*, Etude coordonnée par Gérard DUPUIS, Paris, Economica, 1978, p. 80.

815 C. MILHAT, *L'acte administratif : entre processus et procédures*, Neuilly-Plaisance, Editions du Papyrus, 2007, p. 106.

recettes sans aucune discrimination entre les différentes catégories de dépenses ou de recettes. L'article 25 du Traité de création dispose, en effet, que la consultation du parlement est obligatoire pour les budgets de l'Union, les politiques sectorielles, les impôts, taxes et tous prélèvements communautaires.

En somme, la compétence consultative réservée au futur parlement communautaire, a un impact juridiquement faible. Toutefois, le démarrage effectif des activités du parlement de l'UEMOA qui se substituera au Comité interparlementaire dans les meilleurs délais constituera une avancée notable dans la participation du parlement au processus décisionnel de l'Union[816].

Selon le rapport annuel 2018 de la Commission, le projet de construction et d'équipement du siège du Parlement de l'UEMOA à Bamako est, quant à lui, exécuté à 70%[817]. Il est à espérer que les dispositions idoines soient prises afin que l'Union dispose d'un véritable Parlement dans les meilleurs délais.

Dans le présent chapitre, il a été question d'examiner les possibilités qui s'offrent pour l'UEMOA en termes de création de nouvelles ressources propres, basées sur la fiscalité intérieure. Il convient à présent d'envisager l'hypothèse de création de nouveaux droits de porte affectés.

---

[816] La Résolution N°002/CIP/ 2014 relative à la mise en place du parlement de l'UEMOA, adopté à Bamako le 3 Avril 2014 par le Comité interparlementaire exprime bien la nécessité d'une installation rapide du Parlement de l'Union.

[817] COMMISSION DE L'UEMOA, *Rapport 2018 sur le fonctionnement et l'évolution de l'Union*, décembre 2016, p. 87.

Chapitre 2

L'option pour de nouveaux droits de porte affectés

Sommaire

La fiscalité de porte peut désigner les droits de douane *stricto sensu* ; elle peut également désigner l'ensemble des droits de porte perçus par les services des douanes à l'exception des taxes sur la consommation intérieure. Elle comprendrait alors les Droits de douane (DD), le Prélèvement communautaire (PC), le Prélèvement communautaire de solidarité (PCS), le Prélèvement de solidarité (PS) et la Redevance statistique (RS). Elle peut enfin désigner l'ensemble des droits de porte perçus par les services des douanes quelles que soient leurs natures. Il s'agit en l'occurrence des Droits de douane, du PCS, du PC, du PS, de la RS, de la TVA, et des Droits d'accises (DA).

Dans le cadre de cette étude, la fiscalité de porte sera conçue, *stricto sensu*, comme l'ensemble des droits de douane du prélèvement communautaire, du prélèvement communautaire de solidarité et des redevances statistiques. La TVA et les droits d'accises, bien qu'ils soient perçus au niveau du cordon douanier, demeurent par essence des impôts directs intérieurs.

L'harmonisation des politiques fiscales nationales au sein de l'UEMOA est une étape essentielle de la réalisation du marché commun pour une intégration sous-régionale réussie. L'intégration sous-régionale ou régionale[818] s'avère nécessaire, en vue d'assurer le rapprochement des États membres, dans le contexte marqué par la mondialisation. Elle « *apparaît depuis quelques décennies et plus encore aujourd'hui pour les peuples d'Afrique, comme le meilleur moyen pour relever le défi du développement dans ce monde entièrement globalisé* »[819].

Après avoir été inscrites aux budgets communautaires, les ressources de l'Union issues des droits de porte sont constatées et recouvrées par les

---

[818] Le traité d'Abuja de 1991, en son article 1er, évoque la *« région »* en référence aux cinq régions déterminées par l'OUA que sont : l'Afrique du Nord, l'Afrique de l'ouest, l'Afrique centrale, l'Afrique de l'est et l'Afrique australe. La *« sous-région »* désigne le regroupement d'au moins trois États d'une même ou plusieurs régions. L'intégration qui se déroule au niveau de la CEDEAO est une intégration régionale, tandis qu'au niveau de l'UEMOA, on parlera plutôt d'une intégration sous-régionale. Sur la question, cf. L. SINDJOUN, P. VENNESSON, « Unipolarité et intégration régionale : l'Afrique du Sud et la renaissance africaine », *Revue française de science politique*, n°6, 2000, p. 918.

[819] F. D. MELEDJE, « L'appropriation des normes communautaires par les milieux universitaires et le monde judiciaire », *troisième rencontre inter-juridictionnelle des cours communautaires de l'UEMOA, de la CEMAC, de la CEDEAO et de l'OHADA*, *op. cit*, p. 3.

États membres avant d'être mises à la disposition de l'Union pour emploi. Toutefois, face à l'insuffisance des ressources issues de ce mécanisme de financement, il convient d'examiner dans quelle mesure, l'Union peut améliorer l'existant et mettre en place de nouveaux droits de porte affectés. La réussite de cette initiative passe par le renforcement du pouvoir décisionnel de l'Union (Section 1) et l'extension de son pouvoir de contrôle (Section 2).

Section 1 ‖ Un pouvoir décisionnel soutenu

Les droits de porte constituent une partie essentielle des ressources propres des organisations d'intégration régionale en Afrique de l'ouest. Il s'agit de prélèvements inscrits au TEC. Ces droits déjà établis par les institutions communautaires sur les marchandises originaires des pays tiers méritent une attention particulière.

A ce jour, le PC et le PCS sont respectivement affectés à la CEDEAO et à l'UEMOA et ils ne sont pas censés provenir des budgets nationaux. Certes, le recouvrement de ces prélèvements communautaires nécessite encore à ce jour l'intervention d'instances nationales, ce qui pourrait conduire à les assimiler aux contributions financières constatées au niveau de certaines organisations d'intégration. Mais, à la différence desdites contributions, l'assiette et le taux du PC et du PCS sont déterminés par les instances communautaires qui disposent, en ce domaine, d'une autonomie législative, parfois expressément limitée. Ainsi donc, même si leur recouvrement est fait au plan national, il est à considérer que les administrations nationales agissent pour le compte des Communautés. A cet effet, le reversement du PC et du PCS aux Communautés est effectué dans des conditions précisées par la réglementation communautaire.

En ce qui concerne l'UEMOA, le renforcement des prérogatives qui lui sont dévolues, dans le cadre du processus décisionnel fiscal, passe par l'extension de la cinquième bande à de nouveaux produits (Paragraphe 1). Il passe également par l'affectation à l'Union des ressources additionnelles qui découlent de la gestion des produits de la 5ème bande prévus par le TEC CEDEAO[820] dans tous les pays de l'UEMOA, pour compenser l'insuffisance des ressources propres (Paragraphe 2).

---

[820] Art. 1er de l'Acte additionnel A/SA1/06/09 du 22 juin 2009 portant amendement de la Décision A/DEC.17/01/206 du 12 janvier 2006 portant adoption du tarif extérieur commun de la CEDEAO.

Paragraphe I | L'extension des produitsde la cinquième bande du TEC CEDEAO

Comme rappelé dans les développements précédents, l'UEMOA a, entre autres, comme objectif majeur, la création d'un marché commun. Celui-ci est basé sur la libre circulation des personnes, des biens, des services, des capitaux et le droit d'établissement des personnes exerçant une activité indépendante ou salariée. Le marché commun est aussi basé sur un tarif extérieur commun et une politique commerciale commune.

Le TEC de l'UEMOA a été conçu comme un instrument dynamique de politique commerciale. Il vise à lutter contre les détournements de trafics, à harmoniser et à simplifier les systèmes de taxation de porte des États membres. Le TEC est censé offrir aux entreprises, une fiscalité adaptée pour leur compétitivité ainsi qu'une protection ciblée et un approvisionnement optimal en biens de consommation pour les populations. Concernant la 5ème bande instituée avec le TEC CEDEAO[821], il existe des facteurs favorables à son extension à de nouveaux produits (A), même s'il existe quelques difficultés de mise en œuvre (B) dans les États membres.

A- Les facteurs favorables à l'extension des produits de la cinquième bande

La mise en place du TEC UEMOA[822] et son application ont permis à chaque État membre de l'Union de bénéficier d'un certain nombre d'avantages. En dehors de l'évolution constante des recettes fiscales et douanières, on note une réduction significative des barrières tarifaires entre les États membres. Cette évolution est liée à l'augmentation des produits importés, consécutive à la baisse des droits de porte consacrée par le TEC. Sur cette base, le TEC a contribué largement à l'amélioration des performances budgétaires des États membres et demeure toujours un

[821] Le TEC UEMOA a été adopté par le règlement n°02/97/CM/UEMOA du 28 novembre 1997.

[822] Il convient de noter que depuis l'année 2009, la volonté de synchronisation du TEC UEMOA et du TEC CEDEAO a fait l'objet des travaux d'un comité conjoint entre les deux organisations d'intégration.

instrument privilégié de mobilisation de ressources financières des États membres.

Au regard de l'importance des recettes douanières dans les budgets des États membres, le rôle du TEC demeurera encore prépondérant sur une longue période. Toutefois, en vue de protéger et de promouvoir le tissu économique de la sous-région, la CEDEAO a mis en place un taux de 35% pour certains produits dits de la cinquième bande (1). L'importance de cette mesure justifie la proposition d'extension de la cinquième bande à de nouveaux produits (2).

1 | Le contenu de la cinquième bande

Les prélèvements de taxes sur les importations de produits en provenance de pays tiers, afin de compenser les différences entre les niveaux de prix mondiaux et communautaires, traduisent l'une des caractéristiques fondamentales de la politique communautaire : la préférence communautaire.

Dans ce contexte, il est utile d'analyser la manière dont les biens spécifiques pour le développement économique sont identifiés pour bénéficier de mesures spécifiques. Ces mesures peuvent être, selon le cas, prohibitives ou attractives. En matière de mesures prohibitives, il est à relever le taux de 35%[823] crée au niveau du TEC CEDEAO.

Dans sa structure actuelle, le Droit de Douane comprend cinq catégories[824] de marchandises réparties en fonction d'un critère principal, à savoir le degré de transformation des marchandises, et d'un critère secondaire relatif à la production communautaire. Cependant, la structure de la catégorisation n'est pas statique. Elle peut évoluer en fonction des besoins de l'Union. A cet effet, un Comité de gestion du TEC a été créé au sein de l'Union pour statuer sur les besoins de changement de catégorie, en relation avec la CEDEAO.

En tenant compte de ces critères, les cinq catégories retenues au niveau du TEC CEDEAO, actuellement en vigueur dans l'espace UEMOA se présentent ainsi qu'il suit. La Catégorie 0 comprend les biens sociaux essentiels, au taux de 0%, répartis sur 85 lignes tarifaires. La Catégorie I comprend les biens de première nécessité, matières premières de base, biens d'équipement, intrants spécifiques, au taux de 5%, répartis

---

[823] A. AHOUNOU, *Le Tarif Extérieur Commun (TEC) de la CEDEAO*, réunion des Directeurs généraux des douanes de la CEDEAO, Ouagadougou le 15 janvier 2014, p. 5.

[824] *Ibid.*

sur 2146 lignes tarifaires. La Catégorie II se compose d'intrants et de produits intermédiaires, au taux de 10%, répartis sur 1373 lignes tarifaires. Quant à la Catégorie III, elle comprend les biens de consommation finale, au taux de 20%, répartis sur 2165 lignes tarifaires. La Catégorie IV renferme les biens spécifiques pour le développement économique, au taux de 35%, répartis sur 130 lignes tarifaires. Cette dernière catégorie est celle appelée, produits de la 5ème bande[825].

Parallèlement à l'ambition de l'Union de développer le commerce intracommunautaire, des mesures techniques visant à développer la production locale sont nécessaires. En effet, il serait naïf de penser qu'il suffira de mettre en place un marché commun pour régler le problème de fond qu'est la production. L'application d'un taux de Droits de douane de 35% à certains produits rentre bien dans le cadre de cette politique de la protection de la production dans l'espace communautaire. Ainsi, les critères qui ont milité pour l'éligibilité des produits de la cinquième bande sont, entre autres, la diversification économique, la vulnérabilité du produit, l'intégration régionale, la promotion du secteur et le fort potentiel de production.

Toutefois, le travail de ciblage des produits de la 5ème bande actuellement en vigueur semble imparfait. Une réforme aussi importante doit aller aussi loin que possible malgré les contraintes qu'elle recèle, du fait du changement des habitudes qu'elle introduit. Il en découle que les produits issus de la cinquième bande du TEC-CEDEAO semblent découler d'une démarche minimaliste, et il urge d'instaurer des réformes plus courageuses allant dans le sens de l'extension de la cinquième bande à de nombreux autres produits.

2 | La nécessité d'extension à de nouveaux produits

La CEDEAO et, à travers elle, l'UEMOA ont opté pour l'application d'un traitement spécial aux biens spécifiques pour le développement économique en leur appliquant un taux prohibitif de 35% à l'importation. Il est à reconnaitre qu'il s'agit d'une option fondamentale qui met en jeu, de nombreux groupes de pression économiques épaulés par les États membres. Dans ces circonstances, les prises de décisions qui emportent l'unanimité de tous sont souvent difficiles. Les résultats obtenus à travers les 130 lignes tarifaires retenues pour la cinquième bande relèvent donc d'un compromis qui reste à saluer.

---

[825] Acte additionnel A/SA1/06/09 du 22 juin 2009, *op. cit.*

Toutefois, au-delà des échanges commerciaux, la nécessité de transformer l'environnement communautaire en une véritable zone de production suggère la prise de décisions politiques courageuses qui témoignent d'un engagement affirmé à la défense des intérêts de l'Union. A cet effet, une extension vers de nouveaux produits devra être envisagée. Ceci permettra d'une part, une augmentation des ressources issues de la cinquième bande et, d'autre part, de stimuler la production au sein de l'Union.

Dans le cadre de la réussite de cette nouvelle politique, l'élément important à prendre en compte ici, c'est le fort potentiel de production des biens concernés au sein de l'Union. Ce faisant, de nombreux biens de consommation finale de la catégorie 3 du TEC CEDEAO et même des biens de la deuxième catégorie, potentiellement disponibles au sein de l'Union, passeront dans la liste des produits de la cinquième bande dans une démarche assumée et des délais raisonnables.

Des accompagnements nécessaires allant dans le cadre de la mécanisation rapide de la production agricole et le développement des unités de transformation des matières premières seront consacrés par des investissements massifs dans ces secteurs structurants. Si des pays membres de l'Union disposent de vastes terres cultivables et très riches[826], il n'est pas possible que l'Union continue par importer des produits de première nécessité comme le riz par exemple. De plus, même si plusieurs pays de la sous-région se retrouvent dans des zones arides, il est à remarquer que bien d'autres disposent de potentiels hydrauliques importants pour développer la production piscicole, avicole et autres.

Les nouveaux produits concernés par cette nouvelle taxation sont donc notamment des produits de grande consommation, dont les capacités de production restent inexploitées au sein de l'Union, alors que les populations s'adonnent à leur importation massive. C'est par exemple le cas du riz dont la capacité de production est inexploitée. Il est difficile de comprendre que des États au sein de l'Union continuent d'importer massivement du riz dans des conditions de production et de stockage douteuses[827]. Il en est de même pour les huiles et pâtes alimentaires massivement importées et qui peuvent avoir des effets nocifs sur la santé

---

[826] La vallée de l'Ouémé au Bénin par exemple.

[827] Très souvent, les sacs de riz sont stockés depuis plusieurs années et sont déversés dans ces pays. Aussi, l'utilisation des produits chimiques, voire des Organismes génétiquement modifiés (OGM) au cours de la germination reste effective dans plusieurs pays du monde.

des populations consommatrices. L'Union doit orienter sa politique agricole vers ces produits tout en ayant le courage d'augmenter le taux des droits de douanes et d'occulter l'aspect social.

Ces mesures de réarmement fiscal doivent également prendre en compte, les intrants agricoles notamment les engrais et les pesticides et les herbicides qui devront faire l'objet d'une production communautaire massive.

Les efforts de l'Union axés sur le développement de ces produits auront pour effet, le changement de comportement des populations, qui doivent apprendre à consommer les produits locaux. Ceci inciterait les producteurs de ces catégories de marchandises à étendre significativement leurs capacités.

Il s'agit d'une option qui nécessite des investissements massifs et un encadrement rigoureux des producteurs locaux. Ces investissements seront soutenus par l'Union sur la base des ressources supplémentaires mobilisées grâce aux nouveaux mécanismes de financement de l'Union.

Toutefois, les avantages qui découleraient de l'extension des produits de la cinquième bande ne doivent pas conduire à négliger l'étude des difficultés de mise en œuvre. Il importe donc d'analyser les facteurs limitant l'extension des produits de la cinquième bande.

B- Les facteurs favorables à l'extension des produits de la cinquième bande

L'augmentation du nombre de produits composant la 5ème bande soulève un certain nombre de préoccupations, voire d'inquiétudes, aussi bien sur le plan communautaire qu'au niveau international. Ainsi, l'économiste va exposer les bouleversements économiques suite à l'application de cette extension. Il informera aussi sur le déséquilibre qui pourrait apparaître suite à ce changement de cap et autres problèmes qui seront perceptibles dès la mise en œuvre du nouveau schéma. En effet, le réarmement tarifaire de certains produits de grande consommation va entraîner automatiquement la hausse des prix de ces produits sur le marché des biens et de consommation concerné.

La mise en œuvre de ces mesures d'extension semble limitée par la résistance des populations des États membres et l'Union (1) et un environnement commercial international porté vers la libéralisation totale des échanges (2).

1 | Des difficultés liées aux États membres et l'Union

L'introduction de mesures fiscales allant dans le sens d'un réarmement tarifaire suscite souvent des controverses, voire des résistances de la part des contribuables. Il est donc évident que l'application d'un taux de 35% aux produits identifiés ne recevra pas, dans l'immédiat, l'adhésion des populations. En effet, cette mesure entrainera automatiquement la hausse des prix desdits produits au sein de l'Union, ce qui affectera les consommateurs dont le pouvoir d'achat est déjà assez limité. Au regard des conséquences politiques de telles mesures, notamment à l'occasion des élections, les gouvernants sont généralement réticents, dès lors qu'il s'agit d'accompagner ces réformes qui semblent impopulaires.

De plus, l'autre manifestation de la résistance des populations à de telles mesures de réarmement tarifaire est le développement de la fraude douanière. En effet, la porosité manifeste des frontières terrestres des États membres facilite le développement de la contrebande, dès lors que les mesures douanières provoquent la raréfaction des marchandises qui font l'objet d'une forte demande.

Malgré toutes ces inquiétudes, il existe des approches de solutions susceptibles d'inhiber, voire de remédier de façon durable à ces préoccupations. Ainsi, l'augmentation des produits de la 5ème bande va obliger chaque État membre, à travers ses producteurs, à s'investir dans la production des biens concernés. Il est noté une dynamisation du commerce intracommunautaire et une valorisation des atouts naturels de chaque État membre. Les États côtiers au sein de l'Union feront, dès lors, des efforts dans la production de ces produits de la 5ème bande et pourront donc exporter vers les pays de l'hinterland. Ceci aura non seulement pour impact de mettre la population au travail, de réduire le taux de chômage mais aussi de faire la promotion de ces biens qui seront éventuellement exportés vers les pays tiers à l'Union. Pour la réussite de ces réformes, les administrations douanières des États membres ont un rôle primordial à jouer. En effet, lesdites administrations ont pour attribution principale, de contrôler les mouvements de marchandises qui franchissent les frontières nationales ou communautaires[828]. Ainsi, tout bien mobilier

[828] C. J. BERR et H. TREMEAU, *Le droit douanier, communautaire et national*, Paris, Economica, 5e éd., 2001, p. 68.

corporel, quel qu'il soit, peut susciter l'intérêt des fonctionnaires des douanes, dès lors qu'il est susceptible de franchir une frontière.

Le franchissement de la frontière par une marchandise ne met pas exclusivement en jeu des intérêts fiscaux et économiques. La présence de certains biens sur le territoire douanier peut être de nature à compromettre la santé ou la sécurité des habitants et, de manière plus générale, l'ordre public[829]. La tendance naturelle des pouvoirs publics est de confier le contrôle de ces mouvements de marchandises aux autorités les mieux placées géographiquement pour exercer et soumettre ce contrôle aux règles du droit douanier. De plus, le droit douanier analyse les marchandises qui se présentent aux frontières sous un angle qualitatif. Il s'agit en l'occurrence de veiller à l'application de la législation sur les armes et munitions, des réglementations sanitaires et phytosanitaires, de l'impressionnant catalogue des normes techniques régissant la fabrication et la commercialisation des produits agro-alimentaires et industriels, du droit de l'environnement et même du droit des consommateurs.

Il est à remarquer qu'en matière de contrôle de la qualité des marchandises, les administrations douanières de la sous-région disposent de moyens très limités. Les menaces qui pèsent sur les consommateurs seront donc limitées si la politique communautaire est plutôt orientée vers la production et la consommation locales.

Alors que les autorités communautaires disposent d'une compétence pratiquement exclusive pour déterminer les objectifs économiques du droit douanier, leur intervention dans le domaine extra-économique se fait plus discrète. C'est ainsi que les aspects liés à la recherche, à la constatation et à la répression des infractions douanières échappent à l'emprise du droit douanier communautaire. Le développement de la fraude douanière a largement bénéficié de la porosité des frontières et des subtilités de certains mécanismes, alors que la Communauté n'est pas ou est mal armée pour y apporter des réponses d'ensemble.

[829] Conformément aux dispositions de l'accord sur les mesures sanitaires et phytosanitaires (Accord SPS) de l'OMC, chaque partie fera également en sorte que les mesures sanitaires et phytosanitaires prises pour préserver la santé ou la sécurité des personnes, la vie ou la santé des animaux, et pour protéger les végétaux et l'environnement, n'aient ni pour objet, ni pour effet de créer des obstacles non nécessaires au commerce des marchandises entre les parties.

S'il est plus ou moins remarquable que les États membres marquent une résistance dans la mise en œuvre des dispositions liées à la taxation des produits de la cinquième bande, qu'en est-il des limites liées au cadre normatif international ?

2 | Des limites liées à l'environnement commercial international

L'intervention des organisations d'intégration régionale dans le domaine douanier se fait en prenant en compte le contexte international notamment les engagements des États membres vis-à-vis de l'OMC[830] et des Accords de partenariat économiques (APE)[831]. Ces différents accords visent essentiellement la réduction ou la suppression des droits de porte et d'autres obstacles au commerce international.

Or, il est une évidence qu'une application d'un taux de droits de douanes de 35% à certains produits et même son extension à d'autres constitue une entorse aux dispositions desdits accords. Il serait donc nécessaire de renégocier les niveaux de taux consolidés avec l'OMC et l'UE.

Le seul levier réellement efficace de l'action communautaire à l'égard des États, reste la théorie des mesures d'effet équivalent à des restrictions quantitatives. Les États doivent s'abstenir, au nom du

---

[830] Les accords de l'OMC régissent les marchandises, les services et la propriété intellectuelle. Ils énoncent les principes de la libéralisation et les exceptions autorisées. Ils reproduisent les engagements pris par chaque pays pour réduire les droits de douane et d'autres obstacles au commerce, et pour ouvrir et maintenir ouverts les marchés de services. Ils définissent les procédures de règlement des différends. Ils prévoient un traitement spécial en faveur des pays en développement. Ils font obligation aux gouvernements d'assurer la transparence de leur politique commerciale en notifiant à l'OMC les lois en vigueur et les mesures adoptées, parallèlement aux rapports périodiques établis par le Secrétariat au sujet des politiques commerciales des pays.

[831] En rappel, l'accord négocié comprend un volet commercial et un volet développement. Le volet commercial prévoit notamment une ouverture à 100% du marché européen dès l'entrée en vigueur de l'accord, tandis que la région AO limite l'ouverture de son marché à 75%, à l'issue d'une période de 20 ans. Quant au volet développement, il comprend le financement par la partie UE du Programme de l'APE pour le développement (PAPED) élaboré par les États de l'AO avec l'appui des deux Commissions. L'UE prévoit une première enveloppe de 6,5 Milliards d'Euros pour le financement des projets nationaux et régionaux composant le PAPED. Le 10 juillet 2014, la Conférence des chefs d'État et de Gouvernement a définitivement approuvé l'accord APE conclu entre l'UE et l'AO, avant d'entamer le 16 décembre 2014 à Abuja le processus de signature dudit accord.

principe de libre circulation des marchandises[832], de toutes mesures restrictives sauf, précisément, s'ils peuvent invoquer des motifs étrangers à toute velléité protectionniste. L'intervention de juridictions communautaires est de nature à rappeler aux États que, sous son double aspect, la protection du territoire douanier fait désormais l'objet d'un partage avec les autorités communautaires.

La justification première de l'intervention des douanes réside dans l'impérieuse nécessité de contrôler les marchandises qui franchissent le territoire lors de leur entrée ou de leur sortie[833]. Peu importe que ce mouvement donne lieu ou non à la perception de droits. Même si la marchandise bénéficie d'une franchise douanière, d'une suspension de droits ou d'un taux nul, elle doit respecter les règles douanières. Autrement dit, le critère d'application du droit douanier est l'existence d'un échange international, d'où l'importance de caractériser cette notion et d'apporter quelques précisions à son sujet.

Il est aisé de remarquer tout d'abord que le droit douanier se désintéresse en principe du support juridique de l'opération qui donne lieu au transfert de la marchandise, qu'il s'agisse d'une vente, d'un prêt ou d'un acte gratuit. Seul compte le franchissement physique de la frontière. Il en résulte que les transactions internationales qui ne donnent pas naissance à un déplacement matériel de marchandises demeurent en dehors du champ d'application du droit fiscal international. Ensuite, il est observé que la notion de territoire douanier[834] est essentielle puisque c'est du franchissement de la frontière que dépend l'entrée en jeu des règles

[832] P. DEROUIN, P. MARTIN, *Droit communautaire et fiscalité*, Paris, Litec, 2004, pp. 83-261. Les grandes libertés communautaires sont la libre circulation des marchandises, la libre circulation des travailleurs, la liberté d'établissement, la liberté de prestation de services et la liberté de circulation des capitaux.

[833] C. J. BERR et H. TREMEAU, *Introduction au droit douanier*, Paris, Dalloz, 2008, p. 10.

[834] Cf. art. 5 du règlement n°09/2001/CM/UEMOA portant code des douanes communautaire de l'UEMOA qui dispose : « *Le territoire douanier de l'UEMOA comprend : le territoire de la République du Bénin, le territoire du Burkina Faso, le territoire de la République de Côte d'Ivoire, le territoire de la République de Guinée Bissau, le territoire de la République du Mali, le territoire de la République du Niger, le territoire de la République du Sénégal, le territoire de la République du Togo. Auxquels s'ajoutent les eaux territoriales et l'espace aérien des États membres* ». Tandis que le Code des douanes du Bénin dispose : « *le territoire douanier comprend le territoire national, les eaux intérieures, les eaux territoriales, la zone contiguë et l'espace aérien qui les surplombe* ».

douanières. À l'intérieur du territoire, les dispositions qui gouvernent la circulation des marchandises reprennent leur empire.

Il faut souligner à ce propos les complications liées à la réticence des États membres. En effet, alors que la suppression des frontières douanières intracommunautaires a été solennellement proclamée, ce qui devrait avoir pour conséquence d'éliminer le jeu du droit douanier dans le commerce entre États membres, de nombreuses marchandises restent soumises à son emprise (matériels stratégiques, produits dits à double usage, civil et militaire, œuvres d'art), de telle sorte que leur circulation demeure assimilable à une circulation internationale et, comme telle, donne lieu à application du droit douanier. La situation devient d'ailleurs pour le moins singulière. En effet, le droit douanier communautaire n'ayant vocation qu'à régir les relations entre l'Union et les États tiers, c'est vers les droits douaniers nationaux qu'il faut bien se résigner à se tourner, alors que les États ont en principe perdu leur compétence en la matière[835]. L'incohérence de cette situation, qui nourrit les doutes que l'on a pu exprimer précédemment sur la nature même du droit douanier (communautaire ou national), est à l'heure actuelle insurmontable. Elle achève en tout cas l'impression que le droit douanier est en crise d'identité.

La recherche de moyens nécessaires pour soutenir les investissements colossaux indispensables à une production locale coordonnée, milite pour l'affectation de nouveaux droits de porte à l'Union.

Paragraphe II | La nécessité d'affectation de nouveaux droits de porte à l'Union

Les ressources propres ont le caractère d'un impôt créé par un acte de droit communautaire directement applicable aux assujettis et perçu au profit de l'Union. Mais ces ressources propres sont loin de constituer un ensemble totalement homogène ; elles sont de nature différente et chacune s'inscrit dans un cadre réglementaire qui lui est propre.

Le budget communautaire ne représente qu'un pourcentage très faible du PIB communautaire. Il ressort que le financement des politiques

[835] L. PHILIP, « Introduction », *in* L. PHILIP (dir.), *L'exercice du pouvoir financier du Parlement. Théorie, pratique et évolution*, Paris, Economica, Presses Universitaires d'Aix-Marseille, 1996, p. 134.

communautaires demeure insuffisant pour faire face aux besoins sans cesse croissants des populations des différents États membres[836]. Pourtant, le système des ressources issues des droits de porte se heurte actuellement à la limite qui résulte de ce qui peut être appelé « la réussite du Marché commun ». C'est dans la mesure où le Marché commun constitue une « réussite » que l'assiette des ressources communautaires a tendance à s'élargir harmonieusement.

Il est évident que les ressources issues de l'augmentation du taux applicable aux produits de la 5ème bande[837], profitent aujourd'hui aux États membres. Pourtant, il est tout aussi remarquable que les accompagnements financiers qui découlent de la mise en place de cette politique ne peuvent être efficaces que lorsque tout ceci se réalise dans une démarche d'ensemble coordonnée par l'Union. Or, l'UEMOA, face à l'insuffisance des ressources, se retrouve dans une perspective de renforcement et de diversification de ses ressources propres, afin de mieux affirmer son autonomie financière qui est jusque-là plus formelle que réelle.

Il convient d'étudier les nouveaux droits de porte affectés à l'Union et les conditions de leur recouvrement (A), avant de se demander ce qu'il en est des ressources communautaires face à l'équité (B)

A- La définition des nouveaux droits de porte affectés à l'Union

Les réflexions précédentes ont été focalisées sur le travail imparfait relatif au ciblage des biens spécifiques regroupés dans la catégorie des produits de la 5ème bande et à son extension vers de nouveaux produits. Selon les analyses, ces mesures entraineront le développement de certains courants de fraude que l'Union devra aider à réprimer.

Il s'agira donc de définir le contenu des nouveaux droits de porte affectés à l'Union (1) d'une part, et de réfléchir aux modalités de recouvrement (2), d'autre part.

1 | Le contenu des nouveaux droits de porte affectés

La mise en place du TEC CEDEAO dans l'espace UEMOA a permis de sélectionner de nombreux produits pour faire l'objet d'un réarmement

[836] COMMISSION DE l'UEMOA, *Rapport 2017 de la Commission de l'UEMOA sur le fonctionnement et l'évolution de l'Union*, Ouagadougou, 2016, p. 59.
[837]A. AHOUNOU, *Le Tarif Extérieur Commun (TEC) de la CEDEAO*, *op. cit.*, p. 8.

tarifaire. Dans le cadre des présentes recherches, des suggestions allant dans le sens de l'extension de la cinquième bande à d'autres produits ont été émises. Il s'agira, pour la plupart desdits produits, de faire monter le taux de droits de douanes de 20% à 35%.

Les deux nouveaux droits de porte à affecter à l'Union et qui découleraient de ce réarmement tarifaire seront nommés « Contribution à la production communautaire (CPC) » pour le premier et « Contribution spéciale à la lutte contre la fraude (CSLF) » pour le second.

En ce qui concerne la Contribution à la production communautaire, elle sera issue d'une répartition des 35% de droits de douanes entre l'UEMOA et les États membres. Ainsi donc, 20% resteront aux États membres et les 15% restants seront affectés à l'UEMOA comme contribution à la production communautaire. Ladite contribution servira à financer des programmes intégrateurs dans les secteurs d'activités de ces produits, pour leur promotion et leur développement. Ceci contribuerait à réduire de façon considérable, toute velléité d'importation massive de ces produits au sein de l'Union. Le recouvrement dudit prélèvement se fera dans les mêmes conditions que le PC et le PCS et les autres droits de porte par les administrations douanières des États membres, au profit de l'Union.

Quant à la Contribution spéciale à la lutte contre la fraude (CSLF), elle sera instituée pour soutenir la répression des infractions douanières. Il est une évidence que le volet répressif du droit douanier a été toujours laissé à la discrétion des États membres par l'Union. Or, dans un environnement intégré, la coordination des politiques de répression est d'une importance capitale. Elle passe par la définition des infractions douanières et la détermination des différentes sanctions applicables. L'UEMOA gagnerait donc à s'impliquer davantage dans l'harmonisation de cette politique. A cet effet, pour financer les actions qui en découlent, un prélèvement de 10% sur le produit des amendes et confiscation, dénommé CSLF sera institué et perçu au niveau des administrations douanières des États membres, au profit de l'Union.

Il est à noter que les droits de porte sont perçus par les États membres conformément aux dispositions législatives, réglementaires et administratives nationales. L'exécution de toutes les opérations relatives à la perception des ressources propres reste donc du ressort des États membres, mais en application d'une réglementation commune[838].

Il est essentiel ici de décrire le déroulement des opérations qui permettent, à partir d'un fait générateur, qu'une recette soit constatée et comptabilisée par un État membre puis mise à la disposition de la Commission pour être utilisée par celle-ci. Les ressources propres à percevoir au cours d'un exercice budgétaire sont évaluées dans le cadre des recettes du budget général. Ces prévisions budgétaires sont élaborées par la Commission. Le budget précise les montants des droits de porte à reverser durant l'exercice correspondant au budget[839] communautaire.

Les États membres ont l'obligation de constater les droits de douane conformément à leurs dispositions législatives, réglementaires et administratives. Un droit est constaté dès que la créance correspondante a été dûment établie par le service ou l'organisme compétent de l'État membre. Ces deux possibilités renvoient donc aux dispositions nationales de chaque État membre pour déterminer si la constatation doit avoir lieu et à quel moment. Pour sa part, le droit douanier communautaire a, dans une large mesure, uniformisé les notions ou les procédures directement liées à la constatation des droits[840], sans toutefois donner directement une définition plus précise de cette notion.

La mise à disposition des montants des droits de douane découlant de la nouvelle taxation se fera dans les conditions identiques à celle du PCS. Les États membres n'en sont dispensés que si le recouvrement n'a pu être effectué pour des raisons de force majeure. Une comptabilité des ressources propres, ventilée par nature des ressources, est tenue auprès du Trésor de chaque État membre ou d'un organisme qu'il désigne.

Les États membres ont donc l'obligation de constater les montants des ressources propres traditionnelles et l'obligation de mise à disposition vise bien les droits constatés et non les recettes perçues. Mais l'accomplissement de ces obligations au niveau de l'Union européenne a soulevé de nombreuses difficultés dans les cas d'importations n'ayant pu

---

[838] C. BLUMANN, « Quelques réflexions sur la notion de communautarisation dans le cadre de l'Union européenne », *Droit et politique à la croisée des chemins, Mélanges en l'honneur de Philippe ARDANT*, Paris, LGDJ, 1999, p. 61.

[839] M. BOUVIER, *Finances publiques*, Paris, LGDJ-Lextenso, 15ème éd., 2017, p. 325. Le budget est l'expression financière de la politique de développement d'un État. Il exprime une politique globale répondant à une double exigence de cohérence et de clarté.

[840] P. AVENATI, *Le contrôle des recettes et des dépenses des Communautés européennes*, Bruxelles, AVA, 1973, p. 17.

avoir lieu dans les conditions normales. En outre, la réglementation communautaire actuelle présente une importante exception au principe selon lequel toutes les ressources propres doivent être constatées et mises à la disposition de la Commission et ce, indépendamment de leur recouvrement. Afin de permettre une meilleure définition harmonisée de la constatation et des règles de mise à disposition, il est indispensable qu'une précision soit faite sur la nature de la constatation, en recourant à la notion de prise en compte.

Le recours à la notion de prise en compte pour compléter la définition de la constatation aux fins des ressources propres présente un certain nombre d'avantages[841]. Au plan communautaire, il s'agit d'un concept harmonisé que la législation douanière a fait entrer dans les faits par l'intermédiaire d'un certain nombre de textes réglementaires.

2 | Les précautions nécessaires pour un recouvrement optimal

Même si elles constituent des ressources propres[842] de l'Union, les modalités de recouvrement de la CPC et la CSLF seront confiées aux administrations douanières des États membres. Cela suppose que dans la recherche de l'efficacité, l'Union doit prendre un minimum de précautions pour accompagner les États membres dans la conduite de ce processus.

En effet, comme rappelé dans les développements précédents, la mise en œuvre du TEC CEDEAO a entrainé, entre autres conséquences, la création de la cinquième bande qui est constituée de marchandises dont le taux de droits de douanes est de 35%. Face à cette mesure, certains des États membres ont institué des valeurs consensuelles pour la plupart desdites marchandises. Ces valeurs étant en général largement en dessous des valeurs normales (valeur transactionnelle), les droits supportés par ces marchandises au cordon douanier restent dans le meilleur des cas inchangés. Il s'agit d'une remise en cause des dispositions

[841] P. AVENATI, *Le contrôle des recettes et des dépenses des Communautés européennes*, *op. cit.*, p. 38.

[842] Les ressources propres sont, comme leur nom l'indique, des ressources qui appartiennent en propre à l'Union, autrement dit, qui emportent transfert définitif de ressources à son profit. Voir J. BUISSON, « Vers de nouvelles ressources propres : à la recherche du contribuable européen », *Mélanges en l'honneur du Professeur Joël MOLINIER*, Paris, LGDJ-Lextenso, pp. 119-126.

internationales[843] et communautaires[844] en matière d'évaluation en douanes qui a néanmoins le mérite de ne pas exposer les responsables politiques à une flambée de prix des produits de première nécessité sur le marché. Toutefois, ce faisant, ces États annihilent les efforts de l'Union visant à développer la production locale[845]. Il convient donc, dans le cadre des nouvelles mesures, de mettre en place un encadrement convenable afin de susciter l'accompagnement des populations et des États membres.

Les grands desseins fiscaux, qu'ils aient été proposés par des experts ou des autodidactes ou encore par des commissions officiellement installées, se sont toujours heurtés à une « *inertie fiscale*[846] » liée tant à des raisons objectives qu'à des raisons subjectives[847]. Il est donc une évidence que le contribuable n'est jamais favorable à un changement en matière fiscale et redoute toujours qu'une réforme ne vienne alourdir sa dette. Toutefois, lorsque les réformes portent sur des projets économiques clairs qui comptent sur la durée pour atteindre leurs objectifs, l'espoir d'une adhésion progressive est possible.

En ce qui concerne les populations, les mesures fiscales plus contraignantes se heurtent souvent à la réticence des contribuables. Il est donc indispensable de mettre en place un certain nombre de stratégies en vue d'accompagner la réforme.

La première stratégie consiste à sensibiliser les populations sur les risques sanitaires qu'elles courent en consommant certains produits de grande consommation (tels que les huiles dénaturées, les viandes et abats de volailles congelées), de façon à susciter leur adhésion. Une communication orientée vers la production locale et ses répercussions sur l'emploi pourra être instituée à cet effet.

En outre, les ressources issues de ce réarmement tarifaire étant destinées à alimenter les fonds structurels qui devront servir à court et à

---

[843] Art. VII du GATT, dénommé Code d'évaluation de l'Organisation mondiale du commerce (OMC), *op. cit.*

[844] Art. 16 al. 1 du Code des douanes de l'UEMOA, annexé au règlement n°09/2001/CM/UEMOA du 26 novembre 2001, *op. cit.*

[845] Au Bénin par exemple, il est courant de retrouver l'huile alimentaire en provenance des pays comme la Malaisie, vendue presque à moitié prix en comparaison à des huiles de meilleure qualité produites localement. Il en est de même des volailles congelées importées des États tiers.

[846] Formule de P. M. GAUDEMET et J. MOLINIER, *Finances publiques*, t2, *op. cit.*

[847] M. BOUVIER, M-C. ESCLASSAN, J-P. LASSALE, *Finances publiques*, 17e éd., L.G.D.J., 2019, p. 750.

moyen termes à financer la production locale. Il y va de l'intérêt des populations. Les investissements massifs consentis par l'Union dans ces secteurs d'activité feront que leurs difficultés ne seront que passagères. Elles seront d'ailleurs convaincues par le constat physique des réalisations dans ces différents secteurs d'activités. Par ailleurs, ces investissements auront pour conséquence directe, la création de nombreux emplois, ce qui sortirait les populations du chômage et de la précarité.

Enfin, le développement de la fraude douanière consécutive à ces nouvelles mesures tarifaires sera limité par une meilleure organisation des services de répression des administrations douanières des États membres qui recevront l'appui technique et financier de l'Union à cet effet. La dématérialisation des procédures de dédouanement en cours dans les États membres de l'Union constitue un atout[848].

La mise en œuvre complète de ces programmes va réduire de façon considérable, voire inhiber toute velléité d'importations des produits de la cinquième bande au sein de l'Union.

En ce qui concerne les modalités de recouvrement, les droits seront constatés et pris en charge conformément aux dispositions communautaires, puis mis à disposition de l'Union comme cela se fait actuellement. Toutefois, en vue de garantir davantage les intérêts de l'Union dans les cas où le recouvrement ne pourrait intervenir dans les conditions normales, certaines précautions méritent d'être prises. Dans ce sens, il serait nécessaire de procéder à une comptabilisation des montants dus, et de communiquer périodiquement les chiffres aux organes de l'Union afin de faciliter le suivi et le contrôle du recouvrement. Ainsi, tous les États membres devront, ne serait-ce qu'aux fins de leurs actions contentieuses en justice, établir un montant, même provisoire, des droits éludés ou compromis.

Par ailleurs, dans la mesure où la notion de force majeure[849] n'a pas connu d'application concrète satisfaisante, la Commission a proposé de lui substituer des dispositions permettant de mettre en œuvre et de contrôler efficacement les cas où pourraient intervenir des exceptions à

---

[848] N. MÉDÉ, E. TONI, F. AVAHOUNDJE, « La dématérialisation des procédures de dédouanement au sein de l'Union économique et monétaire ouest - africaine (UEMOA), *REIDF n° 1,* p. 196.

[849] P. H. ANTONMATTEI, *Contribution à l'étude de la force majeure*, Thèse, Montpellier I, 1992, p. 12 ; P. AMEZIANE, *La force majeure en droit*, Paris, Penant, 1977, p. 5.

l'obligation de mise à disposition. Ces propositions visent à réglementer, de manière très stricte, les cas dans lesquels, suite à des circonstances imprévisibles et indépendantes des administrations concernées, une impossibilité de recouvrer pourrait conduire à une dispense de mise à disposition. Elles permettraient également à la fois d'adapter, dans des cas préalablement établis, les conditions de mise à la disposition de la Commission aux possibilités réelles des États membres et en contrepartie, d'assurer à celle-ci l'information nécessaire sur la nature et le déroulement de ces cas. Les ressources propres reviennent à l'Union à partir du moment où se produit le fait générateur du droit de percevoir ces ressources.

L'utilisation des ressources des droits de porte par la Commission se fait par mécanisme en corrélation avec les États membres[850]. Les États membres ont donc crédité un compte ouvert à cet effet au nom de la Commission auprès du Trésor ou de l'organisme qu'il désigne. Mais l'utilisation de ces crédits reste soumise à un certain nombre de contraintes.

Il convient de mettre en corrélation les besoins sans cesse croissants et les ressources communautaires insuffisantes afin d'apprécier les éléments indispensables à l'adhésion des États et des contribuables.

B- La nécessité de respecter l'équité fiscale

En matière fiscale, le problème de l'équité[851] est certainement un des plus difficiles à résoudre. Le système des ressources propres communautaires n'échappe pas à cette réalité. Les conflits répétés et probablement non achevés qui opposent les États membres à leurs contribuables en sont une preuve.

On ne peut pourtant échapper à cette question lorsqu'on prétend faire le bilan du système des ressources propres, même sous le prétexte que le principe de solidarité prime sur tous les autres. Il importe d'essayer de

[850] Les mécanismes de communautarisation du droit sont les mécanismes de réduction des différences entre les législations nationales (la coordination des législations : un mécanisme de communautarisation du droit ; l'harmonisation du droit, un mécanisme prisé) et les mécanismes d'extinction des différences entre les législations nationales (l'uniformisation et l'unification du droit). En dépit de tous ces mécanismes, la souveraineté de chaque État membre de l'UEMOA demeure, d'une manière ou d'une autre à travers son importance, dans le processus d'intégration.

[851] COMMISSION DE l'UEMOA, « Les voies d'un développement solidaire », 2014, p. 16. ; OCDE, « Axer davantage les politiques fiscales sur l'efficacité, l'équité et l'écologie », *Etudes économiques de l'OCDE,* n°2, 2015, p. 74.

savoir si chacun contribue ou non, pour sa « juste part », aux dépenses communautaires pour pouvoir dire si le système doit être conservé ou révisé. Il convient de s'intéresser à l'ajustement du système des droits de porte (1) et aux contraintes du réajustement possible (2).

1 | L'ajustement du système des droits de porte

L'objectif principal de l'Organisation mondiale du commerce (OMC) est de permettre, par des règles transparentes et équilibrées, l'ouverture des marchés à tous les produits et services qui font l'objet d'échanges commerciaux. Pour cette raison, l'OMC prône la prévisibilité en demandant aux États de rendre publics les taux des droits et taxes ainsi que les surtaxes appliquées lors de l'importation des marchandises. Elle prône également la baisse des tarifs douaniers pour promouvoir une plus grande ouverture des marchés. C'est en application de ces principes que l'un des objectifs visés par l'UEMOA est d'intensifier les échanges entre les États membres de l'Union d'une part et avec le reste du monde d'autre part.

La différence entre les apports des États membres au budget communautaire et les versements qu'ils reçoivent sur ce budget fait apparaître des « bénéficiaires nets » et des « contributeurs nets »[852]. Cette distinction est certes, intéressante sur le plan comptable. Mais du point de vue de la politique d'intégration, elle ne signifie pas grand-chose, car elle est simpliste. La remarque vaut notamment pour les cas où l'Union contribue à des investissements visant à créer des situations comparables dans les États membres et qui, en l'absence de moyens nationaux suffisants, ne pourraient pas être réalisés.

En prenant bien soin de ne pas confondre « équité » et règle du « juste retour »[853], nous pouvons alors rapprocher ce que chaque État membre a versé au budget communautaire comme ressources propres, et ce qu'il a reçu comme paiements annuels. Naturellement, le total des paiements est inférieur au total des ressources, dans la mesure où certaines dépenses communes (ne seraient-ce que celles correspondant au fonctionnement des Institutions) ne peuvent être imputées précisément à un État membre.

---

852 Y. BERTONCINI, « La révision du budget de l'Union européenne : pour une analyse politique globale », *in Horizons stratégiques*, n°5, 2007, p. 105.

853 Y. BERTONCINI, « La révision du budget de l'Union européenne : pour une analyse politique globale », *op. cit.*, p. 111. La notion de « juste retour » accorde une place centrale aux soldes budgétaires nets, calculés via la différence entre les versements nationaux à l'Union et les dépenses communautaires dont bénéficie chaque État membre et qui fait apparaître des pays « contributeurs nets » ou « bénéficiaires nets ».

Il paraît correct de rapprocher ce qui a été effectivement versé de ce qui a été reçu. Il n'en reste pas moins que la comparaison comptable n'apporte pas beaucoup d'éléments d'appréciation en matière de plus ou moins grande équité, sauf à regarder plus en détail pourquoi certains pays sont bénéficiaires ou contributeurs.

Pour les droits de douane, en raison des règles du transit communautaire, il est permis de penser que chaque État reverse bien à l'Union les droits perçus sur les marchandises en provenance de pays tiers qui lui sont effectivement destinées, quel que soit le point géographique d'entrée dans l'espace communautaire. Il faut donc chercher l'explication des disparités dans les flux d'échanges extérieurs de chaque État et l'évolution historique et économique des flux en question. Dans tous ces cas, il semble qu'il y ait une certaine « mauvaise foi » de la part des États membres. Comment admettre que certains se plaignent d'un système auquel ils ont volontairement adhéré en toute connaissance de cause ? Comment soutenir avec les autres que le respect de la « préférence communautaire »[854] réglerait le problème lorsqu'on sait que certains approvisionnements en provenance de pays tiers ont des raisons historiques qu'il est vain de vouloir oublier ? Le problème est donc de savoir si les disparités de charges sont ou non « inacceptables » compte tenu de leurs origines structurelles.

Au total, il est bien difficile de dire si les disparités existantes doivent être considérées comme source d'iniquité entre les États membres. Surtout pour rappel, un État membre peut bénéficier par l'extension de ses échanges, de l'accroissement d'échelle de sa production, d'une plus forte spécialisation, d'une restructuration de son appareil productif. Il s'agit d'avantages qui sont difficilement estimables en chiffre, mais qui n'ont rien à voir avec le solde d'une balance comptable portant sur la répartition des recettes et des dépenses de l'Union. En fait, les vrais problèmes sont ailleurs. Comment se procurer des ressources propres qui permettent de faire face aux besoins de financement de politiques communautaires de plus en plus nécessaires ? Comment faire en sorte que ces ressources propres le soient vraiment, c'est-à-dire qu'un État membre ne soit en mesure de refuser des reversements sur des ressources

[854] Les règles d'origine ont pour objectif de faire la promotion des échanges intracommunautaires. Ces derniers permettent, en effet, de favoriser la création d'unités industrielles, de créer des emplois pour résorber le chômage, d'améliorer le niveau de vie des populations et, par cette occasion, d'entraîner la croissance économique des États bénéficiaires des préférences.

communautaires qui ont été prélevées par ses soins ? C'est en définitive la question du rôle et de la place que l'on est prêt à accorder à l'Union qui se trouve posée.

Le volet financier des activités de l'Union couvre notamment le développement de nouvelles ressources liées à la question de l'élargissement, et les moyens d'assurer à tous les États membres des situations financières équitables. L'ajustement du système des ressources issues des droits de porte en tant que moyen de développer la capacité financière des Communautés devrait déboucher sur l'accroissement des ressources propres. Quant aux tarifs douaniers applicables, ils ne sont que la conséquence des engagements extérieurs de l'Union, soit qu'ils résultent des négociations commerciales au GATT[855], soit qu'ils s'insèrent dans toute une série d'accords préférentiels notamment avec les pays ACP[856], et ceux bénéficiaires du système de préférences généralisées.

Certes, un recours à titre transitoire à des contributions financières des États membres aurait pu être envisagé. Mais il aurait été considéré comme un recul de l'autonomie financière de l'Union.

2 | Les contraintes du réajustement possible

La recherche d'une nouvelle source de financement fait l'objet d'autres approches[857]. Il convient ici d'établir un inventaire des options possibles à la lumière de certaines conditions politiques, économiques et techniques, représentatives de la philosophie de la Commission en la matière. Il est question ici de cerner la permanence de certains thèmes et l'évolution de certains autres au regard des contraintes qu'ils posent implicitement.

---

[855] Le 1er janvier 1995, l'OMC a remplacé le GATT, qui existait depuis 1947, en tant qu'organisation chargée de superviser le système commercial multilatéral. Les États ayant signé le GATT étaient officiellement appelés "parties contractantes au GATT". Par contre, ceux qui avaient signé les nouveaux Accords de l'OMC (qui englobent la version révisée du GATT, appelée GATT de 1994) sont officiellement devenus "Membres de l'OMC". Cf. C. J. BERR et H. TREMEAU, *Introduction au droit douanier*, *op. cit.*, p. 38 ; Cf. art. 1er, VIII du GATT.

[856] Les États ACP sont regroupés en 6 groupes que sont : l'Afrique australe, l'Afrique orientale, l'Afrique occidentale, l'Afrique centrale, les Caraïbes et le Pacifique.

[857] Sénat de la France, *Les ressources propres : un nouveau test de la capacité de l'Union à se réinventer*, Rapport, consulté sur le site www.senat.fr, le 11 février 2019.

Le souci d'une action possible à court terme ne nécessite donc pas le recours à de longues et délicates mesures d'harmonisation[858]. À la contrainte du court terme, il faut ajouter le souhait de choisir une ressource ayant un bon rendement financier, condition qui apparaît dans la définition par la Commission d'une ressource « idéale ».

L'option susceptible de remédier aux déséquilibres internes a été explorée, et est relative à l'instauration de prélèvements sur certains produits de grande consommation. Cette instauration, combinée avec une taxation harmonisée à l'intérieur de l'Union, va contribuer à réduire l'insuffisance des ressources propres.

Une telle procédure a un double intérêt puisqu'elle permet, non seulement, de parachever l'autonomie financière de l'Union en situant les décisions d'augmentation des ressources dans un contexte purement communautaire, mais elle permet de susciter la production locale. Ce qui offre certes des garanties considérables aux États membres mais évite le recours à de longues procédures nationales de ratification.

La décision en matière de réajustement en hausse du taux des droits de porte sur certains produits apparaît relativement limitée, dans la mesure où elle se borne à fixer un nouveau taux sur ces produits. La marge de manœuvre disponible avec un tel nouveau taux est très faible, et l'Union risque de se retrouver dans la situation où elle sera à la merci d'un conflit normatif[859] conjoncturel entre les États membres.

Il est vrai que l'impact de ce réajustement doit être apprécié à la lumière du système de discipline budgétaire[860] dont les orientations ont par ailleurs été définies en matière de dépenses. La discipline budgétaire, motivée par la nécessité de gérer les ressources aussi rigoureusement que

---

[858] Une harmonisation des normes par les États membres s'avère nécessaire. Il convient de rappeler que l'harmonisation intervient dans un contexte de mouvements internationaux et d'accélération des échanges à travers les opérations d'importation et d'exportation. Pour ce faire, « *la recherche d'une harmonisation fiscale est présentée à la fois comme un instrument de préservation des intérêts nationaux et comme un moyen de rendre plus loyale la concurrence entre les États membres, dans un contexte général de liberté de circulation des personnes, des entreprises et des capitaux* ». Cf. B. GOUTHIÈRE, *Les impôts dans les affaires internationales*, Paris, Editions Francis LEFEBVRE, 11ème éd., 2016, p. 161.

[859] Cf. H. KELSEN, *Théorie pure du droit*, traduction française de la 2e éd. par, Charles EISENMANN, Paris, Dalloz, 1962, p. 299. L. DUCLOS, « Le droit de la bonne pratique », *Cahiers philosophiques* 2008, n° 116, p. 56.

[860] Y. BERTONCINI, « La révision du budget de l'Union européenne : pour une analyse politique globale », *op. cit.*, p. 134.

possible, introduit dans le système budgétaire les contraintes liées à l'austérité déjà appliquée au plan national. Schématiquement, elle peut se résumer en deux principes : l'établissement du niveau des dépenses en fonction des recettes et la discipline budgétaire s'appliquant à l'ensemble des dépenses. Bien que des divergences subsistent sur la procédure à suivre, tel que l'engagement très contraignant autrement appelé code de bonne conduite, l'introduction du nouveau taux de taxation sur certains produits marque un tournant pour les finances de l'UEMOA. Le réajustement en hausse du système des ressources issues des droits de portes, dont le caractère partiel doit être replacé dans le contexte des limites assignées au budget communautaire dans son ensemble, ne constitue que l'un des aspects du réajustement. Il s'agit du rééquilibrage du système budgétaire. Le réajustement du système des ressources, issu des droits de porte, pouvait également être envisagé pour lutter contre les déséquilibres internes au système budgétaire à travers différentes modalités.

Section 2 || Un pouvoir de contrôle étendu

Il serait vain de compter, en général, sur le simple sens civique des citoyens pour respecter les contraintes qu'impose, par sa nature même, le droit douanier[861]. Aussi l'Administration des douanes s'est-elle toujours vu reconnaître des pouvoirs de contrôle étendus et efficaces sur les marchandises et sur les personnes. La fouille des bagages des voyageurs à la frontière en est restée le symbole le plus marquant, même si de notoriété publique, elle est de plus en plus rarement pratiquée. De manière générale d'ailleurs, on ne peut manquer d'observer le décalage qui s'est produit progressivement entre les pouvoirs conférés par les textes aux agents des douanes et la manière dont ils sont exercés en pratique. Les droits de porte communautaires perçus au niveau des frontières des États membres ont un système de contrôle imparfait exercé par la Commission de l'Union (Paragraphe 1), qui peut aussi être effectué par d'autres services (Paragraphe 2).

---

[861] Le droit douanier apparaît comme la traduction juridique des règles régissant les mouvements de marchandises au niveau des frontières. Le droit douanier constitue *de facto* l'arsenal adéquat et le plus indiqué pour assurer efficacement la protection d'un territoire douanier. Le « *droit douanier est l'un des droits les plus harmonisés au plan international* », Cf. J.-L. ALBERT, *Douane et droit douanier*, Paris, PUF, 2013, p. 26.

Paragraphe I | Du système de contrôle imparfait des ressources des droits de porte par la Commission de l'Union

L'Union ne collecte pas elle-même les ressources propres qui lui sont attribuées. Leur perception est confiée aux États membres, à charge pour eux d'en effectuer la constatation et la mise à disposition[862]. Il leur revient aussi de contrôler ces opérations. La perception des ressources propres est gérée par les administrations et organismes des États membres. Il revient par contre à la Commission de contrôler le respect par ceux-ci de l'obligation de constater toutes les ressources dues et de les mettre intégralement à la disposition de la Commission. Cette dernière s'assure de l'application correcte de la réglementation communautaire en la matière par les États membres de l'Union. Un système spécifique est conçu à cet effet et révèle l'organisation du contrôle des ressources issues des droits de porte (A) et des cas de fraudes et d'irrégularités (B) qui peuvent survenir.

A- De l'organisation du contrôle des ressources issues des droits de porte

Les ressources douanières communautaires sont sacrées pour les Organisations d'intégration. Leur mode d'attribution à l'Union requiert une attention particulière. L'exercice de la responsabilité des contrôles des ressources propres se fait conjointement par la Commission (1) et les États membres (2).

1 | Un contrôle effectué par la Commission

La Commission est responsable de l'exécution du budget général de l'Union[863] et, en particulier, de sa partie recettes. Elle doit rendre compte de cette exécution au Conseil et au Parlement et en recevoir décharge, sur la base des informations qu'elle communique elle-même à ces institutions. Les États membres procèdent aux vérifications et enquêtes relatives à la constatation et à la mise à disposition des ressources propres. Ils procèdent aux contrôles supplémentaires que la Commission

[862] Cf. H. AWEDE, « Tout savoir sur le TEC CEDEAO », *linfodrome,* Abidjan, 2015, disponible sur www.l'infodrome.com., Consulté le 16 juin 2018.
[863] Art. 27 du Traité révisé de l'UEMOA.

peut les prier de faire par une demande motivée. Ils associent la Commission, à sa demande, aux contrôles qu'ils effectuent. Ces contrôles portent sur la constatation fondée sur les éléments disponibles auprès des services nationaux, la comptabilisation et la mise à disposition des ressources propres, sur la conformité de ces opérations avec les règles communautaires et sur l'existence des pièces justificatives et leur concordance avec ces opérations.

La Commission n'exerce encore qu'un contrôle imparfait. En premier lieu, elle ne dispose d'aucune possibilité de contrôle en amont de la constatation. Elle ne peut donc contrôler que l'activité des administrations et organismes concernés, à l'exclusion de tout contrôle direct sur les contribuables[864]. De même, la Commission ne peut procéder à des contrôles autonomes et doit justifier auprès des États membres ses demandes de contrôle supplémentaire.

Pourtant, responsable de la gestion des ressources propres communautaires, la Commission doit faire face à une double responsabilité et à une double nécessité de contrôle. Les ressources propres sont constatées conformément aux dispositions législatives, réglementaires et administratives des États membres. Elles sont adaptées si nécessaire, aux exigences de la réglementation communautaire[865]. Les États membres contrôlent donc la conformité avec les règles nationales de la constatation effectuée par leurs services.

Le contrôle du recouvrement des sommes dues relève essentiellement du domaine des administrations nationales. Face à cette gestion nationale qui touche principalement, quoique non exclusivement, les rapports entre les États membres et les redevables, la Commission doit avoir l'assurance que toutes les ressources propres dues à l'Union par un État membre ont été effectivement mises à disposition.

Mais la Commission a aussi, dans le domaine des ressources propres, des compétences à exercer dans le cadre de l'exécution du budget dont elle est responsable. A ce titre, les dispositions de la réglementation communautaire existante en matière budgétaire et financière leur sont applicables. Il en découle pour chaque État membre des obligations communautaires qui concernent surtout ses relations avec la Commission et il incombe à la Commission de s'assurer que, par l'application de ces dispositions, les intérêts financiers de l'Union soient toujours

[864]Art. 26 du Traité révisé de l'UEMOA.

[865] C. ZOLYNSKI, *Méthode de transposition des directives communautaires*, Paris, Dalloz, 2007, p. 72.

sauvegardés. Le contrôle des recettes douanières communautaires effectué par la Commission est concomitant au contrôle effectué par les États membres.

Il est à noter que les prérogatives du Parlement de l'UEMOA en matière de contrôle de l'exécution du budget sont limitées contrairement à celles du Parlement européen. En effet, le Parlement européen est doté des prérogatives importantes en matière de contrôle de l'exécution du budget. Ainsi, au-delà de l'examen du rapport de la Commission, le Parlement européen, lorsqu'il relève des dysfonctionnements dans l'accomplissement des missions dévolues à la Commission par le Traité, peut de façon graduelle interpeller la Commission, saisir le Comité, saisir le Conseil, voter une motion de censure contre la Commission ou saisir la Conférence des chefs d'État et de Gouvernement. Le Parlement de l'UEMOA peut, dans son rôle de contrôle, constituer des commissions d'enquête. Les députés peuvent poser des questions écrites, orales ou d'actualité au Conseil et à la Commission. Toutes ces prérogatives sont de nature à renforcer le contrôle politique de l'exécution du budget dans ces organisations régionales.

2 | Un contrôle effectué par les États membres

Des perfectionnements techniques ont permis de réduire sensiblement les vérifications manuelles lors des opérations de dédouanement des marchandises. Mais c'est surtout par l'orientation des contrôles vers des catégories bien définies de marchandises, de courants internationaux ou même de personnes, que se caractérise la politique actuelle des administrations fiscales et douanières[866]. Elle tend à privilégier les contrôles « ciblés », sur les vérifications systématiques des marchandises et des voyageurs. A cet effet, des systèmes informatiques de sélectivité et de cotation ont été mis en place dans la plupart des États membres de l'Union.

Un autre signe important réside dans l'importance prise par le contrôle dans les écritures des entreprises, plutôt que dans les mouvements physiques des marchandises qui leur sont destinées ou qu'elles produisent. À l'instar de ce que pratique l'administration fiscale, qui ne s'intéresse en pratique qu'aux documents, la Douane est de plus en plus

---

[866] G. CHAMBAS, *Afrique au Sud du Sahara : quelle stratégie de transition fiscale ?*, Paris, Economica, 2005, p. 19. La modernisation des douanes est un instrument de la facilitation douanière. Elle repose sur la mise en place d'une informatisation efficace et des méthodes modernes de contrôle basées sur une analyse des risques et une technique de ciblage.

attentive à la transcription par les entreprises du résultat de leur activité, à travers laquelle elle décèle ou tente de déceler d'éventuelles irrégularités. Ce développement des contrôles *a posteriori*[867] facilite, dans un premier temps, l'acheminement rapide des marchandises.

En outre, chaque État membre, dans la mesure où il devra participer au financement des dépenses communautaires, est en droit de savoir si les autres États ont correctement rempli leurs obligations de perception et de mise à disposition correcte des ressources propres. La Commission a donc à la fois une compétence à exercer et un rôle de garant à jouer vis-à-vis de chaque État membre quant à la bonne gestion nationale des ressources communautaires par les autres États membres.

Une remarque préliminaire s'impose à ce stade. Les ressources propres sont fondées sur des politiques et des réglementations douanières ou fiscales. Le contrôle de leur perception doit donc passer par celui de l'application de ces réglementations. Aussi, les équipes de contrôle communautaires associées aux contrôles nationaux peuvent-elles être en fait qualifiées de pluridisciplinaires. La Commission met chaque année au point un programme de contrôle pour les ressources de droit de porte.

Des visites de contrôle des ressources de droits de porte seront organisées à raison d'environ trois visites dans chaque État membre. Les visites qui portent généralement sur un domaine particulier ont pour but de s'assurer que, depuis son fait générateur jusqu'à son inscription dans les comptes de l'Union, la recette communautaire à travers des procédures de constatation, de comptabilisation et de centralisation, est suivie par les États membres conformément à leurs dispositions législatives, réglementaires et administratives et aux dispositions de droit communautaire qui lui sont applicables.

L'examen des procédures nationales se fait sur la base des pièces justificatives dont la nature est déterminée, d'un commun accord avec les autorités nationales, en fonction des besoins de la vérification. Au cours des visites sur place, les agents mandatés sont à même de se rendre compte de l'application par les administrations et organismes nationaux des réglementations en vigueur dans les États membres en matière de constatation, de comptabilisation et de mise à disposition des ressources propres. Ils sont ainsi à même de déterminer si cette application est

[867] Il s'agit d'une tendance internationale qui émerge de plus en plus dans un souci de célérité des services offerts par l'administration aux administrés. Ce qui requiert, de la part des administrations fiscales des États, une technologie de pointe, des services de renseignements efficaces et un sens de l'appréciation développé.

conforme aux réglementations communautaires et si elle sauvegarde les intérêts communautaires en la matière. Toute visite de contrôle donne lieu, dans un délai de deux mois, à l'établissement par la Commission d'un rapport sur ses résultats. L'État membre dispose de deux mois pour faire connaître à la Commission ses propres observations sur les conclusions auxquelles elle est parvenue.

Afin d'assurer l'information des États membres, les rapports de contrôle sont transmis avec les observations éventuelles de l'État membre concerné. Les débats qui s'engagent à cette occasion permettent souvent une comparaison utile des différentes procédures nationales et la définition des voies dans lesquelles peuvent être recherchées des solutions aux problèmes qui se posent. Ils permettent également un échange de vues sur les suites qui y sont données par les États membres ou la Commission.

Les contrôles peuvent, en effet, faire apparaître la nécessité pour l'État membre de procéder à une rectification des montants à la disposition de la Commission. Cette dernière adresse alors la demande aux autorités nationales responsables. En cas d'accord de l'État membre, les rectifications sont effectuées à l'occasion d'une prochaine inscription mensuelle en ce qui concerne les ressources des droits de porte. En cas de désaccord, il appartient à la Commission de prendre ses responsabilités et, si nécessaire, d'engager contre l'État membre concerné la procédure répression.

Mais, au-delà de ces conséquences financières directes, les résultats des contrôles peuvent mettre en lumière la nécessité de parvenir à une meilleure conformité des pratiques nationales par rapport à la réglementation communautaire. Ils peuvent également susciter l'évolution ou une meilleure présentation de cette réglementation. Dans ce cas, la demande en sera faite à l'État membre dans les mêmes conditions et avec les mêmes conséquences qu'en ce qui concerne les demandes d'ajustement financier.

B- Des fraudes et irrégularités éventuelles

Les questions fiscales évoquées dans un contexte d'intégration comme celui de l'UEMOA ne sont pas dépourvues d'intérêt. Bien que cela ne soit pas souhaitable, au cours de l'attribution des ressources propres à l'Union, peuvent survenir des cas de fraude[868] et d'irrégularités. Celles-ci peuvent être révélées par des résultats issus du contrôle des ressources propres (1) et un système évolué de contrôle (2).

1 | Des résultats des contrôles des ressources de droits de porte

Il est très délicat de présenter, et surtout de justifier, un jugement sur les résultats des contrôles et sur leur efficacité. Un bilan quantitatif n'a pas beaucoup de sens, surtout en ce qui concerne les ressources traditionnelles. En effet, les contrôles se font ponctuellement sur les opérations réalisées durant une période donnée dans un bureau localisé. A cette occasion, peuvent être rectifiées certaines écritures. Mais les observations faites au cours des missions de contrôle ont surtout pour résultat d'entraîner une meilleure application de la réglementation communautaire[869] en ce qui concerne les problèmes éventuellement décelés à cette occasion, ce qui a naturellement une répercussion sur l'ensemble des opérations du même type mais celle-ci est difficilement chiffrable et le seul bilan financier des résultats directs en est fort peu représentatif.

En fait, pour tous les types de ressources, les contrôles sont la principale occasion pour la Commission de vérifier l'application du système communautaire de ressources propres, en ce qui concerne non seulement l'application de la réglementation financière mais aussi celle de la réglementation douanière et de la réglementation fiscale. Mais ces contrôles ne permettent de déceler que très peu de cas de fraudes et d'irrégularités de la part des redevables.

Il faut reconnaître que l'information de la Commission sur les cas de fraude et d'irrégularités qui peuvent se présenter n'est pas encore aussi complète et systématique qu'elle devrait l'être[870]. Les États membres doivent présenter un rapport semestriel sur les problèmes les plus

[868] La fraude consiste, pour un contribuable, à ne pas se soumettre spontanément à ses obligations fiscales. En d'autres termes, elle consiste en un refus de s'acquitter de sa dette fiscale. Cf. J.-F. BAYART, *L'État en Afrique. La politique du ventre,* Paris, Fayard, 2006, p. 289.

[869] Cf. A. DIOUKHANE, *Les juridictions financières dans l'UEMOA, la Cour des comptes du Sénégal*, Paris, l'Harmattan, 2016, p. 13.

[870] Ce manque d'automatisme dans la présentation desdits rapports à la Commission s'aperçoit surtout dans la pratique, avec des États membres qui ne sont pas toujours enclins à effectuer les reversements des droits des portes en temps réel, en ce qui concerne la part qui doit revenir à l'Union.

importants soulevés, notamment sur le plan contentieux. Ces rapports fournissent une information appréciable sur les difficultés rencontrées par les États membres dans la mise en œuvre du système des ressources propres. D'ailleurs, les informations de la Commission sur ces cas sont souvent obtenues par des voies beaucoup moins structurées telles que la lecture de journaux des États membres ou des contacts directs avec les administrations de ceux-ci.

Les résultats des contrôles des ressources propres ne doivent pas éclipser le système de contrôle évolué desdites ressources.

2 | De l'évolution du système de contrôle

Il manque encore un instrument d'information régulier, systématique et obligatoire sur les cas de fraude et d'irrégularités. Pour toutes les ressources propres, une information trimestrielle de la Commission sur les cas d'irrégularités fait l'objet d'un premier acte de constat administratif et judiciaire et sur les suites données à un dossier. La Commission a prévu une possibilité de contrôle autonome pour ses agents mandatés, ce qui lui permettrait de pouvoir procéder, elle-même, au contrôle de ses propres ressources.

Responsable de la gestion des ressources propres, la Commission est elle-même soumise à un certain nombre de contrôles qui trouvent politiquement leur justification. Très schématiquement donc, la Commission procède au contrôle des ressources propres[871] sur la base de deux types d'analyse. En premier lieu, elle effectue ses propres contrôles auprès des institutions de l'Union mais également dans les États membres en liaison avec les institutions de contrôle nationales. En second lieu, la Commission transmet à la Cour les éléments dont elle dispose sur le fonctionnement du système des ressources propres, à savoir essentiellement les rapports de contrôle qu'elle établit. Sur cette base, la Cour des Comptes établit annuellement, après la clôture de chaque exercice, un rapport qui est accompagné des réponses des institutions à ses observations. En outre, la Cour des Comptes peut présenter, à tout moment, ses observations sur des questions particulières et rendre des avis à la demande d'une des institutions de l'Union. A ce titre, la Cour est consultée sur toutes les propositions de textes modifiant le régime des ressources propres. La Commission de contrôle budgétaire est périodiquement informée des cas de fraude et d'irrégularités portés à

[871] J. KAZADI MPIANA, « La problématique de l'existence du droit communautaire africain. L'option entre mimétisme et spécificité », *in Revue libre de Droit*, 2014, p. 46.

la connaissance de la Commission de l'UEMOA et sur les suites qu'elle a pu donner.

Créées pour assurer l'autonomie financière[872] des Communautés, les ressources des droits de porte constituent un système original qui n'en est encore qu'à ses débuts[873] et qui a encore un long chemin à parcourir avant de réaliser tous les espoirs qui avaient été mis en lui. Il est à souhaiter son expansion, de manière à assurer un financement suffisant et régulier pour couvrir les besoins du budget communautaire. Mais ceci concerne aussi l'approfondissement de ses bases. Fondé sur les politiques et des réglementations communautaires encore imparfaitement harmonisées, son achèvement dépend de leur uniformisation.

La réglementation douanière présente encore des failles qui empêchent une mise en œuvre complètement uniforme du système des ressources propres. C'est ce qui fait que certaines difficultés relevant des opérations de mobilisation de ces ressources, effectuées selon les règles nationales, n'ont pu être totalement corrigées par des règles harmonisées.

En outre, certains aspects du transfert de la maîtrise des ressources de droits de porte, des compétences nationales aux compétences communautaires, doivent encore être approfondis. Outre le traitement de ces ressources dans les budgets nationaux, qui soulève encore, dans certains États membres, des problèmes liés à la structure de leur propre droit budgétaire et fiscal, il conviendrait que la Commission soit en mesure de pouvoir exercer un contrôle efficace, autonome et complet de leur perception.

Paragraphe II | Du contrôle perfectible des ressources des droits de porte par d'autres services

Le contrôle des ressources propres du budget de l'Union s'effectue sous la responsabilité des États membres à travers leurs directions techniques. Les agents de la Commission de l'Union sont associés, à leur

[872] E. CEREXHE, « Intégration politique et ressources propres », *op. cit.*, p. 70 ; L. SAIDJ, *Finances publiques*, Paris, Dalloz, p. 33.

[873] G. ISAAC, « Ressources propres », *in* L. PHILIP, *Dictionnaire encyclopédique des finances publiques*, Paris, Economica, 1991, p. 154.

demande, à ces contrôles. Le contrôle des ressources communautaires des droits de porte, se déroule conformément à des principes (A) et à des modalités d'exécution (B).

A- Des principes et des modalités de contrôle des ressources des droits de porte

Les États membres assurent la gestion de la perception communautaire des ressources propres et contrôlent cette perception en y associant la Commission à sa demande. Pour ce faire, une désignation précise des services nationaux chargés du contrôle (2) est faite. Ceux-ci ont l'obligation de respecter les principes (1) en vigueur.

1 | Des principes de contrôle des ressources des droits de porte

La Commission est responsable devant les autres instances communautaires d'une bonne gestion des ressources propres, dans le cadre de l'exécution des recettes budgétaires. On voit donc apparaître, à propos de cette gestion, une double responsabilité et une double nécessité de contrôle[874].

Les ressources des droits de porte sont constatées conformément aux dispositions législatives, règlementaires et administratives des États membres. Elles sont adaptées, si cela s'avère nécessaire, aux exigences de la réglementation communautaire. Les États membres contrôlent donc la conformité avec ces règles nationales à travers la constatation effectuée par leurs services. De plus, il est admis que tout montant recouvré est mis à la disposition de l'Union. Le recouvrement des montants dus est du domaine national et les États membres prennent à leur compte les risques de non-recouvrement. Le contrôle de l'exécution du recouvrement, le versement des sommes dues, les encaissements et l'exécution forcée, reste essentiellement du domaine national.

[874] La Commission joue un rôle de centralisation des informations et des statistiques liées aux mesures de politique économique, que chaque État membre lui transmet dans le cadre de la surveillance multilatérale. La surveillance multilatérale consiste à procéder à l'évaluation des programmes pluriannuels de convergence, de stabilité, de croissance et de solidarité dans l'Union. Pour ce faire, elle analyse les prévisions macroéconomiques de l'année en question et apprécie les projections faites par les États membres dans le cadre de leur programme pluriannuel. L'élaboration et l'évaluation desdits programmes se fondent sur la Recommandation n° 02/2014/CM/UEMOA du 25 septembre 2014 relative à l'élaboration des programmes pluriannuels de convergence, de stabilité, de croissance et de solidarité des États membres de l'UEMOA.

Ces ressources des droits de porte ont un caractère communautaire. Ce sont des recettes du budget communautaire et non des contributions nationales et la Commission a, dans le domaine des ressources propres, des compétences à exercer. À ce titre, les dispositions de la réglementation communautaire existante en matière budgétaire et financière leur sont applicables. Il en découle pour chaque État membre des obligations communautaires qui concernent surtout ses relations avec la Commission. Il incombe à celle-ci d'assurer dans un souci de bonne gestion financière, par l'application de ces dispositions, les intérêts financiers de l'Union afin qu'ils soient toujours sauvegardés[875].

Pour exercer cette responsabilité et être à même de prendre les mesures qu'elle estime nécessaires, elle peut sur sa demande, être associée sur place aux contrôles effectués par les États membres. Ces visites de contrôle sur place en association avec les services de contrôle qui les dirigent, si elles ne sont pas exclusives, nécessitent d'autres moyens d'information. En France par exemple, la responsabilité des missions conjointes de contrôle, associant contrôleurs français et agents mandatés de la Commission, a été attribuée à l'Inspection générale des finances[876]. Une division des contrôles communautaires a été créée, ayant à sa tête un Inspecteur général des finances.

Les États membres procèdent aux vérifications et enquêtes relatives à la constatation et à la mise à disposition des ressources propres, indépendamment des contrôles effectués conformément à leurs dispositions législatives, réglementaires et administratives. Les États membres restent responsables de leur gestion nationale, organisent ces contrôles, mais ils doivent le faire de manière appropriée et y associer les agents de la Commission. Les missions de contrôle sur place permettent d'une part à l'État membre de vérifier sa gestion nationale et, d'autre part, à la Commission sur la base des mêmes vérifications, d'effectuer sa tâche de contrôle.

Tenant compte des possibilités du contrôle associé, la Commission met en place, à côté des vérifications normales sur pièces auxquelles procèdent ses services, un dispositif de contrôles systématiques effectués

[875] Cf. art. 26 du Traité révisé de l'UEMOA.

[876] Cf. L. FELLER, *Contrôler les agents du pouvoir*, Limoges, Presses Univ, 2004, p. 80. Décret du 04 octobre 2006 modifiant le décret du 14 mars 1973 relatif au statut particulier du corps de l'inspection générale des finances en France.

sur place par sondage[877]. Les visites de contrôle de ce dispositif sont les visites de contrôle organisées par l'État membre, auxquelles la Commission demande d'être associée. Ce dispositif de contrôle systématique a pour but de s'assurer que les montants de ressources propres portés sur les déclarations mensuelles de recettes communautaires adressées par les États membres à la Commission sont bien ceux que chaque État membre doit verser mensuellement. A ce titre, des vérifications sont effectuées pour apprécier si les États membres appliquent correctement les réglementations nationales et communautaires en vigueur[878].

Il convient, pour ce faire, de vérifier pour chaque ressource que tout fait générateur de la ressource correspondante a bien fait l'objet d'une constatation, dès que la créance a été dûment établie, que toute constatation a bien fait l'objet d'une prise en charge comptable. Il convient de vérifier également que toute modification de la créance intervenue après la constatation, fait bien l'objet d'une nouvelle constatation et d'une nouvelle prise en charge : il s'agit du contrôle de la constatation. Il faudrait aussi s'assurer qu'une constatation nulle (dans le cas de suspensions, exonérations, franchises) ou le report de la constatation (par exemple, dans le cas de régimes suspensifs de la taxation) soient bien justifiés. Ces vérifications passent également par le fait que toutes les constatations prises en charge, après avoir été séparées des ressources nationales, sont correctement centralisées au niveau national à temps pour être inscrites dans le délai imparti dans la déclaration mensuelle de ressources propres. Ces contrôles doivent permettre une imputation correcte de ces ressources dans la comptabilité communautaire en exécution du budget de l'Union. Il s'agit du contrôle, de la centralisation et de la mise à disposition.

Ainsi, la recette communautaire est suivie depuis son fait générateur jusqu'à son inscription dans les comptes de l'Union, à travers des procédures de constatation, de comptabilisation et de centralisation par les États membres, conformément à leurs dispositions législatives, réglementaires et administratives et aux dispositions du droit communautaire applicables à ces ressources. Il est d'ailleurs nécessaire d'identifier dans chaque État membre, les procédures traitant les

[877] Le dispositif de contrôle annuel, basé sur des contrôles de routine, n'exclut pas des opérations de contrôle concernant des objectifs plus précis dans le cadre des contrôles supplémentaires associés.
[878] Cf. L. FELLER, *Contrôler les agents du pouvoir, op. cit.*, p. 85.

ressources communautaires depuis leur constatation jusqu'à leur inscription dans le compte tenu auprès du Trésor, puis dans la déclaration mensuelle de ressources propres.

2 | De la désignation des services et institutions nationales chargés des contrôles des ressources de droits de porte

Les fonctionnaires communautaires qui accompagnent en toutes circonstances les fonctionnaires nationaux voient leurs pouvoirs définis par le règlement communautaire. Ils ont la qualité d'agents mandatés par la Commission. La vérification de la légalité et de la régularité des recettes ainsi que des dépenses et le contrôle de la gestion financière s'étendent à l'utilisation, par des organismes extérieurs aux institutions, des fonds communautaires[879]. Le contrôle de la Cour des Comptes dans les États membres s'effectue sur pièces et, au besoin, sur place en liaison avec les institutions de contrôle nationales ou, si celles-ci ne disposent pas des compétences nécessaires, avec les services nationaux compétents.

Tous documents et renseignements utiles à l'exercice de la mission des magistrats, conseillers et rapporteurs mis à la disposition de la Cour sont communiqués par les dirigeants et les services comptables des organismes bénéficiaires. L'étendue et les modalités du rôle sont fixées comme suit, dans le cadre de ses missions ordinaires. Elle assure le contrôle de la bonne exécution des opérations, lorsque les services de la Commission de l'Union demandent à être associés aux contrôles.

Au cours des visites sur place, les agents mandatés sont capables de se rendre compte, sur la base d'exemples précis, de la nature de l'application faite par les administrations et les organismes nationaux, des réglementations en vigueur dans les États membres en matière de constatation, de comptabilisation et de mise à disposition des ressources propres. Ils sont à même de déterminer si cette application est conforme aux réglementations communautaires et si elle sauvegarde les intérêts communautaires en la matière.

La technique de contrôle retenue, lors des visites de contrôle associé, vise essentiellement à s'assurer, à travers les pièces justificatives conservées par les États membres, que les procédures de centralisation des « ressources propres », employées par les administrations et organismes des États membres impliquent une détermination de la recette

---

[879] *Ibid.*

conforme au droit communautaire. Elle s'assure également que l'application qui est faite de ces procédures par les services nationaux, en étant conforme aux dispositions en vigueur, entraîne bien une détermination des recettes communautaires régulière et conforme au droit communautaire. L'examen des procédures se fait sur la base des pièces justificatives, dont l'échantillon est déterminé, d'un commun accord avec les autorités nationales, en fonction des besoins de la vérification[880].

B- Des modalités d'exécution des contrôles

Dans un processus de gestion, le contrôle est fondamental pour une bonne mise en œuvre des actes communautaires[881]. Il se traduit par diverses vérifications effectuées par des personnes compétentes en la matière. Ces contrôles nécessitent une préparation externe et interne (1), pour les agents mandatés (2).

1 | De la préparation externe et interne des missions de contrôle

Le projet de programme de contrôle annuel[882] est établi sur la base de thèmes spéciaux proposés par les services intéressés de la Commission. Ce projet fait l'objet de discussions bilatérales avec les services nationaux responsables. Le programme annuel est arrêté d'un commun accord avec eux. Ce programme est présenté pour information au Comité consultatif des ressources propres.

Chaque visite de contrôle est précédée d'une réunion interne entre les différents responsables des services de la Commission devant participer au contrôle, afin de les informer des procédures nationales habituellement pratiquées, de la technique du contrôle et des objectifs à atteindre lors de la visite concernée. Ces réunions préparatoires entre les représentants des services de la Commission, doivent permettre de faciliter les contrôles sur place et d'adopter une attitude commune.

Les contrôles à effectuer sont basés sur les pièces justificatives visées par la réglementation nationale et communautaire que les États membres

---

[880] S. OUEDRAOGO, *Les compétences nationales en matière fiscale et la communautarisation des règles dans l'espace ouest-africain*, Thèse de doctorat en droit public, Université de Bordeaux, 2015, p. 480.

[881] A. DIOUKHANE, *Les juridictions financières dans l'UEMOA*, *op. cit.*, p. 5.

[882] E. CHAVENT, « Construire des plans de contrôle efficaces en contrôle permanent et en contrôle périodique », consulté sur le site www.eri-institute, le 11 février 2019.

doivent conserver pendant une période de trois ans et qui doivent être accessibles lors des contrôles. Ils portent selon les thèmes de visite sur entre autres éléments tels que la constatation relative à la conduite en douane. A ce niveau, le contrôle est relatif à la présentation de la déclaration sommaire et à l'apurement de la déclaration sommaire. Concernant le contrôle des déclarations douanières, il est relatif aux marchandises déclarées pour la mise en libre pratique. Ce contrôle porte essentiellement sur les marchandises déclarées pour l'importation en franchise, sur la désignation des marchandises, la vérification de la conformité de l'octroi des franchises à la législation nationale ou communautaire, et celles soumises à des régimes économiques ou régimes suspensifs des droits de douane.

Chaque visite est précédée de l'envoi d'une lettre officielle précisant la date et le lieu du contrôle et donnant les noms et qualités des agents mandatés par la Commission. La copie de cette lettre en possession de chaque agent mandaté, vaut mandat de la Commission auprès des autorités nationales. Cette lettre fait état du programme de contrôle commun.

2 | Des modalités d'association des agents mandatés au contrôle

Les contrôles de ressources de droits de porte par les fonctionnaires de la Commission dûment mandatés, sont affectés en association avec les services de contrôles nationaux chargés de ces contrôles. Toutefois, les fonctionnaires mandatés de la Commission participent activement aux contrôles et se réservent la possibilité de demander, dans le cadre du programme, toute adaptation nécessaire au déroulement des travaux de contrôle, compte tenu des besoins propres de l'Union.

Le contrôle en cas de contentieux concerne les catégories de marchandises déclarées pour la mise en libre pratique n'ayant pas fait l'objet de déclarations ou ayant fait l'objet de déclarations irrégulières. Le contrôle des éléments est déterminant pour la constatation. Le contrôle des nouvelles constatations concerne le contrôle des éléments rectificatifs ayant conduit à une nouvelle constatation.

En matière de comptabilisation des ressources des droits de porte, il existe deux types de contrôle[883]. D'une part, il existe le contrôle de l'inscription dans la comptabilité des montants constatés par le service

[883] P. TUYOLT, *Enregistrer en comptabilité les ressources d'une association*, consulté sur le site www.assistant-juridique.fr, le 11 février 2019.

ayant effectué la constatation. D'autre part, il s'agit du contrôle de la centralisation aux niveaux intermédiaires et au niveau final. A cet effet, un compte est tenu auprès du Trésor de chaque État membre. Des données sont comptabilisées au regard des relevés périodiques transmis à la Commission.

À l'issue de chaque contrôle, est établi un rapport sur la base des éléments relevés par les fonctionnaires de la Commission et par l'inspecteur des Finances, chef de mission. Ce rapport énumère les points sur lesquels subsiste un désaccord à l'issue de la réunion de conclusion entre les représentants de l'État membre et les agents mandatés. L'État membre concerné peut présenter, dans un délai de deux mois, toutes les observations portant sur le contenu du rapport. Les résultats des contrôles et les observations éventuelles des États membres sont portés périodiquement à la connaissance des membres du Comité consultatif des ressources propres. Ils y font l'objet d'échanges de vues, entre autres, sur les suites données aux résultats et observations par les États membres ou les services de la Commission.

La Commission prend toute mesure utile pour saisir les autres instances compétentes des questions de leur ressort, éventuellement la Cour de Justice de l'Union. Il importe de souligner qu'il n'existe pas en droit communautaire le « privilège du préalable »[884], tel qu'il est instauré dans les rapports internes, notamment entre l'Administration fiscale et les contribuables. Dès lors, sauf arrêt de la Cour de Justice, le recouvrement par l'Union des sommes non perçues du fait de certaines erreurs commises par les administrations nationales, repose essentiellement sur la diligence des États membres.

[884] Le privilège du préalable est un principe de droit énoncé par le Professeur Maurice HAURIOU. Ce principe a deux composantes, en ce sens que l'administration dispose de la prérogative de réaliser ses droits par ses propres moyens et sans avoir recours à l'autorisation préalable d'un juge.

Conclusion du Titre I

L'étude de la soutenabilité des finances de l'UEMOA par la croissance des recettes, a mis en évidence les aménagements à apporter aux règles de fond, en vue d'améliorer le mécanisme de mobilisation des ressources de l'Union. Il s'agit essentiellement d'aménagements allant dans le sens de la création et de l'encadrement de nouvelles recettes intérieures au profit de l'Union, d'une part, et de la meilleure exploitation des possibilités qui s'offrent à l'Union en termes de droits de porte affectés, d'autre part.

En ce qui concerne les recettes intérieures, la TVA intracommunautaire qui a été prévue par le traité révisé de l'Union et qui n'a jamais été opérationnelle a fait l'objet d'une attention particulière dans cette étude. En effet, elle présente l'avantage d'être un impôt déjà prévu par le dispositif juridique communautaire, notamment le Traité de l'Union en son article 55 et du règlement financier de l'Union[885]. Par ailleurs, la TVA constitue l'un des rares impôts ayant connu une harmonisation avancée au sein de l'UEMOA. En conséquence, la mise en œuvre de la TVA intracommunautaire reste une option intéressante pour l'Union.

La rénovation du système de recouvrement des ressources de l'Union passe nécessairement par le renforcement du cadre juridique qui induit la prise en compte, non seulement des différents facteurs bloquants, mais également le renforcement du dispositif de contrôle.

Le dispositif de contrôle constitue un véritable facteur de motivation susceptible de lever les obstacles politiques et techniques à la mise en œuvre des mesures nécessaires à l'opérationnalisation de la TVA intracommunautaire et des autres recettes intérieures nouvelles. L'assurance d'une utilisation adéquate des ressources communautaires suscite l'adhésion des États membres et permet en conséquence de privilégier l'intérêt commun par rapport aux intérêts purement nationaux.

---

[885] Art. 25 du règlement 01/2018, *op. cit.*

En ce qui concerne la fiscalité de porte, elle prend en compte l'ensemble des droits de douane *stricto sensu*, le prélèvement communautaire, le prélèvement communautaire de solidarité et les redevances statistiques. A ce niveau, la seule recette directement perçue au profit de l'Union reste le PCS.

Toutefois, le dispositif actuel de recouvrement du PCS au profit de l'Union fait des États membres, des structures incontournables et indispensables au système en place. Cette dépendance permanente de l'UEMOA vis-à-vis des États membres n'est pas de nature à faciliter l'application stricte des normes communautaires face aux politiques nationales. Des réflexions allant dans le sens d'un meilleur encadrement du dispositif de recouvrement du PCS, qui est l'unique véritable ressource propre à ce jour, ont été abordées.

Par ailleurs, la nécessité de renforcement des ressources propres de l'Union a également soutenu l'hypothèse de la création de nouveaux droits de porte notamment, sur les produits de la cinquième bande. Sur lesdits produits, l'UEMOA, conformément au TEC CEDEAO, applique des taux prohibitifs[886] en vue de protéger et de stimuler la production dans la sous-région.

Il convient de signifier qu'il existe un nouveau mécanisme de financement de l'Union africaine à travers la taxation des produits non originaires à un taux de 0,2% de leur valeur CAF. Dans les États membres de l'UEMOA, cette nouvelle taxation de 0,2% est atténuée par la diminution du PCS qui était de 1% de la valeur CAF des marchandises importées. Le nouveau taux du PCS de l'UEMOA est de 0,8%. Il ne fait pas de doute que le nouveau mécanisme de financement de l'Union africaine réduit, dans une certaine mesure, les ressources propres de l'UEMOA. Mais cette part de sacrifice de l'Union ainsi que la mise en application de la monnaie unique de l'Afrique de l'ouest « ECO » à l'horizon 2020, contribueront à une intégration continentale réussie.

L'existence de nouveaux impôts communautaires et l'instauration d'un pouvoir de contrôle étendu conféreraient une autonomie financière indéniable à l'UEMOA et lui garantiraient des ressources certaines pouvant permettre de financer convenablement les projets intégrateurs, gage de la soutenabilité des finances de l'Union.

[886] Conformément au TEC CEDEAO, les produits de la 5ème bande sont taxés à 35% de Droits de Douanes.

TITRE 2

La soutenabilité financière grâce à la recherche de l'efficacité dans la gouvernance de l'UEMOA

Il est évident que l'UEMOA ne peut réaliser ses ambitions d'intégration économique et atteindre les objectifs à elle assignés, que si elle est fortement encadrée par des instruments juridiques aptes à accompagner la mobilisation optimale des ressources communautaires. A cet effet, les possibilités de renforcer les règles de fond relatives à la mobilisation des ressources propres de l'Union, en vue de financer les projets intégrateurs, ont été analysées. Mais la mise en œuvre efficace du droit matériel de l'Union en la matière passe nécessairement par l'instauration d'un cadre institutionnel adéquat[887].

Ainsi, parallèlement au nouveau droit matériel de l'Union, il serait opportun de réfléchir au renouveau institutionnel de l'UEMOA, notamment en ce qui concerne les structures qui interviennent

[887] Il convient de rappeler que ces deux composantes du droit communautaire vont de pair. Il est difficile de rendre compte de la mise en œuvre de l'une sans faire appel à l'autre pour pouvoir mieux l'expliquer. Mais aujourd'hui il est admis que « *le droit matériel se présente comme un ensemble mieux structuré susceptible de configurer un ordre juridique véritable* » ; Cf. M. FALLON, *Droit matériel général des Communautés Européennes*, Paris, LGDJ, col. « Académia », 1997, p. 11.

essentiellement dans le mécanisme de recouvrement de ressources communautaires. Certes, d'importants efforts ont été consentis pour encadrer de façon progressive et efficiente l'action de l'institution communautaire visant à optimiser la mobilisation des ressources. Mais un aperçu rapide du dispositif de recouvrement des ressources propres montre une prépondérance fonctionnelle des administrations fiscales des États membres.

Par ailleurs, la qualité du système de recouvrement desdites ressources est tributaire de maux dont souffrent les administrations[888] des différents États membres de l'Union. Il est donc question d'envisager la rénovation du cadre institutionnel existant (Chapitre I) et d'explorer la possibilité de confier la mobilisation des ressources communautaires à des structures autres que publiques (Chapitre II).

[888] S. YONABA, « Le recouvrement des recettes publiques dans les États africains : un état des lieux préoccupant », *in Revue française d'administration publique,* n° 144, 2012, p. 143.

Chapitre 1

Un cadre institutionnel à rénover

Sommaire

L'étude de la soutenabilité des finances d'une organisation ne peut s'épuiser sans l'examen de ses compétences en matière de recettes et de dépenses, sous peine d'être exagérément formaliste. Une organisation communautaire peut légalement disposer d'importantes compétences en la matière, mais être en réalité sous l'étroite dépendance de ses États membres, lorsqu'il s'agit de les exercer[889].

Le cadre institutionnel demeure, en effet, un élément fondamental dans l'appréciation de la soutenabilité des finances d'une Communauté. Celui de l'Union économique et monétaire ouest-africaine, objet du présent chapitre, mérite d'être rénové. Dans cet élan, non seulement le réaménagement des institutions existantes est nécessaire (Section I) mais également, la création de nouvelles institutions (Section II) reste une hypothèse à envisager.

Section 1 || Le réaménagement de certaines institutions existantes

Les institutions chargées de la mise en œuvre des actions de l'Union ont un rôle important à jouer dans l'atteinte des objectifs de celles-ci. Compte tenu des efforts qui restent jusque-là en deçà de ce qu'on pouvait attendre de façon réaliste, il urge donc de revoir l'organisation institutionnelle de l'Union. Ceci permettrait de donner une nouvelle dynamique aux institutions communautaires. Cette réforme institutionnelle communautaire passe par une nécessaire réorganisation structurelle (Paragraphe 1) et par la recherche d'un mécanisme adéquat face à la reconstruction des institutions existantes (Paragraphe 2).

Paragraphe I | La nécessaire réorganisation structurelle

Comme le soulignait Gaston JÈZE, « *les solutions juridiques sont à tout moment influencées par le milieu. Étudier les solutions sans se préoccuper avant tout, par-dessus tout, du milieu, c'est oublier le principal. En d'autres termes, les études juridiques doivent, avant tout, porter sur la position de la question, car c'est encore plus important que la solution même. Ainsi, et ainsi seulement, on arrive à dégager les*

[889] A. POTTEAU, *Recherches sur l'autonomie financière de l'Union européenne, op. cit*, p. 353.

principes, à comprendre leur signification actuelle véritable, je veux dire leur valeur toute relative et changeante »[890]. Avant d'aborder les institutions en question (B), il importe de préciser que cette nouvelle réorganisation est une exigence bienvenue (A).

A- Une exigence opportune

Le continent africain, comme l'avait si bien fait remarquer N. LUABALUMU, se présente comme le lieu où la prolifération des organisations internationales est la plus forte[891]. Plus particulièrement dans la sous-région ouest-africaine, il a été dénombré plus de trente-deux organisations dont certaines, selon les termes de Luc Marius IBRIGA, opèrent en vase clos de manière dispersée en s'ignorant souvent[892]. Cette situation tient au fait d'un interétatisme prégnant (1) dans le souci d'une intégration manifeste (2).

1 | Un interétatisme prégnant

La course effrénée pour la création d'organisations a été qualifiée de « travail de Pénélope » qui, en dernière instance, traduit une aboulie pour une véritable intégration régionale. A y voir de près et dans les discours, le consensus selon lequel les organisations d'intégration se démarquent des autres formes d'organisation ne fait pas de doute. L'indépendance de leurs organes, l'applicabilité directe et immédiate du droit secrété qui atteint les particuliers en sont des illustrations. De ce point de vue, l'intégration régionale ne peut s'accomplir pleinement tant que l'interétatisme reste prédominant au détriment d'une véritable autonomie et d'une indépendance des organisations d'intégration[893].

---

[890] M. WALINE, « L'œuvre de Gaston JÈZE en Droit public », *in RDP*, 1953, pp. 882-883.

[891] N. LUABA LUMU, « La faiblesse du cadre institutionnel décisionnel comme frein à l'intégration régionale africaine », *op. cit.*, p. 335. Également O. BOUGOUMA, « La dimension commerciale des APE : quelle stratégie pour le régionalisme ouest-africain ? », *in Le partenariat Europe-Afrique et les intégrations régionales,* 2012, *op. cit.*, pp. 327-360.

[892] L. M. IBRIGA, « Le problème de la compatibilité entre l'UEMOA et la CEDEAO », *in Cahiers du CEEI, op. cit.*, p. 199. Également A. SALL, « Aspects institutionnels de l'intégration en Afrique de l'Ouest », *in Regards croisés sur les intégrations dans le monde : Europe, Amérique, Afrique,* Bruxelles, Bruylant, 2010, pp. 159-184.

[893] S. OUEDRAOGO, *Les compétences nationales en matière fiscale et la communautarisation des règles dans l'espace ouest-africain,* Thèse de doctorat en droit, Université de Bordeaux, 2010, p. 448.

L'interétatisme traduit la manifestation de l'emprise des États membres sur l'organisation, tant en ce qui concerne son organisation que son fonctionnement, par le biais des représentants. Cette emprise peut avoir pour conséquence de reléguer au second plan l'intérêt général communautaire. C'est pour ces raisons que toute forme d'intégration de nature communautaire n'est réalisable que si et seulement s'il existe un minimum de supranationalité, concrétisé par l'existence d'institutions et de règles communes. Pour certains analystes, l'échec des organisations d'intégration en Afrique est même intimement lié à la prédominance de l'interétatisme. Certes, l'armature institutionnelle et normative de l'UEMOA, tirée des échecs de la CEAO, laisse penser qu'une avancée significative a été réalisée, mais il est permis d'y percevoir un progrès virtuel. Sidjansky DUSAN, se prononçant sur le système institutionnel de la Communauté économique européenne, mentionne que la question fondamentale concerne la relation entre d'une part, les buts que se sont assignés les États membres, leur contenu et les problèmes à résoudre et, d'autre part, la forme, la capacité et l'efficacité des institutions chargées principalement de bâtir l'intégration[894].

François BORELLA, pour sa part, en établissant une typologie des formes d'intégration, a décelé deux modèles économiques en corrélation avec le droit. Il s'agit du modèle libre échange ou association et du modèle de l'espace organisé ou communauté. Pour lui, le modèle de libre échange est éminemment interétatique et repose ainsi sur des organes interétatiques et un appareil administratif commun. A l'opposé, le modèle communautaire de l'espace organisé peut connaître deux variantes dans son application au plan décisionnel et/ou institutionnel. Il est soit à tendance fédérative, soit à tendance interétatique. Il semble cependant, selon les analyses, que les associations d'États fondées sur le premier modèle sont en crise ou ont disparu, tandis que d'autres ont évolué vers un modèle communautaire fédératif dont l'UE est le

[894] S. DUSAN, *Le rôle des institutions dans l'intégration régionale entre pays en voie de développement, in* CNUCED, *Problèmes actuels de l'intégration économique,* Nations Unies, New York, 1973. ; A. V. SCHMIDT, « L'Union européenne crée-t-elle ou détruit-elle la démocratie ? », *in Politique étrangère,* n°3, 2007, p. 518 et s. et aussi B. GUEYE, « Réflexion sur une expérience d'intégration : l'Union Africaine », *in Regards croisés sur les intégrations régionales dans le monde,* Bruxelles, Bruylant, 2010, pp. 185-200.

prototype. Ce qui s'est avéré beaucoup plus fructueux que le modèle interétatique plus courant en Afrique[895].

L'interétatisme dans les organisations internationales en Afrique est, selon l'expression de LUABALUMU, « *congénital* ». Les Traités constitutifs sont loin d'être de véritables traités constitutions à la base d'un système politico-juridique spécifique et autonome. En Europe, les caractéristiques fondamentales d'une "constitutionnalisation" des accords créant des organisations internationales ont été ainsi tracées par la Cour de Justice de l'UE, depuis l'arrêt C/Enel[896]. Il s'agit de l'institution, à la différence des traités internationaux ordinaires, d'un ordre juridique propre, intégré au système juridique des États membres et s'imposant à leurs juridictions. Il est aussi évoqué l'instauration d'une Communauté dotée d'institutions propres, de la personnalité juridique, de la capacité juridique, d'une capacité de représentation internationale, et plus particulièrement, de pouvoirs réels issus d'une limitation de compétences ou d'un transfert d'attribution des États à la Communauté. Il convient d'y ajouter la création d'un corps de règles applicables aux ressortissants des États membres[897].

Certes, le Traité constitutif de l'UEMOA évoque des politiques communes, mais il s'agit dans la pratique d'une clause de style, parce que la réalité du transfert de compétences n'est pas totalement réalisée. Les États détiennent toujours la plupart des compétences, sinon toutes les compétences. Ceux-ci sont toujours ancrés dans une conception absolue de la souveraineté étatique se traduisant par la détention et l'exercice de la plénitude des pouvoirs publics (législatif, exécutif et judiciaire) de façon non seulement totale, mais aussi exclusive de toute intervention extérieure et supérieure. Cette conception absolutiste conduit ainsi à une limitation des pouvoirs des organes communautaires.

L'interétatisme est également illustré par la prépondérance des organes politiques dans la sphère des décisions communautaires. En effet, l'examen des dispositions du Traité de Dakar de 1994 permet de percevoir que la Conférence des chefs d'État et de Gouvernement est

---

[895] F. BORELLA, « Modèles européens et organisations économiques internationales », *in SFDI*, *L'Europe dans les relations internationales-unités et diversités*, Colloque de Nancy, Paris, Pedone, 1982, pp. 34-35.

[896] Voir également l'avis n°01/2003 du 18 mars 2003 rendu par la Cour de justice de l'UEMOA relatif à la création d'une Cour des comptes au Mali.

[897] N. LUABA LUMU, « La faiblesse du cadre institutionnel décisionnel comme frein à l'intégration régionale africaine », *op. cit.*, p. 339.

l'organe prééminent. Cette Conférence est qualifiée « *d'autorité suprême* »[898] au sein de l'UEMOA, à l'image de la CEDEAO, où elle est dénommée « principale institution »[899]. De ce fait, la Conférence apparaît comme l'instance "souveraine", toute-puissante dans les relations internationales africaines et jouissant des pouvoirs de diriger, de légiférer et même souvent de trancher les litiges. La hiérarchisation du système est telle que les autres organes se cantonnent à des rôles secondaires ou, du moins, à n'exécuter que les directives données par la Conférence. Ainsi, la machine intégrationniste peut connaître de graves obstacles, si la Conférence rencontre des difficultés de fonctionnement. Maurice GLÈLÈ-AHANHANZO notait à ce propos que la Conférence est l'organisation elle-même[900]. Cet interétatisme prononcé pourrait laisser entrevoir une volonté intégrationniste manifeste et contrôlée.

2 | Une intégration manifeste

Avec la création de l'UEMOA, il peut être affirmé, avec Michel LELART, que jamais on était allé si loin en Afrique, dans la consécration de l'autorité du droit de l'intégration sous-régionale et de l'établissement d'institutions intégrées fortes. En effet, l'UEMOA apparaît comme une véritable organisation supranationale, conçue sur le modèle de l'Union européenne dont l'influence est, somme toute considérable, tant dans le contenu de bon nombre d'articles du Traité constitutif, que dans la dénomination de certaines institutions, comme la Commission ou la Conférence des chefs d'État et de Gouvernement[901].

Toutefois, au-delà de l'apparente ressemblance avec l'UE, l'intégration institutionnelle et juridique au sein de l'UEMOA demeure une entreprise purement formelle. Elle reste marquée du sceau de l'inter-gouvernementalité, comme il ressort de l'analyse de LUABA LUMU. A cet effet, il évoque le fait que la Conférence demeure "l'autorité suprême de l'Union", à laquelle a même été reconnue l'énorme compétence de prendre des "actes additionnels" au Traité, annexés à celui-ci, le complétant sans pour autant le modifier, et dont le respect s'impose tant

[898] Article 18 du Traité UEMOA.

[899] Article 5 paragraphe 1 du Traité d'Abuja du 28 mai 1975 créant la CEDEAO.

[900] Voir M. GLÈLÈ-AHANHANZO, in M. KAMTO, E. PONDI et L. ZANG, *L'OUA : rétrospective et perspectives africaines*, Paris, Economica, 1990, p. 26.

[901] M. LELART « Un exemple d'intégration institutionnelle : l'évolution de la zone franc, du Traité de Maastricht au traité de l'UEMOA », *Revue Tiers Monde*, CRS et Institut orléanais de Finances, Université d'Orléans, Vol. 38, n° 152 (octobre-décembre 1997), pp. 897-918.

aux organes de l'Union qu'aux autorités des États membres[902]. De même, il revient au Conseil des Ministres d'assurer la mise en œuvre des orientations générales définies par la Conférence pour la réalisation des objectifs de l'Union[903].

La Conférence édicte des actes additionnels[904] à l'unanimité des membres. Elle siège pendant une année civile dans chacun des États de l'Union à tour de rôle. Elle se réunit au moins une fois par an, et aussi souvent que nécessaire, à l'initiative du Président en exercice ou à la demande d'un ou plusieurs des chefs d'États membres de l'Union. La présidence de la Conférence est assurée par le chef de l'État membre qui abrite la Conférence. Le Président en exercice fixe les dates et les lieux des réunions et arrête l'ordre du jour des travaux. En cas d'urgence, le Président en exercice peut consulter à domicile les autres chefs d'État et de Gouvernements de l'Union. La Conférence des chefs d'État et de Gouvernement « *constate à intervalles réguliers l'état d'avancement du processus d'intégration économique et monétaire et fixe, s'il y a lieu, de nouvelles orientations* »[905]. La Conférence des chefs d'État statue sur toute question n'ayant pu trouver une solution à l'unanimité au niveau du Conseil des Ministres de l'Union, que ce dernier soumet à sa décision.

Le souci de concilier les intérêts étatiques particuliers et l'intérêt communautaire a si bien guidé le législateur communautaire qu'il a institué le couple Conseil/Commission dans le fonctionnement de l'UEMOA, à l'image de l'ordre institutionnel européen. Cependant, cette innovation n'est pas parfaite et il urge donc de repenser le système institutionnel de l'Union.

B- L'institution faîtière concernée

La mobilisation des ressources de l'Union constitue le premier enjeu majeur de l'UEMOA. Il faut veiller à ce que cela se fasse par des organes intégrés et dans la plus grande transparence et de façon harmonieuse, afin qu'il n'y ait pas de distorsions qui entraînent des déséquilibres pour

[902] N. LUABA LUMU, « La faiblesse du cadre institutionnel décisionnel comme frein à l'intégration régionale africaine », *op. cit*, p. 353. Voir aussi l'article 19 du Traité de l'UEMOA, www.uemoa.int/Documents/Actes/ *Traité réviséUEMOA.pdf.*

[903] Voir les articles 8 et 20 du Traité révisé de l'UEMOA.

[904] Cf. Art. 42 al. 1 du Traité révisé de l'UEMOA.

[905] Cf. Art. 8 al. 2 du traité révisé de l'UEMOA.

certains États[906]. Aussi est-il nécessaire qu'un dispositif institutionnel, à travers des organes, puisse suivre l'application du régime harmonisé des règles fiscales. Il est revenu aussi bien à des organes communautaires qu'à des structures au niveau national de veiller au succès et à l'opérationnalisation du dispositif. A ce propos, il faut souligner le rôle central que joue la Commission à travers ses attributs non négligeables (1) et une mobilisation des ressources en question (2).

1 | Des attributions importantes

La Commission de l'UEMOA est constituée de huit membres appelés commissaires[907]. Ils sont les représentants des huit États membres de l'UEMOA. Ils sont nommés, pour un mandat de quatre (4) ans renouvelable, par la Conférence des chefs d'État et de Gouvernement. Le nombre de commissaires peut être modifié par la Conférence. Le Président de la Commission jouit d'un statut particulier. Il est issu de la Commission et est nommé par la Conférence des chefs d'État et de Gouvernement. En cas de partage de voix lors des délibérations, la voix du Président est prépondérante. Il convient de noter que les délibérations de la Commission sont acquises à la majorité simple de ses membres.

La nomination du Président de la Commission est rotative et concerne les commissaires provenant des différents États membres[908]. Les commissaires bénéficient d'une indépendance totale vis-à-vis des autorités des États membres. Les États membres sont tenus de respecter l'indépendance des commissaires. Ces derniers s'engagent, dès leur entrée en fonction, devant la Cour de justice à observer les obligations d'indépendance et d'honnêteté imposées par leurs nouvelles fonctions. Cependant, le Traité prévoit que la Conférence des chefs d'État et de Gouvernement peut inviter la Commission à lui présenter sa démission[909], à la suite du vote d'une motion de censure par le Parlement[910].

[906] S. OUEDRAOGO, *Les compétences nationales en matière fiscale et la communautarisation des règles dans l'espace ouest-africain*, Thèse de doctorat en droit, Université de Bordeaux, 2010, p. 448.
[907] Art. 27 du Traité révisé de l'UEMOA.
[908] Art. 33 du Traité révisé de l'UEMOA.
[909] Dans le cas d'espèce, il s'agit d'une démission collective des membres de la Commission. Cependant, la démission peut être également individuelle.
[910] Art. 27 al. 3 du Traité révisé de l'UEMOA.

La Commission, dans sa gestion quotidienne des tâches, veille à l'atteinte de l'intérêt général[911] de l'Union, indépendamment des contingences nationales des États membres. Toute autre activité rémunérée ou non, exercée pendant leur mandat, est incompatible avec leur charge communautaire. Elle est l'organe de base de l'Union, par son activité permanente dans l'organisation. Elle intervient dans la production des actes juridiques de l'Union. La Commission élabore des règlements pour l'application des actes du Conseil et édicte des décisions. Aussi peut-elle formuler des recommandations et/ou des avis[912]. Elle a des attributions bien définies par le Traité.

L'article 26 du Traité énonce les attributions essentielles de la Commission. Elle transmet à la Conférence et au Conseil les recommandations et les avis qu'elle juge utiles à la préservation et au développement de l'Union. La Commission exerce, par délégation expresse du Conseil et sous son contrôle, le pouvoir d'exécution des actes qu'il prend. Elle est chargée d'exécuter le budget de l'Union. Elle recueille toutes informations utiles à l'accomplissement de sa mission, établit un rapport général annuel sur le fonctionnement et l'évolution de l'Union. La Commission assure la publication du Bulletin officiel de l'Union.

Le Conseil des Ministres peut déléguer à la Commission[913] l'adoption des règlements d'exécution des actes qu'il édicte. Elle est représentée aux réunions du Comité des experts[914], lequel est chargé de préparer les délibérations du Conseil des Ministres. En ce qui concerne la gestion de leur dette intérieure ou extérieure, les États membres qui le désirent peuvent solliciter le concours de la Commission et de la BCEAO[915]. La Commission joue un rôle de centralisation des informations et des statistiques liées aux mesures de politique économique que chaque État membre lui transmet dans le cadre de la surveillance multilatérale[916].

---

[911] Art. 26 du Traité révisé de l'UEMOA.

[912] Art. 42 al. 3 du Traité révisé de l'UEMOA.

[913] Art. 24 du Traité révisé de l'UEMOA.

[914] Art. 25 du Traité révisé de l'UEMOA.

[915] Art. 65 du Traité révisé de l'UEMOA.

[916] La surveillance multilatérale consiste à procéder à l'évaluation des programmes pluriannuels de convergence, de stabilité, de croissance et de solidarité dans l'Union. Pour ce faire, il analyse les prévisions macroéconomiques de l'année en question et apprécie les projections faites par les États membres dans le cadre de leur programme pluriannuel. L'élaboration et l'évaluation desdits programmes se fondent sur la Recommandation n° 02/2014/CM/UEMOA du 25 septembre 2014 relative à

2 | Des questions liées à la mobilisation des ressources

La Commission est incontestablement l'organe de base de l'Union, dans la mesure où elle est chargée de la gestion quotidienne du processus d'intégration[917]. L'importance des compétences attribuées à la Commission s'explique aujourd'hui tout simplement par sa nature supranationale, c'est-à-dire d'organe indépendant des États membres et des gouvernements. C'est un organe qui est régi par le principe de la collégialité et qui comprend au moins un ressortissant de chacun des États membres. Pour garantir son indépendance vis-à-vis des États membres, les commissaires, au nombre de huit, sont choisis sur la base de critères de compétence et d'intégrité morale afin d'exercer leur mission dans l'intérêt général de l'Union[918]. Les membres de la Commission exercent donc leur mission en toute indépendance et dans l'intérêt général de l'Union. Ils n'acceptent ni ne sollicitent ou ne reçoivent aucune instruction d'aucun gouvernement ou organisme. Ils sont désignés par la Conférence des chefs d'État et de Gouvernement pour un mandat de quatre (4) ans renouvelable[919] et doivent prêter serment devant la Cour de Justice de l'Union en s'engageant à observer les obligations d'indépendance et d'honnêteté.

La Commission s'est donc vue reconnaître de larges pouvoirs sur lesquels elle doit s'appuyer pour faire atteindre à l'UEMOA les objectifs qu'elle s'est fixés. C'est ainsi que l'article 26 du Traité lui confère, en vue du bon fonctionnement et de l'intérêt général de l'Union, des pouvoirs propres qui sont complétés par d'autres attributions consacrées par le même Traité (Droit primaire)[920], soit par le droit dérivé UEMOA (Règlements, Directives, Décisions). Au total, la Commission de l'UEMOA dispose de compétences diverses regroupées, de manière non exhaustive, dans les domaines de l'exécution et de la gestion, de la

l'élaboration des programmes pluriannuels de convergence, de stabilité, de croissance et de solidarité des États membres de l'UEMOA.

[917] T. GUEYE, *L'incidence de l'Union économique et monétaire ouest-africaine (UEMOA) sur les finances publiques de ses États membres*, Thèse de doctorat en droit, Université Panthéon-Assas, 2011, p. 37.

[918] Article 26 du Traité UEMOA..

[919] Article 27 du Traité UEMOA..

[920] Voir les articles 12, 13, 14 et 15, de même que les articles 78, 79, 84 et 85 du Traité révisé de 2003,

coopération internationale[921], de l'impulsion de la construction communautaire et de l'application du droit communautaire.

L'idée de fond du schéma d'intégration retenu par les auteurs du Traité est de permettre à un organe collégial, comme la Commission, d'éviter une gestion quotidienne trop solitaire mais aussi trop dépendante des contingences nationales des États membres. En clair, l'organe responsable du recouvrement des ressources de l'Union se trouve être la Commission avec ses délégations nationales dans les États membres. Elle assure cette mission avec le concours des États membres qui apparaissent, tel que souligné *supra*, comme mandataires de l'Union. Ils sont chargés, à travers leurs administrations financières, des opérations matérielles de recouvrement. L'institution de l'Union utilise donc les administrations nationales pour l'exécution matérielle des opérations qui concernent directement les États membres.

Paragraphe II | Le pari de la réorganisation des institutions existantes

Les principales institutions dirigeantes de l'Union sont le Conseil des Ministres[922] qui arrête le budget de l'Union et la Commission[923] qui est chargée de l'exécution dudit budget. L'organisation de ces institutions est-elle à la hauteur des missions qui leur sont confiées ? Cette interrogation mérite une attention particulière, car cette organisation reste parfois inadaptée au regard de l'immense attente de performance mise à sa charge. Il apparaît donc nécessaire de consolider les institutions existantes (A) en mettant un accent particulier sur le renforcement du dispositif de gouvernance de ces institutions (B), qui est susceptible d'atteindre les résultats escomptés.

A- La consolidation des institutions existantes

Il paraît évident qu'il faut repenser le fonctionnement des institutions communautaires existantes. La reconstruction des institutions de

[921] Aux termes de l'article 12 du Traité révisé, « *L'Union est représentée dans les relations internationales par la Commission agissant selon les directives que peut lui adresser le Conseil* ».
[922] Art. 20 du Traité révisé de l'UEMOA.
[923] Art. 27 du Traité révisé de l'UEMOA.

recouvrement existantes passera, entre autres, par leur renforcement en matière normative (1), puis en matière fonctionnelle (2).

1 | Le renforcement normatif

La compréhension des normes qui régissent le fonctionnement des institutions existantes semble être un point de passage obligé de toute réforme de consolidation. C'est en effet le seul moyen de pouvoir répondre à l'interrogation de savoir, quelles sont parmi ces normes, celles qui sont modifiables, et dans quelles conditions. En réalité, aucune réforme ne pourra aboutir si elle n'est pas d'abord et avant tout le produit d'une dynamique interne aux sociétés et aux États considérés. Mais comment aider une telle dynamique à naître et à se développer ? Qui sont les réformateurs qui sont en position de modifier les normes ?

Il n'y a aucune réponse miracle, aucune recette toute faite, aucune solution magique. La bonne gouvernance[924] d'un système complexe implique certes la mise en place d'organes de contrôle externe, mais elle suppose également, pour une bonne régulation, l'internalisation des valeurs du système par les différents acteurs. Même si l'on considère trop souvent les finances publiques comme une discipline technique dont les dispositifs seraient transposables indifféremment des cultures, sous réserve de quelques adaptations, il s'avère que la dimension culturelle ne peut être ignorée.

Une telle transformation ne peut être réalisée sans que certaines précautions ne soient prises, ni sans que l'on se préoccupe de la nature des changements susceptibles d'intervenir. C'est la raison pour laquelle il convient de faire cas de ressorts qui ont affaire avec les mentalités, les traditions, les valeurs, mais aussi la mémoire des corps de fonctionnaires concernés. En d'autres termes, la mise en œuvre des nouveaux systèmes financiers publics[925] doit tenir compte de la culture[926] ambiante et de la réalité administrative et politique interne aux États concernés. C'est

[924] Selon le Professeur Nicaise MÉDÉ, la question de la qualité de la gouvernance publique, plus exactement, de la gouvernance financière publique, est devenue le point axial des préoccupations des politiques et des gestionnaires. Cf. N. MÉDÉ, « Réflexion sur le cadre harmonisé des finances publiques dans l'espace UEMOA », *in Revue électronique Afrilex*, 2ème numéro spécial finances publiques, juin 2012, p. 3.

[925] Les systèmes financiers publics constituent un ensemble d'éléments fédérateurs (normes, institutions et procédures) qui caractérisent la gouvernance financière publique et permet à l'État de recouvrer les recettes et de dépenser. Ils sont fondés sur l'argent public.

[926] A. BARILARI, M. BOUVIER, *La LOLF et la nouvelle gouvernance financière de l'État*, Paris, Lextenso-LGDJ. Collection Systèmes, 3e éd., 2010, p. 14.

seulement en partant de cette réalité et en prenant appui sur elle qu'il peut être envisageable de faire intégrer le changement, de faire accepter une culture systémique de la gestion publique. Pour ce faire, il serait pertinent de parvenir à définir une culture financière adaptée aux particularismes de l'Union.

La mise en place d'un modèle de gestion peut se traduire par des effets très différents selon les cultures auxquelles il est confronté. Cela, les entreprises qui développent des filiales ou des établissements à l'étranger le savent bien. C'est pourquoi, il serait utile de mettre en évidence les erreurs qui ont pu être commises et les leçons à en tirer. Il convient également de souligner que, s'il n'existe pas de gestion propre à chaque État ou groupe d'États, il n'est pas davantage possible d'appliquer un modèle universel sans qu'il ne soit accepté et, par conséquent, intégré.

C'est pourquoi, les principes posés comme universels de la bonne gouvernance ne parviennent pas toujours à s'inscrire dans la réalité institutionnelle, que l'on ait affaire à des pays développés ou non. On ne peut pas, quel que soit le pays ou la Communauté qui rencontre des difficultés dans la gestion de ses finances, transposer systématiquement les mêmes standards, c'est- à-dire les mêmes solutions au niveau de l'Union européenne et de l'UEMOA. Les standards doivent nécessairement être pensés en fonction du milieu sur lequel ils doivent s'appliquer.

Ces standards[927] étaient hier les grands principes du droit budgétaire classique ainsi que les dispositifs des années 1950. Ils relèvent aujourd'hui du management d'entreprise, ou plus généralement de la bonne gouvernance, à savoir la responsabilisation des gestionnaires, l'évaluation des résultats, le contrôle de gestion, la programmation, la définition d'objectifs, la diffusion des informations. Ces principes qui ont fait leurs preuves dans le secteur privé comme dans le secteur public, ne sont ni faux ni erronés. Toutefois, il convient préalablement d'en étudier les possibilités d'application et de les avancer avec prudence après s'être inquiété de la façon de les rendre acceptables et, par conséquent, applicables.

On ne peut donc appréhender la gestion des finances communautaires uniquement comme relevant d'un simple ensemble de techniques

[927] C. LAURENT, « Les standards internationaux de la bonne gouvernance selon la Banque Mondiale », *in La bonne gouvernance des finances publiques dans le monde*, actes de la IVe Université de printemps de Finances publiques, organisée par FONDAFIP, Paris, LGDJ, 2009, p. 27.

financières, dès lors qu'elle ressort également d'un fait culturel. C'est la raison pour laquelle il n'existe pas d'outil de gestion universel qui ne doive pas subir un certain nombre d'adaptations avant d'être mis en œuvre. Le phénomène est vrai en ce qui concerne les différences culturelles entre pays mais il l'est également en ce qui concerne les cultures administratives internes aux États. Il est évident que ces cultures sont fondamentales dans le fonctionnement de l'Union, c'est la raison pour laquelle l'on ne peut pas les ignorer dans la perspective d'une consolidation des institutions de l'Union[928].

Un processus effectif de réforme institutionnelle ne peut être mené à bien et rendu durable si l'on se borne à proposer des voies balisées par la mise en place d'instruments exclusivement techniques[929]. Il est indispensable de mettre en place de tels dispositifs qui sont par ailleurs structurants. Mais il est tout aussi essentiel de prendre en compte la réalité matérielle des hommes qui seront chargés de leur mise en œuvre. Une accumulation de techniques ne fait pas une réforme. Il est aisé de constater, par ailleurs trop souvent, que les dispositifs techniques de réforme proposés et mis en œuvre finissent par constituer une fin en soi, en étant appréhendés comme tels, alors qu'à l'origine ils avaient le caractère de simples « conditionnalités »[930]. En conséquence, il apparaît que d'une manière générale, le processus de réforme en vient à se confondre avec une accumulation d'outils budgétaires, lesquels ne sont certes pas inutiles puisqu'ils participent de la modernisation du système

[928] Il faut, par conséquent, admettre qu'il existe des systèmes relatifs de valeurs. Ce qui veut dire d'une part que les mêmes valeurs peuvent emprunter des formes différentes selon les cultures, d'autre part que ce n'est pas parce qu'on partage les mêmes valeurs que les mots ont le même sens et que l'on identifie des pratiques de la même manière.

[929] S. B. BATONON, *Les systèmes financiers publics des États de l'UEMOA à l'épreuve de la nouvelle gouvernance financière publique, op. cit.* p. 328.

[930] Les conditionnalités sont relatives au mode opératoire d'organisations internationales comme le FMI et la Banque Mondiale. Ces institutions sont nées en 1944. Elles ont constitué le fer-de-lance de la libération des forces du marché au niveau mondial. Elles encadrent le rôle des États en difficulté dans leur économie, au moyen de recommandations de diverses mesures : privatisations, libéralisation du commerce et des taux de change, discipline budgétaire, réductions fiscales, politique monétaire rigoureuse et flexibilité du marché du travail. Cf. J.-M. SOREL, *Les aspects juridiques de la conditionnalité* du FMI, Thèse pour le Doctorat en droit public, Paris XII, 1990, 1543 pp. J.-M. SOREL, « Sur quelques aspects juridiques de la conditionnalité du FMI et leurs conséquences », *in European Journal of International Law,* Vol 7, N°1, 1996, pp. 42-66.

financier. Cette modernisation ne doit pas être confondue avec une stratégie véritable de conduite du changement.

Les techniques, en effet, ne peuvent tenir lieu, à elles seules, de réforme. Toute réforme doit toujours avoir l'homme pour point de départ et d'arrivée, en d'autres termes le placer au cœur du processus. C'est donc leur responsabilité en la matière ainsi que leur adhésion au changement qu'il faut prendre en compte et qu'il faut aussi, le cas échéant, se préoccuper d'organiser[931].

Il importe qu'il soit présent à l'esprit de tous que la modernisation du système financier est, sans aucun doute, une condition nécessaire de changement. Toutefois, cette condition n'est jamais suffisante, aussi pertinents que soient les instruments mis en œuvre pour déclencher ou conforter un processus global de réforme. Ces outils peuvent participer d'une stratégie d'encadrement et de rationalisation de la gestion publique, mais ils ne peuvent produire leur plein effet qu'en étant intégrés au sein d'une stratégie plus large, faisant la part belle au potentiel humain.

Par voie de conséquence, c'est à une clarification de la dimension exacte de la réforme ainsi que de ses différentes composantes qu'il faut procéder. De ce point de vue, il faut que les acteurs intéressés aient conscience que limiter la réforme aux outils de pilotage et de gestion, c'est en rester à un changement de surface à court terme (ce qui revient en réalité à s'interdire de changer le système en profondeur). De même, ils doivent savoir que pour réformer en profondeur et de manière durable le système financier public, il est indispensable que le processus de réforme soit produit et accepté par les personnes. Il faut, en d'autres termes, que la réforme fasse partie de la culture de ceux qui ont à la produire et à la mettre en œuvre.

Lorsque le processus de réforme se réduit à l'instauration de nouvelles techniques, le risque est qu'il se produit un « effet boule de neige »[932], à savoir une accumulation de mesures de réforme envisagées mais dont la mise en place est sans cesse retardée. Cela accroît encore leur

---

[931] Cet aspect est particulièrement important au sein de l'UEMOA, où les cultures traditionnelles sont encore très fortes et où il s'agit de développer des mesures de consolidation des institutions existantes. Ces deux aspects doivent être conjugués car ils constituent tous deux un élément fondamental de la réussite de la réforme.

[932] L'effet boule de neige est un effet d'accumulation progressive. Un élément mineur devient un événement majeur par effet d'accumulation. L'effet emprunte son nom à l'analogie possible avec une petite boule de neige qui si on la laisse dévaler une pente neigeuse peut vite devenir une énorme masse neigeuse par accumulation de neige au fur et à mesure de sa course.

accumulation. Cet effet se produit lorsque certains dispositifs prévus sur une période n'ont pas été mis en place, ce qui donne lieu à une mesure de rapport initialement envisagée sur la période suivante.

La formation, l'information et la communication ayant pour objectif de faire connaître ce qui se pratique et ce qui se pense, permettent d'œuvrer pour que chacun soit en mesure d'agir et de comprendre son environnement. En tout état de cause, une politique de formation et de renforcement de capacités doit donc être mise en place pour les agents de la Commission, de même que ceux des administrations financières concernées par le recouvrement des ressources de l'Union. Celle-ci peut s'exercer à tous les niveaux.

2 | Le renforcement managérial

Intégrer la tradition et les réalités sociologiques[933] dans le fonctionnement institutionnel de l'UEMOA constituerait un début de l'adoption du "sur mesure". Cela suppose l'intégration de normes conçues spécialement pour les États de l'UEMOA. En effet, les modèles essayés jusque-là sont ceux qui sont conçus compte tenu de réalités qui ne sont pas forcément les mêmes que celles des États de l'UEMOA. C'est pourquoi, il convient de procéder au passage de l'imitation à l'innovation.

Pour preuve, en dépit des réformes institutionnelles des systèmes financiers publics entreprises, les États membres de l'UEMOA marquent toujours un temps de retard par rapport aux autres nations plus développées[934]. Ils n'arrivent pas à réaliser la même performance[935] que les autres pays, notamment ceux du sud-est asiatique (Corée du Sud, Thaïlande) qui, malgré leur retard, ont réussi finalement à lancer leur développement économique. Si les États membres de l'UEMOA ont plus ou moins admis la nécessité d'introduire les outils de gestion des entreprises dans les systèmes financiers publics, leur expérience montre clairement qu'il est insuffisant d'importer des institutions ayant fait leurs preuves ailleurs pour garantir le développement économique.

---

[933] J.-C. DUCROS, *Sociologie financière*, Paris, PUF, col. Thermis droit, 1983, p. 146.

[934] M. BOUVIER (dir.), *la gestion de la dépense publique dans les pays de l'Afrique francophone subsaharienne*, Paris, Ministère des affaires étrangères, 2004, p. 25.

[935] Cf N. MÉDÉ, « L'Afrique francophone saisie par la fièvre de la performance financière », *RFFP,* n° 135, 2016, p. 349, cité par, P. SEGO, « Gestion budgétaire par la performance au sein des États membres de l'UEMOA : une ambition, quatre défis ! », *in Les nouveaux chantiers des finances publiques en Afrique, Mélanges en l'honneur de Michel BOUVIER*, Dakar, L'Harmattan, 2019, p. 145.

La réussite de la transplantation des institutions des systèmes financiers publics dépend non seulement de « l'importation » d'autres institutions complémentaires (état de droit, lutte contre la corruption, respect des droits de l'homme), mais également de leur cohérence avec les institutions locales existantes. Le respect de la complémentarité et de la compatibilité entre les institutions « importées » et les institutions locales demeure incontournable.

Le prix Nobel en économie en 1993, Douglas NORTH, définissait les institutions comme l'ensemble des règles formelles (lois, réglementations, codes) et informelles (normes sociales, coutume) qui encadrent les interactions des individus. Les défenseurs d'institutions standards mondiales[936] croient qu'il existe des formes particulières, pour la plupart anglo-américaines, d'institutions que tous les États doivent adopter s'ils veulent survivre dans un monde qui continue à se globaliser. Le changement institutionnel, pour les pays « à développer », est réduit à l'imitation des institutions sans considération des institutions locales préexistantes (formelles et informelles).

Pourtant l'imitation institutionnelle suffit rarement à garantir la réussite d'un développement institutionnel, tout comme une imitation technologique suffit rarement à garantir le succès d'un développement technologique. Introduire l'institution officielle ne va pas produire les résultats souhaités s'il manque à l'Union « importatrice », les institutions informelles complémentaires, nécessaires à son fonctionnement.

Comme une technologie importée doit être adaptée aux conditions locales, il faut un certain degré d'adaptation pour qu'une institution importée fonctionne. Ainsi, entreprendre des réformes sans tenir compte des institutions informelles fait subir des effets pervers du conflit entre les institutions « importées » et les institutions préexistantes[937].

---

[936] Cf. consensus de Washington. Le « Consensus de Washington » est un accord tacite visant à conditionner les aides financières aux pays en développement à des pratiques de bonne gouvernance telles que définies par le Fonds Monétaire International et la Banque mondiale. Ces « bonnes pratiques » d'inspiration fortement néo-libérales ont été formalisées en 1989 par John WILLIAMSON. Elles visent notamment à la dérégulation de l'économie. Elles ont ensuite été vivement critiquées pour les conséquences dramatiques qu'elles ont pu avoir dans les pays où ces politiques ont été appliquées avec le plus de rigueur.

[937] Le cas de la privatisation du secteur énergétique russe est éclairant à cet égard. En effet, la privatisation implique un changement dans la relation entre employeur et employé, qui devient régulée par la contrainte de rentabilité et de productivité. Or, l'héritage de l'économie planifiée en matière de gestion du rapport salarial impliquait

En revanche, les pays qui ont fait l'effort d'adapter les institutions « importées » aux institutions locales, ont réussi leur réforme institutionnelle. A ce titre, la Chine a adapté les institutions anglo-saxonnes aux réalités du terrain, c'est-à-dire en respectant la cohérence entre les institutions du « libre marché » et les institutions locales préexistantes. Ainsi, la création de *TVEs (Township and Village Enterprises)* a accordé des droits de propriété[938] aux communautés locales (à mi-chemin entre propriété privée et propriété publique) et a été le moteur de la croissance chinoise jusqu'au milieu des années 90. Le fédéralisme à la chinoise a laissé aux régions une autonomie importante et a créé de la compétition et donc une émulation entre régions. L'introduction de financements bancaires anonymes a permis le développement du secteur financier, en restreignant la capacité de l'État à exproprier des dépositaires importants.

La leçon pour l'UEMOA est que les expériences de développement sont toutes très différentes et dépendent des conditions des États. Il n'existe donc pas de solution « prêt-à-porter » applicable à toutes les Communautés. Un équilibre est donc nécessaire entre les institutions importées indispensables au fonctionnement des systèmes financiers, et les institutions représentant les spécificités des Communautés. Ce qui nécessite de la part des réformateurs de l'UEMOA un esprit d'innovation, afin de trouver le « montage » idéal. Le renforcement du dispositif de gouvernance des institutions communautaires existantes mérité d'être envisagé.

---

une relation fondée sur le principe du plein emploi, d'où le conflit. Ainsi, en contrepartie du maintien de la force de travail, l'ajustement s'est fait par les bas salaires et les impayés sinon des payements en nature (troc). Cela a empêché bien sûr la mise à niveau des entreprises qui ont gardé des effectifs pléthoriques et ont perpétué des pratiques productives inefficientes.

[938] Les droits réels portent directement sur un bien. Le droit de propriété est le droit réel le plus parfait puisqu'il réunit l'usus, l'abusus (droit de disposer) et le fructus. En matière immobilière, le droit de propriété est un exemple de droit réel, car il confère des prérogatives directes d'une personne sur un bien immobilier. Autrement dit, le droit de propriété confère au propriétaire d'un bien immobilier des droits directs de servitude, d'usage et d'usufruit sur son immeuble.

B- Le renforcement du dispositif de gouvernance des institutions existantes

Les mutations qui s'opèrent dans la société sont tirées par des forces dont les plus remarquables constituent l'élite politico administrative. Dans l'UEMOA, l'amélioration du dispositif de gouvernance des institutions de recouvrement interpelle, au premier chef, les politiques (1) que soutient la grande technocratie (2).

1 | Les politiques interpelés

S'agissant des politiques, le rôle moteur concerne les élus à tous les échelons qui se doivent de fixer des objectifs stratégiques en matière de politiques publiques et en suivre la mise en œuvre à travers une démarche d'évaluation. Il est vrai que la culture de l'évaluation n'est pas encore véritablement ancrée dans les mœurs administratives au sein de l'UEMOA. En effet, l'évaluation s'inscrit aujourd'hui dans les pratiques, comme un gage d'efficacité et de mesure, à moyen terme et à long terme, des résultats concernant les politiques publiques.

Le paysage administratif des États présente des atouts réels en termes d'accoutumance à la vision pluriannuelle des objectifs et de ressources humaines appropriées. Il reste que des efforts sont à déployer par les autorités publiques, qui doivent dépasser le stade des catalogues d'intentions pour passer à l'action. A cet effet, il serait pressant de préparer les agents chargés d'assurer le pilotage des systèmes financiers publics à la « dictature des résultats »[939] à travers différents facteurs tels que l'introduction du contrôle de gestion dans le programme de formation initiale et continue, une adaptation de cette discipline au secteur public en général et aux réalités sociologiques des États membres de l'UEMOA en particulier[940]. Dans ce cadre, il faut un renforcement en personnel de qualité, aux échelons stratégiques de l'administration publique et une internalisation effective des savoirs managériaux innovants. Les structures doivent avoir une meilleure dotation des services en ressources matérielles et connaître une amélioration des

---

[939] J. ARTHUIS, « La LOLF : culte des indicateurs ou culture de performance », rapport d'informations, commission des finances, du contrôle budgétaire et des comptes économiques de la nation sur les objectifs et les indicateurs de performance de la LOLF, n° 220 Sénat, 2004 -2005 ; M BOUVARD, D. MIGAUD, C. De COURSON, J.-P BRARD, « Des dispositifs de performance encourageants mais perfectibles », *Rapport d'information de la Commission des Finances*, n° 21, Assemblée Nationale, mars 2005.

[940] M. BOUVIER (dir.), *La gestion de la dépense publique dans les pays de l'Afrique francophone subsaharienne*, *op. cit*, p. 28.

capacités et de la qualité des systèmes d'information par l'automatisation et la dématérialisation[941], en fonction des enjeux et des possibilités propres à chaque organisation. Il importe d'inculquer un développement de la culture du résultat à travers la réaffirmation de la reddition de comptes et la diffusion du contrôle de gestion[942] à travers son positionnement au cœur de la démarche de la performance, au sein de l'Union et de chaque État membre.

Les grandes orientations concernant l'intégration de la démarche de performance en finances publiques connaîtront un succès si le processus de management est mené à travers une approche réaliste et adaptée. Les conditions d'une symbiose entre management stratégique et management opérationnel[943] doivent être réunies par les acteurs d'une réforme aussi ambitieuse. Les États membres à travers leurs administrations financières constituent des acteurs importants dans la mobilisation des ressources de l'Union. C'est pourquoi, il urge d'orienter considérablement les actions de renforcement du dispositif de gouvernance vers ces États.

S'approprier les savoirs managériaux constitue certes un préalable, mais ce serait remplir une condition nécessaire mais insuffisante pour une intégration de la performance au rang des priorités des finances publiques des États de l'UEMOA. En effet, le management ne saurait être un ensemble de connaissances théoriques sans prise sur la pratique quotidienne des organisations. La sensibilité de la question est d'autant plus criarde que l'implémentation des mesures concernant la conduite des affaires publiques se heurte de front à des réalités diverses qui font

---

[941] La dématérialisation consiste en la suppression des formules imprimées en vue de la disparition d'un objet matériel. Elle prive un support papier de ses propriétés physiques. Il s'agit du remplacement, dans un organisme, des supports d'informations matériels par des fichiers informatiques. Elle vise une efficacité accrue en permettant une gestion électronique des données ou des documents produits en interne ou émanant des administrés. Cependant, l'existence des bureaux sans documents physiques et matériels demeure une illusion. Cf. A DIONE, *Le droit douanier, le commerce électronique et la dématérialisation*, Paris, L'Harmattan, 2015, p. 18. Cf. *Le petit Larousse 2017*, consulté sur le site www.Larousse-edu.fr, le 15 août 2017.

[942] M. SANGARE, « La contribution du vérificateur général au contrôle interne des finances publiques du Mali », *in Les nouveaux chantiers des finances publiques en Afrique*, *op. cit.*, p. 331.

[943] Le management stratégique consiste à élargir son horizon et à dépasser l'immédiat pour mettre en perspective l'action de l'entité dont le cadre a en charge, tandis que le management opérationnel se caractérise par un horizon de court terme pour le fonctionnement de l'organisation dont on a la charge au quotidien. S. ALECIAN, D. FOUCHER, *Le management dans le secteur public*, Paris, Editions d'Organisation, 2002, p. 53.

aussi bien la force que la faiblesse des États. Il s'agit, entre autres, de la diversité sociologique à prendre en compte dans la conduite de l'action publique, de la forte patrimonialisation de la chose publique, de la technocratisation du politique et de la politisation de l'administratif, ainsi que de résistances diverses aux réformes.

Les bouleversements institutionnels, économiques et technologiques que connaissent ces pays depuis plus d'une décennie appellent des mesures d'accompagnement dont l'effectivité serait gage de succès. La perception des réformes en matière de Finances publiques[944] par les acteurs n'est pas toujours sans relation avec les rapports de force existants ainsi que la subjectivité qui entoure le sujet appréciant face à l'objet apprécié. Comme quoi il est difficile de mener des réformes dans le cadre d'une organisation ou d'une activité à laquelle on est concerné, tellement les exigences peuvent apparaître contradictoires. Dans le contexte des États de l'UEMOA, si les forces extérieures à l'instar des syndicats ne disposent pas d'une influence très forte susceptible d'entraver la réalisation d'une réforme, les schémas mentaux des fonctionnaires sont de nature à constituer des obstacles dans la mise en œuvre des mesures innovantes.

Il convient de préciser qu'aucun changement réel ne peut être obtenu seulement avec la définition des normes. Le véritable changement passe par le fait des hommes. L'homme est alors au cœur des changements et du devenir des institutions existantes. Les mentalités doivent changer d'abord et être prédisposées à la réforme. Ce qui suppose que l'intérêt supérieur de la Communauté passe avant les intérêts personnels. Pour ce faire, la grande technocratie doit être mise en œuvre.

2 | La grande technocratie mise en œuvre

En ce qui concerne la grande technocratie[945], l'UEMOA a réussi à bâtir une élite administrative formée en grande partie dans les grandes écoles. Mais, en matière d'appropriation d'une culture de la performance publique, la production de ces écoles reste en retard par rapport aux évolutions de la gestion publique contemporaine. Sans préconiser la mise en œuvre d'un prêt-à-porter managérial importé, il convient d'entrevoir une action administrative empreinte de transparence et habitée par le

---

[944] J.-C. DUCROS, « La rationalisation des choix budgétaires », *in RSF*, 1969, p. 65. M. BOUVIER, « Nouvelle gouvernance financière publique : grands enjeux de demain », *in Revue française des Finances publiques,* n°100, éditorial, p. 3.

[945] B. GOURNAY, « Technocratie et administration », *in Revue française de science politique,* 1960, p. 884.

souci de performance. Les hauts fonctionnaires qui assurent la conduite des opérations de recouvrement à travers les différents départements de la Commission et les administrations financières des États membres sont interpellés dans ce mouvement à travers l'exécution des feuilles de route préconisées au plus haut niveau de leur hiérarchie.

La diffusion des bonnes pratiques liées au New Public Management apparaît, de nos jours, comme un impératif pour les Organisations confrontées à des déséquilibres et recherchant les voies et moyens permettant d'assurer un pilotage efficace de leurs actions[946]. La demande en outils managériaux est plus forte en matière de gestion financière en raison de la place qu'occupent ces dernières dans le dispositif de conduite des politiques communautaires mises en œuvre par l'UEMOA. L'une des pistes les plus porteuses semble être aujourd'hui le contrôle de gestion comme dispositif de pilotage des performances. Mais il est aussi urgent de prévenir les risques de gestion par l'institution d'une fonction de contrôle et d'audit performante au sein des organisations, tout en assurant une bonne conduite des changements.

L'option irréversible pour la démarche de performance implique un renouvellement des techniques de gestion ainsi que le développement des meilleures pratiques au sein des Administrations. La Direction par objectif (DPO), expérimentée au sein de certaines administrations fiscales des États de l'UEMOA[947], a connu un succès au point d'inspirer des structures similaires dans l'exécution de leurs activités. Pourtant, il faut reconnaître que la mise en œuvre de ce mode de management n'a pas été exempte de quelques faiblesses. Il s'agit, entre autres, d'une très forte prise en compte des objectifs quantitatifs de mobilisation des recettes fiscales au détriment d'un travail de qualité, d'un manque de sélectivité et de lisibilité des indicateurs de performances. Il peut être évoqué la faible implication des échelons inférieurs à la définition des objectifs et surtout des moyens associés pour leur réalisation, le défaut de fiabilité des données soumises à analyse et évaluation en raison d'un système d'information défectueux dominé par une informatique beaucoup plus axée sur la bureautique. Au titre de faiblesses également, il existe le suivi approximatif des plans d'action des structures et une remontée insignifiante des informations nécessaires à la réorientation des

---

[946] P. GILBERT, Préface à DÉLÉGATION INTERMINISTÉRIELLE À LA RÉFORME DE L'ÉTAT, *Le Contrôle de gestion dans les Administrations de l'État : Éléments de méthodologie,* Paris, TROCADÉRO, juin 2002, p. 3.
[947] Il s'agit du Bénin et de la Côte d'Ivoire.

stratégies, le déficit de probité de la part de certains agents publics dévoyant le dispositif de pilotage et de suivi et l'impréparation des agents à la gestion orientée vers la performance[948].

Face à toutes les insuffisances décelées dans le cas qui aurait pu servir de modèle en termes de pilotage des performances, l'urgence est aujourd'hui prise en compte dans l'élaboration d'un dispositif de management par objectifs[949]. A cet effet, une des pistes porteuses pourrait être l'appropriation par les administrations du contrôle de gestion, comme « *source de défis pour les gestionnaires de l'administration* [950]». Au sein de l'UEMOA, le contrôle de gestion, notamment des mécanismes de recouvrement employés, doit être pris au sérieux. L'introduction d'un contrôle plus rigoureux et bien pensé peut être une puissante arme contre les maux qui minent la mobilisation des ressources de l'Union et va tendre à l'approfondissement des techniques de projections des objectifs, à l'affinement des méthodes de suivi et au perfectionnement du dispositif d'évaluation existant aux fins de le rendre plus efficace.

Le changement de cap vers la démarche de performance dans les finances publiques doit alors s'accompagner d'un dispositif de communication transversal, entraînant une mobilisation des énergies et une focalisation vers les référentiels de la nouvelle gestion publique. Les acteurs d'une réforme d'une telle ampleur doivent être capables d'échanger, de communiquer sur le bien-fondé du redressement des finances publiques à travers la culture de la performance. Il est à souligner que les nouveaux mécanismes doivent réguler objectivement les institutions qui doivent être préservées des comportements individuels notamment la corruption.

Enfin, il est nécessaire de tracer une ligne de conduite méthodologique en matière de gestion du changement[951]. La mise au point d'une méthodologie de gestion du changement sur une base empirique générale

---

[948] D. CATTEAU, *La LOLF et la modernisation de la gestion publique*, Paris, Dalloz, 2007, p. 4. Le système de gestion axé sur la performance est un système de pilotage et de contrôle de l'action publique.

[949] P. GILBERT, Préface à DÉLÉGATION INTERMINISTÉRIELLE À LA RÉFORME DE L'ÉTAT, *Le Contrôle de gestion dans les Administrations de l'État : Éléments de méthodologie,* op. cit., p. 3.

[950] *Ibid.*

[951] M. LAURENT, « Les réformes budgétaires vues par les institutions internationales *», in Réformes des finances publiques : la conduite du changement (Actes de la IIIe Université de printemps de Finances Publiques du GERFIP)*, Paris, LGDJ, 2007, p. 115.

est capitale pour orienter les travaux des responsables de l'élaboration des politiques et des décideurs. Il est également utile de noter qu'aucune expérience n'indique comment déterminer si un changement s'est réellement produit. Il s'agit d'un problème à la fois théorique et pratique. Les gouvernements participent, semble-t-il, à des processus de changement sans quasiment se soucier de la manière d'évaluer l'impact qu'une action de réforme a eu dans la culture du service public.

La manière de mesurer la réussite est un élément important pour l'évaluation des politiques mais aussi pour le maintien d'un soutien politique et social. Cela tient peut-être, entre autres, au fait que la mise en œuvre d'un processus d'évaluation est une activité complexe, influencée par des questions de pouvoir, de politique et de jugements de valeur. Le renforcement du dispositif de gouvernance des institutions de recouvrement des ressources de l'UEMOA est l'une des clefs de voûte de la modernisation effective desdites institutions. Il convient que des réflexions convergent vers la création de nouvelles institutions.

Section 2 || La création de nouvelles institutions

Les institutions responsables de la mise en œuvre des actions de l'UEMOA utilisent des mécanismes pour aboutir à leurs fins[952]. Ces mécanismes ont montré leurs carences, ce qui peint en demi-teinte la performance de cette dernière en matière d'atteinte de ces objectifs. D'autres organisations communautaires similaires à l'Union, notamment l'UE, utilisent des outils différents avec des résultats bien meilleurs. L'expérimentation de ces mécanismes, étant donné qu'ils ont fait leur preuve ailleurs, est la bienvenue.

Il se décline à travers le dispositif institutionnel de recouvrement des ressources de l'UE et ses limites (Paragraphe 1) et les hypothèses pouvant aboutir à des perspectives de nouvelles institutions (Paragraphe 2).

---

[952] J.-P. DUPRAT, « La dynamique des réformes budgétaires : globalisation des problèmes, unification des outils et adaptation nationale des solutions », *in Revue française des finances publiques*, n°98, p. 11.

Paragraphe I | Les leçons recommandées par dispositif institutionnel de recouvrement des ressources de l'UE

L'UE a mis en place un dispositif lui permettant de faire, de façon rationnelle, le recouvrement de ses ressources à travers des institutions spécialisées en la matière. Il sera abordé les institutions de recouvrement des ressources de l'UE (A) qui, dans l'exercice de leurs foncions de recouvrement, connaissent des limites (B).

A- Les institutions de recouvrement des ressources de l'UE

La base des ressources propres est calculée annuellement, pour un exercice donné qui est maintenant, dans tous les États membres, l'année civile. Elle est évidemment calculée sur la base des résultats réels enregistrés par les administrations fiscales des États membres, c'est-à-dire après la clôture des comptes de ces administrations. Les institutions de recouvrement de l'UE exercent leurs missions suivant les ressources propres traditionnelles[953] (1) et les ressources propres de TVA (2).

1 | Le recouvrement des ressources propres traditionnelles

Prévues par le Traité de Rome, les ressources propres des Communautés sont régies par la décision 70/243 du 21 avril 1970 relative au remplacement des contributions financières des États membres par des ressources propres affectées aux Communautés. De plus, elles sont également régies par un certain nombre de textes d'application, dont les plus importants sont les règlements (CEE, Euratom, CECA) n° 2891/77 et 2892/77 du Conseil du 19 décembre 1977[954].

Les ressources propres des Communautés européennes définies par la décision du 21 avril 1970 sont les recettes fiscales suivantes, les

---

[953] Il s'agit, entre autres, des droits de douane, prélèvements agricoles et cotisations à la production et au stockage de sucre et de l'isoglucose.

[954] R. PADRO, « L'exécution des ressources propres », *in* G. ISAAC (dir.), *Les ressources financières de la Communauté européenne,* Paris, Economica, 1986, p. 131.

prélèvements, primes, montants supplémentaires ou compensatoires, montants ou éléments additionnels et les autres droits établis ou à établir par les institutions des Communautés sur les échanges avec les pays non membres dans le cadre de la politique agricole commune. Sont aussi concernés les cotisations et autres droits prévus dans le cadre de l'organisation commune des marchés dans le secteur du sucre, les droits du tarif douanier commun et les autres droits établis ou à établir par les institutions communautaires[955].

Parallèlement à ces ressources propres, le budget général reste financé, indépendamment des emprunts que peut contracter la Communauté, par d'autres recettes dont l'importance quantitative est toutefois minime.

La décision du 21 avril 1970 ne donne pas de définition des ressources propres qu'elle se contente d'énumérer. Une telle définition doit donc être recherchée dans les caractéristiques des recettes qualifiées de « ressources propres » ou, *a contrario,* de celles qui ne le sont pas. Schématiquement, ses principales caractéristiques se traduisent par le fait que leur création nécessite le recours à la procédure juridique de l'article 201 du Traité impliquant une ratification des Parlements nationaux. L'attribution à la Communauté d'un certain pouvoir d'imposition entraîne une diminution des compétences fiscales traditionnellement exercées par ces Parlements nationaux et il est donc normal de subordonner un tel transfert de compétences à leur accord. Les autres recettes, en revanche, soit découlent directement des activités de la Communauté ou de ses compétences de droit public, soit constituent des impositions obligatoires relevant du droit public directement instituées par les Traités.

Une autre caractéristique est que leur attribution aux Communautés a été réalisée une fois pour toutes et ne provient pas des budgets nationaux. Les ressources propres ne nécessitent plus l'intervention d'instances nationales contrairement aux contributions financières. Leurs taux et leurs assiettes sont déterminés par les instances communautaires qui disposent en ce domaine d'une autonomie législative parfois expressément limitée (cas du plafonnement de la TVA). Cependant, leur recouvrement demeure national avec des administrations nationales qui agissent pour le compte des Communautés. Leur versement aux

[955] Les droits de douane portent sur les échanges avec les pays non membres. Il existe des recettes provenant d'autres taxes qui seraient instituées dans le cadre d'une politique commune conformément aux dispositions des Traités instituant la CEE et la CECA.

Communautés est effectué dans des délais précisés par la réglementation communautaire[956].

Les ressources propres ont donc le caractère d'un impôt créé par un acte de droit communautaire directement applicable aux assujettis et perçu au profit de la Communauté. Mais ces ressources propres sont loin de constituer un ensemble totalement homogène. Elles sont de nature différente et chacune s'inscrit dans un cadre réglementaire qui lui est propre. Il convient de relever que la majeure partie des ressources de l'UE sont calculées et perçues par les États membres. En effet, il appartient en vertu soit du droit d'origine, soit du droit secondaire, aux États membres non seulement de percevoir la majeure partie des recettes communautaires fiscales acquittées par les personnes physiques ou morales mais aussi d'établir l'assiette des recettes communautaires qu'ils doivent acquitter eux-mêmes aux communautés. L'article 6 de la décision du 21 avril 1970 prévoit que les ressources propres sont perçues par les États membres conformément aux dispositions législatives, réglementaires et administratives nationales qui sont modifiées, le cas échéant, à cet effet et que les États membres mettent ensuite ces ressources à la disposition de la Commission. L'exécution de toutes les opérations relatives à la perception des ressources propres de l'Union européenne reste donc du ressort des États membres, mais en application d'une réglementation commune.

Les États membres conservent la compétence de percevoir plusieurs catégories de recettes dues par les particuliers : les ressources propres traditionnelles[957], certaines taxes communautaires à vocation socio-économique qui ne bénéficient pas du statut de ressources propres (comme le prélèvement supplémentaire établi dans le cadre de l'organisation commune du marché du lait[958]) et les ressources provenant de la taxe sur la valeur ajoutée.

---

[956] R. PADRO, « L'exécution des ressources propres », *in* G. ISAAC (dir.), *Les ressources financières de la Communauté européenne, op. cit.*, pp. 132-133.

[957] Article 8, paragraphe 1, alinéa 1 de la décision du Conseil du 29 septembre 2000 relative au système des ressources propres des Communautés européennes, JOCE n° L 253 du 7 octobre 2000, pp 42-46.

[958] Article 2, paragraphe 2, du règlement (CEE) n°3950/92 du Conseil du 28 décembre 1992 établissant un prélèvement supplémentaire dans le secteur du lait et des produits laitiers, JOCE n° L 405 du 31 décembre 1992, p. 1.

2 | Le recouvrement des ressources propres de TVA

Les États membres conservent bien évidemment la compétence de percevoir la TVA. Certes, celle-ci ne constitue pas une recette communautaire puisqu'elle demeure indiscutablement un impôt national, mais elle a une incidence certaine sur les recettes communautaires, étant donné qu'elle constitue l'élément de base de calcul de l'assiette de la ressource propre TVA due par les États membres aux Communautés.

Il faut préciser que la perception de ces recettes par les États membres ne signifie pas pour autant que la réglementation communautaire n'accorde pas aux Communautés la compétence de percevoir, elles-mêmes, certaines recettes acquittées par les particuliers, mais cela ne concerne que les recettes à faible rapport. Il appartient aux Communautés de percevoir par exemple l'impôt sur les traitements, salaires et émoluments versés par elles à leurs fonctionnaires et à leurs agents puisque le règlement n°260/68 prend soin de préciser que cet impôt « ... *est perçu par voie de retenue à la source »*[959]. Il revient également à la CECA de percevoir, elle-même, le prélèvement sur le charbon et la scie. Il faut ajouter que certains organismes communautaires décentralisés recouvrent eux-mêmes les taxes et les redevances qu'ils ont la compétence de percevoir.

En matière de calcul de l'assiette des ressources propres acquittées par les États membres, il y a une répartition des compétences en la matière. La question de répartition des compétences en matière d'exécution des recettes communautaires ne se pose pas de la même manière lorsque les recettes sont acquittées par les États membres. En effet, dans ce cas, la question de la perception ne se pose pas puisqu'il revient aux États membres, en tant que redevables de les mettre à la disposition des communautés. Une question importante reste néanmoins posée. On peut s'interroger sur la répartition des compétences entre les Communautés et les États membres en matière d'établissement de l'assiette des ressources en cause. En effet, il revenait aux Communautés, dans le cadre de la procédure budgétaire, de fixer le taux de ses ressources et, dans le cadre de la mise en œuvre de la décision sur les ressources propres, d'établir précisément le mode de calcul de leur assiette. Par ailleurs, il ressort de la réglementation communautaire que l'établissement des assiettes constitue une compétence partagée par les États membres, les premières

[959] Cf. art. 8 du règlement n°260/68 du Conseil du 29 février 1968 portant fixation des conditions et de la procédure de l'impôt établi au profit des Communautés européennes, JOCE n° L 56 du 4 mars 1968, p. 8.

disposent de la compétence d'établir l'assiette prévisionnelle sur la base des estimations de base transmises par les États membres, tandis qu'il appartient aux seconds de fixer l'assiette définitive.

Les ressources propres à percevoir au cours d'un exercice budgétaire sont évaluées dans le cadre du titre 1 de l'état des recettes du budget général. Ces prévisions budgétaires sont élaborées par la Commission. Toutefois, les États membres lui transmettent chaque année avant le 30 avril une estimation de la base des ressources de TVA pour l'exercice suivant[960]. L'ensemble des prévisions de ressources propres à inscrire à l'avant-projet du budget fait l'objet, au sein du Comité consultatif des ressources propres (CCRP), d'une discussion entre la Commission et les États membres. Cette discussion est basée sur la comparaison des prévisions élaborées par la Commission avec celles des États membres pour les différents types de ressources propres.

Cependant, la compétence étatique de gérer les recettes communautaires est encadrée sur bien des aspects, aussi bien en matière de calcul de l'assiette que de la gestion de la dette, de la mise à disposition ou de la gestion de trésorerie. Il appartient aux États membres, comme souligné plus haut, d'établir la base définitive des recettes. Il résulte toutefois de la décision sur les ressources propres[961] et de la réglementation communautaire qui en découle directement[962] que les Communautés jouissent bien évidemment de la compétence de réglementer le mode de calcul statistique des assiettes de ces ressources communautaires.

Au-delà de l'encadrement de l'établissement étatique de l'assiette des ressources propres et des autres recettes communautaires, la réglementation communautaire définit également les règles à respecter dans la gestion étatique de la dette. Notamment, elle encadre les délais de paiement (même si cette harmonisation en matière d'échéance demeure défaillante), le recouvrement forcé et les remises et/ou les remboursements de droits.

La problématique de l'établissement du montant des ressources propres TVA de la Communauté et de leur versement à celle-ci se présente dans des termes différents. La TVA, est en effet, perçue par les États membres en application d'un système certes harmonisé mais

960 Cf. art. 10 paragraphe 4 du règlement 2892/77.

961 Art. 2, paragraphe 1, sous c) de la décision de 2000 sur les ressources propres précitée.

962 Règlement n°1553/89 précité et directive n°89/130.

beaucoup moins uniformisé que l'est la réglementation douanière. En outre, il n'en est attribué qu'une partie à la Communauté. Il a donc fallu mettre en œuvre un système original de détermination et de paiement de ces ressources propres qui est défini dans le règlement (CEE, Euratom, CECA) n° 2892/77 du Conseil du 19 décembre 1977 portant application, pour les ressources propres provenant de la taxe sur la valeur ajoutée, de la décision du 21 avril 1970 relative au remplacement des contributions financières des États membres par des ressources propres aux Communautés[963].

C'est l'application de la directive 77/388 (CEE) - couramment dénommée Sixième Directive - qui harmonise la législation des États membres sur la TVA. Elle a permis la réalisation d'une assiette commune pour les ressources propres de TVA[964]. Mais cette sixième Directive a laissé, à titre transitoire, les États membres libres de taxer ou non toute une série d'opérations et il reste nécessaire de rétablir la situation comme si tous les États membres appliquaient la sixième Directive de la même façon. Ce qui conduit à effectuer des corrections permettant de tenir compte des particularités des législations nationales.

Le premier problème qui se pose est donc, dans ce contexte, d'établir l'assiette de la TVA perçue dans les États membres au titre de la sixième Directive, c'est-à-dire de calculer la somme des valeurs ajoutées réalisées par l'ensemble de l'économie de chaque État membre et soumises à la TVA, ce qui correspond à la valeur totale des consommations finales et des consommations intermédiaires taxées. La Commission avait, à l'origine, préconisé pour ce calcul la méthode dite déclarative[965] selon laquelle l'assiette imposable est obtenue à partir des déclarations fiscales faites par les assujettis. Mais cette méthode implique certaines exigences en ce qui concerne l'information demandée à ceux-ci puisque leurs achats aussi bien que leurs ventes doivent être ventilés par taux de TVA dans les déclarations fiscales. Or, il est apparu que dans certains États membres, les renseignements demandés aux assujettis ne comportaient

[963] R. PADRO, « L'exécution des ressources propres », *in* G. ISAAC (dir.), *Les ressources financières de la Communauté européenne, op. cit.*, p. 137.

[964] M. BOUVIER, *Finances publiques*, Paris, LGDJ, 2017, p. 160.

[965] Art. 4 et 5 du règlement 2892/77 du Conseil du 19 décembre 1977 portant application, pour les ressources propres provenant de la taxe sur la valeur ajoutée, de la décision du 21 avril 1970 relative au remplacement des contributions financières des États membres par des ressources propres aux Communautés.

pas ces précisions et que leur communication aurait demandé de profondes réformes des systèmes nationaux.

C'est pourquoi, une méthode alternative dite méthode des recettes[966], et que l'on pourrait aussi qualifier de méthode statistique, a dû être proposée. Celle-ci consiste à calculer l'assiette en divisant les recettes TVA perçues au cours d'un exercice par une moyenne pondérée des taux de TVA en vigueur dans l'État membre concerné[967]. L'élément clé de cette méthode est donc le taux moyen pondéré (TMP) qui est calculé en appliquant la législation en matière de TVA de l'année n aux comptes nationaux de l'année n-2.

Le relevé définitif de la base des ressources propres TVA afférent à une année doit être transmis à la Commission par les États membres avant le premier juillet de l'année suivante. La confrontation des prévisions inscrites au budget et du montant calculé dans ce relevé donne lieu à un ajustement qui est versé à la Commission (ou par la Commission) le premier jour ouvrable du mois d'août de cette année de transmission du relevé.

D'autres ajustements peuvent s'avérer nécessaires. Il s'agit tout d'abord des corrections à effectuer en raison d'erreurs relevées au cours des contrôles. Celles-ci sont généralement effectuées à l'occasion de l'ajustement précédent. En outre, toute modification du taux de la taxe sur la valeur ajoutée, motivée par l'arrêt définitif d'un budget rectificatif ou supplémentaire, donne lieu à l'ajustement des douzièmes inscrits depuis le début de l'exercice. Cet ajustement intervient lors de la première inscription de douzième qui suit cet arrêt définitif. Le montant du douzième relatif à l'inscription du mois de janvier est calculé sur la base des sommes prévues par le projet de budget, la régularisation intervenant à l'occasion de l'inscription suivante. Qu'en est-il des difficultés des institutions de recouvrement de l'UE ?

B- Les limites des institutions de recouvrement de l'UE

La question financière demeure une source de tension au sein de l'Union européenne. L'histoire du budget européen est ponctuée de crises financières et politiques opposant, les États membres et les

[966] Articles 6 à 8 du règlement 2892/77.

[967] M. BOUVIER, *op. cit.*, p. 160.

instances de l'Union, voire ces dernières entre elles[968]. La gestion des finances publiques de l'Union est marquée par une omniprésence des États membres (1) assortie d'une autonomie financière considérée comme une fiction (2).

1 | L'omniprésence des États membres

Si les actes constitutifs permettent aux composantes de l'UE d'administrer elles-mêmes leurs finances, cette capacité n'est pas sans limite, ne serait-ce qu'en raison pour les Communautés de faire appel, en application des articles 256 du traité CE, 164 du traité EURATOM et 92 du traité CECA, aux États membres. L'Union ne dispose pas de capacités techniques et structurelles suffisantes pour l'administration concrète de ses finances. L'administration financière de l'Union pâtit ainsi d'une dépendance organique à l'égard des États membres. Sur le terrain de l'administration financière, les composantes de l'UE voient donc leur autonomie financière limitée. Guy ISAAC écrit à cet effet que « *dès lors que l'on a pris conscience qu'il ne saurait y avoir d'indépendance financière absolue de la Communauté tant qu'elle ne disposera pas du pouvoir de percevoir elle-même ses impôts, le cas échéant par la force, c'est-à-dire aussi longtemps qu'elle ne sera pas un État, toute solution qui tend à accroître l'automaticité de la mise à disposition constitue un pas en avant vers davantage d'autonomie* »[969].

En l'absence d'une « administration fiscale communautaire », il revient aux États membres d'effectuer la collecte des ressources budgétaires de la Communauté et de veiller à leur réemploi, soit directement, soit en supervisant les organismes publics d'intervention qui procèdent aux dépenses correspondantes[970]. L'administration nationale se mobilise à deux étapes dans les opérations financières, lesquelles exigent des actions de nature différente. En amont, l'administration est en charge de la perception des prélèvements fiscaux qui alimentent le budget de l'Union européenne[971]. Les services administratifs nationaux ne se contentent pas d'encaisser les recettes de l'Union européenne. En

[968] B. NABLI, « Du caractère fictif de l'autonomie financière de L'Union européenne », *in Revue française d'administration publique*, n°123, 2017, pp. 353-371.
[969] G. ISAAC, « La notion des ressources propres », *in* G. ISAAC (dir.), *Les ressources financières de la Communauté européenne*, *op. cit.*, p. 77.
[970] J.-P. VACHIA, « Le contrôle des dépenses communautaires dans les États membres et le principe de subsidiarité », *in RFAP*, n° 63, juillet-septembre 1992, p. 456.
[971] M. BOUVIER, M.-C. ESCLASSAN, J.-P. LASSALE, *Finances publiques*, Paris, LGDJ, 2017, p. 143.

aval, les administrations nationales assurent la gestion des dépenses communautaires, ou la redistribution des fonds communautaires, sur le territoire national.

C'est dire donc que l'Union européenne ne collecte pas elle-même les ressources propres qui lui sont attribuées et qui alimentent le budget communautaire. Il incombe aux États membres d'assurer le recouvrement des ressources propres, sur la base du principe d'autonomie institutionnelle[972]. Certes, le pouvoir de disposer de ces recettes appartient bien à l'Union européenne, mais « l'administration financière reste dans les mains des États membres »[973]. Il en résulte notamment l'absence de tout lien direct entre le particulier (en qualité de contribuable) et l'Union européenne[974]. Concrètement, les versements français à l'Union européenne, au titre de ces ressources propres, se composent de différents droits. Les droits de douane sont recouvrés par les comptables des douanes et perçus sur les produits importés dans l'Union européenne et mis en libre pratique en France. Les prélèvements agricoles sont perçus aux frontières extérieures de l'Union européenne afin d'aligner les prix de nombreux produits agricoles importés sur les prix communautaires. Des montants compensatoires monétaires extracommunautaires, sont également recouvrés par les comptables des douanes. La cotisation assise sur la production du sucre est perçue sur les producteurs en vue de limiter les excédents dans ce secteur et recouvrée par les comptables des impôts. La cotisation assise sur le stockage du sucre est encaissée par les Fonds d'intervention et de régulation du marché du sucre (FIRS).

Il est aisé de constater que le remplacement des contributions financières n'a pas fondamentalement accru l'autonomie financière des

[972] La décision du Conseil du 21 avril 1970 prévoit que « *les ressources communautaires sont perçues par les États membres conformément aux dispositions législatives, réglementaires et administratives nationales qui sont modifiées, le cas échéant, à cet effet* », *JOCE*, n° L 94/19, 28 avril 1970, p. 19.

[973] E. CEREXHE, « Intégration politique et ressources propres », *in* G. ISAAC (dir.), *Les ressources financières de la Communauté européenne*, Paris, Economica, 1986, pp. 63-69, spéc. p. 68. Cf. également, CJCE, 4 avril 1974, *État belge et Grand-Duché de Luxembourg contre Mertens et autres*, aff. Jointes 178, 179 et 180-73, *Rec.*, 1974, p. 383.

[974] La Cour de justice a d'ailleurs précisé qu'en ce qui concerne l'intérêt à agir dans les litiges survenant à propos des ressources propres, l'engagement de la procédure judiciaire tendant au recouvrement des ressources communautaires relevait du pouvoir souverain des États membres ; CJCE, 4 avril 1974, aff. jointes 178, 179 et 180-73, Rec. 1974, p. 383.

Communautés européennes ; et ce, pour diverses raisons. Il convient toutefois de reconnaître que ce remplacement a indiscutablement permis de renforcer l'autonomie de l'autorité budgétaire communautaire, puisqu'il est à l'origine des réformes de la procédure budgétaire de 1970 et de 1975 qui ont essentiellement consisté à attribuer au Parlement européen des prérogatives budgétaires relativement importantes[975]. Il faut souligner que l'absence d'un véritable budget assurait effectivement une importante autonomie à la Communauté en matière de recettes. D'une part, il appartenait à la Commission, organe indépendant des États membres, de déterminer de manière parfaitement autonome les recettes de l'organisation. Il ressort, en effet, du Traité de Paris que la fixation des principales recettes de l'organisation était une compétence de la Commission que cette dernière exerçait de manière relativement autonome. D'autre part, l'organe intégré disposait de la faculté de fixer un niveau de recettes indépendamment du volume des dépenses prévisibles ou envisagées, de manière à constituer un fonds de réserve[976].

L'examen de la réglementation communautaire en vigueur au sein de l'UE laisse clairement apparaître que les Communautés se reposent sur les États membres pour administrer la plupart des recettes et des dépenses communautaires. En effet, parallèlement, la Commission européenne assume l'essentiel de l'exécution du budget européen, mais plus de 80 % des dépenses sont effectuées sur le territoire et par l'intermédiaire des États membres[977].

Les dépenses prévues par le budget européen dépendent donc, en grande partie, de l'action des administrations des États membres. L'intervention des autorités nationales, pour conférer la validité à l'engagement communautaire des dépenses, montre que l'exécution de la dépense communautaire utilise les systèmes financiers nationaux existants. L'application du droit public financier national, pour l'exécution des dépenses communautaires dans les États membres, résulte d'ailleurs de l'absence d'un système communautaire d'administration. Il reste que les exigences communautaires vis-à-vis de la fiabilité d'ensemble du système administratif national de gestion des dépenses communautaires, posent le problème des structures et des

---

975 A. POTTEAU, *Recherches sur l'autonomie financière de l'Union européenne*, *op. cit.*, pp. 380-381.

976 *Ibid.*

977 B. NABLI, « Du caractère fictif de l'autonomie financière de L'Union européenne » *in Revue française d'administration publique*, *op. cit.*, p. 365.

modes de fonctionnement traditionnels de ce système. En France, la dépense est effectuée sous l'égide de la Commission européenne par l'intermédiaire du Trésor public et de la Banque de France. L'Agence comptable du Trésor constitue la tête du réseau des comptables de l'État[978]. Elle opère la conversion des fonds communautaires en fonds nationaux et relève le compte-pivot (un compte unique ou global) d'exécution du budget de l'Union, tel un caissier ou un comptable, pour ce qui concerne les flux financiers transitant par les caisses publiques.

L'importance croissante du budget de l'Union conduit à porter une attention accrue à ses conditions d'exécution. L'évaluation de l'efficacité des politiques communautaires constitue une priorité affichée pour les États membres[979]. La compétence en matière de contrôle des fonds européens est partagée entre les États membres et l'Union européenne. Une fois la perception opérée, l'administration nationale doit encore en effectuer la constatation et la mise à disposition à l'Union européenne[980]. Les services administratifs nationaux sont chargés de superviser l'ensemble des opérations de contrôle, et de récupérer les sommes indûment payées ou éludées[981]. La Cour des comptes et les chambres régionales des comptes effectuent un contrôle de l'ensemble des dépenses et recettes gérées par la sphère publique.

En matière de fonds structurels, il revient aux États membres d'assumer en premier ressort la responsabilité du contrôle financier de l'intervention communautaire. À ce titre, les États membres sont responsables de la mise en œuvre des systèmes nationaux de contrôle financier, du respect de la législation communautaire, de la prévention des irrégularités et de leurs corrections lorsqu'elles sont constatées. Les gestionnaires des fonds structurels doivent assurer plusieurs types de

[978] J.-P. VACHIA, « Les politiques de l'Union européenne et l'évolution du contrôle des finances publiques en France », *op. cit.*, p. 41.

[979] La question du contrôle des dépenses et recettes du budget de l'Union a constitué un point important de la négociation de l'accord interinstitutionnel du 17 mai 2006 sur la discipline budgétaire et la bonne gestion financière, qui constitue la base juridique des perspectives financières pour la période 2007-2013.

[980] La perception des ressources propres est gérée par les administrations et organismes des États membres. En revanche, il revient à la Commission européenne de contrôler le respect par les États membres, de l'obligation de constater toutes les ressources dues et de les mettre intégralement à la disposition de la Commission. Il s'agit plus généralement de s'assurer de la bonne application de la réglementation communautaire en la matière et de la bonne gestion des ressources propres dans le cadre de l'exécution des recettes budgétaires.

[981] Voir par exemple, CJCE, 4 avril 1974, *Mertens*, aff. 178/73, *op. cit. p.* 383.

contrôles internes. Les États membres contrôlent la conformité au droit national de l'opération de constatation des ressources propres effectuée par leur administration. Ils procèdent aux vérifications et enquêtes relatives à la constatation et à la mise à disposition des ressources propres.

La France a installé des mécanismes de contrôle des dépenses communautaires effectuées sur son territoire[982]. Le traitement du contrôle des fonds communautaires fait apparaître une volonté politique inégale de la part des institutions de contrôle nationales d'octroyer une place spécifique à l'activité de contrôle en lien avec le budget communautaire. Une très grande disparité se fait jour dans les méthodes de contrôle des comptes au sein des institutions nationales de contrôle ainsi que le traitement accordé au contrôle des fonds communautaires. Certaines institutions nationales de contrôle, telle que la Cour des comptes française, n'individualisent pas le traitement juridique et procédural des fonds communautaires, et leur appliquent les mêmes méthodes et diligences qu'aux fonds d'origine nationale. En revanche, d'autres institutions nationales de contrôle appliquent au sein de structures propres des méthodes spécifiques pour le contrôle du budget communautaire.

Cette disparité est l'une des raisons pour lesquelles l'approfondissement de la coordination actuelle des programmes d'audit et de contrôle entre la Cour des comptes européenne et les institutions nationales de contrôle semble encore difficile, mais pas moins indispensable. Le caractère impératif de cette collaboration tient au fait que près de 90 % des dépenses budgétaires européennes sont exécutées dans et par les États membres eux-mêmes, selon le cadre tracé par le budget et les prescriptions réglementaires européens. Par conséquent, l'intensité des contrôles opérés par la Cour des comptes européenne dépend étroitement des contrôles effectués au niveau national par les institutions de contrôle des États membres. Si cet état de choses ne semble pas perturber l'autonomie financière de l'UE, cette dernière peut toutefois être perçue comme une fiction.

---

[982] Cf. J. TOUTAIN, « Le contrôle des ressources propres par les services administratifs français », *in* G. ISAAC (Dir.), *Les ressources financières de la Communauté européenne*, *op. cit.*, pp. 158-169.

2 | L'autonomie financière, une fiction ?

Le principe d'autonomie financière est souvent au cœur de ces confrontations dont l'enjeu pour l'Union européenne est de disposer de ressources suffisantes pour mener à bien les politiques et atteindre les objectifs fixés par le Traité de l'Union. En ce sens, le principe d'autonomie financière de l'Union européenne est consubstantiel au système des « ressources propres »[983]. Le principe-fiction d'autonomie financière de l'Union européenne est confrontée à une réalité, la faculté des États membres à exprimer leur volonté et à agir sur le mode de financement comme sur l'administration des finances de l'Union. L'omniprésence étatique révèle l'imperfection « financière » et « structurelle » de l'Union européenne, le caractère fictif de son autonomie.

Le principe d'autonomie financière de l'Union européenne témoigne du recours à une fiction par le système juridique communautaire. Cette fiction a une efficacité symbolique indéniable, mais signale une imperfection dans la construction juridique et financière de l'Union. C'est pourquoi, rechercher les fictions juridiques en droit communautaire revient à mesurer la part d'artifice d'un droit qui reste marqué du sceau de la singularité, à mi-chemin entre droit interne et droit international, entre droit public et droit privé. La raison du « déficit d'autonomie financière » de l'Union européenne est directement liée aux fondements interétatiques encore prégnants de cette entité.

Les finances de l'Union sont liées à la volonté des États membres et à l'action des organes étatiques. Aussi, la problématique des finances de l'Union est-elle directement confrontée à la logique de l'intérêt national de chacun des États membres. Les contributions nationales nourrissent des conflits en amenant les États membres à se livrer à des calculs sur leur contribution au financement du budget communautaire, calculs en eux-mêmes fort peu compatibles avec la logique d'autonomie et de supranationalité en matière financière. Cette situation a pour conséquence de jeter le trouble sur le financement européen des

983 Décision n° 70/243/CE, Euratom, *JOCE* n° L 94, 28 avril 1970, p. 19. Le principe d'un financement par des « ressources propres » était déjà inscrit à l'article 201 du traité CEE dans le but d'assurer l'indépendance du budget communautaire par rapport aux trésors publics nationaux. L'article 269 du Traité CE dispose ainsi que : « *le budget [européen] est, sans préjudice des autres recettes, intégralement financé par des ressources propres* ». Il s'agit de substituer aux contributions étatiques arrêtées chaque année dans la loi de finances, des recettes de nature fiscale affectées aux Communautés et exigibles de plein droit par celle-ci.

politiques nationales en masquant pour les citoyens les priorités en jeu au niveau de l'Union[984].

Le choix d'un système, fondé dans une large mesure, sur des ressources propres fiscales renforcerait avantageusement l'autonomie financière de l'Union européenne[985] en créant des relations financières plus directes et plus transparentes entre le budget et les citoyens de l'Union[986]. Toutefois, le pouvoir de prélever l'impôt et d'affecter des dépenses est l'un des attributs de la souveraineté de l'État. Cette compétence régalienne de l'État n'a pas été transférée à l'Union européenne. À ce titre, une autonomie financière réelle se heurte à un fait juridique, la souveraineté fiscale des États membres[987]. Autrement dit, la portée du principe d'autonomie financière de l'Union européenne dépend de la seule volonté des États membres.

En définitive, malgré l'attribution des ressources propres aux Communautés, la Commission n'exerce encore qu'un contrôle imparfait. En premier lieu, la Commission ne dispose d'aucune possibilité de contrôle en amont de la constatation. Elle ne peut donc contrôler que

---

[984] Voir le Rapport de la Commission, du 14 juillet 2004, *Le financement de l'Union européenne – Rapport sur le fonctionnement du système des ressources propres*, COM (2004) 505 final/2.

[985] M. BOUVIER, M.-C. ESCLASSAN, J.-P. LASSALE, *Finances publiques*, Paris, LGDJ, 2017, p. 159.

[986] Toutefois, même un financement entièrement fiscal du budget de l'UE ne semble pas approprié. Comme l'exigence d'un budget équilibré fixée par l'article 268 du Traité n'est pas et ne devrait pas être remise en question, une ressource fiscale assumant le rôle actuel de RNB comme ressource d'équilibrage « résiduelle » impliquerait un taux de taxation variable selon les besoins budgétaires ou nécessiterait une plus grande flexibilité du côté des dépenses que ce qui est autorisé par le cadre actuel des perspectives financières. Cependant, les modifications fréquentes du taux de taxation seraient en pratique mal acceptées par les contribuables (incertitude juridique, procédures techniquement et administrativement lourdes) et pourraient entrer en conflit avec les fiscalités nationales. Une approche progressive, consistant à maintenir une ressource RNB limitée tout en augmentant la part des ressources fiscales, semble préférable. La Commission européenne reconnaît d'ailleurs qu'une réforme de la structure des ressources propres devrait donc être axée sur l'introduction neutre du point de vue budgétaire d'une nouvelle ressource propre fiscale représentant jusqu'à la moitié du budget. COMMISSION EUROPÉENNE, *Le financement de l'Union européenne, Rapport sur le fonctionnement du système des ressources propres*, 2004, p. 28.

[987] Cf. A. MAITROT DE LA MOTTE, *Souveraineté fiscale et construction communautaire, Recherche sur les impôts directs*, Paris, LGDJ, 2005, p. 552. L'auteur montre notamment que s'il existe bien une Europe fiscale en matière d'impôts indirects (comme l'atteste la TVA), l'affirmation ne se vérifie pas dans le domaine des impôts directs.

l'activité des administrations et organismes concernés, à l'exclusion de tout contrôle direct sur les contribuables. La seule exception à cette règle est fournie par le contrôle des cotisations sur le sucre et pour lesquelles, dans certains États membres, la Commission est associée à des contrôles de la comptabilité et des stocks des entreprises sucrières. De même, la Commission ne peut procéder à des contrôles autonomes et doit justifier auprès des États membres ses demandes de contrôle supplémentaire. Même si l'application de ces dispositions n'a pas jusqu'à présent soulevé de difficultés particulières et si les États membres ont toujours accédé aux demandes de la Commission, il y a là une question de principe qui n'a pas encore été réglée de manière satisfaisante.

Pourtant, responsable de la gestion des ressources propres communautaires, la Commission[988] doit faire face à une double responsabilité et à une double nécessité de contrôle. Les ressources propres étant constatées conformément aux dispositions législatives, réglementaires et administratives des États membres, adaptées, si nécessaire, aux exigences de la réglementation communautaire, les États membres contrôlent donc la conformité avec les règles nationales de la constatation effectuée par leurs services. De plus, le recouvrement des montants dus étant du domaine national et les États membres prenant à leur compte les risques de non-recouvrement, le contrôle de l'exécution du recouvrement (versements des sommes dues, encaissement, exécution forcée) reste essentiellement du domaine national. Vis-à-vis de cette gestion nationale qui touche principalement, quoique non exclusivement, les rapports entre les États membres et les redevables, la Commission doit avoir l'assurance que toutes les ressources propres dues à l'Union par un État membre ont été correctement mises à disposition.

Mais la Commission a aussi, dans le domaine des ressources propres, des compétences à exercer dans le cadre de l'exécution du budget dont elle est responsable. A ce titre, les dispositions de la réglementation communautaire existante en matière budgétaire et financière leur sont applicables. Il en découle pour chaque État membre des obligations communautaires qui concernent surtout ses relations avec la Commission et il incombe à cette dernière de s'assurer que par l'application de ces dispositions, les intérêts financiers de l'Union soient toujours sauvegardés.

[988]Art. 27 du Traité révisé de l'UEMOA.

En outre, chaque État membre, dans la mesure où il devra participer au financement des dépenses communautaires, est en droit de savoir si les autres États membres ont correctement rempli leurs obligations de perception et de mise à disposition des ressources propres. La Commission a donc à la fois une compétence à exercer et un rôle de garant à jouer vis-à-vis de chaque État membre quant à la bonne gestion des ressources communautaires par les autres États membres au plan national. Il convient alors d'envisager la possibilité de création de nouvelles institutions.

Paragraphe II | Les perspectives de nouvelles institutions

Le recours à la création de nouvelles institutions permet de pallier la défaillance de celles existantes, en vue d'une adaptation plus rapide des ressources de la Communauté à ses besoins. Afin d'éviter un éventuel imbroglio qui résulterait de cette réforme, il convient de présenter quelques scénarios possibles (A). Cependant, les conditions de réussite et les stratégies de mise en œuvre (B) doivent accompagner ces scénarios pour lui donner toutes les chances possibles de sa réussite.

A- Quelques scénarios possibles

Face à la défaillance du système institutionnel actuellement en œuvre au sein de l'UEMOA en matière de recouvrement des ressources de l'Union, il importe d'asseoir un nouveau dispositif institutionnel devant permettre d'améliorer le système existant. Pour ce faire, il peut être créé un organe de suivi du recouvrement (1) et une agence de recouvrement (2).

1 | La création d'un organe de suivi du recouvrement

La création d'un département en charge du suivi du recouvrement au niveau de chaque représentation[989] de l'UEMOA dans les États membres

[989] COMMISSION DE L'UEMOA, *Rapport 2010 de la Commission de l'UEMOA sur le fonctionnement et l'évolution de l'Union*, Bamako, 2011, p. 49. La Commission a finalisé, en 2010, son rapprochement avec les administrations des États membres, à travers la création de nouveaux bureaux de représentation à Dakar, Bamako, Cotonou et Niamey. Avec ce dispositif qui vient compléter la mise en place des bureaux de

doit être envisagée. En effet, si le recouvrement des ressources de l'Union se fait par l'entremise des États membres, il importe que l'UEMOA mette en place des organes spécialisés pour le suivi des recouvrements aux frontières des États membres.

L'hypothèse de la création d'un organe propre à l'Union pour suivre le recouvrement des ressources de l'UEMOA pourrait être enfin envisageable. Ceci permettrait de renforcer, dans une certaine mesure, l'autonomie financière de l'Union car le recouvrement se ferait par des institutions et des organes communautaires. Toutefois, il faut tout de suite relever que cette hypothèse reste considérablement limitée. En effet, la création d'institutions propres pour le recouvrement des ressources de l'Union va non seulement empiéter la souveraineté des États membres mais également et surtout alourdir la fonction publique communautaire et donc entraînera un coût de recouvrement assez important, ce qui pourrait être préjudiciable aux ressources de l'Union.

Outre les droits de douane qui composent le TEC, il existe le Prélèvement communautaire (PC) et le Prélèvement communautaire de solidarité (PCS). Le PC est un impôt de solidarité dont le taux s'élève à 0,5 %[990]. Il est assis sur les importations des produits entrant dans la zone CEDEAO. Il est destiné à alimenter le budget de la Communauté[991] et de ses institutions. Le PC a imité le PCS de l'UEMOA. Le PCS est destiné à alimenter l'Union, son taux est de 1 % appliqué à la valeur des importations sur le territoire douanier de l'UEMOA[992]. Bien que le TEC de l'UEMOA n'existe plus, le PCS continue d'être opérationnel. Le PC et le PCS sont très importants pour les organes d'intégration économique de l'Afrique de l'Ouest.

Il faut préciser que certains États membres de l'UEMOA (le Bénin par exemple) ont institué le Prélèvement de solidarité (PS) au taux de 0,2% de la valeur en douane des marchandises importées des États tiers à l'Union africaine, pour financer le budget de cette institution.

Bissau, Abidjan et Lomé, la Commission entend désormais assurer, de plus près, le suivi des activités et de la mise en œuvre des programmes et réformes dans les États, en s'impliquant davantage dans la sensibilisation et l'appropriation, par les administrations nationales et les populations, des chantiers de l'Union.

990 P. S. NDIAYE, *Les organisations internationales africaines et le maintien de la paix : l'exemple de la CEDEAO*, Paris, L'Harmattan, 2014, p. 139.

991 Art. 70 du Traité révisé de la CEDEAO.

992 Ce taux est actuellement ramené à 0.8%.

En dépit des risques d'empiètement éventuel sur la souveraineté des États, le suivi des recettes douanières des États membres par l'UEMOA et la CEDEAO pourrait renforcer les ressources propres communautaires. La création d'une agence de recouvrement communautaire renchérit cette proposition.

2 | La création d'une agence de recouvrement

Une autre hypothèse envisageable est la création d'une agence pour le recouvrement de certaines ressources de l'UEMOA. L'agence combinerait trois éléments : une mission spécifique, la personnalité juridique et l'autonomie budgétaire. Il s'agirait de créer, dans le cadre du système communautaire, une forme d'établissement public communautaire, qui peut être aussi une société communautaire d'économie mixte. L'agence deviendrait l'un des instruments d'exécution de l'intérêt public communautaire. Elle ne serait pas un mécanisme de coopération interétatique, mais plutôt une structure particulière adaptée à l'accomplissement de l'intérêt public communautaire. Elle doit naître de l'accord unanime des États membres.

La notion d'agence[993], quel que soit son avenir, aide à saisir et à comprendre les insuffisances, l'inachèvement, ou même les dérives du système juridique et financier des Communautés. Elle met en lumière les problèmes que soulève l'adaptation des mécanismes communautaires à leurs nouvelles tâches. A travers les modalités possibles d'introduction de la notion d'agence, il apparaît un lien indissociable du « juridique » et du « politique » à l'instar de l'Union européenne.

Trois approches peuvent gouverner la création d'une agence de recouvrement. Selon la première approche, les agences se présenteraient comme une forme d'entreprise commune. Elles matérialiseraient les « pouvoirs d'action » nécessaires au fonctionnement de l'Union. Suivant la seconde approche, la création d'une personne juridique nouvelle (l'agence) pourrait se traduire tant par un accroissement des compétences du Parlement communautaire (dont l'approbation serait requise pour l'institution d'agences) que par la redéfinition des attributions des juridictions (Cour des Comptes, éventuellement Cour de Justice). Ceci entrainerait la modification du Traité. Un nouveau Traité ne vise pas à supprimer les dispositions existantes, mais prolonge et approfondit les

---

993 B. GUY PETERS, « Le nouveau management public », *in* L. BOUSSAGUET, S. JACQUOT, P. RAVINET, *Dictionnaires des politiques publiques,* Paris, Références Gouvernance /Presses de Sciences Po, 2017, pp. 398-404.

textes en vigueur. Un nouveau Traité se situerait clairement à l'intérieur du processus communautaire, tout en marquant le passage à une nouvelle étape. Selon la troisième approche, chaque agence ferait l'objet d'accords intergouvernementaux.

A chacune de ces approches techniques, correspond une vision politique. La première approche intègre d'emblée les agences dans le système communautaire, leur interdit toute disposition financière spécifique. La modification du Traité implique une innovation, un enrichissement des possibilités de l'UEMOA, dans le respect de leurs principes. Le sens profond de cette deuxième possibilité dépend des autres aménagements, de leur importance. La troisième méthode ferait de la création des agences, un processus indépendant.

Ainsi, à travers la notion d'agence, s'ébauchent les multiples virtualités d'association[994] au sein du système communautaire. Les agences pourraient assumer des missions très diverses, soit temporaires (par exemple, adaptation d'une zone frontalière en difficulté), soit permanentes (par exemple, le recouvrement des impôts communautaires à instituer). Les difficultés réelles sont sans doute moins juridiques que pratiques. Quelles sont les conditions garantissant l'efficacité d'une agence ? Si cette formule doit voir le jour, elle doit assouplir la gestion de l'Union, apporter souplesse et responsabilité à travers la définition d'objectifs et le contrôle *a posteriori.*

En matière politique, l'agence, si elle associe les parties concernées par un problème concret, perturbera les souverainetés en créant, au-delà de la coopération entre États membres et des règles communautaires en vigueur, des relations hétérodoxes entre plusieurs catégories de personnes ou de collectivités juridiques[995]. Il est opportun de s'intéresser aux conditions de mise en œuvre de ces nouvelles structures.

B- Les conditions de réussite et les stratégies de mise en œuvre

La mise en place de nouvelles institutions de recouvrement des ressources de l'UEMOA nécessite la prise en compte de certaines conditions de réussite et stratégies de mise en œuvre. Plusieurs mesures

[994] C. CHOL, B. COUÉ, M-T. DELEPLACE, O. GIRARDIN, M. MARÉCHAL, F. WAINTROP, *Perspectives Gestions Publiques*, N°5, Mars 2005, p. 6.
[995] A. SCHICK, « Les agences à la recherche de principes », *Rapport*, OCDE, 2O16, p. 36.

préalables doivent être prises ou envisagées pour le bon fonctionnement matériel des nouvelles institutions avec les divers changements à intégrer. Il s'agit en l'occurrence de l'adoption de bonnes pratiques (1) et de la dématérialisation à prioriser (2).

1 | L'adoption de bonnes pratiques

Il est observé un fort flux d'énergie au début des projets de réforme[996]. Ce capital de mobilisation connaît généralement une érosion sensible avec le temps et les obstacles institutionnels. Souvent les réformes ne voient pas le jour parce que les actes légaux censés les instaurer ne sont pas édictés au moment opportun, ou encore parce que les rapports de force au sein des élites politiques ou administratives ont changé entre-temps.

L'écoulement du temps est toujours un défi pour le rythme des réformes, à moins qu'il ne se base sur un processus continu de support aux réformes par le biais des engagements horizontaux de nature politique et administrative, de coordination, stimulation, enrichissement et mobilisation. Il faudra aussi composer avec les incidents inévitables, en comptant sur une disposition à la réforme qui peut dépasser ces difficultés. Les principaux acteurs de la réforme sauront-ils maintenir le rythme malgré les difficultés inévitables de l'avancement, les incidents, les résistances et la difficulté qu'éprouvera inévitablement l'intendance à suivre les troupes ? Son maintien dépend de la lucidité et du réalisme des dirigeants, d'un leadership soutenu, du développement de l'intendance par des actions d'appui en continu dans une approche client et des actions d'animation, de célébration et de consolidation.

Il convient donc d'assurer la crédibilité des nouvelles institutions. Pour ce faire, elles doivent faire l'objet d'un engagement fort. La pertinence des bases (information et théories) sur lesquelles sont établies les institutions doit également donner lieu à certification par une autorité indépendante. A cet effet, il convient d'instaurer un mécanisme de suivi sur le terrain garantissant la fiabilité des opérations de recouvrement. Un pilotage efficace et réussi des nouvelles institutions implique la présence d'un système de contrôle[997].

---

[996] G. RABALLAND, T. CANTENS, « Introduction thématique. Réforme des douanes et développement en Afrique subsaharienne », *Afrique contemporaine,* n° 230, 2009, p. 27. La réforme est « *un processus essentiellement autonome et extérieur à l'institution sur laquelle il s'applique* ».

[997] B. S. BATONON, *Les systèmes financiers publics des États de l'UEMOA à l'épreuve de la nouvelle gouvernance financière publique, op. cit.,* p. 363.

Toutefois, des dispositifs moins sophistiqués et moins couteux peuvent s'avérer d'une grande utilité, comme par exemple, les tournées effectuées sur place, aussi bien par les corps de contrôle des États membres que par la Commission. L'évaluation et le contrôle de la gestion exigent également la mise en place d'indicateurs de performance permettant de replacer le recouvrement des ressources de l'Union au sein d'une logique de résultat. Il convient également que les États membres, acteurs importants dans le recouvrement des ressources de l'Union, se dotent d'outils d'information et de contrôle de la gestion.

Les nouvelles institutions de recouvrement peuvent ne pas fonctionner correctement au plan matériel dès les premiers essais. C'est pourquoi, il y a lieu de mettre en place un creuset de partage et de communication entre les États membres de l'UEMOA. Les réflexions, l'expertise et les bonnes pratiques peuvent être partagées à l'occasion par exemple d'une conférence régionale annuelle sur la conduite de ces institutions. Cette rencontre faciliterait une réflexion générale associant responsables de l'Union, États membres et partenaires financiers. Ces différentes actions devraient être suivies de la mise en œuvre d'un dispositif d'information systématique à destination de tous les niveaux.

Autrement dit, cette Conférence pourrait être l'occasion d'une opération de communication permettant d'afficher, d'une part la préoccupation d'une réflexion partagée entre les parties prenantes et, d'autre part la volonté commune de réfléchir aux moyens d'une impulsion nouvelle de la conduite de la réforme des institutions communautaires de recouvrement.

L'enrichissement par les bonnes pratiques mises en œuvre dans le monde peut présenter l'intérêt d'un comparatisme sélectif ouvrant sur un savoir local et mondial. S'il est fondamental de mieux prendre en compte la réalité locale, il ne s'agit pas pour autant d'ignorer les expériences et les pratiques en usage ailleurs lorsque celles-ci ont fait la preuve de leur efficacité. Ces expériences et pratiques peuvent tout aussi bien être de dimension internationale. Il peut être hautement intéressant d'y faire appel, voire de les expérimenter lorsque que leur adaptation est possible au plan local.

La seule limite en la matière tient à ce qu'il ne s'agit pas de procéder à la transposition pure et simple de modèles souvent éloignés de la réalité propre à l'État considéré. Au plan méthodologique, une telle précaution ne doit pas à son tour, selon un phénomène de balancier, conduire à exclure tout apport extérieur. Ne pas transposer intégralement des dispositifs extérieurs n'implique pas de s'interdire d'en proposer, lorsqu'ils ont fait leur preuve dans des situations à peu près similaires[998]. Il ne s'agit pas de tomber d'un excès à un autre et de conclure qu'il n'y aurait que des particularismes et, par conséquent pas de modèles transposables. Ne pas transposer ne signifie pas nécessairement que l'on ne peut pas comparer des pratiques pour en tirer des enseignements et éventuellement les utiliser.

2 | La dématérialisation à prioriser

La dématérialisation des procédures de recouvrement[999] reste indiscutablement une condition de réussite à prendre en considération. L'Accord de l'OMC sur la facilitation des échanges[1000] en ses articles 7, 10 et 12, le Code des douanes de l'UEMOA dans les dispositions des articles 34 et 77, la Loi n° 2014-20 du 12 septembre 2014 portant Code des douanes en République du Bénin, les Codes des douanes des autres États membres de l'UEMOA[1001], le Règlement n° 09/2008/CM/UEMOA déterminant les procédures simplifiées de dédouanement, l'avènement du Code du numérique au Bénin par exemple, permettent en absolu la consécration de la dématérialisation dans la gestion des affaires publiques.

La dématérialisation peut s'entendre comme une suite d'opérations qui transforme des documents-papiers en fichiers numériques via une capture d'images. La dématérialisation couvre de nombreux domaines, tels que les commandes, factures, appels d'offres, marchés publics. Sur le plan douanier, les procédures douanières à l'exportation et à l'importation sont entièrement simplifiées et dématérialisées. Elles permettent la gestion automatisée des formalités administratives liées aux opérations d'exportation et d'importation. Il s'agit d'abord d'accélérer le dédouanement tout en le sécurisant par l'automatisation du contrôle documentaire et, ensuite, d'obtenir le visa électronique des autorisations d'import et d'export délivrées par les ministères techniques

[998] *Ibid.* pp. 363-365.

[999] A. DIONE, *Le droit douanier, le commerce électronique et la dématérialisation,* Paris, L'Harmattan, 2015, p. 25.

[1000] L'Accord sur la facilitation des échanges (AFE) de l'OMC est relatif à des thèmes douaniers dans sa quasi-totalité. L'AFE édicte des règles inhérentes à la simplification et à l'harmonisation des régimes douaniers dans le monde.

[1001] Le Burkina-Faso, la Côte d'Ivoire, la Guinée (Conakry), le Mali, le Niger, le Sénégal et le Togo sont les autres nations concernées.

compétents et, enfin, de rechercher les pistes de simplification des réglementations techniques[1002].

La dématérialisation n'étant pas l'apanage de tous les États de l'Afrique de l'Ouest, en France par exemple, elle est concrétisée par un système de traitement automatisé dit de dédouanement en ligne par transmission automatisée, répondant à l'acronyme DELTA et créé en 2010. Elle accompagne un processus juridique essentiel, l'unicité du marché intérieur qui conduit à l'unification des procédures douanières, une seule déclaration en un seul lieu pour un dédouanement général pour l'Union européenne, quel que soit le lieu de livraison. L'idée s'est inscrite dans une démarche européenne imposée du « tout électronique », dont les orientations majeures ont été définies par une décision du Parlement européen et du Conseil du 15 janvier 2008 relative à un environnement sans support papier pour la douane et le commerce. Ce procédé est en faveur du développement de services de l'administration en ligne qui favorise les entreprises exerçant en Europe, ce qui suppose des systèmes électroniques « interopérables »[1003]. Ce programme permet assez aisément d'identifier les priorités de l'action douanière. Ces priorités concernent la surveillance des flux et la lutte contre la grande fraude douanière, la sécurité et la sûreté des espaces national et européen en vue de favoriser les échanges et la qualité du dédouanement, en d'autres termes, la fiscalité au sens large.

L'existence d'une volonté d'instaurer la dématérialisation dans les relations entre les administrés et les administrations, particulièrement dans le domaine fiscal, permet un gain de temps et d'argent et une rationalisation du système. Ainsi, le développement des télé-procédures[1004] permet de rendre un meilleur service aux entreprises, grâce à une circulation plus fluide de l'information et un accès simplifié aux procédures administratives.

L'Organisation mondiale des Douanes, dans le cadre du GATT, a tenu d'importantes conférences tarifaires sur les droits de douane[1005] qui, en 1993, ont favorisé la signature d'un accord pour libéraliser les échanges commerciaux et l'acte final signé à Marrakech en 1994 par plus de 120

[1002] Il s'agit, en l'occurrence, de la dématérialisation des procédures de dédouanement au sein de l'Union économique et monétaire ouest-africaine (UEMOA).

[1003] J. L. ALBERT, *Douane et droit douanier,* Paris, PUF, 2013, p. 86.

[1004] N. MÉDÉ, E. TONI, F. AVAHOUNDJE, *op. cit.,* p. 196.

[1005] A titre illustratif, nous pouvions citer le Kennedy Round en 1964, le Tokyo Round en 1973.

États, qui se sont regroupés au sein de l'Organisation mondiale du Commerce.

Sur le plan communautaire, l'UEMOA[1006] a mis en place une politique d'organisation structurelle rationalisée en prenant en compte les récentes réformes afin d'outiller les différentes administrations douanières de nouveaux instruments internationaux. Ainsi, dans la plupart des États, les Codes des douanes sont récents. Les nouveaux Codes des douanes du Bénin[1007] et du Togo[1008] et du Sénégal[1009] sont entrés en vigueur en 2014, celui de la Côte d'Ivoire est annuellement actualisé. L'instauration de cette nouvelle dynamique pose ainsi les bases juridiques de la dématérialisation à travers un processus de dédouanement en cours de modernisation.

Les principales contraintes à considérer en la matière sont liées à l'environnement économique, politique et social, donc à l'écosystème et au problème interne à l'administration douanière elle-même, à savoir la corruption. Ces contraintes sont ainsi d'ordre matériel et humain. Elles empêchent un bon déroulement du processus et retardent l'avènement du « tout numérique »[1010].

L'absence d'un cadre de travail entièrement informatisé ne favorise pas l'encadrement réel des activités[1011]. L'inexistence de l'énergie électrique à certains endroits (postes des douanes en rase campagne) et les fréquentes coupures d'électricité à d'autres ne favorisent pas l'efficacité du travail en réseau. La qualité incertaine de la connexion internet rend le processus plus difficile. S'ajoute un risque de déséquilibre entre l'Administration fiscale et les entreprises au détriment de ces dernières. Celles-ci n'ont pas d'autres choix que d'intégrer, malgré elles, la dématérialisation dans leurs propres démarches vis-à-vis de l'Administration fiscale. La mise en œuvre de ces nouvelles procédures ne démontre-t-elle pas une complexité accrue pour les entreprises qui sont confrontées à une technicité de plus en plus forte de leurs obligations douanières ?

1006 Annexe au règlement n°09/2001/CM/UEMOA.

1007 Loi 2014-20 du 12 septembre 2014 portant Code des douanes en République du Bénin.

1008 Loi n°2014-003 du 08 Avril 2014 portant Code des douanes du Togo.

1009 Loi n°2014-003 du 28 Février 2014 portant Code des douanes du Sénégal.

1010 La dématérialisation des procédures de dédouanement au sein de l'Union économique et monétaire ouest-africaine (UEMOA).

1011 A. DIONE, *Le droit douanier, le commerce électronique et la dématérialisation, op. cit.*, p. 65.

L'insuffisance des matériels informatiques et d'autres outils de travail complique également la donne. De plus, les pesanteurs sociologiques rendent plus obscure le processus et empêchent, d'une manière ou d'une autre, le déroulement optimal de la procédure de dédouanement dématérialisée. La conservation des documents papiers, aux fins de justification, est maintenue malgré tout, car aucune administration au monde n'est entièrement dématérialisée.

Les partenaires de la Douane dans les États de l'UEMOA étant pour beaucoup analphabètes, cela constitue un facteur. D'un point de vue social, la dématérialisation conduit à un appauvrissement des relations entre l'administration et le contribuable, conduisant à une automatisation du traitement des situations fiscales et à des risques accrus pour les entreprises, au niveau de la confidentialité, du nombre et de la facilité des contrôles. Des séances de formation doivent ainsi être mises en place afin de dynamiser le potentiel des agents.

En ce qui concerne la corruption[1012], elle est un phénomène multidimensionnel, un serpent de mer qui projette ses tentacules dans toutes les activités humaines, qu'elles soient publiques ou privées. Avec la dématérialisation, le risque de corruption peut être limité. La résistance au changement étant le leitmotiv de toute administration, il sera de plus en plus difficile de mettre en place un processus sans faute. Depuis une vingtaine d'années, il est une réalité que la corruption a des répercussions particulièrement négatives sur les pays en développement. La corruption peut être définie comme « *l'action d'engager une personne investie d'une autorité à agir contre les devoirs de sa charge en le soudoyant* »[1013].

En somme, l'existence, dans tous les États de l'UEMOA, d'utilitaires informatiques dans les procédures de dédouanement permet de constater une dématérialisation en cours, nécessaire à la réforme des systèmes financiers. Cependant, le « tout numérique » ne peut exister. L'accompagnement des supports physiques permet, en toute certitude, d'opérer d'autres vérifications et divers contrôles. Le numérique et le physique doivent coexister.

[1012] N. BAKO-ARIFARI, « La corruption au port de Cotonou : douaniers et intermédiaires », *in Politique africaine,* Paris, Karthala, 2001, N° 83, p. 39.

[1013] JEUGE-MAYNART (dir) *Le Petit Larousse*, édition de 2014, *op. cit,* p. 308

Chapitre 2

Une hypothèse de prélèvement par des organes tiers

Sommaire

Depuis le début des années quatre-vingt, la privatisation est devenue un phénomène mondial[1014]. Elle s'est imposée aussi bien dans les pays industrialisés (Grande Bretagne, Allemagne, Canada, France, Italie) que dans les pays en voie de développement d'Amérique Latine, d'Asie et d'Afrique. En Europe de l'Est, la fin du communisme et la mutation des États vers l'économie de marché ont porté la privatisation au-devant de l'actualité pour devenir presqu'une mode autour du slogan « *private is good, public is bad* ».

Dans le monde, on estime à près de sept mille le nombre d'entreprises concernées dans environ 80 États qui ont élaboré des programmes de privatisation. Ce renouveau du libéralisme qui se manifeste à travers la privatisation est également une hypothèse envisageable, dans la recherche de la performance en matière de prélèvement des ressources de l'UEMOA.

Le prélèvement des ressources de l'Union par des structures privées présente des avantages certains (Section 1), mais il se trouve limité par des facteurs qu'il convient de prendre en considération (Section 2).

Section 1 || Des avantages certains

L'analyse de la politique budgétaire d'un État ou d'une Communauté permet de comprendre comment les dirigeants organisent les priorités. Les recettes fiscales jouent un rôle crucial pour atteindre ces objectifs. Un cadre budgétaire stable et prévisible au sein de l'UEMOA favoriserait la croissance et, à long terme, réduirait la dépendance envers les États membres. La fiscalité est aussi liée à la " bonne gouvernance ", car les systèmes fiscaux sont un vecteur d'amélioration des relations entre l'État et la société, et de renforcement de la responsabilité à l'égard des citoyens. En d'autres termes, déterminer comment prélever l'impôt est aussi important que de savoir combien il rapporte[1015].

Les ressources propres de l'Union sont prélevées par les administrations financières des États membres, principalement les administrations douanières. Les réformes proposées visent un partenariat avec les structures privées, dans le cadre du prélèvement des ressources.

[1014] Cf. A. DELION, « Entreprises publiques : privatiser ou réformer ? », *in Revue internationale des sciences administratives (IISA)*, vol 56, n°1, 1990, p. 74. Voir aussi l'article « Le mouvement de privatisation et de règlementation en Europe », *in Problèmes économiques* n° 1909 du 30 janvier 1985, pp. 10 et suivantes.

[1015] L. PASCAL, « La privatisation des missions douanières en République centrafricaine (RCA) : une opportunité d'amélioration des finances publiques ?», *in Revue de Droit*, Université de Bordeaux, 2014 p. 51.

C'est dire donc que le prélèvement des ressources de l'Union par des tiers entraînerait, sans doute, des avancées notables. Cela constitue une opportunité d'amélioration du système de prélèvement en place (Paragraphe 2). Mais avant d'en venir à cela, il serait judicieux de mettre en exergue les caractéristiques d'une privatisation de prélèvement (Paragraphe 1).

Paragraphe I | La politique de privatisation des missions de prélèvement

Les Organisations internationales spécialisées, le Fonds monétaire international (FMI) et la Banque mondiale (BM)[1016], interviennent pour aider les États à restructurer leurs dettes et, surtout, à réformer leurs services financiers, dont la douane est le plus important en termes de recettes budgétaires. Leur intervention dans le cadre des organisations d'intégration n'est pas assez perceptible. Cependant, elle peut inspirer pour la mise en place d'un contrat de privatisation classique (A) en vue d'une meilleure maîtrise du processus de dédouanement des marchandises (B).

A- De la mise en place d'un contrat de privatisation classique

La privatisation est devenue une caractéristique des gouvernements libéraux qui considèrent que l'État n'est pas toujours un bon gestionnaire et que ce même État devrait ainsi se consacrer exclusivement à ses missions dites régaliennes[1017]. La signature d'un contrat de privatisation nécessite de prendre en compte les conditions de réalisation (1) et les structures privées chargées de prélèvement (2).

[1016] Ces Organisations internationales portent un diagnostic et proposent des réformes souvent extrêmement sévères. Ces réformes, le plus souvent imposées, portent sur l'amélioration des capacités de gestion et de recouvrement des administrations fiscales, la libéralisation des importations, la privatisation des entreprises publiques, et la diminution des dépenses publiques afin d'orienter les fonds disponibles vers le secteur productif.

[1017] Du latin " *regalis* ", le mot " régalien " signifie qui appartient à la royauté. Par extension, on entend par missions régaliennes les missions essentielles d'un État relevant de sa seule souveraineté : Diplomatie, Défense, Justice et Sécurité. La liste des fonctions régaliennes a peu évolué avec le temps.

1 | Les conditions de réalisation

Depuis une trentaine d'années, la notion d'État omniprésent est remise en cause. Les difficultés de la mondialisation et la faiblesse de la croissance économique mondiale entraînent une remise en cause de " l'État-providence " au sein des pays occidentaux et une réorientation de l'action de l'État afin qu'il gère mieux leurs missions essentielles. La privatisation des missions de service public est devenue un axe fort de la politique des gouvernements à économie de marché. En pratique, de l'externalisation à la privatisation totale, il existe des différences mais le principe reste identique : transmettre à une société de droit privé l'exercice d'une mission qui, jusque-là, était exercée par l'État.

Pendant longtemps, le débat entre libéraux partisans d'un État au champ de compétences restreint et ceux qui veulent que l'État soit arbitre et même partie prenante de tout, est resté principalement dans le domaine économique national. Mais les libéraux, surtout américains, ont développé l'idée que cette doctrine devait s'appliquer aussi aux pays en voie de développement, notamment en Afrique afin de lutter contre l'assistanat technique et financier. Curieusement, la collecte des fonds publics, le prélèvement des impôts n'est pas considéré comme une mission régalienne[1018].

Jusqu'au XVIIIème siècle, le recouvrement de ces taxes douanières est effectué par des employés de compagnies privées auxquelles l'État avait confié la perception : c'est la pratique de l'affermage. Il a fallu attendre la révolution française pour voir naître l'administration des douanes moderne et la suppression des barrières intérieures que la monarchie avait laissé prospérer[1019].

Dans son "*Manuel de modernisation douanière*"[1020], l'expert économiste de la Banque Mondiale, Luc de WULF décrivait en 2009 les conditions nécessaires pour la mise en place d'un contrat de privatisation des importations. A cet effet, il faut établir un contrat uniquement avec

---

[1018] L. PASCAL, « La privatisation des missions douanières en République centrafricaine (RCA) : une opportunité d'amélioration des finances publiques ?», *Droit*, Université de Bordeaux, 2014 p. 12.

[1019] Il s'agit du droit d'octroi qui se définit comme une taxe prélevée à l'intérieur du territoire.

[1020] L. DE WULF, *Manuel de modernisation douanière*, Washington, Banque mondiale, 2009, p. 185.

les SIAE[1021] réputées, sélectionner des prestataires de services SIAE, et renouveler leurs contrats par le biais d'un appel à concurrence. Il convient d'établir un contrat avec une seule SIAE pour une courte durée (quelques années) et, si besoin est, renouveler plus tard le contrat par le biais d'un appel à concurrence. Éviter les ruptures de contrats en supervisant de multiples entreprises s'avère complexe. Les frais liés au contrat sont de plus en plus onéreux, et les entreprises individuelles sont moins bien supervisées par leur maison mère respective pour qui elles représentent plus.

Les contrats[1022] doivent être rédigés avec l'accord des douanes, et non leur être imposés par le ministère des Finances ou la Banque centrale. Si besoin est, il convient d'opérer des changements au sein de la direction générale des douanes. Lier les contrats PSI avec un projet de modernisation des douanes explique clairement les responsabilités respectives des douanes et de la SIAE. Il est opportun de rendre le contrat SIAE explicite en appréhendant au mieux les services à fournir (prix, classification, droits payés, régimes d'importation spéciaux), les limites de temps sans prolongement automatique, la liste des marchandises à inspecter avec un détail des exceptions, l'assistance aux douanes dans la mise en place d'une base de données d'évaluation. Dans ce cadre, il convient de déterminer les critères de performance clairs pour permettre au gouvernement de vérifier les performances des SIAE, avec des sanctions pour le non-respect des critères. Pour ce faire il est important de former le personnel douanier et de lui transférer la technologie. De même, le gouvernement doit demander des rapports concernant le nombre d'inspections, les irrégularités constatées, les ajustements faits aux valeurs, et les évaluations additionnelles qui en découlent, ainsi que les plaintes reçues.

Le contrat de privatisation doit enregistrer les rapports d'inspection SIAE dans la déclaration douanière et les enregistrer dans le système de

---

[1021] Sociétés d'inspection avant embarquement : autre nom des PSI ou des " Inspection avant embarquement".

[1022] Ce type de contrôle consiste à déléguer à une entreprise privée l'inspection des marchandises importées avant embarquement dans les ports, les aéroports, chez les exportateurs ou à destination. Les rapports d'inspection complètent ainsi l'information fournie dans les déclarations douanières et peuvent être utilisés par l'administration des douanes pour liquider les droits et taxes.

gestion des douanes automatisé[1023]. Ce qui permet de relier les résultats des rapports SIAE avec les déclarations douanières et les valeurs retenues pour le calcul des droits et taxes. Ce processus doit expliquer les raisons des écarts constatés. En cas de sous facturation, les sanctions énoncées dans la loi doivent être appliquées afin d'augmenter la conformité des importations. Ce contrat doit spécifier une procédure d'arbitrage ou d'appel pour fournir aux importateurs des moyens de contester les évaluations SIAE. Il doit créer un comité directeur (situé en dehors des douanes, mais auquel celles-ci participent) pour surveiller les activités des SIAE. Des rapports périodiques doivent être accessibles à la société civile.

Dans la mesure du possible, le contrat de privatisation doit établir une stratégie de sortie afin d'assurer une transition en douceur des fonctions mises en place par les SIAE. Après la sortie, les entreprises SIAE pourraient être conservées pour fournir une assistance dans le traitement des marchandises sensibles à la fraude, ou dans les autres cas où l'évaluation pose des problèmes particuliers. Pour la réussite de l'opération, il serait souhaitable d'introduire une campagne de publicité pour informer les opérateurs économiques et le public à propos des systèmes IAE. Ces différentes caractéristiques dénotent de la rigueur exigée de la part des structures privées.

2 | Des structures privées chargées de prélèvement

Comme indiqué auparavant, depuis les années 1960, la Banque Mondiale a recommandé la mise en place d'un système de pré-inspection, nom officiel de cette privatisation[1024], en lieu et place de l'administration chaque fois que celle-ci paraissait incapable d'accomplir ses missions. Quatre sociétés se partagent le marché mondial de la pré-inspection[1025]. Il s'agit de SGS, COTECNA, BIVAC International et Control union world group.

SGS, la Société générale de surveillance est une entreprise de services suisse. Elle est le leader mondial dans les domaines de la certification, l'inspection, l'externalisation, la gestion de risques. L'origine de la société remonte à 1878 en tant que société d'inspection. Celle-ci inspecte

[1023] Le SYDONIA est un logiciel développé par la CNUCED, dans le but d'aider les États en développement à moderniser leurs services douaniers et à mettre en place des guichets uniques.
[1024] V. DEQUIEDT, « Les programmes de vérification des importations (PVI) à la lumière de la théorie de l'agence », *in Afrique contemporaine,* 2009, p. 152.
[1025] *Ibid.*

alors les chargements de grain sur le port de Rouen en France. La compagnie est enregistrée en tant que " Société générale de surveillance " à Genève en 1919. En 2008, la SGS opère dans plus de 140 États dans le monde et emploie plus de trente-neuf mille personnes. Son principal actionnaire est le groupe italien *Ifil-Fiat* avec 13,74 % du capital. En 2009, la SGS a acquis la société Intron implantée à *Sittard* et *Culemborg* aux Pays-Bas.

COTECNA, depuis plus de 35 ans, est une référence mondiale en matière de surveillance, de vérification, de sécurité et de certification commerciale. Son fondateur a su développer, pour les pays du Moyen-Orient, des solutions d'inspection innovantes, en l'occurrence le scanner, là où d'autres entreprises n'avaient pas réussi à satisfaire des exigences spécifiques.

BIVAC International est une filiale du groupe Bureau Veritas, société française, qui s'occupe de l'inspection, de l'analyse, de l'évaluation de la conformité des produits importés ou à exporter dans le domaine de la santé, de la qualité, de la sécurité, de l'environnement et de la responsabilité sociale. La filiale BIVAC International créée en 1984, quant à elle, s'est spécialisée dans la facilitation, le commerce international, l'évaluation douanière et l'inspection des marchandises et conduit des programmes de vérification de conformité pour s'assurer que les importations respectent bien certaines normes nationales spécifiques.

Control union world group, fondé en 1956, dispose d'un réseau de filiales indépendantes et spécialisées dans l'inspection, l'analyse, la certification et la vérification de conformité. Il s'agit d'un groupe hollandais dont la propriété est détenue par la famille Peterson.

Mis à part le dernier groupe peu présent en Afrique, les trois autres se partagent les marchés africains dans ce domaine depuis de longues années et ont des méthodes et des résultats similaires. Au Mozambique et en RDC[1026], une société anglo-saxonne, " Crown International Group ", a obtenu des marchés pour la conduite de la réforme des services douaniers locaux.

Les opérateurs qui dédouanent, sans passer par la pré-inspection mise en place par BIVAC, se voient infliger théoriquement, une pénalité. Chaque mois, la liste des déclarations rectifiées et le montant des droits théoriques redressés par la BIVAC sont communiqués à la douane et au Ministre des Finances, à charge pour la cellule douane chargée des

[1026] République Démocratique du Congo (ex-Zaïre).

relations avec la BIVAC (dite "cellule BIVAC") de s'assurer que ces éléments sont bien conformes à la déclaration déposée[1027] dans le cas de la privatisation des missions de la douane en RDC. La BIVAC emploie, à cet effet, une quarantaine de personnes en RCA, sur les sites forestiers, à la frontière avec le Cameroun et à Douala. Elle perçoit les taxes pour le compte de la RCA et les reverse au Trésor. C'est là encore une privatisation des missions douanières.

B- De la privatisation du dédouanement

L'externalisation consiste à confier la prestation d'un service ou d'une partie d'un service à une firme indépendante spécialisée dans cette mission. Il s'agit de faire faire un travail par autrui. Par contre, la privatisation est le transfert complet d'un service du secteur public au secteur privé. Face à la question de la privatisation du dédouanement (1) qui se pose avec acuité, il convient de s'intéresser aux effets de cette procédure (2).

1 | La question de la privatisation du dédouanement

L'entité qui externalise conserve la maîtrise de la politique générale dans le domaine visé. Evidemment, l'externalisation peut revêtir des formes juridiques diverses. Notamment au Canada, sont privatisés seulement les contrats de travail des fonctionnaires et donc leur statut protecteur ou la prestation est confiée à un Établissement public à caractère industriel et commercial (EPIC). En France, l'économat des Armées françaises met en place une régie pour la gestion de l'eau. Ces externalisations n'ont pas les mêmes conséquences financières, économiques et sociales. Dans le domaine douanier qui nous intéresse, nous devons noter la différence des mots en anglais et en français. Le fait de confier le dédouanement des marchandises à une société privée est appelée "privatisation" en France et "*outsourcing*" (externalisation) dans les pays anglo-saxons. L'ensemble des contrats de ce type comprenant peu ou prou les mêmes missions dans tous les pays du monde. Le mot "externalisation" est celui qui, juridiquement, devrait être utilisé par les gouvernements et les Organisations internationales, notamment l'OMD.

[1027] L. PASCAL, « La privatisation des missions douanières en République centrafricaine (RCA) : une opportunité d'amélioration des finances publiques ? », *op. cit.*, p. 39.

Objet de multiples controverses, l'option des sociétés de pré-inspection découle de la volonté des gouvernements d'améliorer le rendement des recettes douanières. L'exécutif est conscient des carences en matière d'éthique de la douane nationale, en particulier sur l'estimation de la valeur transactionnelle[1028]. En matière de doctrine d'emploi, l'OMD est réservée sur la privatisation des missions douanières, mais pas opposée. Officiellement, le CEFACT (Centre pour la facilitation du commerce et des transactions électroniques), l'ONU et l'OMD préconisent, dans ce domaine, la politique selon laquelle la pré-inspection doit être considérée comme une mesure à court terme et la procédure devrait être revue tous les 18 mois. Le contrat, par contre, ne devrait pas excéder 5 ans. Un programme global de réformes et de modernisation doit être combiné avec l'introduction des PSI (*pré-shipment inspection*). Les informations de la PSI doivent être disponibles pour la douane locale.

Pour les sociétés privées de pré-inspection, la privatisation est le meilleur moyen pour un gouvernement d'accélérer le processus de modernisation tout en diminuant les risques, sans faire appel à un financement public[1029]. La société BIVAC indique dans sa présentation que l'externalisation des contrôles aux entreprises privées pour améliorer l'optimisation du passage en douane est positive. Pour elle, les douanes n'ont plus les moyens d'assurer seules leurs missions du fait d'un environnement aux exigences croissantes avec des moyens limités, voire en baisse. Les douanes ont des outils technologiques sophistiqués mais pas de vision industrielle pour vérifier que ces outils sont bien intégrés dans la chaîne logistique. Elles ont besoin d'informations fiables mais ont des moyens limités pour avoir ces informations à l'étranger.

Pour effectuer ces missions, la BIVAC doit faire des contrôles au départ des marchandises à l'étranger[1030] dans le pays d'exportation, tant sur la qualité des marchandises que sur leur nature. Les sociétés privées mettent en avant leur implantation mondiale afin de montrer leur efficacité dans le monde entier. Le partenariat avec le secteur privé en matière douanière vise une expertise et une approche industrielle, une organisation fiable respectant les standards internationaux, un réseau

[1028] Cf. art. VII de l'accord général sur les tarifs douaniers et le commerce (Gatt 1994), art. 3 du règlement c/REG du 2 juin 2013 relatif à la détermination de la valeur en douane des marchandises au sein de la CEDEAO.

[1029] V. DEQUIEDT, « Les programmes de vérification des importations (PVI) à la lumière de la théorie de l'agence », *op. cit.*, p. 152.

[1030] IAE (Inspection Avant Embarquement) est similaire au PSI anglo-saxon.

global des opérateurs qualifiés, capables d'intervenir rapidement à tout endroit[1031]. Aussi l'objectif est d'acquérir des services et outils spécifiques adaptés pour récolter, centraliser et traiter les informations, pour améliorer l'efficacité et la régularité des opérations, réduire les coûts d'opération et améliorer la supervision.

Cette privatisation de la mission de dédouanement est peu appréciée par les douaniers pour des raisons évidentes. Selon les douaniers, aucune entité du secteur privé ne peut remplacer les Douanes. L'externalisation de toute partie de la chaîne du dédouanement requiert de la part du gouvernement qu'il mette en place les moyens d'effectuer un contrôle sur la réalité du travail fait par le sous-traitant. À Madagascar, où la SGS est implantée depuis 2007, les douaniers locaux indiquent en 2012, qu'il n'y a jamais eu de transfert de compétence ou de savoir-faire par la société GAZY Net[1032] aux antennes de la douane. Aujourd'hui, une grande partie des travaux est effectuée par le privé sous prétexte que la douane nationale ne maitrise pas certains outils technologiques.

D'autres études ont été effectuées sur ce sujet, notamment par le CERDI[1033] en 2009 et en 2011[1034] sur la surveillance mutuelle dans les programmes d'inspection avant expédition. Dans de nombreux pays en voie de développement, des Programmes de vérification des importations (PVI) ont été instaurés pour combattre la corruption des administrations douanières. Ils consistent à déléguer l'inspection des importations à une entreprise privée qui opère dans les pays exportateurs. De tels programmes s'avèrent particulièrement coûteux car l'entreprise se paye généralement entre 0,5% et 0,8% de la valeur FOB des marchandises inspectées. Il convient d'analyser l'efficacité de ces programmes à la lumière de la théorie de l'agence. Le modèle d'agence hiérarchique permet d'appréhender les interactions entre le gouvernement, l'administration douanière, l'importateur et l'entreprise assurant le PVI. Dans ce mécanisme optimal, la surveillance mutuelle entre l'entreprise

[1031] BV présent dans 140 États, avec 400 000 clients, 58 000 collaborateurs, et une pléthore de laboratoires.

[1032] Société issue d'un partenariat " public-privé " crée sur place par l'État Malgache (10%) et la SGS (90%).

[1033] Fondation située à Clermont-Ferrand spécialisée dans l'étude du commerce international et les pays en voie de développement.

[1034] V. DEQUIED, A. M. GOURGEON et G. POTA-GRAZIOSI, « Contrats incitatifs et réformes des Douanes dans les pays en développement », *in Afrique contemporaine*, 2011, p. 5.

d'inspection et l'administration des douanes est utilisée pour fournir des incitations appropriées à toutes les parties.

Selon les chercheurs, le donneur d'ordre doit être le gouvernement ou le ministère. Le degré de corruption de la douane doit être apprécié afin de s'assurer de la rentabilité du PVI. Dans le cas d'une corruption très élevée, il convient d'envisager en premier une assistance à la modernisation, au risque de contribuer à accroître la corruption. La concurrence entre l'administration douanière et le prestataire du PVI est une condition nécessaire à l'efficacité de tels programmes, d'où la séparation indispensable des objectifs antinomiques comme l'inspection des marchandises et l'assistance à la modernisation. Pour ce faire, une politique de réconciliation crédible menée par un régulateur, en l'occurrence le gouvernement, est nécessaire.

L'idée que le gouvernement puisse être le régulateur paraît surprenante puisqu'il est juge et partie. Surtout au vu du degré de corruption atteint par ces pays, il serait naïf de croire que la corruption douanière n'est pas encouragée par le pouvoir politique qui y trouve d'ailleurs son compte. Des praticiens de la douane travaillant pour la Banque Mondiale[1035], ont proposé une politique de création d'indicateurs de performance au sein des administrations des douanes qui, étendue aux PVI, permettrait de mesurer l'efficience du duo " douanes-sociétés privées " et assurerait une éthique meilleure au sein de l'administration.

Evidemment, l'idée de mettre en place des indicateurs de performance au sein des administrations des douanes est à encourager car cela permet d'avoir une base "scientifique" pour mettre en place les réformes en cours. Mais les indicateurs de performance sont comme les statistiques. Il est possible de leur faire dire ce que l'on veut. Un indicateur va objectiver la performance des uns ou des autres. Un indicateur ne dit pas le vrai et le faux. Il faut le faire parler, l'interpréter. Il est toujours associé à une convention de lecture qui véhicule des hypothèses lourdes de conséquences. Qu'en est-il des effets de la privatisation du dédouanement ?

1035 M. LIBOMLI LIKENG, T. CANTENS, S. BILANGNA, « Indicateurs de performance en douane à travers l'exemple de Douala au Cameroun », *Rapport de la Douane*, 2009, p. 62.

2 | Les effets de la privatisation du dédouanement

Vianney DEQUIEDT, Anne-Marie GEOURJON et Grégoire ROTA-GRAZIOSI, des chercheurs au CERDI[1036] cités plus haut, ont analysé les programmes de vérification des importations mis en place par les administrations douanières de nombreux pays en développement pour lutter contre la corruption. La modélisation qu'ils proposent permet de mettre en évidence les nombreux problèmes informationnels auxquels ces programmes doivent faire face pour être efficaces.

Il ressort que les États n'ont pas intérêt à mettre en place ces programmes si leur administration des douanes est trop corrompue. D'autre part, il s'avère important de séparer l'objectif de modernisation de la douane de celui de lutte contre la corruption. Les spécialistes de l'Afrique du FMI[1037] indiquent, dans leur article sur la modernisation des douanes africaines, que « *sous réserve de l'évaluation des besoins en vue de bien les intégrer dans les projets de réforme, ces services (les PSI) peuvent contribuer à la modernisation des douanes* ».

Par ailleurs, la privatisation du dédouanement permet de lutter contre le fléau de la corruption dans les administrations douanières. Les moyens utilisés en la matière sont, entre autres, le développement du contrôle interne et la mise en place de l'informatisation du dédouanement. En effet, l'informatisation coupe le lien physique multi-quotidien entre le douanier et l'opérateur[1038]. Une fois informatisée, en un "clic", la réponse peut être donnée et suivie. L'informatisation du dédouanement n'est pas qu'une amélioration de la productivité du personnel. Elle induit l'utilisation de méthodes de tri performantes afin de cibler les contrôles. Elle permet en outre de limiter le contact entre les fonctionnaires des douanes et les usagers, source de négociations informelles.

Face à un État corrompu à tous les niveaux qui se dérobe à ses missions de service public, le citoyen se dérobe face à l'État. *De facto*, la contrebande et la fraude sont ainsi légitimées. La corruption associée à la faible efficacité des bureaucraties ne favorise pas l'égalité de traitement devant la loi et l'équité dans le partage des richesses. À l'injustice sociale,

[1036] Fondation pour les Etudes et la Recherche sur le Développement International, dont le siège est à Clermont-Ferrand (France).

[1037] G. MONTAGNAT-RENTIER et G. PARENT, « Réforme et modernisation des douanes en Afrique subsaharienne francophone 1995-2010 », *in Revue d'économie du développement*, n° 26, 2012, p. 27.

[1038] A. DIONE, *Le droit douanier, le commerce électronique et la dématérialisation*, *op. cit.*, p. 58.

s'ajoute le manque d'incitations politiques et de responsabilité quant à la bonne utilisation des dépenses publiques. Cette situation de faiblesse institutionnelle et de mauvaise gouvernance entraîne, à long terme, la rupture du pacte social entre les gouvernants et les gouvernés et, par conséquent, l'accroissement de l'incivisme fiscal.

La corruption de la population n'apparaît-elle pas comme une manière de s'opposer à l'absence de performance des pouvoirs publics ? Si les contribuables paient leurs impôts, ont-ils la garantie que les fonds serviront pour la satisfaction de l'intérêt général ?

Paragraphe II | Le prélèvement des ressources par des tiers : une opportunité d'amélioration

En général, on note souvent dans les États d'Afrique, un trafic d'influence et une intimidation des fonctionnaires des douanes de la part de certaines autorités politiques et militaires, dans le cadre du dédouanement des marchandises importées par certains opérateurs[1039]. Cette pratique constitue des fraudes opérées sous l'influence du pouvoir politique.

Par ailleurs, plusieurs plaintes ont révélé que la pratique quotidienne des opérations de dédouanement offre, à certains fonctionnaires des douanes, de multiples opportunités d'arrondir leurs fins de mois par des arrangements locaux. Il existe donc des défaillances qui peuvent pousser certaines autorités politiques à opter pour la mise en place de structures privées (A). A cet effet, il existe des paramètres à prendre en compte (B).

A- Des raisons de la mise en place de structures privées

L'article VII de l'Accord général sur les tarifs douaniers et le commerce[1040] a fixé les principes généraux d'un système international

1039 L. PASCAL, « La privatisation des missions douanières en République centrafricaine (RCA) : une opportunité d'amélioration des finances publiques ? », *op. cit.*, p. 70.

1040 Plus connu sous l'acronyme anglais GATT, il est le prédécesseur de l'OMC. Le 1er janvier 1995, l'OMC a remplacé le GATT, qui existait depuis 1947, en tant qu'organisation chargée de superviser le système commercial multilatéral. Les États ayant signé le GATT étaient officiellement appelés "parties contractantes au GATT".

d'évaluation en douane. La valeur en douane des marchandises importées ou d'une marchandise similaire doit être fondée sur la valeur réelle de la marchandise à laquelle s'appliquent les droits de douane et ne doit pas être fondée sur la valeur de produits d'origine nationale ou sur des valeurs arbitraires ou fictives.

L'Accord prévoit que l'évaluation en douane doit, excepté dans certaines circonstances bien définies, se fonder sur le prix effectivement payé des marchandises à évaluer, sous condition d'indépendance entre le vendeur et l'acheteur. Face à une telle exigence et face aux contraintes de financement (2) des pays en développement, il est recherché une solution pour plus d'efficacité (1).

1 | Une solution pour plus d'efficacité

Pourquoi faire appel au secteur privé dans le domaine douanier notamment pour le recouvrement des ressources de la Communauté ? L'utilisation des PVI a été le plus souvent recommandée par les organisations internationales comme "un remède à la corruption des douanes dans les pays en voie de développement"[1041]. Luc DE WULF indique à cet effet que « *la raison majeure du recours à ces sociétés réside d'une part dans le fait d'aider la Douane dans sa tâche de détermination des données nécessaires au calcul des taxes à recouvrir sur les importations, et d'autre part dans la conviction des autorités soucieuses de mobiliser davantage les ressources fiscales* »[1042].

La fraude douanière résulte notamment de la sous-évaluation en douane et de la mauvaise classification des importations, sources de pertes sérieuses de recettes douanières. Les administrations douanières éprouvent des difficultés pour endiguer ces pertes de recettes fiscales. Pourtant, dans l'immédiat les SIAE (Société d'inspection avant embarquement) peuvent apporter une contribution à cette situation dans l'attente que la Douane se dote d'un système de renseignement sur les prix, capable de lui permettre de bien maîtriser l'évaluation en douane et la classification des importations.

Par contre, ceux qui avaient signé les nouveaux Accords de l'OMC (qui englobent la version révisée du GATT, appelée GATT de 1994) sont officiellement devenus "Membres de l'OMC".

[1041] V. DEQUIED, A. M. GOURGEON et G. POTA-GRAZIOSI, « Contrats incitatifs et réformes des Douanes dans les pays en développement », *in Afrique contemporaine*, 2011, p. 17.

[1042] L. DE WULF, *Manuel de modernisation douanière*, Washington, Banque mondiale, 2009, p. 181.

De son côté, un autre expert international, M. John RAVEN[1043], précise que ce recours est ancien. En 1945, les plus importantes sociétés agréées d'inspection avant expédition étaient déjà bien établies dans l'inspection physique et les moyens associés tels que les analyses chimiques, le plus souvent pour des clients commerciaux. Le changement crucial arriva par le souci de la Banque Mondiale de sécuriser les recettes des droits à l'importation, en tant que facteur de remboursement de dettes, par des nouveaux arrangements entre les sociétés et des gouvernements emprunteurs.

L'OMC fixe des règles à respecter par les pays qui veulent utiliser les PVI afin de garantir une application conforme au système multilatéral dans ses aspects liés à la non-discrimination, à la transparence, au secret commercial et à la vérification des prix. L'OMC estime que le recours aux PVI renchérit d'environ 5 points, en termes tarifaires, le niveau des droits de douane.

La Banque Mondiale insiste plus sur la plus grande efficacité économique que l'on est en droit d'attendre des PVI qui doivent être un moyen pour atteindre la suppression de toutes les barrières non-tarifaires. Le FMI indique que les PVI sont pertinents lorsque les capacités administratives de la douane sont exceptionnellement faibles et que la corruption est un problème majeur mettant en danger le recouvrement des recettes fiscales.

Il faut également préciser que plusieurs autres raisons peuvent motiver le partenariat[1044] avec le privé pour le recouvrement des ressources de l'Union. Il s'agit, entre autres, d'une expertise et approche industrielle, d'une organisation fiable respectant les standards internationaux et les référentiels de sécurité, d'un réseau global et des opérateurs qualifiés capables d'intervenir rapidement à tout endroit, des services et outils spécifiques adaptés pour récolter, centraliser et traiter les informations, d'une amélioration de l'efficacité et de la régularité des opérations, d'une réduction des coûts d'opérations, et d'une amélioration de la supervision.

1043 Aujourd'hui décédé, cet expert était membre de l'International Air Cargo Association.

1044 Y. ROBINEAU, B. STIRN, O. SCHRAMECK, H. TOUTEE, O. DUTHEILLET, B. PECHEUR, P. MARTIN, F. SENERS, *Les Agences : une nouvelle gestion publique*, les rapports du conseil d'État, 2012, p. 293.

2 | Des contraintes de financement

Le concept de l'aide n'a cessé d'évoluer dans le temps. Cette évolution a été plus remarquable pendant ces deux dernières décennies, au cours desquelles plusieurs initiatives sont prises en vue du renforcement de l'environnement de l'aide. Il s'agit de l'Initiative en faveur des Pays pauvres très endettés (PPTE), des Objectifs du millénaire pour le développement (OMD), de la Déclaration de Paris[1045] sur l'efficacité de l'aide, du Programme d'actions d'Accra, de l'Initiative du Secrétaire Général des Nations Unies pour les OMD en Afrique, relative à la réalisation de l'engagement pris par le G8 à Gleneagles d'augmenter l'aide au profit des pays pauvres. Il est difficile de définir, de manière exacte, l'aide soumise à la Déclaration de Paris (datant de mars 2005). Cette Déclaration se réfère plus aux principes devant faire de l'aide une ressource extérieure, acheminée dans de bonnes conditions et dont l'allocation et la gestion sont transparentes et optimales. Ces deux éléments devraient être au cœur de la réforme des finances publiques et des douanes.

Les organisations internationales jouent un rôle financier majeur mais on peut s'interroger si elles vont ou non au terme de leur mission qui est d'établir les conditions d'un démarrage économique du pays comme l'exemple de l'APE semble le démontrer. L'UE qui dispose de gros moyens financiers sur place, ne souhaite pas se mêler des affaires politiques de façon précise afin de ne pas être accusée de néocolonialisme.

Selon les experts de la Banque africaine de développement (BAD), « *Il n'existe pas formellement un cadre global fonctionnel de la*

[1045] La Déclaration de Paris, approuvée le 2 mars 2005, est un accord international auquel une centaine de ministres, de responsables d'organismes d'aide et d'autres hauts fonctionnaires ont adhéré. A cet effet, les pays et organismes qu'ils représentent doivent s'engager à accentuer les efforts d'harmonisation, d'alignement et de gestion axée sur les résultats de l'aide, moyennant des actions se prêtant à un suivi et le recours à un ensemble d'indicateurs. Ces derniers sont relatifs à la prise en charge, à l'alignement, à l'harmonisation, aux résultats et à la redevabilité mutuelle. Concernant la prise en charge, les pays en développement définissent leurs propres stratégies de réduction de la pauvreté, améliorent leurs institutions et luttent contre la corruption. Les pays donneurs s'alignent sur ces objectifs et s'appuient sur les systèmes locaux. En matière d'harmonisation, les pays donneurs se concertent, simplifient les procédures et partagent l'information pour éviter que leurs efforts ne fassent double emploi. Les pays en développement se concentrent sur les résultats souhaités et leur évaluation. Au sujet de la redevabilité mutuelle, les donneurs et les partenaires sont responsables des résultats obtenus en matière de développement.

coordination et de concertation de l'ensemble des bailleurs de fonds. Le cadre institutionnel mis en œuvre est supposé être, en principe, le cadre de coordination de l'aide, qui ne fonctionne pas de façon satisfaisante ».

Lors du Consensus de Monterrey[1046] en 2002, le principe que le droit au développement doit être inclus dans les droits de l'homme avait été adopté. Les organisations internationales doivent donc veiller particulièrement à lutter contre la corruption qui entrave le droit au développement. Au même titre que certains traitements dégradants et inhumains (torture) sont répréhensibles, car atteignant les droits de l'homme à la dignité, à l'intégrité physique entre autres, la corruption serait répréhensible parce qu'attentatoire à un droit de l'homme.

B- Des autres paramètres favorables

L'intervention des entreprises privées dans le processus de dédouanement vise la performance dans la mobilisation des recettes douanières des États. Il ne fait aucun doute que les gouvernements des États ont pris conscience de leur importance pour mener à bien leur mission. Cette intervention a pour corollaire une réforme soutenue par des procédures modernisées (1) et un cadre institutionnel et organisationnel adapté (2).

1 | Une réforme soutenue par des procédures modernisées

La modernisation des douanes est un instrument de la facilitation douanière[1047]. Elle repose sur la mise en place d'une informatisation efficace et des méthodes modernes de contrôle basées sur une analyse des risques et une technique de ciblage.

[1046] La Conférence internationale sur le financement du développement qui s'est tenue à Monterrey (Mexique) du 18 au 22 mars 2002 devait, selon les États Membres, " *lancer un effort mondial pour financer l'avenir et soutenir la réalisation des objectifs de développement du millénaire* ", à savoir l'élimination de la pauvreté, l'amélioration des conditions sociales par l'élévation des niveaux de vie dans les pays en développement et en transition, et la protection de l'environnement. Organisée au plus haut niveau, la Conférence, à laquelle ont pris part plusieurs chefs d'État et de Gouvernement, a bénéficié de la participation active de la Banque Mondiale, du Fonds monétaire international, de l'Organisation mondiale du commerce, de la Conférence des Nations Unies sur le commerce et le développement (CNUCED), des commissions économiques régionales de l'ONU, et des représentants du monde des affaires, de la société civile et des organisations non gouvernementales.

[1047] G. CHAMBAS, *Afrique au Sud du Sahara : quelle stratégie de transition fiscale ?* Paris, Economica, 2005, p. 19.

La mobilisation des ressources est une préoccupation majeure pour les États membres de l'UEMOA qui sont, en général, des pays sous-développés. Les recettes intérieures doivent en temps normal constituer la première source de financement du développement avant l'aide extérieure. Le fonctionnement des administrations douanières nécessite des changements que doivent s'approprier les agents dans l'exercice de leurs fonctions. Mais force est de constater que les institutions communautaires de l'Afrique de l'Ouest, ne disposent pas d'une feuille de route commune en matière de réformes douanières. En tenant compte des progrès à internaliser pour réussir leurs missions, chaque État membre s'évertue à instituer des procédures douanières informatisées à travers le SYDONIA.

Dans les années 1990, les premières applications informatiques étaient développées localement avec de faibles moyens[1048], notamment au Bénin, au Cameroun, en Côte d'Ivoire et au Togo. Elles avaient rapidement atteint leurs limites et leurs performances restaient très en deçà des attentes. Cependant, la CNUCED avait développé et installé la première version du Système douanier automatisé (SYDONIA) dans certains États d'Afrique tels que le Mali et le Sénégal, entre 1981 et 1984, pour établir les statistiques du commerce extérieur.

Le SYDONIA est un logiciel développé par la CNUCED, dans le but d'aider les États en développement à moderniser leurs services douaniers et à mettre en place des guichets uniques. Ce système présente divers avantages[1049]. Il rend possible la suppression des formalités douanières inopportunes, concourt à augmenter la fluidité du trafic, et contribue à une plus grande transparence du système. Le SYDONIA permet la production de statistiques harmonisées[1050], ainsi que la facilitation de la collecte des droits par les États.

Au Bénin, ce système a été mis en exploitation, à partir de 1991, à la recette des douanes Cotonou-Port, sous la version 2.0[1051]. Tenant compte

---

[1048] P. FOSSAT, M. BUA, *Réforme des administrations fiscales dans les pays francophones d'Afrique subsaharienne (1995–2010),* Rapport du FMI, Département des finances publiques, 2011, p. 31.

[1049] T. CANTENS, « La réforme de la douane camerounaise à l'aide d'un logiciel des Nations Unies ou l'appropriation d'un outil de finances publiques », *Afrique contemporaine*, 2007, p. 290.

[1050] F. SAUDUBRAY, « Les vertus de l'intégration régionale en Afrique », *Afrique contemporaine*, 2008, p. 181.

[1051] DGDDI, *Le système douanier automatisé (SYDONIA)*, Prospectus des journées portes ouvertes des douanes béninoises, du 27 au 29 janvier 2014.

des actualisations et des mises à jour, d'autres versions ont été élaborées, en l'occurrence le SYDONIA++ et le plus récent, le SYDONIA world. Les versions les plus récentes intègrent les fonctionnalités des précédentes en favorisant l'interconnexion et la centralisation de tous les bureaux et postes de douane sur le territoire national. Le SYDONIA de la CNUCED peut gérer tous les processus liés au dédouanement. Il est utilisé dans plus de quatre-vingt-dix États et représente le plus grand programme de coopération technique et de renforcement des capacités dans le monde. Le logiciel SYDONIA est fourni sans frais par la CNUCED aux États qui le sollicitent. Cependant, ce système est installé à la demande des gouvernements des pays en développement, avec l'assistance des experts de la CNUCED. Les États ont toutefois la responsabilité du financement dudit projet.

Selon les bailleurs de fonds, le SYDONIA est un outil de finances publiques. Il est conforme à la pratique administrative douanière des États, aux normes internationales retenues par l'OMD et l'OMC. En d'autres termes, son utilisation contribue au respect de l'orthodoxie douanière internationale[1052]. Les différentes transformations qu'a connues le SYDONIA au fil des années, ont une finalité perfectionniste renchérie par un cadre institutionnel et organisationnel adapté.

2 | Un cadre institutionnel et organisationnel adapté

Le système fiscal d'un pays a besoin, pour son fonctionnement optimal, d'un cadre législatif et règlementaire solide, dans le but d'appuyer l'élaboration et la mise en œuvre des politiques et des procédures fiscales[1053] modernes, alignées sur les priorités économiques et sociales nationales. Une politique fiscale, ensemble des mesures et décisions que prennent les pouvoirs publics en termes de fiscalité, vise à assurer la pérennité des encaissements suffisants des recettes pour financer le fonctionnement de l'État. Elle vise également l'atteindre des objectifs de politiques publiques. Les recettes fiscales représentent la principale ressource des États.

Au plan pratique, les procédures fiscales viennent compléter la politique fiscale codifiant les relations entre l'administration fiscale et les

---

[1052] Il apparaît nettement que les réformes dans le domaine des douanes s'inscrivent, en grande partie, dans le moule international proposé par l'OMD et la CNUCED aux États en développement en général.

[1053] Cf. A. MBELEK, « La souveraineté fiscale des États africains au sud du Sahara, face aux enjeux du développement : l'exemple du Cameroun », *in Revue EDJA*, n°3, 2008, pp. 45-46.

contribuables pour définir les droits et les obligations de ces deux partenaires tout au long du processus d'imposition, depuis l'évaluation de la matière imposable jusqu'au recouvrement de l'impôt et sa contestation ou son contrôle.

L'intérêt de la politique fiscale s'est accru, en particulier dans les pays en développement[1054], du fait de la naissance de contraintes nouvelles et de l'accentuation de contraintes anciennes sur les politiques publiques. D'un côté, le contexte de mondialisation des échanges[1055] et des intégrations régionales, est marqué par l'ouverture des frontières, la dématérialisation des échanges, les facilités de transport, ainsi que la concurrence fiscale. Celle-ci a limité la souveraineté fiscale, conduisant les États à harmoniser leurs régimes fiscaux, du moins à ne pas trop se distinguer, fiscalement, les uns des autres. De l'autre côté, les États africains sont pris en tenaille entre le poids de la dette et la rareté des financements extérieurs et une difficile augmentation des taux de prélèvements obligatoires, jugée préjudiciable à l'activité économique. Ceci se traduit par la quête de nouveaux prélèvements et la recherche d'une meilleure efficience des prélèvements existants. Certes, un système fiscal n'est toutefois pas facile à réformer. Outre les résistances et les blocages de nature politique et administrative, cela requiert des investissements souvent importants.

L'action de l'administration fiscale doit se baser en permanence sur une politique et des procédures fiscales pertinentes dont l'ensemble des contraintes sont soumises à des arbitrages périodiques[1056]. L'exécution d'un agenda fiscal est étroitement liée au cadre institutionnel et organisationnel de l'administration fiscale en place. Cela suppose l'existence de structures organisationnelles, les règles et les procédures, les outils, le personnel de gestion, la communication et le dialogue social en accord avec le métier.

[1054] *Ibid,* p. 53.

[1055] M. LEROY, *Mondialisation et fiscalité. La globalisation fiscale*, Paris, L'Harmattan, 2006, p. 10. Selon l'auteur, la mondialisation est un terme polysémique dont la portée varie selon la discipline. C'est ainsi que sur le plan politique, la mondialisation pose la question du rôle de l'État dont la capacité d'action ou sa marge de manœuvre serait de plus en plus réduite dans une économie mondialisée. Sur le plan culturel, la mondialisation concerne les réseaux de communication et s'appuie sur les technologies de l'information et de la communication qui favorisent une culture globale.

[1056] M. ROLLAND, « L'empire colonial », *in* L. ULLMANN et B. MIRKINE-GUETZEVITCH (dir.), *La vie juridique des peuples*, Paris, Librairie Delagrave, 1933, t. III, pp. 449.

Les signes d'un cadre institutionnel et organisationnel inadapté sont directement perceptibles à travers de piètres résultats de l'organisation, l'adoption dans l'urgence de nouvelles mesures pour répondre à des exigences, des contraintes pressantes, l'éclosion de conflits.

Il est donc fondamental de s'assurer que le cadre institutionnel et la structure organisationnelle en place sont appropriés et répondent aux processus et aux procédures fiscaux en vigueur. Il est nécessaire de s'interroger sur le niveau de fonctionnement des mécanismes de régulation qui promettent la bonne gouvernance, la transparence et l'obligation de rendre compte. L'attribution des mandats clairs associés aux responsabilités et aux pouvoirs de décision, d'une part, et la séparation des tâches, d'autre part, devraient pousser à l'efficience et l'efficacité organisationnelles.

Section 2 ‖ Des facteurs limitants

En 1965, la Société Générale de Surveillance (SGS) lançait en Afrique le premier programme de vérification des importations, reposant sur une inspection avant expédition effectuée dans le pays de provenance des marchandises, pour le compte d'un gouvernement étranger, celui du Zaïre[1057]. Plusieurs décennies après, nombreux sont les États de l'Afrique qui sollicitent encore les services des sociétés privées dans le processus de vérification des importations et de mobilisation des recettes douanières. Il convient de s'interroger sur l'efficience de ces interventions dans des États en développement. En effet, ces interventions sont souvent marquées par un contexte inadapté (Paragraphe 1) et un rendement mitigé (Paragraphe 2).

Paragraphe I | Le contexte inadapté

Les raisons souvent avancées par les États pour solliciter l'intervention de structures privées lors de la mise en œuvre des programmes de vérification des importations se rapportent à l'efficacité des douanes en matière de mobilisation des recettes. En effet, la plupart de ces États ont des difficultés à contrôler des frontières souvent poreuses. En dépit d'ambitieuses réformes de modernisation des douanes entreprises dans ces pays, les capacités administratives restent faibles. En

[1057] V. DEQUIEDT, « Les programmes de vérification des importations (PVI) à la lumière de la théorie de l'agence », *op. cit*,, p. 8.

outre, il est largement admis que la corruption de l'administration douanière est un fléau dont le coût réduit, de façon sensible, les recettes potentielles.

Toutefois, il est à noter qu'il existe une redondance public-privé en matière de dédouanement des marchandises. Face à des insuffisances à prendre en considération (A), la corruption demeure endémique (B).

A- Des insuffisances à prendre en considération

Les récentes réformes douanières, essentiellement contenues dans la convention de Kyoto révisée, prônent, entre autres, la célérité du dédouanement, pour une facilité effective de circulation des marchandises. Mais il s'avère qu'un PVI alourdissant (1) et une contexture problématique de l'administration douanière (2) peuvent constituer des obstacles au dédouanement aisé des marchandises.

1 | Un appui alourdissant

A l'origine, les programmes de vérification des importations ne comprenaient que le contrôle de la qualité, de la quantité et du prix des marchandises importées. Ces programmes consistent à déléguer à une entreprise privée l'Inspection des marchandises importées avant embarquement (IAE) dans les ports, les aéroports, chez les exportateurs, ou à destination. Les rapports d'inspection complètent ainsi l'information fournie dans les déclarations douanières et peuvent être utilisés par l'administration des douanes pour liquider les droits et taxes. L'information supplémentaire fournie par l'entreprise privée en charge de la vérification est censée limiter le pouvoir discrétionnaire des douaniers et ainsi être un moyen de réduire la corruption de cette administration[1058].

Aujourd'hui, l'inspection avant expédition concerne une quarantaine de pays émergents ou en transition et couvre un champ d'application plus large, l'admissibilité à l'importation, la vérification de la valeur en douane, la classification douanière des marchandises.

Bien qu'elle puisse être perçue comme un obstacle aux échanges[1059], la pratique des inspections a néanmoins été légitimée lors des dernières

---

[1058] V. DEQUIEDT, « Les programmes de vérification des importations (PVI) à la lumière de la théorie de l'agence », *in Afrique contemporaine, op. cit.*, p. 152.

[1059] T. CANTENS, « Comment la contractualisation dans les administrations fiscales peut-elle limiter la corruption et la fraude ? Le cas des douanes camerounaises », *Revue d'économie du développement,* 2012, p. 42.

négociations commerciales multilatérales du GATT. Un accord spécifique prend, en effet, acte de cette procédure et reconnaît qu'elle reste nécessaire en raison des insuffisances douanières des États demandeurs et en encadre l'exercice pour la rendre compatible avec les règles du GATT. Cependant, l'instauration de principes n'a pas empêché l'apparition de difficultés relationnelles et organisationnelles dans sa mise en œuvre.

Les exportateurs considèrent toujours cette procédure comme une gêne qui alourdit la mise en œuvre des relations contractuelles et entraîne souvent des retards dans l'expédition de leurs marchandises, oubliant, peut-être un peu vite, que le contrôle préalable de leurs exportations permet une accélération du dédouanement à destination et assure, à long terme, un assainissement des pratiques douanières locales. Les programmes d'inspection font d'ailleurs souvent partie des programmes d'ajustement structurel[1060] mis en place par la Banque mondiale ou le FMI. Ces organismes encouragent, en effet, les gouvernements emprunteurs, en Afrique notamment, à recourir à l'inspection avant toute expédition afin d'assurer une meilleure gestion des importations et de suppléer aux carences des administrations douanières locales.

Il convient de noter que les administrations douanières des États concernés ne disposent pas souvent d'infrastructures et d'équipements adéquats pour lutter efficacement contre la fraude. Par ailleurs, elles ne bénéficient pas souvent des appuis politiques et financiers nécessaires pour mettre en place, de façon efficace, un réseau international autonome de renseignement sur les importations, ce qui aiderait à déceler et à réprimer la fraude douanière.

La valeur transactionnelle[1061] est généralement prise en compte mais des réévaluations sont parfois effectuées par les fonctionnaires des administrations douanières, même sur présentation d'une attestation de vérification (ADV) de la société BIVAC[1062], dès lors que les inspecteurs des douanes découvrent des cas de minoration de valeur.

[1060] Programme d'Ajustement Structurel ou PAS : réformes mises en place au niveau macroéconomiques par la BM et le FMI dans les années 1980 consistant à réduire très fortement les dépenses budgétaires des États africains afin de restaurer les équilibres financiers.

[1061] Notion permettant d'apprécier la valeur d'une marchandise et ayant fait l'objet d'un accord international dans le cadre de l'OMC.

[1062] Filiale de la société BUREAU VERITAS.

En fonction des clauses du contrat entre l'État et les prestataires privés, l'évaluation des marchandises peut se faire, soit par les partenaires privés (BIVAC, SGS, BC-SA,..), soit par l'administration des douanes, ou conjointement par les deux. Toutefois, généralement, le calcul définitif et le recouvrement des droits et taxes s'effectuent par les services de l'État.

Même s'il faut admettre que ce nouveau degré de contrôle découlant de l'intervention du prestataire privé est susceptible d'améliorer la qualité du contrôle, l'expérience a montré que très rapidement, ce dispositif devient souvent inopérant. En effet, on assiste généralement à un transfert, au niveau du prestataire privé, des maux dont souffrent les administrations douanières. Ainsi, cela aboutit souvent à un double niveau de tracasserie, ce qui constitue un frein au dédouanement rapide des marchandises.

Dans tous les cas, soit les clauses du contrat avec le partenaire privé renforcent l'autorité du privé au détriment de l'administration des douanes, soit le partenaire privé délivre simplement des avis sur la valeur des marchandises qui sont soumises à l'appréciation des fonctionnaires des douanes en dernier ressort. Cependant, considérés au départ comme un outil d'assistance, les prestataires privés sont devenus des outils de surveillance[1063], voire de substitution de la douane dans l'exercice de toutes ses attributions. Toutefois, en décidant de confier les attributions des administrations douanières à des particuliers, les dirigeants politiques exposent leur État à de nombreux dangers. En effet, si dans une certaine mesure, les indicateurs de performance simples peuvent être envisagés, concernant le volet fiscal des attributions de la douane, certains aspects vitaux semblent souvent négligés (protection et promotion de l'économie, sécurité, sureté, etc.). D'ailleurs, les prestataires privés qui visent par essence leur profit personnel, occultent généralement les autres aspects, notamment ceux liés à la sécurité, la sûreté, la protection et la promotion des entreprises nationales ou communautaires.

Il convient donc d'étudier un facteur important : la contexture problématique de l'administration douanière.

[1063] V. DEQUIEDT, « Les programmes de vérification des importations (PVI) à la lumière de la théorie de l'agence », *in Afrique contemporaine, op. cit.*, p. 152.

2 | Une administration douanière à contexture problématique

Les recettes douanières constituent, depuis longtemps, une source importante de rentrées fiscales au profit des budgets nationaux. La raison d'être traditionnelle de la douane est de percevoir les droits de douane et les impositions de même nature. Cette mission fiscale s'est élargie avec la perception des prélèvements communautaires des organisations d'intégration que sont l'UEMOA et la CEDEAO. Pour la plupart des États en développement, la mission fiscale de l'administration douanière est exclusivement basée sur la perception des droits de porte. Outre les droits de douane, l'administration douanière procède au recouvrement de toutes les impositions fiscales[1064], auxquelles sont assujetties les marchandises, objet d'importation et d'exportation.

Les services des douanes sont généralement installés au niveau des frontières des États. Ils ont longtemps œuvré pour le protectionnisme des produits nationaux en assurant la surveillance accrue des biens, objet du commerce international. La douane a une mission fiscale, économique et des missions particulières[1065], ce qui lui confère une certaine polyvalence.

La configuration de certains locaux administratifs abritant les administrations nécessite, du fait de leur exiguïté ou de la distribution inadéquate des pièces, des aménagements pour s'adapter à l'installation, en toute sécurité, d'outils informatiques en réseaux, indispensables à la modernisation de la gestion dans ces administrations.

Par ailleurs, la qualité des ressources humaines constitue un véritable levier pour la mobilisation optimale des ressources au niveau des administrations douanières des États membres de l'UEMOA. Malheureusement, on note généralement des influences extérieures

---

[1064] Il s'agit, en guise d'exemple, de la TVA, des droits d'accises, qui sont en temps normal des impôts indirects intérieurs généralement recouvrés par la DGI. Mais l'importation de marchandises ou le franchissement du cordon douanier national pour la mise à la consommation, constitue un des faits générateurs desdits impôts. La structure publique compétente pour recouvrer ces impôts est la douane, du fait de sa position géographique adéquate.

[1065] Cl.-J. BERR, H. TREMEAU, *Le droit douanier communautaire et national*, *op. cit.*, p. 25.

nocives dans le processus de recrutement, de formation et de gestion des carrières des fonctionnaires des douanes[1066].

En 1994, M. Mamadou DIA[1067], dans son étude sur la fonction publique subsaharienne, écrivait : « *la gestion du personnel et le niveau de rémunération reflètent davantage des critères d'appréciation personnelle que la performance et la productivité. La loyauté politique et personnelle et la docilité sont plus récompensées que le mérite* ». Cet état de choses restant quasiment inchangé, le résultat recherché demeure problématique.

Certains fonctionnaires des douanes ne possèdent pas les connaissances suffisantes pour effectuer efficacement leurs missions. Toutefois, il est à remarquer que de nombreux efforts sont consentis par l'OMD, les instances régionales et les administrations douanières nationales en matière de renforcement des capacités des fonctionnaires des douanes[1068]. Mais malgré ces efforts, il est une évidence que les

---

[1066] Au Bénin, la loi n° 2015-20 du 19 juin 2015 portant statut spécial des forces de sécurité publique et assimilées dispose en son article 5 : « *l'Administration de chaque composante des personnels des forces de sécurité publique el assimilées jouit d'une autonomie de gestion. A ce titre, le recrutement, la formation et la gestion de carrière des personnels de chacune des composantes s'effectuent conformément à la présente loi et à ses textes d'application* ». Par ailleurs, le décret n° 2016-146 du 17 mars 2016 portant transfert de compétences relatives aux Administrations des personnels des Eaux, Forêts et Chasse et ceux des Douanes et Droits Indirects prévoit en son Article 2 : *« Les compétences exercées par le Ministère en charge de la fonction publique en matière de recrutement, de formation et de la gestion des carrières des fonctionnaires des eaux, forêts et chasses et des douanes sont transférées à l'administration des deux composantes »*. Malgré cette autonomie de gestion consacrée par les nouveaux textes en vigueur, de nombreuses interférences persistent rendant difficiles, le recrutement, la formation et la gestion des carrières des fonctionnaires par les Administrations desdites composantes.

[1067] M. DIA, *Pour une meilleure gouvernance comme fondement de la réforme de la fonction publique en Afrique, au sud du Sahara*, Washington DC, éd. Banque mondiale, 1994, p. 8.

[1068] Sur le plan de l'informatisation des procédures de dédouanement, grâce à l'appui technique de la CNUCED, la plupart des États membres de l'UEMOA ont pu mettre en place le SYDONIA et ses versions améliorées. L'OMD, dans le cadre du programme Columbus, a effectué des missions d'évaluation des administrations douanières dans la plupart des États francophones d'Afrique subsaharienne depuis 2006, et a ouvert un bureau régional pour le renforcement des capacités à Abidjan et des centres régionaux de formation à Ouagadougou et à Brazzaville. La France a nommé des conseillers techniques résidents auprès des administrations douanières, dispensé de la formation et de l'assistance technique de courte durée et apporté des financements. L'Agence canadienne de développement international (ACDI) a mené au Bénin un programme

moyens de fraude évoluent de façon permanente avec le développement de la technologie. Parallèlement, les besoins en renforcement des capacités du personnel sont permanents et nécessitent des moyens colossaux que les autorités étatiques ne sont souvent pas prêtes à débloquer. Il serait donc erroné de penser que les administrations douanières des différents États concernés constituent des « *déserts de compétences* » et que la solution magique se trouverait au niveau des structures privées. D'ailleurs, dans la plupart des États, les formations spécifiques en matière douanière ne sont administrées qu'aux fonctionnaires des douanes dans des écoles qui ne sont pas ouvertes aux non douaniers[1069].

A ce tableau peu reluisant de l'administration douanière, se greffe une corruption endémique.

B- De la corruption endémique

La corruption constitue une infraction pénale et donc un interdit légal[1070]. Elle est une des caractéristiques de la mal gouvernance. Ses causes sont nombreuses. Il s'agit, entre autres, de la démocratie, du caractère informel de l'économie, des conflits d'intérêt. La lutte contre la corruption bénéficie d'un dispositif impressionnant (1), alors que la corruption demeure un phénomène généralisé (2).

1 | Un dispositif impressionnant

Le 14 décembre 2005, l'ONU a adopté une Convention contre la corruption qui représente le premier instrument de lutte au niveau

---

pluriannuel (2004-2008) de réforme de l'administration des douanes. Les États-Unis ont financé de nombreuses activités dans le cadre de leurs programmes d'assistance technique (*United States Agency for International Development* (USAID), Millenium Challenge Corporation, U.S. Customs), en particulier au Sénégal et au Bénin. Dans le cadre du compte administré au nom du Japon pour certaines activités du FMI, le Japon a financé des missions d'assistance technique du FAD dans cinq pays. La Banque africaine de développement et le Programme des Nations Unies pour le Développement (PNUD) ont également financé des activités de modernisation des douanes. Voir, G. MONTAGNAT-RENTIER et G. PARENT, « Réforme et modernisation des douanes en Afrique subsaharienne francophone, 1995-2010 », *Revue d'économie du développement*, vol. 20, n° 3, 2012, pp. 105-146.

[1069] Ceci justifierait le fait que les modules spécifiques aux missions douanières ne sont généralement plus enseignés dans les universités (Facultés et Écoles). Il s'agit fondamentalement de la législation douanière, la technologie tarifaire, des règles d'origine, de la valeur en douane, et du contentieux douanier.

[1070] N. MÉDÉ, « La corruption et ses ressorts en Afrique de l'Ouest francophone », *in RFFP*, n°147, 2019, p. 72.

international contre ce fléau. Cette convention prévoit nombre de mesures afin de renforcer la coopération internationale dans ce domaine[1071]. Cet accord international avait été précédé, de façon spécifique, en Afrique, par l'adoption par l'Union Africaine à Maputo, le 11 juillet 2003, d'une Convention ayant le même objet, la prévention de la corruption. Le texte de l'ONU prévoit expressément, dans le paragraphe 11 de son préambule, « *de promouvoir l'intégrité, la responsabilité et la bonne gestion des affaires publiques et des biens publics* »[1072].

Il convient d'indiquer que dans certains États comme le Mali et le Sénégal, en plus du code pénal, des lois sanctionnant l'enrichissement illicite des agents publics avaient été adoptées durant la décennie 1980, antérieurement à la Convention des Nations Unies contre la corruption. Il existe des textes postérieurs à cette Convention, qui sont des lois sur la corruption qui laissent transparaître un mimétisme apparent vis-à-vis du texte des Nations Unies. Ces lois nationales contre la corruption ont quasiment la même structure[1073] que la Convention des Nations Unies sur la corruption.

Ce dispositif normatif n'aura de sens qu'à travers un dispositif institutionnel qui facilite son application. A cet effet, la Convention exige des États signataires la création d'organes de prévention de la corruption. Ainsi, dans certains États d'Afrique de l'Ouest, des organes de lutte contre la corruption émergent avec des dénominations diverses[1074]. Dans ce même ordre d'idées, il existe au niveau continental, l'Association des autorités anti-corruption d'Afrique (AAACA)[1075].

[1071] Convention de l'Union africaine sur la prévention et la lutte contre la corruption, disponible sur http://www.peaceau.org/uploads/convention-combating-corruption-fr.pdf, consulté le 10 novembre 2019.

[1072] Convention des Nations Unies contre la corruption, document disponible sur https://www.unodc.org/documents/treaties/UNCAC/Publications/Convention/08-50027_F.pdf, consulté le 21 septembre 2019.

[1073] (i) les dispositions générales, (ii) les mesures préventives, (iii) la procédure, (iv) les incriminations et les peines, (v) la coopération internationale et l'entraide judiciaire, (vi) le recouvrement des avoirs et (vii) les dispositions diverses et finales.

[1074] Haute autorité de lutte contre la corruption et les infractions assimilées (Niger), Office national de lutte contre la fraude et la corruption (Sénégal), Haute autorité pour la bonne gouvernance (Côte d'Ivoire), Haute autorité de prévention et de lutte contre la corruption et les infractions assimilées (Togo), Autorité supérieure de contrôle d'État et de lutte contre la corruption (Burkina Faso), Autorité nationale de lutte contre la corruption (Bénin).

[1075] N. MÉDÉ, *op. cit.*, p. 73.

Par ailleurs, depuis de nombreuses années, l'OMD est un acteur déterminant dans le traitement du problème complexe de la corruption dans l'administration, notamment celle douanière. La question de l'éthique a figuré pour la première fois au programme de l'OMD à la fin des années 80, ce qui devait déboucher en 1993 sur la Déclaration d'Arusha, consacrée à l'éthique au sein de la douane. Cette Déclaration atteste de la volonté de l'OMD d'encourager ses membres à respecter les règles d'éthique et à mener à bien leurs activités de manière pleinement efficace. Elle constitue l'élément central du dispositif mis en place par l'OMD afin de lutter contre la corruption et de développer l'éthique. Dix années plus tard, l'OMD a adopté la Déclaration d'Arusha révisée, lors des sessions du Conseil de 2003[1076]. Il est clair que la corruption est un fléau qui impacte négativement le rendement des administrations douanières, qui est répandu dans l'État au niveau des différentes couches sociales et dans les différents secteurs de l'économie.

2 | Un phénomène généralisé

Selon une étude de la Banque Mondiale[1077] datant de 2008, entre 20 et 40 milliards de dollars sont placés sur des comptes en Suisse approvisionnés par des pots de vin payés à des dirigeants corrompus des pays pauvres, principalement africains. En fait, nul ne connaît l'ampleur réelle du phénomène. La Banque mondiale l'estime à 80 milliards de dollars par an, excepté les détournements de fonds destinés au développement et la petite corruption (celle des fonctionnaires, douaniers, policiers). La corruption aurait dépassé les 500 milliards de

---

[1076] Déclaration d'ARUSHA (révisée), disponible sur http://www.wcoomd.org/~/media /wco/public/fr/pdf/about-us/legal-instruments/declarations/declaration_arusha_ revisee_fr.pdf?la=fr, consulté le 12 octobre 2019.

[1077] Le coût de la corruption est difficile à évaluer parce que l'acte de corruption se passe entre des individus dans le plus grand secret. Mais il existe dans le monde, différentes études qui fournissent des informations et des chiffres sur les manifestations du fléau. Des études ont montré que la corruption dont se rendent coupables les citoyens des pays développés compromet le développement des pays pauvres. L'Institut de la Banque mondiale estime " la corruption sous forme de pots-de-vin à 1 000 milliards de dollars ". Mais elle affecte plus les États africains qui y perdent 25% de leur PIB chaque année selon U4 (Anti-corruption Resource Centre, 2007). Ce pourcentage correspond à la somme de 148 milliards de dollars au niveau mondial. En appliquant le taux de 25% au PIB du Burkina Faso qui était de 3 646 900 000 F CFA en 2008, le pays aurait perdu environ 911 755 000 F CFA en 2008 (source Le Réseau National Anti-Corruption rapport du 28/10/2009).

dollars en 1998 selon d'autres sources. Une étude[1078] estime qu'il y aurait 305 Millions d'euros sur des comptes bancaires en Suisse, provenant de détournements de l'aide publique internationale et que 80 % des grands contrats internationaux, soumis à des appels d'offres, donnent lieu au versement de pots-de-vin qui pourraient représenter entre 5 et 45% du montant total de chaque contrat !

Ce qui est certain, c'est que la grande corruption dans les pays en voie de développement est un détournement de fonds publics qui accroît les inégalités, augmente le coût des activités, provoque de graves distorsions dans l'utilisation des ressources collectives et fait fuir les investisseurs étrangers.

La corruption douanière, qualifiée plus haut de " petite corruption ", est très souvent dénoncée à juste raison. Elle prend la forme de " faveurs " accordées aux entreprises en échange de pots-de-vin attribués aux fonctionnaires. Cependant, l'OMD chiffre le montant de la perte des seuls droits de douane à 2 milliards d'euros. Ce n'est pas un problème africain, mais un problème mondial[1079] qui génère plus de dégâts dans les pays pauvres dont la justice n'est pas le plus souvent indépendante du pouvoir politique.

Pour les entreprises, la corruption diminue le coût des importations ou des taxes à payer en général. Pour les douaniers, ils profitent du pouvoir discrétionnaire que l'État leur a accordé pour en tirer un avantage financier au détriment des intérêts du Trésor. De nombreuses études ont été effectuées sur la corruption douanière et les moyens à mettre en œuvre pour lutter contre ce fléau. Il ressort de celles-ci qu'il faut augmenter les contrôles internes en réformant la chaîne de dédouanement et mener simultanément cette lutte anti-corruption aux niveaux judiciaire, législatif et surtout au niveau du pouvoir exécutif.

Par ailleurs, la situation statutaire des fonctionnaires des douanes les place généralement dans une position de dépendance permanente vis-à-vis des lobbies politique et économique qui sollicitent des avantages indus. Aussi, la crainte de représailles de la part de ces derniers conduit

---

1078 Cette étude a été réalisée par *Price Waterhouse Coopers* dans trente-cinq pays émergents et en développement.

1079 J.-L. ALBERT, *Douane et droit douanier*, *op. cit.*, p. 70. N. BAKO-ARIFARI, « La corruption au port de Cotonou : douaniers et intermédiaires », *in Politique africaine,* Paris, Karthala, 2001, N° 83, p. 39. Sur la répartition géographique de la corruption douanière ressentie et l'étude de BRYANE et FERGUSON sur la corruption dans les ex-pays de l'Est, p. 20.

les fonctionnaires des douanes à céder aux pressions pour sauver leur poste ou leur carrière.

En conséquence, la corruption constitue un phénomène général et il serait erroné de penser que le simple transfert des attributions des administrations douanières à des privés constituerait une solution efficace pour l'enrayer. Il en est de même de la transformation desdites administrations en agence ou office de recettes comme c'est le cas au Togo et au Ghana, car les mêmes causes produiront les mêmes effets.

Au demeurant, il ne fait aucun doute que la corruption affecte négativement les prestations de l'administration douanière et obère son rendement.

Paragraphe II | La question du rendement

Le rendement permet d'apprécier l'efficacité de l'administration douanière à travers l'évolution des recettes douanières, la performance de la gestion de ressources humaines et matérielles. La question du rendement évoque des résultats très mitigés avec l'intervention des structures privées (A), ce que certains États ont voulu améliorer par l'agenciation qui comporte également des limites (B).

A- Des résultats très mitigés

L'opération de dédouanement[1080] est caractérisée par un formalisme destiné à garantir la régularité de l'entrée des marchandises sur le territoire douanier, et leur acheminement jusqu'au point où elles recevront une destination douanière.

L'administration douanière demeure au cœur de ce processus et les différentes tentatives visant à confier ses attributions à des structures privées ou des agences se sont souvent soldées par des résultats très mitigés. On note ainsi une instabilité du personnel (1) et une intervention vicieuse des sociétés privées de pré-inspection (2).

1 | L'instabilité remarquable

Toutes les Organisations internationales travaillant en République centrafricaine avaient été surprises par l'ampleur de la décision de

[1080] Cl.-J. BERR, H. TREMEAU, *Introduction au droit douanier*, *op. cit.*, p. 46.

supprimer la douane en 2006 et d'attribuer à des sociétés privées ses missions. Mais elles furent encore plus décontenancées par l'absence de véritables réformes au bout de quelques mois. La situation était redevenue pire que celle précédente. En effet, pendant que le Président de la République d'alors voulait faire avancer l'efficacité du recouvrement de la douane dans un cadre original qui aurait fait date, il a conduit son administration dans une instabilité sans précédent. Il a maintenu deux systèmes sans coordination ni objectifs partagés[1081].

Peu d'actions ont été mises en œuvre à la faveur de la suppression de l'Administration Douanière en République Centrafricaine pour trois raisons essentielles. Il s'agit, en l'occurrence, de la faible implication du ministre en charge des finances et de son cabinet pour la partie publique de la douane, des permutations de l'ensemble du personnel douanier depuis lors, et de l'absence totale de moyens matériels au sein de la douane, alors même que les sociétés privées qui accomplissent des missions douanières sont bien rémunérées.

Les équipes successives ont seulement eu connaissance des multiples plans d'action arrêtés avec la collaboration d'AFRITAC-FMI, de l'Organisation mondiale des douanes, de la Banque mondiale, et de l'Union européenne depuis 2007. Il faut rappeler que depuis quelques années maintenant, l'administration douanière a connu plusieurs réformes importantes telles que la dissolution en septembre 2006, l'administration provisoire jusqu'en juillet 2007, et la mise en place d'une nouvelle administration avec un effectif réduit de 200 personnes. Il a aussi été question de la réintégration de la quasi-totalité des douaniers en novembre 2007 et de la permutation de l'ensemble du personnel en avril 2008 et autres mouvements d'encadrement. Tous les 18 mois, il y avait un changement du Directeur général des douanes et des cadres.

Quelles que soient les motivations apparentes qui ont mené les autorités à ces changements, il est important de souligner que l'instabilité du personnel ne permet pas de mener correctement des réformes administratives qui s'étalent généralement sur plusieurs années. Le maintien d'une certaine stabilité au niveau du personnel est nécessaire pour favoriser la mise en place des mesures recommandées afin de renforcer l'efficacité de l'administration douanière.

[1081] L. PASCAL, « La privatisation des missions douanières en République centrafricaine (RCA) : une opportunité d'amélioration des finances publiques ? », *op. cit.*, p. 79.

En outre, il faut noter que les efforts fournis par la douane et ses partenaires pour former des agents à des métiers spécifiques ont été gâchés, puisque les agents formés ont été mutés dans d'autres services et que leurs remplaçants n'ont pas bénéficié d'une telle formation. C'est par exemple le cas pour la formation faite dans le cadre du contrôle de l'exportation des diamants ou de celle dispensée pour la valeur transactionnelle. Cette situation, si elle se répète trop souvent, décourage rapidement le personnel de la douane et ses partenaires. Elle lasse aussi les organisations internationales qui paient souvent au prix fort la formation du personnel sans avoir un "retour sur investissement"[1082].

Ces difficultés rencontrées, suite à la décision des autorités centrafricaines de supprimer la douane en 2006 et d'attribuer à des sociétés privées ses missions, illustrent bien les déboires que connaissent la plupart des États qui s'engagent dans ces réformes périlleuses. En réalité, si en général les diagnostics sont bien posés, la thérapie proposée apparait généralement inadaptée.

2 | L'intervention des sociétés privées.

Relativement à l'utilisation de sociétés privées, la CKR[1083] ne donne pas d'indications précises. Elle insiste seulement sur l'importance d'une main levée plus rapide des marchandises et d'une hausse des recettes fiscales découlant d'un plan d'ensemble de réformes des douanes. Ces éléments montrent que la difficulté après des dizaines d'années de PSI, c'est d'en sortir. Les douanes nationales n'ont pas progressé après plusieurs années au contact du secteur privé. Pour une raison simple, former des douaniers locaux aura comme conséquence de fermer la porte au privé. À cet égard, il n'est pas inutile d'illustrer ces propos par la déclaration faite lors de la dernière réunion des Directeurs Généraux des Douanes en juin 2013, par le représentant du Nigéria en pleine assemblée générale. En sa qualité de Vice-Président pour la région Afrique occidentale et centrale (AOC), le délégué du Nigeria évoque les préoccupations de sa région à l'encontre du déploiement des sociétés

---

[1082] *Ibid.* p. 80.

[1083] La Convention internationale sur la simplification et l'harmonisation des régimes douaniers (Convention de Kyoto) est entrée en vigueur en 1974. Elle a été révisée et mise à jour, afin de mieux remplir les besoins actuels des gouvernements et du commerce international. En juin 1999, le Conseil de l'OMD a adopté la Convention de Kyoto révisée comme étant le fondement des régimes douaniers efficaces et modernes du XXIème siècle. Lorsqu'elle sera mise en œuvre à grande échelle, elle donnera aux échanges internationaux la prévisibilité et l'efficacité que le commerce moderne exige. La Convention de Kyoto révisée est entrée en vigueur le 3 février 2006.

d'inspection avant expédition (IAE), qui sont utilisées par 20 pays sur 23 dans sa région. Ce qui a pour effet de retarder le développement des administrations des douanes de ces pays et de restreindre le renforcement des capacités douanières. Lors d'une toute récente réunion tenue au Niger, la Déclaration de Niamey a été élaborée, pour présentation aux Directeurs généraux de la région. Elle en appelle à l'OMD pour appuyer les mesures destinées à mettre fin aux contrats des IAE. Au niveau national, le gouvernement du Nigeria a déjà reconnu la nécessité de se passer des services d'IAE et de permettre à la douane de reprendre graduellement la maîtrise de ses fonctions douanières.

Plus récemment, des analyses ont critiqué la méthode de travail des sociétés privées lors du contrôle à l'importation, lesquelles n'effectuent quasiment plus de contrôles avant embarquement à l'étranger et ne respectent plus le contrat initial. Ce qui est avéré en RCA et a été dénoncé par l'expert du FMI sans que le Ministre des Finances de l'époque réagisse. Aussi, les sociétés privées ont comme ambition d'étendre peu à peu leur champ de compétence en proposant des contrôles par scanners, des services d'enquêtes, des analyses de risques[1084].

Même l'OMD, qui pourtant travaille avec ces sociétés privées et se fait même sponsoriser par elles lors de manifestations officielles et dans sa revue trimestrielle, a du mal à apprécier de façon objective leur apport. L'expert principal de l'OMD pour les pays francophones, M. Bernard ZBINDEN, affirmait au sujet de l'apport positif, selon le FMI du contrat "BIVAC" avec la RCA : « *...les inspections avant embarquement ne se sont pas avérées efficaces (ceci a été confirmé par différentes études qui ont été menées), et constituent un obstacle à la facilitation du commerce (procédures et coûts supplémentaires) et ne sont plus nécessaires si l'Administration met en place des outils et standards plus modernes (gestion de risque, contrôle à posteriori)* ». Il poursuit : « *Je peux comprendre vos recommandations mais seulement dans le court terme, à long terme, il faudrait à mon avis, mettre en question l'approche toute entière et renforcer les capacités de la Douane pour qu'elle puisse maîtriser le problème de la valeur en douane avec des outils plus modernes* ».

Mais, ce point de vue n'est pas officiellement celui de l'OMD, d'ailleurs nulle part une analyse critique définitive à l'encontre des

---

1084 L. PASCAL, « La privatisation des missions douanières en République centrafricaine (RCA) : une opportunité d'amélioration des finances publiques ?», *op. cit.*, p. 91.

sociétés de pré-inspection (PSI) n'est effectuée par une organisation internationale[1085].

Le Bénin a connu la même expérience de privatisation partielle des attributions de l'Administration douanière, avec la société Bénin Contrôle SA qui assiste actuellement la douane dans la mise en œuvre du PVI-NG[1086].

L'« agenciation » de la douane pourrait être une approche de solution à la privatisation de cette structure étatique, l'exemple de l'Office Togolais des Recettes mérite une attention.

B- Des limites de l'« agenciation »

Le terme *« agence »* est employé pour qualifier des entités fort disparates, tant en ce qui concerne leurs mandats (par exemple, réguler un secteur d'activité économique, fournir des services publics, conseiller le gouvernement, favoriser la participation citoyenne), leurs raisons d'être (plus ou moins idéologiques) et leurs designs institutionnels[1087]. Les agences sont apparues dans le courant des réformes entreprises avec l'avènement du *New Public Management* (NPM) dans les années 1980. Le *New Public Management* a pour but l'application de méthodes managériales du secteur privé afin de permettre aux administrations publiques de devenir plus compétitives, tout en garantissant un service public de qualité. Les offices restent caractérisés par des attributions non négligeables (1) et un statut juridique particulier (2).

1 | Un cadre normatif similaire

L'Office togolais des recettes (OTR) a été créé en République du Togo par la loi n°2012-016 du 14 décembre 2012, votée à l'unanimité des représentants du peuple. Il intègre les directions générales des Douanes et des Impôts au sein d'une structure unique. C'est un établissement public à caractère administratif, doté d'une autonomie de gestion administrative et financière. Il est chargé de recouvrer les impôts, taxes et droits de douanes pour le compte de l'État et des collectivités territoriales.

1085 G. PARENT, « Réforme et modernisation des douanes en Afrique subsaharienne francophone 1995-2010 », *in Revue d'économie du développement*, n° 26, 2012, p. 125.

1086 Programme de vérification des importations Nouvelle génération.

1087 B. RIGAUD, « Agence », 2012, dans L. COTE et J.-F. SAVARD (dir.), *Le Dictionnaire encyclopédique de l'administration publique*, [en ligne], www.dictionnaire.enap.ca.

Il a également la charge de conseiller ou représenter le gouvernement en matières fiscales et douanières, promouvoir le consentement volontaire à l'impôt, combattre la fraude, l'évasion fiscale et la corruption et de produire des statistiques sur les recettes collectées. L'OTR est aussi un modèle d'innovations et de modernisation des procédures et outils de travail en matière de collecte des taxes et impôts.

Il a ainsi mis en place plusieurs outils innovants depuis son démarrage. Il s'agit en l'occurrence du recouvrement des taxes par les banques, gage d'un gain de temps pour les opérateurs économiques, de transparence et de sécurité pour les recettes de l'État. Les déclarations en ligne sont une réalité, grâce au SYDONIA WORLD[1088], gage de modernité et de facilité pour les opérateurs économiques. La lutte contre la corruption et l'évasion fiscale est effective avec des outils innovants comme le numéro vert 8280, une adresse électronique (anticorruption@otr.tg) pour signaler toute attitude douteuse. L'amélioration de la procédure de sélectivité permet d'accélérer les procédures de sortie des marchandises. Il s'ensuit une éducation du contribuable pour un consentement à l'impôt à travers des émissions télé et radio éducatives, des forums de contribuables et d'autres actions de terrain[1089].

L'OTR est un établissement public à caractère administratif, doté d'une autonomie de gestion administrative et financière. Ses principales missions consistent à asseoir, administrer et recouvrer les impôts, taxes et droits de douanes pour le compte de l'État, recouvrer les impôts locaux pour le compte des collectivités territoriales, conseiller le gouvernement sur toutes les questions portant sur la politique fiscale, combattre la fraude et l'évasion fiscale puis produire et publier les statistiques concernant les recettes fiscales et douanières.

Cette réforme qualifiée de deuxième génération est la 1ère au sein de UEMOA. Elle est intervenue après la mise en œuvre de plusieurs autres

---

[1088] T. CANTENS, « La réforme de la douane camerounaise à l'aide d'un logiciel des Nations Unies ou l'appropriation d'un outil de finances publiques », *Afrique contemporaine*, 2007, p. 290. Le SYDONIA est un logiciel développé par la CNUCED, dans le but d'aider les États en développement à moderniser leurs services douaniers et à mettre en place des guichets uniques. Ce système présente divers avantages. Au Bénin, ce système a été mis en exploitation à partir de 1991 à la recette des douanes Cotonou-Port, sous la version 2.0. Tenant compte des actualisations et des mises à jour, d'autres versions ont été élaborées, en l'occurrence le SYDONIA++ et le plus récent le SYDONIA world.

[1089] https://www.otr.tg/index.php/fr/accueil/l-otr/a-propos.html, consulté le 11 Janvier 2019.

réformes, visant l'assainissement des finances publiques et l'amélioration du cadre macroéconomique du pays, dans le cadre des programmes avec le FMI. Avec la création de l'OTR, il y a une séparation des fonctions opérationnelles (collecte des recettes) et des fonctions d'appui (logistique, ressources humaines, informatique). De nouvelles directions et divisions, qui n'existaient pas dans les anciennes régies, ont été aussi créées[1090].

La reforme ayant conduit à la création de l'Office togolais de recettes a consacré une démarcation nette entre les responsabilités en matière d'élaboration de la politique fiscale et celles opérationnelles de mise en œuvre de la politique. L'élaboration de la politique fiscale est du ressort du ministère en charge des finances à travers la cellule de politique fiscale installée en son sein. Quant à l'OTR, ses missions consistent à asseoir et à recouvrer les impôts et taxes et, au besoin, à contrôler les contribuables.

L'unité de politique fiscale créée par arrêté n°095/MEF/CAB du 29 juin 2017 au sein du ministère de l'économie et des finances est en cours d'installation, et donc pas totalement fonctionnelle. Toutefois, un nouveau code des douanes a été adopté en 2014 et révisé en 2018. Les procédures douanières relatives au code national des douanes révisé ont été également adoptées dans la foulée. Ce nouveau code accorde une place centrale à la réforme fiscale au Togo et aux nouveaux instruments et agendas fiscaux de l'OMD, de l'Union africaine et de la sous-région (CEDEAO et UEMOA).

Un nouveau code des impôts simplifié et des procédures fiscales sont en cours d'étude pour adoption au niveau de l'Assemble nationale. Le nouveau code des impôts consacre une forte simplification du système fiscal togolais.

2 | Un statut juridique particulier

Dans les pays francophones d'Afrique, en général, c'est le statut général de la fonction publique qui s'applique aux agents de l'administration fiscale des douanes et des impôts. Ce statut général est complété dans certains pays, comme le Bénin, par le statut particulier des corps du personnel de l'administration des impôts à travers le décret n°98-

[1090] Il s'agit de la Direction des études et de la planification stratégique, Direction de l'audit interne et de l'assurance qualité, Direction de l'anticorruption, Direction de la communication et des services aux usagers, Divisions chargées de l'analyse de risque et Division de la facilitation des échanges.

200 du 11 mai 1998[1091]. Le personnel de l'OTR est régi par un statut adopté par son conseil d'administration[1092]. Les agents sont sous contrat de travail à durée déterminée pour les commissaires et les Directeurs, ou à durée indéterminée pour les agents et les cadres. Ce statut confère à l'OTR une certaine souplesse en matière de politique de recrutement et de stratégie de gestion du personnel.

L'OTR est autonome en matière de gestion des ressources humaines[1093]. La stratégie de gestion des ressources humaines est déjà énoncée à l'article 20 de la loi portant création de l'OTR qui dispose : « *garantir une gestion et une structure organisationnelle efficaces et efficientes et des conditions d'emploi propices, permettant au personnel de l'Office d'être bien motivé et bien formé* »[1094]. L'OTR s'est doté d'une stratégie de gestion des ressources humaines claire et traduite en objectifs opérationnels. Préparée par le comité de direction, cette stratégie a été approuvée par le conseil d'administration. Le principe de la transparence des actes est posé par le statut du personnel et semble déjà éprouvé dans la pratique.

L'OTR jouit d'une autonomie de recrutement de son personnel. Le recrutement fait partie des neuf missions du conseil d'administration de l'OTR telles que prévues par la Loi. L'office est chargé d'approuver les rémunérations du personnel et les indemnités des commissaires aux comptes, ainsi que le plan de recrutement du personnel de direction et doit suivre le processus de recrutement de celui-ci. Le commissaire général de l'OTR est ainsi nommé par décret en Conseil des Ministres à l'issue d'un concours organisé par le conseil d'administration, pour un mandat de quatre (4) ans renouvelable une seule fois. Le mandat des autres commissaires est également de quatre (4) ans, renouvelable une seule fois.

L'article 17 de la loi portant création de l'OTR prévoit que le comité de direction est chargé de « *définir le plan de recrutement du personnel subalterne et procéder au recrutement de ce dernier* »[1095]. Les créations

---

1091 Toutefois, les fonctionnaires des douanes béninoises sont plutôt dotés d'un statut spécial depuis le 19 juin 2015. Ce statut a été remplacé, cinq ans plus tard, par la loi n° 2020-17 du 03 juillet 2020 portant statut spécial des fonctionnaires des Douanes.

1092 https://www.otr.tg/index.php/fr/accueil/l-otr/a-propos.html, consulté le 11 Janvier 2019.

1093 *Ibid.*

1094 Art. 20 de la loi n°2012-016 du 14 décembre 2012 portant création de l'OTR.

1095 Art. 17 de la loi n°2012-016 du 14 décembre 2012 portant création de l'OTR.

de poste sont soumises au respect des prévisions budgétaires et le plan de recrutement est approuvé par le conseil d'administration. Les conditions de recrutement incluent une limite d'âge de 18 à 45 ans, sauf pour les postes de directeur et de commissaire, et des conditions de diplômes correspondant au grade ou à l'emploi. En dehors des chauffeurs, un minimum de BAC + 2 est requis pour accéder aux emplois à l'OTR. Les communiqués relatifs aux recrutements, promotions et changements d'affectation sont publiés sur le site internet de l'OTR.

En vue d'accroître l'efficacité de son personnel, l'Office met un accent particulier sur le renforcement des capacités à travers des formations initiales et continues. La création d'un institut de formation professionnelle fiscale et douanière au sein de l'OTR a été prévue par décret n°2016-017/PR du 18 février 2016 portant attributions, organisation et fonctionnement de l'OTR afin de dispenser les formations aussi bien initiales que continues. Il sera compétent sur toutes les missions de l'OTR à savoir : fiscalité, affaires douanières, fonctions support, management.

La formation initiale des personnels de l'OTR à ce stade est assurée par l'École nationale d'Administration (ENA) du Togo et certaines institutions partenaires comme la Direction générale des Finances publiques en France, l'Université Paris Dauphine, le forum des administrations fiscales africaines (ATAF), l'École des douanes de Casablanca, l'École Nationale des douanes du Burkina Faso et l'École belge de Vérification. En formation continue, l'OTR dispose d'un plan annuel de formation et un budget dédié aux formations initiales et continues. Le plan de formation individuelle est défini à l'occasion des entretiens d'évaluation.

En matière d'évaluation des performances individuelles des agents, l'OTR présente le dispositif le plus complet. Les modalités d'évaluation sont fixées par les articles 28 à 30 du statut. L'évaluation est annuelle et réalisée par le supérieur hiérarchique direct *« sur la base des objectifs et des compétences professionnelles »*. Elle est validée par un comité d'évaluation d'au moins trois membres, dont un de la direction des ressources humaines, mis en place par le commissaire général. L'évaluation individuelle est adossée à un contrat de performance assorti d'objectifs opérationnels et repose pour son appréciation, sur un regard croisé d'agents.

L'évaluation débouche sur une notation avec six niveaux, de « médiocre » à « excellent ». Une notation aux trois derniers niveaux entraîne, en principe, le déclenchement d'actions de renforcement des compétences. Dans le cas où la notation ne progresse pas à l'évaluation suivante, l'agent peut être révoqué. Du fait de l'adoption récente du statut, il n'est toutefois pas possible de vérifier l'effectivité de ces dispositions. En 2016, les agents de l'OTR ont été évalués.

En principe, le commissaire général est évalué annuellement par le conseil d'administration sur la base des indicateurs de performance assignés à l'OTR dans son contrat de performance[1096]. Il peut être suspendu par le Président de la République, sur avis motivé du ministre des finances, notamment en cas « *d'incapacité à réaliser les résultats assignés dans le contrat de performance* ». Concernant les politiques d'avancement et de promotion, les règles d'avancement sont fixées dans le statut du personnel. Les avancements d'échelon sont liés à l'évaluation individuelle annuelle de l'agent. Ce dernier doit obtenir, deux fois consécutives, une appréciation au moins égale à « Bon », c'est-à-dire 70%, pour prétendre à l'avancement. Chaque grade comporte 15 échelons hiérarchisés par ordre croissant.

La promotion des agents de l'OTR par changement de grade ou par nomination à un poste de responsabilité tel que chef de section, chef de division, directeur, commissaire ou commissaire général, se fait par voie de concours interne et/ou externe. L'OTR organise ainsi régulièrement des concours basés sur des descriptions précises des postes. Les postes sont ainsi pourvus sur la base des qualifications et des compétences des agents, résultant d'une sélection ouverte à la concurrence à tous.

Au regard du dispositif technique mis en place au niveau de l'OTR et qui est similaire à celui des autres pays qui ont opté pour l'« agenciation », il est possible de conclure que l'élément nouveau le plus important demeure l'autonomie de gestion. En effet, le placement des administrations douanières dans une situation statutaire garantissant leur autonomie de gestion[1097], doublée d'un dispositif de contrôle permanent d'exécution des services serait une meilleure option. Cela garantirait non seulement une mobilisation optimale des ressources

[1096] Cf. articles 18 et 19 de la loi n° 2012-016 du 14 décembre 2012 portant création de l'OTR.

[1097] Au Bénin, ce principe (l'autonomie de gestion de l'Administration des douanes) a été consacré par l'article 5 de la loi n° 2015-20 du 19 juin 2015 portant statut spécial des personnels des forces de sécurité publique et assimilées.

fiscales à un meilleur coût[1098], tout en évitant à ces États de confier des missions relevant des prérogatives de puissance publique à des lobbies internationaux ou étrangers.

Au demeurant, quelle que soit la dénomination attribuée à la structure chargée d'assurer les missions douanières, si les nombreuses contraintes internes et externes qui ont de tout temps limité les performances des administrations douanières ne sont pas maîtrisées, les réformes initiées aboutiront aux mêmes contreperformances[1099]. Il convient donc d'envisager en premier une assistance à la modernisation, au risque de contribuer à accroître la corruption. En d'autres termes, l'usage des PVI ou l'intervention des prestataires privés ou encore la transformation des administrations douanières en agence ou office de recette ne peuvent pas être la panacée à tous les maux d'une gouvernance défaillante.

[1098] Il faut noter qu'en général, les contrats passés entre l'État et les prestataires privés investis des attributions douanières ne sont pas laissés à la portée du public. Au demeurant, l'État se retrouve souvent dans l'obligation de débourser des montants colossaux à ces prestataires qui arrivent rarement à justifier de la plus-value apportée par leur intervention dans le processus de dédouanement des marchandises.

[1099] V. DEQUIEDT, « Les programmes de vérification des importations (PVI) à la lumière de la théorie de l'agence », *in Afrique contemporaine,* 2009, p. 164.

Conclusion du Titre II

Le système institutionnel de recouvrement des ressources de l'UEMOA mérite d'être rénové pour mieux répondre aux ambitions communautaires. Dans cet élan, non seulement le réaménagement des institutions existantes est nécessaire, mais également la création de nouvelles institutions reste une hypothèse à explorer. Ces rénovations souhaitées sont guidées par le souci de concilier les intérêts étatiques particuliers et l'intérêt communautaire. Elles passeront, entre autres, par leur renforcement en matière normative puis en matière fonctionnelle. A défaut, la création de nouveaux organes communautaires en vue de mieux garantir les intérêts de l'Union.

Par ailleurs, il est nécessaire qu'un dispositif institutionnel puisse suivre l'application du régime harmonisé des règles fiscales. Il revient aussi bien à des organes communautaires qu'à des structures au niveau national de veiller au succès et à l'opérationnalisation du dispositif.

Il paraît nécessaire de repenser le fonctionnement des institutions communautaires de contrôle existantes. L'UEMOA devra donc travailler à installer des organes propres de contrôle afin de réduire la dépendance de l'institution communautaire vis-à-vis des États membres. La mise en place d'un service d'audit interne spécialisé, extérieur à la structure ordinaire des directions générales et chargé de faire un rapport directement au Président de la Commission, serait une option envisageable.

L'autre option explorée concernant le cadre institutionnel, c'est l'intervention d'organes tiers pour conduire partiellement ou entièrement le processus de mobilisation des ressources. La bonne gouvernance ainsi recherchée découle d'un système complexe impliquant la mise en place d'organes de contrôle interne et externe. Elle suppose également une bonne régulation, l'internalisation des valeurs du système par les différents acteurs avec une prise en compte de la dimension culturelle. La politique de formation et de renforcement de capacités des agents n'a pas été occultée.

La mutualisation des efforts et la prise en compte des difficultés liées aux expériences d'« agenciation » permettent d'envisager des perspectives encourageantes. Détentrice d'une compétence fiscale et d'un pouvoir fiscal, l'Union serait moins dépendante des États membres pour financer son budget.

Conclusion de la Partie II

Durant plus de deux décennies, l'UEMOA s'est construite en se dotant de politiques et programmes, et en déployant, dans l'ensemble des États membres, des projets concrets qui en font aujourd'hui un modèle d'intégration cité en exemple sur le continent. L'union douanière est acquise avec la libéralisation des échanges intracommunautaires et l'institution d'un Tarif extérieur commun, en dépit de certains goulots d'étranglement. Des politiques et programmes communs ont été adoptés et sont développés dans les domaines de l'agriculture, de l'industrie, de l'énergie, des mines, de l'environnement, du tourisme, de la culture, de l'enseignement supérieur et des transports. Un pacte de convergence, de stabilité, de croissance et de solidarité organise la conduite des politiques macroéconomiques. Il est toutefois illusoire d'élaborer des politiques de développement et de viser l'émergence des économies des États membres de l'UEMOA sans s'intéresser davantage et particulièrement au système de recouvrement des prélèvements fiscaux au profit de l'Union.

Cette étude attire l'attention sur la nécessité d'améliorer le mécanisme de mobilisation des ressources de l'Union en créant de nouveaux prélèvements au profit de l'Union, en encadrant au mieux les ressources, de sorte à sanctionner les États qui ne procèdent pas à leur reversement automatique. Quant à la TVA intracommunautaire, sa mise en œuvre effective dans l'Union serait un atout pour l'accroissement des ressources communautaires en ce moment même où le taux appliqué pour la liquidation du PCS a été réduit de 0,2% pour le financement de l'Union africaine.

En outre, la rénovation institutionnelle de l'Union est la bienvenue pour un meilleur contrôle des prélèvements effectués à son profit par les États membres. L'UEMOA devra également se doter d'organes propres de contrôle, soutenus par un cadre normatif assez contraignant pour sanctionner efficacement les manquements.

Par ailleurs, la possibilité de recours à l'agenciation en vue d'un recouvrement et d'une gestion améliorée des finances communautaires n'est pas à exclure. Ceci contribuera, entre autres, au renforcement de son autonomie financière et à un meilleur suivi des entrées communautaires. Il est important de prévenir les risques de gestion par l'institution d'une fonction de contrôle et d'audit performante au sein des organisations tout en assurant une bonne conduite des changements. A ce titre, s'inspirer des institutions communautaires telles que l'Union européenne et ses organes révèle une ouverture d'esprit pour une Union plus performante. Les défis communautaires sont nombreux et les enjeux sont formidablement importants. Il est donc nécessaire d'œuvrer pour une meilleure maitrise des mécanismes budgétaires et des relations complexes entre les organes de l'UEMOA et les États membres.

Conclusion générale

La question de la soutenabilité est régulièrement posée dans le droit public financier. Son importance a d'ailleurs conduit l'UEMOA à confier aux contrôleurs financiers de l'Union, en dehors *« du contrôle de régularité, de conformité des actes et opérations budgétaires et financières »*, la charge de « *l'examen de la soutenabilité budgétaire des activités des organes de l'Union »*[1100].

Pourtant, les contours même de cette notion restent assez flous. En effet, on peut se demander si cette notion est parfaitement univoque. Autrement dit, existe-il des similarités en ce qui concerne la soutenabilité des finances d'un État, d'un établissement public, d'une collectivité territoriale, d'une organisation internationale ou d'une organisation d'intégration régionale telle l'UEMOA ? Aussi, à défaut d'une définition générique de la notion pour l'appliquer à l'UEMOA, il a été question de partir d'une interrogation simple : dans quelle mesure, l'UEMOA dispose-t-elle de capacité à mobiliser ses ressources et à couvrir de façon durable ses charges ? Il a été question, tout le long de ce travail, d'analyser la capacité de l'UEMOA à mobiliser de façon durable les ressources nécessaires pour la mise en œuvre continue des projets ou programmes qui découlent des nombreux objectifs à elle assignés[1101].

En vue d'atteindre lesdits objectifs, l'UEMOA s'est dotée d'un cadre institutionnel et d'un cadre normatif qui lui assurent une autonomie relative. Ainsi, en matière financière, le Traité instituant l'UEMOA l'a « *... dotée de ressources propres qui assurent le financement régulier de son fonctionnement* »[1102]. Le système de financement choisi, qui met en avant les ressources propres communautaires, est censé assurer la sincérité et la sécurité du budget de l'Union à partir des investissements effectués. Il soutient l'idéologie de l'effort personnel et celle du refus de la dépendance nocive dont certaines Communautés, à leurs dépens, n'ont pas su se départir[1103].

Le résultat de cette option est que malgré les difficultés qu'il lui arrive de rencontrer, l'Union parvient à assurer son fonctionnement régulier et

[1100] Art. 21 al. 11-1 du règlement N° 01/2018/CM/UEMOA, *op. cit.*

[1101] Art. 4 du Traité révisé de l'UEMOA, *op. cit.*

[1102] Art. 48 du Traité révisé de l'UEMOA, *op. cit.*

[1103] P. THÉOUA, *les finances Publiques de l'Union économique et monétaire ouest-africaine (UEMOA) et la logique de performance, op. cit.*, p. 371.

à réaliser quelques investissements importants. Néanmoins, on ne doit pas perdre de vue la question du rendement quantitatif des ressources propres et l'étendue des besoins de l'Union. Les développements montrent bien que la part des ressources extérieures n'est pas négligeable (en moyenne 40% du budget communautaire). Ils montrent également que le système de perception de ces ressources est lié aux procédures nationales, et que les risques de rétention des ressources collectées planent constamment.

De plus, pour une mobilisation optimale et une bonne gestion des ressources communautaires, l'UEMOA a mis en place un arsenal juridique cohérent pour créer un environnement fiscal et économique harmonisé au niveau des États membres. Elle a également édicté, dans cet élan, de nombreux textes en vue d'assurer la régularité, la crédibilité, l'efficience, l'exemplarité, la fiabilité et la transparence des opérations budgétaire, financière et comptable des organes mis en place[1104]. Ce cadre juridique est composé notamment d'un Traité rénové, d'actes additionnels, de directives et de règlements, notamment d'un règlement financier qui a été rénové, après une décennie d'application[1105].

Si, dans le cadre de la mobilisation de ses ressources financières, l'Union a opté pour la mise en place d'un mécanisme de financement original basé notamment sur les ressources propres, les fonds qui en découlent sont loin de combler ses attentes. Toutefois, elle consacre des dispositions financières novatrices par rapport à celles de la CEAO. Malheureusement, les résultats de ces mesures novatrices restent encore mitigés. Certes, les ressources propres mobilisées financent entièrement le fonctionnement des organes de l'Union, mais elles sont insuffisantes pour couvrir les charges liées aux ambitieux projets intégrateurs initiés par l'Union.

Par ailleurs, au-delà du mécanisme de mobilisation des ressources communautaires, il a été question d'examiner les différents critères qui fondent la répartition des compétences entre l'Union et les États membres. Il est donc question de s'interroger sur ce qui justifie objectivement, le choix de faire réaliser certains projets ou programmes par l'Union, plutôt que par les États membres ou vice versa. Aussi,

[1104] Art. 2 du règlement n° 01/2008/CM/UEMOA du 28 mars 2018 portant Règlement financier des Organes de l'Union économique et monétaire ouest-africaine.

[1105] Le règlement n° 01/2018/CM/UEMOA portant Règlement financier des Organes de l'Union économique et monétaire ouest-africaine a été pris le 23 mars 2018 pour remplacer l'ancien et corriger ses lacunes.

l'étude des rapports entre l'Union et les États membres a-t-elle été déterminante dans l'évaluation du degré d'autonomie de l'Union en matière financière, analysé sous le prisme de son pouvoir décisionnel général.

En réalité, cette étude s'est préoccupée non seulement du système de mobilisation des ressources de l'Union mais l'a également complété de l'analyse des besoins pour lesquels cette mobilisation est requise. La réalisation des projets structurants d'envergure communautaire par l'Union constitue un stimulant à la production dans l'espace communautaire. Ce qui permettra à terme de « *renforcer la compétitivité des activités économiques et financières des États membres dans le cadre d'un marché ouvert et concurrentiel et d'un environnement juridique rationalisé et harmonisé* »[1106]. Les projets intégrateurs ont donc pour vocation de fédérer les États membres et les populations autour de la satisfaction des besoins communs que les États membres, pris individuellement, ne sauraient satisfaire valablement dans les meilleures conditions.

Il est évident que la réalisation desdits projets, gage de la satisfaction accrue des besoins des populations, développera davantage au sein de l'Union, le sentiment d'appartenance à une même Communauté et une plus grande adhésion à une fiscalité communautaire. Face à cet impératif, l'étude du mécanisme de financement des ressources de l'Union en vue de relever les atouts et surtout les facteurs limitants est d'un intérêt capital. Cette étude met également l'accent sur l'analyse des charges communautaires qui justifient la mobilisation desdites ressources. Des réflexions allant dans le sens de l'amélioration du cadre normatif et du cadre institutionnel de l'Union, permettent de poser les bases d'une meilleure maîtrise des finances communautaires et même de projeter sa soutenabilité.

Cette étude menée sur des fondements théoriques et pratiques a permis de parvenir à des résultats importants. A ce titre, même si le cadre normatif et institutionnel mis en place par l'UEMOA permet d'assurer, de façon autonome, le financement régulier du fonctionnement des organes de l'Union, le mécanisme de mobilisation des ressources communautaires mis en place reste encore perfectible. En effet, l'analyse de ce cadre normatif régissant les finances de l'Union révèle que son application fait apparaître de nombreuses difficultés. Celles-ci jalonnent

[1106] Art. 4 al. a du Traité révisé de l'UEMOA.

le processus de mobilisation des ressources communautaires et limitent sa capacité à faire face aux charges, notamment celles liées aux projets intégrateurs.

La soutenabilité des finances de l'Union est donc contrainte d'une part, par l'application mitigée du cadre normatif communautaire et, d'autre part, par la difficulté de maîtrise des charges de l'Union. Ce qui a pour corollaire une insuffisance de ressources face à des besoins sans cesse croissants. En effet, en ce qui concerne l'application du cadre normatif communautaire, on note la forte implication des États membres dans le processus de recouvrement, ce qui a pour conséquence, le transfert au plan communautaire des différents maux dont souffrent les administrations fiscales desdits États. On note ainsi des taxations ou exonérations indues sur les marchandises, sans oublier les défaillances liées à l'éthique et à la déontologie des fonctionnaires des administrations intervenant dans le recouvrement des ressources communautaires.

Au demeurant, le PCS reste la principale ressource propre et sa mobilisation se trouve sensiblement limitée par les difficultés de maîtrise des différents éléments de taxation douanière, notamment l'espèce, la valeur et l'origine. Par ailleurs, cette intervention prépondérante des autorités étatiques dans ce processus de recouvrement se trouve à l'origine de la rétention constatée, des ressources communautaires recouvrées par les États membres. De son côté, l'UEMOA marque une réticence à engager contre les États concernés les sanctions prévues par l'Union, le cas échéant, principalement la procédure de recouvrement forcé.

Tout porte à croire qu'en matière de mobilisation des ressources, l'UEMOA semble avoir déjà atteint ses objectifs, au point de limiter ses ambitions dans ce domaine. En effet, le Traité révisé de l'Union prévoyait, à terme, la création d'une deuxième ressource propre, en l'occurrence la TVA intracommunautaire. Ce prélèvement communautaire devrait être appliqué en vue de renforcer les ressources issues du PCS. Plus de deux décennies après son institution théorique, cette taxe n'a jamais été mise en œuvre. Mieux, le taux applicable à la valeur en douane, dans le cadre du recouvrement du PCS qui, autrefois, est passé de 0,5% à 1%, a été ramené à 0,8% en 2018 et les perspectives pour 2020 vont dans le sens de sa réduction à 0,5%.

Il s'agit d'une situation assez paradoxale. Tandis que l'UEMOA s'appuie sur des PTF pour réaliser non pas sans difficultés les projets intégrateurs, la tendance baissière de ce taux s'assimile à une forme de contingentement des ressources propres de l'Union. Cela a pour conséquence d'accroître sa dépendance vis-à-vis desdits PTF et autres donateurs, plombant ainsi la réalisation des projets les plus ambitieux.

Les nombreux efforts allant dans le sens de l'harmonisation fiscale complète, au sein de l'Union, permettront à terme de limiter l'interventionnisme des États membres et de faciliter la création et la mobilisation de nouvelles ressources communautaires. Les exigences de transparence accrues se heurtent à l'expression plus ou moins affirmée de la souveraineté fiscale des États membres. Par ailleurs, on note une absence d'harmonisation du contentieux douanier[1107], ainsi que des sanctions pécuniaires qui en découlent, au niveau de l'Union. Cette situation ne profite qu'aux États membres qui répriment différemment les infractions douanières et profitent seuls des produits des amendes et confiscations. Pourtant, une partie des amendes et confiscations aurait pu servir également à financer le budget communautaire, si une harmonisation était faite en matière de contentieux douanier.

Un autre facteur essentiel entrainant des difficultés de financement des projets intégrateurs se rapporte à l'inexistence de critères assez clairs en matière de répartition des compétences entre l'Union et les États membres. Il faut noter que les Traités ne définissent pas clairement les compétences entre les organisations d'intégration et les États membres. Il n'existe pas de principe général qui permettrait de classer les compétences en termes de compétences exclusives, concurrentes, partagées ou subsidiaires. En réalité, les Traités se bornent à fixer les objectifs à atteindre et à définir les pouvoirs qui permettent de les atteindre. Ces pouvoirs sont attribués aux organes, qui sont structurés de manière à permettre à l'Union de remplir efficacement sa mission.

En la matière, il existe des compétences d'attribution. Mais en dehors des compétences affectées, le principe de subsidiarité sert de base juridique pour la répartition des compétences entre l'Union et les États membres. Toutefois, il est à noter une application éprouvée du principe de subsidiarité, car son application est caractérisée par une grande souplesse. En vérité, les charges de l'Union paraissent très étendues, à travers la plupart des projets intégrateurs qui nécessitent des investissements colossaux. L'inexistence d'un encadrement juridique assez rigide conduit les organes de l'Union à financer de nombreux

1107 B. CAMARA, *Le contentieux douanier au Sénégal : réflexions sur la place du juge dans le traitement des infractions,* Thèse de doctorat en droit public, Université Pierre Mendès France, Grenoble, 2005, pp.13-16.

projets pouvant raisonnablement être pris en charge par les États membres et même les structures infra étatiques[1108]. Paradoxalement, au même moment, de nombreux projets intégrateurs se retrouvent sans financement et restent à l'abandon dans des domaines aussi sensibles que la sécurité, l'énergie, les transports, la recherche scientifique.

A l'aune de ce bilan, il y a lieu de s'interroger. Ne peut-on « *pas faire aux finances de L'UEMOA le reproche qui est régulièrement adressé aux budgets nationaux, à savoir qu'ils ne servent qu'à faire vivre une administration des finances incapable d'être un moteur efficace de développement économique et social ?*[1109] ». L'UEMOA est-elle en mesure de pallier ces insuffisances pour espérer disposer de finances soutenables ? Autrement dit, face à tous ces éléments de contrainte rendant difficile l'instauration des finances véritablement soutenables, peut-on trouver des solutions palliatives ? Il s'agit d'une préoccupation qui mérite toute l'attention.

Les réflexions faites dans ce sens suggèrent notamment la mise en place d'un nouveau droit matériel de l'Union en matière financière et de l'encadrement des questions institutionnelles. D'abord, en ce qui concerne le cadre normatif, les différentes propositions faites vont dans le sens de la diversification des ressources communautaires assortie d'un meilleur encadrement du processus de recouvrement. Avec le démantèlement tarifaire et la tendance à l'amenuisement des recettes de porte, obligeant les États membres à une transition fiscale, l'Union ne devra plus seulement s'appuyer sur des ressources uniquement basées sur la fiscalité de porte, mais doit également envisager celles issues de la fiscalité intérieure. A cet effet, en dehors d'un meilleur encadrement de processus de recouvrement du PCS, cette étude préconise la mise en œuvre de la TVA intracommunautaire, et la création d'autres taxes, telles que le la taxe sur les transactions financières, la Taxe sur les billets d'avions et un Prélèvement communautaire sur le produit des amendes et confiscations.

Ensuite, concernant le cadre institutionnel, plusieurs hypothèses ont été émises. Elles concernent des propositions allant d'une part, dans le sens de la création de nouvelles structures ou du réaménagement de celles existantes. D'autre part, il est question d'envisager la possibilité de

---

1108 L'installation des lampadaires solaires par exemple.

1109 E. DIARRA, « L'utilité des finances de l'UEMOA », *op. cit.*, pp. 91- 113.

création d'agences autonomes spécialement dédiées à la mobilisation des ressources communautaires.

Enfin, les atouts et les faiblesses de chacune de ces hypothèses ont été analysés en vue de permettre la mise en œuvre de ces réformes, le cas échéant avec beaucoup d'assurance.

Il importe de souligner que la volonté politique des États membres est la pierre angulaire de la mise en œuvre des objectifs de perfectionnement et de modernisation des finances de l'Union. Aucune mutation et aucun résultat probant de performance financière ne peuvent être atteints sans une volonté politique théoriquement exprimée, effectivement manifestée et efficacement exécutée. L'analyse des causes de l'échec des Communautés économiques en Afrique finit de convaincre de l'importance de ce facteur subjectif. Cette volonté politique doit soutenir le renouvellement des mentalités avec des actions connexes dirigées vers l'amélioration des ressources humaines et des structures économiques et sociales. Les administrations communautaires et nationales doivent être à même de s'approprier les mesures nouvelles. La qualité des hommes, par la formation des cadres communautaires et nationaux aux rudiments de la nouvelle gouvernance financière, sera d'un apport fondamental au succès de l'exécution des mesures innovantes édictées.

Les éléments liés à l'éthique professionnelle ne doivent pas être ignorés. La lutte contre la fraude, la corruption, l'impunité et la promotion du sens de la responsabilité demeurent des défis constants à relever par des actions permanentes. Concomitamment, les normes édictées doivent être marquées de réalisme pour éviter tout déphasage lors de leur application.

La stabilité politique des États membres doit davantage constituer un point saillant des activités communautaires. Le lien entre celle-ci et la prospérité des finances publiques communautaires est patent. La raison réside dans le fait que les crises politiques internes sont des forces centrifuges qui affectent le fonctionnement de la zone. Des États en pleine crise sociopolitique sont évidemment moins disposés à se soucier de l'application de mesures communautaires. Et même si une telle volonté peut exister, la réalité sociopolitique rend difficile une bonne application desdites mesures. Il en découle l'urgence pour les autorités communautaires de s'illustrer par des actions plus vigoureuses allant dans le sens du maintien de la paix dans la sous-région.

Les résultats obtenus à l'issue de ce travail ne pourront véritablement s'apprécier si aucune extension n'est faite vers la CEDEAO qui constitue une plus grande Communauté à laquelle tous les États membres de l'UEMOA appartiennent. En effet, la coexistence entre la CEDEAO et l'UEMOA, qui était perçue au départ comme une compétition, est devenue plus harmonieuse avec l'accélération de l'intégration juridique et économique. Aussi, avec la mise en œuvre du TEC CEDEAO, les activités conjointes entre les experts de l'UEMOA et de la CEDEAO présagent d'une Communauté unique dans le futur. Le fossé entre les deux grandes organisations communautaires de l'Afrique de l'ouest se réduit sensiblement. La mise en œuvre de la nouvelle monnaie communautaire, l'Éco, en 2020[1110] pourrait d'ailleurs être un véritable catalyseur de l'intégration ouest-africaine.

En effet, la politique monétaire commune renforcerait l'union douanière en cours d'effectivité dans les États membres de la CEDEAO, pour une union monétaire et économique réelle. Cette intégration monétaire est effective dans l'UEMOA, mais est de plus en plus controversée à cause de ses liens avec la France. Au niveau de la CEDEAO, depuis 1987, un programme de coopération monétaire existait. Il a été difficile de le mettre en œuvre, du fait des critères de convergence, tels que la maîtrise de l'inflation, la réduction des déficits budgétaires dans les quinze États membres.

Lors du 44e Sommet des chefs d'État de la CEDEAO en mars 2014, le président de la Côte d'Ivoire, M. Alassane OUATTARA, a annoncé à Yamoussoukro que : *« la monnaie unique verra le jour à l'horizon 2020 puisque le processus enclenché a atteint une phase irréversible»*[1111]. Il ne reste que la volonté politique pour accompagner ses ambitions en vue de leur réalisation. Cette volonté politique relève du pouvoir politique des gouvernants. Il leur permet de déterminer et de conduire l'ensemble de la politique nationale, en prenant en compte ses implications et ses contraintes dans l'ordre interne comme dans l'ordre international[1112].

Il est une évidence que la construction communautaire a bouleversé la fiscalité au sens traditionnel. Le processus d'harmonisation fiscale est

---

[1110] Cf. 44e sommet des chefs d'État de la CEDEAO en mars 2014, à Yamoussoukro en Côte d'Ivoire.

[1111] B. W. NDIAYE, « Le Franc CFA : une monnaie qui décharge et dédouane », *Actualité* du mardi 7 juillet 2015, consulté sur www.ouestaf.com, le 20 novembre 2018. Voir également Kako NUBUKPO, « L'arrimage du franc CFA à l'euro freine le développement de l'Afrique », *Le Monde* du 10 juillet 2015. Consulté sur www.lemonde.fr, le 20 novembre 2018.

[1112] F. MELIN-SOUCRAMANIEN, P. PACTET, *Droit constitutionnel*, Paris, Dalloz, 38e éd., 2020, p. 10.

indispensable à la réalisation de certains objectifs des Traités. Cependant, il est particulièrement délicat de le mettre en œuvre. Il est confronté à des luttes politiques, à des conflits d'intérêts, et se heurte au fait que les États membres restent très attachés à leur souveraineté fiscale. Or, cette souveraineté fiscale est remise en cause par la fuite fiscale[1113], autrement dit, par la fraude et l'évasion fiscales, ainsi que par la concurrence fiscale dommageable. Ces phénomènes participent de l'érosion des pouvoirs et des droits fiscaux nationaux. Ils interpellent une meilleure redistribution des richesses, une plus grande justice fiscale et, de ce fait, une harmonisation fiscale qualitative. Cette harmonisation pourrait prendre une dynamique nouvelle si des actes attentatoires à son essor n'émergeaient pas de plus en plus.

Il convient d'évoquer la fermeture par le Nigéria de ses frontières terrestres avec tous ses pays limitrophes depuis le 20 août 2019. Cette mesure dommageable à l'intégration en Afrique de l'ouest procède de la volonté d'endiguer le commerce de contrebande effectué par les pays voisins. Elle consiste dans l'interdiction d'importer et d'exporter des marchandises par les frontières terrestres du Nigéria. La fermeture unilatérale des frontières terrestres va à l'encontre des objectifs contenus dans le Traité de la CEDEAO.

Pour rappel, la CEDEAO a pour but : « *de promouvoir la coopération et l'intégration dans la perspective d'une Union économique de l'Afrique de l'Ouest, en vue d'élever le niveau de vie de ses peuples, de maintenir et d'accroître la stabilité économique, de renforcer les relations entre les États membres et de contribuer au progrès et au développement du continent africain* »[1114]. Pour y parvenir, la CEDEAO prévoit comme moyen d'action, la création d'un marché commun, l'instauration d'un environnement juridique propice, l'harmonisation des normes au niveau de la communauté. Toutes ces mesures visent à accélérer l'économie des États membres de la Communauté et à créer une société homogène, de sorte à aboutir, à terme, à la seule Communauté économique régionale en Afrique de l'ouest[1115]. Ces belles perspectives sont mises à rude

---

1113 La création de bases des données informatiques communautaires intégrées permettrait de retracer les transactions au sein de l'Union, ce qui pourrait contribuer à mieux appréhender les droits et taxes à recouvrer au profit de l'Union et des États membres. Cela limitera sensiblement la fraude fiscale douanière pour un meilleur financement des projets et programmes initiés par l'UEMOA et la CEDEAO de manière extensive.

1114 Art. 3 du Traité révisé de la CEDEAO du 11 juin 2006.

1115 Art. 2 du Traité révisé de la CEDEAO du 11 juin 2006.

épreuve par les entraves à la libre circulation des personnes et des biens, qui demeure pourtant un principe fondamental au processus d'intégration.

Dans la même foulée, pour des raisons sécuritaires, le Tchad a, en août 2019, officiellement fermé ses frontières avec la Libye, le Soudan et la République Centrafricaine. En septembre 2019, pour des raisons sécuritaires également, le Soudan a ordonné la fermeture de ses frontières avec la Centrafrique et la Libye. Ces faits récents ne militent pas en faveur d'une Zone de libre-échange continentale africaine (ZLECA), encore moins d'une intégration au niveau continental.

Références bibliographiques

Sommaire

I. Ouvrages

A. Ouvrages généraux

- AGRON (L.), *Histoire du vocabulaire fiscal*, Paris, LGDJ, 2000, 536 pages.
- ALECIAN (S.), FOUCHER (D.), *Le management dans le secteur public*, Paris, Editions d'Organisation, 2002, 446 pages.
- AMERASINGHE (C. F.), *Principles of the institutional law of international organizations*, Cambridge university press, 1996, 574 pages.
- ANASTOPOULOS (J.), *Les aspects financiers du fédéralisme*, Paris, LGDJ, 1979, 427 pages.
- BAYART (J.-F.), *L'État en Afrique. La politique du ventre*, Paris, Fayard, 2006, 514 pages.
- BRAUDEL (F.), *Civilisation matérielle, économie et capitalisme : XVe-XVIIIe siècle*, Paris, A. Colin, 1967, 736 pages.

- CARROUE (L.), *La mondialisation en débat, Documentation photographique*, Paris, La documentation française, 2004, 64 pages.
- De VILLIERS (M.), *Droit public général*, Paris, LexisNexis, 2017, 1630 pages.
- DIA (M.), *Pour une meilleure gouvernance comme fondement de la réforme de la fonction publique en Afrique, au sud du Sahara*, Washington DC, Éd. Banque mondiale, 1994, 47 pages.
- DUBRESSON (A.), RAISON (J-P)., *L'Afrique subsaharienne, une géographie du changement*, Paris, Armand colin, 2003, 245 pages.
- DUCROS (J.-C.), *Sociologie financière*, Paris, PUF, col. Thermis droit, 1983, 540 pages.
- DUPRE DE BOULOIS (X.), *Droit administratif*, Paris, Dalloz, 2020, 268 pages.
- EISENMANN (C.), *Cours de Droit administratif*, Paris, LGDJ, Tome I, 1982, 910 pages.
- FELLER (L.), *Contrôler les agents du pouvoir*, Limoges, Presses Univ, 2004, 405 pages.
- Fondation (K.) ADENAUER, *Commentaire de la Constitution béninoise du 11 décembre 1990*, Cotonou, Editions COPEF, 2009, pages.
- GAUDEMET (Y.), *Droit administratif*, Paris, LGDJ, 2018, 600 pages.
- GRAWITZ (M.), *Méthodes des sciences sociales*, Paris, Dalloz, 11ème éd., 2001, 1040 pages.
- GUTTERIDGE (H. C.), *Le droit comparé : Introduction à la méthode comparative dans la recherche juridique et l'étude du droit*, Paris, LGDJ, 1953, 239 pages.
- JÈZE (G.), *Les principes généraux du droit administratif*, Paris, Dalloz, Tome 1, 3è éd., 2005, 862 pages.
- JÈZE (G.), *Les principes généraux du droit administratif*, Paris, Giard, 1930, 560 pages.
- KAMTO (M.), *Pouvoir et droit en Afrique noire. Essai sur les fondements du constitutionnalisme dans les États d'Afrique noire francophone*, Paris, LGDJ, 1987, 544 pages.

- KELSEN (H.), *Théorie pure du droit*, traduction française par Charles EISENMANN, Paris, Dalloz, 2è éd., 1962, 368 pages.
- LEMOINE (M.), *Les enfants cachés du général PINOCHET*, Paris, Don Quichotte, 2015, 704 pages.
- LEROY (M.), *Mondialisation et fiscalité. La globalisation fiscale*, Paris, L'Harmattan, 2006, 290 pages.
- MELIN-SOUCRAMANIEN (F.), PACTET (P.), *Droit constitutionnel*, Paris, Dalloz, 38è éd., 2020, 736 pages.
- MICHOUD (L.), *La théorie de la personnalité morale et son application au droit français*, Paris, LGDJ, 1924, 492 pages.
- MILHAT (C.), *L'acte administratif : entre processus et procédures*, Neuilly-Plaisance, Editions du Papyrus, 2007, 298 pages.
- MONTESQUIEU, *De l'Esprit des Lois*, 1758, Livre IX, chapitre VI, rééd. Paris, Librairie Firmin Didot Frères, 1845, 378 pages.
- GILBERT (P.), *Eléments de méthodologie, Ministère de la fonction publique, de la réforme de l'État et de l'aménagement du territoire*, Juin 2002, 44 pages.
- PELLET (A.), DAILLIER (P.), QUOC DINH (N.), *Droit international public*, Paris, LGDJ, 1999, 1722 pages.
- REUTER (P.), *Institutions internationales*, Paris, PUF, 1962, 332 pages.
- RIPERT (G.), *Les forces créatrices du droit*, Paris, LGDJ, 2è éd, 1955, 430 pages.
- ROUSSEAU (J-J.), *Discours sur l'économie politique*, 1755, 224 pages.
- SCELLE (G.), *Précis de droit des gens,* Paris, Sirey, 1932, 332 pages.
- SERIAUX (A.), *Le commentaire de textes juridiques : Arrêts et jugements*, Paris, Ellipses, 1997, 160 pages.
- SUR (S.), *Droit international public*, Paris, Montchrestien, 1997, 838 pages.
- TERRE (F.), *Introduction générale au droit*, Paris, Dalloz, 6è éd., 2003 , 618 pages.
- TROTABAS (L.), *Manuel de droit public et administratif*, Paris, LGDJ, 1978, 407 pages.

- VEDEL (G.), *Traité de droit administratif*, Paris, PUF, 1964, 802 pages.
- VIVIEN (F. D.), *Le développement soutenable*, Paris, La Découverte, coll. Repères n° 425, 2005, 122 pages.
- WALINE (J.), *Droit administratif*, Paris, Sirey, 1963, 934 pages.

B. Ouvrages spécialisés en finances publiques

- ALBERT (J-L.), *Douane et droit douanier*, Paris, PUF, 2013, 256 pages.
- ALBERT (J-L.), *Finances Publiques*, Paris, Dalloz, 11è éd., 2019, 940 pages.
- ALBERT (J-L.), SAIDJ (L.), *Finances publiques*, Paris, Dalloz, 9è éd., 2015, 912 pages.
- AVENATI (P.), *Le contrôle des recettes et des dépenses des Communautés européennes*, Bruxelles, AVA, 1973, 145 pages.
- AYESSA (A.), *Eléments de droit douanier, des procédures et des techniques douanières dans les États membres de la CEMAC*, Paris, Connaissances et Savoirs, 2010, 470 pages.
- BARILARI (A.), *Le consentement à l'impôt*, Paris, Presses de Sciences Politiques, coll. « La Bibliothèque du Citoyen », 2000, 146 pages.
- BARILARI (A.), BOUVIER (M.), *La LOLF et la nouvelle gouvernance financière de l'État*, Paris, Lextenso-LGDJ, Collection Systèmes, 3è éd., 2010, 243 pages.
- BAUDU (A.), *Droit des finances publiques*, Paris, DALLOZ, 2è éd., 2014, 856 pages.
- BELTRAME (P.), *La fiscalité en France*, Paris, LGDJ, Hachette supérieur, Coll. « les fondamentaux », 9è éd., 2003, 192 pages.
- BERR (J.) et TREMEAU (H.), *Le droit douanier, communautaire et national*, Paris, Economica, 5è éd., 2001, 620 pages.
- BERR (J.), TREMEAU (H.), *Introduction au droit douanier*, Paris, Dalloz, 2008, 104 pages.
- BLANC (D.), *Les parlements européens et français face à la fonction législative communautaire : aspect du déficit démocratique*, Dakar, L'Harmattan, 2004, 528 pages.

- BOISSENIN (A.), *Le financement de l'Union européenne : moteur d'une intégration politique ? Contribution à l'étude du système budgétaire européen*, Paris, LGDJ, 2019, 420 pages.
- BOUTAYEB (C.), *Droit institutionnel de l'Union européenne*, Paris, LGDJ, 2018, 802 pages.
- BOUVIER (M.) (dir.), *La gestion de la dépense publique dans les pays de l'Afrique francophone subsaharienne*, Paris, Ministère des affaires étrangères, 2004, 398 pages.
- BOUVIER (M.), ESCLASSAN (M.-C.), LASSALE (J.-P.), *Finances publiques*, Paris, LGDJ, 18è éd., 2020, 1016 pages.
- BOUVIER (M.), ESCLASSAN (M.-C.), LASSALE (J.-P.), *Finances publiques*, Paris, LGDJ-Lextenso, 16è éd., 2018, 944 pages.
- BOUVIER (M.), *Introduction au droit fiscal et à la théorie générale de l'impôt*, Paris, LGDJ, 12è éd., 2014, 272 pages.
- BOUVIER (M.), *Introduction au droit fiscal général et à la théorie de l'impôt*, Paris, L.G.D.J., 10è éd., 2017, 239 pages.
- BOUVIER (M.), *Introduction au droit fiscal général et à la théorie de l'impôt*, 3è éd, Paris, LGDJ, 2000, 316 pages.
- BOUVIER (M.), *Réforme des finances publiques, démocratie et bonne gouvernance*, Actes de la 1è Université de printemps de finances publiques du Groupement Européen de Recherches en Finances Publiques (GERFIP), Paris, L.G.D.J., 2004, 408 pages.
- BREHON (N. J.), *Le budget de l'Europe*, Paris, LGDJ, 1997, 232 pages.
- BUISSON (J.), *Finances publiques*, Paris, Dalloz, 15è éd., 2012, 216 pages.
- CASTAGNEDE (B.), *La politique fiscale*, Paris, PUF, 2008, 105 pages.
- CATTEAU (D.), *La LOLF et la modernisation de la gestion publique*, Paris, Dalloz, 2007, 556 pages.
- CENTRE AFRICAIN POUR LA POLITIQUE COMMERCIALE, *Une nouvelle stratégie pour le financement de l'intégration en Afrique,* Addis-Abeba, 2018, 50 pages.
- CHAMBAS (G.), *Afrique au Sud du Sahara : Mobiliser des ressources pour financer le développement*, Paris, Economica, 2005, 273 pages.

- CHAMBAS (G.), *Afrique au Sud du Sahara : quelle stratégie de transition fiscale ?,* Paris, Economica, 2005, 267 pages.
- COLLET (M.), *Finances publiques,* Paris, LGDJ, 2020, 540 pages.
- COMMUNIER (J-M.), *Droit fiscal communautaire*, Bruxelles, Bruylant, 2001, 555 pages.
- CONSEIL DES IMPOTS, *La fiscalité dérogatoire. Pour un réexamen des dépenses fiscales*, Ministère des finances, Paris, 2003, 280 pages.
- CONSTANTINESCO (V.), *Compétences et pouvoirs dans les Communautés européennes. Contribution à l'étude de la nature juridique des communautés,* Paris, LGDJ, 1974, 920 pages.
- CUA/OCDE, « L'intégration de l'Afrique dans l'économie mondiale », *in Africa's Development Dynamics 2018 : Growth, Jobs and Inequalities*, Éditions OCDE, Paris/Commission de l'Union africaine, Addis Abeba, 280 pages.
- DAMAREY (S.), *L'essentiel des Finances publiques*, Paris, Gualino, 2019, 48 pages.
- DE VILLIERS (M.), de BERRANGER (T.), *Droit public général*, Paris, LexisNexis, 2017, 1628 pages.
- DE WULF (L.), *Manuel de modernisation douanière*, Washington, Banque mondiale, 2009, 328 pages.
- DEROUIN (P.), MARTIN (P.), *Droit communautaire et fiscalité*, Paris, Litec, 2004, 1011 pages.
- DESMOULIN (D.), *Le droit budgétaire de l'Union européenne*, Paris, LGDJ, 2009, 264 pages.
- DESMOULIN (G.), *Finances publiques de l'État*, Paris, Vuibert, 2008, 249 pages.
- DESTIN (R.), *Du Fédéralisme*, Paris, LGDJ, 1987, 78 pages.
- DEVAUX (E.), *Finances publiques*, Paris, Bréal, 2002, 302 pages.
- DIONE (A.), *Le droit douanier, le commerce électronique et la dématérialisation,* Paris, L'Harmattan, 2015, 302 pages.
- DIOUKHANE (A.), *Les juridictions financières dans l'UEMOA*, Paris, L'Harmattan, 2016, 286 pages.

- DUFOUR (A-C.), KOTT (S.), MONIOLLE (C.), *Finances publiques*, Paris, Ellipses, 2019, 626 pages.
- DUPUY (R. J.), *Manuel sur les organisations internationales*, Dortdrecht, MNP, 1988, 967 pages.
- DUPUY (R. J.), *La Communauté internationale entre le mythe et l'histoire*, Paris, Economica, 1986, 182 pages.
- DUSSART (V.), *L'autonomie financière des pouvoirs publics constitutionnels*, Paris, CNRS Editions, 2000, 336 pages.
- FALLON (M.), *Droit matériel général des Communautés Européennes*, Paris, LGDJ, col. « Académia », 1997, 904 pages.
- FAU-NOUGARET (M.), (dir.), *La concurrence des organisations régionales en Afrique*, Dakar, L'Harmattan, 2012, 450 pages.
- GAUDEMET (P-M.), MOLINIER J., *Finances publiques*, Paris, Montchrestien, Tome I, Budget-Trésor, 7è éd., coll. Droit public, 1996, 493 pages.
- GEOFFROY (J. B.), *Grands problèmes fiscaux contemporains*, Paris, PUF, 1993, 671 pages.
- GLELE (M.), KAMTO (M.), PONDI (E.) et ZANG (L.), *L'OUA : rétrospective et perspectives africaines*, Paris, Economica, 1990, 338 pages.
- GONIDEC (P. F.), *Les organisations internationales africaines*, Paris, l'Harmattan, 1987, 303 pages.
- GOUTHIÈRE (B.), *Les impôts dans les affaires internationales*, Paris, Editions Francis LEFEBVRE, 11ème éd., 2016, 1750 pages.
- HUART (F.), *Économie des finances publiques*, Paris, DUNOD, 2012, 320 pages.
- ICARD (P.), *Droit matériel et politiques communautaires*, Ed. ESKA, Paris, 1999, 776 pages.
- ISAAC (G.), BLANQUET (M.), *Droit communautaire général*, Paris, Armand Colin, 8ème éd., 2001, 395 pages.
- ISAAC (G.), *Droit communautaire général*, Paris, Messon, 4ème éd., 2006, 311 pages.
- ISAAC (G.), *Les ressources financières de la Communauté européenne*, Paris, Economica, 1999, 464 pages.

- JACQUÉ (J-P.), *Droit institutionnel de l'Union européenne*, Paris, Dalloz, 2001, 817 pages.
- JACQUÉ (J-P.), *Droit institutionnel de l'Union européenne*, Paris, Dalloz, 8è éd. 2015, 864 pages.
- KOTT (S.), *Droit et comptabilité : La spécificité des comptes publics*, Paris, Economica, 2017, 507 pages.
- KOVAR (R.), *Le Conseil d'État et le droit communautaire : des progrès, mais peut faire mieux*, Paris, Dalloz, 2010, 272 pages.
- LABIE (F.), *Finances des collectivités territoriales*, Paris, CNFPT, 2000, 414 pages.
- LAGRANGE (E.), SOREL (J. M.), *Droit des organisations internationales*, Paris, LGDJ, 2013, 1210 pages.
- LAURE (M.), *Traité de politique fiscale*, Paris, P.U.F, 1956, 485 pages.
- LEFEBVRE (C.), *Pour ou contre le système commun de TVA ?* Paris, CEPI, 1997, 74 pages.
- LEROY-BEAULIEU (P.), *Traité de la science des finances*, Paris, Guillaumin & Cie, 1891, 980 pages.
- MAITROT DE LA MOTTE (A.), *Souveraineté fiscale et construction communautaire* : *recherche sur les impôts directs*, Paris, LGDJ, 2005, 552 pages.
- MATHIEU (J.-L.), *La politique fiscale*, Paris, Economica, 1999, 140 pages.
- MAURIN (A.), *Droit administratif*, Paris, Sirey, 2018, 394 pages.
- MÉDÉ (N.), *Finances publiques : Espace UEMOA/UMOA,* Dakar, L'Harmattan, 2016, 548 pages.
- MISHKIN (F.), *Monnaie, banque et marchés financiers*, Paris, Pearson France, 10è éd., 2013, 928 pages.
- MVELLE (G.), *Intégration coopération en Afrique*, Paris, L'Harmattan, 2014, 268 pages.
- NDIAYE (S.), *Les organisations internationales africaines et le maintien de la paix : l'exemple de la CEDEAO*, Paris, L'Harmattan, 2014, 332 pages.
- NEVEU (E.), CADIET (L.), *Regards sur la fraude fiscale*, Paris, Economica, 1986, 217 pages.

- OLIVA (A.-M.), *Leçons de droit matériel de l'Union européenne*, Paris, Ellipses, 2013, 288 pages.
- PHILIP (L.) (dir.), *L'exercice du pouvoir financier du Parlement. Théorie, pratique et évolution*, Paris, Economica, Presses Universitaires d'Aix-Marseille, 1996, 152 pages.
- PHILIP (L.), *Finances publiques*, Paris, Cujas, 1995, 472 pages.
- PIROTTE (O.), GIRERD (P.), MARSAL (P.), MORSON (S.), *Trente ans d'expérience Euratom. La naissance d'une Europe nucléaire*, Bruxelles, Bruylant, 1988, 427 pages.
- POTTEAU (A.), *Recherche sur l'autonomie financière de l'Union européenne*, Dalloz, Paris, 2004, 752 pages.
- QUIVY (R.), CAMPENHOUDT (L.), *Manuel de recherche en sciences sociales*, Paris, DUNOD, 5è éd., 2017, 272 pages.
- RAEPENBUSCH (S. V.), *Droit institutionnel de l'Union européenne*, LARCIER, Bruxelles, 2005, 870 pages.
- ROBSON (P.), *L'intégration économique en Afrique de l'Ouest,* Paris, Economica, 1987, 360 pages.
- SAIDJ (L.), *Finances publiques*, Paris, Dalloz, 2000, 662 pages.
- SALL (A.), *La justice de l'intégration, Réflexions sur les institutions judiciaires de la CEDEAO et de L'UEMOA*, Dakar, Edition CREDILA, 2011, 482 pages.
- SALL (A.), *Les mutations de l'intégration des États en Afrique de l'Ouest. Une approche institutionnelle*, Paris, L'Harmattan, 2006, 189 pages.
- SALMON (J.), *Le rôle des organisations internationales en matière d'emprunt et de prêt*, Stevens, 1958, 366 pages.
- SARR (Y)., *L'intégration juridique dans l'Union économique et monétaire ouest-africaine (UEMOA) et dans l'Organisation pour l'harmonisation du droit des affaires en Afrique (OHADA)*, Aix-en-Provence, Presses universitaires d'Aix-Marseille, 2008 (généré le 08 septembre 2016), 654 pages.
- SINDJOUN (L.), *La justice de l'intégration*, Dakar, CREDILA, 2011, 482 pages.
- STECKEL (M.-C.), *L'essentiel des finances publiques communautaires*, Paris, LGDJ, 2ème éd., 2005, 236 pages.

- STRASSER (D.), *Les finances de l'Europe : Le droit budgétaire et financier des communautés européennes*, Paris, L.G.D.J., 4ème éd. 1990, 381 pages.
- WEIDENFELD (V. K.), *A l'ombre des niches fiscales*, Paris, Economica, 2011, 160 pages.
- ZOGBELEMOU (T.), *Droit des organisations d'intégration économique en Afrique (CEDEAO - CEMAC - UEMOA - ZMAO),* Dakar, L'Harmattan, 2014, 372 pages.
- ZOLYNSKI (C.), *Méthode de transposition des directives communautaires*, Paris, Dalloz, 2007, 470 pages.

C. Dictionnaires

- BOUSSAGUET (L.), JACQUOT (S.), RAVINET (P.), *Dictionnaires des politiques publiques*, Paris, Références Gouvernance /Presses de Sciences Po, 2010, 848 pages.
- CABRILLAC (R.), *Dictionnaire du vocabulaire juridique*, Paris, LexisNexis, 2020, 552 pages.
- CORNU (G.), *Vocabulaire juridique*, Paris, Quadrige/PUF, 2018, 1116 pages.
- GUINCHARD (S.) et DEBARD (T.), *Lexique des termes juridiques*, Paris, Dalloz, 21è éd., 2019, 993 pages.
- JEUGE-MAYNART, (dir.), *Le petit Larousse 2017*, consulté sur le site www. Larousse-edu.fr, le 15 août 2017.
- JEUGE-MAYNART, (dir.), *Le Petit Larousse illustré*, Paris, Pollina, 2018, 2044 pages.
- ORSONI (G.), (Dir), *Finances publiques, Dictionnaire encyclopédique*, Paris, ECONOMICA, 2017, 992 pages.
- PERCEBOIS (J.), ABEN (J.), EUZEBY (A.), *Dictionnaire de finances publiques*, Armand Colin, 1995, 208 pages.
- PHILIP (L.) (dir.), *Dictionnaire encyclopédique de finances publiques*, Paris, Economica, 1991, 1700 pages.
- RIGAUD (B.), « Agence », dans COTE (L.) et SAVARD (J.-F.) (dir.), *Le Dictionnaire encyclopédique de l'administration publique*, 2012, [en ligne], www.dictionnaire.enap.ca.

II. Thèses et mémoires

A. Thèses

- AGUEMON (W.), *Le droit douanier et l'harmonisation de la fiscalité de porte dans l'UEMOA et la CEDEAO, cas du Bénin et de la Côte-d'Ivoire, Thèse de doctorat en Droit Public*, Université d'Abomey-Calavi, 2018.
- ANTONMATTEI (P. H.), *Contribution à l'étude de la force majeure,* Thèse, Montpellier I, 1992.
- CAMARA (B.), *Le contentieux douanier au Sénégal : réflexions sur la place du juge dans le traitement des infractions,* Thèse de doctorat en droit public, Université Pierre Mendès France, Grenoble, 2005.
- BALMOND (L.), *Intégration économique et droit des organisations internationales*, Thèse pour le Doctorat d'État en Droit, Institut du droit de la paix et du développement (IDPD), Université de Nice, Mars 1981.
- BATONON (S. B.), *Les systèmes financiers publics des États de l'UEMOA à l'épreuve de la nouvelle gouvernance financière publique*, Thèse de doctorat, Droit public, Paris 1, 2016.
- BÉAH (Y. A.), *Politique budgétaire dans l'UEMOA : soutenabilité de la dette et perspectives de financement*, Thèse de doctorat en Science économique, l'université François–Rabelais de Tours et de l'université Félix Houphouët–Boigny d'Abidjan.
- BEBADA (M. D.), *L'ONU et le défi politique de la mondialisation : Critique de la doctrine de la gouvernance globale et l'option des grands ensembles régionaux*, Thèse de doctorat, Université de Lyon III, 2017.
- DELON-DESMOULIN (C.), *Les principes budgétaires communautaires*, Thèse, Université de Limoges, 1994.
- DIARRA (E.), *Les aspects financiers de la Communauté économique de l'Afrique de l'Ouest (CEAO)*, Thèse de doctorat en droit public, soutenue le 29 juin 1982 à l'Université de Paris II-Panthéon.
- GNIMPIEBA TONNANG (E.), *Droit matériel et intégration sous-régionale en Afrique centrale : contribution à l'étude du droit communautaire de la Communauté Economique et*

Monétaire de l'Afrique Centrale (CEMAC), Thèse de Doctorat en Droit et financement du développement, Université Nice Sophia Antipolis, 2004.

- GUEYE (T.), *L'incidence de l'Union économique et monétaire ouest-africaine (UEMOA) sur les finances publiques de ses États membres*, Thèse de doctorat, Université Panthéon-Assas, 2011.
- KÉBÉ (A. A. D.), *La répartition des compétences entre la loi et le règlement en droit fiscal sénégalais,* Thèse de doctorat, Université Cheikh Anta Diop, Dakar, 2012.
- MAITROT (J. C.), *Recherches sur la notion d'autonomie financière en droit public*, Thèse, Paris I, 1972.
- MOREAU (J.), *Etude sur le régime financier des services industriels de l'État en France*, Thèse de doctorat, Paris, 1937.
- NOUPOYO (G.), *Les banques centrales africaines et la conduite de la politique budgétaire nationale : les exemples de la BCEAO et de la BEAC (aspects juridiques et financiers)*, Thèse en droit, Université Bordeaux IV, 2004.
- OUEDRAOGO (S.), *Les compétences nationales en matière fiscale et la communautarisation des règles dans l'espace ouest-africain*, Thèse de doctorat en droit public, Université de Bordeaux.
- SARR (Y.), *L'intégration juridique dans l'Union économique et monétaire ouest-africaine (UEMOA) et dans l'Organisation pour l'harmonisation du droit des affaires en Afrique (OHADA)*, Thèse de doctorat en Droit Public, Aix-Marseille.
- SOREL (J.-M.), *Les aspects juridiques de la conditionnalité du FMI*, Thèse pour le Doctorat en droit public, Paris XII, 1990.
- TANO (K. F.), *Autonomie collective et intégration économique en Afrique noire*, Thèse de droit public pour le doctorat d'État, UER de Droit, des Sciences Economiques de Rouen, 1986.
- THÉOUA (P.), *Les finances Publiques de l'Union économique et monétaire ouest-africaine (UEMOA) et la logique de performance*, Thèse de doctorat en droit public, présentée et soutenue publiquement le 26 mai 2010, Université de Cocody (Abidjan).

B. Mémoires

- MONZALA (W.), *Les initiatives d'intégration régionales en Afrique de l'Ouest : analyse du cadre institutionnel de la CEDEAO*, Mémoire de licence en droit, Université africaine de technologie et de management UATM-GASA, 2009.
- PAPA (L. S.), *Les initiatives d'intégration régionale en Afrique, Mémoire de master en Droit international Public et Européen,* Université Pierre Mendes France, Grenoble II, 2006.
- POROGO (A.), *La politique fiscale de l'Union économique et monétaire ouest-africaine (UEMOA) et optimisation des recettes fiscales intérieures au Burkina Faso, Mémoire pour l'obtention du diplôme de conseiller des affaires économiques*, ENAM, Burkina Faso, 2009.
- TSOPBEING (M. W.), *Les mécanismes de financement et de gestion budgétaire de la CEMAC, Mémoire de Diplôme d'Etudes Approfondies en Droit Communautaire et Comparé CEMAC*, Université de Dschang, 2004.
- YAMEOGO (W.J.), *L'État, l'UEMOA et la souveraineté fiscale : la cession partielle de souveraineté ?,* Mémoire du Diplôme Supérieur d'Administrateur des Services Financiers, Ecole Nationale des Régies, Financières 2008.

III. Rapports

- AFRISAT, Rapport d'étude sur le secteur informel de l'UEMOA, 2003.
- ALOTOUNOU (J.), « Présentation de la cour des comptes de l'Union économique et monétaire ouest africaine », Séminaire régional sur les contrôles et les audits des finances publiques organisé par la banque mondiale Cotonou, 29 mars-1er avril 2004.
- ALOTOUNOU (M. J.), Présentation de la cour des comptes de l'Union économique et monétaire ouest-Africaine, 2005.
- AHOUNOU (A.), Le Tarif Extérieur Commun (TEC) de la CEDEAO, réunion des Directeurs généraux des douanes de la CEDEAO, Ouagadougou, 15 janvier 2014.

- ARTHUIS (J.), « La LOLF : culte des indicateurs ou culture de performance », rapport d'informations, commission des finances, du contrôle budgétaire et des comptes économiques de la nation sur les objectifs et les indicateurs de performance de la LOLF, n°220 Sénat, 2004 -2005.
- BCEAO, Département des études économiques et de la monnaie, Direction de la recherche et de la statistique, document d'étude et recherche n° DER/07/04, septembre 2007, Structure des dépenses publiques, investissement privé et croissance dans l'UEMOA, Dakar, 2007.
- BOUVARD (M,) MIGAUD (D.), De COURSON (C.), BRARD (J.-P.), « Des dispositifs de performance encourageants mais perfectibles », Rapport d'information de la Commission des Finances, n°21, Assemblée Nationale, mars 2005.
- BUREAU DU VERIFICATEUR GENERAL, « La viabilité à long terme des finances publiques – Finances Canada » chapitre 7 du Rapport du vérificateur général du Canada à la Chambre des communes, 2012.
- CATTOIR (P.), « *Tax-based EU own resources : an assessment* », Commission européenne, Direction générale de la fiscalité et de l'union douanière, Taxation Papers, document de travail « fiscalité », avril 2004.
- CENTRE AFRICAIN POUR LA POLITIQUE COMMERCIALE, « Financement de l'intégration régionale », Commission économique pour l'Afrique, Note d'informations n°2.
- CHOL (C.), COUÉ (B.), DELEPLACE (M-T.), GIRARDIN (O.), MARÉCHAL (M.), WAINTROP (F.), Perspectives Gestions Publiques, Mars 2005.
- COMMISSION DE L'UE, « Le financement de l'Union européenne », juillet 2004.
- COMMISSION DE L'UEMOA, 1ère session de la Conférence des chefs d'État et de Gouvernement, « Proposition d'orientations générales pour la mise en œuvre du processus d'intégration », CM-CEG-I/ex/95.
- COMMISSION de l'UEMOA, La politique industrielle de l'UEMOA (PIC), n°3, juillet-septembre 2010.

- COMMISSION DE L'UEMOA, Les recettes à reverser du prélèvement communautaire de solidarité, Note, Ouagadougou, 2018.
- COMMISSION DE L'UEMOA, PER Info N°1, Bulletin semestriel d'information et de communication du Programme Economique Régional de l'UEMOA, Janvier-Juin 2017.
- COMMISSION DE L'UEMOA, PER info N°1, bulletin semestriel d'information et de communication du Programme économique régional, Janvier-Juin 2017.
- COMMISSION de l'UEMOA, Premier rapport sur l'état de la pauvreté au sein de l'UEMOA, 2015.
- COMMISSION DE L'UEMOA, Rapport 2011 de la Commission sur le fonctionnement et l'évolution de l'Union, 2012.
- COMMISSION DE L'UEMOA, Rapport 2016 sur le fonctionnement et l'évolution de l'Union, décembre 2016.
- COMMISSION DE L'UEMOA, Rapport 2018 sur le fonctionnement et l'évolution de l'Union, décembre 2018.
- COMMISSION DE L'UEMOA, Rapport annuel sur le fonctionnement et l'évolution de l'UEMOA, 2017.
- COMMISSION DE L'UEMOA, Rapport d'activité de l'UEMOA, 2001.
- COMMISSION DE L'UEMOA, Rapport d'activité de l'UEMOA, 2002.
- COMMISSION DE L'UEMOA, Rapport d'activité de l'UEMOA, 2003.
- COMMISSION DE l'UEMOA, Rapport définitif de la commission sur les grandes orientations de la politique agricole de l'UEMOA, 2008.
- COMMISSION DE l'UEMOA, Rapport 2017 de la surveillance commerciale dans l'espace UEMOA.
- COMMISSION DE L'UNION EUROPEENNE, Le cadre du contrôle, 2000, (DOC_FR\DV\381\381127FR.doc).
- COMMISSION DES COMMUNAUTES EUROPEENNES, Les finances publiques de l'Union européenne, Luxembourg, OPOCE, 1995.

- COMMISSION ECONOMIQUE POUR L'AFRIQUE, AMOAKO (K. Y.), Financer l'intégration régionale en Afrique, Paris, Maisonneuve et Larose, 2005.
- COMMISSION ECONOMIQUE POUR L'AFRIQUE, Une nouvelle stratégie pour le financement de l'intégration en Afrique, Rabat, 2014.
- COMMISSION EUROPEENNE, Charte de mission du service d'audit interne de la commission, Communication, Bruxelles, C (2017) 4435 final, juin 2017.
- COMMISSION EUROPEENNE, « Mécanismes de financement de la Commission européenne dans le cadre de l'application de l'Approche stratégique », *in* Courrier ACP-UE, n° 155, Février 1997.
- COMMISSION EUROPEENNE, Rapport de la Commission, du 14 juillet 2004, Le financement de l'Union européenne – Rapport sur le fonctionnement du système des ressources propres, COM (2004) 505 final/2.
- COMMISSION DE UEMOA, Programme agricole de l'UNION (PAU), rapport définitif, Avril 2002.
- CONSEIL D'ÉTAT, « Les établissements publics nationaux », Rapport, 2009
- CUA/OCDE, dynamiques du développement en Afrique 2018 : croissance, emploi et inégalités, 2018, disponible sur http://www.oecd.org/fr/ developpement/dynamiques-du-developpement-en-afrique-201897892643025 25-fr .htm, consulté le 15 janvier 2020.
- FORUM DE HAUT NIVEAU DES ACTEURS DE L'AGRICULTURE INTELLIGENTE FACE AU CLIMAT (AIC) EN AFRIQUE DE L'OUEST, Synthèse thématique sur les mécanismes de financement accessibles aux pays de l'espace CEDEAO/UEMOA/CILSS pour financer l'AIC, Mali, 15-18 juin 2015.
- FOSSAT (P.), BUA (M.), Réforme des administrations fiscales dans les pays francophones d'Afrique subsaharienne (1995–2010), Rapport du FMI, Département des finances publiques, 2011.

- LELART (M.) « Un exemple d'intégration institutionnelle-l'évolution de la zone franc », Institut Orléanais de Finances, Document de Recherches, 18-96/11/EI, 1996.
- LIBOMLI LIKENG (M.), CANTENS (T.), BILANGNA (S.), « Indicateurs de performance en douane à travers l'exemple de Douala au Cameroun », Rapport de la Douane, 2009.
- MINAH (V. C.), La zone de libre-échange dans le cadre du premier plan d'action décennal de l'agenda 2063, Réunion de haut niveau sur le rôle des organisations régionales et sous-régionales africaines dans la réalisation de l'intégration régionale, 2015.
- OGATA (S.), VOLKER (P.), Financement de l'Organisation des Nations Unies : le prix de l'efficacité, Rapport du groupe consultatif indépendant sur le financement de l'Organisation des Nations Unies, Document ONU, A/48/460, 1993.
- ROBINEAU (Y.), STIRN (B.), SCHRAMECK (O.), TOUTEE (H.), DUTHEILLET (O.), PECHEUR (B.), MARTIN (P.), SENERS (F.), Les Agences : une nouvelle gestion publique, les rapports du conseil d'État, 2012.
- ROUX (A.), « L'autonomie financière des collectivités locales en Europe », Rapport introductif, Annuaire internationale de justice constitutionnelle, 2006.
- SCHICK (A.), « Les agences à la recherche de principes », Rapport, OCDE, 2O16.
- TREGOUET (R.), Annexe au rapport général sur le Projet de Loi de Finances, 1993, Sénat, n° 56, 1992- 1993, tome Ill, annexe 2, Affaires européennes.

IV. Articles

- AMSELEK (P.), « Peut-il avoir un État sans finances ? », *in Revue du Droit Public*, Paris, 1983, pp. 267-283.
- ANJAK (F.), « Organisations internationales. Panorama des organisations », *JCL*, Fasc 111, 1990, pp. 17-25.
- AVOM (D.), « Intégration régionale dans la CEMAC : des problèmes institutionnels récurrents », *Afrique contemporaine*, n° 222, 2007, pp. 199-221.

- AWEDE (H.), « Tout savoir sur le TEC CEDEAO », Abidjan, www.l'infodrome.com. Consulté le 15 juin 2018.
- BAKO-ARIFARI (N.), « La corruption au port de Cotonou : douaniers et intermédiaires », *in Politique africaine,* Paris, Karthala, 2001, n° 83, pp. 38-58
- BARILARI (A.), « la question de l'autonomie fiscale », *in RFFP*, n° 80, 2002, pp. 77-90.
- BAZIN (G.), « Les administrations fiscales et l'impôt : une efficacité en question », *in Pouvoirs*, n°151, 2014, pp. 60-75.
- BEDJAOUI (M.), FAVOREAU (B.), GOURION (P.-A.), KDHIR (M.), RYSSDAL (R.), La méthode de travail du juge international, Actes de la journée d'études du 23 novembre 1996 organisée par Moncef KDHIR à l'Institut d'études politiques de Lyon, Bruxelles, Bruylant, 1997, pp. 130.
- BERGEL (J.-L.), « Introduction au colloque sur l'office du juge », Sénat français, les 29 et 30 septembre 2006, pp. 12-25.
- BERISHA-KRASNIQI (V.), « Les accords de partenariat économique. Quels enjeux pour le Sénégal ? », *in Revue de l'OFCE,* 2008, pp. 65-116.
- BERLIN (D.), « Jurisprudence fiscale européenne », *in Revue Trimestrielle de droit européen*, n° 28, avril-juin 1992, pp. 37-45.
- BERTRAND (C.), « La responsabilité des États membres en cas de non transposition des directives communautaires », *Revue de Droit Public*, septembre-octobre 1994, pp. 1507- 1527.
- BERTONCINI (Y.), « La révision du budget de l'Union européenne : pour une analyse politique globale », *in Horizons stratégiques,* n°5, 2007, pp. 27-39.
- BLANCHARD (O.), CHOURAQUI (J. C.), HAGEMANN (R. P.), et SARTOR (N.), « La soutenabilité de la politique budgétaire : nouvelles réponses à une question ancienne », *in Revue économique de l'OCDE*, n°15, 1990, pp. 7-38.
- BLUMANN (C.), « Quelques réflexions sur la notion de communautarisation dans le cadre de l'Union européenne », *Droit et politique à la croisée des chemins, Mélanges en l'honneur de Philippe ARDANT*, Paris, LGDJ, 1999, pp. 61-76.
- BORELLA (F.), « Modèles européens et organisations économiques internationales », *in SFDI*, L'Europe dans les

relations internationales-unités et diversités, Colloque de Nancy, Paris, Pedone, 1982, pp. 27-51.

- BOUGOUMA (O.), « La dimension commerciale des APE : quelle stratégie pour le régionalisme ouest-africain ? », *in Le partenariat Europe-Afrique et les intégrations régionales*, 2012, pp. 327-360.
- BOUVIER (M.), « La lutte contre l'évasion fiscale internationale : répression ou prévention ? », *in RFFP*, 2010-110, Editorial.
- BOUVIER (M.), « Nouvelle gouvernance financière publique : grands enjeux de demain », *in Revue française des Finances publiques*, n°100, éditorial.
- BOUVIER (M.), « Nouvelle gouvernance financière publique durable et conduite de la réforme budgétaire dans les pays en développement », *Revue française des finances publiques*, n°98, 2007, pp. 60-73.
- BOUVIER (M.), « Réhabiliter et refonder la science des finances publiques », *in Mélanges Paul AMSELEK*, Bruxelles, BRULYANT, 2005, pp. 131-154.
- BUISSON (J.), « Vers de nouvelles ressources propres : à la recherche du contribuable européen », *Mélanges en l'honneur du Professeur Joël MOLINIER*, Paris, LGDJ-Lextenso, pp. 119-126.
- CABANNES (X.), « L'État, le Parlement et le consentement annuel à l'impôt », *in RFFP*, n° 77, 2002, pp. 225-249.
- CABANNES (X.), « La nature juridique des contrats d'emprunts publics de l'État : analyse au regard de la politique contemporaine d'émission des titres publics », *in Mélanges Paul AMSELEK*, éd. BRUYLANT, 2005, pp. 225-249.
- CANTENS (T.), « Comment la contractualisation dans les administrations fiscales peut-elle limiter la corruption et la fraude ? Le cas des douanes camerounaises », *Revue d'économie du développement*, 2012, pp. 35-66.
- CANTENS (T.), « La réforme de la douane camerounaise à l'aide d'un logiciel des Nations Unies ou l'appropriation d'un outil de finances publiques », *Afrique contemporaine*, 2007.
- CANTENS (T.), « La réforme de la douane camerounaise à l'aide d'un logiciel des Nations Unies ou l'appropriation d'un outil de finances publiques », *Afrique contemporaine*, 2007, pp. 135-160.

- CANTENS (T.), « Réforme des douanes et développement en Afrique subsaharienne », *in Afriques contemporaine* n°230, 2009, pp.19-31.
- CAPDEVILLE LASSERRE (J.), « Le délit de fraude fiscale », *in Fraude et évasion fiscale : état des lieux et moyens de lutte*, Paris, Lextenso, 2015, pp. 17-29.
- CASTAGNEDE (B.), « La lutte contre la fraude ou l'évasion fiscale internationale : la nouvelle donne », *in RFFP*, n°110, 2010, pp. 3-25.
- CEREXHE (E.), « Intégration politique et ressources propres », *in* ISAAC (G.) (dir.), *Les ressources financières de la Communauté européenne*, Paris, Economica, Colloque de la CEDECE, 1986, pp. 145-167.
- CHABOT (J.-L.), « La rétention des ressources propres de la part des États membres », in ISAAC (G.) (dir.), *Les ressources financières de la communauté européenne,* Paris, Economica, 1986, pp. 87-94.
- CHALTIEL (F.), « Les bases constitutionnelles du droit communautaire *» in mélanges en l'honneur de Pierre PACTET. L'esprit des institutions, l'équilibre des pouvoirs*, Paris, Dalloz, 2003, pp. 551-570.
- CHAVENT (E.), « Construire des plans de contrôle efficaces en contrôle permanent et en contrôle périodique », Consulté sur le site www.eri-institute le 17 février 2019.
- COMMISSION DE L'UEMOA, « Les voies d'un développement solidaire », 2014, OCDE, « Axer davantage les politiques fiscales sur l'efficacité, l'équité et l'écologie », *Etudes économiques de l'OCDE*, n°2, 2015, pp. 1-37.
- COUZINET (J.-F.), HEN (C.), « Le recours à l'emprunt », *in* ISAAC (G.), (dir.), *Les ressources financière de la Communauté européenne*, Paris, Economica, 1986, pp. 355-358.
- DE LAUBADERE (A.), « La loi d'orientation de l'enseignement supérieur et l'autonomie des Universités », *AJDA*, 1969, pp. 57-78.
- DELACUWE (B.), « Union douanière au sein de l'UEMOA : une analyse quantitative », www.caim.info/revue économique-2001-4- Page-811-htm.

- DELION (A.), « Entreprises publiques : privatiser ou réformer ? », *in Revue internationale des sciences administratives (IISA)*, vol 56, n°1, 1990.
- DEQUIEDT (V.), « Les programmes de vérification des importations (PVI) à la lumière de la théorie de l'agence », *in Afrique contemporaine*, 2009.
- DEQUIEDT (V.), GOURGEON (A. M.), POTA-GRAZIOSI (G.), « Contrats incitatifs et réformes des Douanes dans les pays en développement », *in Afrique contemporaine*, 2011, pp. 151-166.
- DIARRA (E.), « Histoire de la zone franc », *in* DE RAULIN (A.), *La zone franc : quel avenir après l'euro* ? Presses universitaires de l'ARTOIS, 2000.
- DIARRA (E.), « Coopération ou intégration fiscale au sein de l'Union Economique et Monétaire Ouest- Africaine », *in Revue burkinabè de droit*, n°45, 2004, pp. 15-26.
- DIARRA (E.), « L'utilité des finances de l'UEMOA », *in* Mélanges en l'honneur de Michel BOUVIER, *Les nouveaux chantiers de finances publiques en Afrique*, Dakar, L'Harmattan, 2019, pp. 91- 113.
- DIOUKHANE (A.), « Le marché commun de l'UEMOA », *Cahiers de droit européen*, 2006 n°1-2, pp. 7-23.
- DJEUWO (M.), « La corruption dans le management des ressources humaines de l'administration douanière », *in Afrique contemporaine*, n°230, 2009, pp. 55-67
- DOE (L.), « De la réforme de la fonction publique dans les pays de l'UMOA », *in RISS*, 1998, n°155, pp. 23-35.
- DORMOY (D.), « Aspects récents de la question du financement des opérations de maintien de la paix de l'Organisation des Nations Unies », *in AFDI,* 1993, pp. 63-70.
- DRAGO (R.), « Droit comparé », *in* ALLAND (D.) et RIALS (S.) (dir.), *Dictionnaire de la culture juridique*, Paris, Lamy-PUF, 2003, pp. 27-45
- DUCLOS (L.), « Le droit de la bonne pratique », *Cahiers philosophiques,* 2008, n° 116, pp. 41-68.
- DUCROS (J.-C.), « La rationalisation des choix budgétaires », *in RSF,* 1969, pp. 72-85.

- DUFRENOT (G.), NDEYE (J.), SAKHO (A.), « Les enjeux de la transition fiscale dans les pays de l'UEMOA », *in Enjeux des politiques macroéconomiques des pays de l'UEMOA*, p. 50-65.
- DUPRAT (J.-P.), « La dynamique des réformes budgétaires : globalisation des problèmes, unification des outils et adaptation nationale des solutions », *in Revue française des finances publiques*, n° 98, p. 11-29.
- EHLERMANN (D.), « The financing of the community: the distinction between financial contributions and own resources », *CML Rev.*, 1982, p. 581-605.
- FALL (H. D.), « FAIR » un aménagement équilibré pour éliminer les disparités, *Journal « le soleil », spécial UEMOA*, août 2001, pp. 27-39.
- GAUDEMET (Y.), « Libres propos sur la subsidiarité, spécialement en Europe », *in Mélanges Paul AMSELEK*, Bruxelles, BRULYANT, 2005, pp. 65-90.
- GILBERT (P.), *in* Le *Contrôle de gestion dans les Administrations de l'État*, *Eléments de méthodologie*, Ministère de la fonction publique, de la réforme de l'État et de l'aménagement du territoire, Juin 2002.
- GLANGLAUDE (J.), « Les deux feux follets des moyens de lutte contre la fraude fiscale internationale et le blanchiment de son produit », *in le blanchiment des projets illicites*, Presses universitaires de Strasbourg, 2000, pp. 35-60.
- GOURNAY (B.), « Technocratie et administration », *in Revue française de science politique*, 1960, pp. 45-58.
- GUEYE (J.), « Réflexion sur une expérience d'intégration : l'Union Africaine », *in Regards croisés sur les intégrations régionales dans le monde*, Bruxelles, Bruylant, 2010, p. 185-200.
- GUTMANN (D.), « Regard sur la jurisprudence fiscale du Conseil constitutionnel », *Pouvoirs*, n°151, 2014, pp. 129-142.
- HAGUENAU-MOIZARD (C.), MONTALIEU (T.), « L'évolution du partenariat UE-ACP de Lomé à Cotonou : de l'exception à la normalisation », *Mondes en développement*, 2004, pp. 65-88.
- HERTZOG (R.), « L'autonomie en droit : trop peu de sens, trop peu de signification ? », *in Mélanges Paul AMSELEK*, pp. 51-72.

- HERTZOG (R.), « L'ambiguë constitutionnalisation des finances locales », *Actualité juridique – droit administratif*, Paris, mars 2003, pp. 548-605.
- HUGON (P.), « La dévaluation des francs CFA quatre ans après », *in Alternatives Economiques* n° 156 - février 1998.
- IBRIGA (L. M.), « Le problème de la compatibilité entre l'UEMOA et la CEDEAO », *in Cahiers du CEEI*, pp 24-31.
- ISAAC (G.), « La rénovation des institutions financières des Communautés européennes depuis 1970 », *RTDE*, 1973 pp. 57-78.
- JACQUÉ (J. P.), « Les communautarisations des politiques nationales », *Pouvoirs*, n°48, 1989, pp.29-38.
- JACQUÉ (J. P.), « Le constat », *in Société française pour le droit international*, colloque de Strasbourg, Les organisations internationales contemporaines, crises, mutation, développement, Paris, Pedone, 1988, pp. 67-84.
- JEANNARD (S.), « L'identification de la nature juridique des emprunts publics », *RFFP*, n° 123-septembre 2013, pp. 55-57.
- JÈZE (G.), « Moyens de gestion financière des entreprises industrielles de l'État », *RSF*, 1905, pp. 185-209.
- JOUVE (E.), « Le financement des organisations internationales et ses implications politiques », *RFFP*, 1995, pp. 37-47.
- KAZADI MPIANA (J.), « La problématique de l'existence du droit communautaire africain. L'option entre mimétisme et spécificité », *in Revue libre de Droit,* 2014, pp. 38-78.
- KOLASA (J.), « Financing », in DUPUY (R. J*.), Manuel sur les organisations internationales*, Dortdrecht, MNP, 1988, pp. 483-496.
- KOLB (R.), « La règle résiduelle de liberté en droit international public ("Tout ce qui n'est pas interdit est permis") : aspects théoriques, *in Revue belge de droit international*, 2001, vol. 34, n° 1, pp. 16-31.
- KOVAR (R.), « L'effectivité interne du droit communautaire », *in La Communauté et ses États membres*, rapport du colloque de l'Institut d'Etudes Juridiques Européen, Nijhoff, La Haye, 1973, pp. 23-50.

- KOVAR (R.), « Compétence des Communautés européennes », *JCL Europe*, fasc. 420, Mars 1990, pp. 58-79.
- LAURENT (M.), « Les réformes budgétaires vues par les institutions internationales », *in Réformes des finances publiques : la conduite du changement (Actes de la IIIe Université de printemps de Finances Publiques du GERFIP)*, Paris, LGDJ, 2007, pp. 34-47.
- LAURENT (M.), « Les standards de la bonne gouvernance selon la Banque mondiale », *in* BOUVIER (M.) (dir.), *La bonne gouvernance des finances publiques dans le monde : Actes de la 4ème Université de printemps de Finances publiques*, Paris, LGDJ, 2009, pp. 105-226.
- LE DEM (J.), « Dévaluation du franc CFA : un commentaire critique », *in Economie internationale*, n° 58, 2ème trimestre, 1994, p. 27–32.
- LEBEN (C.), « A propos de la nature juridique des Communautés européennes », *in Droits,* 1991, pp. 61-72.
- LUABA LUMU (N.), « La faiblesse du cadre institutionnel décisionnel comme frein à l'intégration régionale africaine *», in État, société et pouvoir à l'aube du XXIe siècle, Mélange en l'honneur de François BORELA*, Presse Universitaire de Nancy, 1999, pp. 335-364.
- MADAKUFAMBA (M.), « Pourquoi l'intégration régionale africaine patauge ? », *ACBF*, Harare, 2017, pp. 179-188.
- MAITROT DE LA MOTTE (A.), « L'impôt européen : enjeux juridiques et politiques », *in Revue de l'observatoire français des conjonctures économiques*, n°134, 2014, pp. 149-160.
- MANSOUR (M.), ROTA-GRAZIOSI (G.), « Coordination fiscale dans l'Union économique et monétaire ouest-africaine », *in Revue d'économie du développement*, 2012/3 Vol. 20, pp. 9-34.
- MARTY (F.), « De la soutenabilité budgétaire des contrats de partenariat public privé *», Working Paper GREDEG*, n° 2014-35, novembre 2014, pp. 8-23.
- MBELEK (L.), « Fiscalité et développement : la problématique du rendement », *in Revue EJDA*, n°93, 2012, pp. 72-87.

- MBELEK (L.), « La souveraineté fiscale des États africains au sud du Sahara, face aux enjeux du développement : l'exemple du Cameroun », *in Revue EDJA*, n°3, 2008, pp. 45-46.
- MÉDÉ (N.), « Réflexions sur le cadre harmonisé des finances publiques dans l'espace UEMOA », 2ème numéro spécial finances publiques, *Afrilex,* juin 2012, www.afrilex.ubordeaux4.fr.
- MÉDÉ (N.), « L'Afrique francophone saisie par la fièvre de la performance financière », *RFFP*, n° 135, 2016.
- MÉDÉ (N.), « La corruption et ses ressorts en Afrique de l'Ouest francophone », *in RFFP*, n° 147, 2019.
- MÉDÉ (N.), « La nouvelle gestion budgétaire : l'expérience des budgets de programme au Bénin », *Afrilex*, n°4, 2004, accessible à l'adresse http://afrilex.u-bordeaux4.fr/sites/afrilex/IMG/pdf/04jur17mede.pdf.
- MÉDÉ (N.), TONI (E.), AVAHOUNDJE (F.), « La dématérialisation des procédures de dédouanement au sein de l'Union économique et monétaire ouest - africaine (UEMOA), *REIDF* n° 1, 2017.
- MELEDJE (F. D.), « L'appropriation des normes communautaires par les milieux universitaires et le monde judiciaire », troisième rencontre inter-juridictionnelle des cours communautaires de l'UEMOA, de la CEMAC, de la CEDEAO et de l'OHADA, Dakar, 4-6 mai 2010.
- MOLINIER (J.), « Les principes fondamentaux des systèmes budgétaires des États membres des Communautés », *NED*, n ° 41, 30 avril 1975, pp. 55-70.
- MONNIER (J. M.), « La politique fiscale », *in* MONTEL DUMONT (O.) (dir.), *La politique économique et ses instruments*, Paris, la documentation française, 2010, pp. 1-8.
- MONTAGNAT-RENTIER (G.) et PARENT (G.), « Réforme et modernisation des douanes en Afrique subsaharienne francophone 1995-2010 », *in Revue d'économie du développement*, n° 26, 2012, pp. 105-146.
- MPIANA (J. K.), « La problématique de l'existence du droit communautaire africain. L'option entre mimétisme et spécificité », *Revue libre de Droit*, 2014, spéc. p. 38-78.

- NABLI (B.), « Du caractère fictif de l'autonomie financière de L'Union européenne » *in Revue française d'administration publique,* n°123, 2017, pp. 353-371.
- NDIAYE (W.), « Le Franc CFA : une monnaie qui décharge et dédouane », *Actualité* du mardi 7 juillet 2015.
- NEGRIN (V. O.), « Une légende fiscale : la définition de l'impôt de Gaston JÈZE », *in Revue de droit public*, n°1, 2008, pp. 56-89.
- NTOUTOUME (J. M.), « le juge de cassation et les conventions internationales », 2008, www.ahjucaf.org., consulté le 18 novembre 2016.
- NUBUKPO (K.), « Le franc CFA, un frein à l'émergence des économies africaines ? », *in L'Économie politique*, n°68, 2015, pp. 71-79.
- OCDE, « Les avantages des prévisions budgétaires à long terme », *L'Observateur de l'OCDE*, 1990, pp. 23-54.
- OLIVIER NEGRIN (V.), « Une légende fiscale : la définition de l'impôt de Gaston JÈZE », *RDP,* 2008, n° 1, pp. 46-83.
- OLMIG., « Les ressources propres aux Communautés européennes », *CDE*, 1971, pp. 59-63.
- ONG Les amis de la terre, « Aliments OGM : les États-Unis jouent avec la faim », 2003, https://www.amisdelaterre.org/, consulté le 16 juillet 2018.
- ORSONI (G.), « Les problèmes posés par le financement des organisations internationales par les États », *RFFP*, 1995, pp. 45-57.
- OSMAN (Y.), « Les grandes tendances macroéconomiques de l'Afrique et de ses régions », *in* AFD, *L'économie africaine 2020, La Découverte*, Janvier 2020, pp. 7-20.
- PADRO (R.), « L'exécution des ressources propres », *in* ISAAC (G.) (dir.), *Les ressources financières de la Communauté européenne*, Paris, Economica, 1986, pp. 31-55.
- PARENT (G.), « Réforme et modernisation des douanes en Afrique subsaharienne francophone 1995-2010 », *in Revue d'économie du développement*, n° 26, 2012, pp. 105-146.
- PASCAL (L.), « La privatisation des missions douanières en République Centrafricaine (RCA) : une opportunité

d'amélioration des finances publiques ?», *Droit*, Université de Bordeaux, 2014, pp. 159-180.

- PELLAS (J. R.), « Les nouveaux outils de lutte contre la fraude fiscale », *in RFFP*, n°127-2014, pp. 24-45.
- PELLET (A.), « Les fondements juridiques internationaux du droit communautaire », *in R.C.A.D.E.,* volume V, pp. 193-271.
- PFERSMANN (O.), « Le droit comparé comme interprétation et comme théorie du droit », *Revue Internationale de Droit Comparé*, 2001, pp. 275-288.
- POIROT (J.), « L'intégration économique régionale est-elle créatrice ou destructrice de biens collectifs dans l'Union européenne ? », *Mondes en développement,* 2001, N°116, pp. 47-64.
- PRATE (A.), « Les finances de la Communauté européenne. Fédéralisme ou subsidiarité ? », *in Commentaire*, n°60, avril 1992, p. 815-822.
- RABALLAND (G.), CANTENS (T)., « Introduction thématique. Réforme des douanes et développement en Afrique subsaharienne », *Afrique contemporaine*, n° 230, 2009, pp. 19-31.
- ROBLIN (C.), « Les avis conformes », *in Sur la forme et la procédure de l'acte administratif,* Etude coordonnée par DUPUIS (G.), Paris, Economica, 1978, pp. 16-34.
- ROLLAND (M.), « L'empire colonial », *in* ULLMANN (L.) et MIRKINE-GUETZEVITCH (B.) (dir.), *La vie juridique des peuples*, Paris, Librairie Delagrave, 1933, t. III, pp. 123-145.
- SAÏDJ (L.), « Finances publiques », *in* L. PHILIP (dir.), *Dictionnaire encyclopédique de finances publiques*, Paris, Economica, 1991.
- SAKHO (E.H.A.), DUFRENOT (G.), Enjeux des politiques macroéconomiques des pays de l'UEMOA, Paris, *Economica,* 2008, pp. 94-143.
- SALL (A.), « Aspects institutionnels de l'intégration en Afrique de l'Ouest *», in Regards croisés sur les intégrations dans le monde : Europe, Amérique, Afrique*, Bruxelles, Bruylant, 2010, pp. 159-184.

- SALMON (J.), « L'emprunt de 200 millions de dollars de l'ONU », *AFDI,* 1962, pp. 63-79.
- SALMON (J.), « Les opérations internationales de dégagement du Canal de Suez », *AFDI*, 1957, pp. 94-123.
- SANGARE (M.), « La contribution du vérificateur général au contrôle interne des finances publiques du Mali », *in Les nouveaux chantiers des finances publiques en Afrique, Mélanges en l'honneur de Michel BOUVIER*, Dakar, L'Harmattan, 2019, pp. 331-360.
- SAUDUBRAY (F.), « Les vertus de l'intégration régionale en Afrique », *Afrique contemporaine*, 2008, pp. 53-87.
- SCHMIDT (V.), « L'Union européenne crée-t-elle ou détruit-elle la démocratie ? », *in Politique étrangère*, n°3, 2007, pp. 32-54.
- SEGO (P.), « Gestion budgétaire par la performance au sein des États membres de l'UEMOA : une ambition, quatre défis ! », *in Les nouveaux chantiers des finances publiques en Afrique, Mélanges en l'honneur de Michel BOUVIER*, Dakar, L'Harmattan, 2019, pp. 145-165.
- SINDJOUN (L.), VENNESSON (P.), « Unipolarité et intégration régionale : l'Afrique du Sud et la renaissance africaine », *Revue française de science politique*, n°6, 2000, p. 910-925.
- SOREL (J.-M.), « Sur quelques aspects juridiques de la conditionnalité du FMI et leurs conséquences », *in European Journal of International Law*, Vol 7, N°1, 1996, pp. 42-66.
- SOUARE (K.), « Regard critique sur l'intégration Africaine, comment relever les défis », *ISS Paper* 140, Juin 2007, pp. 2-12.
- SPENALE (G.), « Introduction », *in Parlement européen, Les ressources propres aux Communautés européennes et les pouvoirs budgétaires du Parlement européens,* Direction générale de la documentation parlementaire et de l'information, 1970, pp. 13-52.
- STRASSER (D.), « Actualité des finances de la Communauté européenne », *RFFP*, 1983, pp. 35-48.
- TUYOLT (P.), Enregistrer en comptabilité les ressources d'une association, Consulté sur le site www.assistant-juridique.fr le 17 février 2019.

- VACHIA (J.-P.), « Le contrôle des dépenses communautaires dans les États membres et le principe de subsidiarité », *in RFAP*, n° 63, juillet-septembre 1992, p. 450-459.
- VACHIA (J.-P.), « Les politiques de l'Union européenne et l'évolution du contrôle des finances publiques en France », *in RFAP* p. 473-486.
- VANDERPUYE (S. O.), « La BIDC, la banque de la CEDEAO », consulté sur le site www.bidc-ebid.com 16 août 2018.
- VERGES (J.), « Le financement de la Communauté européenne », *in RFFP*, 1983, pp. 37-58.
- WALINE (J.), « L'œuvre de Gaston JÈZE en Droit public », *in RDP,* 1953, pp. 69-87.
- YONABA (S.), « La difficile intégration des règles budgétaires et comptables des États membres de l'Union économique et monétaire ouest-africaine (UEMOA) », *in Revue Française de Finances Publiques* n° 79, 2002, pp. 221-239.
- YONABA (S.), « Le recouvrement des recettes publiques dans les États africains : un état des lieux préoccupant », *in Revue française d'administration publique*, n° 144, 2012, pp. 1043-1051.
- YONABA (S.), « Les contraintes de l'harmonisation d'un droit budgétaire rénové dans la zone UEMOA », *in Logique de performance et pays en développement, RFFP* n°98, pp. 69-79.

V. Textes internationaux

- Accord général sur les tarifs douaniers et le commerce du 30 octobre 1947.
- Accord instituant l'OMC du 15 avril 1994.
- Charte des Nations Unies du 24 octobre 1945.
- Code d'évaluation de l'Organisation mondiale du commerce (OMC).
- Convention de Johannesburg de juin 2003 portant assistance mutuelle administrative en matière douanière.
- Convention de Kyoto.

- Convention de Kyoto révisée de juin 1999.
- Convention de Nairobi du 9 juin 1977 portant d'assistance mutuelle administrative en vue de prévenir, de rechercher et de réprimer les infractions douanières.
- Convention de Vienne sur le droit des traités du 23 mai 1969.
- Convention internationale sur le système harmonisé de désignation et de codification des marchandises du 14 juin 1983.
- Déclaration des Droits de l'Homme et du Citoyen de 1789.

VI. Textes communautaires

- Traité C.E.
- Traité de Bruxelles du 22 juillet 1975.
- Traité Euratom.
- Traité instituant le Marché commun de l'Afrique de l'Est et de l'Afrique Australe.
- Traité révisé de l'UEMOA du 29 janvier 2003.
- Traité révisé de la Communauté économique des États de l'Afrique de l'Ouest.
- Traité spécial portant création du parlement de l'UEMOA du 29 janvier 2003.
- Traité sur le fonctionnement de l'Union européenne.
- Acte additionnel A/SA1/06/09 du 22 juin 2009 portant amendement de la Décision A/DEC.17/01/206 du 12 janvier 2006 portant adoption du tarif extérieur commun de la CEDEAO.
- Acte additionnel n° 04 /1996 du 10 mai 1996 instituant un régime tarifaire préférentiel transitoire des échanges au sein de l'UEMOA et son mode de financement.
- Acte additionnel n° A/SA. 1/06/09, 22 juin 2009 portant amendement de déc. n° A/DEC. 17/01/06, 12 janvier 2006 portant adoption du tarif extérieur commun de la CEDEAO.

- Protocole additionnel I, portant organisation des organes judiciaire de l'UEMOA.
- Protocole Additionnel N° 03-2001 du 19 décembre 2001 instituant les règles d'origines des produits de l'UEMOA.
- Protocole additionnel n° II annexé au traité qui détermine différents secteurs.
- Règlement (CEE) n°3950/92 du Conseil du 28 décembre 1992 établissant un prélèvement supplémentaire dans le secteur du lait et des produits laitiers, JOCE n° L 405 du 31 décembre 1992.
- Règlement 2892/77 du Conseil du 19 décembre 1977 portant application, pour les ressources propres provenant de la taxe sur la valeur ajoutée, de la décision du 21 avril 1970 relative au remplacement des contributions financières des États membres par des ressources propres.
- Règlement intérieur du Parlement européen.
- Règlement N° 01/2008/CM/UEMOA du 28 mars 2008, portant règlement financier des organes de l'Union économique et monétaire ouest-africaine.
- Règlement N° 01/2018/CM/UEMOA du 23 mars 2018, portant règlement financier des organes de l'Union économique et monétaire ouest-africaine.
- Règlement n° 06/2006/CM/UEMOA fixant les modalités d'intervention, d'organisation et de fonctionnement du fonds régional de développement agricole.
- Règlement N° 06/CM/UEMOA du 17 septembre 1999 portant adoption du mécanisme de la Taxe Conjoncturelle à l'Importation au sein de l'UEMOA.
- Règlement N° 1/2004/CM/UEMOA du 18 mai 2004 portant modification de l'annexe du règlement N° 23/2002/CM/UEMOA du 18 novembre 2002.
- Règlement n° 19/2003/CM/UEMOA du 22 décembre 2003 modifiant le règlement N° 03/1999/CM/UEMOA du 25 mars 1999 portant adoption de la taxe dégressive de protection au sein de l 'UEMOA.
- Règlement n° 6/98 du 3 juillet 1998.
- Règlement n°01-2000 portant procédure devant la cour des comptes.

- Règlement n°02/97/CM/UEMOA du 28 novembre 1997.
- Règlement n°06/2014/CM/CEDEAO/UEMOA du 25 septembre 2014, portant modification du règlement n°02/97/CM/UEMOA portant adoption du Tarif Extérieur Commun de l'UEMOA.
- Règlement n°07/2014/CM/UEMOA du 25 septembre 2014, portant définition de la liste des marchandises composant les catégories dans la nomenclature tarifaire et statistique de l'UEMOA basée sur la version 2012 du système harmonisé de désignation et de codification des marchandises.
- Règlement n°1/2000 pourtant procédure devant la cour de compte de l'UEMOA.
- Règlement n°260/68 du Conseil du 29 février 1968 portant fixation des conditions et de la procédure de l'impôt établi au profit des Communautés européennes, JOCE n° L 56 du 4 mars 1968.
- Code des douanes de l'UEMOA, annexé au règlement n°09/2001/CM/UEMOA du 26 novembre 2001.
- Recommandation n° 02/2014/CM/UEMOA du 25 septembre 2014, relative à l'élaboration des programmes pluriannuels de convergence, de stabilité, de croissance et de solidarité des États membres de l'UEMOA.
- Résolution N°002/CIP/ 2014 relative à la mise en place du parlement de l'UEMOA du 3 Avril 2014.
- Décision n° 0180/2003/PC/OM/UEMOA portant création et organisation des services de la Commission.
- Décision n° 34/2009/CM/UEMOA du 17 décembre 2009 portant adoption des critères et indicateurs de la transition fiscale au sein de l'UEMOA.
- Décision n°005/2005/COM/UEMOA portant interdiction d'exonérer le Clinker.
- Décision n°01/2004/CM/UEMOA portant adoption du Programme économique régional 2004-2008, le 18 mai 2004.
- Décision n°01/98/CM/UEMOA du 3 juillet 1998 portant adoption du programme d'harmonisation des fiscalités indirectes intérieures au sein de l'UEMOA.

- Décision n°10/2006/CM/UEMOA du 23 mars 2006 portant adoption du programme de transition fiscale au sein de l'UEMOA.
- Décision n°10/2006/CM/UEMOA du 26 mars 2006 portant adoption du programme de transition fiscale au sein de l'UEMOA.
- Décision n° 70/243/CE, Euratom, JOCE n° L 94, 28 avril 1970.
- Directive n° 01/2007/CM/UEMOA du 06 avril 2007 2007, modifiant la directive n° 06/2001/CM/UEMOA portant harmonisation de la taxation des produits pétroliers au sein de l'UEMOA.
- Directive n° 02/98/CM/UEMOA portant harmonisation des législations des États membres en matière de taxe sur la valeur ajoutée.
- Directive n° C/DIR.1/05/2009 du 27 mai 2009 portant harmonisation des législations des États membres de la CEDEAO en matière de TVA.
- Directive N°01/2009/CMUEMOA du 27 mars 2009 portant Code de transparence dans la gestion des finances publiques au sein de l'UEMOA.
- Directive n°02/ 98/CM/UEMOA du 22 décembre 1998 portant harmonisation des législations des États membres en matière de TVA, Modifiée par la directive n°02/2009/CM/UEMOA du 27 mars 2009.
- Directive N°06/CM/UEMOA du 26 juin 2009 relative aux lois des finances.
- Directive N°07/CM/UEMOA du 26 juin 2009 portant règlement général sur la comptabilité publique.
- Directive N°08/CM/UEMOA du 26 juin 2009 portant nomenclature Budgétaire de l'État.
- Directive N°09/CM/UEMOA du 26 juin 2009 portant plan comptable de l'État (PCE) au sein de l'UEMOA.
- Directive N°10/CM/UEMOA du 26 juin 2009 portant Tableau des opérations financières de l'État (TOFE) au sein de l'UEMOA.

- Directive N° 01/2011/CM/UEMOA du 24 juin 2011, portant régime financier des Collectivités territoriales au sein de l'UEMOA.
- Avis consultatif n° 13 du 23 juillet 1926, série B.
- Avis consultatif n° 14 du 8 décembre 1927, série B.
- Avis n°01/2003 du 18 mars 2003 rendu par la Cour de justice de l'UEMOA relatif à la création d'une Cour des comptes au Mali.

VII. Textes nationaux

- Constitution du 11 décembre 1990 du Bénin
- Loi Organique N° 2013- 14 du 27 septembre 2013 relative aux lois de finances en république du Bénin.
- Loi n° 2014-20 portant code des douanes en République du Bénin du 27 juin 2014
- Loi n° 2015-20 du 19 juin 2015 portant statut spécial des forces de sécurité publique et assimilées.
- Loi n° 97-029 du 15 janvier 1999 portant organisation des Communes en République du Bénin.
- Code général des impôts du Bénin.
- Loi n° 2012-016 du 14 décembre 2012 portant création de l'OTR.
- Décret du 04 octobre 2006 modifiant le décret du 14 mars 1973 relatif au statut particulier du corps de l'inspection générale des finances en France.
- Arrêté n° 1802-c/MEF/DC/SGM/DGDDI/DGI/CSIR du 25 juin 2019 portant codification des exonérations fiscales et douanières accordées en République du Bénin.
- Arrêté n° 0197/MEFPD/DC/SGM/DGDDI portant attributions, organisation et fonctionnement de la Direction Générale des Douanes et des Droits Indirects (DGDDI) au Bénin du 23 janvier 2015

VIII. Jurisprudence

- CE, 2 octobre 1981, GIE Vipal, Rec.
- CJCE, 4 avril 1974, État belge et Grand-Duché de Luxembourg contre Mertens et autres, aff. Jointes 178, 179 et 180-73, Rec., 1974.
- CJCE, 2 mars 1994, Parlement européen c/ Conseil de l'Union européenne, aff. C-316/91.
- C.J.C.E., 11 juillet 1989, Schräder, Rec. spéc. p. 2266-2267 affaire C-547/14, Philipp Morris.
- CJCE, 4 avril 1974, Mertens, aff. 178/73, Rec.
- Décision n°71-44 du 16 juillet 1971.
- Décision n° 73-51 DC du 27 décembre 1973.
- Décision n° 76-71 DC du 30 décembre 1976, Rec.

IX. Webographie

- http://www.UEMOA.int/
- www.ecowas.int.
- http://www.wcoomd.org/fr/default.htm
- www.ahjucaf.org.
- www.senat.fr
- www.l'infodrome.com
- www.eri-institute
- www.assistant-juridique.fr
- https://www.otr.tg/index.php/fr/accueil/l-otr/a-propos.html

Annexes

Sommaire

ANNEXE I : Évolution des ressources de l'UEMOA de 2016 à 2020

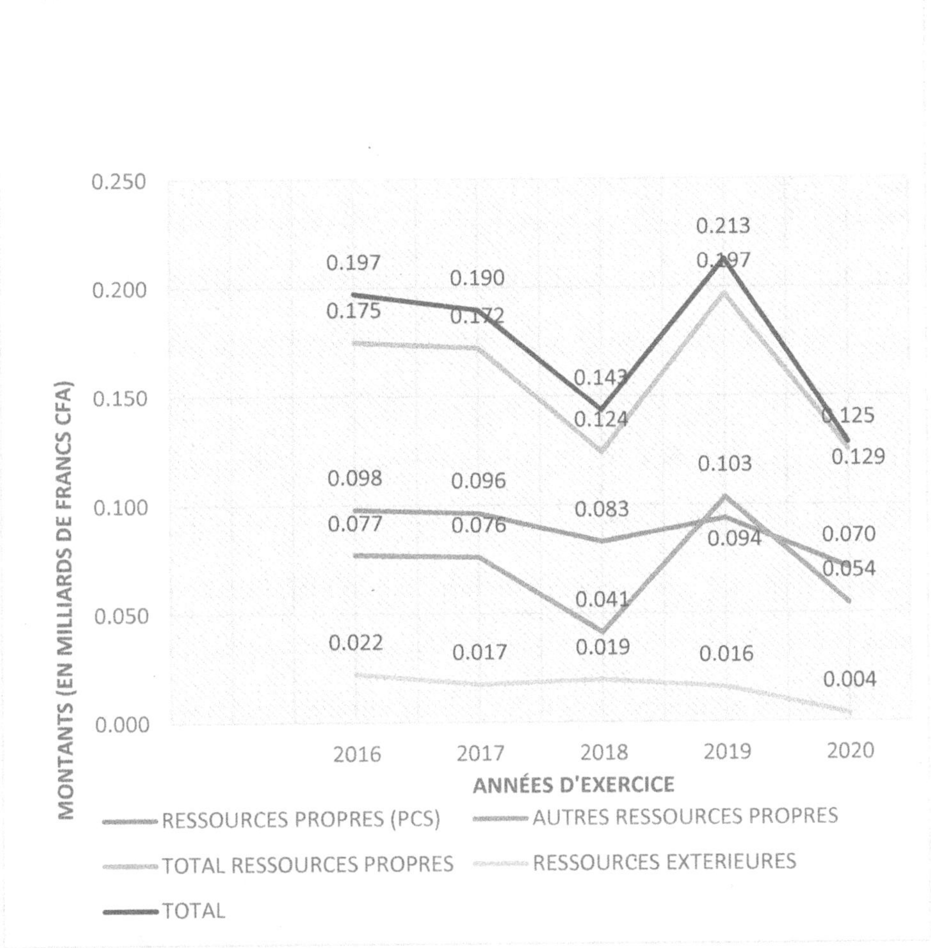

SOURCE : Graphique conçu sur la base des rapports annuels sur le fonctionnement et l'évolution de l'UEMOA, des années 2016 à 2020.

ANNEXE II : Évolution des dépenses de l'UEMOA de 2016 à 2020

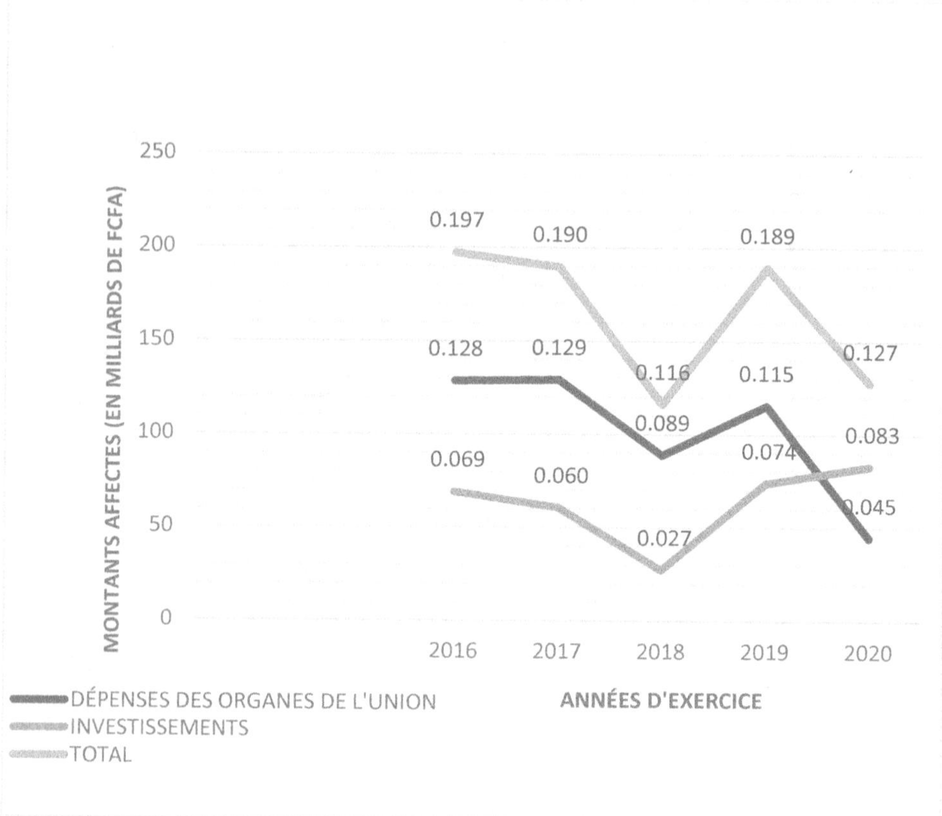

SOURCE : Graphique conçu sur la base des rapports annuels sur le fonctionnement et l'évolution de l'UEMOA, des années 2016 à 2020.

ANNEXE III : Catégories de marchandises et leurs tarifs

Catégories	Libellés	DD	RS	PCS	PC
0	Biens sociaux essentiels relevant d'une liste limitative	0%	1%	1%	0,5%
1	Biens de première nécessité, matières premières de base, biens d'équipement, intrants spécifiques	5%	1%	1%	0,5%
2	Intrants et produits intermédiaires	10%	1%	1%	0,5%
3	Biens de consommation finale et autres produits non repris ailleurs	20%	1%	1%	0,5%
4	Biens spécifiques pour le développement économique	35%	1%	1%	0,5%

SOURCE : Règlement n°07/2014/CM/UEMOA du 25 septembre 2014

DD : Droits de Douane

RS : Redevance Statistique

PCS : Prélèvement Communautaire de solidarité (UEMOA)

PC : Prélèvement Communautaire (CEDEAO).

ANNEXE IV : Taux appliqué dans les États membres avant et après les réformes

États	Taux avant l'harmonisation	Taux après l'harmonisation
Bénin	18%	18%
Burkina Faso	18%	18%
Côte d'Ivoire	18%	9% et 18%
Guinée Bissau	11,11 et 20%	18%
Mali	18%	18%
Niger	10 et 15%	19%
Sénégal	17%	10% et 18%
Togo	10% et 20%	18%

SOURCE : Tableau conçu sur la base des législations nationales

ANNEXE V : Taux des droits d'accises par produit proposés par l'UEMOA

Produits imposables	Taux minimal	Taux maximal
Taxation obligatoire		
Boissons alcoolisées (1)	15%	50%
Tabac et ses dérivés (2)	15%	45%
Boissons non alcoolisées sauf eau	0%	20%
Taxation optionnelle (choix de six biens seulement)		
Café	1%	12%
Cola	10%	30%
Farine de blé	1%	5%
Huiles et corps gras alimentaires	1%	15%
Thé	1%	12%
Armes et munitions	15%	40%
Parfums et autres produits cosmétiques	5%	15%
Sachets en matière plastique (3)	5%	10%
Marbre (3)	5%	10%
Or en lingots (3)	3%	15%
Pierres précieuses (3)	3%	15%
Véhicules de tourisme de 13 chevaux ou plus (3) et (4)	3%	10%

SOURCE : Directives 03/98/CM/UEMOA et 03/2009/CM/UEMOA.

(1) Les taux min et max ont augmenté en 2009 de 10 à 15% et de 45 à 50% respectivement.

(2) Les taux min et max ont augmenté en 2009 de 10 à 15% et de 45 à 50% respectivement.

(3) Bien ajouté sur la liste en 2009.

(4) Seulement sur les véhicules excédant une certaine capacité motrice.

ANNEXE VI : Taux de l'IRCM selon la nature du capital mobilier

	Taux (%)	Notes
Dividendes Général	**10 à 15**	**Les États membres peuvent rendre cet impôt libératoire ; les contribuables n'ont alors pas à intégrer les dividendes dans leur revenu à fin d'impôt (1).**
Distribués par des sociétés inscrites à la bourse de l'UEMOA	**2 à 7**	**Les sociétés doivent être certifiées par le CREPMF. Aucune consultation avec les autorités fiscales nationales n'est requise.**
Intérêts Général Maturité ≥5 années	**6**	**Si la dette est utilisée pour des investissements dans des secteurs stratégiques pour le développement économique.**
Bons du Trésor de maturité de 5 à 10 ans.	**3**	**Sont concernés les dettes des gouvernements centraux et locaux et toute entité gouvernementale**
Bons du Trésor de maturité supérieure à 10 ans.	**0**	**Sont concernés les dettes des gouvernements centraux et locaux et toute entité gouvernementale**
Plus-values		
Sur capitaux propres	**0 à 7**	
Sur dettes	**0 à 5**	

SOURCE : Directive n°02/2010/CM/UEMOA

ANNEXE VII : Principales caractéristiques du traité multilatéral de double taxation de l'UEMOA

Impôt	Source de définition de l'assiette	Traitement par le règlement visant à éviter la double imposition
Impôt sur les bénéfices	Bénéfices définis dans le pays de résidence ou dans le pays source s'il y a un établissement stable ou d'autres actifs fixes.	Imposition dans le pays de résidence ; l'État source a le droit d'imposer les profits d'un établissement stable.
Impôt sur les revenus locatifs	Loyer et revenus assimilés définis dans le pays source (où l'actif est localisé).	Imposition à la source.
Impôts sur les transports maritimes et aériens	Bénéfices de ces activités définis par le pays de résidence.	Imposition dans le pays de résidence (où le siège social de l'entreprise se situe), ou dans le pays où la direction de l'entreprise se situe effectivement.
Impôts sur les pensions	Revenus définis par le pays de résidence.	Imposition dans le pays de résidence.
Impôts sur les dividendes, intérêts et royalties	Revenus définis dans le traité ; comprennent revenus assimilés aux dividendes comme définis par l'État où le payeur est localisé.	Retenue à la source ; taxation résiduelle par le pays de résidence du bénéficiaire. Le prélèvement à la source ne peut pas excéder 10% pour les dividendes et 15% pour les intérêts ou les redevances.
Impôt sur les plus-values immobilières	Plus-value définie par le pays source (où la propriété est localisée).	Imposition à la source.
Impôt sur l'héritage	Tous les types d'héritage, y compris les actifs des activités	Généralement par l'État où les actifs ou biens hérités se situent.
Droits d'enregistrement		

	d'affaires, comme définis par l'État où les actifs se situent. Les dettes sont exclues.	
Timbres fiscaux	**Définis par l'État où la propriété est localisée, voire où la transaction est réalisée. Les droits peuvent être spécifiques ou ad valorem.**	**Imposés par l'État où la propriété se situe. Pour tout document légal, l'État où ces documents sont présentés a un droit d'imposition de ces actes, avec un éventuel crédit d'impôt pour les droits acquittés dans le pays où ces documents ont été réalisés.**
	Définis par l'État où la transaction a lieu.	**Imposés par l'État où la transaction a lieu.**

SOURCE : Règlement n°08/2008/CM/UEMOA.

ANNEXE VIII : Principales caractéristiques des codes des investissements dans les États de l'UEMOA

Pays/date de la loi	Activités exclues	Incitations durant la période d'investissement	Incitations durant la période d'opération
Bénin 11 août 2008	Commerce de détail ; activités polluantes ; activités de reconditionnement.	Droits d'enregistrement, tarif et TVA exonérés.	Exonération IS (2), patente et taxe à l'exportation, pour 5 à 9 ans selon le montant investi et sa localisation.
Burkina Faso 29 janvier 2010	Commerce de détail ; activités minières ; banques ; télécommunication (1).	Tarif réduit à 5% ; exonération de TVA.	Exonération IS, charges patronales et patente, pour 5 à 7 ans selon le montant investi (3 années supplémentaires si l'investissement est en zone rurale) ; période de report des pertes allongée ; crédit d'investissement.
Côte d'Ivoire 3 août 1995	Construction et travaux publics ; commerce de détail ; transport ; services financiers.	Tarif réduit à 5% ou exonéré ; exonération de TVA.	Exonération IS, impôt minimum et contribution foncière pour 5 à 8 ans selon l'activité ; réduction de l'IS pour certains secteurs après la fin de la période d'exonération.
Guinée-Bissau 31 décembre 2009	Activités minières et pétrolières ; sylviculture.	Tarif exonéré (la Guinée-Bissau n'a pas de TVA).	Exonération IS et charges patronales pour 2 ans ; réduction annuelle du taux de l'IS sur 5 années supplémentaires.
Mali 19 août 2005	Commerce de détail ; activités minières et pétrolières.	Exonération tarif (si pas de substitut local) et TVA.	Exonération IS et patente pour 5 à 8 ans selon le montant investi.

Niger **12 juillet 2001**	**Commerce de détail ; activités minières et pétrolières.**	**Exonération tarif (si pas de substitut local) et TVA.**	**Exonération IS, impôt minimum, patente et contribution foncière pour 5 ans.**
Sénégal **6 février 2004**	**Commerce de détail.**	**Exonération tarif (si pas de substitut local) et TVA.**	**Exonération IS et charges patronales pour 5 à 8 ans selon le montant investi et si l'entreprise est nouvelle ou déjà établie ; amortissement accéléré (50% la 1ère année) pour certains équipements.**
Togo **31 octobre 1989**	**Commerce de détail.**	**Exonération tarif.**	**Exonération IS et impôt minimum (période non précisée) ; charges patronales réduites à 2%.**

SOURCE : Codes des investissements des États.

(1) Sont exclues, les activités liées à un accord signé entre le gouvernement et l'investisseur.

(2) Nous considérons ici l'IS par souci de concision, bien que l'exonération concerne l'impôt sur les bénéfices et que les personnes physiques puissent dans certains pays relever du code des investissements.

Index alphabétique

Table des matières

PARTIE 2 – L'ESQUISSE DE SOUTENABILITÉ FINANCIÈRE POUR L'UEMOA